80,94

Ensaios de Sociologia

Coleção Estudos
Dirigida por J. Guinsburg

Equipe de realização – Tradução: Luiz João Gaio e J. Guinsburg; Produção:
Ricardo W. Neves e Raquel Fernandes Abranches.

Marcel Mauss

ENSAIOS DE SOCIOLOGIA

Título do original
Oeuvres

Copyright © Les Editions de Minuit (1968 e 1969)

Dados Internacionais de Catalogação na Publicação (CIP)
(Câmara Brasileira do Livro, SP, Brasil)

Mauss, Marcel, 1872-1950.
Ensaios de sociologia / Marcel Mauss ; tradução
[Luiz João Gaio e J. Guinsburg]. — São Paulo :
Perspectiva, 2009. — (Estudos ; 47 / dirigida
por J. Guinsburg)

Título original: Oeuvres.
3ª reimp. da 2. ed. de 1999.
Bibliografia.
ISBN 978-85-273-0193-0

1. Antropologia social 2. Cultura 3. Etnologia
4. Sociologia I. Guinsburg, J. II. Título. III. Série.

05-4911   CDD-301

Índices para catálogo sistemático:
1. Sociologia : Ensaios 301

2ª edição – 3ª reimpressão

Direitos reservados em língua portuguesa à
EDITORA PERSPECTIVA S.A.

Av. Brigadeiro Luís Antônio, 3025
01401-000 – São Paulo – SP – Brasil
Telefax: (0--11) 3885-8388
www.editoraperspectiva.com.br

2009

Sumário

Nota de Edição XI

PRIMEIRA PARTE

1. Sociologia (1901) – *Paul Fauconnet e Marcel Mauss* 3

   1. Objeto da Sociologia 3

   2. Método da Sociologia..23

   3. Divisão da Sociologia..31

   Bibliografia..33

2. Divisões e Proporções das Divisões da Sociologia (1927) 35

   Introdução..35

   Capítulo 1. Ordem das Partes da Sociologia 37

   Capítulo 2. Sobre as Proporções das Partes da Sociologia.....44

   Capítulo 3. Divisão Concreta da Sociologia 57

   Capítulo 4. Lugar da Sociologia Aplicada ou Política 79

3. Fragmento de um Plano de Sociologia Descritiva 91

   Observações...91

   1. Definição dos Fatos Gerais da Vida Social 94

   2. Divisão dos Fenômenos Gerais....................................95

   Primeira Parte: Fenômenos Gerais da Vida Intra-Social......100

   A. A Coesão Social...101

   B. Transmissão da Coesão Social. Tradição, Educação.. 112

Segunda Parte: Fenômenos Gerais da Vida Social Exterior
(Vulgo: Internacional) 127

Terceira Parte: Relações dos Fenômenos Gerais da Vida
Coletiva com os Outros Fenômenos da Vida Humana.........129

    A. Psicológicos...129

Quarta Parte: Relações Gerais dos Fenômenos Sociais com
os Outros Fenômenos Humanos...132

    B. Biológicos (Antropossociologia)..............................132

SEGUNDA PARTE

4. Ensaio sobre a Natureza e a Função do Sacrifício (1899)
   – *Henri Hubert e Marcel Mauss*..141

   1. Definição e Unidade do Sistema Sacrifical 147

   2. O Esquema do Sacrifício...155

   3. Como o Esquema Varia Segundo as Funções Gerais do
   Sacrifício 188

   4. Como o Esquema Varia de Acordo com as Funções Sociais
   do Sacrifício 196

   5. O Sacrifício do Deus 209

   6. Conclusão 222

5. A Prece 229

   Livro I – Capítulo I – Introdução Geral..............................229

             Capítulo II..237

             Capítulo III – Definição Inicial.................263

   Livro II – Natureza dos Ritos Orais Elementares 273

             Capítulo I – Histórico da Questão e Delimitação
             do Assunto 273

             Capítulo II – Existem Orações na Austrália? 284

             Capítulo III – As Fórmulas dos Intichiuma.........303

6. A Expressão Obrigatória dos Sentimentos (Rituais Orais
   Funerários Australianos) (1921)...325

   [1] *Sobre "As saudações pelos risos e pelas lágrimas" (1923)* .332

   Alocução à Sociedade de Psicologia (1923)...............................333

TERCEIRA PARTE

7. A Coesão Social nas Sociedades Polissegmentares (1931)..339

8. Dom, Contrato, Troca 351

   A Extensão do *Potlatch* na Melanésia (1920) 351

   Uma Antiga Forma de Contrato Entre os Trácios (1921).....356

   A Obrigação de Dar Presentes (1923) 362

   Gift-Gift (1924) 363

   Sobre um Texto de Posidônio. O Suicídio, Suprema

   Contraprestação (1925) 367

9. Mentalidade Arcaica e Categorias de Pensamento

   [Categorias Coletivas de Pensamento e Liberdade] (1921) ... 373

   [Mentalidade Primitiva e Participação] (1923) 377

   [A Alma, o Nome e a Pessoa] (1929) 381

   [A Polaridade Religiosa e a Divisão do Macrocosmo](1933) ... 391

   [Categorias Coletivas e Categorias Puras] (1934) 395

10. Algumas Formas Primitivas de Classificação 399

    Contribuição Para o Estudo das Representações Coletivas

    (1903) – *Émile Durkheim e Marcel Mauss* 399

11. Parentescos de Gracejos (1926) 457

12. Nota Sobre a Noção de Civilização (1913) – *Émile Durkheim*

    e Marcel Mauss 469

13. As Civilizações – Elementos e Formas (1929) 475

    Introdução...475

    I – Fatos de Civilização..477

    II – Civilizações. Formas de Civilização.............................480

    III – Sentidos Ordinários da Palavra Civilização 488

Nota de Edição

Aqui, o leitor encontrará uma seleção de estudos de Marcel Mauss. Trata-se da mais ampla coletânea deste autor, até agora publicada em língua portuguesa. Os itens nela incluídos dão significativo registro dos eixos básicos em torno dos quais girou a pesquisa e a reflexão deste mestre das ciências sócio-antropológicas: a coesão e a divisão da sociologia; as funções sociais do sagrado; as representações coletivas e a diversidade das civilizações.

As elaborações menores, que preparam o *Ensaio sobre o Dom,* convergem todas para uma teoria da coesão social, esteada na reciprocidade das prestações, materiais e simbólicas, entre membros da comunidade. Instituições, como o *potlatch,* ou relações jocosas de parentesco ilustram a hipótese segundo a qual o jogo social desemboca sempre em troca simbólica, pacífica e agonística, ao mesmo tempo que se processa em vários planos, econômico, estético, ético, religioso, onde se estabelecem valores e posições relativas, estatutos, ordens e prestígios. A fim de aprender e compreender tais fenômenos totais, e o homem total que é seu agente, a sociologia deve operar em conformidade com as demais ciências antropológicas — a biologia e a psicologia —, isto, somado a uma reflexão sobre o campo específico e as divisões da sociologia e sobre a unidade da ciência social, unidade de objeto e de método que Durkheim sempre proclamara e reclamara e em decorrência da qual, por exemplo, os mesmos processos de observação e análise aplicam-se, com igual validade, quer aos "primitivos" quer aos "civilizados". Assim, Mauss é levado a esboçar uma sociologia

XII NOTA DE EDIÇÃO

geral descritiva apoiando-se nos trabalhos de seus mestres, alunos e companheiros da Escola Francesa de sociologia. Etnólogo de profissão, encarna em si mesmo, e de maneira exemplar, esta ciência social múltipla e una, como testemunham de modo eloqüente os importantes elementos de sociologia política inclusos em suas obras.

Nos trabalhos em que investigou as funções sociais do sagrado, ofereceu respostas parciais e ricas de nuanças às interrogações que fulcraram o debate sociológico de seu tempo: constituem as noções de *sagrado* e de *profano,* na teoria da sociedade, os termos ideais de uma oposição entre fatos coletivos e individuais? O Sagrado, em sentido lato, engloba o campo dos possíveis no âmbito social e a religião, em sentido restrito, encontra-se no âmago das instituições coletivas, a ponto de impor-se ao sociólogo como objeto privilegiado de estudo? Menos preocupado com a teoria geral do que Durkheim, seu tio e professor, Mauss conseguiu, graças a um excepcional saber etnográfico, sociológico e histórico, separar algumas das manifestações essenciais das formas elementares da vida religiosa em suas relações funcionais com o meio social. Vários dos textos em que consignou estas indagações tornaram-se, hoje, clássicos.

Com o estudo das representações coletivas, a Escola Francesa de sociologia pretendia apresentar a gênese coletiva das noções lógicas e das representações, tais como as de totalidade, espaço e temporalidade, onde a filosofia especulativa enxergava formas *a priori* ou dados imediatos da consciência. Esta ambição de realizar uma história social do espírito humano é que inspira os trabalhos de Mauss sobre as classificações primitivas (elaboradas em colaboração com Durkheim), a mitologia arcaica, os jogos e as artes das sociedades desprovidas de escrita ou os textos que tratam dos processos e crenças mágicas, os quais ilustram a estreita interdependência, tão defendida no quadro francês, entre as práticas e as representações religiosas, e que se fundamentam nas informações etnográficas australianas resenhadas por Mauss em importantes anotações de leitura. O emprego do método comparativo levou naturalmente a uma teoria das civilizações cujo esboço transparece em vários estudos: se as mesmas funções sociais são preenchidas por vias diferentes nos vários meios sociais, é porque os fatos da cultura são arbitrários, ao mesmo tempo que se originam nestes sistemas socio-lógicos e irredutíveis que são as civilizações. Tais escritos precursores continuam a servir de guia à pesquisa etnográfica e, de outra parte, a inspirar a reflexão teórica mais recente, como é o caso dos desenvolvimentos propostos pela abordagem estruturalista, encabeçada por Claude Lévi-Strauss.

Primeira Parte

1. Sociologia (1901)*

Paul Fauconnet e Marcel Mauss

Palavra criada por Augusto Comte para designar a ciência das sociedades. Ainda que a palavra seja formada por um radical latino e uma desinência grega e por esta razão os puristas, por muito tempo, se tenham recusado reconhecê-la, encontra-se hoje na posse do direito de cidadania em todas as línguas européias. Procuraremos determinar sucessivamente o objeto da sociologia e o método que ela emprega. A seguir indicaremos as principais divisões da ciência que se constitui sob este nome.

Notar-se-á, sem dificuldade, que nos inspiramos diretamente nas idéias expressas por Durkheim em suas diferentes obras. Se, além disso, as adotamos, não é somente porque nos parecem justificadas por razões teóricas, mas também porque nos parecem exprimir os princípios pelos quais as diversas ciências sociais, no curso de seu desenvolvimento, tendem a tornar-se sempre mais conscientes.

1. OBJETO DA SOCIOLOGIA

Pelo fato de a sociologia ser de origem recente e por estar apenas saindo do período filosófico, ainda acontece contestar-se-lhe a possibilidade. Todas as tradições metafísicas que fazem do homem um ser à parte, fora da natureza, e que vêem em seus atos fatos absolutamente diferentes dos fatos naturais, resistem aos progressos do pensamento sociológico. Mas o sociólogo não precisa justificar suas pesquisas por meio de uma argumentação filosófica. A ciência

---

* Artigo tirado da *Grande Encyclopédic*, vol. 30, Sociedade Anônima da Grande Enciclopédia, Paris. [Trad. bras. feita a partir das *Oeuvres*, Paris, Les Editions de Minuit, 1968-69, v. III, pp. 139-177.]

deve realizar sua obra a partir do momento em que entrevê a possibilidade de efetuá-la, e as teorias filosóficas, mesmo tradicionais, não poderiam constituir objeções à legitimidade de seus procedimentos. Se, ademais, como é provável, o estudo científico das sociedades tornar necessária uma concepção diferente da natureza humana, é à filosofia que caberá harmonizar-se com a ciência, na medida em que esta obtiver resultados. Mas à ciência compete tão pouco prever quanto evitar estas conseqüências longínquas de suas descobertas.

Tudo o que a sociologia postula é simplesmente que os fatos chamados sociais estão na natureza, isto é, acham-se submetidos ao princípio da ordem e do determinismo universais, sendo por conseqüência inteligíveis. Ora esta hipótese não é fruto da especulação metafísica; resulta de uma generalização que parece totalmente legítima. Esta hipótese, princípio de toda ciência, foi estendida sucessivamente a todos os reinos, mesmo àqueles que pareciam escapar à sua captação: portanto, é razoável supor que o reino social — se de fato é um reino que assim merece ser chamado — não faça exceção à esta regra. Não é ao sociólogo que incumbe demonstrar que os fenômenos sociais estão sujeitos à lei; aos adversários da sociologia é que cabe apresentar a prova em contrário. Pois, *a priori*, deve-se admitir que aquilo que é verdadeiro para os fatos físicos, biológicos e psíquicos o é igualmente para os fatos sociais. Só um revés definitivo poderia arruinar esta conjectura lógica. Ora, a partir de agora, este revés não mais deve ser temido. Não se pode mais dizer que a ciência esteja toda por fazer. Não pretendemos exagerar a importância dos resultados que obteve; mas, enfim, a despeito de todos os ceticismos, ela existe e progride: coloca problemas definidos e, ao menos, entrevê soluções. Quanto mais ela entra em contacto com os fatos, mais vê manifestarem-se regularidades insuspeitas e concordâncias muito mais precisas do que se poderia supor inicialmente; por conseguinte, mais se fortifica o sentimento de que a gente se encontra na presença de uma ordem natural cuja existência não pode mais ser posta em dúvida a não ser por filósofos desvinculados da realidade de que falam.

Mas se devemos admitir, sem exame prévio, que os fatos chamados *sociais* são naturais, inteligíveis e, por conseguinte, objetos de ciência, ainda é mister que hajam fatos que possam, com propriedade, ostentar este nome. Para que uma ciência nova se constitua, basta, mas é preciso: de um lado, que se aplique a uma ordem de fatos nitidamente distintos daqueles de que se ocupam as outras ciências; de outro, que estes fatos sejam suscetíveis de serem imediatamente concatenados com outros, explicados entre si, sem que seja necessário intercalar fatos de outra espécie. Pois

SOCIOLOGIA

uma ciência que só pudesse explicar os fatos que constituem seu objeto recorrendo a outra ciência, confundir-se-ia com esta última. A sociologia satisfaz esta dupla condição?

Do fenômeno social

Em primeiro lugar, há fatos especificamente sociais? Isso ainda é comumente negado, e entre aqueles que o negam figuram até pensadores que pretendem fazer obra sociológica. O exemplo de Tarde é característico. Para ele, os fatos ditos sociais não passam de idéias ou sentimentos individuais que se teriam propagado por imitação. Não teriam, pois, nenhum caráter específico; pois um fato não muda de natureza por ser mais ou menos repetido. Por enquanto não queremos discutir esta teoria; mas devemos constatar que, se ela possuir fundamento, a sociologia não se distinguirá da psicologia individual, isto é, faltará matéria para uma sociologia propriamente dita. A mesma conclusão surge, seja qual for a teoria, a partir do momento em que se nega a especificidade dos fatos sociais. Concebe-se, a partir daí, toda a importância da questão que examinamos.

Um primeiro fato é constante: existem sociedades, isto é, agregados de seres humanos. Entre estes agregados, uns são duráveis, como as nações, outros efêmeros, como as multidões, uns são muito volumosos, como as grandes igrejas, outros muito pequenos, como a família quando se reduz ao par conjugal. Mas, sejam quais forem a grandeza e a forma destes grupos e daqueles que poderiam ser enumerados — classe, tribo, grupo profissional, casta, comuna — apresentam todos este caráter: são formados por uma pluralidade de consciências individuais, agindo e reagindo umas sobre as outras. É na presença destas ações e reações, destas *interações* que se reconhecem as sociedades. Ora, a questão é saber se, entre os fatos que se passam no seio destes grupos, existem alguns que manifestam a natureza do grupo como grupo, e não somente a natureza dos indivíduos que os compõem, os atributos gerais da humanidade. Existem aqueles que são o que são porque o grupo é o que é? Sob esta condição, e somente sob esta condição, haverá uma sociologia propriamente dita; porque neste caso haverá uma vida da sociedade, distinta daquela que levam os indivíduos ou, melhor, distinta daquela que levariam se vivessem isolados.

Ora, realmente existem fenômenos que apresentam estes caracteres; só que é preciso saber descobri-los. Com efeito, nem tudo o que se passa no grupo social é manifestação da vida do grupo como tal e, por conseguinte, não é social, da mesma forma como nem tudo o que se passa num organismo é propriamente biológico. Não só as perturbações

ENSAIOS DE SOCIOLOGIA

acidentais e locais determinadas por causas cósmicas, mas também acontecimentos normais, regularmente repetidos, que interessam a todos os membros do grupo sem exceção, podem estar totalmente privados do caráter de fatos sociais. Por exemplo, todos os indivíduos, com exceção dos doentes, desempenham suas funções orgânicas em condições sensivelmente idênticas; o mesmo se passa com as funções psicológicas: os fenômenos de sensação, de representação, de reação ou de inibição são os mesmos em todos os membros do grupo e são submetidos todos às mesmas leis que a psicologia pesquisa. Mas ninguém sonha em dispô-los na categoria dos fatos sociais apesar de sua generalidade. É que não se referem de forma alguma à natureza do agrupamento, mas derivam da natureza orgânica e psíquica do indivíduo. Por isso são os mesmos, seja qual for o grupo ao qual o indivíduo pertence. Se o homem isolado fosse concebível, poder-se-ia dizer que seriam o que são mesmo fora de toda sociedade. Se, pois, os fatos de que são teatro as sociedades só se distinguissem entre si por seu grau de generalidade, não haveria fatos dignos de serem considerados como manifestações próprias da vida social e, por conseguinte, susceptíveis de constituírem o objeto da sociologia.

No entanto, a existência de tais fenômenos é de tal evidência que pôde ser assinalada por observadores que não pensavam na constituição de uma sociologia. Observou-se com freqüência que uma multidão, uma assembléia não sentiam, não pensavam e não agiam como teriam feito indivíduos isolados; observou-se, outrossim, que os agrupamentos mais diversos, uma família, uma corporação, uma nação possuíam um "espírito", um caráter, hábitos como os indivíduos têm os seus. Por conseguinte, em todos os casos sente-se perfeitamente que o grupo, a multidão ou a sociedade têm verdadeiramente uma natureza própria, que ele determina nos indivíduos certas maneiras de sentir, de pensar e de agir, e que estes indivíduos não teriam nem as mesmas tendências nem os mesmos hábitos nem os mesmos preconceitos se houvessem vivido no meio de outros grupos humanos. Ora, esta conclusão pode ser generalizada. Entre as idéias que teria, os atos que realizaria um indivíduo isolado, e as manifestações coletivas, há tal abismo que estas últimas devem ser referidas a uma *natureza* nova, a forças *sui generis*: caso contrário, permaneceriam incompreensíveis.

Tomemos, por exemplo, as manifestações da vida econômica das sociedades modernas do Ocidente: produção industrial das mercadorias, divisão extrema do trabalho, comércio internacional, associação de capitais, moeda, crédito, renda, lucro, salário, etc. Pense-se no número considerável de noções, de instituições, de hábitos que supõem os mais simples atos de um comerciante ou de um operário que procura ganhar sua vida; é manifesto que nem um nem outro cria as formas que sua atividade necessariamente assume: nem um nem outro inventa o crédito, o lucro, o salário, o intercâmbio ou a moeda. Tudo o que se pode atribuir a cada um deles é uma tendência geral a conseguir os alimentos necessários para proteger-se contra as intempéries, ou ainda, se se quiser, o gosto pelo empreendimento, pelo ganho, etc. Mesmo os sentimentos que parecem totalmente espontâneos, como o amor pelo trabalho, a parcimônia, o luxo, são, na realidade, o produto da cultura social, visto que não existem entre certos povos e variam infinitamente no interior de uma mesma sociedade, de acordo com as camadas da população. Ora, por si sós, estas necessidades determinariam, para serem satisfeitas, um pequeno número de atos muito simples que constrastam, da maneira mais pronunciada, com as formas muito complexas nas quais o homem econômico encerra hoje sua conduta. E não é somente a complexidade destas formas que dá testemunho de sua origem extra-individual, mas ainda e sobretudo a maneira pela qual se impõem ao indivíduo. Este está mais ou menos obrigado a se lhe conformar. Às vezes é a própria lei que o obriga, ou o costume tão imperativo como a lei. Assim é que, não há muito, o industrial era obrigado a fabricar produtos de medida e qualidade determinadas, que ainda agora está sujeito a todos os tipos de regulamentos, que ninguém pode recusar-se a receber como pagamento a moeda legal pelo seu valor legal. Outras vezes é a força das coisas contra a qual o indivíduo se faz em pedaços se procurar insurgir-se contra elas: é o caso do comerciante que quisesse renunciar ao crédito, do produtor que quisesse consumir seus próprios produtos, numa palavra, do trabalhador que quisesse recriar por si só as regras de sua atividade econômica, ver-se-iam condenados à ruína inevitável.

A linguagem é outro fato cujo caráter social aparece claramente: a criança aprende, pelo uso e pelo estudo, uma língua cujo vocabulário e cuja sintaxe têm uma idade multissecular, cujas origens são desconhecidas; que ela recebe, por conseguinte, totalmente elaborada e que é obrigada a receber e a empregar assim, sem variações consideráveis. Em vão tentaria criar para seu uso uma língua original: além de não passar de uma imitação canhestra de algum outro idioma já existente, tal língua não seria instrumento útil à expressão de seu pensamento; condená-la-ia ao isolamento e a uma espécie de morte intelectual. O simples fato de derrogar as regras e os usos tradicionais já se chocaria, na maioria dos casos, com resistências de opinião muito vivas. Pois uma língua não é somente um sistema de palavras; tem um gênio particular, implica uma certa maneira de perceber, de analisar e de coordenar. Por

ENSAIOS DE SOCIOLOGIA

conseguinte, pela língua, são as formas principais de nosso pensamento que a coletividade nos impõe.

Poderia parecer que as relações matrimoniais e domésticas são necessariamente aquilo que são em virtude da natureza humana, e que basta, para explicá-las, recordar algumas propriedades muito gerais, orgânicas e psicológicas, do indivíduo humano. Mas, de uma parte, a observação histórica nos ensina que os tipos de casamentos e de famílias foram e ainda são extremamente numerosos e variados; ela nos revela a complicação, às vezes extraordinária, das formas do casamento e das relações domésticas. E, de outra parte, todos nós sabemos que as relações domésticas não são exclusivamente afetivas, sabemos que entre nós e os pais, que podemos não conhecer, existem vínculos jurídicos que se constituíram sem nosso consentimento, sem nosso conhecimento; sabemos que o casamento não é apenas um acasalamento, que a lei e os usos impõem ao homem que esposa uma mulher atos determinados, um processo complicado. É evidente que nem as tendências orgânicas do homem a acasalar-se e a procriar, nem mesmo os sentimentos de ciúme sexual ou de ternura paterna que aliás se lhe emprestariam gratuitamente, podem, em nenhum grau, explicar nem a complexidade, nem sobretudo o caráter obrigatório dos costumes matrimoniais e domésticos.

Da mesma forma, os sentimentos religiosos muito generosos que se costuma atribuir ao homem e mesmo aos animais — respeito ou temor a seres superiores, tormento do infinito — só poderiam gerar atos religiosos muito simples e indeterminados: cada homem, sob o império de suas emoções, representaria a seu modo os seres superiores e manifestar-lhes-ia seus sentimentos como lhe parecesse conveniente fazê-lo. Ora, uma religião tão simples, tão indeterminada, tão individual jamais existiu. O fiel acredita em dogmas e age segundo ritos inteiramente complicados, que além disso lhe são inspirados pela Igreja, pelo grupo religioso a que pertence; em geral, conhece muito mal estes dogmas e estes ritos, e sua vida religiosa consiste essencialmente numa participação longínqua nas crenças e nos atos de homens especialmente encarregados de conhecer as coisas sagradas e de entrar em contato com elas; e estes mesmos homens não inventaram os dogmas nem os ritos; a tradição lhos ensinou e eles velam sobretudo para preservá-los de toda alteração. Os sentimentos individuais de nenhum fiel explicam, pois, nem o sistema complexo das representações e das práticas que constitui uma religião, nem a autoridade pela qual estas maneiras de pensar e de agir se impõem a todos os membros da Igreja.

Desta forma, as práticas segundo as quais se desenvolve a vida afetiva, intelectual, ativa do indivíduo, existem antes dele como existirão depois dele. Por ser homem, é que ele come, pensa, se diverte, etc., mas se é determinado a agir por tendências que são comuns a todos os homens, as formas precisas que assume sua atividade em cada momento da história dependem de condições totalmente diferentes que variam de uma sociedade para outra e mudam com o tempo no seio de uma mesma sociedade: é o conjunto dos hábitos coletivos. Entre estes hábitos distinguem-se diferentes espécies. Uns exigem a reflexão em conseqüência de sua própria importância. Toma-se consciência deles e são consignados em fórmulas escritas ou orais que exprimem como o grupo tem o costume de agir, e como exige que seus membros ajam; estas fórmulas imperativas são as regras do direito, as máximas da moral, os preceitos do ritual, os artigos do dogma, etc. Outros continuam de forma não expressa e difusos, mais ou menos inconscientes. São as usanças, os costumes, as superstições populares que se observam sem saber que se está obrigado a isto, nem mesmo em que consistem exatamente. Mas, em ambos os casos, o fenômeno é da mesma natureza. Trata-se sempre de maneiras de agir ou de pensar, consagradas pela tradição e que a sociedade impõe aos indivíduos. Estes hábitos coletivos e as transformações pelas quais passam incessantemente: eis o objeto próprio da sociologia.

Além disso, a partir de agora é possível provar diretamente que estes hábitos coletivos são as manifestações da vida do grupo como grupo. A história comparada do direito, das religiões, tornou comum a idéia de que certas instituições formam com certas outras um sistema, de que as primeiras não podem transformar-se sem que as segundas também se transformem. Por exemplo, sabe-se que existem vínculos entre o totemismo e a exogamia, entre uma e outra prática, entre uma e outra organização do clã; sabe-se que o sistema do poder patriarcal tem relação com o regime da cidade, etc. De modo geral, os historiadores habituaram-se a mostrar as relações que vigoram entre as diferentes instituições de uma mesma época, a não isolar uma instituição do *meio* em que apareceu. Enfim, é-se cada vez mais levado a procurar nas propriedades de um meio social (volume, densidade, modo de composição, etc.) a explicação dos fenômenos sociais que aí se produzem: mostram-se, por exemplo, as modificações profundas que a aglomeração urbana acarreta para uma civilização agrícola, como a forma do *habitat* condiciona a organização doméstica. Ora, se as instituições dependem umas das outras e dependem todas da constituição do grupo social, é óbvio que exprimem este último. Esta *interdependência* dos fenômenos seria inexplicável se estes fossem os produtos de vontades particulares e mais ou menos caprichosas; explica-se, ao contrário, se eles são produtos de forças impessoais que dominam os próprios indivíduos.

ENSAIOS DE SOCIOLOGIA

Outra prova pode ser tirada da observação das estatísticas. É sabido que as cifras que exprimem o número dos casamentos, dos nascimentos, dos suicídios, dos crimes numa sociedade, são notavelmente constantes ou que, se variam, não é por desvios abruptos e irregulares, mas geralmente com lentidão e ordem. Sua constância e sua regularidade são ao menos iguais àquelas dos fenômenos que, como a mortalidade, dependem sobretudo de causas físicas. Ora, é claro que as causas que levam tal ou tal indivíduo ao casamento ou ao crime são totalmente particulares e acidentais; portanto não são estas causas que podem explicar a taxa do casamento ou do crime numa determinada sociedade. É mister admitir a existência de certos estados sociais, totalmente diferentes dos estados puramente individuais, que condicionam a nupcialidade e a criminalidade. Não se compreenderia, por exemplo, que a taxa de suicídio fosse uniformemente mais elevada nas sociedades protestantes do que nas sociedades católicas, no mundo comercial do que no mundo agrícola, se .não se admitisse que uma tendência coletiva ao suicídio se manifesta nos meios protestantes, nos meios comerciais, em virtude de sua própria organização.

Existem, pois, fenômenos propriamente sociais, distintos daqueles que estudam as outras ciências que tratam do homem, como a psicologia; são eles que constituem a matéria da sociologia. Mas não basta ter estabelecido sua existência por um certo número de exemplos e por considerações gerais. Desejar-se-ia ainda conhecer o sinal pelo qual se pode distingui-los, de modo a não correr o risco nem de deixá-los escapar, nem de confundi-los com os fenômenos que dependem de outras ciências. De acordo com o que acabamos de dizer, a natureza social tem como característica precisamente o fato de ser adicionada à natureza individual; exprime-se por idéias ou atos que, mesmo quando contribuímos para produzi-los, nos são de todo impostos a partir de fora. Trata-se, pois, de descobrir este sinal de exterioridade.

Num grande número de casos, o caráter obrigatório que marca as maneiras sociais de agir e de pensar é o melhor dos critérios que se possa desejar. Gravadas no fundo do coração ou expressas por fórmulas legais, espontaneamente obedecidas ou inspiradas por via da coerção, uma multidão de regras jurídicas, religiosas e morais são rigorosamente obrigatórias. A maior parte dos indivíduos obedecem-lhes; mesmo aqueles que as violam sabem que faltam a uma obrigação; e, em todo caso, a sociedade lembra-lhes o caráter obrigatório de sua ordem infligindo-lhes uma sanção. Sejam quais forem a natureza e a intensidade da sanção, excomunhão ou morte, perdas e danos ou prisão, desprezo público, censura, simples notação de excentricidade, em graus diversos e sob formas diversas, o fenômeno é sempre o mesmo: o grupo protesta contra a violação das

SOCIOLOGIA 11

regras coletivas do pensamento e da ação. Ora, este protesto só pode ter um sentido: é que as maneiras de pensar e de agir que o grupo impõe são maneiras próprias de pensar e de agir. Se não tolera que sejam derrogadas, é que vê nelas as manifestações de sua personalidade e que, derrogando-as, diminui-se e destrói-se esta personalidade. E, além disso, se as regras do pensamento e da ação não tivessem uma origem social, de onde poderiam vir? Uma regra à qual o indivíduo se julga sujeito não pode ser obra deste indivíduo: pois, toda obrigação implica uma autoridade superior ao sujeito obrigado, e que lhe inspira o respeito, elemento essencial do sentimento de obrigação. Se, portanto, se exclui a intervenção de seres sobrenaturais, só se poderia encontrar, fora e acima do indivíduo, uma única fonte de obrigação: a sociedade ou, melhor, a totalidade das sociedades de que é membro.

Aí está, pois, um conjunto de fenômenos sociais facilmente reconhecíveis e que são de primeira importância. Porque o direito, a moral, a religião formam uma parte notável da vida social. Mesmo nas sociedades inferiores quase não há manifestações coletivas que não se enquadrem numa destas categorias. O homem não tem aí, por assim dizer, nem pensamento nem atividade próprios; a palavra, as operações econômicas, a própria vestimenta assumem freqüentemente um caráter religioso, por conseguinte obrigatório. Mas, nas sociedades superiores, há um grande número de casos em que a pressão social não se faz sentir sob a forma expressa de obrigação: em matéria econômica, jurídica, e mesmo religiosa, o indivíduo parece amplamente autônomo. Isto não significa que toda coerção esteja ausente: mostramos atrás os aspectos sob os quais ela se manifestava na ordem econômica e lingüística, e quão longe estava o indivíduo de poder agir livremente nestas matérias. Contudo não existe aí obrigação proclamada, nem sanções definidas; a inovação, a derrogação não são, em princípio, prescritas. Portanto é mister procurar outro critério que permita distinguir estes hábitos cuja natureza especial não é menos incontestável, embora menos imediatamente aparente.

Efetivamente, ela é incontestável porque cada indivíduo os encontra já formados e como que *instituídos*, uma vez que não é o seu autor, que ele os recebe de fora; são, pois, *preestabelecidos*. Seja ou não proibido ao indivíduo afastar-se deles, já existem a partir do momento em que ele se consulta para saber como deve agir; são modelos de conduta que eles lhe propõem. Por isso vemo-los por assim dizer, num dado momento, penetrar nele a partir de fora. Na maior parte dos casos, é por intermédio da educação, quer geral, quer especial, que se faz esta penetração. Assim é que cada geração recebe da geração mais velha os preceitos da moral, as regras da polidez usual, sua língua, seus

12 ENSAIOS DE SOCIOLOGIA

gostos fundamentais, da mesma forma como cada trabalhador recebe de seus predecessores as regras de sua técnica profissional. A educação é precisamente a operação pela qual o ser social é acrescentado em cada um de nós ao ser individual, o ser moral ao ser animal; é o procedimento graças ao qual a criança é rapidamente socializada. Estas observações nos fornecem uma característica do fato social muito mais geral do que a precedente: são sociais todas as maneiras de agir e de pensar que o indivíduo encontra preestabelecidas e cuja transmissão geralmente se faz por meio da educação.

Seria bom que um termo especial designasse estes fatos especiais e parece que a palavra *instituições* seria o mais apropriado. Com efeito, que é uma instituição se não um conjunto de atos ou de idéias que os indivíduos encontram diante de si e que mais ou menos se lhes impõe? Não há razão alguma para reservar exclusivamente, como de ordinário se faz, esta expressão às disposições sociais fundamentais. Entendemos, pois, por esta palavra tanto os usos e os modos, os preconceitos e as superstições como as constituições políticas ou as organizações jurídicas essenciais; porque todos estes fenômenos são da mesma natureza e só diferem quanto ao grau. A instituição é, em suma, na ordem social aquilo que é a função na ordem biológica: e assim como a ciência da vida é a ciência das funções vitais, da mesma forma a ciência da sociedade é a ciência das instituições assim definidas.

Mas, dir-se-á, a instituição é o passado; é, por definição, a coisa fixa, não a coisa viva. Produzem-se novidades a cada instante nas sociedades, desde as variações cotidianas da moda até as grandes revoluções políticas e morais. Mas todas estas mudanças são sempre, em graus diversos, modificações de instituições existentes. As revoluções jamais consistiram na brusca substituição integral de uma ordem estabelecida por uma ordem nova; nunca são e nem podem ser mais do que transformações mais cu menos rápidas, mais ou menos completas. Nada vem do nada: as instituições novas só podem ser feitas com as antigas, porquanto estas são as únicas que existem. E, por conseguinte, para que nossa definição abrace todo o definido, basta que não nos atenhamos a uma fórmula estritamente estática, que não restrinjamos a sociologia ao estudo da instituição suposta imóvel. Na realidade, a instituição assim concebida não passa de uma abstração. As verdadeiras instituições vivem, isto é, mudam sem cessar: as regras da ação não são nem compreendidas nem aplicadas da mesma forma a momentos sucessivos, mesmo quando as fórmulas que as exprimem permanecem literalmente as mesmas. São portanto as instituições vivas, tais como se formam, funcionam e se

SOCIOLOGIA

transformam em diferentes momentos que constituem os fenômenos propriamente sociais, objetos da sociologia.

Os únicos fatos que poderíamos considerar, não sem razão, como sociais e que, entretanto, dificilmente entrariam na definição das instituições, são aqueles que se produzem nas sociedades sem instituições. Mas as únicas sociedades sem instituições são agregados sociais ou bastante instáveis e efêmeros como as multidões, ou então em curso de formação. Ora, pode-se dizer que umas e outras ainda não são sociedades propriamente ditas, mas somente sociedades em vias de formação, com a diferença que umas estão destinadas a ir até o fim de seu desenvolvimento, a realizar sua natureza social, enquanto que as outras desaparecem antes de se constituírem definitivamente. Portanto, encontramo-nos aqui nos lindes que separam o reino social dos reinos inferiores. Os fenômenos de que se trata não são propriamente sociais mas em vias de se tornarem sociais. Não deve, pois, surpreender que não possam entrar exatamente nos quadros de alguma ciência. Não há dúvida de que a sociologia não pode desinteressar-se deles, mas não constituem seu objeto próprio. Além disso, pela análise precedente, de forma alguma procuramos descobrir uma definição completa e definitiva de todos os fenômenos sociais. Basta ter mostrado que existem fatos que merecem ser designados desta forma e ter indicado alguns sinais pelos quais se podem reconhecer os mais importantes dentre eles. O futuro certamente substituirá estes critérios por outros menos defeituosos.

Da explicação sociológica

Assim a sociologia tem um objeto próprio, visto que existem fatos propriamente sociais; resta-nos ver se satisfaz à segunda das condições que indicamos, isto é, se há um modo de explicação sociológico que não se confunda com algum outro. O primeiro modo de explicação que foi metodicamente aplicado a estes fatos é aquele que por muito tempo esteve em uso naquilo que se convencionou chamar a filosofia da história. Com efeito, a filosofia da história foi a forma de especulação sociológica imediatamente anterior à sociologia propriamente dita. Foi da filosofia da história que nasceu a sociologia: Comte é o sucessor imediato de Condorcet, e este, mais do que fazer descobertas sociológicas, construiu uma filosofia da história. O que caracteriza a explicação filosófica é que ela supõe o homem, a humanidade em geral predisposta por sua natureza a um desenvolvimento determinado cuja orientação toda se procura descobrir por uma investigação sumária dos fatos históricos. Por princípio e por método ela negligencia, pois, o pormenor para ater-se às linhas mais gerais. Não procura explicar por que, em tal espécie de sociedades, em tal época de seu desenvolvimento, depara com tal ou tal instituição: procura somente pesquisar em que direção tende a humanidade, assinala as etapas que julga terem sido necessárias para aproximar-se de tal objetivo.

É inútil demonstrar a insuficiência de tal explicação. Não só deixa de lado, arbitrariamente, a maior parte da realidade histórica, mas como hoje não é mais possível sustentar que a humanidade segue um caminho único e se desenvolve num único sentido, todos estes sistemas encontram-se, só por isso, privados de fundamento. Mas as explicações que ainda hoje se encontram em certas doutrinas sociológicas não diferem muito das precedentes, salvo talvez na aparência. Sob o pretexto de que a sociedade só é formada por indivíduos, procuram na natureza do indivíduo as causas determinantes pelas quais tentam explicar os fatos sociais. Por exemplo, Spencer e Tarde procedem desta forma. Spencer consagrou quase todo o primeiro volume de sua *Sociologia* ao estudo do homem primitivo físico, emocional e intelectual; pelas propriedades desta natureza primitiva é que explica as instituições sociais observadas entre os povos mais antigos ou mais selvagens, instituições que em seguida se transformam no decurso da história, de acordo com *leis de evolução* muito gerais. Tarde vê nas *leis da imitação* os princípios supremos da sociologia: os fenômenos sociais são modos de ação geralmente úteis, inventados por certos indivíduos e imitados por todos os outros. Encontra-se o mesmo procedimento de explicação em certas ciências especiais que são ou deveriam ser sociológicas. Assim é que os economistas clássicos acham, na natureza individual do *homo oeconomicus*, os princípios de uma explicação suficiente de todos os fatos econômicos: como o homem procura sempre a maior vantagem a preço do menor esforço, as relações econômicas deviam ser necessariamente tais e tais. Da mesma forma, os teóricos do direito natural buscam os caracteres jurídicos e morais da natureza humana, e as instituições jurídicas são, a seus olhos, tentativas mais ou menos felizes para satisfazer os rigores desta natureza; aos poucos, o homem toma consciência de si, e os direitos positivos são realizações aproximativas do direito que ele traz em si.

A insuficiência destas soluções aparece claramente desde que se reconheceu que existem fatos sociais, realidades sociais, isto é, desde que se distinguiu o objeto próprio da sociologia. Se, de fato, os fenômenos sociais são as manifestações da vida dos grupos como grupos, são demasiadamente complexos para que considerações relativas à natureza humana em geral possam explicá-los. Tomemos, mais uma vez, como exemplo as instituições do casamento e da família. As relações sexuais estão sujeitas a regras muito

SOCIOLOGIA

complicadas: a organização familial, muito estável numa mesma sociedade, varia muito de uma sociedade para outra; além disso, está estritamente ligada à organização política, à organização econômica que também apresentam diferenças características nas diversas sociedades. Se nisto consistem os fenômenos sociais que se trata de explicar, problemas precisos se colocam: como se formaram os diferentes sistemas matrimoniais e domésticos? É possível uni-los entre si, distinguir formas posteriores e formas anteriores, apresentando-se as primeiras como o produto da transformação das segundas? Se isto é possível, como explicar estas transformações, quais são suas condições? De que modo as formações da organização familial afetam as organizações políticas e econômicas? De outro lado, tal regime doméstico, uma vez constituído, como funciona? A estas perguntas, os sociólogos que pedem unicamente à psicologia individual o princípio de suas explicações não podem fornecer respostas. Efetivamente, não podem explicar estas instituições tão múltiplas, tão variadas, a não ser unindo-as a alguns elementos muito gerais da constituição orgânico-psíquica do indivíduo: instinto sexual, tendência à posse exclusiva e ciumenta de uma só mulher, amor maternal e paternal, horror ao comércio sexual entre consangüíneos, etc. Mas semelhantes explicações são, de saída, suspeitas do ponto de vista puramente filosófico: consistem simplesmente em atribuir ao homem os sentimentos que sua conduta manifesta, ao passo que são precisamente estes sentimentos que deveriam ser explicados; o que se reduz, em suma, a explicar os fenômenos pelas virtudes ocultas das substâncias, a chama pelo flogisto e a queda dos corpos por sua gravidade. Além disso, não determinam entre os fenômenos nenhuma relação precisa de coexistência ou de sucessão, mas os isolam arbitrariamente e os apresentam fora do tempo e do espaço, separados de todo meio definido. Mesmo que se considerasse como uma explicação da monogamia a afirmação de que este regime matrimonial satisfaz melhor que outro os instintos humanos ou concilia melhor que outro a liberdade e a dignidade dos dois esposos, seria ainda necessário investigar por que este regime aparece em determinadas sociedades e não em outras, em um certo momento e não em outro do desenvolvimento de uma sociedade. Em terceiro lugar, as propriedades essenciais da natureza humana são as mesmas em toda parte, com matizes e graus quase idênticos. Como poderiam explicar as formas tão variadas que cada instituição assumiu sucessivamente? O amor paternal e maternal, os sentimentos de afeição filial são sensivelmente idênticos entre os primitivos e entre os civilizados; entretanto, que diferença entre a organização primitiva da família e seu estado atual, e, entre estes extremos, que mudanças se produziram! Enfim, as tendências indeterminadas do homem não poderiam explicar formas tão precisas e tão completas sob as quais se apresentam sempre as realidades históricas. O egoísmo que pode impelir o homem a apropriar-se das coisas úteis não é a fonte destas regras tão complicadas que, em cada época da história, constituem o direito de propriedade, regras relativas à posse e ao usufruto, aos móveis e aos imóveis, às servidões, etc. E no entanto o direito de propriedade *in abstracto* não existe. O que existe é o direito de propriedade tal como é ou foi organizado, na França contemporânea ou em Roma antiga, com a multidão dos princípios que o determinam. A sociologia assim entendida só pode, pois, desta maneira, alcançar os lineamentos inteiramente gerais, quase inapreensíveis por força da indeterminação das instituições. Se adotarmos tais princípios, deveremos confessar que a maior parte da realidade social, todo o pormenor das instituições, permanece inexplicado e inexplicável. Unicamente os fenômenos que a natureza humana em geral determina, sempre idênticos em seu fundo, seriam naturais e inteligíveis; todos os traços particulares que dão às instituições, de acordo com os tempos e os lugares, seus caracteres próprios, tudo aquilo que distingue as individualidades sociais, é considerado como artificial e acidental; vê-se, nisto, quer os resultados de invenções fortuitas, quer os produtos da atividade individual dos legisladores, dos homens poderosos que dirigem voluntariamente as sociedades para objetivos entrevistos por eles. E somos assim levados a pôr fora da ciência, como ininteligíveis, todas as instituições muito determinadas, isto é, os próprios fatos sociais, os objetos próprios da ciência sociológica. Isto significa aniquilar, com o objeto definido de uma ciência social, a própria ciência social, e contentar-se em pedir à filosofia e à psicologia algumas indicações muito gerais sobre os destinos do homem que vive em sociedade.

A estas explicações que se caracterizam por sua extrema generalidade opõem-se aquelas que poderiam ser chamadas as explicações propriamente históricas: isto não significa que a história não tenha conhecido outras, mas aquelas de que vamos falar aparecem exclusivamente nos historiadores. Obrigado pelas próprias condições de seu trabalho a apegar-se exclusivamente a uma sociedade e a uma época determinadas, familiar ao espírito, à língua, aos traços de caracteres particulares desta sociedade e desta época, o historiador tem naturalmente a tendência a ver nos fatos somente aquilo que os distingue entre si, aquilo que lhes dá uma fisionomia própria em cada caso isolado, numa palavra, aquilo que os torna incomparáveis. Procurando descobrir a mentalidade dos povos cuja história estuda, é propenso a acusar de incompreensão, de incompetência, todos aqueles que não viveram, como ele, na intimidade destes povos. Por conseguinte, é levado a desconfiar de toda comparação, de toda

SOCIOLOGIA

generalização. Quando estuda uma instituição, são seus caracteres mais individuais que lhe despertam a atenção, aqueles devidos às circunstâncias particulares nas quais ela se constituiu ou modificou, e ela parece-lhe como que inseparável destas circunstâncias. Por exemplo, a família patriarcal será uma coisa essencialmente romana, o feudalismo, uma instituição própria de nossas sociedades medievais, etc. Deste ponto de vista, as instituições só podem ser consideradas combinações acidentais e locais que dependem de condições igualmente acidentais e locais. Ao passo que os filósofos e os psicólogos nos propunham teorias pretensamente válidas para toda a humanidade, as únicas explicações que os historiadores julgam possíveis só se aplicariam a uma sociedade determinada, considerada em certo momento preciso de sua evolução. Não admitem que haja causas gerais atuantes em toda parte e cuja pesquisa pode ser utilmente empreendida; assumem a tarefa de concatenar acontecimentos particulares com acontecimentos particulares. Na realidade, supõem nos fatos uma infinita diversidade assim como uma infinita contingência.

A este método estritamente histórico de explicação dos fatos sociais, é mister primeiramente opor os ensinamentos devidos ao método comparativo: desde logo a história comparada das religiões, dos direitos e dos costumes revelou a existência de instituições incontestavelmente idênticas entre os mais diferentes povos; é inconcebível que se possa assinalar como causa destas concordâncias a imitação de uma sociedade pelas outras, e no entanto é impossível considerá-las como fortuitas: instituições semelhantes não podem evidentemente ter em determinado agrupamento selvagem causas locais e acidentais, e em determinada sociedade civilizada outras causas igualmente locais e acidentais. De outro lado, as instituições de que se trata não são apenas práticas muito gerais que teriam sido, como se poderia pretender, inventadas naturalmente por homens em circunstâncias idênticas; não se trata apenas de mitos importantes como aquele do dilúvio, de ritos como aquele do sacrifício, de organizações domésticas como a família maternal, de práticas jurídicas como a vingança do sangue; existem também lendas muito complexas, superstições, usos totalmente particulares, práticas tão estranhas como as da incubação ou do levirato. Desde que se constataram estas semelhanças, tornou-se inadmissível explicar os fenômenos comparáveis por causas particulares de uma sociedade e de uma época; o espírito se recusa a considerar como fortuitas a regularidade e a semelhança.

É verdade que a história, se não mostra por que razões existem instituições análogas nestas civilizações aparentes, pretende às vezes explicar os fatos concatenando-os cronologicamente entre si, descrevendo detalhadamente as circuns-

ENSAIOS DE SOCIOLOGIA

tâncias nas quais se produziu um acontecimento histórico. Mas estas relações de pura sucessão nada têm de necessário nem de inteligível. Pois é de forma totalmente arbitrária, de modo algum metódica, e por conseguinte completamente irracional, que os historiadores atribuem um acontecimento a outro acontecimento que denominam sua causa. Com efeito, os processos indutivos só são aplicáveis lá onde uma comparação é fácil. A partir do momento em que pretendem explicar um fato único por outro fato único, a partir do momento em que não admitem que haja entre os fatos vínculos necessários e constantes, os historiadores só podem perceber as causas por uma intuição imediata, operação que escapa a toda regulamentação assim como a todo o controle. Segue-se daí que a explicação histórica, incapaz de fazer compreender as semelhanças observadas, é também incapaz de explicar um acontecimento particular; só oferece à inteligência fenômenos ininteligíveis porque são concebidos como singulares, acidentais e arbitrariamente concatenados.

Totalmente outra é a explicação propriamente sociológica, tal como deve ser concebida se aceitarmos a definição que propusemos do fenômeno social. Primeiramente não dá apenas como tarefa alcançar os fenômenos mais gerais da vida social. Entre os fatos sociais não há lugar para distinções entre aqueles que são mais ou menos gerais. O mais geral é tão natural quanto o mais particular, ambos são igualmente explicáveis. Por isso, todos os fatos que apresentam os caracteres indicados como sendo os do fato social podem e devem ser objetos de pesquisas. Existem fatos que o sociólogo não pode atualmente integrar num sistema, mas não há fatos que ele tenha o direito de pôr, *a priori*, fora da ciência e da explicação. A sociologia assim entendida não é, pois, uma visão geral e longínqua da realidade coletiva, mas é uma análise mais profunda desta realidade e quanto possível completa. Obriga-se ao estudo do pormenor com uma preocupação de exatidão tão grande como aquela do historiador. Não há fato, por mais insignificante que seja, que ela possa negligenciar como despido de interesse científico. E desde já podem-se citar fatos que pareciam de mínima importância e que são no entanto sintomáticos de estados sociais essenciais que podem ajudar a compreender. Por exemplo, a ordem sucessorial está em íntima relação com a constituição da família; e, não somente não é um fato acidental que a partilha seja feita por estirpes ou por cabeças, mas ainda estas duas formas de partilha correspondem a tipos de família muito diferentes. Do mesmo modo, o regime penitenciário de uma sociedade é extremamente interessante para quem quer estudar o estado da opinião referente à pena nesta sociedade.

De outro lado, enquanto os historiadores descrevem os fatos sem explicá-los, a bem dizer a sociologia assume a tarefa de dar-lhes uma explicação satisfatória para a razão. Procura encontrar entre os fatos não relações de simples sucessão, mas relações inteligíveis. Quer mostrar como os fatos sociais se produziram e quais as forças de que resultam. Deve, pois, explicar fatos definidos por suas causas determinantes, próximas e imediatas, capazes de produzi-los. Por conseguinte, não se contenta, como fazem certos sociólogos, com indicar causas muito gerais e muito remotas, em todo caso insuficientes e sem relação direta com os fatos. Visto que os fatos sociais são específicos, só podem ser explicados por causas da mesma natureza que eles. Portanto, a explicação sociológica procede partindo de um fenômeno social para outro. Só estabelece relação entre fenômenos sociais. Assim mostrar-nos-á como as instituições se geram umas às outras; por exemplo, como o culto dos antepassados se desenvolveu sobre o fundo dos ritos funerários. Outras vezes, perceberá verdadeiras coalescências de fenômenos sociais: por exemplo, a noção tão difundida do sacrifício do Deus é explicada por uma espécie de fusão que se operou entre certos ritos sacrificais e certas noções míticas. Às vezes são fatos de estrutura social que se concatenam entre si; por exemplo, pode-se relacionar a formação das cidades aos movimentos migratórios mais ou menos vastos de aldeias a cidades, de distritos rurais a distritos industriais, aos movimentos de colonização, ao estado das comunicações, etc. Ou então é pela estrutura das sociedades de um tipo determinado que se explicam certas instituições determinadas, por exemplo a disposição em cidades produz certas formas da propriedade, do culto, etc.

Mas como os fatos sociais se produzem assim uns aos outros? Quando dizemos que instituições produzem instituições por via de desenvolvimento, de coalescência, etc., não significa que as concebemos como tipos de realidades autônomas capazes de ter por si mesmas uma eficácia misteriosa de um gênero particular. Da mesma forma, quando referimos à forma dos grupos tal ou tal prática social, não significa que consideramos como possível que a repartição geográfica dos indivíduos afete a vida social diretamente e sem intermediário. As instituições só existem nas representações que a sociedade faz delas. Toda sua força viva lhes vem dos sentimentos de que são objeto; se são fortes e respeitadas, é porque estes sentimentos são vivazes; se cedem, é porque perderam toda a autoridade junto às consciências. Do mesmo modo, se as mudanças da estrutura social agem sobre as instituições, é porque elas modificam o estado das idéias e das tendências de que são objeto; por exemplo, se a formação da cidade acentua fortemente o regime da família patriarcal, é porque este complexo de idéias e de sentimentos que constitui a vida da família muda necessariamente à medida que a cidade

20 ENSAIOS DE SOCIOLOGIA

se fecha. Para empregar a linguagem corrente, poder-se-ia dizer que toda a força dos fatos sociais lhes advém da opinião. É a opinião que dita as regras morais e que, direta ou indiretamente, as sanciona. E pode-se mesmo dizer que toda mudança nas instituições é, no fundo, uma mudança na opinião: é porque os sentimentos coletivos de compaixão para com o criminoso entram em luta com os sentimentos coletivos que reclamam a pena que o regime penal se ameniza progressivamente. Tudo se passa na esfera da opinião pública; mas esta é propriamente aquilo que chamamos o sistema das representações coletivas. Os fatos sociais são, pois, causas porque são representações ou atuam sobre as representações. O fundo íntimo da vida social é um conjunto de representações.

Neste sentido, portanto, poder-se-ia dizer que a sociologia é uma psicologia. Aceitaríamos esta fórmula, mas com a condição expressa de acrescentar que esta psicologia é especificamente distinta da psicologia individual. Efetivamente, as representações de que trata a primeira são de natureza totalmente diversa daquelas de que trata a segunda. É o que se deduz daquilo que dissemos a propósito dos caracteres do fenômeno social, porque é evidente que fatos que possuem propriedades tão diferentes não podem ser da mesma espécie. Há, nas consciências, representações coletivas que são distintas das representações individuais. Sem dúvida, as sociedades só são constituídas de indivíduos e, por conseguinte, as representações coletivas só são devidas à maneira pela qual as consciências individuais podem agir e reagir umas sobre as outras no seio de um grupo constituído. Mas estas ações e estas reações produzem fenômenos psíquicos de um gênero novo que são capazes de evoluir por si mesmos, de se modificar mutuamente e cujo conjunto forma um sistema definido. Não somente as representações coletivas são feitas de outros elementos que não as representações individuais, mas ainda têm na realidade outro objeto. Aquilo que exprimem, efetivamente, é o próprio estado da sociedade. Enquanto os fatos de consciência do indivíduo exprimem sempre de maneira mais ou menos remota um estado do organismo, as representações coletivas exprimem sempre, em certo grau, um estado de grupo social: traduzem (ou, para empregar a língua filosófica, "simbolizam") sua estrutura atual, a maneira pela qual reage diante de tal ou tal acontecimento, o sentimento que tem de si mesmo ou de seus próprios interesses. A vida psíquica da sociedade é, pois, feita de matéria totalmente diversa daquela do indivíduo.

Isto não significa, todavia, que haja entre elas uma solução de continuidade. Sem dúvida, as consciências de que é formada a sociedade estão aí combinadas sob formas novas de onde resultam as realidades novas. Não é menos

SOCIOLOGIA 21

verdade que se pode passar dos fatos de consciência individual às representações coletivas por uma série contínua
de transições. Percebe-se facilmente alguns dos intermediários: do individual passa-se insensivelmente à sociedade, por
exemplo quando seríamos os fatos de imitação epidêmica, de
movimentos de multidões, de alucinação coletiva, etc. Inversamente, o social torna-se individual. Só existe nas consciências individuais, mas cada consciência não tem mais
do que uma parcela deste social. E mesmo esta impressão
das coisas sociais é alterada pelo estado particular da consciência que as recebe. Cada qual fala a seu modo sua
língua materna, cada autor acaba por constituir sua própria sintaxe, seu léxico preferido. Da mesma forma, cada
indivíduo faz sua moral, tem sua moralidade individual. De
igual modo, cada um reza e adora de acordo com seus
pendores. Mas estes fatos não são explicáveis se apelarmos,
para compreendê-los, exclusivamente para os fenômenos individuais; ao contrário, são explicáveis se partirmos dos
fatos sociais. Tomemos, para nossa demonstração, um caso
preciso de religião individual, o do totemismo individual.
Em primeiro lugar, de certo ponto de vista, estes fatos
permanecem ainda sociais e constituem instituições: é um
artigo de fé em certas tribos que cada indivíduo tem seu
próprio totem; da mesma forma, em Roma, cada cidadão
tem seu *genius*, no catolicismo cada fiel tem um santo como
patrono. Mas há mais: estes fenômenos provêm simplesmente do fato de que uma instituição socialista * se refratou
e desfigurou nas consciências particulares. Se, além de seu
totem de clã, cada guerreiro possui seu totem individual,
se um se julga parente dos lagartos, ao passo que outro
se sente associado aos corvos, é porque cada indivíduo constituiu seu próprio totem à imagem do totem do clã.

Vê-se agora o que entendemos com a expressão representações coletivas e em que sentido podemos dizer que
os fenômenos sociais podem ser fenômenos de consciência,
sem ser por isso fenômenos da consciência individual. Vimos também que gêneros de relações existem entre os fenômenos sociais. — Estamos agora em condições de precisar
mais a fórmula que demos acima da explicação sociológica,
quando dissemos que ela ia de um fenômeno social a outro
fenômeno social. Pudemos entrever, pelo que precede, que
existem duas grandes ordens de fenômenos sociais: os fatos
de estrutura social, isto é, as formas do grupo, a maneira
pela qual os elementos são aí dispostos; e as representações
coletivas nas quais são dadas as instituições. Isto posto,
pode-se dizer que toda explicação sociológica entra num
dos três quadros seguintes: 1.º ou ela une uma representação
coletiva a uma representação coletiva, por exemplo a com

---

* *Socialiste,* em francês, mas o adjetivo é aqui empregado sem
qualquer conotação ideológica. (N. da E.)

posição penal à vingança privada; 2.° ou une uma representação coletiva a um fato de estrutura social como à sua causa; assim, vê-se na formação das cidades a causa da formação de um direito urbano, origem de boa parte de nosso sistema da propriedade; 3.° ou une fatos de estrutura social a representações coletivas que as determinaram: assim, certas noções míticas dominaram os movimentos migratórios dos hebreus, dos árabes do Islã; o fascínio que exercem as grandes cidades é uma causa da emigração dos camponios. — Pode parecer, é verdade, que tais explicações giram num círculo, visto que as formas do grupo são aí representadas, ora como efeitos, ora como causas das representações coletivas. Mas este círculo, que é real, não implica nenhuma petição de princípios: é o das próprias coisas. Nada é tão inútil como perguntar se foram as idéias que suscitaram as sociedades ou se foram as sociedades que, uma vez formadas, deram origem às idéias coletivas. Trata-se de fenômenos inseparáveis, entre os quais não cabe se estabelecer uma primazia lógica ou cronológica.

Portanto, a explicação sociológica assim entendida não merece, em grau algum, a censura de materialista que às vezes lhe foi assacada. Em primeiro lugar, ela independe de toda metafísica, materialista ou não. Ademais, na realidade, atribui uma função preponderante ao elemento psíquico da vida social, crenças e sentimentos coletivos. Mas, de outro lado, escapa aos defeitos da ideologia. Pois as representações coletivas não devem ser concebidas como se se desenvolvessem por si mesmas, em virtude de uma espécie de dialética interna que as obrigaria a depurarem-se sempre mais, a se aproximarem de um ideal de razão. Se a família, o direito penal mudaram, não foi em conseqüência dos processos racionais de um pensamento que, aos poucos, retificaria espontaneamente seus erros primitivos. As opiniões, os sentimentos da coletividade só mudam se os estados sociais de que dependem também mudaram. Assim, não é explicar uma transformação social qualquer, por exemplo a passagem do politeísmo ao monoteísmo, fazer ver que ela constitui um progresso, que é mais verdadeira ou mais moral, porque a questão é precisamente saber o que determinou a religião a tornar-se assim mais verdadeira ou mais moral, isto é, na realidade, a tornar-se aquilo que se tornou. Os fenômenos sociais não são mais automotores do que os outros fenômenos da natureza. A causa de um fato social deve sempre ser procurada fora deste fato. Isto significa que o sociólogo não tem como objeto encontrar não sabemos que lei de progresso, de evolução geral que dominaria o passado e predeterminaria o futuro. Não há uma lei única, universal, dos fenômenos sociais. Há uma multidão de leis de inegável generalidade. Explicar, em sociologia, como em toda ciência, é, pois, descobrir leis mais ou menos fragmentárias, isto é, ligar fatos definidos segundo relações definidas.

2. MÉTODO DA SOCIOLOGIA

Os ensaios sobre o método da sociologia abundam na literatura sociológica. Em geral, encontram-se mesclados com todos os tipos de considerações filosóficas sobre a sociedade, o Estado, etc. As primeiras obras onde o método da sociologia foi estudado de maneira apropriada são as de Comte e de Stuart Mill. Mas, qualquer que seja sua importância, as observações metodológicas destes dois filósofos ainda conservavam, como a ciência que pretendiam fundar, uma extrema generalidade. Recentemente, Durkheim procurou definir mais exatamente a maneira pela qual a sociologia deve proceder no estudo dos fatos particulares.

Sem dúvida, não se trata de formular completa e definitivamente as regras do método sociológico. Porque um método só se distingue abstratamente da própria ciência. Ele não se articula e não se organiza a não ser à medida dos progressos desta ciência. Propomo-nos somente analisar um certo número de processos científicos já sancionados pelo uso.

Definição

Como toda ciência, a sociologia deve começar o estudo de cada problema por uma definição. Antes de tudo, é mister indicar e delimitar o campo da pesquisa a fim de saber de que se fala. Estas definições são prévias, e, por isso, provisórias. Não podem nem devem exprimir a essência dos fenômenos a estudar, mas simplesmente designá-los clara e distintamente. Todavia, por mais exteriores que elas sejam, nem por isso são menos indispensáveis. Na falta de definições, toda ciência se expõe a confusões e a erros. Sem elas, no transcurso de um mesmo trabalho, um sociólogo dará diferentes sentidos a um mesmo termo. Agindo desta forma cometerá graves equívocos: assim, no que se refere à teoria da família, muitos autores empregam indiferentemente os termos tribo, aldeia, clã, para designar uma só e mesma coisa. Além disso, sem definições é impossível haver entendimento entre cientistas que discutem sem falar todos do mesmo assunto. Boa parte dos debates levantados pela teoria da família e do casamento provêm da ausência de definições: assim, uns chamam monogamia aquilo que outros não designam com o mesmo nome; uns confundem o regime jurídico que a monogamia exige com a simples monogamia de fato; outros, ao contrário, distinguem estas duas ordens de fatos, na realidade muito diferentes.

24 ENSAIOS DE SOCIOLOGIA

Naturalmente, definições deste gênero são construídas. Reúne-se e designa-se nelas um conjunto de fatos cuja similaridade fundamental se prevê. Mas não são construídas *a priori*; são o resumo de um primeiro trabalho, de uma primeira visão rápida dos fatos, cujas qualidades comuns se distinguem. Elas têm sobretudo como objeto substituir as noções do senso comum por uma primeira noção científica. É que, na verdade, é preciso, antes de tudo, desembaraçar-se dos preconceitos correntes, mais perigosos em sociologia do que em qualquer outra ciência. Não se deve estabelecer sem exame, como definição científica, uma classificação usual. Muitas idéias ainda em uso em muitas ciências sociais não parecem baseadas nem na razão nem nos fatos e devem ser banidas de uma terminologia racional; por exemplo, a noção de paganismo e mesmo aquela de feiticismo não correspondem a nada de real. Outras vezes, uma pesquisa séria leva a reunir aquilo que o vulgo separa, ou a distinguir aquilo que o vulgo confunde. Por exemplo, a ciência das religiões reuniu num mesmo gênero os tabus de impureza e os de pureza, porque todos são tabus; ao contrário, distinguiu cuidadosamente os ritos funerários e o culto dos antepassados.

Estas definições serão tanto mais exatas e mais positivas se nos esforçarmos mais por distinguir as coisas por seus caracteres objetivos. Chamam-se caracteres objetivos os caracteres que tal ou tal fenômeno social tem em si mesmo, isto é, aqueles que não dependem de nossos sentimentos e de nossas opiniões pessoais. Assim, não é por nossa idéia mais ou menos lógica do sacrifício que devemos definir este rito, mas pelos caracteres exteriores que apresenta, como fato social e religioso, exterior a nós, independente de nós. Concebida deste modo, a definição torna-se um momento importante da pesquisa. Estes caracteres pelos quais se define o fenômeno social a estudar, ainda que exteriores, não correspondem menos aos caracteres essenciais que a análise discernirá. Por isso, definições felizes podem nos pôr no caminho de importantes descobertas. Quando se define o crime como um ato atentatório aos direitos dos indivíduos, os únicos crimes são os atos atualmente tidos como tais: o homicídio, o roubo, etc. Quando o crime é definido como um ato que provoca uma reação organizada da coletividade, é-se levado a compreender na definição todas as formas verdadeiramente primitivas do crime, em particular a violação das regras religiosas, do tabu, por exemplo.

Enfim, estas definições prévias constituem uma garantia científica de primeira ordem. Uma vez estabelecidas, obrigam e ligam o sociólogo. Elas iluminam todos os seus passos, permitem a crítica e a discussão eficaz. Porque, graças a elas, todo um conjunto de fatos bem designados se impõe ao estudo, e a explicação deve levar em consideração todos eles. Afastam-se assim todas estas argumentações caprichosas em que o autor passa, a seu bel-prazer, de um assunto a outro, toma suas provas às mais heterogêneas categorias. Ademais, evita-se uma falha que cometem ainda os melhores trabalhos de sociologia, por exemplo o de Frazer sobre o totemismo. Esta falha é a de haver reunido unicamente os fatos favoráveis à tese e em não ter pesquisado suficientemente os fatos contrários. Em geral, não há suficiente preocupação com a integração de todos os fatos numa teoria; só são reunidos aqueles que se sobrepõem exatamente. Ora, com boas definições iniciais, todos os fatos sociais de uma mesma ordem se apresentam e se impõem ao observador, e fica-se na obrigação de explicar não apenas as concordâncias, mas também as diferenças.

Observação dos fatos

Como vimos, a definição supõe uma primeira visão geral dos fatos, uma espécie de observação provisória. É preciso falar agora da observação metódica, isto é, daquela que estabelece cada um dos fatos enunciados. A observação dos fatos sociais não é, como se poderia crer à primeira vista, um puro processo narrativo. A sociologia deve fazer mais do que descrever os fatos, deve, na realidade, constituí-los. Em primeiro lugar, como em qualquer outra ciência, em sociologia não existem fatos brutos passíveis, por assim dizer, de serem fotografados. Toda observação científica refere-se a fenômenos metodicamente escolhidos e isolados dos outros, isto é, abstraídos. Os fenômenos sociais, mais do que todos os outros, não podem ser estudados de uma vez em todos os seus detalhes, em todas as suas relações. São demasiado complexos para que não se proceda por abstrações e por divisões sucessivas das dificuldades. Mas a observação sociológica, se abstrai os fatos, não é menos escrupulosa e cuidadosa em estabelecê-los exatamente. Ora, os fatos sociais são muito difíceis de serem captados e desenredados através dos documentos. É ainda mais delicado analisá-los, e, em alguns casos, de dar-lhes mensurações aproximativas. São, pois, necessários processos especiais e rigorosos de observação; são necessários, para usar a linguagem habitual, métodos críticos. O emprego destes métodos varia naturalmente com os fatos variados que a sociologia observa. Assim é que existem meios diferentes para analisar um rito religioso e para descrever a formação de uma cidade. Mas o espírito, o método do trabalho permanecem idênticos, e só é possível classificar os métodos críticos de acordo com a natureza dos documentos aos quais se aplicam: existem os documentos estatísticos, quase todos modernos, recentes, e os documentos históricos. Os nume-

ENSAIOS DE SOCIOLOGIA

rosos problemas levantados pela utilização destes documentos são bastante diferentes, ao mesmo tempo que bastante análogos.

Em todo trabalho que se apóia em documentos estatísticos é importante, indispensável, expor cuidadosamente a maneira pela qual se chegou aos dados de que se lança mão. Porque, no estado atual das diversas estatísticas judiciárias, econômicas, demográficas, etc., cada documento exige a mais severa crítica. Consideremos, com efeito, os documentos oficiais, que, em geral, oferecem mais garantias. Estes mesmos documentos devem ser examinados em todos os seus detalhes, e é mister conhecer bem os princípios que presidiram sua confecção. Sem minuciosas precauções, corre-se o risco de chegar a dados falsos: assim, é impossível usar as informações estatísticas sobre o suicídio da Inglaterra, porque, neste país, para evitar os rigores da lei, a maior parte dos suicídios são declarados sob o nome de morte em conseqüência de loucura; a estatística é, assim, viciada em seu fundamento. Ademais, é mister ter o cuidado de reduzir a fatos comparáveis os dados de origens diversas de que se dispõe. Por não haverem procedido desta maneira, muitos trabalhos de sociologia moral, por exemplo, contêm graves erros. Compararam-se números que não têm de modo algum a mesma significação nas diversas estatísticas européias. Com efeito, as estatísticas são baseadas nos códigos, e os diversos códigos não têm nem a mesma classificação nem a mesma nomenclatura; por exemplo, a lei inglesa não distingue o homicídio por imprudência do homicídio voluntário. Além disso, como toda observação científica, a observação estatística deve procurar ser a mais exata e a mais detalhada possível. Efetivamente, com freqüência o caráter dos fatos muda quando uma observação geral é substituída por uma análise cada vez mais precisa; assim um mapa, por distritos, do suicídio em França, leva a observar fenômenos diferentes daqueles que aparecem num mapa por departamentos.

No que se refere aos documentos históricos ou etnológicos, a sociologia deve adotar, *grosso modo*, os processos da "crítica histórica". Não pode servir-se de fatos inventados e, por conseguinte, deve estabelecer a verdade das informações de que se serve. Estes processos de crítica são de um emprego tanto mais necessário quanto os sociólogos foram censurados com freqüência, e não sem razão, por sua negligência em empregá-los; utilizaram-se, por exemplo, sem muito discernimento, as informações dos viajantes e dos etnógrafos. O conhecimento das fontes, uma crítica severa teriam permitido aos sociólogos dar uma base incontestável às suas teorias referentes às formas elementares da vida social. Aliás, pode-se esperar que os progressos da história e da etnografia facilitarão sempre mais o trabalho, fornecendo informações incontestáveis. A sociologia só pode esperar vantagens dos processos destas duas disciplinas. Mas, ainda que o sociólogo tenha as mesmas exigências críticas do historiador, deve conduzir sua crítica segundo princípios diferentes, visto que estuda os fatos num outro espírito, em vista de outro objetivo. Primeiramente, só observa, na medida do possível, os fatos sociais, os fatos profundos; e sabe-se quão recentes são preocupações deste gênero nas ciências históricas, onde há falta, por exemplo, de numerosas e boas histórias da organização econômica mesmo em nossos países. Depois, a sociologia não faz aos fatos perguntas insolúveis e cuja solução só ofereça, além disso, escasso valor explicativo. Assim, na ausência de monumentos certos, não é indispensável datar com exatidão o Rig-Veda: a coisa é impossível e, no fundo, indiferente. Não há necessidade de conhecer a data de um fato social, de um ritual de orações para servir-se dele em sociologia, contanto que se conheçam seus antecedentes, seus concomitantes e seus conseqüentes, numa palavra, todo o quadro social que o cerca. Enfim, o sociólogo não pesquisa exclusivamente o detalhe singular de cada fato. Depois de terem feito sobretudo a biografia de grandes homens e de tiranos, os historiadores tentam, agora, sobretudo fazer biografia coletiva. Detêm-se nos matizes particulares dos costumes, das crenças de cada grupo, pequeno ou grande. Procuram aquilo que separa, aquilo que singulariza, e tendem a descrever aquilo que há, de certo modo, de inefável em cada civilização; por exemplo, crê-se geralmente que o estudo da religião védica é reservado únicamente aos sanscritistas. O sociólogo, ao contrário, procura encontrar nos fatos sociais aquilo que é geral e, ao mesmo tempo, aquilo que é característico. Para ele, uma observação bem conduzida deve dar um resíduo definido, uma expressão suficientemente adequada do fato observado. Para servir-se de um fato social determinado não é necessário o conhecimento integral de uma história, de uma língua, de uma civilização. O conhecimento relativo, mas exato, deste fato é suficiente para que possa e deva entrar no sistema que a sociologia quer edificar. Porque, se em numerosos casos é ainda indispensável para o sociólogo remontar às últimas fontes, a falha não é devida aos fatos, mas aos historiadores que não souberam fazer sua verdadeira análise. A sociologia exige observações seguras, impessoais, utilizáveis para quem quer que venha a estudar fatos da mesma ordem. O pormenor e o âmbito de todos os fatos são infinitos, e ninguém nunca poderá esgotá-los; a história pura jamais deixará de descrever, de matizar, de circunstanciar. Ao contrário, uma observação sociológica feita com cuidado, um fato bem estudado, analisado em sua integridade, perde quase toda data, exatamente como uma observação de médico, uma experiência extraordinária de laboratório. O fato social,

ENSAIOS DE SOCIOLOGIA

cientificamente descrito, torna-se um elemento de ciência, e deixa de pertencer a tal ou tal país, a tal ou tal época. Está por assim dizer colocado, por força da observação científica, fora do tempo e fora do espaço.

Sistematização dos fatos

A sociologia não especula, como não o faz qualquer outra ciência, sobre puras idéias e não se limita a registrar os fatos. Tende a dar-lhes um sistema racional. Procura determinar suas relações de modo a torná-los inteligíveis. Resta-nos falar dos processos pelos quais estas relações podem ser determinadas. Algumas vezes, aliás mui raramente, encontramo-los por assim dizer inteiramente estabelecidos. Com efeito, existem em sociologia, como em toda ciência, fatos tão típicos que basta analisá-los devidamente para descobrir logo certas relações insuspeitadas. Foi um fato deste gênero que Fison e Howitt encontraram, quando lançaram nova claridade sobre as formas primitivas da família, explicando o sistema do parentesco e das classes exogâmicas em certas tribos australianas. Mas, em geral, não atingimos diretamente, pela simples observação, fatos cruciais. É necessário, pois, empregar todo um conjunto de processos metódicos especiais para estabelecer as relações que existem entre os fatos. Aqui a sociologia se encontra num estado de inferioridade com relação a outras ciências. A experimentação não é possível; não se pode suscitar, voluntariamente, fatos sociais típicos para, em seguida, estudá-los. É mister, pois, recorrer à comparação dos diversos fatos sociais de uma mesma categoria em diversas sociedades, a fim de procurar depreender sua essência. No fundo, uma comparação bem conduzida pode dar, em sociologia, resultados equivalentes aos de uma experimentação. Procede-se mais ou menos como os zoólogos, como procedeu particularmente Darwin. Este não pôde, salvo para uma única exceção, realizar verdadeiras experiências e criar espécies variadas; teve de fazer um quadro geral dos fatos que conhecia referentes à origem das espécies; e foi da comparação metódica destes fatos que deduziu suas hipóteses. Da mesma forma, em sociologia, Morgan, tendo constatado a identidade do sistema familial iroquês, havaiano, fidji, etc., pôde formular a hipótese do clã por descendência materna. Aliás, em geral, quando a comparação foi manejada por verdadeiros cientistas, sempre deu bons resultados em matéria de fatos sociais. Mesmo quando não deixou resíduo teórico, como nos trabalhos da escola inglesa antropológica, ao menos conseguiu levantar uma classificação geral de grande número de fatos.

Quanto ao mais, a gente se esforça e é preciso esforçar-se por tornar a comparação sempre mais exata. Certos autores, entre outros Tylor e Steinmetz, chegaram mesmo

SOCIOLOGIA

a propor e a empregar, o primeiro a propósito de casamento, o segundo a propósito da pena e do endocanibalismo, um método estatístico. As concordâncias e as diferenças entre os fatos constatados são aí expressas em números. Mas os resultados deste método estão longe de serem satisfatórios, pois se nomeiam fatos colhidos das sociedades mais diversas e mais heterogêneas, e registrados em documentos de valor totalmente desigual. Atribui-se assim excessiva importância ao número das experiências, dos fatos acumulados. Demonstra-se pouco interesse pela qualidade destas experiências, por sua certeza, pelo valor demonstrativo e pela comparabilidade dos fatos. Provavelmente é preferível renunciar a tais pretensões de exatidão, e é melhor ater-se a comparações elementares, mas severas. Em primeiro lugar, é importante só aproximar fatos da mesma ordem, isto é, fatos que entram na definição estabelecida no começo do trabalho. Assim, será conveniente, na teoria da família, a propósito do clã, reunir apenas fatos de clã e não reunir com eles informações etnográficas que na realidade se referem à tribo e ao grupo local, com freqüência confundidos com o clã. Em segundo lugar, é preciso alinhar os fatos assim reunidos em séries cuidadosamente constituídas. Em outras palavras, dispõem-se as diferentes formas que apresentam segundo uma ordem determinada, seja uma ordem de complexidade crescente ou decrescente, seja uma ordem qualquer de variação. Por exemplo, numa teoria da família patriarcal, colocar-se-á a família hebraica debaixo da família grega, esta debaixo da família romana. Em terceiro lugar, diante desta série, dispõem-se outras séries, constituídas da mesma maneira, compostas de outros fatos sociais. E é das relações que se percebem entre estas diversas espécies que se vêem desprenderem-se as hipóteses. Por exemplo, é possível ligar a evolução da família patriarcal à evolução da cidade: dos hebreus aos gregos, destes aos romanos; no próprio direito romano, vê-se o poder paterno crescer à medida que a cidade se fecha.

Caráter científico das hipóteses sociológicas

Chega-se assim a inventar hipóteses e a verificá-las, com a ajuda de fatos bem observados, para um problema bem definido. Naturalmente estas hipóteses não são forçosamente justas; bom número daquelas que hoje nos parecem evidentes serão abandonadas um dia. Mas se não trazem este caráter de verdade absoluta, trazem todas os caracteres de hipóteses científicas. Em primeiro lugar, são verdadeiramente explicativas; dizem o porquê e o como das coisas. Aí não se explica uma regra jurídica como aquela da responsabilidade civil pela clássica "vontade do legislador", ou pelas "virtudes" gerais da natureza humana que teriam

30 ENSAIOS DE SOCIOLOGIA

racionalmente criado esta instituição. É explicada por toda a evolução do sistema da responsabilidade. Em segundo lugar, elas têm este caráter de necessidade e, por conseguinte, de generalidade que é o da indução metódica e que talvez permita até, em alguns casos, a previsão. Por exemplo, pode-se quase estabelecer como lei que as práticas rituais tendem a rarefazer-se e a espiritualizar-se no decurso do desenvolvimento das religiões universais. Em terceiro lugar, e aí está, em nossa opinião, o ponto mais importante, tais hipóteses são eminentemente criticáveis e verificáveis. Pode-se, num verdadeiro trabalho de sociologia, criticar cada um dos pontos tratados. Estamos longe desta poeira impalpável dos fatos ou destas fantasmagorias de idéias e de palavras que o público com freqüência aceita por sociologia, mas onde não há idéias precisas nem sistema racional nem estudo cerrado dos fatos. A hipótese torna-se um elemento de discussão precisa; pode-se contestar, retificar o método, a definição inicial, os fatos invocados, as comparações estabelecidas; de tal sorte que há aí, para a ciência, progressos possíveis.

Aqui, é preciso prever uma objeção. Ter-se-ia a tentação de dizer que a sociologia, antes de se edificar, deve fazer um inventário total de todos os fatos sociais. Assim, pedir-se-ia ao teórico da família que tivesse feito o exame completo de todos os documentos etnográficos, históricos, estatísticos, relativos a esta questão. Devem-se temer tendências deste gênero em nossa ciência. A timidez diante dos fatos é tão perigosa como a excessiva audácia, as abdicações do empirismo tão funestas como as generalizações apressadas. Primeiramente, se a ciência requer exames dos fatos sempre mais completos, em parte alguma exige um inventário total, aliás impossível. O biólogo não esperou observar todos os fatos de digestão, em todas as séries de animais, para tentar as teorias da digestão. O sociólogo deve fazer o mesmo; também ele não tem necessidade de conhecer a fundo todos os fatos sociais de uma determinada categoria para elaborar a teoria. Deve passar imediatamente à obra. A conhecimentos provisórios, mas cuidadosamente enumerados e precisados, correspondem hipóteses provisórias. As generalizações feitas, os sistemas propostos, valem momentaneamente para todos os fatos conhecidos e desconhecidos da mesma ordem que os fatos explicados. Tem-se a liberdade de modificar as teorias à medida em que novos fatos chegam a ser conhecidos ou à medida em que a ciência, todos os dias mais exata, descobre novos aspectos nos fatos conhecidos. Fora destas aproximações sempre mais cerradas dos fenômenos, só há lugar para discussões dialéticas ou enciclopédias eruditas, ambas sem verdadeira utilidade, visto que não propõem explicação alguma. E, além disso, se o trabalho de indução foi feito com método,

SOCIOLOGIA

não é possível que os resultados aos quais o sociólogo chega sejam despidos de toda realidade. As hipóteses exprimem fatos, e, por conseguinte, possuem sempre ao menos uma parcela de verdade: a ciência pode completá-las, retificá-las, transformá-las, mas nunca deixa de utilizá-las.

3. DIVISÃO DA SOCIOLOGIA

A sociologia pretende ser uma ciência e ligar-se à tradição científica estabelecida. Mas não é menos livre face às classificações existentes. Pode repartir o trabalho de maneira diversa daquela posta em prática até aqui.

Em primeiro lugar, a sociologia considera como seu um certo número de problemas que, até aqui, dependiam de ciências que não são "ciências sociais". Decompõe estas ciências, abandonando-lhes aquilo que é seu objeto próprio e retém todos os fatos de ordem exclusivamente social. Assim é que a geografia tratava até hoje das questões de fronteira, de vias de comunicação, de densidade social, etc. Ora, estas não são questões de geografia, mas questões de sociologia, visto que não se trata de fenômenos cósmicos, mas de fenômenos referentes à natureza das sociedades. Da mesma forma, a sociologia apropria-se dos resultados já adquiridos pela antropologia criminal referentes a um certo número de fenômenos que são, não fenômenos somáticos, mas fenômenos sociais.

Em segundo lugar, entre as ciências às quais ordinariamente se dá o nome de "ciências sociais", algumas há que, para falar com propriedade, não são ciências. Não têm mais do que uma unidade fictícia, e a sociologia deve dissociá-las. É o caso da estatística e da etnografia, ambas consideradas como formando ciências à parte, quando não fazem mais do que estudar, de acordo com seus respectivos processos, os fenômenos mais diversos, na realidade dependentes de diferentes partes da sociologia. A estatística, como vimos, não é senão um método para observar fenômenos variados da vida social moderna. Hoje, a estatística estuda, indiferentemente, fenômenos sociais, morais e econômicos. Em nossa opinião, não deve haver aí estatísticos, mas sociólogos que, para estudar os fenômenos morais, econômicos, para estudar os grupos, fazem estatística moral, econômica, demográfica, etc. O mesmo acontece com a etnografia. Esta tem, como única razão de sua existência, a tarefa de consagrar-se ao estudo dos fenômenos que se passam em nações ditas selvagens. Estuda indiferentemente os fenômenos morais, jurídicos, religiosos, as técnicas, as artes, etc. A sociologia, ao contrário, não distingue naturalmente entre as instituições das populações "selvagens" e aquelas das nações "bárbaras" ou "civilizadas". Faz entrar em suas definições os fatos mais elementares e os fatos

32 ENSAIOS DE SOCIOLOGIA

mais evoluídos. E, por exemplo, num estudo da família ou da pena, ver-se-á obrigada a considerar tanto os fatos "etnográficos" como os fatos "históricos", que são todos da mesma maneira fatos sociais e que só diferem pelo modo como são observados.

Em contrapartida, a sociologia adota e faz suas as grandes divisões, já percebidas pelas diversas ciências comparadas das instituições de que pretende ser herdeira: ciências do direito, das religiões, economia política, etc. Deste ponto de vista, divide-se com muita facilidade em sociologias especiais. Mas adotando esta repartição, não segue servilmente as classificações usuais que, em sua maioria, são de origem empírica ou prática, como por exemplo as da ciência do direito. Sobretudo não estabelece entre os fatos estes compartimentos estanques que ordinariamente existem entre as diversas ciências especiais. O sociólogo que estuda os fatos jurídicos e morais deve, com freqüência, para compreendê-los, pesquisar os fenômenos religiosos. Aquele que estuda a propriedade deve considerar este fenômeno sob seu duplo aspecto jurídico e econômico, ao passo que estes dois aspectos de um mesmo fato são ordinariamente estudados por diferentes cientistas.

Assim, mesmo ligando-se estreitamente às ciências que a precederam, mesmo apropriando-se de seus resultados, a sociologia transforma suas classificações. É de notar, aliás, que todas as ciências sociais tenderam, nos últimos anos, a aproximar-se progressivamente da sociologia; tornam-se cada vez mais partes especiais de uma única ciência. A única diferença é que, quando esta chega ao estado de verdadeira ciência, com um método consciente, muda profundamente o próprio espírito da pesquisa e pode conduzir a resultados novos. Por isso, ainda que numerosos resultados possam ser conservados, cada parte da sociologia não pode coincidir exatamente com as diversas ciências sociais existentes. Por si mesmas, elas se transformam, e a introdução do método sociológico já mudou e mudará a maneira de estudar os fenômenos sociais.

Os fenômenos sociais dividem-se em duas grandes ordens. De uma parte, existem os grupos e suas estruturas. Há, pois, uma parte especial da sociologia que pode estudar os grupos, o número dos indivíduos que os compõem e as diversas maneiras pelas quais são dispostos no espaço: é a morfologia social. De outra parte, existem os fatos sociais que se passam nestes grupos: as instituições ou as representações coletivas. Estas constituem, para falar com verdade, as grandes funções da vida social. Cada uma destas funções, religiosa, jurídica, econômica, estética, etc., deve ser primeiro estudada à parte e constituir o objeto de uma série de pesquisas relativamente independentes. Deste ponto de vista, há portanto uma sociologia religiosa, uma sociologia

SOCIOLOGIA 33

moral e jurídica, uma sociologia tecnológica, etc. Depois, feitos todos estes estudos especiais, seria possível constituir uma última parte da sociologia, a sociologia geral, que teria como finalidade pesquisar aquilo que constitui a unidade de todos os fenômenos sociais.

BIBLIOGRAFIA

1º Sobre a história da sociologia: Espinas, *Sociétés animales* (prefácio), 1867. — Lévy-Brühl, *La philosophie d'Auguste Comte*, 1900. — Fouillée, *La science sociale contemporaine*, 1855. — Durkheim, "Les sciences morales en Allemagne", em *Revue philosophique*, ano 1887; "La sociologie en France au XIXᵉ siècle", em *Revue bleue*, maio de 1900. — Bouglé, *Les sciences sociales en Allemagne*, 1896. — Groppali, "La sociologie en Amerique", em *Annales de l'Inst. internat. de sociologie*, 1900.

2º Sobre a sociologia em geral: Comte, *Cours de philosophie positive* (vol. IV-VI). — Spencer, *Social Statics; Descriptive Sociology*, 1874 e seguintes; *Principles of Sociology*, 1876 e seguintes, trad. franc., 1887; *The Study of Sociology*, 1873, trad. franc., 1880, etc. — Schäffle, *Bau und Leben des sozialen Körpers*, 1875-81. — Espinas, *op. cit.*, — De Greef, *Introduction à la sociologie*, 1886-89; *Transformisme social*, 1894. — Gumplowicz, *Grundiss der Sociologie*, 1885 — Tönnies, *Gemeinschaft und Gesellschaft*, 1887. — Tarde, *Les lois de l'imitation*, 1890-95; *Logique sociale*, 1895, etc. — Lester Ward, *Dynamic Sociology*, 1897; *Outlines of Sociology*, 1898. — Small, *An Introduction mic Sociology*, 1897; *Outlines of Sociology*, 1898. — Small, *An Introduction to the Study of Society*, 1894. — Giddings, *Principles of Sociology*, 1896. — Entre as principais obras da escola organicista estão: Novicow, *La lutte entre les sociétés humaines*, 1893; *Conscience et volonté sociales*, 1896, etc. — Worms, *Organisme et société*, 1896. — Massart et Vandervelde, *Parasitisme organique et parasitisme social*. — Demoor, Massart et Vandervelde, *Evolution régressive en bio·logie et en sociologie*, 1897.

3º Os principais periódicos consagrados à sociologia propriamente dita são os seguintes: *Revue internationale de sociologie; Annales de l'Institut international de sociologie; Année sociologique; Zeitschrift für Sozialwissenschaft; Rivista Italiana di Sociologia; American Journal of Sociology.*

4º Sobre o método da sociologia: Comte, *op. cit.*, — Stuart Mill, *Logique*, I. VI. — Durkheim, *Règles de la méthode sociologique*, 1898. — Langlois et Seignobos, *Introduction aux études historiques*, 1898. — Tylor, "On a Method of Investigating the Development of Institutions etc.", em *Journal of the Anthropological Institute*, XVIII, 1889. — Steinmetz, *Studien zur ersten Entwicklung der Strafe*, 1893-95 (Introdução). — "Classification des types sociaux", em *Année sociologique*, 1900.

2. Divisões e Proporções das Divisões da Sociologia (1927)*

INTRODUÇÃO

O plano do *Année sociologique*, nova série, permanece o mesmo da série precedente. Nada alteramos do quadro que Durkheim havia elaborado lentamente. Seguimos a ordem antiga; os fatos continuam repartidos entre as seis rubricas habituais: sociologia geral, religiosa, jurídica e moral, econômica, morfologia social; e entre as três ciências que de maneira pouco feliz agrupamos sob o nome de diversos: tecnologia, estética, lingüística.

Sejamos francos. Em favor desta disposição só invocamos duas razões de oportunidade. De uma parte, queremos continuar uma tradição respeitável e também não confundir os antigos e fiéis leitores do *Année sociologique*. De outra, se permanecemos dentro das antigas divisões do *Année*, é porque não podemos verdadeiramente mudá-las de pronto. Nós ainda não nos desligamos e não sabemos desligar-nos das antigas disciplinas: direito, história religiosa, economia política, de que saíram nossas especialidades. E, todos juntos, não estamos prontos para um esforço de renovação que talvez ainda não se imponha e que seguramente é muito grande para o punhado que resta dos discípulos de Durkheim. Efetivamente, faltam-nos especialistas da morfologia social, da lingüística, da tecnologia e da estética puramente sociológicas: sua intervenção teria mudado tanto o próprio aspecto de nossos estudos como — o que é relativamente secundário — as proporções das próprias

---

* Extraído do *Année sociologique*, nova série, 2. [*Oeuvres*, v. III, pp. 178-245].

partes do *Année sociologique*. Enfim, tendo todos muito a fazer em nossos próprios domínios, falta-nos o tempo necessário e não temos a coragem de romper com aquilo que sabemos ser uma moda de nossa ciência, um tempo de seu desenvolvimento, mais do que seu fundo e sua verdade.

Esta é uma confissão necessária. Não há dúvida de que, se a guerra e a doença não nos tivessem arrebatado quer o nosso mestre, quer também nossos mais preciosos colaboradores, quer os mais belos anos de nossa vida; se Durkheim tivesse continuado a "fazer" o *Année* teria chegado a dar-lhe formas mais exatas e proporções mais harmoniosas. Um quarto de século depois da fundação do *Année* teria revisado esta distribuição; tê-la-ia posto à altura de seus lentos progressos, ou, ao menos, tê-la-ia orientado na direção daquilo que ela tende a ser; teria no mínimo se esforçado para dar-lhe melhor ordem, melhores proporções a cada parte; sobretudo creio que teria ao menos indicado outra divisão dos fatos que não aquela que havia adotado e enriquecido, mas sobre a qual sempre manteve certa reserva — como se verá. Mesmo se não tivesse podido renovar a ordem que havia adotado, não teria deixado de indicar aquela que lhe parecia dever impor-se um dia.

Teria assim convocado para a reforma de nossos estudos uma geração de trabalhadores mais numerosa, porém sobretudo mais desligada dos preconceitos antigos, pois tê-los-ia esquecido pela virtude mesmo de sua juventude. Estes trabalhadores ter-se-iam afastado das disciplinas nutrizes às quais fora necessário impor ou sobrepor, ou opor a consideração sociológica dos fatos que elas já estudavam. Naturalmente libertada, esta nova equipe, sob direção, talvez teria chegado ao objetivo.

Em todo caso e antes de tudo, escrupuloso diante dos fatos e conhecedor da verdade, teria reconhecido falhas inevitáveis às quais nos resignamos como ele se havia resignado. É mister, pois, no começo desta nova fase do *Année sociologique*, que indiquemos com consciência os limites que vemos nos resultados obtidos por nosso próprio trabalho. A confissão da ignorância é o primeiro dever do estudioso. Não possuímos a chave do enigma, e talvez nem mesmo a última palavra no tempo. Entreter esta ilusão em nossos leitores seria realmente perigoso. Neste jogo, poderíamos perder a autoridade que nos vem de Durkheim. Saibamos, pois, criticar-nos a nós mesmos, e digamos que o número, a ordem, as proporções das divisões da sociologia tais como os apresentamos aqui não correspondem à realidade, aos fatos, mas ao estado atual de nossas ciências e também ao estado de nossos próprios conhecimentos. Mesmo estas divisões em compartimentos e os princípios destas divisões devem ser examinados.

DIVISÕES E PROPORÇÕES 37

CAPÍTULO 1. ORDEM DAS PARTES DA SOCIOLOGIA

A ordem que continuamos a seguir apresenta dois grandes inconvenientes. Nem a *sociologia geral*, nem a *morfologia social* estão em seus lugares.

A *morfologia social* reúne muitas ciências, em geral indevidamente separadas, mal definidas e, quando são ligadas, o arranjo é ainda pior: como a demografia e a antropogeografia (cf. Durkheim, *Année sociologique*, 3). Nós mesmos deveríamos articulá-la melhor; sobretudo no que se refere à demografia, recanto sombrio da estatística, que é preciso isolar melhor: de um lado, estatística moral, e, de outro, o estudo dos diversos grupos e organizações sociais (profissões, classes, etc.). — Em todo caso, todo o conjunto dos estudos morfológicos deveria ser mais nitidamente separado dos outros. A morfologia é uma parte, quase uma metade primordial, e uma das mais independentes da sociologia. Deve ser isolada em particular de todo estudo fisiológico, mesmo se não for abstraída das outras partes da sociologia. Os fenômenos morfológicos têm um aspecto material, numerável, graficamente representável (por mapas e diagramas), extraordinariamente marcado. Dependem uns dos outros, a tal ponto que parecem formar um domínio à parte no domínio social. Portanto sua rubrica deveria ser, em nossa opinião, quer a última, quer a primeira de nossas rubricas de fatos. A primeira, se considerarmos que o corpo material de cada sociedade tal como se apresenta no tempo e no espaço: número de indivíduos, movimento e estado estável da população, de suas gerações, circulação, limitação terrestre, condições geográficas e adaptação ao solo, deveriam ser, deste ponto de vista, o primeiro objeto de nossos estudos especiais ou gerais. Ou então, se estudarmos a repartição geográfica e demográfica das diferentes organizações sociais, por exemplo, dos templos e das profissões no interior da sociedade, ela deveria vir em último lugar. Em todo caso, ela está mal colocada no ponto em que se encontra na *Année sociologique*, depois das três sociologias especiais (religiosa, jurídica e econômica) e antes das disciplinas que classificamos com ela, sob o título geral e insignificante de "Diversos". Estas disciplinas, *tecnologia, estética* e *lingüística sociológicas,* são, como as três primeiras, igualmente ciências não do grupo enquanto material, mas de suas práticas, de suas representações; fazem parte da fisiologia ou psicologia social. Colocamos a *morfologia* à testa dos *Diversos,* para dar-lhe um lugar de honra, mas este lugar é mau. Voltaremos a falar destas proporções e trataremos mais uma vez desta questão de ordem.

38   ENSAIOS DE SOCIOLOGIA

Para a *sociologia geral,* o problema é ainda mais complicado. Deveria ser dividida em duas. Uma parte, *história das idéias, método, teoria geral,* poderia ficar à testa da *Anneé.* Efetivamente, refere-se àquilo que introduz à sociologia. Poderia ser intitulada Preliminares, visto que se trata de coisa da porta e não do arcano. Mas toda uma outra parte deveria, ao contrário, ser apresentada à parte, cuidadosamente separada de todo o resto, como conclusão da *Année* e de suas diversas secções. É aquela que se refere, não a tais ou tais ordens de fenômenos sociais, mas à totalidade dos fenômenos sociais. Compõem-na quatro rubricas que, aliás, tomaram um tal desenvolvimento nestes últimos anos, que fizeram progressos tão sensíveis — progressos referentes ao número dos fatos constatados e à qualidade das teorias que os agrupam — que seguramente será impossível permanecer ainda no ponto em que nos encontramos.

Antes de tudo, avançou o estudo dos sistemas de fatos sociais, daqueles fatos sociais que ultrapassam o círculo das sociedades determinadas e se estendem a áreas e a famílias de sociedades, numa palavra, aquele dos fenômenos bastante mal agrupados sob o nome de *civilização.* Numerosos trabalhos são tidos como inspirados na "etnografia", no método da "história da cultura", no da "morfologia da civilização", nos das "áreas de civilização". Por conseguinte, a questão das relações que ligam a consideração sociológica aos fatos sociais coloca-se em termos totalmente diferentes daqueles de outrora, e precisa ser elucidada. Todos os estudos dos etnógrafos e dos historiadores não são nem independentes dos nossos, nem indiferentes aos nossos. Em princípio, não puderam ser empreendidos e evidentemente não fizeram progressos a não ser com os de outros estudos dos fatos sociais. Efetivamente, era necessário que os principais tipos de instituições jurídicas, econômicas, religiosas, os principais tipos de ferramentas, os das indústrias e das belas-artes fossem fixados, para que a extensão geográfica e a filiação histórica destes tipos pudessem ser estudadas. Só que a determinação do gênero permite sentir as particularidades de cada instituição, de cada técnica, etc., e, fazendo sentir suas particularidades, pode fazer aparecer as relações históricas. Sem este apoio da teoria sociológica, a história, freqüentemente impossível nestas matérias, não poderia discernir entre as sociedades que se supõe terem tido contato entre si. Além disso, estes contatos e estas filiações não podiam ser concebidos salvo quando as principais famílias de línguas e as principais raças fossem delimitadas. — Inversamente, uma melhor descrição histórica das relações de civilização entre as diversas sociedades reagirá necessariamente, em muitos pontos de vista, sobre nossos estudos. Eliminará, de uma parte, muitas das assim chamadas evoluções fatais que se teriam produzido independentemente

DIVISÕES E PROPORÇÕES

em tantas sociedades; mas, de outra parte, esta eliminação fará sobressair a necessidade de certas outras coincidências. Assim aparecerá o caráter não mais simplesmente histórico, mas natural, inerente à natureza social do homem, de certas instituições e modos de representações. Mas mesmo do ponto de vista histórico nossos trabalhos sociológicos se beneficiam: porque os fenômenos sociais — instituições, formas de objetos, maneiras de pensar, de se agrupar, de se reproduzir, etc. — aparecem enfim intimamente ligados a cada sociedade e à sua esfera de influência e não a razões humanas e psicológicas. A filtração do histórico e do social, do contingente e do acidental, do cronológico de uma parte, do necessário, do lógico e do racional de outra, far-se-á doravante de maneira mais perfeita. Aquilo que é verdadeiramente geral será melhor separado do particular. E no entanto todos estes fenômenos aparecerão claramente como sociológicos.

Outra série de questões cuja importância aumentou consideravelmente faz parte, sem dúvida, da sociologia: é aquela dos *sistemas sociais*. Da maneira pela qual procedemos, a maior parte do tempo e a maior parte dentre nós, o inconveniente é grande: as sociedades e os fenômenos de sua vida aparecem como coisas despedaçadas, rompidas em instituições, em noções, etc., separadas, divididas, especiais. As críticas mais sérias que os historiadores fizeram a nossos métodos são dirigidas à nossa maneira, ao ver deles, demasiado geral e, contudo, pouco sintética, de expor os fatos. M. Berr, se bem o compreendemos, nos numerosos prefácios aos livros de sua excelente coleção *L'Evolution de l'humanité*, repete antes de tudo e com freqüência esta observação relativamente legítima. Ela está dirigida, aliás, mais às palavras do sociólogo do que à sua maneira de trabalhar. Como toda ciência, a sociologia correu para o mais urgente, o mais fácil e o mais útil; abstraiu antes de procurar as relações profundas ou de descrever os conjuntos; ademais, o que fizemos foi apenas rotular um pequeno número de fatos quando teria sido necessário conhecê-los todos. Mas em primeiro lugar, num quarto de século de produção, Durkheim jamais perdeu de vista o problema do conjunto que é, no fundo, o da *Divisão do trabalho*, como o das *Formas elementares da vida religiosa*; e depois de Durkheim, Simiand, Hubert e outros, tivemos sempre o senso daquilo que há de específico em cada sociedade. Cada sistema de fatos sociais tem, efetivamente, sua essência, sua qüididade, quer esta limite tal ou tal tribo dita selvagem, quer constitua a individualidade, aquilo que se chama a alma, a psicologia — termos bastante impróprios — de um grande povo. Este estudo

40 ENSAIOS DE SOCIOLOGIA

dos arranjos gerais entre as diversas peças de que se compõe a maquinaria de uma sociedade: seu ajustamento a seu *habitat*, e sua aptidão, nestas condições, para criar coisas, para instituir costumes, ciência e belas-artes, enfim, para desenvolver seu caráter, sempre propusemos, no fundo, este estudo como fonte e como confluente definitivo de todos os nossos. Perdoar-se-nos-á se citarmos como exemplo deste trabalho a memória que aqui publicamos sobre as "Sociedades esquimós" com a colaboração de nosso saudoso Beuchat e também com a de Durkheim. E permitimo-nos propor como modelo aos historiadores as pesquisas que M. Granet acaba de publicar, em *Travaux de l'Année*, sobre a civilização em que se elaborou a China Imperial. A importância que atribuímos a livros como a bela *Histoire du peuple anglais* de M. Elie Halévy é outra prova de nossa boa vontade. Enfim, ver-se-á no decurso dos próximos anos o quanto nos interessam os acontecimentos que, estatisticamente numerosos desta vez, caracterizam a formação, sob nossos olhos, de novas sociedades. Seguramente tudo isto não passa de tentativas. Numerosos fatos deveriam ser aqui classificados em nome de numerosas teorias. Basta-nos mostrar, neste momento, o lugar ideal em que deveríamos localizar estes estudos: no fim da sociologia geral, em vez de deixá-los desgraçadamente picados, fragmentários e repartidos arbitrariamente entre muitas rubricas: Sistemas jurídicos e Sociologia Geral.

A produção destes últimos anos dirigiu-se para um terceiro problema. Seu interesse filosófico tornou-o popular. Agora é moda, graças ao nosso trabalho, interrogar a sociologia sobre as *origens da razão*, as formas primitivas do pensamento, etc. A gente se abstém, erradamente em nossa opinião, de estudar as formas evoluídas ou semi-eruditas. Em *Année*, estes problemas estão bastante mal repartidos entre a *sociologia geral* e a *sociologia religiosa*. Graças a M. Meillet, tocamos aí também em *sociologia lingüística*; ainda deveríamos voltar a isto alhures. Mas, repitamo-lo, sabemos que pertencem realmente a esta sociologia geral da qual Durkheim pôde esboçar bem cedo os lineamentos. Apenas que, em vez de fazer parte dos prolegômenos, formam as conclusões de nossas ciências e não só de uma parte destas, mas do todo. Neste domínio, as considerações parciais são infinitamente perigosas. Que, como Durkheim e eu supusemos, a noção de *classe* ou de *gênero* seja antes de origem jurídica; que como Hubert o disse, a noção de *tempo*, e que, como Durkheim o escreveu em *Formes élémentaires*, a noção de *alma* e, em páginas muito pouco notadas do mesmo livro, a noção de *todo*, sejam antes de origem religiosa ou simbólica, isto não significa que qualquer outra noção geral tenha tido o mesmo gênero de princípio. Absolutamente não acreditamos nisto. Restam a estudar muitas outras categorias, vivas e mortas, e muitas outras origens, em particular as categorias de natureza técnica. Para só citar os conceitos matemáticos, do *número* e do *espaço*, que jamais dirá o suficiente e com suficiente exatidão, a parte que a tecedura, a indústria de vime, o madeiramento, a arte náutica, a roda e o torno de oleiro tiveram nas origens da geometria, da aritmética e da mecânica: não deixaremos de lembrar as belas observações de Cushing, observador profundo e sociólogo genial, sobre os *Manual Concepts* (cf. *Année* 2). Não acabaríamos de mencionar as diversas atividades e também as diversas idéias cujas *formas* são, no fundo, idéias gerais, daquelas que ainda estão no fundo das nossas. Estes es̟udos das formas do pensamento, primitivo ou não, devem vir, no fim, coroar nossos estudos e sintetizá-los.

Neste último lugar da Sociologia Geral, dever-se-ia encontrar um quarto grupo de pesquisas: as de *política* ou *teoria do Estado*, e também, ocasionalmente, as da aplicação da *política* e da Moral, das quais vamos tratar. Ainda as repartimos muito mal: de uma parte, à testa da *Année*, com a *sociologia geral*, e atribuindo-as, de outra parte, quer à *sociologia jurídica* quer à *econômica*. Mas, esta repartição não leva em consideração, em primeiro lugar, uma das grandes descobertas dos tempos modernos, imposta pela evidência, pelos fatos freqüentemente cruéis: parte importante de nossa vida social e política é, na realidade, não política, mas técnica e econômica, segundo predomine o problema do instrumental da indústria ou o de seu rendimento em valor. Ademais, mesmo esta consideração, quase exclusiva em certas escolas, daquilo que se confunde sob o nome de fenômenos econômicos é ainda falsa porque estes fatos são também fatos demográficos ou técnicos. M. Simiand demonstrou-o com freqüência a propósito dos fenômenos econômicos propriamente ditos: o que explica um fato social não é tal ou tal ordem de fatos, mas o conjunto de fatos sociais. Por exemplo, o recrutamento de uma mão-de-obra, o estabelecimento de uma indústria, a conquista de um mercado requerem o homem prático, o comerciante, o industrial, o financeiro e o sábio, isto é, coisa bem diferente e outros indivíduos que não operários; além de valores ou de máquinas requerem também: um solo, propriedade de tal ou tal em tal ou tal região; e, acima de tudo, uma aglomeração de homens já treinados para esta ou aquela profissão ou aptos para serem treinados, e outra para o escoamento dos produtos; necessidades a satisfazer ou a suscitar e os meios monetários adequados. Dados todos que não

ENSAIOS DE SOCIOLOGIA

são mais simplesmente econômicos, mas uns morfológicos, outros psicológicos — como se diz de maneira bastante imprópria —, querendo dizer com isto, de ordem tradicional, institucional ou ideal, ou simplesmente de opinião pública, como a moda. No fundo, todos os estudos políticos, todas as conclusões práticas de nossas ciências, todas as doutrinas de conservação, como todos os projetos de reforma, de organização ou de revolução social, todas as justificações *a posteriori* de fatos firmados, todas as descrições de sociedade futura e mesmo os sonhos tão em voga, exageradamente em voga, de nosso tempo, têm como objeto, a cada instante, a totalidade do corpo social, mesmo quando só pretendem considerar um órgão deste corpo; exatamente como o remédio interno do médico, na maior parte dos casos, age não somente sobre a parte do corpo que pretende curar, mas sobre todo o indivíduo. É por isso que, em nossa opinião — e ainda que, em certos casos, tal ou tal parte da ciência social possa indicar ocasionalmente tal ou tal solução prática de um problema que levanta — a maior parte das pesquisas políticas deveriam ser precedidas de pesquisas que fossem muito além do domínio que arbitrariamente se lhes delimita.

Tomemos dois exemplos. Em França, na América e em toda parte põem-se na ordem do dia duas questões: a dos seguros sociais e a da imigração e da emigração correlativa. Em ambos os casos, os corpos legislativos e a opinião pública apelaram para os estudos positivos e convidaram sociólogos renomados a se lhes associarem: isto já demonstra que a sociologia serve para alguma coisa, mesmo que se trate de sociologia geral.

Os seguros sociais dependem, diz-se, da ciência econômica: com efeito, são os especialistas das Faculdades de Direito que debatem esta matéria em seu ensino. Mas quem não vê que a distinção é puramente escolástica e que só depende de acidentes universitários, do pedantismo corrente? O problema é, antes de tudo, de ordem estatística, demográfica. O número, o sexo, a idade dos assegurados, sua mortalidade, sua morbidez, sua natalidade, seus acidentes profissionais são dados essenciais. Isto transparece claramente do livro que M. J. Ferdinand-Dreyfus consagrou a esta questão em França. Por outro lado, o problema é moral, mais do que político ou econômico, porque é um princípio de justiça social, um fato de sentimento, para usar o termo exato, que faz escolher os benefícios dos assegurados, os encargos dos cotistas e repartir uns e outros. A sociologia só está aí para afinar, esclarecer, assegurar este sentimento, para torná-lo consciente e para orientar sua realização prática. E, como se vê, é a sociologia inteira e não unicamente a ciência econômica que desempenha sua função.

DIVISÕES E PROPORÇÕES

Do mesmo modo, é necessário o concurso de toda a sociologia para o estudo destes graves problemas atuais e prementes que suscitam, na América, a imigração e, alhures, a emigração. A direção destas diversas correntes, que podem e devem ser dirigidas e que de fato são dirigidas, com razão depende de um estudo ao mesmo tempo completo, exato e fino da sociedade para onde se emigra e dos elementos que emigram; é o que ressalta dos notáveis trabalhos que precederam uma legislação recente nos Estados Unidos e cujos efeitos são estudados neste momento particularmente por Miss E. Abbot. Não são mais suficientes estas secas estatísticas de origens, como aquelas às quais ainda se limitam nossos recenseamentos continentais. São todos os tipos de outros dados, são fatos estatísticos e não estatísticos, fatos morais, ideais, e outros, materiais e biológicos que neste momento são nomeados, pesados, divididos, comparados, escolhidos. É mister que a sociologia anote esta vitória de nossa ciência, este prestígio talvez um pouco excessivo, esta autoridade que se lhe confere um pouco ingenuamente no outro continente. Pela primeira vez na história, não só o problema da confecção de uma raça, mas o problema mais nobre da formação de uma nação, de sua constituição moral e física, se colocam lá de maneira consciente e são tratados de um modo que pretende ser racional. Trata-se de formar tanto uma estirpe quanto uma sociedade americanas com sua natureza moral tradicional e suas capacidades de desenvolvimento, morais, técnicas e intelectuais, compostas de um número ótimo de gente sadia e bela. Não há dúvida de que nem todos os argumentos empregados neste debate são ciência pura, e nem sequer são sempre positivos e honestos. Preconceitos, *a fortiori*, interesses sórdidos, eleitorais e mesmo privados, misturam-se a estudos de boa qualidade sociológica; às vezes, aquelas falhas estão dissimuladas sob estes estudos; mas esta hipocrisia é uma homenagem prestada à ciência. Enfim, o acaso também governa os acontecimentos. Não importa: acumularam-se fatos. Não se cuidou apenas que fossem registrados pelas Secretarias e Repartições, pelos Institutos de Pesquisas; amassou-se o fermento de uma reflexão moral racional que ainda os digere, talvez mais do que se crê, sob a longínqua influência das tradições políticas francesas. Lá se sabe que o problema da americanização é um problema de "civics". É exatamente assim que a questão deve ser colocada. Recrutamento material, antropológico, e recrutamento moral, econômico, técnico, educativo, devem ser objeto não somente de conhecimentos, mas também de escolhas. Eis como um grande povo põe todo seu sistema social, toda sua composição demográfica, ao mesmo tempo que todo seu destino e toda sua individualidade, sob a jurisdição de uma razão prática enfim esclarecida pela ciência e, em todo

44 ENSAIOS DE SOCIOLOGIA

caso, manejada racionalmente pelos sábios e pelo próprio povo.

Percebe-se assim o interesse destes estudos políticos de sociologia geral, mas percebe-se também seu lugar. Coroam e concluem nossa ciência. Escusamo-nos, pois, de não colocá-los na conclusão; escusamo-nos também de não saber desenvolvê-los suficientemente. Aliás, muitas outras partes da sociologia deveriam ser mais desenvolvidas.

CAPÍTULO 2. SOBRE AS PROPORÇÕES DAS PARTES DA SOCIOLOGIA

Escusamo-nos, do mesmo modo, de deixar às diversas partes da sociologia as proporções que lhes dá a *Année sociologique*, nestes volumes como naqueles da série precedente.

Não se deve assacar a Durkheim a exprobação de ter desconhecido esta falta de harmonia. Ninguém melhor do que ele teve consciência disto, nem o ocultou menos em seus escritos. Em seu ensino e em sua intimidade, indicava com particular cuidado as lacunas de seu saber e aquelas do saber sociológico em geral. Se não era avaro em sugestões e indicações, não era para mascarar fraquezas, mas para suscitar vocações, entusiasmos, pesquisas, para engajar novos espíritos em novos caminhos, para conquistar terreno. Uma de suas alegrias mais puras foi aquela que experimentou quando André Durkheim decidiu penetrar, pela sociologia, nos dédalos da lingüística e começou, sob os auspícios de M. Meillet, a estudar o fenômeno social talvez mais vasto, a linguagem. Do mesmo modo, as dores mais agudas que experimentou por ocasião da morte do filho foram as da perda de seus outros jovens colaboradores: eles deviam abrir novos caminhos à sua ciência; neles, perdia não somente amigos, mas com eles desapareciam também grandes esperanças intelectuais. Porque todos tinham, como ele, a preocupação de preencher os vazios, de fazer da sociologia um sistema compacto e sólido, de dar-lhe um equilíbrio como aquele que manifesta a parte da natureza de que ela trata. As quatro ciências sociais mais negligenciadas por nós são aquelas que agrupamos sob a rubrica informe de *Diversos*. Nesta parte do *Année*, tudo carece não só de ordem, como acabamos de ver, mas também de proporções.

Em primeiro lugar, a *morfologia social*, já muito mal situada, é por nós ainda quase desconhecida. Durkheim freqüentemente explicou em que grau a morfologia, o estudo da estrutura física das sociedades forma o ponto de partida e também o ponto de chegada de todos os estudos da vida social. Mas aqui é preciso novamente opor o pequeno espaço

DIVISÕES E PROPORÇÕES 45

que ocupa nestes volumes ao grande espaço que ocupa em nossos espíritos. Duas ciências consideráveis fazem parte dela: a demografia e a antropogeografia ou geografia humana, se aceitamos as denominações correntes. A demografia é inteiramente sociológica; a outra é, ao menos em grande parte, de nossa competência; em nossa opinião pessoal, é inteiramente de nossa competência; mas não faremos disto uma questão de Estado. Prestamos homenagem a estudos florescentes e quando se quer desenvolvê-los não se deve discutir a propósito de palavras mas a propósito de fatos com historiadores ou geógrafos que a isto se dedicam, como Febvre, ou geógrafos como Demangeon e Russel Smith. Contudo, a reunião de duas ciências atualmente muito separadas levará a novos progressos. De outro lado, um certo número de problemas até aqui puramente demográficos dependem evidentemente de toda a sociologia: por exemplo, o da natalidade põe evidentemente em questão a estrutura e até o funcionamento da família e não somente fatores biológicos puros. O da morbidez e da mortalidade, por exemplo, o da ação do clima sobre a saúde pública não se apresentam da mesma forma nas cidades e nos campos, nem de acordo com as diferentes classes da população. Enfim, enumeremos ainda alguns destes principais fenômenos morfológicos: aquele, tão importante neste momento, das alterações de estruturas — perdas de substância humana em conseqüência da guerra ou da família, destruições de sociedades inteiras, nascimentos de outras sociedades, grandes correntes humanas de imigração e de emigração; as distribuições urbanas e rurais em perpétuas variações; as comunicações intra-sociais e inter-sociais que se cruzam; os transportes de forças; e mesmo, desde agora, a questão das divisões e das manifestações internacionais de forças. Todos estes problemas supõem não só a demografia e a geografia das sociedades, mas ainda o conhecimento de sua vida total. Ora, a demografia como a geografia humana, e como a própria sociologia, apenas começam a aflorar estes temas capitais. Seu estudo também não está suficientemente articulado.

Voltaremos ainda uma terceira vez ao tema da morfologia social. Metodicamente ela é essencial.

As três outras partes da divisão *Diversos* da *Année sociologique* sofrem também desta falta de proporções. Mesmo nossos estudos e a sociologia inteira se ressentem da fraqueza e da pequena quantidade dos trabalhos que são consagrados à lingüística, à tecnologia e à estética. A pouca atenção que lhes podemos dedicar nos é mesmo penosa. Sobre alguns pontos: sobre a lingüística geral, graças sobretudo a Meillet e a seus discípulos; sobre a estética, a música, a poesia, graças sobretudo a von Hornbostel e

ENSAIOS DE SOCIOLOGIA

Heinz Werner, sobre as técnicas modernas, graças a von Gottl-Lilienfeld, grandes resultados foram conseguidos e a ciência fez notáveis e felizes progressos; teríamos gostado de registrá-los melhor. Esta falha é involuntária de nossa parte; ela teria desaparecido se Bianconi, Gelly, André Durkheim e outros ainda estivessem entre nós. Mas, é preciso repeti-lo alto e bom tom, os três grupos de fatos: lingüístico, técnico, estético têm, nos sistemas sociais, primitivos ou evoluídos, um lugar infinitamente maior do que aquele que sabemos dar-lhes aqui.

Em primeiro lugar, o fenômeno *lingüístico* é mais geral, mais característico da vida social do que qualquer outro fenômeno de fisiologia social. Nele, em princípio, vêm exprimir-se todas as outras atividades da sociedade; ele condensa seus dados e transmite suas tradições. Nele jaz a maior parte das noções e das ordens das coletividades. Não que seja mister dizer que numa sociedade não há nada exceto aquilo que se traduz em palavras. Categorias muito importantes do pensamento podem reger uma multidão de atos e de idéias e não corresponder a nada de gramatical, às vezes até a nada de lógico, às vezes mesmo a nada de expresso. Assim, a categoria de sexo, de gênero não são predominantes em numerosas línguas de sociedades onde todavia elas regulam tanto a mitologia como a filosofia, a divisão do trabalho técnico e até mesmo o lugar das coisas e das pessoas. Aludimos à China e áos chineses, e às sociedades polinésias em geral. Mas se o social não é necessariamente nem consciente, nem verbal, seguramente tudo aquilo que é verbal é consciente e social. Coisa mais importante ainda, tudo aquilo que é verbal leva a um alto grau, freqüentemente a um mais alto grau do que qualquer outra prática ou representação coletiva, o caráter singular específico que singulariza cada civilização, cada sociedade: é o quê de uma comunidade. Isto significa que é, ao mesmo tempo, da ordem do geral, e, duplamente, do particular. Porque é geral em todos os indivíduos desta comunidade que dizem a palavra, falam a língua e por conseguinte pensam assim; mas só é comum entre eles; e, de outro lado, cada um emite este som, interpreta estes fenômeno, fala a seu modo, de que a linguagem é por assim dizer a média, de ordinário, e o ideal, às vezes. Ela é assim o meio comum e, por conseguinte, natural e primeiro, pelo qual os homens definem seu pensamento e sua ação; e, ao mesmo tempo, traz em alto grau a marca do artifício e do arbitrário. Ademais, mesmo fora do interesse capital de seu estudo em si mesmo, como a linguagem contém tanto de ação como de representação, levanta, ainda mais do que as idéias ou as instituições, religiosas ou morais, o problema capital das relações da ideação e da ação na consciência social. Problema de que ninguém ousou e talvez ainda por muito

DIVISÕES E PROPORÇÕES

tempo não ousará tratar. Entretanto, os materiais começam a chegar ao canteiro de obras. Por exemplo, justapondo o trabalho de Henri Hubert sobre a "Noção de tempo" ao trabalho de Marcel Cohen sobre a *Expressão do tempo no verbo semítico*, pode-se crer e entrever que um dia talvez se possa enfrentar nestas duas direções o problema geral.

Em todo caso, quando estes problemas levantados por esta parte da lingüística que é social ou, mais exatamente, esta parte da sociologia que é lingüística tiverem utrapassado o estado fragmentário ou o estado preliminar, neste momento poder-se-á talvez constituir de outro modo tanto a sociologia geral quanto a sociologia lingüística em particular. Muitas outras partes da sociologia sentirão os efeitos disto: por exemplo, as teorias da estética poética, a da oração e mesmo a das fórmulas jurídicas e proverbiais. Convenhamos que este campo magnífico espera seus trabalhadores especializados. Os lingüistas querem efetivamente levantá-lo para nós; Meillet quer continuar a limpá-lo; mas nós sabemos muito bem que a sociologia da linguagem constitui, se não como a morfologia social, uma divisão fundamental e que se basta a si mesma, ao menos uma divisão dos fatos sociais mais geral do que as cinco outras divisões. Pois a religião, a moral, a economia, a estética e a tecnologia acabam aí se cristalizando: elas se transmitem mais ou menos inteiramente na linguagem e esta tem, no entanto, com relação a elas, certa autonomia.

A dimensão do fenômeno *estético* como social é considerável em si mesmo e em relação aos outros fenômenos sociais. A grandeza relativa da sociologia estética é talvez ainda mais notável com respeito a outras divisões às quais parece que damos mais importância. Infelizmente, nunca pudemos pôr esta grandeza em plena luz. Durkheim fez mais do que alusão a ela em suas *Formas elementares da vida religiosa*, e nós procuramos nunca perdê-la de vista na *Année*. É verdade que outros chegaram ao exagero. Assim o velho mestre Wundt, quando coloca o ritmo na base da linguagem, a arte na origem do mito, e quando, apesar de seu transcendentalismo, põe o mito, representação estética, na origem da religião. Mas, em geral, os sociólogos demonstram mais seu interesse para com os problemas clássicos da moral, da economia e da religião, e a parte do fenômeno estético é subestimada.

Contudo, os fenômenos da vida da arte são, depois talvez daqueles da linguagem, os que mais largamente ultrapassaram seu *limite*, ao menos nas civilizações que precederam as nossas. Foi em tempos bem modernos e em ambientes restritos que a arte pela arte pôde tornar-se um princípio. Em outras civilizações, e sem dúvida assim será em futuras civilizações, a arte serve para tudo e tudo colore. Na religião é o ritmo, aquele da poesia e da música são a própria poesia e a música é o arranjo dramático, é a dança, é a bela imagem, reproduzida, mimada, ou mesmo sonhada que desempenham um papel imenso; na moral é a etiqueta, a conveniência, a elegância e a beleza das maneiras que são procuradas tanto como os deveres e os ritos. A maior parte das necessidades ou, antes, dos gostos, e por conseqüência a escala dos valores econômicos, e por conseguinte as próprias técnicas, são comandadas pelo senso do belo, ou daquilo que é fisiologicamente bom; falamos da cozinha, por exemplo. E assim por diante. As belas-artes, para adotar a distinção vulgar que Espinas tornou profunda, são, pois, como as artes ou técnicas, um fenômeno característico da vida em comum, e não simplesmente uma parte desta vida. São mesmo mais típicas das sociedades do que suas artes. Seu domínio é um dos mais vastos, estendendo-se a todos os outros, ao passo que o fenômeno técnico, na história, parece ter sido um dos primeiros a acantonar-se em sua própria esfera.

Tecnologia

Ainda que um de nós, Henri Hubert, arqueólogo e historiador da pré-história seja, por profissão, um tecnólogo, nunca tivemos o tempo e a força necessárias para dar ao fenômeno técnico o lugar formidável que lhe é devido.

"Homo faber" diz Bergson. Estas fórmulas não significam nada mais do que o evidente ou significam demais, porque a escolha de tal signo oculta outros signos igualmente evidentes. Mas este tem o mérito de reclamar para a técnica um lugar de honra na história do homem. Lembra uma filosofia esquecida. E adota-la-íamos, com outros, sob uma condição: que denote, não uma "virtude criadora" que se assemelha muito à virtude soporífica do ópio, mas um traço característico da vida em comum, e não da vida individual e profunda do espírito. Que, mesmo em suas duas raízes: a invenção do movimento ou do utensílio, a tradição de seu uso, e o próprio uso, a arte prática seja essencialmente social, é coisa sabida desde Noiré, o colega de Nietzsche, cujas obras filosóficas ainda são importantes nesta parte de nossa ciência. Mas em que grau toda a vida social depende da técnica, é o que ainda não foi suficientemente desenvolvido.

Entretanto, sabem-no três grupos de cientistas. Em primeiro lugar, os historiadores da pré-história e os arqueólogos. Estes, no fundo, mesmo em suas mais velhas classificações das assim chamadas raças ou das assim chamadas idades, na realidade civilizações e sociedades, só dispõem estas e seus contatos segundo a ordem das sucessões e os tipos de suas indústrias, visto que os traços deste gênero são quase que os únicos visíveis nestes povos. Assim procedem também os etnógrafos. No último ano indicamos — e a isto voltaremos em diversas ocasiões neste tomo e seguramente em tomos seguintes — esta maneira legítima pela qual se tenta, sobretudo com a ajuda de critérios tecnológicos, a história de sociedades reputadas sem história. Pensaremos, a propósito de problemas especiais, o valor deste signo entre outros signos. Em todo caso, os etnógrafos sabem que a história da indústria é um momento importante da história humana. Entre os etnólogos, por conseguinte, a tecnologia tem um papel grande e essencial que corresponde à natureza profunda das técnicas. — Por fim, vêm os tecnólogos propriamente ditos: aqueles que estudam as técnicas modernas, a indústria e seu desenvolvimento histórico e lógico. Sua ciência fez um progresso sensível no dia em que von Gottl-Ottfilienfeld publicou, na excelente *Grundriss der Sozialoekonomik*, sua *Technologie*[1]. Esta obra manual, mas profundamente original, marca um tempo. E ainda que tenha aparecido numa coleção de economia política, proclama e justifica os direitos de toda esta ciência, digna de emancipar-se e tornar-se capital. Há muito, aliás, que os tecnólogos e os etnógrafos americanos, Otis T. Mason entre outros, todos aqueles que tinham trabalhado na linha de Powell, o profundo e original fundador da Secretaria de Etnologia, haviam proclamado que a tecnologia era uma parte especial e muito eminente da sociologia. Fizeram isto independentemente dos cientistas alemães, Bastian e seus discípulos. Esta tradição infelizmente se enfraqueceu na Alemanha como na Inglaterra. Mas volta-se a recolocar esta ciência em seu devido lugar. Continuar-se-á por certo a estender e a aprofundar o estudo das tecnologias modernas. Ao mesmo tempo, procurar-se-á fazer não a história detalhada, quase sempre impossível, mas a história lógica da tradição das artes do homem e do trabalho humano. Agora, enfim, é possível juntar as idéias de Reulaux, o fundador alemão de uma tecnologia puramente mecânica, às idéias de Powell, fundador de uma tecnologia etnográfica. Dias risonhos virão para esta ciência. Nem mesmo aproximativamente podemos imaginá-los.

Porque o fenômeno técnico não apresenta apenas um interesse em si mesmo como forma especial da atividade social e como forma específica da atividade geral do homem. Apresenta também um interesse do ponto de vista geral. Efetivamente, como a linguagem ou as belas-artes, as técnicas de uma sociedade oferecem esta característica de serem ao mesmo tempo muitas coisas. Primeiramente, são

---

1. Cf. *Année sociologique*, nova série, 1.

ENSAIOS DE SOCIOLOGIA

particulares a uma sociedade ou, ao menos, a uma civilização, ao ponto de caracterizá-la, de constituir por assim dizer um signo dela. Nada manifesta mais a diferença entre duas tradições sociais do que a diferença ainda enorme, mesmo em nossos dias, entre os utensílios e as artes de duas sociedades: as maneiras de trabalhar e as formas de instrumentos que elas supõem de dois povos tão vizinhos como o francês e o inglês, são ainda quase absurdas — usam pás e enxadas diferentes; e esta diferença comanda maneiras diferentes de servir-se delas, e inversamente. É algo para fazer duvidar da razão. É preciso ler em Sseu-Ma-Tsien, o mais antigo historiador chinês, como a Corte e o Ofício dos Ritos debateram a questão de saber se, ao lado do uso dos carros, se adotaria ou não a maneira de montar a cavalo dos hunos. As técnicas são, portanto, como todos os fenômenos sociais, de um lado, arbitrárias, particulares à comunidade que as gera. Etimologicamente, artificial vem de arte e de artifício, técnica deriva de τέχνη. Mas, ao mesmo tempo, mais do que qualquer outro fenômeno social, as artes são aptas a ultrapassar os limites das sociedades. As técnicas são obtidas eminentemente por empréstimo. Desde as mais antigas épocas da humanidade, desde o paleolítico dito inferior, instrumentos e processos viajam. Constituem até o objeto principal de comércio e de imitação. Em toda parte são a coisa social expansiva por excelência. Por natureza, as técnicas tendem a generalizar-se e a multiplicar-se entre todos os povos. São os mais importantes dos fatores entre as causas, os meios e os fins daquilo que se chama a civilização, e também do progresso não somente social mas humano. Eis o por quê. A religião, o direito, a economia, são limitados a cada sociedade, um pouco mais ou um pouco menos do que a linguagem, mas como ela. Mesmo quando se propagam, não passam de meios para a comunidade agir sobre si. Ao contrário, as técnicas, por seu turno, são o meio, desta vez material, de que uma sociedade dispõe para agir sobre seu meio. Por elas, o homem torna-se sempre mais senhor do solo e de seus produtos. São, pois, um compromisso entre a natureza e a humanidade. Em conseqüência, por esta posição extraordinária, extra-social, têm uma natureza geral e humana. Esta maravilha, o instrumento; esta dupla maravilha, o composto de instrumentos: a máquina; esta tripla maravilha, o composto de máquinas: a indústria, como o resto da vida social, elevaram portanto o homem acima de si mesmo, mas, ao mesmo tempo, fizeram-no sair de si mesmo. Ainda aqui o "homo" é "duplex", mas o é de outra maneira que não aquela do direito ou na religião. No êxtase religioso, no sacrifício moral, em torno do Bezerro de Ouro, o homem e a sociedade permanecem sempre eles mesmos com seus limites e suas taras. Na arte prá-

DIVISÕES E PROPORÇÕES   51

tica, o homem faz recuar estes limites. Progride na natureza, ao mesmo tempo que acima de sua própria natureza, porque a ajusta à natureza. Identifica-se com a ordem mecânica, física e química das coisas. Cria e, ao mesmo tempo, cria-se a si próprio; cria, ao mesmo tempo, seus meios de viver, coisas puramente humanas e seu pensamento inscrito nestas coisas. Aqui se elabora a verdadeira razão prática.

Tecnologia e história natural das ciências

Talvez tenha sido nas técnicas e com relação a elas que se elaborou a verdadeira razão *tout court*. Cumpre reconhecer que o plano proposto e nossos próprios estudos apresentam neste ponto uma grave lacuna, talvez a mais grave entre aquelas que concorrem às partes especiais da sociologia. Ao contrário da tradição comtista, não estudamos em parte alguma, por si mesma, a história natural e social das ciências. Não que nos falte apoio. Os renomados redatores de *Isis, Revue d'histoire des sciences,* Abel Rey e outros, concebem também seu trabalho como eminentemente sociológico. Entretanto, até aqui, nem sequer nos esforçamos por situar estes estudos, muito menos por medir-lhes a extensão e a profundidade. Portanto, agora se tornam necessárias algumas observações.

Quando se estuda concretamente as artes e as ciências e suas relações históricas, a divisão em razão pura e em razão prática parece escolástica, pouco verídica, pouco psicológica, e ainda menos sociológica. Sabemos, vemos e sentimos os vínculos profundos que as unem em suas razões de ser e em sua história. Particularmente fortes na origem, são ainda evidentes no dia em que, em mil casos, a técnica propõe as questões que a ciência resolve e, amiúde, cria os fatos que a ciência matematiza ou esquematiza fora do tempo. De outra parte, com muita freqüência, é a descoberta teórica que propõe o fato, o princípio, a invenção que a indústria explora. O complexo ciência-técnica é um bloco. Por exemplo, os mais antigos calendários são tanto obra de agricultores como de espíritos religiosos, ou de astrólogos; técnica, ciência e mito misturam-se. Da mesma forma, selecionavam-se pombos antes que Darwin tivesse descoberto a noção de seleção natural. Da mesma forma, a ciência pura e experimental — que em nossos tempos substitui as mitologias, as metafísicas e a ação pura, mesmo refletida — em grau nenhum está livre da ação que dirige, mesmo quando se separa dela da maneira mais clara e deliberada. As doutrinas mais modernas de cosmologia não acabam em pesquisas puramente práticas? Procura-se encontrar uma medida estável na única constante atualmente conhecida, o comprimento da onda luminosa.

Eis por que talvez seria numa parte especial da sociologia tecnológica que se deveria alojar a história das ciências e a epistemologia. Efetivamente, a ciência é a outra atividade social que faz, como a técnica, com que o homem saia de si mesmo em direção à natureza e que inspira esta técnica e que tem o mesmo objetivo: comandar as coisas.

Hesitamos, entretanto, diante desta solução radical. Esta colocação negligencia uma diferença específica. Em suas artes industriais, o homem permanece homem e só sai de si em parte. A ciência, ao contrário, fê-lo sair completamente de si mesmo, identificou-o com as coisas. Doravante ele toma conhecimento delas em si mesmas e por si mesmas, em vez de senti-las exclusivamente com relação a si e a seus atos, ou de representá-las numa espécie de espelho mágico, com relação a imagens míticas, às vezes inúteis.

E daí vem uma segunda diferença entre as ciências e as técnicas. Por mais expansivas e imitáveis que estas últimas sejam, ainda em nossos dias, são relativamente variáveis de acordo com as nações. Ao contrário, se a ciência permanece social pelo fato de ser devida à colaboração e à verificação controlada dos homens, cessa entretanto de ser obra das sociedades como tais. Ela é, sempre mais, o tesouro da comunidade humana e não mais de tal ou tal sociedade. Depois de ter sido feita de tradições ciumentas, de segredos e de mistérios, de alquimias e de receitas, agora é a realidade do dia pleno e da humanidade. Para encetar seu estudo talvez seja necessário colocar-se imediatamente não no ponto de vista parcial das sociedades passadas ou presentes, mas no da maior sociedade possível: a humanidade. Por estas duas últimas razões, talvez fosse necessário acrescentar uma nova divisão à sociologia, a epistemologia.

Talvez, ao contrário, seja preferível deixar a ciência à sua conexão natural: a prática geométrica, mecânica, física, química sobre as coisas, e também a prática racional sobre os seres animados e os homens, arte agrícola, veterinária, médica. Talvez seja melhor, como Espinas e como os gregos a quem seguia, não distinguir τέχνη ἐπιστήμη. Talvez devamos, como Durkheim, separá-las profundamente sem opô-las. Pesaríamos sem fim os prós e os contras; abrimos o debate e não sabemos encerrá-lo. Como o bom Píndaro, não sabemos o que é justo.

Mas pelo lugar que lhe damos, vemos até que ponto o problema da ciência e aquele da técnica são fundamentais e condicionam o problema das origens sociais da razão. E, seja dito de passagem, é um motivo a mais para só colocá-lo no fim e não no começo de nossos estudos.

*
* *

Mesmo no interior das velhas divisões da *Année sociologique*, justas e benévolas críticas notam desequilíbrios e desproporções dos quais Durkheim sempre teve consciência. Aqui, em ciência das religiões, por exemplo, talvez estudemos demasiado os "primitivos" e não suficientemente as grandes religiões, as nossas, os movimentos de sentimentos e de idéias que as agitam. Lá, em ciência econômica ou política, talvez não nos ocupemos bastante de etnografia e de história antiga. Ademais, não empregamos suficientemente os métodos quantitativos: contudo pode-se medir a freqüência às igrejas e aquela aos cinemas como as quantidades de horas de trabalho, os erros de correio, as idades dos suicídios. Nós mesmos seguimos as modas ou o estado de nossas ciências. Porque, queiramos ou não, a história das religiões é toda ela voltada para o passado e não está habituada a descontos; enquanto a economia política é uma ciência de números, toda voltada para o presente, até mesmo para o futuro, e esquecendo talvez demasiadamente o passado ou as sociedades que nos rodeiam. Enfim, seguimos nossos gostos e nossas capacidades. Não no-lo ocultamos e não devemos ocultá-lo. Estamos longe do ideal e o confessamos francamente.

Uma *Année sociologique*, uma sociologia melhor distribuída, melhor proporcionada, eis o primeiro objetivo bem definido que procuramos alcançar. Possa o novo esforço que aqui fazemos todos conseguir a graça de jovens trabalhadores; possam eles, colaborando conosco, encontrar, constatar as lacunas de nosso saber, estender o seu, e ajustar uma melhor roupagem de abstrações ao corpo dos fenômenos sociais.

Até lá, a imagem que damos deste corpo permanece caricatural. Na falta de suficientes estudos de morfologia, dir-se-ia que em nossa opinião a sociedade é um corpo sem pés; na falta de lingüística, dir-se-ia sem língua; na falta de estética e de tecnologia, julgar-se-ia que a queremos sem sentidos e sem braços; na falta de um estudo sistemático da consciência coletiva, dir-se-ia sem alma. Poder-se-ia pensar que, como nossos vizinhos da *antropologia social* inglesa, não conhecemos mais do que o *homo religiosus, ethicus, economicus.*

Estas críticas não se destinam a arruinar o método de divisão que sempre temos seguido. Queremos compensar por meio delas as falhas inevitáveis que apresentam os compartimentos pelos quais é mister começar. Queremos ver o que eles valem. Seu principal inconveniente é que impedem de tratar duas questões fundamentais a não se por meio de generalidades: a das relações sociais e da etologia coletiva; a da consciência coletiva.

A *etologia coletiva*, estudo dos caracteres, das almas das sociedades, permaneceu literária, histórica. A razão disto é que ela é, antes de tudo, um estudo de relações entre *todos* os fenômenos sociais. As ciências sociais separadas, as sociologias especiais impedem que se vejam bem estas relações.

Ainda menos aparente do que a ordem e a proporção de todas estas divisões é a relação que elas mantêm entre si. Ora, seria necessário conhecer cada uma destas relações em particular e mesmo esta relação em geral — se é que existe uma que seja a essência das relações sociais — e todas em geral. Isto significa que seria necessário conhecer aquilo que elas têm de singular em cada sociedade conhecida e, ao mesmo tempo, conhecer aquilo que elas têm de geral em todas as sociedades conhecidas para poder inferir destas a todas as sociedades possíveis ou para poder classificar e apreciar sàmente uma determinada sociedade, e depois dirigi-la. Pouco progredimos nesta matéria. Não sabemos nem o que constitui o caráter, a singularidade de cada sociedade, nem como cada uma é composta, além dos homens e do solo que a constituem, de estados de alma e de hábitos práticos comparáveis através de toda a escala da história das sociedades. Nem sabemos por que cada sociedade é individualmente diferente de outra, nem entrevemos por que estas instituições e estes movimentos, estas idéias e estes grupos obedecem contudo a leis ou, se quisermos, a relações necessárias, gerais, inteligíveis, para falar mais claro. Pois dois fatos dominam a história natural das sociedades. Em todas encontram-se fenômenos da mesma espécie, aqueles que estudam as diferentes sociologias especiais e a sociologia geral. Mas. também estes fenômenos de diversos tipos acham-se, em cada sociedade, diferentemente dosados e colorados. Ao longo de todo o progresso humano, na genealogia das sociedades, a dimensão de cada um variou; e foi nesta imensa confusão de suas variações, sucessivas e simultâneas, foi no calidoscópio de suas disposições sempre cambiantes que residiu o segredo desta miscelânea que é particular à determinada sociedade, a determinado momento, que lhe dá um aspecto, é, em cada uma de suas épocas, por assim dizer, um estilo, um aspecto especial. É o mistério destas relações e destas misturas que é preciso procurar, e que a história de cada sociedade procura. Estamos mal preparados para entrar neste caminho, para descrever devidamente a individualidade de cada sociedade. E por esta mesma razão estamos mal equipados para elaborar corretamente uma teoria geral das relações sociais, da "relação" social. Portanto, é da comparação de todos

DIVISÕES E PROPORÇÕES 55

estes mistérios e a de todas estas semelhanças que se deve
partir para obter esta ciência ideal das sociedades que ex-
plicará ou, antes, compreenderá o geral e o particular de
cada uma delas. Porque uma teoria geral deste particular
pode ser tentada e Durkheim propunha que fosse chamada
"a etologia coletiva". Estas duas partes, etologia e teoria
das relações sociais, são igualmente necessárias.

Do ponto de vista das divisões clássicas, o último problema também é difícil de estabelecer: o da própria natureza
da consciência coletiva, quer seja ativa e refletida ou passiva e mecânica. Aqui nossas expressões continuam, para
nós mesmos, ainda freqüentemente abstratas e gerais. Jul-
gou-se que Durkheim substancializava a consciência coletiva.
Nada mais perigoso do que falar de a sociedade, quando se
quer descrever as sociedades, as consciências que pensam
em conjunto, as coisas psíquicas de tal ou tal vida social,
o que é propriamente a consciência coletiva. De outro
lado, Durkheim havia caracterizado devidamente as representações coletivas; nós isolamos devidamente certo número
destas representações coletivas; consideramos devidamente
as partes. Seria ainda necessário considerar o conjunto destas, a consciência coletiva. Da mesma forma como
psicologicamente o homem pensa, se aplica, age, sente
ao mesmo tempo, com todo seu corpo, assim esta comunidade de corpos e de espíritos que é uma sociedade sente,
age, vive e quer viver com todos os corpos e com todos os
espíritos de todos estes homens. Ela é seu todo, o todo
destes todos; ela é isto e nada mais; o que é muito. Vê-se
que uma ciência concreta deve, mesmo depois de ter dividido, remisturar todas as divisões. Assim é que será
possível — talvez apelando para outras ciências, biológicas
em particular, mais do que psicológicas — chegar a uma
ciência do corpo e da alma das sociedades. Deste ponto de
vista, o problema completo da consciência coletiva e da razão poderão talvez ser tratados objetivamente. Por exemplo, em vez de estudar a razão humana somente sob alguns
aspectos ou por citações avulsas, como quase todos nós
fizemos, será estudada com relação à totalidade dos ritmos,
dos atos e das forças da sociedade toda inteira. Às pesquisas
demasiado parciais, mesmo quando ultrapassam a simples
análise, sobrepor-se-á uma síntese que se esforçará por ser
completa.

Se nossa ciência parece assim arrastar-se diante destes
graves problemas e de outros que nem sequer entrevemos,
isto provavelmente vem de uma só causa. Deveríamos ter
dividido para começar a compreender. Mas não fizemos
mais do que isto. No fundo, ainda estamos na rotina da

ENSAIOS DE SOCIOLOGIA

abstração e do preconceito, impotentes para sair das classificações estreitas que nos impõem as ciências já antigas da *economia*, do *direito*, da *religião*, etc., ciências respeitáveis por certo mas ainda na infância; nossas divisões que as seguem são, como elas, certamente falíveis. Enfim, não estamos seguros de que elas esgotem a realidade. Esta repartição é muito limitativa, demasiado precisa em sua enumeração. A "Sociologia Geral" e os "Diversos", títulos de que nos servimos, mascaram nossa incapacidade de chegar à precisão necessária, traem nossa insegurança. Além disso, os títulos das próprias sociologias especiais correspondem demais às divisões mais atuais, mais efêmeras do que se crê, do trabalho social moderno, das atividades de nossas sociedades ocidentais. Trazem, pois, profundamente a marca de nosso tempo, aquela de nossa subjetividade. Quadram-se mal com a vida das sociedades que dividiram de outra forma seu trabalho ou com a das sociedades que um dia os dividirão de maneira diferente da nossa. Enfim, demasiado empíricas em certos pontos, retalham, dividem e, dividindo demais, isolam demais; no fundo, abstraem e dão da realidade uma imagem partida, truncada.

Ter-se-ia, pois, a tentação de alterar toda esta divisão dos fenômenos sociais, de derrubar este edifício das sociologias especiais. Isso seria imprudente e inútil. Pode-se deixar que subsista, porque neste sentido a ciência ainda está longe de ter palmilhado todo seu caminho.

Há, sem dúvida, uma solução para todos estes problemas. Talvez haja outras divisões racionais e reais, válidas para todas as sociedades conhecidas. Provavelmente é preciso sobrepor a nossas divisões, ou antes, opor-lhes, simétrica e complementarmente, outra divisão mais clara e, ao mesmo tempo, mais concreta dos mesmos fenômenos da vida em comum. Encontrar-se-ão os mesmos fatos, mas vistos de outro ângulo. Esta consideração a partir de outro ponto de vista é, em nossa opinião, necessária.

Durkheim havia proposto, desde suas *Regras do Método*, outra divisão dos fenômenos sociais, simétrica à divisão da biologia, em morfologia e psicologia. Infelizmente nunca pôde expor com a devida amplidão o princípio desta divisão. Entretanto, aquilo que aqui seguirá inspira-se largamente em suas indicações orais. Esta divisão bipartida dos fenômenos sociais em morfológicos e psicológicos talvez seja a verdadeira, se não a única. Talvez novas gerações de trabalhadores se empenharão neste caminho; o que não impedirá os antigos de trabalharem no seu. Mas, visto que é inusitada, insistamos neste método e na necessidade de seu uso.

DIVISÕES E PROPORÇÕES 57

CAPÍTULO 3. DIVISÃO CONCRETA DA SOCIOLOGIA

1. *Princípio*

Na realidade, *numa sociedade não há mais do que duas coisas: o grupo que a forma,* ordinariamente *sobre um solo determinado,* de uma parte; *as representações e os movimentos* deste grupo, de outra parte. Isto significa que, de um lado, há só fenômenos materiais: números determinados de indivíduos de tal ou tal idade, em tal instante e em tal lugar; e, de outro lado, entre as idéias e as ações destes homens comuns nestes homens, aquelas que são, ao mesmo tempo, o efeito de sua vida em comum. E não há nada mais. Ao primeiro fenômeno, o grupo das coisas, corresponde a *morfologia,* estudo das estruturas materiais [2]; ao segundo fenômeno corresponde a *fisiologia social,* isto é, o estudo destas estruturas em movimento, isto é, suas funções e o funcionamento destas funções. Durkheim dividiu esta com precisão em *fisiologia das práticas* e *fisiologia das representações coletivas.*

Esta divisão é sem dúvida completa, ao passo que isso não é seguro quanto à divisão que comumente seguimos, a das sociologias especiais. Pode até ser exata, pois é profundamente concreta. Ela não divide nada que não esteja evidentemente dividido. Enfim, deixa tudo em seu estado.

*

* *

2. *Sobre a noção de estrutura.* — Escusamo-nos por continuarmos a servir-nos do termo "estrutura". Ele designa, de fato, três coisas distintas: 1.º estruturas sociais que são verdadeiramente materiais: distribuição da população sobre a superfície do solo, quanto às nascentes de água, em cidades e em casas ou ao longo dos caminhos, etc.; distribuição de uma sociedade entre sexos, idades, etc.; depois outras coisas, ainda materiais, mas já morais, que ainda merecem o nome de estrutura visto que se manifestam de maneira permanente, em lugares determinados: lugares de indústrias; grupos secundários isolados, por exemplo, na sociedade composita: assim os bairros negro, chinês, italiano de uma grande cidade americana; 2.º chamamos ainda estruturas subgrupos cuja unidade é sobretudo moral, embora se traduz em geral por *habitats* únicos, aglomerações precisas, mais ou menos duráveis: por exemplo, o grupo doméstico e, a título de ilustração, a grande família, o grupo dos paroquiais; os clãs que já não são mais constantemente isolados uns dos outros e não são sempre agrupados em bairros ou em localidades; 3.º enfim, chamamos estrutura social alguma coisa que nada mais tem de material, a própria constituição da sociedade, a constituição dos subgrupos; por exemplo: um poder soberano, uma circunscrição militar na tribo, o clã ou a família; as classes de idades, a organização militar, etc., todos fenômenos quase puramente fisiológicos, até mesmo quase exclusivamente jurídicos. Gostaríamos de eliminar esta confusão entre fatos de morfologia e fatos de fisiologia em nossa própria nomenclatura. Procuramos reservar para este último grupo de fatos, reuniões puramente morais, o nome de *constituições.* Só que esta palavra não assinala que, do mesmo modo, nestes fatos, há outra coisa além do direito. Por exemplo, as companhias de um regimento, os frecheiros e os fundibulários de uma tribo têm um lugar numa linha de batalha. Esforçamo-nos entretanto por dissipar toda anfibologia pelo emprego de adjetivos, dizendo: estrutura social, estrutura material.

Segue, em princípio, as divisões da biologia e da psicologia.

Entretanto, não se deve levar demasiado longe esta imitação da biologia, onde aliás a distinção nítida entre morfologistas e fisiologistas não é por sua vez isenta de perigo. Estes empréstimos de métodos, de ciência a ciência, devem ser feitos com prudência. Para instruir-nos, lembremo-nos do erro absurdo de Comte e como ele tomou da mecânica sua distinção da *estática* e da *dinâmica sociais*. E, sob as palavras, vejamos as coisas. Porque nos servimos de termos que Durkheim, há trinta anos, tomou emprestados de ciências que depois progrediram e estes termos devem ser definidos. A divisão primária: morfologia, fisiologia, deve ser depurada de toda lembrança das ciências da vida. Estas palavras mesmas não podem ter o mesmo sentido em sociologia que em outras ciências. É mister precisar o nexo que lhes damos. Acentuaremos assim a linha geral deste plano de sociologia, antes de mostrar suas vantagens.

Conteúdo da morfologia social. Esta divisão permanece a mesma que no plano habitual. A morfologia social é, no fundo, a mais bem constituída de todas as partes da sociologia, e nela os dois planos coincidem. Mas segue-se daí que ela não deve ser entendida simplesmente à maneira das morfologias animal ou vegetal.

Mais ainda do que um organismo do qual um corte imobilizador pode isolar um tecido ou do qual a anatomia corta um órgão, a existência de uma sociedade ocorre no tempo, no movimento e no espírito. Mesmo sua estrutura material está num tal movimento perpétuo, ou melhor, uma fotografia instantânea surpreende aí de tal modo idades diversas, dois sexos, tantas proveniências, que querer separar este movimento desta estrutura, esta anatomia desta fisiologia seria ficar na pura abstração. Existem até sociedades, como o demonstramos, que apresentam várias estruturas a se sucederem com as estações; outras são compostas de elementos diversos, alguns dos quais têm estruturas diversas e variáveis, por exemplo: aqui uma população marítima, onde os homens freqüentemente estão longe; em outra parte, grupos como (aqueles que na América são chamados pitorescamente os "Hobo") estes ferroviários que passam o inverno na cidade; alhures ainda, aquilo que se chama, tecnicamente, a população flutuante; todos estes gêneros de agrupamentos e muitos outros devem ser estudados em si mesmos e em seus movimentos. Da mesma forma, o estudo da cidade não pode ser separado de sua história, nem daquela das origens da população. Enfim, se os homens se agrupam em sociedades, aldeias ou hordas, é porque o querem e aqui também intervêm idéias. A

DIVISÕES E PROPORÇÕES

morfologia social não deve, pois, ser comparada somente à morfologia dos biólogos.

Digamos, pois, de outra forma, que ela estuda o grupo como fenômeno material[3]. Compreende e deveria reunir em si mesma tudo aquilo que a gente confunde ou divide arbitrariamente sob o nome: de estatística (exceção feita às estatísticas especiais que dependem do estudo das instituições: morais, econômicas, etc.); (exceção feita também às estatísticas somáticas, estatura, etc., que dependem da antropologia somatológica); sob o nome de demografia; sob o nome de geografia humana ou antropogeografia ou geografia histórica, ou geografia política e econômica; compreende também o estudo dos movimentos da população no tempo e no espaço: natalidade, mortalidade, idade; alternativas, flutuações das estruturas; movimentos e correntes migratórios; compreende também o estudo dos subgrupos da sociedade na medida em que estão ajustados ao solo. É sobre esta sólida base que um dia se deverá edificar uma sociologia completa. E esta base muito ampla, de massas e de números, pode ser geograficamente figurada, ao mesmo tempo que matematicamente medida. A morfologia social é, pois, uma das partes mais compactas da sociologia; pode dar as conclusões mais satisfatórias para o espírito.

Conteúdo da fisiologia social. Fora dos homens e das coisas que a sociedade contêm, só há nela as representações comuns e os atos comuns destes homens — não todos os fatos comuns, como comer e dormir, mas aqueles que são o efeito de sua vida em sociedade. Esta categoria de fatos é da vida da sociedade. Ela constitui um sistema de funções e de funcionamentos. Trata-se, pois, ainda da estrutura, mas da estrutura em movimento. Mas sobretudo, visto que se trata de fatos de consciência ao mesmo tempo que de fatos materiais, são também fatos da vida mental e moral. Pode-se, pois, dividi-los em dois: 1.º *os atos sociais, ou práticas sociais, ou institucionais,* no caso em que os atos são tradicionais e repetidos em virtude da tradição; 2.º *as idéias e os sentimentos coletivos* que presidem ou correspondem a estes atos, ou são ao menos o objeto de crenças coletivas. A esta divisão de fatos corresponde uma divisão da fisiologia social em: 1.º *fisiologia das práticas,* 2.º *fisiologia das representações.*

Vê-se por que, da mesma forma como a palavra morfologia, a de fisiologia deve ser empregada com precaução. Está sempre impregnada de biologia abstrata. Não é tampouco necessário que desperte a metáfora do organismo

---

3. Cf. Durkheim, *Année sociologique,* 2, p. 530 ss.

social. Enfim, se ela exprime bem a idéia da vida e do movimento dos homens em sociedades, na realidade a fisiologia dos costumes, das práticas, dos atos e das correntes sociais, tem a desvantagem de não exprimir claramente aquilo que há de consciente, de sentimental, de ideal, de voluntário e de arbitrário nos impulsos e nas tradições destas coletividades de homens que são as sociedades.

Seria fácil falar aqui de psicologia coletiva em lugar de fisiologia social. De certo ponto de vista seria até um progresso. Esta expressão faria sentir bem que toda esta parte da sociologia é de essência psicológica, que tudo aí se traduz em termos de consciência, de psicologia se assim o quisermos — com a condição de que se compreenda bem que estas formam comunidades de consciência, que são consciências que vivem em comum, dirigindo uma ação comum, formando entre si um meio comum. Aí está o que se pode entender por psicologia social. Somente que neste caso, se reduzíssemos a isto toda a fisiologia social, desapareceria do horizonte toda a parte material dos fatos de fisiologia: a transformação das idéias e dos sentimentos em atos e movimentos dos indivíduos, sua perpetuação em objetos fabricados, etc., sua própria freqüência. E toda a pesquisa seria falseada. Com efeito, assim deixaríamos escapar da consideração *as duas características* pelas quais todo fato social se distingue dos fatos de psicologia individual: 1.º *que ele é estatístico e contado* (repetimos esta observação e a isto voltaremos mais uma vez), sendo comum a números determinados de homens durante tempos determinados; e, 2.º (o que está incluído) que *ele é histórico*. Pois a propósito deste último signo é preciso especificar bem que todo fato social é um momento de uma história de um grupo de homens, que é fim e começo de uma ou mais séries. Digamos, pois, simplesmente: todo fato social, compreendidos aí os atos de consciência, é um fato de vida. O termo fisiologia é compreensivo; não é preconcebido; conservemo-lo.

Além disso, da mesma forma como procuramos purificar de toda mistura biológica o termo fisiologia, assim procuramos preservar esta divisão da própria fisiologia social, entre fisiologia dos atos coletivos e fisiologia das representações coletivas; tentamos desembaraçá-la de todo compromisso psicológico. Mesmo em psicologia, a classificação correspondente é, desde Münsterberg, objeto de apaixonadas discussões. Se nos servimos dela, é em nome do uso comum. A sociologia tem interesse em só tomar emprestada s palavras da linguagem corrente, mas deve dar-lhes um sentido preciso. Palavras deste gênero não tem muito inconveniente se se sabe precisamente o que conotam. Ora, tudo, no reino social, se coloca em outro plano, segundo outras simetrias, com outras atrações que não as do reino da consciência individual. As palavras: atos, representações, possuem, pois, o mesmo valor; a oposição dos fatos que elas designam não tem portanto o mesmo alcance que em psicologia.

O entrelaçamento do movimento e da representação é maior na vida social. Com efeito, uma pena, um suicídio, um templo, um utensílio são fatos materiais, como o comércio ou a guerra. Entretanto são também fatos morais, ou religiosos, técnicos, econômicos, gerais. O comportamento do homem como ser sociável está, pois, ainda mais ligado à consciência coletiva do que o comportamento individual o está à consciência individual. Um ato social é sempre inspirado. As idéias podem aí dominar mesmo a ponto de negar a vida dos indivíduos, chegando mesmo a destruições de povos ou à destruição do grupo: é o caso de um assédio desesperado, a resistência de um grupo de metralhadores. Inversamente, como social, um fato é quase sempre um ato, uma atitude tomada. Mesmo uma negação de ato, uma paz, ausência de guerra, é uma coisa; viver sem processo é agradável; um tabu, um rito negativo, um mandamento de etiqueta é um ato: se não vos ultrapasso, é porque me abstenho de andar. Mesmo as representações coletivas mais elevadas não tem existência, não são verdadeiramente tais a não ser na medida em que comandam atos. A fé, digam o que disserem os teólogos de certas Igrejas, de certas heresias, e certos literatos que tomam o dizer pelo fazer, não é nada sem as obras. Ela é em si mesma uma obra, a procura de um ato mental, de uma confiança, de uma revelação. Mesmo entre os quietistas perfeitos implica uma tomada de atitude: o próprio quietismo, este comportamento negativo que se desejaria fazer passar por uma idéia, mas que consiste em esvaziar voluntariamente a alma de todo ato e talvez de toda idéia. Esta ligação íntima do ato e da representação é fatal desde que esteja fora da pura teoria mística; trata-se de fatos sociais. Há uma razão para isto: o caráter coletivo e por conseguinte estatístico dos fatos sociais. É preciso que se encontrem uma ou mais vezes entre muitos indivíduos que vivem em sociedade. Por conseguinte, só é seguramente coletivo, mesmo quando é uma pura representação, aquilo que se manifesta num certo grau, mesmo muito remoto: por exemplo, num livro, no comportamento de uma coletividade. Inversamente, em parte alguma, mesmo na arte e no exercício mais ocioso da mística e da imaginação ou da ciência chamada pura, não há nem ideação nem sentimentalização *(Einfühlung)* dignos do nome de coletivos sem que haja aí ao menos comunicação, linguagem; sem que haja um mínimo de atos coletivos, de repetições, de imitações, de autoridade, e, acrescentaremos, sem uma freqüência mínima de imagens representadas aos espíritos, de apreensões simultâneas ou idênticas de certos aspectos, de certas formas (Gestalt) das coisas, das idéias e dos atos que constituem o objeto da representação coletiva. Assim, em sociologia como em psicologia, só estamos seguros de que há representação quando há comportamento. Mas também, em sociologia mais seguramente do que em psicologia, um comportamento mesmo negativo e inibitório não é um puro tropismo. O que é verdadeiro em psicologia o é cem vezes mais em sociologia, e ainda mais verificável: visto que sabemos por experiência que a conduta de nossos concidadãos tem as mesmas razões de ser que a nossa, na medida em que é de importância social. Portanto, em vez de opor, como se faz comumente, representação e ato, diremos de preferência representação e comportamento, representação coletiva e comportamento coletivo. E só excepcionalmente isolaremos uns dos outros.

Deve-se convir que esta divisão da fisiologia social em fisiologia dos atos e fisiologia das representações não deve ser considerada como regra. Ela é simples, clara, distinta, provisoriamente necessária para nós. Isto não prova que ela seja adequada a toda a matéria estudada. No estado atual da psicologia e da sociologia, só sabemos opor os movimentos sociais dos homens — que são da ordem da matéria, do tempo e do espaço, como os corpos e os outros movimentos dos corpos dos indivíduos — e a consciência social, os estados de consciência social que estão nesta sociedade — ou antes as representações coletivas que se encontram nos indivíduos agrupados. Assim, o psicólogo abstrai os movimentos do corpo do pensamento que os traduzem. Mas o fato concreto, completo, é o todo: corpo e alma. Na maioria dos casos, a questão suscitada por um fato social, por exemplo a promulgação de uma lei, não se refere somente aos conceitos e aos sentimentos coletivos, de uma parte, nem somente aos atos e às suas sanções, de outro lado; refere-se à relação entre uns e outros, e mais ainda aos fatos que ultrapassam esta relação, por exemplo ao ideal e ao normal, às médias e às realidades que podem ser enumeradas nesta sociedade, mas que ainda temos muita dificuldade em apreender.

2. Vantagens desta divisão

Sob reserva destas observações, esta divisão da sociologia não apresenta inconveniente algum. Está desembaraçada de toda metafísica e de toda liga com outra ciência. Não contradiz nada, porque pode e deve ser empregada concomitantemente com a divisão em *sociologia geral* e *sociologias especiais*, ainda que seja apenas para verificar, para cotejar a pesquisa a todo momento. Estas duas divisões se toleram necessariamente entre si. Veremos até como esta permite reencontrar a divisão em sociologias especiais. Enfim, só apresenta vantagens.

O principal, repitamo-lo, é que ela é completa. Não omite nada. Numa coletividade só há evidentemente estes três grupos de fenômenos coletivos: a massa dos indivíduos, seus atos e suas idéias.

É clara e distinta. Nada divide que não esteja perfeitamente dividido na realidade.

Pode até ser mais exata do que qualquer outra, mais adaptada aos fatos. Porque é profunda e exclusivamente concreta, calcada somente em signos patentes: uma estrutura material, movimentos dos grupos, atos, como se vê; representações de indivíduos agrupados é o que se diz, é o que se sabe, é até o que se vê através de práticas sociais.

Em seguida é preciso não se deixar deter pelos termos abstratos que empregamos — esta divisão, desta vez global, é eminentemente realista: apresenta de imediato a realidade. O que se deve descrever, o que é dado a cada instante, é um todo social que integra indivíduos que são, eles mesmos, totalidades. Tomemos, por exemplo, um fato moral importante. Escolhamos mesmo um daqueles que não podem se repetir. Pois há fatos sociais extraordinários, não tradicionais na vida das sociedades: uma grande emigração, uma guerra, um pânico são acontecimentos aos quais não faltam nem o caráter histórico nem o caráter estatístico do fato social. São ao mesmo tempo morfológicos, motores, ideais. Desçamos mesmo até a análise histórica e estatística de casos particulares englobados num fenômeno moral, por exemplo no suicídio; consideremos tal ou tal suicídio, tais pessoas, de tal idade, em tais e tais sociedades: chega-se quase a alcançar o indivíduo completo. Assim também, um fato que acabamos de estudar[4], a sugestão coletiva da morte (esta maneira, em certas populações cujas pessoas se entregam à morte porque crêem ter pecado ou porque se julgam encantadas) põe a descoberto não só a moralidade e a religiosidade destes homens, mas a relação destes com a própria vida e o gosto da morte; é, pois, a totalidade biológica que a sociologia encontra. O que ela observa em toda parte e sempre não é o homem dividido em com-

---

4. *Journal de psychologie*, 1926.

partimentos psicológicos, ou mesmo em compartimentos sociológicos, mas é o homem todo inteiro. E é seguindo tal método de divisão dos fatos que se encontra este elemento real e último.

Enfim, semelhante plano levanta os problemas em termos de sociologia pura, isto é: em termos de números, de espaço e de tempo, em termos de natureza das idéias e das ações, enfim e sobretudo em termos de relações, de funções. Agindo desta forma, torna mais clara a natureza da sociologia, mais fino e mais limitado seu domínio.

Pois aquilo que é verdadeiro com respeito às funções especiais dos órgãos de um ser vivo é ainda mais verdadeiro, e mesmo verdadeiro de uma verdade totalmente diferente quanto às funções e funcionamentos de uma sociedade humana. Tudo nela não passa de relações, mesmo a natureza material das coisas; um utensílio não é nada se não for manejado. Voltemos a nosso exemplo familiar: uma indústria não é apenas uma coisa técnica; é preciso considerá-la sob todos os outros pontos de vista: ela só existe porque tem um rendimento econômico, porque corresponde a um mercado e a preços; está localizada aqui ou ali por razões geográficas ou puramente demográficas, ou mesmo políticas ou tradicionais; a administração econômica desta indústria pertence a esta ou aquela pessoa por motivos de direito; pode corresponder só a artes estéticas ou a esportes, etc. Tudo, numa sociedade, mesmo as coisas mais especiais, tudo é, e o é antes de tudo, função e funcionamento; nada se compreende se não for com relação ao todo, à coletividade toda inteira e não com relação a partes separadas. Não há nenhum fenômeno social que não seja parte integrante do todo social. Ele o é não somente à maneira pela qual nosso pé ou nossa mão ou mesmo uma víscera mais ou menos importante são parte de nós mesmos, mas — embora esta comparação com as funções fisiológicas seja ainda insuficiente e ainda que a unidade dos fenômenos sociológicos seja ainda superior — à maneira pela qual um estado de consciência ou uma parte de nosso caráter são não uma parte separável de nosso eu, mas nós mesmos num dado momento. Todo estado social, toda atividade social, mesmo fugaz, devem ser referidos a esta unidade, a este total integrado, de um gênero extraordinário: total dos corpos separados dos homens e total das consciências, separadas e contudo unidas — unidas ao mesmo tempo por constrangimento e volição, por fatalidade e liberdade. Pois aquilo que os une e os faz viver em comum, aquilo que os faz pensar e agir conjuntamente e ao mesmo tempo é um ritmo natural, uma unanimidade desejada, arbitrária mesmo, mas, mesmo então e sempre, necessária.

Assim a unidade da sociologia se acha justificada por uma visão clara de seu objeto. Uma nota insistirá

DIVISÕES E PROPORÇÕES

sobre esta unidade a propósito de livros recentes [5]. Mas desde agora, fazemos questão de lembrar que se encontra aí o princípio mais fecundo do método de Durkheim. Não há ciências sociais, mas *uma ciência das sociedades*. Não há dúvida de que devemos isolar cada fenômeno social para estudá-lo; a explicação de um fenômeno social só pode ser procurada em outros fenômenos sociais; mas estes não são necessariamente da mesma ordem, por exemplo, religiosa, moral ou técnica, que ele. Com muita freqüência, são mesmo de natureza totalmente diversa. Fora da morfologia social, que é preciso distinguir e separar para pôr em relevo seu valor explicativo, todas as outras secções da sociologia, as sociologias especiais ou ciências sociais, não são, deste ponto de vista, senão partes da fisiologia social. Esta pode ser facilmente repartida sob o título dos diversos elementos sociais, as religiões, os costumes, economia, artes, belas-artes e jogos, linguagem. Mas a sociologia está aí para impedir o esquecimento de quaisquer conexões. Pois a explicação não é completa quando se descreveu, acima das conexões fisiológicas, as conexões materiais e morfológicas.

Em outras palavras, jamais se deve separar uma das outras as diversas partes da sociologia, nem mais especialmente da sociologia social. Os fenômenos sociais têm entre si as relações mais heteróclitas. Costumes e idéias desenvolvem suas raízes em todas as direções. O erro é negligenciar estas anastomoses sem número e profundas. O objetivo principal de nossos estudos é precisamente dar o sentimento destes mais diversos vínculos de causa e efeito, de fins, de direção ideais e de forças materiais (inclusive o solo e as coisas) que, entrecruzando-se, formam o tecido real, vivo e ideal, ao mesmo tempo, de uma sociedade. Eis como um estudo concreto de sociologia, assim como um estudo histórico, ultrapassa sempre normalmente as esferas mesmo estritamente fixadas de uma especialidade. O historiador das religiões, do direito e da economia deve amiúde sair dos limites que ele traça para si mesmo. No entanto este alargamento enriquece os estudos mais estritamente limitados. Assim ainda, compreender-se-á cada instituição, uma a uma, referindo-a ao todo; ao contrário, cada uma isolada em sua categoria leva a um mistério se for considerada à parte. O moralista achará sempre que não "fundamos" a moral; o teólogo, que não esgotamos a "realidade", "a experiência" religiosas; o economista ficará atônito diante das "leis" que julga ter descoberto e que na realidade não passam de normas atuais de ação. Ao contrário, o problema muda se tomarmos todas estas partes em conjunto, se formos alternadamente do todo às partes e das partes ao todo. É permitido então, honesta e lealmente, esperar que

5. [Ver *Oeuvres*, v. III, pp. 374.]

um dia, uma ciência, mesmo incompleta, do homem (uma antropologia biológica, psicológica, sociológica) fará compreender, por todas as condições em que o homem viveu, todas as diversas formas ou, ao menos, as mais importantes de que se revestiu sua vida, sua ação, sua sentimentalidade e sua ideação.

*

* *

Tais são as vantagens gerais deste plano de trabalho. Cada parte deste plano possui também sua utilidade.

Em particular a divisão dos fenômenos da fisiologia social já tem esta vantagem considerável: é rigorosamente concreta. Permite propor em geral todos os problemas com um mínimo de abstração. Jamais isola os comportamentos coletivos dos estados de consciência coletiva correspondentes. E não isola nem uns nem outros, nem do número nem da estrutura do grupo 'onde são constatados.

Em primeiro lugar, reúne entre si todas as representações e todas as práticas coletivas, preparando assim o caminho a uma teoria geral da representação e a uma teoria geral da ação. Com efeito, as representações coletivas possuem mais afinidades, mais conexões naturais entre si, do que muitas vezes até com as diversas formas de atividade social que lhes são, uma a uma, especialmente correspondentes. Uma noção, uma palavra, como a idéia e o termo de causa, estão não somente em relação com a religião, o direito, a técnica, a linguagem, mas são o total destas relações. Mesmo a idéia, toda a noção de causa toca a noção filosófica dos valores, por exemplo nos juízos de valor que compõem a magia e a religião, como toca os começos da lógica formal em adivinhações e em processo. Seria possível fazer outras observações sobre a noção de falta — jurídica, religiosa e profissional ao mesmo tempo, entre os maoris ou mesmo os berberes. Os mitos — outro exemplo — estão cheios de princípios de direito. E assim por diante. É perigoso não perceber, não pesquisar sistematicamente estas relações.

Da mesma forma, as práticas freqüentemente se dão a mão e se acham menos separadas umas das outras do que as diversas noções que, mais ou menos conscientemente, as presidem. A pena é, em numerosas sociedades, tanto uma expiação ou um pagamento quanto um ato de justiça. Toda propriedade é um ato econômico, mesmo aquela de um ritual. Estas observações podem ser multiplicadas sem fim.

DIVISÕES E PROPORÇÕES 67

Enfim, separando melhor os dois grupos de fatos que são função um do outro: as representações coletivas e as práticas coletivas, esta divisão faz perceber melhor as relações que as unem, em particular, suas relações indiretas e contudo íntimas. Ela postula que não há representação que não tenha, em certo grau, uma repercussão sobre a ação e que não há ação pura. Exteriormente, o conto, o do povo e da tradição, não é mais do que literário. Interiormente, se analisarmos seus mecanismos e seus temas, perceberemos que está cheio de recordações de antigas práticas, que corresponde a superstições populares, a regras de presságio mais ou menos vivas, etc. Da mesma forma, a ciência aparece à primeira vista como puramente ideal, a técnica como exclusivamente prática. Mas se nos obstinarmos à procura das noções que presidem à primeira e dos movimentos que a segunda comanda, perceberemos logo que as duas são dominadas por uma unidade natural. A ciência dirige a técnica, que é uma ciência aplicada, e a técnica dirige a ciência, pois lhe propõe questões. Da mesma forma, a linguagem, deste ponto de vista, aparece como um objeto imediatamente de ação não menos do que de pensamento, e talvez até mais. E o problema que os lingüistas debatem se coloca em termos claros.

Em último lugar, visto que a morfologia social está bem isolada da fisiologia, e dado que o bloco material da sociedade é bem distinto de sua expansão fisiológica e psicológica, pode-se perceber a solução do difícil problema das relações entre a estrutura material das sociedades, de uma parte, e os atos e representações destas sociedades, de outra. Os fatos que Durkheim descobriu, mas que teve tanta dificuldade em demonstrar em sua *Divisão do trabalho* aos filósofos que não acreditavam nisto e aos economistas que se reservavam seu estudo por ser demasiado parcial, são para seus sucessores e serão, para a próxima geração de sociólogos, a própria evidência. O número, a densidade da população, a intensidade da circulação e das relações, as divisões de idade, de sexo, etc., o estado de saúde, etc., aparecem, como de fato estão, em relação direta com todos os fenômenos da atividade social. De lá, por intermédio das atividades, podemos ver como se desprendem do próprio grupo, em sua própria estrutura, os grandes processos de sentimentos, de paixões, de desejos, os grandes sistemas de simbolismos, de imagens, de idéias, de preconceitos, as grandes escolhas, as grandes volições das coletividades. Tornando a descer a escada, podemos ver como é em torno de idéias, de sentimentos, de tradições, de constituições, que os homens vêm agrupar-se. E pode-se percorrer o caminho

68 ENSAIOS DE SOCIOLOGIA

inverso. Do especial ao geral, do material ao ideal, as cadeias de análise e síntese aparecem assim contínuas.

3. Emprego simultâneo de dois métodos de divisão

As divisões especiais não sofrerão com esta nova divisão sobreposta à antiga. Ao contrário, graças a este estudo sistemático que as flexibiliza, sairão enriquecidas e esclarecidas e, sobretudo, legitimadas. Elas se recolocam melhor, se ordenam, distribuem-se melhor. Reencontram-se e não se prejudicam. Efetivamente, nesta ordem, as importantes questões de relações de dependência e de independência dos diferentes fenômenos sociais passam para o primeiro plano. São facilmente distinguidas, ao passo que até aqui, tratadas uma a uma por diversas especialidades, apresentam-se atravancadas de palavras e de preconceitos. Porque oferecem para estas graves escolhos.

Nada mais simples do que a definição de fenômeno social e nada mais difícil do que a das diversas categorias de fenômenos sociais. A distinção é freqüentemente muito útil e se deve apenas a diferenças de pontos de vista sobre a mesma coisa. Assim, a teologia moral dificilmente se separa da moral *tout court*; o honesto do ritual, e inversamente. As regras de apropriação são a expressão ou são o fundamento da economia? Discute-se sobre isto. Dependendo do ângulo, uma indústria é um fenômeno econômico ou um fenômeno técnico; pode ser coisa bem diferente: a cozinha de um bom restaurante é também um fenômeno estético. Uma visão de conjunto pode esclarecer tais problemas e facilitar estas divisões. Faz também sentir suas relatividades. Pois pode haver e há, sem dúvida, na sociedade, fenômenos importantes que ainda não sabemos pôr em seu devido lugar. Sabemos apenas reservar aquele que guardamos para eles.

Este estudo sistemático das relações permite não somente situar, mas "deduzir" as divisões clássicas da fisiologia social. Tratando delas, cumpre utilizar o processo que M. Meillet empregou aqui mesmo[6] com relação ao sentido das palavras: ver os grupos diversos que se inspiram numa mesma noção, e efetuam ao mesmo tempo ou sucessivamente os atos de diferentes sentidos, como se servem de uma única palavra. A noção de eficácia é comum a muitas partes da sociologia: à técnica e à religião em particular; percebem-se entretanto, mesmo se se admite uma origem comum, os

6. "Comment les mots changent de sens". Cf. *Année sociologique, 9.*

DIVISÕES E PROPORÇÕES

diversos pontos de aplicação. Os gregos opunham a lei à natureza, o νομός à φύσις em direito, em religião, em arte, em estética. A noção de regra é aplicada pela ciência dos costumes e pela ciência econômica. Compreende-se entretanto a importante diferença destas duas maneiras de conceber a mesma coisa, a mesma atitude social. Uma propriedade é uma riqueza e inversamente; entretanto, concebe-se a relação dos dois termos. Poucos temas são mais apaixonantes do que estes. É nos confins das divisões da sociologia, como nos confins de todas as ciências e partes das ciências que se operam normalmente os maiores progressos. Porque é aí que se captam as junturas dos fatos e que melhor se sentem as oposições de pontos de vista.

Naturalmente há outros progressos, particularmente aqueles em que Durkheim e seus colaboradores parecem ter trabalhado mais. Consistem em aprofundar cada uma das diversas ciências sociais que a sociologia agrupa. Mas mesmo estes progressos conduzem, segundo nossa opinião, a ultrapassar os limites tão vastos e contudo tão estreitos, do direito, da economia, da religião, etc. Com freqüência consistem mesmo numa simples visão das razões históricas complexas de um fato simples. Toda pesquisa profunda põe a descoberto, sob o frio das instituições, ou sob a flutuação das idéias, o vivo e o consciente todo inteiro, o grupo de homens. Num vaivém constante, passando do todo da sociedade às suas partes (grupos secundários), aos instantes de sua vida, aos tipos de ação e de representação; num estudo especial do movimento das partes, unido entretanto a um estudo global do movimento do todo, deve efetuar-se não só o progresso da sociologia geral, mas também o das sociologias especiais. Ou melhor, da mesma forma como não há mais do que uma física, talvez mesmo que um fenômeno físico ou físico-químico apreciado pelos diversos sentidos, assim não há, ainda mais evidentemente, senão uma sociologia, porque não há mais do que um fenômeno sociológico; a vida social que é objeto de uma única ciência, que o examina de diversos pontos de vista. E estes pontos de vista são, no fundo, fixados pelo estado histórico das civilizações, das sociedades, de seus subgrupos, de que nossa própria ciência é o produto, e da observação dos quais ela é parte. Por exemplo, não é certo que se nossas civilizações não tivessem já distinguido a religião da moral, nós mesmos estaríamos em condições de separá-las. Assim estas divisões concretas que parecem opostas às sociologias especiais fornecem métodos para aprofundá-las em si mesmas.

É em particular um meio excelente de explicar estes diversos pontos de vista segundo os quais o próprio homem considerou a si mesmo e fez de si mesmo, e aos quais correspondem as sociologias especiais. Estas só existem porque as principais atividades e ideações às quais correspondem se dividiram no decurso da longuíssima evolução centenas de vezes milenar da humanidade. Mas, se elas se dividiram foi porque, com relação a elas, ao menos de maneira momentânea, as pessoas destas sociedades se dividiram. Nem sempre somos artífices ou religiosos, mas quando o somos, geralmente o somos numa oficina ou numa igreja. As atividades sociais chegaram, em numerosos casos, a dividir as sociedades em numerosos agrupamentos variados, mais ou menos fixos. O estudo destes agrupamentos ou subgrupos é, se não o fim da demonstração sociológica, ao menos um dos guias mais seguros. Para compreender as diversas fisiologias sociais não há nada como compreender as diversas estruturas sociais às quais correspondem.

Não há sociedade conhecida, ou que se suponha conhecida, por mais baixa que seja, onde não tenha havido um mínimo de repartição dos indivíduos. Morgan cometeu um erro de gênio quando julgou ter redescoberto este fato: a horda dos consangüíneos; e isto não é mais do que uma hipótese de Durkheim, mas, em nossa opinião, uma hipótese necessária, a que supõe, na origem de todas as nossas sociedades, sociedades amorfas. A oposição dos sexos e das gerações e, muito cedo, a exogamia, dividiram as sociedades. Mas desde que se entra na história ou na etnografia, sem dúvida desde uma pré-história bastante antiga, encontram-se sociedades divididas ainda de outra forma: em metades exógamas, mais exatamente em dois clãs exógamos primários, ou fratrias, e em clãs nestas fratrias, e em famílias; e, de outro lado, já se vêem despontar aqui e lá núcleos daquilo que um dia será a corporação religiosa e já daquilo que é a corporação mágica; vêem-se tipos de circunscrição civil, oficinas com seus técnicos, bardos — aqui só fazemos alusão àquilo que se constata nas sociedades australianas, as mais primitivas entre as que conhecemos, mas infinitamente menos simples do que habitualmente se pensa. Por isso é possível estabelecer a seguinte regra: toda atividade social que, numa sociedade, criou para si uma estrutura e à qual um grupo de homens se dedicou de maneira especial, seguramente corresponde a uma necessidade da vida desta sociedade. Esta não conferiria a vida e a existência a este "ser moral" ou, como se diz no direito inglês, a esta "corporação", se este grupo mesmo temporário não correspondesse às suas expectativas e às suas necessidades.

Não é absolutamente obrigatório que estas estruturas sejam permanentes; podem não durar mais do que certo tempo, e reaparecer mais tarde, muitas vezes de acordo com um ritmo. Sobretudo nas sociedades que precederam as nossas e que ainda as cercam (entendo todas aquelas que não pertencem à Ásia e à Europa e ao ramo hamítico da África do Norte), os homens podem organizar-se assim, sem

DIVISÕES E PROPORÇÕES

repartir-se perpetuamente em grupos funcionalmente diferentes. Por exemplo, em numerosas sociedades antigas ou mesmo contemporâneas, em certos momentos da vida pública, os cidadãos repartiram-se em classes de idade, em confrarias religiosas, em sociedades secretas, em tropas militares, em hierarquias políticas. Todas estas organizações são diferentes das fratrias, clãs ou famílias que todavia subsistem. Amiúde se confundem com estes últimos e com freqüência entre si. É que são estes agrupamentos que, em suma, estão encarregados de tal ou tal função. Melhor dizendo, esta não é senão a vida deste agrupamento. E este é sustentado, autorizado, dotado de autoridade, no fundo, pela sociedade inteira. Ela abdica em seu favor, delega-lhe sua força com relação a tal ou tal objetivo. Assim nas sociedades negritas propriamente ditas como em muitas sociedades melanésias, a justiça é amiúde obra das sociedades secretas.

Além do estudo exclusivo das representações e dos atos, é necessário o estudo destes agrupamentos ocasionais, permanentes ou temporários, para os tornar compreensíveis uns e outros. É o funcionamento destes agrupamentos que revela qual o grupo que pensa e age, e como pensa e age; é este funcionamento que revela por que a sociedade se conforma com este pensamento e com esta ação, por que se deixa inspirar por ele, por que lhe dá mandato para agir. Esta análise completa-se quando se encontrou quem pensa e quem age e qual a impressão que este pensamento e esta ação causam sobre a sociedade em seu conjunto. Deste ponto de vista, mesmo quando, em casos bastante raros, é a sociedade inteira que sente e reage, poder-se-ia quase dizer que nestes momentos age como se formasse um grupo especial; isto é evidente, quando por exceção para alguns dias ou semanas a congregação social inteira pode ser formada, em certas sociedades australianas e americanas.

Há, pois, uma espécie de lugar geométrico entre os fenômenos fisiológicos e os fenômenos morfológicos: é o grupo secundário, a estrutura social especial que permanece relativamente isolada. Há uma espécie de morfologia mista. Ela ajuda a determinar estes grupos secundários: os órgãos diversos da vida social, cuja separação permite separar as diversas sociologias especiais; estas, no fundo, são todas (salvo a morfologia pura) partes da fisiologia social. Portanto esta também compreende o estudo de certas estruturas. É pela descrição destas, vendo como o homem se comporta na igreja, no mercado, no teatro, no pretório, que se fazem as sociologias especiais. O que propomos é que se faça para todas as diferentes estruturas sociais e suas atividades aquilo que até aqui só foi feito a fundo para o clã e a família. Este estudo de grupos secundários, de meios que compõem o meio total, a sociedade, o estudo

72 ENSAIOS DE SOCIOLOGIA

de suas variações, alterações, de suas recíprocas ações e reações é, em nossa opinião, uma das coisas não somente mais desejáveis, porém das mais fáceis e das mais urgentes. É aí, ainda mais do que na prática social — visto que a instituição é sempre até certo ponto condensada — que se constata a verdadeira vida, material e moral ao mesmo tempo, o comportamento do grupo. Mas os processos coletivos de ideação, de representações, podem ser tratados desta forma. Ela parecerá bastante terra-a-terra e mesmo bem remota e inadequada a quem é propenso ao vago e ao ideal. São, em nossa opinião, os pesquisadores do inefável que se enganam. Ao contrário do que dizem, estamos certos de que há mito ou lenda, pensamento forte e seguro, quando há peregrinação de santos, festa, clãs ou confrarias ligadas a estes lugares santos. O jogo das idéias coletivas é sério quando se reflete em lugares e em objetos, porque se passa em grupos onde aliás é criado, dissolvido e recriado sem cessar.

Assim esta divisão dos fenômenos sociais em morfologias e fisiologias e a dos fenômenos fisiológicos em representações e em atos coletivos pode aplicar-se utilmente no interior das diferentes sociologias especiais. Talvez seja até necessário servir-se obrigatoriamente dela quando se estuda separadamente os fenômenos sociais divididos em religiosos, jurídicos, econômicos, etc. Estas especialidades cortam as grandes classes de fatos por assim dizer em pilhas dispostas verticalmente; ao contrário, pode-se também dividir estas secções em fatias por assim dizer horizontais, por graus, por camadas de ideação crescente ou decrescente, de materialização mais ou menos grande dependendo do fato de a gente afastar-se ou aproximar-se da representação pura ou da estrutura material propriamente dita. Em nossa opinião, esta divisão fornece um princípio de método para o estudo de cada grande grupo de fatos. Constitui uma espécie de prova aritmética de que se procedeu de maneira completa. Pois, a nosso modo de ver, um fenômeno social é explicado quando se descobre a que grupo corresponde, a que fato *quer* de pensamento *quer* de ato ele corresponde, pouco importando se é fisiológico ou morfológico.

A aplicação deste princípio é clara quando se trata de fisiologia pura. Entretanto poucos sociólogos o empregam de maneira constante. Contudo é quase infalível no uso. Força a ver, a procurar os atos sob as representações e as representações sob os atos e, sob uns e outros, os grupos. Séries de instituições que aparecem, na superfície, como compostas exclusivamente de práticas tradicionais ou de atos de fabricação, como o costume e as técnicas, estão cheias de noções que a ciência do direito e a tecnologia devem explicar. Outras séries de fatos sociais que apare-

DIVISÕES E PROPORÇÕES

cem como puramente racionais, ideais, especulativas, imaginativas, ou sentimentais e inefáveis, tais como a música ou a poesia e a ciência, estão cheias de atos, de atividades, de ações, de impressões sobre os sentidos, sobre a respiração, sobre os músculos ou de práticas e de técnicas.

Inversamente, a morfologia social que serve de controle à fisiologia, também deve estar submetida a estas análises. O grupo jamais aparecerá como inerte e inconsciente. Explicam-no sua unidade, sua vontade, o hábito de viver em comum. Estes, além da reunião da massa, são feitos de todas estas multidões de imponderáveis, de tendências, de instinto, de imitação, de idéias comunicadas, de sentimentos passageiros, sem falar das heranças comuns.

Aqui se justifica a idéia profunda da metafísica, da filosofia e mesmo do pensamento alemães, mesmo do vulgo na Alemanha: que uma "Weltanschauung", que uma "concepção do mundo" comanda a ação e mesmo o amor. É justo dizer que tanto quanto um solo e uma massa, é uma tonalidade de vida que forma toda sociedade. Com efeito, a sociedade inspira uma atitude mental e mesmo física a seus membros e esta atitude faz parte de sua natureza. E estas atitudes destas massas podem ser enumeradas: primeiro ponto da etologia coletiva.

Além disso, como já vimos, a morfologia social configura a sociedade não somente no espaço e no número, mas também no tempo. Estuda também movimentos, alterações e dinamismos. Ademais, da mesma forma como a psicologia social, ou melhor a fisiologia social, traduzem-se na matéria humana e, de acordo com a ocasião, no espaço e no tempo sociais onde tudo se passa, da mesma forma a estrutura material do grupo nunca é coisa indiferente à consciência do grupo. Freqüentemente os fatos de morfologia são vitais para ela. Por exemplo, as fronteiras: dir-se-ia que são inteiramente morfológicas, geográficas; mas não são, ao mesmo tempo, um fenômeno moral e militar, e para certos povos, sobretudo para os antigos, um fenômeno religioso?

O interesse principal destas observações é que elas permitem fazer compreender, sistematizar e exigir o emprego dos métodos quantitativos. Quem diz estruturas materiais e sociais e movimentos de estruturas, diz coisas que podem ser medidas. Este vínculo do morfológico e do fisiológico permite, pois, medir o lugar considerável que deveria ocupar aqui, em todos os estudos de fisiologia social, a pesquisa estatística. Os subgrupos e suas ações podem, efetivamente, serem enumerados. Faz-se o recenseamento das profissões. Mesmo os crimes correspondem, por assim dizer, ao subgrupo dos criminosos.

ENSAIOS DE SOCIOLOGIA

Infelizmente mesmo na *Année sociologique*, estamos longe de nos entendermos. A estatística, matemática social, embora de origem sociológica, parece reduzir-se para nós aos problemas usuais: da população (morfologia), da criminologia e do estado civil (estatística moral) e de economia, esta parte de nossas ciências que se gloria de ser o domínio do número e das leis do número e que o é, efetivamente, em parte. Esta restrição do emprego da estatística é inexata. No fundo, todo problema social é um problema estatístico. A freqüência do fato, o número dos indivíduos participantes, a repetição ao longo do tempo, a importância absoluta e relativa dos atos e de seus efeitos com relação ao resto da vida, etc., tudo é mensurável e deveria ser contado. A assistência ao teatro ou ao jogo, o número das edições de um livro instruem sobre o preço atribuído a uma obra ou a um esporte muito mais do que páginas e páginas de moralistas ou de críticos. A força de uma Igreja mede-se pelo número e pela riqueza de seus templos, pelo número de seus fiéis e pela grandeza de seus sacrifícios, e, se é necessário também considerar sempre os imponderáveis, considerar somente a fé e a teologia é erro não menos grave do que esquecê-las. Manejado com prudência e inteligência, o processo estatístico é não só o meio de medir mas o meio de analisar todo fato social, porque força a perceber o grupo em ação. É verdade que muitos trabalhos estatísticos atuais são antes inspirados pelas necessidades administrativas ou políticas dos Estados, ou então são mal dotados, ou mal dirigidos por uma curiosidade mal esclarecida de profissionais; apresentam uma mixórdia. Os verdadeiros trabalhos estão ainda por fazer. Entretanto já sabemos o quanto o historiador e o sociólogo das gerações vindouras estarão melhor armados do que nós. Desde nossos dias, em trabalhos imensos, como os do "census" americano ou do "census" das Índias, vêem-se aparecer, através das estatísticas compiladas, as coisas sociais em ebulição: o "caldeirão da feiticeira" onde se fabrica uma sociedade. Em estudos assim empreendidos, o quadro de todas as divisões especiais, por sua vez, é enriquecido.

4. *Utilidade desta divisão para uma sociologia geral concreta*

É sobretudo do ponto de vista da sociologia geral que esta divisão tem vantagens. Ela a prepara diretamente. Nesta sociologia concreta descreveu-se, de maneira cada vez melhor, as relações existentes entre as diversas ordens de fatos considerados conjunta e separadamente: morfológicos e fisiológicos, de uma parte e, ao mesmo tempo, religiosos, econômicos, jurídicos, lingüísticos, etc. É então que se pode procurar constituir verdadeiramente uma sociologia ao mesmo tempo geral é no entanto concreta.

DIVISÕES E PROPORÇÕES 75

O processo é simples: basta estudar todas estas relações. Sob certo aspecto, mesmo a *sociologia geral* consiste na descoberta destas relações.

Aliás, este nome de *sociologia geral* presta-se a erro. Não é o puro domínio das puras generalidades, sobretudo das generalidades apressadas. É, antes de tudo, o estudo dos fenômenos gerais. Chamam-se gerais aqueles fenômenos sociais que se estendem a toda a vida social. Mas eles podem ser inteiramente particulares, precisos; podem faltar aqui e ali, e estarem até restritos a sociedades determinadas. Estes fenômenos gerais são os da tradição, da educação, da autoridade, da imitação, das relações sociais em geral, entre classes, do Estado, da guerra, da mentalidade coletiva, da Razão, etc. Negligenciamos estes grandes fatos e provavelmente os negligenciaremos ainda por muito tempo. Mas outros não os esquecem. Sobre a autoridade pode-se citar o livro do Sr. Laski. Durkheim e os partidários da *Social Pedagogics* tratam da educação. Outros autores chegam a reduzir toda a sociologia a estas considerações dos fatos gerais: é o caso de Simmel e de seus discípulos, o Sr. von Wiese e de sua "Beziehungslehre". Não estamos muito de acordo com eles; mas têm razão em não considerar o estudo dos edifícios sociais como dependente unicamente da sociologia jurídica. Sobre o Estado e as necessidades de seu estudo, voltaremos incessantemente a propósito da *sociologia aplicada* e da *política*.

Outra parte da sociologia geral refere-se às relações que os fatos sociais têm com os fatos vizinhos. Ora, do último ponto de vista, as relações da sociologia e das duas ciências imediatamente anexas, a biologia e a psicologia, tornam-se visíveis. As conexões da morfologia social, ciência do material humano, e da biologia são claras. Aquelas da fisiologia social com a biologia o são menos. Mas se se compreende que os fatos morfológicos são o meio-termo-causa, as razões de ser, que unem as idéias e as ações sociais aos fatos biológicos e inversamente e estes às idéias, etc., tudo se esclarece. Uma população tem um ideal de beleza e se cria um tipo físico, pela ação deste ideal sobre o casamento, sobre a natalidade. Uma população tem um número determinado de loucos; estes loucos se suicidam ou cometem crimes segundo as estações, segundo as quantidades de horas de dia, isto é, segundo a ação da natureza sobre a duração e a intensidade da vida social. Só citamos fatos bem conhecidos.

Assim se esclarece ainda a relação entre a psicologia e a sociologia. A psicologia das representações, a dos atos e a dos caracteres vêm aproximar-se não mais de todos os fenômenos sociológicos, mas dentre eles dos fenômenos so-

76 ENSAIOS DE SOCIOLOGIA

ciais correspondentes: representações e atos coletivos, caracterologia, etc. E os problemas de confins, tão importantes, onde a psicologia e o individual vizinham com a sociologia e o social, colocam-se em termos de fatos: é o caso dos da linguagem, dos sentimentos religiosos, morais, etc.

Citemos, enfim, três das partes da sociologia geral que, em nossa opinião, podem imediatamente beneficiar-se de um método deste gênero. São: a teoria do simbolismo, a da razão e, enfim, a dos caracteres coletivos. As duas primeiras são agora apresentadas de maneira muito geral. A última estava muito em voga no tempo de Taine. Agora é obsoleta, erradamente a nosso ver.

O problema do pensamento, ao mesmo tempo prático e teórico, o de sua relação com a linguagem, o símbolo e o mito, o da relação da ciência e da técnica encontram aqui seu lugar normal, exato, porque podemos considerá-los todos em conjunto.

1.ª) *O problema da linguagem e do símbolo* (e o problema, mais geral e mais crucial, da expressão) sai imediatamente da especialidade onde o acantonam os lingüistas e os estetas e das generalidades em que se movem os filósofos e alguns psicólogos. Estas duas coisas essenciais, tão intimamente ligadas, conhecimentos e símbolos de todas as ordens aparecem enfim como são: ligados à totalidade das atividades do grupo e à própria estrutura deste e não simplesmente a tal ou tal categoria destas atividades. Porque existem símbolos e conhecimentos em economia como em religião, como em direito e não simplesmente como em mitologia e em arte. E o totem ou a bandeira simbolizam o grupo.

2.ª) De modo geral, os estudos de "mentalidade", de "fabricação do espírito humano", de "construção e de fabricação" da *razão*, voltaram à moda. Eram os estudos que Comte tinha em vista. Cremos que Durkheim, Hubert, nós, outros e, entre eles, Lévy-Bruhl, J. H. Robinson os recolocamos em lugar de honra em termos precisos. Podem e devem sem ampliados. No fundo, eles supõem o conhecimento simultâneo de numerosos elementos, em numerosas civilizações. Os dados que devem entrar em linha de conta são estéticos, técnicos, e não somente religiosos ou científicos. Aí também existem misturas que devem ser evidenciadas e dosagens que devem ser feitas. E depois de fazê-las, é preciso reunir tudo isto e sintetizar em termos ainda mais precisos. Assim far-se-á aparecer o "total" na história: o empírico, o ilógico e o lógico do início, o razoável e o positivo do futuro. Enquanto os números tiveram um valor místico e lingüístico além de seu uso técnico e intelectual;

DIVISÕES E PROPORÇÕES

enquanto as doenças tiveram algo de moral ou de religioso, as sanções do pecado, por exemplo, a aritmética ou a medicina apresentavam outra feição que não aquela que assumiram. Entretanto elas existiam. As primeiras páginas de Hipócrates marcam maravilhosamente a revolução interna que um dia, na Jônia, fez passar a medicina à condição de ciência. Nossa própria aritmética ainda se desenvolveu na pesquisa de quadrados mágicos e na das raízes místicas, muito depois de Pitágoras, até o século XVII. Nossa farmacopéia dos séculos XVII e XVIII vinha de civilizações que misturavam todos os tipos de observações insólitas à sua patologia, à sua terapêutica, mas que possuíam conhecimentos muito sérios em farmácia: na Arábia, na Índia, na China. Entre os farmacêuticos como entre os alquimistas, havia mais do que a fé e o empirismo; havia a ciência. A razão e a experiência inteligente são tão velhas quanto as sociedades e talvez mais duráveis do que o pensamento místico. Assim, ainda vendo o conjunto, prepara-se a análise da consciência coletiva.

3.ª) Os estudos de *mentalidade* não são, no fundo, mais do que uma parte dos estudos de *civilização* e de *etologia* que distinguimos de maneira bastante imperfeita. Um dia será necessário separá-los. Para o momento, a *etologia coletiva*, tão difícil de constituir, como vimos, pode considerá-los de uma só vez. Estas análises da alma de uma sociedade ou de uma civilização podem ser comparadas a análises químicas. Segundo as concepções profundas de Durkheim, do mesmo modo como os caracteres individuais, os caracteres das sociedades e das civilizações são simplesmente compostos de elementos mensuráveis.

Tipos de vida social mais ou menos difundidos, eis o que chamam civilizações. Em tal ou tal sociedade, as principais características da vida social são mais ou menos autóctones, provêm em parte mais ou menos grande de sociedades mais ou menos vizinhas. As sociedades são mais ou menos fechadas. Por exemplo, a Idade Média cristã era muito mais um universo, uma "universitas", uma catolicidade do que nossa Europa e, todavia, os grupos que a formavam eram infinitamente mais diversos e mais numerosos. Mas eram menos orgânicos e é por isso que eram infinitamente mais permeáveis entre si, mais fracos diante das influências do alto; estavam ainda sob a impressão do Império Romano: por conseguinte as camadas superiores destas nações ainda mal definidas, a Igreja, a Universidade, as principais corporações, as grandes confrarias, entre as quais a cavalaria, eram muito mais internacionalizadas do que hoje. Isto, quanto à noção de civilização.

Quanto ao caráter da gente de uma sociedade, ele a singulariza. Certas sociedades são mais dadas à pesquisa ideal e à estética, ou ao comércio. Outras são mais dadas às artes práticas, à administração e ao mando; aí está a clássica oposição de Roma e da Grécia. Nosso saudoso Huvelin tratava brilhantemente deste assunto a propósito do direito romano. — O Dr. Jung e o Sr. Seligmann chegam ao ponto de falar de psicanálise das raças e das sociedades, e mesmo de "introversão" e de "extroversão" a propósito delas. Levam um pouco longe o freudismo ou o jungismo. Estas classificações já não têm grande valor em psicologia e em fisiologia individuais; não têm quase nenhum em sociologia. Mas dão o sentido daquilo que é uma ciência dos caracteres sociais e, se existirem, dos caracteres das raças.

Com efeito, podem-se classificar as sociedades de muitos pontos de vista. Assim numas predominam os elementos jovens, por exemplo na Rússia, noutras as massas idosas, por exemplo na França. De outro ponto de vista, em sua maioria são rurais (russas) ou urbanas (inglesas), agrícolas ou industriais, etc. Assim é que se poderá retomar, em outros termos, mas perseguindo os mesmos objetivos de M. Steinmetz [7], a vasta questão da classificação ou melhor do catálogo destas. Porque, no fundo, era às dosagens que M. Steinmetz se atinha, de maneira notável para a época.

Estas classificações levadas ao pormenor talvez um dia chegarão a explicar a especificidade de cada sociedade, a explicar seu tipo especial, seu aspecto individual. No fundo, é isto que fazem inconscientemente, mas não sem método, os historiadores, os praticantes da "história" tornada enfim "social". Talvez se chegue mesmo a explicar as idiossincrasias e depois diagnosticar à parte o estado preciso, em cada instante, de cada sociedade. Todos estes problemas escaparão às generalidades e à literatura política ou mesmo histórica. Assim, da mesma forma como a psicologia deve ser coroada por uma "caracterologia", de igual modo uma "caracterologia das sociedades", uma "etologia coletiva" concreta completará a sociologia geral e ajudará a compreender a conduta atual de cada sociedade.

Saber-se-á então, como não sabemos, sem perigo para as próprias sociedades, colocar o problema da *sociologia aplicada* ou *política*. Estar-se-á a saltar esta perigosa passagem: o vazio que se estende da ciência social pura para a direção da ação.

Mas, observe-se, estes dois planos de uma sociologia pura não compreendem nada daquilo que se refere à *política*. Ora, neste ponto, deparamos com as tradições contrárias dos sociólogos respeitáveis. É preciso que nos expliquemos sobre esta outra disciplina, a *política*, que não praticamos.

---

7. Cf. *Année sociologique*, 2.

DIVISÕES E PROPORÇÕES

CAPÍTULO 4. LUGAR DA SOCIOLOGIA APLICADA OU POLÍTICA

Uma das principais vantagens de um conhecimento completo e concreto das sociedades e dos tipos de sociedades, de cada sociedade à parte, das nossas em particular, é que permite entrever, enfim, aquilo que pode ser uma *sociologia aplicada* ou *política*. Deve eliminá-la impiedosamente da sociologia pura. No entanto, única coisa que se pode fazer aqui, entrevêem-se, de maneira totalmente separada, alguns princípios da aplicação de nossas ciências.

A *política* não é uma parte da *sociologia*. Os dois gêneros de pesquisas apresentam-se ainda hoje por demais misturados. Insistimos em sua separação. Ela é contrária à tradição americana, nitidamente "melhorista" desde Ward. Os sociólogos americanos têm costumeiramente o sentimento agudo de que os "civics", os "politics", o "social service", o "social work", em geral as "social forces" e os "ethics" são também seus e constituem seu domínio. Confundem-nos com a sociologia. Ao contrário, nós, aqui, em França e na *Année sociologique*, não nos ocupamos intencionalmente da *política*. Temos para isso uma razão de princípio que Durkheim amiudemente indicou e precisou: aqueles que fazem esta confusão entre a ciência e a arte enganam-se tanto do ponto de vista da ciência como do ponto de vista da arte. Procurar aplicações não deve ser nem o objeto de uma ciência, nem a meta de uma ciência: seria falsear esta. E a arte não deve esperar pela ciência: esta não tem semelhante primado.

Mas se a sociologia deve permanecer pura, precisa preocupar-se com sua aplicação. Durkheim dizia que ela não mereceria "uma hora de sofrimento" se não tivesse utilidade prática. Como toda especulação, deve efetivamente corresponder a uma técnica. Além disso Durkheim sabia que a política positiva e a sociologia têm a mesma origem e nasceram do grande movimento que racionalizou a ação social no começo do século XIX[8]. Portanto, pensando na aplicação da sociologia, permanecemos fiéis à tradição. A única censura que se pode fazer a Comte, aos primeiros discípulos de Comte e a Spencer, a razão pela qual se enganaram, é que julgaram poder legiferar em nome de reflexões muito gerais, de pesquisas muito sumárias, não sabendo controlar nem umas nem outras. Os economistas clássicos escaparam a estas generalidades, mas não a estas pretensões normativas. É verdade que avançaram mais do que a maior parte dos outros zeladores das ciências políticas. Mas não carecem menos de base quando se trata de dirigir a prática; esta, salvo em certos pontos de legislação financeira e de prática bancária, se ri de suas previsões. — É preciso, pois, aplicar

---

8. Ver sua *Histoire du socialisme*.

ENSAIOS DE SOCIOLOGIA

a ciência. Mas não se deve confundir tais aplicações com a própria ciência. As razões da confusão corrente são instrutivas. Repetimos aquilo que Durkheim disse a este propósito, em termos ligeiramente diferentes.

Se este erro de tantos cientistas é normal, é que a sociologia está mais próxima do que qualquer outra ciência da arte prática correspondente, da *política*, ao menos daquela dos tempos modernos. Tanto uma como outra supõem que, fora de todos os preconceitos religiosos, morais e outros, a sociedade tome consciência de si mesma, de seu devir de uma parte, de seu meio de outra, para regular sua ação. Enquanto todas as outras práticas e indústrias têm um objeto material exterior e extra-consciente que lhes impõe atitudes às quais se sabe antecipadamente que o êxito pode corresponder apenas em parte; enquanto a própria pedagogia e psiquiatria têm outro objeto que não a psicologia, sobretudo introspectiva: os homens que se trata de observar, depois de curar e de educar, a *política* e a *sociologia*, ao contrário, não têm mais do que um e o mesmo objeto: as sociedades. Destas os homens imaginam conhecer tudo, porque elas lhes dão a impressão de serem compostas somente deles, de suas vontades, de suas idéias maleáveis. Crêem que sua arte é soberana e seus conhecimentos perfeitos.

Mas é precisamente porque a arte, a prática política racional e positiva é tão próxima das ciências das sociedades, que a distinção entre as duas é mais necessária do que em qualquer outra parte. Não basta pintar a ação com a ajuda de estatísticas feitas sobre planos preconcebidos ou arquitetados segundo as idéias dos Partidos e do momento, para dar a esta ação um aspecto não sectário, sereno, livre de toda aliagem e de todo interesse. Também não basta ser sociólogo, mesmo competente, para ditar leis. Também a prática tem seus privilégios. Freqüentemente, até mesmo a carência da ciência é tal que é melhor confiar-se à natureza, às escolhas cegas e inconscientes da coletividade. Em muitas ocasiões é mais racional dizer que "não se sabe", e deixar que entrem em ação os imponderáveis naturais — estas coisas de consciência que não se sabe exatamente a que realidade correspondem: os interesses, os preconceitos. Estes chocam-se nos Tribunais, na Imprensa, nas Bolsas e nos Parlamentos; exprimem-se no *ethos* e no *pathos* dos oradores, nos adágios do direito, nas proclamações dos senhores do momento, nas ordens soberanas do capital e da religião, nos movimentos da imprensa, nas eleições mais ou menos claras. É melhor deixar estas forças agirem. A ignorância consciente é melhor do que a inconsciente. A confissão de impotência não desonra nem o médico, nem o homem de Estado, nem o fisiólogo, nem muito menos o sociólogo. Este "complexus" tão rico de

DIVISÕES E PROPORÇÕES 81

consciências, de corpos, de tempos, de coisas, de forças antigas e de forças latentes, de aventuras e de riscos que é uma sociedade, deveria ser tratado como uma imensa incógnita pelas pessoas que pretendem dirigi-lo — quando são dirigidos por ele, ou tentam quando muito exprimir seu movimento pelos símbolos que lhes fornecem a linguagem, o direito, a moral corrente, as contas em banco e as moedas, etc.

Dizemos isto não para diminuir, mas, ao contrário, para exaltar a arte política e sua originalidade. A sutileza de espírito político, sua habilidade em manejar as fórmulas, em "encontrar os ritmos" e as harmonias necessárias, as unanimidades e em perceber as opiniões contrárias são do mesmo gênero que a habilidade manual do artífice: seu talento é não menos precioso, não menos inato ou tradicional, não menos empírico mas não menos eficaz. Raramente a ciência é criadora. O homem de lei, o banqueiro, o industrial, o religioso têm o direito de agir em virtude de seus conhecimentos práticos e de seus talentos. Basta haver administrado ou comandado para saber que é preciso uma tradição prática, e que se faz mister também uma coisa que um psicólogo místico traduziria em termos de inefável: um dom. Portanto, nenhuma razão, nem teórica nem prática, justifica o despotismo da ciência. Somente depois de estabelecer devidamente essa distinção da arte e da ciência e essa constatação do primado atual da arte política, o sociólogo pode intervir e justificar também sua existência... material, isto é, a função social dos sociólogos.

A sociologia da política, *parte da* sociologia geral

Primeiramente, é possível fazer a ciência desta arte. E essa ciência das noções políticas nos diz respeito. Não aquilo que, em certas regiões, é designado sob o nome de ciências morais e políticas: a ciência financeira, a ciência diplomática, etc. Na maioria das vezes, estas assim chamadas ciências não passam de vulgares mnemotécnicas, compilações de circulares e de leis, menos bem digeridas do que os velhos códigos. Não passam de catálogos de preceitos e de ações, de manuais de fórmulas, de coletâneas de máximas da técnica social. Indispensáveis, por certo, atravancam as calçadas com suas pretensões e as Escolas com suas cátedras; são ensinamentos de pura aprendizagem. — Entretanto, às vezes, aqui e ali, pode-se tirar proveito de seus trabalhos. — Espíritos poderosos alçaram sua especulação para despreender os princípios destas artes, desenredar o gênero de atividade social, o espírito social, que presidem o próprio funcionamento do uso e do direito. Agora mesmo, em França, juristas como Hauriou e Duguit envidam considerável esforço para expor os princípios do direito público. Na Alemanha, os juristas moralistas, como Wilbrandt, Radbruch e outros, agiram a tal ponto sobre seu país que conquistaram aí uma posição política. Certo número dos melhores teóricos da *política* nos Estados Unidos, com Merriam à frente, chegaram à sociologia partindo da própria prática. Resumimos a obra deste último. Alhures a tomada de consciência constituiu o fato da civilização, da própria sociedade. O prestígio do direito romano, o da política e da moral dos gregos, o da "sabedoria hindu", o do idealismo judeu procedem da clareza de espírito desses povos: eles esclareciam com força, clareza, suas visões, o símbolo central dos outros símbolos de sua ação. Os ingleses também tiveram seus "prudentes", os do "Common Law", assim como os da política, do direito constitucional. De Hobbes a Austin cumpre colocar uma longa série de autores entre os verdadeiros fundadores da política e da sociologia. Um homem de lei inglês sabe por assim dizer naturalmente o que é o soberano. Não se deve subestimar o benefício de semelhantes lampejos do gênio humano. A descoberta e a pesquisa destas tomadas de consciência coletiva formam o melhor fundamento dos estudos de sociologia e de política atuais. A Escola histórica e de pura observação domina enfim com razão: ora, ela haure nas teorias implícitas, como nas teorias explícitas de todos os tempos, o princípio e a substância de suas idéias.

Só que ela ainda está muito atrasada; considera apenas as formas e as constituições. É aqui que a sociologia pode dar-lhe importante impulso. Normalmente, mesmo em regime parlamentar ou regulamentar, mesmo em nossas artes políticas que pretendem ser positivas, experimentais, que procuram basear-se em estatísticas e números, mesmo em nossos negócios, onde a arte contábil presta tantos e tão bons serviços, é entretanto o inconsciente, a necessidade que evoca sua satisfação, é a ação que dominam. Esta última certamente é esclarecida; não é cega nem mística, no entanto ela permanece inanalisável ou pouco analisada. Ora, é possível fazer uma teoria da arte política: primeiro com a ajuda dessas tomadas de consciência da própria coletividade que sabe escolher seus dirigentes e inspirá-los; depois com todos os processos da história comparada, permitindo a análise dos fatos; numa palavra, por meio de uma "pragmática", como dizia Aristóteles. Pode-se constituir uma ciência da arte social. Essa ciência começa a constituir-se: consiste simplesmente em perceber, graças a estes dados, já em parte conhecidos, como, por meio de quais processos políticos, os homens agem, souberam ou acreditaram agir uns sobre os outros, repartir-se em meios e grupos diversos, reagir sobre outras sociedades ou sobre o meio físico. Vê-se como essa teoria desta arte faz parte de uma sociologia, ao mesmo tempo geral e concreta.

DIVISÕES E PROPORÇÕES

Essa ciência da arte social, situamo-la na *Année,* entre as disciplinas que dependem da *sociologia moral e jurídica,* ou na *sociologia geral.* Já confessamos estas flutuações. No primeiro caso, agimos assim sob o pretexto de que o fenômeno do Estado é um fenômeno jurídico. É verdade: o Estado, organismo político da sociedade, a constituição, o estabelecimento de um poder soberano são fatos jurídicos e morais. Mas seguramente são mais do que isso. Concorrem para o todo da sociedade e tudo nela concorre para eles. Em que medida? Não sabemos precisá-lo, só sabemos fazê-lo sentir. As fronteiras do Estado, por exemplo, este ponto hiper-sensível da sociedade e do Estado político, são de ordem morfológica, como já o dissemos; e assim por diante... A arte política e a ciência desta arte devem, pois, como a própria sociologia, levar em consideração todos os fatos sociais. Em particular, em nossas sociedades modernas, os fenômenos econômicos e morfológicos (demográficos) entram sob sua jurisdição. De modo especial, coisas importantes que escapam a nossas rubricas: tradição, ensino, educação, são partes essenciais suas. É mister, pois, romper o quadro estrito da teoria jurídica do Estado. É preciso estender a teoria política àquela da ação global do Estado. Deve-se ir mais longe e ver os subgrupos: não somente analisar a ação do centro, mas também a de todos os grupos secundários, voluntários ou involuntários, permanentes ou temporários, de que se compõe uma sociedade.

Naturalmente, esta teoria da arte social ampliou a política. Deste ponto de vista, sua ação é um benefício. Porque se a confusão do problema do Estado, da soberania, com o problema jurídico foi fatal, ela constitui um erro de fato e um erro prático. Proceder de maneira habitual leva aos piores perigos. Os fundadores da ciência positiva das cidades, fundadores também da política positiva, Saint-Simon e Comte, chamaram logo a atenção para esta falha. Tinham certo ódio do legislador, do homem de lei, da administração, e certo fetichismo pelo "industrial", pelo "sábio", pelo "produtor". Esta atitude tornou-se tradicional no socialismo e até no bolchevismo. Evitemos seu excesso, pois a arte de gerir, de mandar e de manobrar legalmente será sempre essencial à vida em comum, mesmo à vida técnica. O certo é que, um pouco por força das coisas e muito por força da inércia, nossos parlamentarismos ocidentais remetem a um número demasiado de togados e publicistas o cuidado de interesses que ultrapassam òs limites da legalidade e da burocracia. Será, pois, absolutamente necessário romper com a tradição antiga que conduziu a política, desde as chancelarias lágidas e romanas, até o Conselho privado dos reis. As sociedades modernas sabem que muitas das coisas eminentemente sociais não devem ser entregues a funcionários, a conselheiros, a legistas. Aquelas que põem em jogo e mesmo em questão a própria sociedade, como a guerra e a paz, devem ser decididas de maneira diferente daquela de outrora. O principal serviço que os sociólogos prestaram até agora e prestarão cada vez mais à política, por uma teoria da própria política, consiste pois em fazer sentir até que ponto os problemas políticos são problemas sociais. Cometeriam por conseguinte o mais grave erro se, para não permanecer no erro comum, permanecessem todos em seu lugar e se abstivessem todos de tomar partido, se deixassem a política aos teóricos políticos e aos teóricos burocratas. A arte da vida social diz-lhes respeito de maneira particular e transmite uma tradição: educar as jovens gerações, integrá-las numa sociedade determinada, "edificá-las" e sobretudo fazê-las progredir; tudo isso ultrapassa os limites do direito e de tudo o que se convenciona chamar o Estado. A ciência desta arte faz portanto parte da sociologia geral, ou, numa sociologia dividida de maneira concreta, de uma parte toda especial da sociologia da ação.

Sociologia e política

Assim concebida, esta teoria da arte política é uma parte essencial da sociologia e mais especialmente, em nossas divisões propostas, da sociologia geral, e, nesta, da teoria dos ajustamentos gerais. Mas esta ciência da arte social, política, permanece teórica. Como o resto da sociologia, tem sobretudo como método a comparação histórica ou a análise estatística, ainda que muitos fatos comparados sejam fatos modernos. A este título, ela é certamente interessante, instrutiva, informativa. Mas não é mais do que uma pequena contribuição para a direção real das sociedades atuais. A arte de dirigir uma sociedade, a ação, a administração, o mando são coisas tão vitais como esta influência indireta da ciência das sociedades. Esta ação à distância é relativamente pouca coisa em comparação com a política *tout court*. Como podemos contribuir eficazmente para esta? Aí está o problema final da sociologia.

Já pelo próprio contato com esta, a ação política é singularmente aumentada: ela é entendida no sentido amplo sob sua inspiração; compreende-se nela não somente a direção dos órgãos de soberania, mas ainda o controle das forças financeiras, das indústrias, da educação, das relações materiais, morais e intelectuais com as outras nações. Ademais, esclarecida, realçada, afinada pela sociologia, esta ação pode ser infinitamente melhor do que se fosse deixada cega. Portanto, a arte política não deve ser independente da sociologia, e esta não deve desinteressar-se dela. Mas quais devem ser suas relações? Que lugar se lhes deve dar numa sociologia completa? Eis algumas indicações.

DIVISÕES E PROPORÇÕES 85

Em primeiro lugar, é preciso repetir o voto de Spencer retomado por Durkheim: que o conhecimento da sociologia deveria ser exigido para qualificar o administrador e o legista. Com efeito, em numerosos países a sociologia faz parte dos programas de exames do futuro funcionário e de numerosas Escolas de altos estudos comerciais ou administrativos. Além disso, é um fato que a sociologia já age claramente em nossos dias sobre a política. Esta assumiu uma atitude positiva e experimental que provém, mais do que se crê, de nossos estudos.

Mas qual deve ser a relação inversa? Se vemos claramente o que devemos exigir do político, e mesmo do cidadão que quer instruir-se, que é que este deve exigir de nós? Em primeiro lugar, nossa atenção. Isto é: o público não permite que nos ocupemos exclusivamente daquilo que é fácil, divertido, curioso, excêntrico, passado, sem perigo porque se trata de sociedades mortas ou afastadas das nossas. Quer estudos concludentes quanto ao presente. A esta exigência poder-se-ia ser tentado a responder: que a ciência é soberana; que sua fantasia — aquela dos sábios — deve ser sem limites. Porque nunca se sabe qual é o fato decisivo, mesmo do ponto de vista prático. Com freqüência um fato de nossas civilizações tem sua explicação em estranhos ângulos do passado ou do exótico. Talvez neste momento esteja registrado em obscuras estatísticas; pode nascer em nossos dias, em gestações desconhecidas de formas desconhecidas de associações inventadas em camadas desconhecidas de nossas populações. Isto já foi visto: a cooperação nasceu assim; o sindicalismo tem origens populares muito baixas; o cristianismo viveu nas catacumbas; tradições científicas e filosóficas grandiosas caminharam na obscuridade. Mas, reservado este direito da ciência, é preciso fazer esforços. — É preciso primeiro estar à espreita destes novos movimentos das sociedades, levá-los o mais depressa possível ao conhecimento do público científico, esboçar-lhe a teoria. Para fazê-lo, seria necessária uma melhor repartição das forças e que nós, de nossa parte, nos aproximássemos mais das coisas modernas. A observação sociológica das instituições de futuro tem um interesse ao mesmo tempo teórico e prático. — Mas isso não é suficiente. O próprio povo espera de nós uma atitude menos purista, menos desinteressada. Mesmo recusando sacrificar a uma pesquisa do bem um instante que não fosse exclusivamente consagrado pela pesquisa do verdadeiro, é preciso, evidentemente, que os sociólogos cumpram seu dever social. É preciso que ajudem a dirigir a opinião e mesmo o governo. Naturalmente, se é como homem político que o sociólogo quer agir, deve, na medida do possível, separar sua ciência de suas ações. Mas é possível produzir trabalhos sobre assun-

86 ENSAIOS DE SOCIOLOGIA

tos menos delicados, mais gerais e contudo destinados à prática moral e à política. É assim que Durkheim concebia sua "moral". Daí por que publicamos sem tardança, mesmo na série dos *Trabalhos* da *Année sociologique*, sua *Education morale*, onde não faltam páginas políticas; daí por que ainda vamos publicar sua *Morale civique et profissionnelle*. Com efeito, há todo um domínio, a meio caminho entre a ação e a ciência, na região da prática racional onde o sociólogo deve e pode aventurar-se.

Ademais, de tempos em tempos, fortuitamente, podemos estar seguros de nossas previsões e mesmo transformá-las logo em preceitos. Os sábios das felizes ciências experimentais, tão tranqüilos e tão ciosos de seus métodos e de sua independência, amiúde sabem aplicar sua ciência à indústria e à medicina. Não temem a confusão das duas ordens de pesquisas, nem temem rebaixar-se, nem têm vergonha de parecerem quer inúteis, quer úteis. Da mesma forma, é preciso impor nossa ciência como tal, mas não se deve ter receio de ser confundido com o homem de ação, quando se pode, quando só se "procurou", como dizia a Bíblia, e quando só se fala em nome da própria ciência. Depois de fazê-la avançar, é preciso procurar utilizá-la. Aliás, em um bom número de aspectos, alguns dos nossos viram claro praticamente. Os dois Webb na Inglaterra, Emmanuel Lévy, a partir de suas teorias do sindicalismo e do contrato, muito fizeram para instaurar as formas novas do Contrato coletivo. As conclusões do livro de Durkheim sobre o *Suicídio*, aquelas que se referem ao grupo profissional, deveriam ser ensinadas em toda a parte. Sobre a herança, a lição de Durkheim [9], que é a conclusão de pesquisas longas e geniais sobre a família merece ser clássica. Não tememos, pois, empregar estas idéias e estes fatos no debate. Nossas conclusões práticas serão raras e de pouca atualidade? Razão a mais para retomá-las literalmente e com energia.

O sociólogo pode ainda ser útil à política de outra maneira. Sem misturar-se com ela nem com os políticos, nem com as secretarias, pode ajudá-los por meio de pesquisas imparciais, pelo simples registro científico dos fatos, mesmo daqueles cuja teoria não conhece e não pode tentar. — O princípio que aqui enunciamos não é um sonho piedoso; é uma coisa realizada. No decurso de uma viagem que a munificência de uma grande instituição científica americana nos permitiu, pudemos constatar a importância e a grandeza de um movimento de pesquisas deste gênero nos Estados Unidos. Poderosamente ajudados pelos particulares, pelos Estados e pelas cidades, os sociólogos transformam as informações de que dispõem os legisladores, os

9. *Revue philosophique*, 1920.

administradores das cidades e das grandes instituições. Para começar, Estados e cidades têm, em secretarias, departamentos de pesquisas. Mas há mais. Em lugar de estatísticas e de relatórios que só correspondem às necessidades administrativas, instituem-se pesquisas completas, por exemplo, sobre certas cidades. Estas são confiadas a sociólogos ou a estatísticos independentes, os quais executam ainda estes trabalhos fora de toda administração, por sua própria iniciativa. É o que se faz, por exemplo, no Instituto de Pesquisas Sociais de Chicago onde, com Merriam, colaboram economistas e demógrafos, como Marshall ou como Hill, e sociólogos como Park e Burgess. Em outras partes, no lugar de secas discussões de direito, no lugar das velhas estatísticas criminais, estatísticas dos cursos e das prisões, não da moralidade, foram instituídas as grandes investigações judiciárias detalhadas de Cleveland. Aquela que Pound dirige em Harvard, para todo o Estado de Massachusetts, com o concurso da Law School de Harvard inteira, alunos e mestres, submete a uma análise precisa *cada um* dos *casos* que se apresentaram diante do tribunal; e, a seguir, a "tabulação" desses casos dá o estado preciso da jurisprudência, o da moralidade pública e o das tendências de uma e de outra. Os legisladores, os homens de lei, as opiniões públicas soberanas são assim imparcialmente informados sobre si mesmos. Os Institutos de pesquisas econômicas também são numerosos naquelas plagas. (Começam a prosperar na Alemanha.) Num Estado, a Carolina do Norte, o Departamento de ciência social da Universidade está encarregado das pesquisas legislativas que antecedem a preparação das leis. Este movimento está apenas no começo.

Em todo caso, o sociólogo é tão bem ou melhor qualificado profissionalmente do que os burocratas para observar até mesmo os fenômenos que estes administram: porque os funcionários naturalmente não têm a imparcialidade necessária e a visão clara das coisas; representam sobretudo a tradição, quando não servem seus próprios interesses ou aqueles de uma classe.

Fora disto, que podemos ainda fazer? Bem pouca coisa. Mas já seria o bastante. Alguns dentre nós poderiam estudar, prática e teoricamente ao mesmo tempo, as idéias novas e antigas, os usos tradicionais e as novidades revolucionárias das sociedades que, nestes momentos conturbados, procuram dar à luz seu próprio futuro. Se alguns jovens, apaixonados por grandes empreendimentos, soubessem fazê-lo, os dados políticos de nosso tempo e de cada sociedade, fatos e ideais, poderiam ser estudados à parte e sem preconceitos. As coisas presentes poderiam então constituir o objeto de uma espécie de contabilidade intelectual, de constante "apreciação", como dizia Comte. O primeiro tempo de uma política positiva é: saber e dizer às sociedades em geral, e a cada uma em particular, o que fazem, para onde vão. E o segundo tempo da moral e da política propriamente ditas consiste em dizer-lhes francamente se fazem bem, prática e idealmente, caminhando em tal ou tal direção. No dia em que, ao lado dos sociólogos, alguns teóricos da política ou mesmo alguns sociólogos, apaixonados pelo futuro, chegarem a esta firmeza no diagnóstico e a certa segurança na terapêutica, na propedêutica, sobretudo na pedagogia, neste dia estará ganha a causa da sociologia. A utilidade da sociologia impor-se-á; imprimirá uma formação experimental ao espírito moral e à educação política; será justificada pelo fato, como o é pela razão.

A principal finalidade será assim atingida no dia em que, separada dela, mas inspirada por ela, uma política positiva puder ser a aplicação de uma sociologia completa e concreta. Se não der as soluções práticas, dará ao menos o sentido da ação racional. A instrução, a informação, o treinamento sociológicos proporcionarão às gerações que chegam o sentimento da delicadeza dos processos da política. Estes, inconscientemente usados neste momento, poderão ser levados ao grau de consciência desejada quando uma, duas gerações de sábios tiverem analisado os mecanismos das sociedades vivas, aquelas que praticamente nos interessam. Os homens políticos e os homens de ação não mais se limitarão a escolhas instintivas. Sem esperar uma teoria muito desenvolvida, saberão equilibrar conscientemente os interesses e os direitos, o passado e o futuro. Saberão estimar constantemente este meio interno que é a sociedade, estes meios secundários que formam as gerações, os sexos e os subgrupos sociais. Saberão pesar as forças que são as idéias e os ideais, as correntes e as tradições. Saberão, enfim, não desconhecer os meios externos onde se movem os interesses que administram: as outras sociedades que podem contrariá-los; o solo cujas reservas devem ser administradas com vistas às gerações futuras. Eis, sem utopias, mas sem confusão com a ciência, um programa de política positiva.

Achar-se-á talvez este programa bem pequeno. Estas conclusões talvez sejam enganadoras para o homem político, ou mesmo para o "social worker", para o zelador do "serviço social", para os autores de "civics", que neste momento vêm ajuntar-se generosamente e sem dúvida eficazmente a eles. Mas, uma vez feito o abalo, é possível que se sigam outros efeitos. Muitos problemas cuja solução frontal é procurada são mal colocados; outros, bem colocados, são mal tratados. A parte da educação não é feita

DIVISÕES E PROPORÇÕES   89

por ninguém e no entanto talvez seja a mais importante de
todas. O papel dos partidos é grandemente exagerado pelos
historiadores, pela imprensa e pela opinião; a preponderân-
cia dos interesses, sobretudo daqueles dos subgrupos, em
particular os econômicos, é verdadeiramente muito grande
neste momento. Ao contrário, a parte da moral, especialmente a dos subgrupos, por exemplo do grupo profissional,
é subestimada. Aí estão muitos problemas, problemas essenciais que os sociólogos levantam, mas dos quais não tomam
conhecimento o público, o Parlamento, as secretarias. Ao
contrário, estes gostariam de nos impor seus problemas que
são menos importantes. É possível que a sociologia não
contente nem os corpos soberanos, nem as diversas secções
de nossas sociedades.

É até possível que, mesmo sendo útil, não contente
ninguém. A sociologia não é mais do que o meio principal
de educação da sociedade. Não é o meio de tornar os homens felizes. Mesmo a arte social e a política são incapazes disto embora persigam este objetivo ilusório. Durkheim
mostrou-o muito bem. Ciência e arte só têm como efeito
tornar o homem mais forte e mais senhor de si. As obras
da razão só podem dar o instrumento aos grupos e aos
indivíduos que os compõem; a estes é que cabe servir-se
deles para seu bem..., se quiserem..., se puderem.

A sociologia não tem panacéia? Isto não é uma razão
para deter seus progressos. Muito pelo contrário, trata-se
de torná-la útil multiplicando os trabalhos e os estudiosos.

Só nos demoramos nestas questões de método porque
se trata precisamente, logo a seguir, num momento em que
nossos estudos são populares, de procurar dar aos trabalhadores que deles participam o plano que lhes permitirá a
melhor escolha de seus trabalhos.

3. Fragmento de um Plano de Sociologia Descritiva

Classificação e método de observação dos fenômenos gerais da vida social nas sociedades de tipos arcaicos (fenômenos gerais específicos da vida interior da sociedade) (1934) *

OBSERVAÇÕES

Durkheim tratou amiúde deste tema [1] Efetivamente, preocupava-se muito em arrancar à simples dissertação filosófica, como à simples descrição literária dos moralistas e mesmo dos historiadores, não somente os domínios da religião, do direito, da economia, da demografia e outros mais, mas também os dos fatos que se estendem não a uma parte, mas à totalidade da vida social. Tinha em vista, pois, constituir uma sociologia geral que, sem espírito de sistema, fosse ao mesmo tempo orgânica sem nenhuma tendência normativa ou mesmo crítica. Os fatos que daí se sobressaíam a seus olhos eram os da *civilização* e os da *etologia coletiva,* isto é, os caracteres *das* sociedades e de *cada* sociedade. Porque este existe à maneira pela qual existe o caráter de cada indivíduo. Mas sabia que essa enumeração estava longe de ser completa.

Convém notar também que estudos deste gênero constituíram o ponto de partida de Durkheim. Porque considerava sua primeira grande obra, *A divisão do trabalho social,* não somente como um fragmento de sociologia moral, mas também como um fragmento de uma sociologia geral objetiva. Ninguém contestará tampouco este alcance à sua famosa comunicação ao Congresso de Filosofia de Bolonha: "Juízos de valor e juízos de realidade".

*

* *

* Extraído dos *Annales sociologiques,* série A, fascículo 1. [*Oeuvres,* v. III, pp. 303-358.]
1. *Anné sociologique,* 2, Prefácio; etc.

92 ENSAIOS DE SOCIOLOGIA

De outro lado, uma considerável massa de trabalhos, freqüentemente muito honrosa, traz neste momento para uma sociologia geral propriamente dita grandes quantidades de fatos e de idéias. As Escolas de sociologia alemãs, mesmo e inclusive a fundada por Max Weber, como a de Simmel, e ainda mais a de Colônia, com Scheler e Von Wiese, por mais preocupadas que estejam com a realidade, por mais abundantes que sejam em observações engenhosas, restringiram seu esforço quase sempre aos problemas da vida social em geral. Os sociólogos alemães, salvo quando são ao mesmo tempo etnólogos, renunciam quase a todas as sociologias especiais. As séries de fatos bem delimitados que estas especificam são por eles abandonados a ciências especiais ou à história.

Nesta memória, trata-se de mostrar qual é o lugar destas especulações sobre os fatos gerais, e também mostrar como é possível fundamentá-las em novas observações mais metódicas.

Tendemos aí a explicar: com se pode abordar estes fatos, como se pode dividi-los, enumerá-los de maneira suficientemente completa e, enfim, no interior destas divisões, como dispô-los bem numerosos e definidos. Aqui não enunciamos somente idéias, queremos encetar pesquisas, levar a bom termo análises de realidades sociais das quais se poderá, um dia, talvez desde logo, deduzir uma teoria. Vaivém necessário, porque a teoria, se for extraída dos fatos, pode por sua vez permitir manifestá-los, fazer com que sejam melhor conhecidos e compreendidos. É o que Max Weber chamava a *verstehende Soziologie*.

Aquilo que segue foi, na realidade, extraído de um curso destinado aos etnógrafos profissionais que trabalham neste terreno, intitulado: *Instruções de etnologia* [1. cf. *infra* p. 134]. As lições aqui resumidas constituem a segunda parte.

É o plano de uma sociologia geral descritiva intensiva aprofundada. Cremos que pode ser aplicado ao estudo dos fenômenos gerais da vida social nas sociedades arcaicas de nossas colônias francesas, a cujo estudo este curso está destinado. É apenas relativamente válido para sociedades mais primitivas, como as australianas, as fueguinas, as pigméias, certas tribos do Brasil e poucas mais em outras partes. Não é quase aplicável tampouco a todas as sociedades que entram na órbita das grandes civilizações, como por exemplo os berberes. Entretanto indica muitos elementos evidentemente comuns a grande número de sociedades conhecidas e, com relação a estas, pode ainda ter um valor de

FRAGMENTO DE UM PLANO 93

indicação, de sugestão. Em todo caso, faz compreender aquilo que se pode entender por uma sociologia geral concreta e comporta particularmente, como se verá, o emprego dos métodos quantitativos.

Estas Instruções de sociologia geral formam neste curso uma seqüência e um fim. Supõem as Instruções de morfologia social e diversas partes da sociologia descritiva, religiosa, jurídica e moral, econômica, técnica, estética, lingüística, que as precedem. Portanto não constituem prefácio, como aqui. Isto tem uma razão fundamental: os fenômenos gerais, mesmo considerando cada um à parte, visto que são rigorosamente coextensivos à totalidade dos outros fenômenos sociais especiais, e visto que são um traço de cada um deles e de todos juntos, em princípio só devem ser estudados, numa sociedade, depois de os outros fenômenos estarem suficientemente esclarecidos, um depois do outro. Pois os fenômenos gerais exprimem não somente sua própria realidade, mas ainda a solidariedade de todos os outros fenômenos entre si.

*

* *

Noção de sistema social. À vista da enormidade de questões que este plano propõe aos observadores, não haverá dúvida de que semelhante pesquisa seja possível. Uma sociologia geral descritiva é tão necessária quanto cada uma das sociologias especiais: sendo possível e necessária, é preciso, o mais depressa possível, constituí-la para cada sociedade.

Com efeito, a descrição de uma sociedade onde só se houvesse estudado apenas a morfologia social, de um lado, as diversas fisiologias, de outro — as que analisam as instituições, as representações coletivas dos diversos gêneros e as organizações sociais especializadas — por mais instrutiva que fosse, seria fragmentária e fragmentada a tal ponto que se tornaria inexata. Com efeito, assim como não existe elemento independente de uma religião, nem tal ou tal organização religiosa, por exemplo, mas religiões; assim como não é suficiente estudar simplesmente, por exemplo, esta ou aquela parte da economia de uma sociedade para que se descreva seu regime econômico, etc.; assim como, numa palavra, as verdadeiras realidades, elas próprias ainda separadas, são os sistemas religiosos, os sistemas jurídicos, as morais, as economias, as estéticas, a técnica e a ciência de cada sociedade; da mesma forma, cada um destes sistemas por seu turno — que só distinguimos sob

94 ENSAIOS DE SOCIOLOGIA

a impressão da atual divisão dos fatos em nossas sociedades — da mesma forma, digo, cada um dos sistemas especiais não é mais do que uma parte da totalidade do sistema social. Portanto, descrever um ou outro, sem levar em consideração a totalidade e sobretudo, sem ter em conta o fato dominante de que eles formam um sistema, é tornar-se incapaz de compreendê-los. Pois, em última análise, o que existe é tal ou tal sociedade, tal ou tal sistema fechado, como se diz em mecânica, de um número determinado de homens, ligados uns aos outros por este sistema. Uma vez conhecidos todos os outros fatos e sistemas de fatos, deve-se estudar essa ligação geral.

Eis por que propomos estudar os fatos de sociologia geral depois de todos os outros fatos dependentes das sociologias especiais.

O lugar que ocupam na observação é exatamente o oposto do lugar que esta memória ocupa neste fascículo de nossa nova publicação, *Les Annales sociologiques.*

1. DEFINIÇÃO DOS FATOS GERAIS DA VIDA SOCIAL

Supomos como reconhecida a definição seguinte:

Uma sociedade é um grupo de homens suficientemente permanente e suficientemente grande para reunir numerosos subgrupos e numerosas gerações vivas — ordinariamente — *num território determinado* (isto para levar em conta sociedades fundamentalmente dispersas: castas errantes da Índia, armênios, ciganos, judeus, diulas, etc.), *em torno de uma constituição independente* (geralmente), *e sempre determinada* (isso, para o caso das sociedades compósitas, em particular aquelas que são formadas por uma tribo soberana e por tribos vassalas: é o caso dos reinos de Uganda, divididos em Bahima e Bahera; o da confederação massai, que compreende os Wandorobo, e Bantos como servos; é o caso de numerosas sociedades da Índia e da Ásia; era o caso da Irlanda céltica, etc.).

Como observamos Durkheim e eu[2], esta constituição é o fenômeno característico de toda sociedade e é, ao mesmo tempo, o fenômeno mais generalizado no interior desta sociedade.

É até mais característico do que a língua, por mais comum que esta seja a todos os membros de uma sociedade: porque a língua pode ser a mesma para muitas sociedades; pode variar fortemente no interior de uma mesma

---

2. *Année sociologique,* 2, p. 3. *Année sociologique,* 12, p. 46.

FRAGMENTO DE UM PLANO 95

sociedade de acordo com as classes sociais e com os lugares; e sobretudo varia completamente no caso em que os elementos das sociedades compósitas pertencem a camadas diversas falando línguas diversas, com freqüência até línguas de famílias diversas.

É ainda mais generalizado do que aquilo que se chama "cultura" e que mais exatamente deve chamar-se "civilização". Este pode variar no interior de determinada sociedade, por exemplo, nas sociedades compósitas como as do Sudão francês, onde os casos de coalescência de civilizações abundam. Da mesma forma, pode variar de classe para classe, de casta para casta, de lugar para lugar, de pontos urbanos para espaços rurais. E, de outra parte, a civilização é um fato que se estende a famílias de povos e não a um único povo; portanto, para falar com propriedade, é um fato internacional. É, pois, um fenômeno geral, mas cujas fronteiras vão além daquelas da sociedade. Por exemplo, a civilização peruana estendia-se por regiões americanas muito além dos limites do império inca, até mesmo daqueles da língua quíchua. Língua e civilização podem ser normalmente comuns a muitas sociedades. São necessárias, mas não suficientes para formar uma sociedade.

Destas observações e deduções pode-se depreender a seguinte definição: *os fenômenos gerais da vida social são os comuns a todas as categorias da vida social:* população, práticas e representações desta.

2. DIVISÃO DOS FENÔMENOS GERAIS

Dividem-se, pois, naturalmente em *fenômenos gerais especiais de uma sociedade:* constituição, fronteiras, números, vida, morte, etc., fenômenos que podem ser chamados *nacionais;* e em *fenômenos gerais, comuns a muitas sociedades:* guerra, comércio exterior, civilização, etc. Pode-se chamá-los *internacionais.*

Esta divisão pode ser recortada por outra, aplicável aliás a todos os fenômenos sociais: pode-se dividir os fenômenos gerais em morfológicos e em fisiológicos.

Não insistiremos muito nesta divisão porque não a seguiremos com rigor, e só a mencionamos para explicar três lacunas que iremos deixar em nosso plano. Seguido de maneira rígida, ter-nos-ia obrigado a indicar aqui, e não nas partes especiais que lhes são consagradas na sociologia, três grupos de fatos:

1.º Grande parte, se não a maior parte dos fatos morfológicos: em outras palavras, de demografia e de geografia humana;

ENSAIOS DE SOCIOLOGIA

2.º   Todos os fenômenos lingüísticos;

3.º   Todos aqueles da constituição, da estrutura geral que forma — e informa — uma sociedade definida: em outras palavras, o Estado.

A razão pela qual não seguimos este plano de sociologia ao pé da letra decorre do estado atual da ciência. Devemos explicar-nos.

I.   No que se refere à *morfologia social*, se com Durkheim e outros felizmente constituímos um grupo bem coordenado de pesquisas, contudo introduzimos nela uma confusão que evitamos em outras partes. Efetivamente, preocupados em mostrar tudo aquilo que havia de material, de quantitativo, de local e de temporal nas estruturas sociais, incluímos aí não simplesmente fatos de simples anatomia social, descrições, repartições de coisas e de homens, mas ainda fatos fisiológicos (curvas, pirâmides das idades, divisão dos sexos, correntes sociais e movimentos migratórios, etc.). É que hesitávamos em romper estas unidades que constituem a nossos olhos a geografia humana e a demografia. Não tivemos a coragem de romper as articulações de uma ciência provisoriamente melhor estabelecida do que a das partes da sociologia que empreendemos estudar. Acabamos, portanto, por deixar os fenômenos agrupados de preferência pelo método de estudo (cartográfico, histórico, quantitativo) do que pela natureza dos fatos, e deixamos a *morfologia social* aparecer como se fosse uma parte especial da sociologia e não, em grande proporção, uma parte da sociologia geral. Pois os fatos demográficos são, em sua grande maioria, verdadeiramente fenômenos gerais da vida social. Que dizer? São os fenômenos principais desta vida geral. São seu corpo, com sua força, sua forma, sua densidade, sua massa, sua idade, etc. Mesmo em nosso plano tal como é, relativamente truncado por este abandono; ver-se-á que somos obrigados a voltar a estes fatos morfológicos. Aliás, eles mesmos não devem ser separados de fenômenos de fisiologia e de psicologia coletivas gerais muito claros. Como definir um Estado, uma estrutura demográfica, se se abstrai destas representações coletivas e destas instituições que são, por exemplo, o próprio nome da sociedade, diríamos agora o nome da nação e do Estado? Da mesma forma, as fronteiras no interior das quais ela habita se definem tanto por sentimentos como por lugares determinados. Mesmo a massa dos membros de uma sociedade se determina por suas idéias e por sua vontade. A quantidade dos "nós" com relação aos "outros", a quantidade dos "nós" com relação aos "eu" individuais depende, efetivamente, ao menos nas sociedades que se colocam sob

FRAGMENTO DE UM PLANO 97

a égide da etnografia, dos nomes e dos direitos que os "nós" se dão entre si.

II. Acabamos de falar de *Estado*, e é aí que reside nossa segunda indecisão. Sem querer ir à raiz da questão, sem decidir sobre um debate que, em certas tradições — alemãs em particular — constitui a essência da sociologia; sem nada dizer das relações entre a noção de Estado e a de sociedade, devemos convir que, procedendo como vamos proceder, nos exporemos, numa etnografia descritiva completa, a inúteis repetições entre a sociologia jurídica e a sociologia geral. De fato, nas sociedades arcaicas para as quais desejaríamos dirigir a observação, as instituições, os costumes e as idéias referentes ao Estado são muito menos precisas do que em nossas sociedades. O Estado — que entre nós é fortemente diferenciado da vida geral da sociedade —, nas sociedades arcaicas, ao contrário, quase não constitui senão o conjunto dos fenômenos gerais que na realidade ele concretiza: coesão, autoridade, tradição, educação, etc. É ainda quase um fato de moral e de mentalidade difusas. É completamente inexato, nesta parte da observação, aplicar a tais sociedades os princípios gerais de nosso direito público, distinguir o executivo e o legislativo, o executivo e o administrativo, etc. Mas, uma vez mais, falta-nos a coragem. Encontramo-nos diante de uma ciência totalmente constituída: a história, a teoria, e mesmo a filosofia do direito público. Portanto, visto que todos nós, com Durkheim, talvez com muitas probabilidades de erro, classificamos o Estado entre os fenômenos jurídicos, continuamos a persistir nesta visão um pouco parcial das coisas e a reservar o estudo da organização política e de seu funcionamento à descrição do direito das sociedades estudadas.

III. A terceira ciência constituída que se encarregou de maneira especial do terceiro fenômeno geral, *a linguagem*, é a lingüística. É por isso que não pretendemos inseri-la aqui. Ela fez das línguas e da linguagem, e mesmo, para além destas, de toda uma parte da semiologia, isto é, da simbolística, seu domínio privado. Nenhuma intransigência lógica permite que possamos esquecer a qualidade especial dos conhecimentos lingüísticos atuais. Entre as ciências do homem, a lingüística é, talvez, a mais segura. Graças a ela, a linguagem é o único fenômeno humano de que estamos seguros; pensamos conhecê-lo, e o conhecemos relativamente em todas as suas partes ao mesmo tempo: em primeiro lugar, por experiência interna e pessoal e por comunicação externa entre pessoas que se compreendem e se tornam assim relativamente homogêneas; depois apreendemos num instante, por esta experiência — e com mais razão por esta ciência — os três aspectos da linguagem: fisiológico, psicológico e sociológico. E quando estes três aspectos foram analisados, à parte e solidariamente, pelas diversas partes da lingüística, fonética, morfologia, sintaxe e semântica, foram-no de maneira tão satisfatória que fica pouco lugar — provisoriamente — para a separação da parte sociológica das outras partes da linguagem. Além disso, a língua está evidentemente mais unida aos outros fenômenos humanos do que os outros fenômenos sociais, mesmo totais.

No entanto, que tentação! A parte da sociedade e de sua história na linguagem estende-se a tudo, como causas, como primeiro motor, mesmo àquilo que parece ser o mais remoto, a fonética por exemplo, a estes usos insensíveis, suas leis, seus modos, etc. Mas inversamente, se o fenômeno lingüístico é essencialmente social e, como social, é geralmente estendido a toda a sociedade, não se deve esquecer sua especificidade. Estes "traços" singulares para cada língua e família de língua, estes limites geográficos, estas arestas e estas filiações históricas estendem-se a todos os indivíduos e a todos os momentos de uma sociedade, tomando lugar nos processos mais especiais da vida social, direito e religião, por exemplo; toda a língua de um povo, digo, é na realidade o instrumento geral de tudo o que é representação e volição coletivas, mesmo aquilo que não é suficiente para definir o fenômeno lingüístico em toda a sua extensão. A língua é, antes de tudo, um fato de tradição; sob certos pontos de vista, ela é a própria tradição. Meillet fazia-o notar a propósito do *Sinanthropus*, este "homem de Pequim" cujos restos foram encontrados, e que, morfologicamente, se classifica seguramente antes do *homo neanderthalensis*. É provável que este homem, tendo instrumentos, e sabendo fazer o fogo, tivesse uma linguagem. — Mas, seja qual for o lugar que damos à sociologia no interior da lingüística e seja qual for o lugar que damos à lingüística na sociologia, sobretudo numa sociologia geral melhor elaborada; qualquer que seja o esforço aqui envidado para indicar a função que a linguagem desempenha, meios de comunicação, meios de cimentar, meios de excitar entre si os membros de uma sociedade, evitemos ir demasiadamente longe. Não nos esqueçamos de separar as diferentes partes da lingüística das quais a lingüística sociológica não é mais do que uma. E deixemos a lingüística e a própria lingüística sociológica momentaneamente independentes de uma sociologia geral.

Abandonemos, pois, a divisão da sociologia geral em morfologia e fisiologia sociais. Ela serviu para especificar devidamente a lacuna que se vai encontrar em nossa ex-

FRAGMENTO DE UM PLANO   99

posição e obrigou-nos, em três pontos, a chamadas referentes
à estrutura material e demográfica da sociedade, à linguagem, e àquilo que corresponde à noção de Estado propriamente dito. Sigamos nosso princípio.

*

* *

Voltemos à divisão dos fatos sociais gerais em dois
gêneros: *Fatos internos ou intra-sociais* (vulgarmente nacionais), e *fatos inter-sociais* (vulgarmente internacionais). Os
primeiros colocam-se normalmente no próprio interior da
sociedade; os outros são aqueles que normalmente, como
a guerra ou o comércio, se estendem de um modo mais
geral a muitas sociedades e constituem em verdade fatos
que dizem respeito às relações entre sociedades. De todos
estes fatos, não faremos mais do que resumir o plano
de seu estudo e ver-se-á como aí se coloca o fenômeno mais
geral da civilização.

Mas há outro grupo de fenômenos gerais que deve
ser estudado: as *relações dos fenômenos sociais com os
fenômenos* humanos não sociais: os fatos sociais não são
os únicos entre os fatos humanos; a sociologia humana é
uma parte da antropologia, isto é, da biologia humana:
portanto, cumpre estudar não somente todos os fenômenos
gerais da vida social, não somente o conjunto de cada sistema social, mas ainda estudá-los uma segunda vez, a partir
de outros sistemas de fatos, de outros reinos da vida humana: a saber, *com relação aos fatos que*, por definição,
não são em grau algum fenômenos sociais. São: 1.º os fatos
da psicologia individual; e 2.º aqueles da biologia humana
propriamente dita (antropologia somatológica). Aí é que
encontramos os problemas vulgarmente classificados sob o
nome de psicologia coletiva e sob o nome de antropossociologia. São fenômenos de relação entre a vida social e os
dois outros reinos da vida humana. Como a propósito dos
fatos inter-sociais, limitar-nos-emos a acrescentar um sílabo
do plano de estudo.

*

* *

Em tudo aquilo que segue, suporemos conhecidos:

1º *O princípio da excelência das ciências descritivas* e, especialmente, da sociologia descritiva, que fornece os fatos, por oposição às partes teóricas das ciências da natureza, sobretudo da
sociologia.

2º *Os principais métodos de descrição* dos fenômenos sociais:
aqueles que consistem em descrever *todos os fenômenos sociais*

100 ENSAIOS DE SOCIOLOGIA

de uma vida social e não alguns à escolha do autor. Estes métodos são (só damos seus títulos mais expressivos):

a) *Método de inventários materiais.* 1. — *Inventário simples*: descrição, museografia.

2. *Método de inventário numerado*: recenseamento, estatística (dos homens e das coisas), análise quantitativa.

3. *Método de inventário localizado*: mapas e planos — por exemplo, marcar o lugar dos órgãos do Estado, dos lugares de festa, de feira, etc.; o lugar das coisas na casa, etc.

b) *Método histórico*: registro dos fatos sociais em seus lugares e em seus tempos com os métodos de registro:

1º *Material*: fotográfico, fonográfico, cinematográfico, cinema falado, etc.;

2º *Moral*, isto é, histórico propriamente dito: textos de história, de lendas, de tradições, em língua indígena (filologia), documentos propriamente sociológicos: genealogias, biografias, autobiografias, comprovação destas, etc.

Compreender-se-á, por exemplo, que uma coleção completa de provérbios bem comentados, ilustrados com "casos", diz mais sobre a "sabedoria" de um povo do que todos os ensaios de psicologia social dos melhores autores. Isto não significa que não admitimos estes ensaios a título de documentos.

Tudo isto está indicado de forma muito sumária e aquilo que segue dá somente quadros de pesquisas. Estes quadros, uma vez completados, enriquecidos mesmo de contos, formarão ampla matéria para reflexões de sociologia geral, de etologia do povo considerado, e até para a administração e para a prática colonial. O valor destes quadros de observação já foi verificado experimentalmente.

PRIMEIRA PARTE

FENÔMENOS GERAIS DA VIDA INTRA-SOCIAL

Supomos conhecidos todos os fenômenos especiais de caráter social de uma sociedade, em particular: os fenômenos morfológicos e, entre estes, os fenômenos demográficos (números, repartições por idade e por sexo, movimentos da população, etc.); os fenômenos lingüísticos (em particular as noções que daí se podem tirar sobre a mentalidade coletiva do povo visado); supomos conhecidos tanto as formas gerais da vida política e moral (ver atrás), como geralmente cada um dos outros sistemas de fatos sociais e suas relações entre eles: religião, economia, técnicas, ciências, etc.; — restam a serem estudados ao menos dois grupos de fatos: a solidez do todo, a perpetuidade do todo — 1.º a coesão social e a autoridade que a exprime e a cria; 2.º

FRAGMENTO DE UM PLANO

a tradição e a educação que a transmitem de geração a geração.

A. A COESÃO SOCIAL

1. *Coesão social propriamente dita*

Uma sociedade define-se de duas maneiras:

a) Por si mesma: pelo nome, pelas fronteiras, pelos direitos que ela se concede sobre si própria e sobre seu solo (a língua, o respeito pelo Estado, a civilização, a raça não são necessariamente nacionais), por sua vontade de ser una, por sua coesão própria, por sua limitação voluntária àqueles que podem dizer-se *nós* e chamar os outros: *os outros*, os estrangeiros, os bárbaros, hilotas e metecos, ao passo que eles mesmos se chamam "os homens", os patrícios e os eupátridas. Esta coesão geral traduz-se materialmente: pela fronteira de uma parte, pela ou pelas capitais da outra, se for o caso; mas, em qualquer hipótese, pela sensação do espaço e do território social (noção do *Raum* de Retzel). Estas fronteiras, estes espaços encerram ordinariamente um *número determinado* de pessoas que trazem o mesmo nome.

b) Isto nos leva à forma psicológica, à representação coletiva correspondente a esta distribuição dos indivíduos num momento e num lugar determinados, *à noção de totalidade*. Esta noção exprime-se, em primeiro lugar, por este nome de que acabamos de falar, que a sociedade se dá (e não aquele que lhe é dado — geralmente inexato) e pela sensação muito aguda da comunidade que ela forma. A noção de *descendência comum* forma seu *mito*.

Mas, além disso, esta sensação se reconhece geralmente a um estado mais preciso: à paz que se crê reinar entre seus membros, por oposição ao estado de guerra latente com o estrangeiro. Esta paz é consciente e com freqüência nomeada. Nunca acentuaremos demais a força desta idéia. Mede-se muito bem nas sociedades arcaicas de nossas colônias, pela importância mais ou menos grande daquilo que se chama de maneira bastante infeliz as guerras privadas — que não são mais do que o exercício doméstico do direito civil e do direito criminal. Noção de paz e noção de lei são particularmente claras no mundo da Guiné; na Polinésia, igualmente.

Esta idéia muito clara, este estado interior bem visível têm graus, e a estes graus correspondem grandes classes de fatos.

Em particular, por exemplo, pode-se quase medir o apego ao solo. Ele é muito desigual. Certas grandes migrações são possíveis, por exemplo, por razões de ordem mística, como aquelas que Métraux estudou entre os tupis. Temos a história das tribos sudanesas que foram à procura de um mundo melhor até o Nilo. Os povos pastores, de um extremo ao outro de sua história, tiveram de abandonar seus territórios em caso de seca. Vêem-se curiosas variações de sedentariedade no interior de uma mesma área de civilização: entre zona das savanas e zonas das culturas no Congo Belga, mesmo em tribos que são igualmente agrícolas.

Este apego ao solo manifesta-se, além disso, por um fato extraordinariamente importante que se liga à psicologia individual, mas que não pode ser separado do apego à comunidade de que o indivíduo faz parte: queremos falar daquilo que se chama "mal du pays", o "Heimweh", a dor do desterro, que com freqüência vai até à morte do indivíduo expatriado. É muito freqüente nos bandos indígenas e mereceria observação.

A intensidade da circulação, o número dos grandes agrupamentos sociais, sua facilidade e sua eficácia são excelentes medidas de toda esta coesão.

Continuando, pode-se indicar um certo número de fenômenos que, não somente permitem caracterizar e descrever uma sociedade, mas permitem até classificá-la entre outras. É possível já encontrá-los em descrições morfológicas ou numa descrição do direito, mas é útil repeti-los aqui.

Pode-se distinguir as sociedades de acordo com sua densidade relativa e sua organização estrita ou ampla. Por exemplo, as das grandes ilhas polinésias são freqüentemente muito densas, muito organizadas, muito hierarquizadas, chegando mesmo ao estabelecimento de dinastias reais.

Ao contrário, há sociedades de fraca densidade, de fácil dispersão e, por conseguinte, de organização frouxa. Por exemplo, os peuls, mesmo quando fornecem as dinastias reais, continuam pastores; e, ainda como exemplo, os mpongwe (vulgo: pauins) do Gabão espalharam-se pela floresta, apesar de suas massas, etc.

Fica entendido que a relação entre estes dois fenômenos não é necessária. Em primeiro lugar, um grande número de sociedades vivem sob um duplo regime sazonal: aquilo que propusemos chamar *a dupla morfologia*, tendo por conseguinte um duplo regime político. Grande número de sociedades negras encontram-se neste caso: alternativamente, dispersas nos campos (mais exatamente nas hortas afastadas) e concentradas nas aldeias ou nas cidades. Em seguida, mesmo populações de fraca densidade, como por exemplo a do Loango e do Congo, apresentavam contudo organização muito cerrada: rei, corte, feudalismo, etc.

Enfim, é preciso observar grande número de fatos de descontinuidade nestas coesões. Um traço geral de grande número de sociedades arcaicas de nossas colônias (e também de grande número de nossas sociedades modernas) é sua relativa permeabilidade.

Podem ser atravessadas por incursões: como as daquelas tribos sioux que, desde a chegada do cavalo montado em particular, na América, eram capazes de avançar até o México; como as dos mongóis e dos hunos que puderam estar presentes, ao mesmo tempo, quer nos confins do Cáspio e do Danúbio, quer nos confins da Coréia. Podem ser dominadas por piratas, como os malaios estabelecidos nas Filipinas ou na Nova Guiné. Podem admitir dinastias alógenas, como por exemplo as dos haussa, que se instalaram por quase toda parte a Leste e a Oeste do Níger e da Benué, ou como as que puderam transformar-se em administradores: tal como a tribo reinante que são os hovas em todo o Madagáscar, inclusive entre os sacalaves, estes antigos bantos.

Enfim, grande número de sociedades de nossas colônias são *compósitas:* isto é, são produzidas por "sinecismos", agrupamentos de sociedades diversas. Por exemplo: Porto Novo compreende não somente elementos locais, reis, classes, sociedade dos caçadores, etc.; não somente os elementos que representam a administração superior daomeana, mas também os bairros de *nagots*; em outras palavras, de pessoas do Ioruba. Grande número de outras sociedades são antes confederações de nações e de tribos do que sociedades sólidas formando blocos. Exemplo: Ho, do Togo ex-alemão. As variações destas organizações sociais compósitas têm como sinais: a variedade das línguas; a organização de cada uma destas sociedades em castas reinantes e vassalas; a relativa independência das sociedades-membro que as compõem.

Mas este último tema é demasiado grave para que possamos agora estender-nos à vontade. Aqui nos basta assinalá-lo e apenas precisar que, fazendo-se abstração do caso da sociedade compósita, destas hierarquias de sociedades, só vamos estudar a coesão social no interior de uma sociedade homogênea plenamente independente e na medida de sua independência.

Não basta constatar estas noções e estes fatos sobre comunidade de bens e direitos, de solidez, de apego ao solo, de paz, de lei, de independência, de força comum e nome usado em comum é necessário ainda ver como tudo isto se forma.

Este apego geral ao solo e esta vida lado a lado não são mais do que um dos fenômenos de condensação dos indivíduos. Todo um conjunto de fatos une de maneira permanente os grupos, os subgrupos, os indivíduos, no interior dos grupos e subgrupos e todos entre si no interior da própria sociedade. São estes fatos que ordinariamente se alinham sob o nome de direito público e de moral. Aqui voltamos à questão que provisoriamente havíamos abandonado: do Estado. Mas é de um ponto totalmente diferente que tratamos dele agora: porque os fatos das sociedades arcaicas são heterogêneos com relação aos das sociedades sobre as quais geralmente especulamos. Não devemos, portanto, classificar estas formas de vida social a partir da consciência coletiva que é a nossa. É preciso partir da maneira pela qual são representadas nas consciências coletivas do tipo que estudamos. Existe de fato alguma coisa que mereceria, em parte, o nome de poder legislativo e de poder executivo. Mas, mesmo com todas as circunlocuções necessárias, semelhantes expressões são perigosas, semelhantes categorias são inaplicáveis. É preciso descrever de outra forma aquilo que se passa entre os negros, entre os polinésios e entre os povos de Madagáscar, etc. Os maquinismos de organização e de ligação das diversas autoridades em conjunto apresentam-se sob um aspecto totalmente diferente, são de natureza totalmente diversa daquela que se apresenta entre nós. É preciso compará-los antes a cruzamentos recíprocos, a articulações de instituições e de subgrupos, a laços e nós complicados, a sistemas de fricção e de resistências, mais do que a relações entre direitos e idéias de uma parte, formas e fatos de outra.

Cabe aqui precisar um ponto de doutrina sobre o qual Durkheim e seus discípulos haviam feito um progresso necessário. Estamos lembrados de que, tendo partido de uma idéia que continua parcialmente verdadeira, do amorfismo do clã e dos diversos momentos da vida social, qualificava a solidariedade destas sociedades com o título um pouco sumário de "solidariedade mecânica". Fica entendido: nem a adesão à sociedade, nem a adesão a seus subgrupos tem completamente o caráter da "solidariedade orgânica" que Durkheim definia como característica de nossas sociedades.

Mas é preciso complicar o problema. Primeiro, em certos pontos o individualismo conduziu nossas próprias sociedades a verdadeiros amorfismos. Desapareceram os órgãos que o reconhecimento de uma soberania devia antes fazer funcionar conjuntamente. Este fato mudou precisamente todas as relações entre os poucos subgrupos — família, corpos constituídos, etc., — que ainda resistem. Durkheim com freqüência falou deste vazio quase patológico que existe em nossa moral e em nosso direito entre o Estado e a família, entre o Estado e o indivíduo. Há algo de mecânico entre nós, mesmo na idéia de igualdade. — Inversamente, havia o orgânico em quantidade, se não nas sociedades suficientemente primitivas (Austrália, etc.), ao menos em todas as arcaicas. Mas este "orgânico" é

FRAGMENTO DE UM PLANO

diferente do nosso, que é efetivamente fruto dos contratos, das profissões, etc. Antes de tudo, liga os subgrupos entre si e não apenas os indivíduos entre si; a seguir, organiza-os por meio das alianças, das influências e dos serviços, mais do que pela presença da autoridade suprema do Estado. Eis onde será necessário procurar os fatos se quisermos descrever aquilo que faz as vezes desta autoridade.

Arranjos dos subgrupos. Todas as sociedades de tipo arcaico são, com efeito, muito diferentes das nossas. Os organismos político-domésticos: o clã, a fratria, etc., apresentam-se nelas vivazes e poderosos. Mas fazemos uma idéia do que é a independência destes segmentos, uns com respeito aos outros: por exemplo, a de uma grande família nas populações mandingas. Segue-se daí que, na medida em que exista algo do gênero da soberania e da autoridade, estas se exercem de maneira totalmente diferente do que em nossas sociedades. É no interior de subgrupos e entre subgrupos, por todos os tipos de processos, que ela se organiza.

A relativa independência dos segmentos político-domésticos e domésticos é compensada: pelos arranjos internos, pela filiação de uns com respeito a outros: clã, chefe de fratria, família, chefe do clã, etc.; depois é equilibrada pelos sistemas de alianças matrimoniais (partilhas das gerações e dos sexos entre as fratrias e os clãs), pelas relações cruzadas destes sexos e destas gerações; enfim, é organizada pela hierarquia dos clãs estabelecida por exemplo: por *potlatch*, etc., pelas categorias de castas, etc.

Acima da relativa uniformidade do clã e da tribo, existem seus ajustamentos.

Pode-se agora perceber os princípios da pesquisa *in loco*. Há autoridade, organização, mas não lá onde se encontra no edifício social das sociedades modernas. Eis alguns princípios:

1.º *Natureza político-doméstica desta coesão.* Nestas sociedades de numerosos subgrupos, o poder político, a propriedade, o estatuto político e o estatuto doméstico acham-se intimamente misturados. É um certo homem de uma certa idade, de um certo clã, de uma certa classe que toma assento no Conselho, em determinado lugar. É possível por certo perceber rudimentos daquilo que se tornou o Estado para nós: a ação consciente de um grupo temporário, de uma elite de delegados a formar o conjunto do pessoal que governa; vê-se, de tempos em tempos, um esforço de consciência clara destas pessoas oposta à consciência difusa da opinião pública e da ação coletiva. Mas, no fundo, são os subgrupos político-domésticos e mesmo político-religiosos que agem. A vida política, a vida social reduz-se a seu *sistema de arranjo*.

ENSAIOS DE SOCIOLOGIA

2.º *Totalidade e constância destas relações.* Esses arranjos entre grupos, muito mais do que entre os indivíduos localizados nestes grupos, têm um caráter de perpetuidade e de segurança que os contratos individuais de nossos direitos não têm. A esses arranjos corresponde todo um sistema de expectativas de todos para com todos, e para sempre, mesmo para além das gerações. Pode-se indicar os principais.

São, antes de tudo, as alianças: matrimonial, que não é mais do que uma delas; depois, as que formam séries de prestações e de oposições constantes nas relações, por exemplo, de uma fratria com outra, de um clã com outro; ajudas militares, religiosas, econômicas, etc.; vem, em seguida, o sistema das relações cruzadas dos sexos e sem dúvida também das relações cruzadas das gerações, nas linhagens e nos sexos; há, enfim, a hierarquia dos clãs no interior das fratrias, das grandes famílias no interior dos clãs, das famílias individuais no interior das grandes famílias. Todos estes órgãos quase soberanos só são tais nas esferas definidas a cada instante, mas todas estas esferas são animadas de movimentos respectivos e solidários entre si.

3.º *Arranjos das outras formações.* Há ainda outras engrenagens que compensam esta anarquia das pequenas comunidades político-domésticas e que (além daquelas que uma boa sociologia da moral e do direito doméstico podem ter já descrito) organizam a sociedade por outros meios. Instalam verdadeiramente este gênero de solidariedade ao mesmo tempo mecânica e orgânica que, de natureza diferente, chega do mesmo modo a desempenhar as funções que entre nós desempenha a organização definida do Estado. É toda uma série de outros subgrupos que seciona, recorta, rearranja, reajusta os grupos político-domésticos[3].

A maior parte das sociedades estudadas, estando constituídas na base de clã, merecem, mesmo as mais elevadas, o nome de "polissegmentares" que lhes deu Durkheim; mas elas compreendem outras formações, estas secundárias, que unem os membros dos clãs de outra maneira que não a da descendência e da aliança.

Consideramos como conhecidos os mecanismos morais que constituem a autoridade interior dos clãs, suas relações entre si e sobretudo as relações políticas, religiosas, etc., de fratria com fratria, de clã com clã. Cumpre considerar de pronto três grandes formas de divisões e de associações de divisões da totalidade da sociedade fora ou relativamente fora das associações de clãs e de fratrias.

---

3. Já indicamos em outro lugar aquilo que aqui resumimos. (Ver "A coesão social nas sociedades polissegmentares". Atas do Instituto Francês de Sociologia, 1931.) [Cf. *Oeuvres*, 11 e ss.]

a) *Sociedade dos homens.* Em primeiro lugar, vem *a divisão por sexos.* A autoridade pertence normalmente, ou antes geralmente, aos homens, mesmo onde domina a descendência uterina. Os homens formam uma sociedade à parte, política, militar, religiosa, sagrada. Ela se apresenta, além do mais, muitas vezes concentrada num conselho de anciãos que encarnam, de maneira mais ou menos freqüente, a inorganização permanente. Tal é o caso, mesmo na Austrália, quase sem exceção. Um número bastante grande de sociedades negras têm, certamente, sociedades de mulheres. Assim, existe quase em toda parte um ponto em que a autoridade dos clãs se defronta com sua rival.

b) Estas sociedades são normalmente *divididas por idades* — exemplo: fraternidade dos coiniciados em todo o Sudão francês; na maioria das vezes, estas idades são hierarquizadas entre si. Algumas vezes, há uma verdadeira regulamentação de uma espécie de reforma *(refraite)* dos velhos (América do Noroeste, por exemplo).

c) Em seguida, estas sociedades são às vezes, ao mesmo tempo que por idade, *divididas por gerações.* A geração que, no interior do clã e da família, dá o próprio princípio da autoridade e da classificação dos indivíduos, coincide menos do que em nossas sociedades com a divisão por idades. Um patriarca negro, por exemplo, pode ter, sobretudo no caso das famílias ricas e poligâmicas, netos muito mais velhos do que seus últimos filhos. Mas esta divisão das gerações pode recortar a divisão por idades, sobretudo no caso de famílias aristocráticas, e nós a encontramos, por exemplo, em certas populações americanas do Noroeste, sobretudo no caso em que se transmitem privilégios de classes sociais no interior da sociedade dos homens.

d) Nestas mesmas "sociedades dos homens" podem constituir-se, e com muita freqüência se formam, *sociedades, confrarias secretas* (Melanésia, África Negra, África Ocidental sobretudo, América do Norte, mais raramente na Malásia e na Polinésia). Estas sociedades ordinariamente têm múltiplas categorias; aí progride-se mais ou menos *ao mesmo tempo,* segundo as gerações, as idades, e também as classes sociais, às vezes sem muita consideração para com os clãs, etc. Ora, elas não são somente as auxiliares, mas amiúde as depositárias do poder tribal e mesmo intertribal, agindo às vezes à longa distância. Podem servir e mesmo dominar o distrito e mesmo a realeza (exemplo: Taiti). Estão sempre munidas de força de execução (freqüentemente são encarregadas da justiça criminal, não raro exercida em segredo). Todas têm um prestígio religioso, são a sede dos cultos mais importantes, manifestam-se particularmente no culto público. Estas formações terciárias desempenham, pois, um papel considerável e asseguram a solidez social de maneira muito eficaz.

108 ENSAIOS DE SOCIOLOGIA

Ademais, encontram-se sociedades secretas de mulheres, ao menos na África negra, ao menos em Guiné e em Benin. São mal conhecidas. É uma lacuna a preencher em nossas observações.

e) Se a todas estas organizações especiais, secundárias e terciárias acrescentarmos ainda as classes sociais (Polinésia, Madagáscar, grande número de sociedades africanas), formando amiúde castas por confusão de profissões e de classes com os clãs e as tribos (Polinésia, Fidji: carpinteiros; África ocidental: ferreiros). Se acrescentarmos as *chefferiles*, as cortes reais e freqüentemente verdadeiros regimes feudais, uns administrativos (Daomé), outros ao mesmo tempo administrativos e hereditários (Congo, Loango); se, quase por toda parte, considerarmos, em oposição a elas, as assembléias do povo (por exemplo em Tananarive, em presença da corte); se acrescentarmos a tudo isto os acavalamentos das organizações e dos poderes religiosos (o do rei, dos sacerdotes, das sacerdotisas, por exemplo, em Ashanti); se acrescentarmos aí ainda todos estes vínculos: os que hierarquizam os clãs: riquezas, etc.; *potlatch*; os que constituem a vida político-doméstica: trocás de mulheres, de crianças, de prestações de alimento ou de ajudas judiciárias, etc.; se considerarmos que pode haver aí múltiplas autoridades variando com as estações (inverno, verão, dia, noite), com as grandes ocasiões (guerra e paz), épocas em que funcionam organizações secretas e organizações públicas, ou organizações militares, ver-se-á como a soberania dos grupos primários (fratrias, clãs, etc.) é compensada, dominada, às vezes quase aniquilada. As instituições como as que Lowie e Kroeber tão bem estudaram nas tribos da Pradaria americana, as dos "Soldiers Bands", têm um poder imenso. Foi a nosso ver antes num estado de coisas mais ou menos complicado (porque muitas destas instituições haviam aí desaparecido), mas ainda assim deste gênero, em larga parte, que se encontravam os povos, as famílias de povos de que nasceram nossas civilizações. Exagerou-se muito a anarquia, a descentralização, a indiferença dos segmentos, etc., das sociedades que se escalonam entre as que merecem o nome de primitivas e as que precederam as nossas.

2. *Disciplina, autoridade*

É depois de estudar os grupos primários e secundários que geram as coisas e os acontecimentos, que administram a disciplina e exercem a autoridade, que se pode estudar uma e outra. Proceder de maneira inversa é privar-se dos meios de ver as coisas com precisão.

A disciplina e a autoridade não são mais do que o conjunto dos usuários e das idéias que permitem a todos

FRAGMENTO DE UM PLANO

esses grupos funcionar em si mesmos e entre si. Depois de dissecar-lhes a composição, pode-se estudar sua vida, sua fisiologia, sua psicologia, enfim seu resultado. Pois é possível observá-las de maneira concreta: por exemplo, dar números; quantos graus existem nas sociedades secretas? qual o número dos membros de cada grau da sociedade secreta, etc.? qual é sua atividade, etc.? qual o número de suas aparições públicas? Qual sua ação sobre o resto do corpo social? Quais são seus pactos, etc.? E tudo isto pode ser constatado no que se refere à sua vida interior e no que se refere a suas relações com os outros organismos sociais. Por exemplo, o número dos crimes punidos pela sociedade secreta pode ser conhecido. Pode-se portanto observar *as* autoridades, para ter depois uma idéia *da* autoridade e de seus efeitos.

O primeiro destes casos é:

a) *A disciplina*. Pode ser feita de coerções dos superiores sobre os inferiores; nesse momento confunde-se, em parte, com a autoridade. Pode ser feita também das necessidades de ação em comum. O espírito de disciplina, aquilo que agora se chama, à imitação dos ingleses, o "espírito de equipe", reina — às vezes por imposição, por exemplo: nas populações marítimas com grandes canoas. Mas, ao mesmo tempo, o recrutamento do barco de paz ou do barco de guerra em Nova Zelândia supõe um acordo e uma autoridade muito fortes. Em outros casos, as coações no interior do clã, ou da tribo, têm como objetivo e efeito atos fundamentalmente espontâneos e coletivos ao mesmo tempo. Por exemplo: a partida para a *vendetta* um pouco por toda parte, as batalhas regulamentadas e com armas corteses do enterro, do *potlatch*, etc. Com freqüência pode-se observá-los. Pode-se ver, medir a disciplina tribal inteira nas grandes reuniões, nas marchas da tribo. Pode-se fotografar, enumerar, mesmo apreciar em qualidade a procissão de uma tribo de nômades (peuls, tuaregues, beduínos, etc.). Pode-se qualificar a disciplina de uma frota malásia. Há pouco (1934), as cerimônias de Waitangi, na Nova Zelândia, em memória do tratado de anexação, fizeram dançar uma imensa quantidade de maoris, em duas categorias opostas de mulheres e de homens. E em tudo isto, não se trata simplesmente de ordem e de força, mas trata-se também de maneiras de ritmar o trabalho (Bücher), a marcha, o combate, a dança e o canto. É possível ver estados verdadeiramente totais de sociedades verdadeiramente consideráveis. Assim, a disciplina consciente quase consentida não é forçosamente diferente da disciplina imposta.

b) *A autoridade*. O segundo efeito e, ao mesmo tempo, amiúde, a causa, é a autoridade que não é mais do que a organização da disciplina.

ENSAIOS DE SOCIOLOGIA

A diferença entre a autoridade propriamente dita e a autoridade aceita, ou o acordo espontâneo, pode ser e portanto deve ser dosada. Assim o rei Davi dançava diante da arca, seguido de Judá, da família de Aarão, dos Levitas, e até de todo Israel. Da mesma forma, a dança do chefe é freqüentemente o começo da dança do povo. Onde começa o solo? Onde acaba o refrão? O que é preciso é abrir os olhos, ouvir. Como um e outro são possíveis? Como se chega à categoria superior? Como se estabelecem os prestígios: os *mana* (o termo significa, ao mesmo tempo, força mágico-religiosa e autoridade, mesmo lá onde, como na Nova Zelândia, designa antes a autoridade e a glória)? Qual é a parte das guerras, das danças, dos êxtases, das profecias, da riqueza, da força? Tudo isto pode ser estabelecido amiúde historicamente. Verificar-se-á provavelmente, na grande maioria dos casos, que a força física do chefe, e mesmo a de seus homens de confiança (exemplo: *areoi* de Taiti, etc.), a de sua grande família e de seus aliados, sua posição na sociedade dos homens não desempenham papel mais importante do que suas alianças de sangue e de casamento, do que seus *potlatch,* suas danças, seus êxtases e suas revelações de espíritos. Dir-se-ia que sua força está ligada a seu prestígio ainda mais do que o prestígio está ligado à sua força.

Não se deve aliás negligenciar um fato considerável: Nossa idéia — européia — de que não pode haver em nossa sociedade mais do que um regime político, mais do que uma única organização do poder, só é aplicável às nossas sociedades, e ainda mais às suas teorias do que às suas práticas; é completamente falsa em todas as sociedades que nos rodeiam, em nossas colônias. Mesmo o poder despótico tão absoluto dos reis entre os negros é equilibrado por seu verdadeiro contrário. Encontram-se regras claras da responsabilidade do rei[4]. O poder permanente do povo, e ao menos a onipotência da multidão, a presença dos clãs nas assembléias, mesmo diante dos sultões, do Bornu, provam a força da massa.

Esta repartição da autoridade, esta coexistência de tipos opostos de disciplina, pode ser constatada até no interior dos grupos ainda médios, como os da grande família indivisa (África Ocidental, Nepal, Tibete, etc.). Nem a autoridade quase soberana do patriarca (exemplo, diulas, mandingas, em geral), nem a autoridade de uma geração sobre a outra, exclui a importância da vida comunitária no interior de toda a família, e a absoluta igualdade das pessoas no interior de cada geração. A responsabilidade coletiva, a unidade dos cultos, a dos interesses, todo um aparelho de

---

4. Guiné, região do Nilo, reinos bantos; Ver em *Atlas Africanus,* de Frobenius, o bom mapa das instituições da condenação à morte do rei.

FRAGMENTO DE UM PLANO   111

comunismo primitivo, lembram a cada instante a massa aos chefes como estes podem fazer com que a massa se lembre deles.

Mas dir-nos-ão que é impossível — e nós sabemos que é falso de fato e irracional de direito — que mesmo a autoridade coletiva e com maior razão a autoridade concentrada em diversos estádios e em diversos pontos não sejam as de indivíduos ou de um número determinado de indivíduos, pois estes são qualificados por sua classe social, por sua posição, herança, idade e, freqüentemente, mesmo, por sua qualidade pessoal. Ninguém, sobretudo Durkheim, negou esta evidência, este vaivém do coletivo ao individual. É exatamente isto que cumpre precisar. Por exemplo, os bardos têm suas revelações; o clã tem seus chefes; a família, da mesma forma; o totem tem seus principais atores que representam suas danças; os mágicos estão lá na sombra; a guerra pública, a *vendetta* privada põem certos homens em condições singulares. Mesmo na Austrália e com mais razão nas tribos fortemente hierarquizadas como os peuls, encontram-se chefes cuja lenda os transforma depois em heróis. Aquilo que na América se chama "a formação do líder" deve e pode ser observado. Ela supõe precisamente a organização social.

c) *Dissolução da autoridade e da coesão.* Um dos bons meios de analisar *in loco* a força e a fraqueza de uma coesão social, e o vigor de seu sintoma moral — a disciplina — a solidez de suas formas superiores — a hierarquia, a autoridade — é estudar cuidadosamente os momentos em que tudo isso desaparece.

Ordem e paz. Estas duas coisas são efeito da autoridade. Seu contrário é a guerra civil e a desordem; queremos dizer a desordem interior. Os segmentos sociais retomam sua independência, entram em discórdia entre si. Os polinésios (maoris, taiti, mangaias) têm a propósito destes pontos idéias precisas que estudaremos em outra parte. E mesmo estas idéias não estão muito longe daquelas dos brâmanes sobre a era negra, o Kâli Yuga, em que vivemos. Estes contrários da ordem têm como conseqüência a guerra, o pecado, a dissolução das castas, a luta entre as castas, a queda, a destruição, não simplesmente da sociedade, mas dos homens, da natureza e dos deuses. Tais são algumas das idéias em torno das quais Granet mostra como gravita a China desde há séculos. Além da desordem interna, duas outras, e muito graves, assinalam estas doenças da consciência social. Em primeiro lugar, vêm — como em membros disjuntos de animais marinhos formados de colônias independentes — as segregações, as separações de clãs no interior das tribos, o isolamento das tribos nas confederações, as guerras intestinas. Segundo a lenda, são os atos de autoridade abusiva que acarretam essas perdas, encadeiam-nas. Assim, a maioria dos

112 ENSAIOS DE SOCIOLOGIA

polinésios, mas sobretudo os maoris, contam suas migrações, a partida de "canoas" a partir de Hawaiki. Assim as grandes tribos da América do Norte contam as grandes cavalgadas que suas multidões puderam fazer quando o cavalo chegou às Pradarias. Encontram-se lendas deste gênero que são histórias em toda a África Negra e sobretudo no Sudão francês. Basta ter em mente os Edas dos Vikings para sentir que estas coisas não se acham tão distantes de nós.

Um segundo estado também freqüente é a conseqüência da perda da coesão e da autoridade: é o estado gregário, o de multidão, é a redução dos grupos sociais e às vezes da sociedade inteira a um rebanho vulgar de cordeiros, de carneiros de Panúrgio. Os temores pânicos, as partidas para a guerra, para a vendeta, os movimentos de batalha, os "furores", os *amok* coletivos (não só *amok* individuais), as partidas em massa, as migrações místicas, os êxtases coletivos, os desvarios diante das calamidades e das epidemias (cidades fechadas em todo o mundo indochinês, a Papuásia, a Melanésia, a Polinésia), tudo isso não são mais do que variedades de um mesmo fato. E este fato é tão importante por suas causas quanto por seus efeitos. Amiúde caracteriza a própria morte destes compostos supraorgânicos que são os grupos e os subgrupos. No limite coloca-se a dissolução da sociedade, às vezes seu desaparecimento total. Trataremos disto mais adiante.

B. TRANSMISSÃO DA COESÃO SOCIAL. TRADIÇÃO, EDUCAÇÃO

1. Tradição

Até aqui se estende o domínio em que o direito e também a religião fazem reinar uma espécie de ascendente moral dos homens, por meio das idéias e dos usos; é a esfera em que age a força espiritual, emotiva e física da necessidade social. É até este ponto que direito, moral, religião (do clã, das sociedades secretas, etc.) impõem ritmo e uniformidade no interior dos subgrupos, ritmo e unidade de movimentos e de espírito entre todos os subgrupos. A rigor, este ascendente pode ser considerado senão como jurídico, ao menos como moral. Aquilo que até aqui descrevemos é a arte política arcaica e, — como a arte política não é senão uma forma suprema da arte da vida em comum, que é a moral —, nas sociedades que se trata de observar, o fenômeno de autoridade e de coesão é sempre moral e colorido de religião.

Entretanto, mesmo esta moral pública ultrapassa a esfera do moral. Efetivamente, ela reina em todos os tipos de fa-

FRAGMENTO DE UM PLANO

tos aos quais contribuímos para identificar, e que temos o hábito de chamar "totais", pois reunem todos os homens de uma sociedade e mesmo as coisas da sociedade, de todos os pontos de vista e para sempre. Assim a festa, a *feria* latina, o *mussem* berbere estão ao mesmo tempo em grande número de casos: mercados, feiras, assembléias hospitaleiras, fatos de direito nacional e internacional, fatos de culto, fatos econômicos e políticos, estéticos, técnicos, sérios, jogos. É o caso do *potlatch* do noroeste americano, do *hakari*, isto é, das grandes distribuições de "montes" de víveres que se encontram desde as ilhas Nicobar — até os confins da Polinésia. Nestes momentos, sociedades, grupos e subgrupos, juntos e separadamente, retomam vida, forma, força; é neste momento que partem para começar de novo; é então que se rejuvenescem algumas instituições, que outras se purificam, que outras mais são substituídas ou esquecidas; é durante este tempo que se estabelecem, se criam e se transmitem todas as tradições, mesmo as literárias, mesmo aquelas que serão tão passageiras como são as modas entre nós: as grandes assembléias internacionais australianas realizam-se sobretudo para transmitir obras de arte dramática e alguns objetos.

Uma vez criada, a *tradição* é aquilo que se transmite. Os fatos morais tradicionais não constituem todas as tradições. Há outras que perpetuam entre os tempos da vida social geral a continuidade necessária e outras ainda que desempenham esta função geral para as atividades mais especiais. Costuma-se dizer que as práticas rigorosamente coercitivas só se encontram no direito, na moral, na religião. Efetivamente, estas são, antes de tudo, consuetudinárias, nas sociedades indígenas, e são elas que obrigam em grande parte o conjunto dos homens e das coisas.

Mas, ao lado disto, devem ser observados todos os tipos de outras categorias de fatos. Quando a tradição se exprime, fá-lo a golpes de "ditos" e de "centões". Tudo nela não passa de "precedentes". — Não digamos preconceitos. — Ora, os precedentes se aplicam não simplesmente à moral e à religião, mas a muitas outras práticas: econômicas, técnicas, cujo êxito se julga depender das formas prescritas. Assim, quando se restringe o estudo deste domínio à sociologia religiosa ou jurídica, incide-se em erro por excesso de simplificação.

Desde logo, direito e moral, religião, magia e adivinhação aplicam-se não somente a tudo aquilo que é prática coletiva, mas ainda às representações coletivas que causam estas práticas, ou que estas práticas necessitam. Os mitos, mesmo os contos, as representações de objetos naturais ou espirituais estão neste caso. Assim, os números e os calendários, as formas primitivas de astronomia são categorias

114 ENSAIOS DE SOCIOLOGIA

tanto religiosas quanto mágicas, mas ao mesmo tempo fatos de direito, de técnica, que permitem repartir as ocupações da mesma forma como as idéias (Polinésia, Pueblos; para a China, ver o último livro de Granet). A rigor, pode-se falar de todas as tradições nestas sociedades a partir da religiosidade ou da moralidade. Mas ver as coisas assim é tomar a cor pela coisa. E essas mesmas coisas encobrem muitas outras além delas próprias, e sobretudo não as fundem.

Pois não há grandes grupos de fenômenos sociais, sobretudo nessas sociedades arcaicas (Melanésia, Polinésia, África Negra e mesmo Ásia das grandes civilizações), que não sejam antes de tudo compostos de fatos tradicionais. Pode-se definir como tais todos os fatos técnicos, estéticos, econômicos, mesmo morfológicos: como, por exemplo, os arranjos dos *habitat* no interior das aldeias comandadas pela religião ou pelo costume. Toda ciência, toda arte, toda profissão apresenta-se, antes de tudo, como tradição, "receitas", "segredos". Por exemplo, a casta dos ferreiros, tão característica de quase toda a África Negra, espalhada por quase todo o Sudão e a Guiné francesa, funciona rigorosamente a partir destas noções. Assim, a autoridade religiosa que engloba as técnicas não é o fundamento destas técnicas; não se deve tampouco parar nos caracteres pré-lógicos de certas interpretações necessárias, nos caracteres mitológicos da história de uma profissão; mas é preciso ver ao mesmo tempo tudo aquilo que há não apenas de coercitivo, mas ainda de empiricamente fundado no preconceito que comanda todas estas artes e estas ciências.

Quando se trata de tradições, a autoridade não é feita somente de *a priori* social, mas ainda de *a posteriori* social; não somente das obscuridades de pensamentos, mas da Antigüidade e da verdade dos acordos humanos. Inumeráveis experiências registram-se numa tradição, incorporam-se em toda parte, nos menores comportamentos. Tomemos, por exemplo, o mais modesto, o das técnicas do corpo: o nado, o salto com o cipó, a arte de comer e de beber; tomemos outro exemplo, uma destas maravilhas da ciência como aquela que constitui o emprego de substâncias desintoxicadas por séries muito complexas de operações (por exemplo, a mandioca, vulgarmente nossa tapioca, que a Ásia e a América nos revelaram); como a que consiste em empregar matérias tornadas intoxicantes, tal como a cerveja (África e Europa), o álcool (Ásia, Europa, Indochina, etc.), a chicha (América do Sul, etc.), o peiote, etc. Tudo isto é representado como inventado pelos antepassados, revelado pelos deuses, mas é também conhecido como fundado na história e verificado pela experiência, pela embriaguez, pelo êxtase, pelo sucesso do alimento, pelos efeitos sensíveis da técnica. Assim os torneios de acrobacia têm sua dignidade

FRAGMENTO DE UM PLANO

tradicional. Deve-se, pois, estudar da mesma forma todas as tradições, as da arte assim como as das profissões, e não somente as da religião e do direito.

Descrever-se-á, pois, desde logo, cada tradição, a maneira pela qual os mais velhos *transmitem* aos mais novos, *um a um, todos* os grandes grupos de fenômenos sociais.

É então que se poderá proceder à análise do fenômeno geral *da* tradição de uma determinada sociedade.

Pode-se distinguir duas espécies de tradições. Primeiro, a tradição oral que, em nossas sociedades, parece ser a única e que certamente, desde a origem da humanidade, caracterizou esta. Não nos estenderemos sobre o tema. É a própria evidência. Mas além desta tradição oral deve-se observar que há outra, talvez ainda mais primária, geralmente confundida com a imitação. O emprego dos símbolos orais não é mais do que um caso de emprego dos símbolos: ora, como toda a prática tradicional tem uma forma e se transmite por esta forma, é em algum grau simbólica. Quando uma geração passa a outra a ciência de seus gestos e de seus atos manuais, há tanta autoridade e tradição social como quando esta transmissão se faz pela linguagem. Há verdadeiramente tradição, continuidade; o grande ato é a entrega das ciências, das sabedorias e dos poderes dos mestres aos discípulos. Porque assim tudo pode perpetuar-se. São antes as formas intelectuais do pensamento que têm necessidade da linguagem para comunicar-se. As outras formas da vida moral e material transmitem-se antes por comunicação direta. E esta comunicação direta faz-se por autoridade e necessidade. Isto vale mesmo para as formas de emoção. Os sentimentos da moral e da religião, a série dos atos técnicos ou estéticos, etc., impõem-se dos velhos aos jovens, dos chefes aos homens, de uns para outros. É a esta maneira de implantar-se que, nas sociedades arcaicas, se reduz na maioria das vezes àquilo que, em psicologia individual, traz o nome de imitação e, em psicologia social, merece o nome de tradição. Sabedoria, etiqueta, habilidade, destreza, mesmo simplesmente esportiva, acabam por exprimirem-se de duas maneiras: de uma parte são provérbios, ditos e ditados, *dictamina,* preceitos, mitos, contos, enigmas, etc.; de outra, são também gestos significativos e enfim séries de gestos, cujo sucesso é tido ou sabido como certo precisamente porque são concatenados e porque o primeiro é sinal dos outros. E visto que seu valor de sinal é conhecido não apenas pelo agente, mas também por todos os outros espectadores, e que são ao mesmo tempo concebidos como causas tanto pelos agentes como pelos espectadores, são os gestos simbólicos que são, ao mesmo tempo, gestos real e fisicamente eficazes. Deve-se mesmo a esta eficácia confundida com a eficácia religiosa e moral o fato de poder-se

116 ENSAIOS DE SOCIOLOGIA

conceber que, nestas sociedades, os símbolos do processo e do rito são do mesmo gênero que os da refeição, da marcha e da postura, etc.

Assim a tradição se estende a tudo e é ao menos muito poderosa. Sua onipotência, a força daquilo que Durkheim considerava como seu caráter obrigatório, foi contestada (Moszkowski, e R. P. Schmidt, etc.). É inútil discutir. É preciso observar e dosar.

Um meio de dosar é estudar os fatos da inovação, da constância dos inovadores e de resistência à inovação. Até as sociedades mais avançadas, mesmo a nossa, são terrivelmente rotineiras; a massa sempre e a elite na maioria das vezes recusam-se a aceitar qualquer invenção. Os maiores inventores, os videntes mais geniais, os que encontram novos princípios de indústria ou novas idéias morais, geralmente são os mais perseguidos; a instauração de novidades só se faz com facilidade nas pequenas coisas, quando muito nas medíocres. Nas sociedades arcaicas que nos é dado observar, a revolta é fato raro. Geralmente, quando tem êxito, é porque o indivíduo conseguiu arrastar companheiros para separar-se de seu clã, ou levar o clã a deixar sua tribo; funda em outra parte uma nova sociedade, uma nova cidade. As alterações de tradições políticas, as rupturas morais, as idéias dos indivíduos que impõem estas alterações consistem freqüentemente em simples tomadas de consciência, que são capazes de realizar, eles e seus grupos, quando compreendem suas causas profundas. Algumas vezes estas causas são até exclusivamente morfológicas, de estrutura social: fomes, guerras suscitam profetas, heresias, contatos violentos que atingem até a distribuição da população, a natureza da população; mestiçagens de sociedades inteiras (é o caso da colonização) fazem surgir forçosa e precisamente novas idéias e novas tradições. Vêem-se nesse momento até cultos singulares nascerem em toda a África Negra; misturas extraordinárias de paganismo e de cristianismo agitam neste momento todo o Quênia (África Oriental inglesa). Não se deve confundir estas causas coletivas, orgânicas, com a ação dos indivíduos que são seus intérpretes mais que seus senhores. Não há pois por que opor a invenção individual ao hábito coletivo. Constância e rotina podem ser atribuídas a indivíduos, inovação e revolução podem ser obra dos grupos, dos subgrupos, das seitas, dos indivíduos que agem pelos grupos e para os grupos.

Não há mesmo motivo para tomar como princípio a antinomia, a soberana contradição entre a ação do indivíduo e a da sociedade. É preciso proceder de maneira totalmente

FRAGMENTO DE UM PLANO

diversa. A cada golpe deve-se medir a potência e a impotência de cada tradição. Chegar-se-á assim a descrever e quase a medir as quantidades de tirania, a grandeza da força mecânica da tradição coletiva. Tarde escreveu neste sentido belas páginas sobre misoneísmo, filoneísmo, xenofobia, filofobia. Enumeremos de outra forma estes fatos: horror pela mudança, horror pelo empréstimo, privilégio dos corpos de profissões, inércia social das mulheres, salvo talvez em matéria de estética, eis numerosos traços que podem variar em cada sociedade. Por oposição: facilidade de empréstimo, permeabilidade mental (ver mais adiante: civilização) podem ser traços coletivos. A curiosidade dos astecas e dos quíchuas fez deles as vítimas dos conquistadores. Os polinésios, quando Cook arribou, ficaram tão curiosos a respeito destas tripulações inglesas que estas os compreenderam mal. Fora destes casos, a ação dos indivíduos, dos inventores, dos videntes e dos sacerdotes é muito rara, ou, melhor, era, e em geral limita-se à ação inovadora no interior da tradição, ou entre tradições.

A nosso ver, mesmo o emprego exclusivo da palavra tradição não é isento de perigo. Freqüentemente é inútil enfeitar com este nome aquilo que não passa de inércia, de resistência ao esforço, de aversão a novos hábitos, de incapacidade de obedecer a forças novas, de criar um precedente. Para não empregar termos demasiado pejorativos, digamos que as sociedades de tipo arcaico vivem de maneira tão adaptada a seus ambientes interno e externo que só sentem vigorosamente uma única necessidade: a de continuar aquilo que sempre fizeram. É nisto que consiste o conformismo social; sob este ponto de vista, os camponeses do mundo inteiro se assemelham, quer estejam na África ou em Madagáscar, quer sejam agricultores ou horticultores notáveis como são os papuas.

Acima destas formas do simples conformismo, destas espécies rudes de tradição, encontram-se em todas as sociedades tradições verdadeiramente conscientes. Estas são criadas de caso pensado, transmitidas pela força, pois resultam das necessidades da vida em comum. É preciso destacá-las sobre o fundo deste conformismo, com o qual amiúde se acham misturadas. Podemos chamar *conscientes aquelas tradições que consistem no saber que uma sociedade tem de si própria e de seu passado mais ou menos imediato.* Podemos agrupar todos estes fatos sob o nome de *memória coletiva.*

Os "quadros sociais da memória" (individual e coletiva ao mesmo tempo), cuja existência Halbwachs discutiu, são uma coisa diferente, visto que são eles que dão forma a

118 ENSAIOS DE SOCIOLOGIA

toda a memória, também à coletiva. No interior desta, a tradição constante, consciente, relativamente clara, intencionalmente transmitida, organizada, é ao mesmo tempo a matéria e a condição por excelência destes quadros sociais. Ela tem necessidade de ser estudada em si mesma, fora de seu efeito lógico e prático. Há diferentes tipos de tradições.

A tradição social pura. É a história mais ou menos real, mais ou menos legendária e mesmo mítica da sociedade. Nunca existe sem fundamento preciso. Encontramo-la sob a forma genealógica e o método destas transmissões destas genealogias (madeira entalhada na Polinésia, discursos e recitações neocaledonianas — ver Leenhardt) é muito interessante. Estas histórias podem remontar, com suficiente precisão, de 3 a 9 gerações (Van Gennep), às vezes mais. Seu quadro geográfico geralmente é muito exato. Acima deste número, mesmo na terceira geração, é o maravilhoso que se torna o tema. O relato, por sua vez, quase só se ocupa então de aventuras espantosas dos heróis e dos espíritos, sendo que o quadro jurídico e geográfico ainda permanece parcialmente verdadeiro. Mas como, entretanto, em todos os momentos destas genealogias dos clãs e das famílias, da história dos indivíduos perpetuamente reencarnados, as histórias de cada família e de cada clã, de suas alianças, de suas vendetas, de suas migrações encontram-se no fundo suficientemente registradas, comparando todas estas histórias pode-se deduzir alguma coisa do gênero daquilo que o historiador reconstitui com a ajuda de documentos escritos. Pode-se deduzir ao menos uma parte, cem anos, mais, de história jurídica, política.

Mas, sobretudo, pode-se analisar a partir destes documentos o método que cada sociedade usou para consignar sua história: versos, prosa ritmada, pinturas e gravuras, monumentos, etc. Pode-se precisar a quantidade e a precisão destes documentos. Sem dúvida, melhor exploração arqueológica permitirá um dia, mesmo para as populações ditas sem história, admitir algumas de suas lendas na história. Mais ainda, não se deve desprezar as capacidades históricas destas pessoas. Lá onde a observação sociológica foi suficientemente bem conduzida, constatou-se que certo número de indivíduos têm imensa memória destas genealogias. Por exemplo, entre os kakadu (sul do golfo de Carpentária, Território do Norte, Austrália), Sir Baldwin Spencer encontrou um certo Araiya capaz de recitar-lhe as genealogias de quase todos os antepassados totêmicos da tribo, seus nomes, seus "lugares", seus casamentos, que ainda hoje fundamentam as alianças dos vivos. A precisão de noções deste gênero não é rara: na Polinésia, geralmente as pessoas conseguem desfiar os

FRAGMENTO DE UM PLANO

nomes de mais de uma trintena de antepassados. Os brâmanes, os aedos gregos e os bardos irlandeses são genealogistas. Conta-se também a história das propriedades, dos objetos de culto, das armas de família, mesmo as de cavernas de fósseis. Enfim, tudo isto se enquadra ao mesmo tempo em toda uma história natural dos animais, das plantas, das terras, das águas, dos céus e dos astros, que vamos reencontrar.

Deve-se procurar e descobrir esta memória coletiva consciente entre as pessoas que têm seu segredo e seu depósito. Não é à sociedade inteira que cabe conhecer esta armadura histórica, e não somente a tradição, mas a forma desta tradição em que se registra e se exprime a glória dos clãs e dos indivíduos. As mulheres em geral carecem do direito de saber estas coisas; a miuçalha dos homens conhece cada um sua própria história. É capaz de corrigir os pormenores da narração feita pelo orador, os que se referem a suas coisas, a seus antepassados. Ao lado dele, há outros que sabem e se lembram por todos. O conhecimento de toda a história social está reservado a alguns velhos, às vezes bastante numerosos, mas sempre autorizados, o punhado de poetas e legistas de ofício. A desigualdade das aptidões tradicionalistas é a regra nas sociedades indígenas como entre nós.

Além desta tradição puramente social, há ainda outra. Estas mesmas elites já intelectuais que a registraram, confeccionaram e guardaram ao mesmo tempo toda a tradição das coisas naturais e sobrenaturais; o calendário, a cosmografia que ele supõe; essa gente identificou a Estrela Polar ou o Cruzeiro do Sul; inventou os eixos do mundo e os caminhos dos ventos (Polinésia, Sibéria do Nordeste). Esta ciência já é erudita e separada (a não ser, talvez, entre os pigmóides e os melanésios) da massa do povo. Mas até certo grau o *lore* (folclore — germânico *lehre*) forma o "tesouro" de ciência que a alma popular conserva da mesma forma como os círculos iniciados da sociedade organizada. O estabelecimento deste calendário, a organização precisa da seqüência das ocupações, da "ordem" *(ritus)* dos "trabalhos e dos dias" vem formar assim a arcatura não só das histórias e do passado, mas sobretudo as de toda a vida presente, instaurar a vida de amanhã, que se espera. Assim é que toda a sociedade conseguiu ritmar seus usos e costumes e ocupar suas "horas" do dia. Assim é que ela prevê o futuro pelo passado. Aqui atingimos os temas de Halbwachs.

Tudo isso supõe contas. Particularmente as coisas do tempo requerem que se guarde de memória estas contas.

Mas desde muito cedo (e em todas as sociedades das colônias francesas, mesmo as mais arcaicas) envidaram-se esforços para substituir estas contas memorizadas por contas registradas. Os "cortes" para marcar encontros, para medir as distâncias, em número de dias de marcha, as varas com entalhos para repetir sem falha as genealogias, as cordas com nós, a multiplicação dos nós acrescentados a uma corda (forma primitiva do *quipu*) conhecida em toda a Polinésia; as maneiras de inscrever (Pueblos) os comprimentos de sombra do tipo do gnómon, tudo isso são arquivos inscritos, se não escritos. Dificilmente podemos medir o esforço que a humanidade fez, dando nós, gravando e esculpindo, para transmitir seus conhecimentos. A invenção dos pictogramas e sua estilização em ideogramas estão bem próximas da criação de uma escrita. A capacidade de um índio do Amazonas ou de um melanésio ou de um polinésio para levantar mapas tanto marítimos quanto terrestres, realmente úteis, prova um talento definido; talentos deste gênero mudaram, de maneira revolucionária, as condições desta memória da coletividade. É um imenso erro julgar que este trabalho foi exclusivamente fruto de uma invenção recente de grandes civilizações. A menor decoração de um jarro ou de uma arma é, até certo ponto, um pictograma. Um brasão compreende uma história, mesmo quando não é mais que totêmico.

Aliás, não se deve desprezar a memória. Os sociólogos americanos, sobretudo os de Chicago, costumam dividir as sociedades conforme tenham ou não escritas. Cremos que eles têm bastante razão e, ao mesmo tempo, que exageram um pouco. Sobretudo não concedem o devido lugar ao enorme poder da educação mnemotécnica; a transmissão oral, facilitada pela poesia e pelo ritmo, apresenta possibilidades quase infinitas. Tal ou tal sistema de símbolos que se sabe ler, tal ciclo de contas que se sabe recitar sem falha, tal concatenação de "ditos" de direito, tal grande ritual excedem freqüentemente os limites de um de nossos pequenos livros. Em todo caso, em nossas populações negras, naquelas da América do Norte ou Central e em toda a Polinésia encontrar-se-ão prodigiosas memórias individuais, que contêm a substância de vastas memórias coletivas, menos distantes das nossas do que acreditamos.

2. Educação. Instrução

É completamente inútil levantar, a propósito da etnografia, o problema fundamental da pedagogia, cara aos pedagogos e aos moralistas daqui. Nas sociedades diferentes das nossas, educação e instrução não podem ser distinguidas. Nada mais perigoso do que transpor os nomes que

FRAGMENTO DE UM PLANO

damos às coisas, sobretudo sociais; principalmente quando as aplicamos a fatos que não lhes incumbe significar. E quando se trata do estudo das relações entre estes fatos, o estudo das relações de nossas próprias noções é ainda mais falso. Estamos habituados a pensar na escola, num lugar onde se verifica a instrução; pensamos numa aprendizagem uniforme imposta pela escola; na distinção entre educação moral e outras. Todos estes problemas só se proporão às sociedades indígenas quando tivermos levado a elas a Escola. Pois nos enganamos redondamente a respeito das sociedades arcaicas quando não compreendemos bem que elas têm meios próprios de educar, no sentido pleno da palavra, seus adolescentes. Mesmo na Austrália — onde a instituição é praticada quase sem exceção —, sabe-se como "fabricar o jovem". A sociedade dos homens não faz aí por certo grandes esforços intelectuais, mas faz esforços artísticos, morais e religiosos nesta direção. Não há entre as sociedades arcaicas e as nossas nem identidade das instituições encarregadas da educação, nem simetria dos funcionamentos destas instituições. Mas estas instituições têm, em ambos os casos, a mesma função.

De fato, ensinamento, instrução, educação, sugestão, autoridade forçando ou reservando a aquisição de tal conhecimento, de tal "maneira", de tal ou tal maneira de fazer, tudo isso funciona simultaneamente, em sincronia com a imitação espontânea dos gestos com eficácia psíquica, e também com o jogo que consiste em brincar com ocupações sérias e artísticas. Educação consciente e transmissão simples reinam nas sociedades que estudamos. Conseguem realizar aquilo que a pedagogia e a filosofia alemãs chamam a *Erziehung* total (Lasch), a educação prática e a educação moral; conseguem misturar todas as suas pedagogias, mas têm uma pedagogia. De outro lado, ao passo que, em nossas sociedades, funcionários especiais tentam formar o homem e também a mulher, num único meio totalmente especial: a escola; ao passo que desta escola saem indivíduos tão idênticos quanto possível, personalidades humanas do mesmo gênero — o que produz de fato o individualismo mais tenso; nas sociedades arcaicas, todos os tipos de ambientes estão encarregados de fabricar o mesmo homem, e conseguem fabricá-lo. Nossas sociedades procuram diversificar as pessoas partindo de um esforço para uniformizá-las. É quase o inverso daquilo que conseguem as educações de que nos ocupamos agora.

Portanto, uma definição geral é a única útil. Os antigos procuram instruir cada homem sobre tudo aquilo que fazem, sabem ou crêem. Pode-se chamar *educação (ou instrução) os esforços conscientemente feitos pelas gerações para transmitir suas tradições a outra*. Pode-se também dar este nome, menos abstratamente, *à ação que os mais velhos exercem sobre as gerações* que se apresentam cada ano para moldá-las *com respeito a eles mesmos*, e, secundariamente, *para adaptá-las aos meios social e físico deles.*

Nestas sociedades de segmentos múltiplos e entrecruzados, esta ação específica é, como a autoridade e a tradição que ela transmite, realizada essencialmente pelos subgrupos que compõem a sociedade. A unidade da educação é o efeito desta coordenação de todas as atividades educativas de todos os subgrupos. Partindo-se mesmo da diversidade dos instrutores, chega-se entretanto a homogeneizar as camadas ascendentes da população com relação às camadas dominantes, porque são estas que dotam verdadeiramente os jovens membros da sociedade de tudo aquilo que os qualifica como homens. Quando a iniciação é geralmente interpretada como uma morte e um renascimento (África Negra, Melanésia, etc.), o mito corresponde a esta maneira pela qual os antigos recriam completamente o homem e não somente o dotam de sua profissão e de sua inteligência, mas também, ao mesmo tempo, lhe conferem sua virilidade, sua coragem, sua nova alma, e também à maneira pela qual os antigos e os seres sagrados reconhecem esta alma depois de a terem provado.

Eis como observar estes diferentes sistemas de uma mesma educação. Primeiro, para certas partes, simples inventários já fornecem indicações e mesmo precisões. Os tempos e os lugares de certas educações são determinados: casa dos homens (Guiana, Melanésia), santuários de florestas (África Negra), no que se refere aos lugares; época da puberdade, e a seguir a série de iniciações nos graus e nas funções sucessivas da sociedade dos homens, absorvendo mesmo longamente às vezes o tempo do adulto; isto no que se refere ao tempo. A cartografia e o calendário da vida social corrente permitem assim descobri-los. Por exemplo, toda sociedade tem suas estações e seus lugares para o ensino, assim como tem suas estações para seus jogos.

Outro meio de inventário é a coleção de autobiografias. Pode-se pedi-las a indígenas conscientes como por exemplo estes chefes sioux, este "Crashing Thunder", cuja história Radin consignou. Vê-se nestes relatos de indivíduos como foram educados, por quais educadores, em que e por meio de que método. Pois, no interior de cada sociedade, as educações se entrecruzam e não se misturam.

Duas divisões fundamentais coexistem e se confirmam mutuamente: por sexo e por idade. A diversidade das educações por sexo começa a apagar-se entre nós; aliás ela condiciona tudo, envolve tudo. A divisão do trabalho e dos

FRAGMENTO DE UM PLANO

direitos, mesmo a diferença das idéias, das práticas e dos sentimentos é infinitamente mais marcada entre os sexos do que o é entre nós. Estamos seguros desta afirmação, embora o estudo sociológico da parte feminina da humanidade inteira ainda não tenha sido aprofundado de maneira suficientemente grande e suficientemente específica.

A divisão por idade não é menos nítida: 1.º de um a três anos a criança indígena separa-se lentamente de sua mãe. Quase por toda parte passa-se muito tempo até ser desmamada, aos dois e mesmo aos três anos. É carregada por muito tempo. O andar, a posição ereta e mesmo a ressupinação independentes só se adquirem assim tardiamente. A intimidade fisiológica da mãe e da criança é muito mais forte e mais longa do que entre nós. A maneira pela qual se carrega a criança e pela qual ela se agarra e se equilibra, com freqüência diretamente na pele de sua mãe, cria, desde tenra idade, uma verdadeira e durável simbiose;

2.º De três aos sete anos, datas que variam segundo as sociedades, dentro de limites bastante indefinidos, as crianças de ambos os sexos no interior e no exterior da família misturam-se mais do que em qualquer outra época de sua vida. Os tabus da vida não as separam, conquanto comecem a conhecê-los; os jogos ainda mal se dividem, salvo aqueles que imitam ocupações sérias. Muitas vezes os meninos impúberes, relegados à sociedade das mulheres, são tratados como se ainda tivessem uma natureza feminina. As meninas tomam a dianteira e começam cedo a tornar-se úteis em pequenas coisas. Entretanto, de ambos os lados, a atividade predominante é uma atividade de jogos; mesmo sérios, os atos da criança são feitos para divertir-se ou para impor-se. Em geral, são os acontecimentos das idades seguintes que têm por finalidade separar os sexos, quase mais do que ensinar a cada sexo as ocupações que lhe competem. O tempo que se sucede, depois dos sete anos, é consagrado à instrução propriamente dita.

a) *Educação geral.* Outro ponto pelo qual estas sociedades não se assemelham muito às nossas: o trabalho começa muito cedo, mas, em geral, assaz suavemente. O trabalho precoce pertence a outro nível de vida humana, próximo ao nosso. Os países onde se explora a infância e onde esta foi subjugada desde há muito são as grandes civilizações que nos rodeiam, na África, na Ásia ou na Insulíndia (crianças do Marrocos que assistem seus pais em sua profissão desde a idade de quatro a cinco anos). Assim eram tratadas ainda há pouco entre nós. Os indígenas das outras colônias deixam-nas muito mais livres. Mas a criança, e sobretudo a menina, tornam-se muito depressa uma pequena unidade econômica. Por imitação, por jogo,

124 ENSAIOS DE SOCIOLOGIA

por necessidade de emprego útil, prestam serviços. A primeira infância é, pois, caracterizada por uma vida infantil prolongada e por certa precocidade, em particular no trabalho, mas um trabalho pouco forçado.

Isso vale para a primeira idade. A esta primeira infância sucede uma época de educação totalmente diferente. Esta se instala até mesmo com violência. Subitamente começa a iniciação do menino. A esta violência corresponde nas meninas a brutalidade do casamento que torna a educação mais sumária. A iniciação e a educação das filhas, mesmo na África Negra, onde é certo que funcionam, são mal conhecidas. Estudaremos, pois, somente a dos meninos.

b) *Educações especiais. Observações gerais.* O problema dos meninos coloca-se de maneira totalmente diferente do problema das meninas. As meninas continuam em seu ambiente e os meninos são arrancados daí. Primeiro são separados da família, freqüentemente muito antes da puberdade e amiúde são assim mantidos até bem depois da primeira iniciação. Este primeiro e este terceiro momentos são, por exemplo, aqueles em que a criança é tirada, criada (iniciada no intervalo), depois retomada, guardada, utilizada, subjugada, em casa de seus parentes uterinos, em casa do tio uterino que é por direito o futuro sogro (exemplo: Marind-anim, Nova Guiné). É a instituição que, designada por um velho termo normando, se chama "fosterage" (Steinmetz).

Além disso, vem a iniciação; esta consiste sempre numa série de períodos dos quais ao menos um é geralmente muito longo, em que os meninos são separados, imobilizados, enclausurados, e onde são submetidos a uma educação intensiva (África Negra inteira, América do Noroeste, América do Nordeste: algonquianos, etc.).

A educação consiste igualmente numa série de provas, algumas delas trágicas: circuncisão, etc., em trotes vexatórios constantes. Estas fazem parte da educação religiosa sempre dada neste momento. Não conheço exceção alguma a esta regra: nem na Austrália, nem na Terra do Fogo. Nestes santuários, freqüentes vezes funcionam sistemas organizados de educação (escola dos *mganga*, no Baixo Congo francês e belga). É também neste momento que se conclui a transmissão das artes, das profissões e das tradições. O jovem assim transplantado tornou-se, com o decorrer do tempo, religiosa e socialmente outro. O "fosterage" e a iniciação chegam ao ponto de mudar sua linguagem. Por exemplo, em casa de seus parentes uterinos aprendeu um dialeto diferente daquele de seus parentes próprios; no terreno da iniciação, aprendeu a linguagem secreta da sociedade dos homens; aprendeu ritos em outra parte, vindo de um meio diferente; foi iniciado em outro sistema de símbolos, as

FRAGMENTO DE UM PLANO

pessoas de um clã instruindo os outros em seus segredos; por exemplo, os da fratria do mar iniciando a fratria da terra.

Formou-se, ao mesmo tempo, o soldado: assim a sociedade dos homens é uma sociedade de caçadores e de soldados, na África, sobretudo na Guiné. Não é possível exagerar a importância desta educação, desta instrução militar.

As *educações especiais* que então se concluem ou se impõem podem, de outro ponto de vista, serem repartidas diversamente: duas de *ordem material* e cinco de *ordem moral:*

1. *Ensino das técnicas do corpo.* A educação física começada aperfeiçoa-se definitivamente: marchas, corridas, natação, dança, estética do corpo, etc.; lançar, carregar, lutar, etc.; resistência, estoicismo, etc.

2. *Ensino das técnicas manuais,* sobretudo mecânicas. Uso dos utensílios, instrumentos e máquinas: perícias manuais, etc.; exemplo: instrumentos e maneira de transporte, com tiras ou com correias na Ásia do Sul e na Oceania. Nos casos de profissões, sistemas de técnicas: aprendizagem freqüentemente feita na iniciação: aprendizagem do ferreiro (África, Ásia, Malásia); do carpinteiro (Fidji), etc.; fabricação dos instrumentos.

3. *Tradições tecno-científicas:* ciência e empirismo; noções mecânicas; etnobotânica, etnozoologia, isto é, conhecimento das plantas e dos animais, geografia, astronomia, navegação, etc.

4. *Educação estética:* dança, dança extática, artes plásticas, arte de decoração, etc.; artes orais: canto, etc.

5. *Educação econômica,* pouco importante.

6. *Jurídica e religiosa:* os pormenores devem antes ter lugar num estudo jurídico da sociedade dos homens e num estudo religioso da mesma sociedade. A instrução deste gênero só se encerra com a obtenção dos graus mais elevados da sociedade dos homens e das sociedades secretas, das sociedades dos mágicos, etc.

Em cada caso pode-se e deve-se estudar os métodos pelos quais todas estas coisas são ensinadas. É a partir daí que se poderá tirar conclusões gerais sobre *a* educação e *a* instrução. Em geral, a transmissão faz-se antes por via oral e manual do que pela lógica. Será necessário observar a autoridade dos instrutores, as idades, as receptividades, os talentos dos "discípulos". O termo para designar este estado encontra-se nas línguas polinésias como nas línguas algonquianas. Esta autoridade assinala-se também pelo caráter secreto das artes, das belas-artes e dos conhecimentos.

Diante da educação dos homens, a das mulheres parece infinitamente menos forte entre os indígenas de nossas colô-

126 ENSAIOS DE SOCIOLOGIA

nias. Muito cedo separadas de sua família, passam bruscamente de um meio infantil para um meio puramente doméstico, separadas dos ambientes sociais ativos, absorvidas
por um casamento que as prende totalmente e por uma vida
sexual muito precoce, começando entre dez e quinze anos;
ligadas, até este casamento, à vida quase inteiramente material da mãe e das mulheres idosas, servas em sua vida
doméstica, só são "cultivadas" nas sociedades que lhe deram
lugar ou nas classes que as respeitam. Encontram-se destes
casos na África Ocidental, na Polinésia, entre os iroqueses
e, em particular, nas populações que podem justamente ser
chamadas matriarcais (Micronésia e algumas outras regiões
não muito numerosas). Mas sobre as sociedades das mulheres e sobre a educação que elas ministram a seus membros, tudo está ainda por descobrir[5].

Tais são os principais fenômenos que tornam possíveis
a continuidade, a solidez, a organização interna e consciente
de uma sociedade. São eles que denotam as noções coletivas: de ordem, de paz, de salvação, de liberdade. Todas
noções que se encontram claramente expressas em todos os
países da Oceania, da América do Norte e Central, e em
toda a África Negra. Em sociedades mais arcaicas, como
as melanésias, elas são figuradas pelas idéias que as pessoas
fazem de seus bens, de seus ritos, de suas profissões, de
seus antepassados e de seus deuses. Porque não é exclusivamente sob forma jurídica ou religiosa que aquelas coisas
são representadas, mas também com plena consciência do
lado material, técnico, artístico, com um sólido senso da
propriedade e dos lugares. As mesmas idéias, no fundo, funcionam ainda entre nós, mais abstratas umas diante das outras,
mais claras, mais distintas, diferentemente coloridas. Mas
sua realidade social é ainda a mesma. A presente dissertação destina-se a mostrar como podem ser observadas em
si mesmas, em sociedades de tipo muito diferente do nosso,
e como se pode evitar, nesta observação, toda a possibilidade
de ser enganado pelos mitos e ritos, pelos costumes e pelas
rotinas que os exprimem grosseiramente.

*
* *

Aqui, poderíamos encerrar este apanhado, visto que o
consagramos exclusivamente aos fenômenos gerais da vida
interior. Mas, preocupados em mostrar as proporções que
estes ocupam com relação aos outros fenômenos gerais da
vida coletiva, vamos indicar brevemente o que são estes.
Uma espécie de quadro do fim deste Curso completo de

5. Miss Mead deu uma boa descrição da educação em geral numa tribo papua.

FRAGMENTO DE UM PLANO 127

etnografia geral descritiva mostrará os títulos e os principais temas de estudos em suas relações diversas. Ver-se-á assim uma quantidade considerável de fatos que se pode e se deve estudar, analisar como sociólogo puro e positivo, mesmo mantendo sempre o respeito por outras disciplinas.

Dividem-se em dois grupos: *fenômenos gerais da vida social exterior*, que formam a *segunda parte* do estudo e — *terceira parte* do estudo — a das *relações dos fenômenos gerais da vida coletiva com:* 1.°) *os fenômenos psicológicos* e 2.°) *os fenômenos biológicos.*

SEGUNDA PARTE

FENÔMENOS GERAIS DA VIDA SOCIAL EXTERIOR (VULGO: INTERNACIONAL)

1. *Paz e guerra*

a) *Guerra*. Aqui se trata apenas da *guerra estrangeira*, fenômeno total que arrasta toda a tribo, toda a nação, e que é um fenômeno de massa e de fronteiras. Cumpre distingui-la bem da guerra civil assim como da vendeta e de tudo aquilo que se chama impropriamente de guerra privada.

Eis as principais rubricas de trabalho:

A guerra fenômeno de fronteiras, de penetração;

Organização da sociedade dos homens e do sexo masculino; organização militar, direito militar;

Técnica da guerra, armas, etc.; guerra naval e guerra terrestre, formações de combate, acampamentos, marchas, navegação, batalhas;

Conseqüências da batalha e da guerra: escravidão, morte, canibalismo, etc.; conquista do solo, etc.

Rituais da guerra: divinatório, religioso, mágico, etc.; solidariedade mágica das mulheres, etc.

b) *Paz*. A paz se define pela ausência de guerra. É marcada conscientemente por contratos, amiúde solenes, e, ao menos, quando são tácitos, usualmente observados e sancionados. Como a guerra, é um fenômeno de massas e de fronteiras, e como ela, é um fenômeno de penetração e de relações, desta vez pacíficas. As noções semitas do "slâm" árabe e do "shalom" hebraico são bons exemplos de expressões e de formas de pensamento muito comuns no mundo inteiro. Os símbolos da saudação significam justamente o estado de paz entre grupos estrangeiros.

128   ENSAIOS DE SOCIOLOGIA

Nos casos em que a paz é solene, pode-se observar: as aberturas rituais da paz e as cerimônias jurídico-religiosas que a decidem: alianças pelo sangue, banquete em comum, etc.; cultos dos deuses da guerra e da paz.

A organização da paz é muitas vezes simbolizada pela existência do chefe de guerra oposta ao chefe de paz. — Acarreta normalmente o *connubium* e o *commercium,* para falar latim.

A interpenetração pacífica é marcada pois: 1.º pelo comércio, ou antes pelos diferentes processos de trocas intertribais, freqüentemente a longa distância. Exemplo: comércio marítimo ao longo das costas e das ilhas de todo o Pacífico, muito antes da chegada dos europeus; *potlatch* do noroeste americano, ou o da Polinésia, da Malásia e da Papuásia.

2.º O casamento é mais raro entre tribos não federadas, mas, ao contrário, constante entre tribos mais ou menos federadas.

Estas trocas de mulheres, de bens e de artes chegam a propagar um número considerável de coisas; isto entra na segunda classe dos fatos internacionais.

2. Civilização

Podem chamar-se *civilização* os resultados destes comércios e contatos de todos os tipos que se estabelecem pela vizinhança ou pela filiação entre sociedades que podem ser classificadas com relação a eles. Com efeito, podemos distinguir *famílias de povos, áreas de civilizações, camadas de civilizações,* estabelecendo relações de identidade entre as sociedades associadas pela língua, pelas artes, unidas pelas descendências, misturadas pelas guerras e conquistas, anastomosadas pelos comércios internacionais, por todos os empréstimos que eles supõem, tudo isto constituindo *as civilizações.* Deve-se distinguir corretamente a civilização daquilo que se chama cultura ou civilização de uma nação, e que não é nada mais que seu sistema social, ou o ideal que ela faz disto [6].

As questões fundamentais de etnologia, de história geral das civilizações são tratadas, desde há muito, com método pelos arqueólogos. Eis as principais rubricas deste estudo:

1.º Determinação dos elementos de uma civilização (distribuição cartográfica dos objetos, das instituições, das idéias, etc.), distribuição histórica e geográfica ao mesmo tempo desses traços de civilização.

---

6. Sobre estas questões, ver M. Mauss: "Civilisation. Eléments et formes", em *Civilisation. Publ. Centre de synthèse.*

FRAGMENTO DE UM PLANO

2.º Formas de civilizações (estudos dos conjuntos coerentes destes objetos); comunidade dos traços de civilizações, dos "complexos"[7] que eles formam; limites dos empréstimos e explicação dos não-empréstimos.

3.º Estes trabalhos, geográficos e históricos ao mesmo tempo que sociológicos, permitem a definição das "províncias etnológicas". Quando suas conclusões coincidem com os outros critérios das famílias de povos (arqueológico, antropológico e lingüístico), os graus de certeza aumentam consideravelmente.

4.º A partir daí, pode-se tentar entrar no domínio da história geral das civilizações.

Problema da recorrência e das invenções técnicas, ideológicas, institucionais independentes:

problema das propagações e dos empréstimos;

problema das evoluções divergentes;

contatos e choques das civilizações, colonizações, fraturas, aniquilações e revoluções;

progressos, regressões;

progresso humano.

Mas, falando de raças, de civilizações e de mentalidades, saímos dos fatos puramente sociais.

TERCEIRA PARTE

RELAÇÕES DOS FENÔMENOS GERAIS DA VIDA COLETIVA COM OS OUTROS FENÔMENOS DA VIDA HUMANA

A) PSICOLÓGICOS

A. Relações com os fenômenos psicológicos

Sob esta rubrica geralmente confundem-se quatro tipos de fatos. Dois podem trazer o título de psicologia coletiva.

1. Psicologia coletiva impropriamente dita

A psicologia coletiva (na tradição dos psicólogos) estuda dois tipos de fatos: 1.º a natureza psíquica dos fenômenos sociais; 2.º o caráter das sociedades. Do primeiro grupo de fatos não falaremos aqui, por uma razão simples. É que quase todos os fenômenos sociais são, até certo ponto, sobretudo em psicologia social, fenômenos de consciência.

---

7. Estes estudos, em certas tradições, tomaram o nome impróprio de *Kulturmorphologie*, de: morfologia da civilização; e, erro mais grave, deveriam constituir a etnologia inteira (Frobenius, etc.); ora, não são mais do que uma parte desta.

ENSAIOS DE SOCIOLOGIA

Mesmo em morfologia social: por exemplo, uma fronteira é um ponto particularmente sensível e idealmente representado. Mas, na medida em que esta consciência não é a da sociedade e sim a dos indivíduos, tais fatos não nos dizem respeito; pertencem à psicologia individual, à qual a sociologia leva como uma rica oferenda de observações. Quanto ao mais, este caráter psicológico de cada fato social tomado individualmente precisou ser indicado a propósito da descrição de cada um desses fatos em seu lugar: religião, economia, etc.

Só damos, portanto, prescrições em matéria de descrição dos fenômenos sociológicos de ordem geral para o segundo grupo de fatos que merece o nome de:

2. Psicologia coletiva propriamente dita, ou etologia coletiva [8]

Efetivamente, tudo o que resta a estudar de uma consciência coletiva ou, como dizia Renan, de maneira terrivelmente literária, da "alma" que é uma "nação", é um tono geral, uma coloração especial que unifica todos estes acontecimentos — compreendidos aí os fenômenos verdadeiramente gerais — que fazem dela uma "cultura" que constitui estes "usos" e estes "costumes", e estas "artes" que permitem sentir que ela é alguma coisa particular e apegar-se a um ἦθος particular. Durkheim propôs designar esta parte geral com o nome de *etologia coletiva*. Esta corresponde à caracterologia da psicologia individual. Da mesma forma como a psicologia define cada caráter tendo em vista as diferentes formas e proporções que assumem para *cada indivíduo* suas diferentes atividades, assim *é possível definir uma sociedade qualquer* na civilização de que ela é um elemento componente e de que se destaca *por certos "traços"*, ou ao menos por *certas proporções destes traços*. Pode-se dizer por exemplo que tal tribo ou tal civilização é mais mitopoética ou mais estética que uma outra. Assim os haussa forneceram dançarinos, músicos, confrarias a toda uma parte da África Negra e mesmo Branca, a toda uma parte das dinastias da África Central-Oeste, etc. A dosagem de cada forma de atividade, de idealidade estética, técnica,

---

8. Hesitamos em colocar esta divisão da sociologia geral na primeira parte: *Fenômenos da vida interior da vida das sociedades.* A personalidade de uma sociedade, seu caráter, são efetivamente os fundamentos mais ideais de sua coesão (Huvelin chegava a fazer deste assunto um dos principais temas de seu curso sobre as *Coesões sociais*, infelizmente inédito). Entretanto, deixamos aqui esta secção por duas razões: primeiro, porque só existem as sociedades, existem as civilizações, as famílias de povos correspondentes, etc., que têm seus caracteres e cuja etologia pode ser feita. Ademais, os traços psíquicos de uma sociedade destacam-se entre os da civilização de que faz parte e da camada de civilização à qual pertence. Seu estudo comporta, pois, um mínimo de comparações, de história geral: a dos povos limítrofes e, por conseguinte, dos fenômenos exteriores.

Enfim, desde que se fala de caracterologia, começa-se a tocar nos fenômenos biológicos ao mesmo tempo que na psicologia individual.

FRAGMENTO DE UM PLANO

racional é possível. Pode-se mesmo moralizar, apreciar: por exemplo, Tauxier tem o direito de chamar de "cruéis" os guros.

Aqui podem aparecer as velhas fórmulas de "psicologia dos povos", os processos literários de suas descrições, as velhas expressões dos filósofos: religiosidade, modalidade, industriosidade, paciência, generosidade, etc.

É também aqui que se pode colocar o estudo geral dos elementos de uma etologia coletiva geral: uma classificação das sociedades[9]; uma classificação dos modos de pensamento: primitivo, etc.

Os dois outros grupos de fatos a observar são verdadeiramente os *fatos de relações* entre os fatos de psicologia individual e os de psicologia coletiva. Dividem-se em:

3. Fatos da psicologia individual de origem coletiva

A) *Primeira classificação. Elementos imaginários intelectuais:* matéria tradicional dos sonhos, das revelações, dos êxtases, do xamanismo, dos místicos, etc.

Noções de crença e de veracidade, etc.; simbolística, sugestões orais; conhecimentos, ciências, etc.

Elementos afetivos e práticos: a) *morais:* coragem, sensação de felicidade, o suicídio, tanatomania, amok, etc. (estatísticas possíveis); tratamento do cego, do órfão e dos anciãos.

B) *Práticas:* habilidade, senso mecânico, continuidade e seriação dos atos, etc.

4. Em segundo lugar, vêm os fatos de psicologia coletiva de origem individual

Invenções (condições coletivas, efeitos coletivos).

Criações estéticas: solistas, bardos, contadores de histórias, escultores, etc. (revelações).

Formação do líder: nos jogos

nas artes
na moral
na guerra,
etc. } por sexo, por idade, etc

Outras classificações. Fatos de psicologia normal e fatos de psicologia patológica.

Pode-se aplicar a uma população arcaica todos os processos da psicotécnica e todos os processos da psicopatologia. As estatísticas dos fenômenos nervosos são extraordinariamente interessantes: histeria, insanidade, etc.

---

9. O ensaio de M. Steinmetz sobre a "Classificação dos tipos sociais" (*Année sociologique*, 3) merece ser lembrado a este propósito.

132 ENSAIOS DE SOCIOLOGIA

Fatos intermediários entre os fatos individuais e os fatos sociais organizados

Estados gregários,

Estados de multidão,

Estados de multidão nomeada e previamente definida: estado de assédio, etc.

Pânicos, crises, atos de desespero e de energia coletiva ou individual (proceder através de casos registrados).

Mas estes fatos de psicologia coletiva levam-nos aos fatos biológicos.

QUARTA PARTE

RELAÇÕES GERAIS DOS FENÔMENOS SOCIAIS COM OS OUTROS FENÔMENOS HUMANOS

B) BIOLÓGICOS (ANTROPOSSOCIOLOGIA)

Certo número de fatos que devem ser estudados neste lugar já foram mencionados quando falamos de demografia, de raças, etc. Mas pode-se estudá-los a fundo e em si mesmos, e ousamos dizer que este estudo pode levar a resultados consideráveis tanto para a antropologia em geral como para a sociologia em particular, e mesmo para a própria biologia geral. De uma parte, as sociedades de tipo arcaico, mesmo vastas, compõem-se de pequenos grupos. (Uma tribo isolada — federada ou não a outras — compõe-se em geral de dois ou três mil habitantes.) Todos os elementos sociais são, portanto, compreensíveis. De outra parte, pode-se ter a seu respeito biografias biológicas completas, árvores genealógicas completas; pode-se, pois, fazer a análise de todo um grupo de consangüíneos e aliados, do ponto de vista somatológico e histórico ao mesmo tempo. Para os animais, com exceção de alguns, isso dificilmente pode ser conseguido.

Aqui estão os títulos de um esquema de estudos.

1. *Biometria* (estática e cinemática ou histórica). — Estado atual do total dos indivíduos; curvas, se possível: repartição das idades, dos sexos, variações dos ditos, etc.; puberdade; morbidez, mortalidade, etc.

Exemplos: Um dos estudos que acaba de fazer os maiores progressos, precisamente a propósito das sociedades em contato com as nossas e de suas possibilidades de persistência, refere-se precisamente às relações demográficas entre a natalidade e as relações numéricas entre os sexos, etc. [10]

---

10. Ver L. F. Pitt-Rivers, *Clash of Culture*, etc.

FRAGMENTO DE UM PLANO

Inversamente: a noção de "doenças sociais", a de "história social das doenças" foi brilhantemente renovada por Nicolle. Aqui parte-se exatamente do biológico não humano.

Os estudos de tipologia humana, de eugenética e de seleção humanas podem e devem ser assim continuados neste terreno.

2. *Antropologia somatológica (anatomia e fisiologia propriamente ditas).* — A noção de raça tem apenas um valor relativo. Se quisermos perceber a raça diretamente, é necessário deduzi-la da observação, das descendências observáveis; não se deve, sob pretexto algum, partir das noções correntes de raças para dirigir a observação.

Coisa aliás bastante notável, depois de longa estagnação da antropologia à base de anatomia, a fisiologia acaba de fornecer meios muito precisos de agrupar os indivíduos, mesmo no interior das famílias: grupos sanguíneos, grupos de secreções bucais, etc. De outro lado, chegou-se a certo grau de precisão nas classificações dos indivíduos com relação às partes moles do corpo, comissuras, cartilagens, musculaturas; uma tipologia baseada no estudo das relações da totalidade do corpo e de seus órgãos, e mesmo uma baseada na osteologia craniana mais aperfeiçoada se sobrepuseram às velhas noções elementares de osteologia craniana brutal. Cada estudo antropológico de cada grupo social pode assim precisamente promover a própria antropologia.

Destes estudos de sociedades que formam famílias, poder-se-á deduzir o estudo mais amplo das raças.

A pesquisa principal é a de mestiçagem. Aqui é necessário o emprego do método genealógico. As observações referentes à mestiçagem estão singularmente atrasadas.

Conclusão

A coroação de todas estas observações biológicas, psicológicas e sociológicas da vida geral dos indivíduos no interior de uma sociedade é a observação, mui raramente feita, daquilo que deve ser o princípio e o fim da observação sociológica, a saber:

o nascimento			do tríplice ponto de vista:
a vida		de uma sociedade	sociológico puro,
a idade			sociopsicológico,
e a morte			sociobiológico.

Bryce dizia que "morre neste momento uma sociedade por dia". Dizia isto durante a guerra e exagerava. Delafosse, preocupado com observações lingüísticas, prescrevia a seus alunos que pesquisassem, antes de tudo, os últimos so-

134 ENSAIOS DE SOCIOLOGIA

breviventes das tribos depositárias: de um dialeto que podia ser a chave dos outros. Esta prescrição estende-se a toda a sociologia geral. De outro lado, a colonização gerou novas sociedades, ou dá novas formas a outras, neste mesmo momento. Aqui, como no caso da mestiçagem, abre-se um campo imenso de observações.

*

* *

É pouco útil filosofar sobre sociologia geral quando se tem tanta coisa a conhecer e a saber antes disto, e quando, além disso, há tanto a fazer para compreender [2. Cf. *infra* p. 135.]

[1] *Mauss consagrou, desde 1903, uma parte de alguns de seus cursos à elaboração de instruções com vistas aos etnógrafos. Aqui está o resumo* [cf. *supra* p. 92]:

[...] *Curso de 1903-1904* *. Este curso foi interrompido durante algumas lições para a elaboração de um questionário de folclore e de um questionário de tecnologia, feitos mais especialmente com vistas a uma pesquisa a ser realizada na Coréia.

[...] *Curso de 1906-1907* **. O segundo semestre foi, tanto para esta conferência como para a de terça-feira, consagrado à elaboração de *instruções etnográficas para a observação direta das populações sujeitas à República na África Ocidental e no Congo.* Estas instruções foram redigidas a pedido do Comitê da África francesa, que provavelmente as editará. Compõem-se de instruções gerais, de orientações para a coleção de objetos, de instruções especiais referentes às principais classes de fenômenos sociais. [...]

As respostas às pesquisas prescritas serão igualmente publicadas.

---

* Resumo extraído do *Annuaire de l'Ecole pratique des hautes études,* Paris, 1904 (Sect. Sc. relig.).
** Resumo extraído do *Annuaire de l'Ecole pratique des hautes études,* Paris, 1907 (Sect. Sc. relig.).

FRAGMENTO DE UM PLANO 135

[2] *Mauss consagrou seu primeiro curso no Colégio de França (1931) ao desenvolvimento de alguns temas do "Fragmento". Aqui está o resumo deste curso* * [Cf. *supra* p. 133]:

Observação dos fenômenos gerais da vida coletiva nas sociedades de tipo arcaico.

Nomeado para sua cadeira no dia 3 de fevereiro de 1931 (*Journal officiel* de 5 de fevereiro), o professor pôde começar a partir do dia 23 deste mês pela lição de abertura tradicional e fazer um curso de dezessete lições.

Estas constituem o fim de um curso de instruções etnológicas cujas primeiras partes foram ministradas no Instituto de Etnologia da Universidade de Paris. Trata-se aí exclusivamente das técnicas de observação, de classificação e de descrição aprofundadas dos fenômenos sociais que se encontram nas sociedades de tipo arcaico que compõem as populações das colônias, francesas em sua maior parte. Pode-se muito bem definir estas sociedades como sendo todas as sociedades estudadas pela etnografia, menos a Austrália (demasiado primitiva), com exclusão das estudadas pela história.

O curso, tal como havia sido professado até aqui, restringia-se ao grande grupo de fenômenos sociais que a divisão do trabalho em nossas sociedades fizera aparecer a nossos sociólogos. Trata-se, de uma parte, dos fenômenos morfológicos: fenômenos materiais da massa social; e, de outra, dos fenômenos fisiológicos da vida social: técnicas e seus produtos materiais, belas-artes e seus produtos, economia, direito, religião, língua. A questão do estudo dos fenômenos gerais da vida social só fora proposta por acréscimo. É a que se chama sociologia geral e é nela que consiste aquilo que ordinariamente se professa sob o nome de sociologia. Tinhamo-nos limitado até aqui a algumas visões gerais sobre aquilo que se chama moralidade, mentalidade, organização social, caráter das sociedades e das civilizações. Para concluir, era necessário substituir estas rubricas vagas e variadas por um plano lógico de pesquisas e de observações. Pois os fenômenos assim confundidos ou mal distinguidos merecem um estudo tão aprofundado quanto os fenômenos evidentemente distintos e fáceis de abstrair uns dos outros. Estudamos portanto os fenômenos gerais da *vida* coletiva (os fenômenos morfológicos, igualmente gerais, sendo excetuados por abstração e porque os métodos estatísticos e geográficos para estudá-los são considerados provisoria-

* Extraído do *Annuaire du Collège de France*, Paris, 1931.

136 ENSAIOS DE SOCIOLOGIA

mente suficientes). *Os fenômenos gerais são aqueles que se estendem a todos os fenômenos da vida social ou, em todo caso, a um grande número deles.* Até aqui foram estudados de maneira antes dialética, muitas vezes normativa, sob o nome de moral geral e, mais vulgarmente, de política. Ora, é preciso estudá-los nos fatos, pragmática, objetivamente, um a um, da mesma forma como se estudam as artes ou as instituições, umas junto das outras, ou como se estuda um sistema de artes ou de instituições sob o nome de direito, de arte. Pode-se, decompondo-o e recompondo-o, estudar um sistema social, isto é, estudar as disposições das diversas partes da vida social. Assim a educação de uma sociedade compõe-se das diversas educações, da transmissão das diversas práticas sociais: língua, técnicas, belas-artes, etc., de uma parte, e, de outra, de uma espécie de método, de uso e mesmo de um grupo de princípios gerais que colorem o mundo pelo qual uma geração educa a seguinte em todas as matérias. Pode-se tanto estudar estas diversas educações como distinguir sua tonalidade geral.

À luz deste método pudemos indicar certas classificações úteis e os objetos a estudar, ao mesmo tempo que certos processos de estudo. As principais rubricas enumeradas foram as seguintes:

I. *Fenômenos da vida nacional.* a. *Coesão social* (distinta de sua manifestação jurídica: o Estado, o soberano). Tentamos ver como se propõe o problema da autoridade, da disciplina, da solidez social, na observação de uma sociedade de tipo polissegmentar: como funcionam, uns com respeito aos outros, os diversos segmentos de que ela se compõe, clãs, famílias, classes de idade, etc., e como funcionam todos com respeito à unidade social; mostramos como era preciso substituir a consideração exclusiva, que é clássica, da autoridade tribal e local pela consideração de fenômenos mais complexos: os grupos imbricados uns nos outros e opostos uns aos outros, confirmando-se por todas as formas de extensões, sexos, idades, gerações freqüentemente distintas das idades, confirmam ao mesmo tempo o clã e a família, bem como o conjunto da sociedade. Esta funciona pelo equilíbrio entre estes diversos pontos de vista e estes diversos agrupamentos em que se organizam os indivíduos. A coesão social é a de todos estes segmentos diversos entre si. A paz civil provém de seu equilíbrio. Desenvolvemos, pois, esta noção da paz interior.

b. *O problema da educação e da tradição* pelas quais a coesão se assegura e se transmite foi tratado da mesma maneira. Indicaram-se as maneiras precisas de pesquisar

FRAGMENTO DE UM PLANO

os fatos, de estudá-los por processos estatísticos, psicológicos e outros. Os princípios de classificação das diversas sociedades deste ponto de vista foram: caso da sociedade compósita (duas ou mais sociedades aglomeradas), caso das sociedades de coesão estreita, de coesão frouxa, de dupla morfologia; caso das sociedades de forte tradição: misoneísmo, filoneísmo, etc.

II. *Fenômenos internacionais.* Uma sociedade é normalmente vizinha de sociedades diferentes que pertencem ou não pertencem à mesma família de povos. O *comportamento de uma sociedade diante das outras é um fenômeno geral,* e as relações propriamente ditas, comércio, casamentos endogâmicos, os pontos de *contato* são a coisa comum a toda sociedade. E as duas formas destas relações, a *guerra e a paz,* encerram normalmente diferenças de vida e mesmo de estrutura em todo o corpo social. Um dos defeitos da etnografia corrente é precisamente o de representar uma sociedade como se estivesse isolada e como se não tivesse mais do que uma só forma de viver. Um segundo grupo de fenômenos sociais internacionais é a seqüência destes contatos e destas relações íntimas . São os *fenômenos* de *civilização:* áreas de civilizações, as camadas de civilizações, as famílias de povos. Todos estes fenômenos foram decompostos e métodos de análise foram preconizados.

III. Uma sociedade tem, enfim, aquilo que Taine chamava sua *psicologia coletiva,* aquilo que Renan chamava sua alma. Sob estes termos vagos ocultam-se três tipos de questões:

a. A da *mentalidade coletiva* e do *caráter coletivo,* que pode ser agrupada, com Durkheim, sob o nome de *etologia coletiva* ou, se se quiser, porque ela é isto, sob o nome de psicologia social e política à maneira como a praticava Boutmy. Indicou-se como se pode analisar estes fatos mesmos de maneira estatística e, ao mesmo tempo, compreendeu-se como a história habitual, ou mesmo a literatura, podem suprir as insuficiências de nossos meios objetivos de análise e salvar (por exemplo, por meio de boas autobiografias) excelentes documentos;

b. Outro problema é aquele das *relações variáveis* de sociedades a sociedades e muitas vezes no interior de cada sociedade segundo a posição (sexo, idade, etc.) *dos membros desta sociedade* entre eles e entre eles e a sociedade. Os exemplos escolhidos (suicídio, formação histórica dos distritos, etc.) serviram para mostrar como estes fatos podem ser registrados, indivíduo por indivíduo, grupo por

ENSAIOS DE SOCIOLOGIA

grupo, e como é possível determinar os diferentes graus da influência da sociedade sobre o indivíduo e do indivíduo sobre a sociedade.

c. *Caráter social.* Enfim, todos estes fatos, estes dois últimos grupos de fatos, comparados com os fatos da mentalidade, da moralidade, da tecnicidade, da religiosidade, da sensibilidade estética, da sensibilidade coletiva *tout court*, da herança psicológica e da transmissão educativa e tradicional, podem ser dosados, se é permitido assim dizer, relativamente a seu total, numa espécie de fórmula que pode condensar aquilo que constitui a essência distintiva, o caráter, o temperamento, a idiossincracia de cada sociedade, de cada momento de uma vida social.

IV. Enfim, foram precisadas as noções de antropossociologia e de biossociologia (raça, tipo, etc.; alimentação, natalidade, etc.).

Neste quadro abstrato, a matéria das lições consistiu quase exclusivamente em enumerações de fatos tirados das mais diversas sociedades.

Segunda Parte

4. Ensaio sobre a Natureza e a Função do Sacrifício (1899)[1]

Henri Hubert e Marcel Mauss

Neste trabalho propusemo-nos definir a natureza e a função social do sacrifício. Ambicioso seria o empreendimento se não tivesse sido preparado pelas pesquisas dos Tylor, dos Robertson Smith e dos Frazer. Sabemos o quanto lhes devemos. Mas outros estudos permitem-nos propor uma teoria diferente e que nos parece mais compreensiva. Aliás, não pensamos em apresentá-la senão como hipótese provisória: em matéria tão vasta e tão complexa, novas informações não podem deixar de levar-nos, no futuro, a modificar nossas idéias atuais. Mas, com estas reservas expressas, pensamos que poderia ser útil coordenar os fatos disponíveis e dar-lhes uma concepção de conjunto.

A história das concepções antigas e populares do sacrifício-dom, do sacrifício-alimento, do sacrifício-contrato e o estudo dos contragolpes que porventura suscitaram no ritual não nos deterá, qualquer que possa ser seu interesse. As teorias do sacrifício são velhas como as religiões; mas para encontrar alguma que tenha caráter científico, é mister descer até estes últimos anos. Coube à escola antropológica e sobretudo a seus representantes ingleses o mérito de tê-las elaborado.

Sob a inspiração paralela de Bastian, de Spencer e de Darwin, Tylor[2], comparando fatos tirados de raças e de civilizações diferentes, imaginou uma gênese das formas do sacrifício. O sacrifício, segundo este autor, é originariamente um dom que o selvagem faz a seres sobrenaturais a quem precisa apegar-se. Depois, quando os deuses avultaram e

---

1. Extraído do *Année sociologique*, 2. [*Oeuvres*, v. III, pp. 193-307.]
2. *Civilisation primitive*, II, cap. XVIII.

142 ENSAIOS DE SOCIOLOGIA

se distanciaram do homem, a necessidade de continuar a transmitir-lhes este dom fez nascer os ritos sacrificais, destinados a fazer chegar até estes seres espirituais as coisas espiritualizadas. Ao dom sucedeu a homenagem onde o fiel não exprimiu mais nenhum desejo de retorno. Daí, para que o sacrifício se tornasse abnegação e renúncia, não havia mais do que um passo; desta forma, a evolução fez passar o rito, dos presentes do selvagem, ao sacrifício de si. Mas se esta teoria descrevia muitas fases do desenvolvimento moral do fenômeno, não lhe explicava o mecanismo. Em suma, não fazia mais do que reproduzir numa linguagem definida as velhas concepções populares. Não há dúvida de que tinha, em si mesma, uma parte de verdade histórica. E é certo que os sacrifícios foram geralmente, em certo grau, dons [3] que conferiam ao fiel direitos sobre seu deus. Serviram assim para alimentar as divindades. Mas não bastava constatar o fato; era preciso explicá-lo.

Na realidade, R. Smith [4] foi o primeiro que tentou uma explicação lógica do sacrifício. Inspirou-o a descoberta recente do totemismo [5]. Do mesmo modo que a organização do clã totêmico lhe havia explicado a família árabe e semítica [6], assim também quis ver nas práticas do culto totêmico a origem do sacrifício. No totemismo, o totem ou o deus é parente de seus adoradores; eles têm a mesma carne e o mesmo sangue; o rito tem como objeto entreter e garantir esta vida comum que os anima e a associação que os liga. Em caso de necessidade, restabelece a unidade. A "aliança pelo sangue" e a "refeição em comum" são os meios mais simples para alcançar este resultado. Ora, o sacrifício não se distingue destas práticas aos olhos de R. Smith. Para ele, era uma refeição em que os fiéis, comendo o totem, o assimilavam a si, e se lhe assimilavam, aliavam-se entre si e com ele. A morte sacrifical não tinha outro objeto senão o de permitir a consumação de um animal sagrado e, por conseguinte, proibido. Do sacrifício comunial R. Smith deduz os sacrifícios expiatórios ou propiciatórios, isto é, os *piacula* e os sacrifícios-dons ou honorários. A expiação não é, segundo ele, senão o restabelecimento da aliança rompida; ora, o sacrifício totêmico tinha todos os efeitos de um rito expiatório. Aliás, Smith reencontra esta virtude em todos os sacrifícios, mesmo depois do desaparecimento total do totemismo.

---

3. Ver uma brochura um pouco superficial de M. Nitzsch *Idee, und Stufen des Opferkultus*, Kiel, 1889. A esta teoria vincularam-se, no fundo, sucessivamente os dois autores que criticaram mais fortemente Rob. Smith: Wilken. (*Over eene Nieuwe Theorie des Offers*, De Gids, 1891, p. 535 ss.). M. Marillier, *Rev. d'hist. des relig.*, 1897-1898.

4. Art. "Sacrifice", em *Encyclopaedia Britannica. — Religion cf Semites*, Gifford Lectures, 1.ª ed. 1890, 2.ª ed. 1894.

5. Artigo de Mac Lennan, "Plant and Animal Worship", *Fortnightly Review*, 1869, 1870.

6. *Kinship and Marriage in Early Arabia*, 1884, Cambridge.

ENSAIO SOBRE A NATUREZA E A FUNÇÃO... 143

Restava explicar por que a vítima, primitivamente dividida e comida pelos fiéis, era geralmente destruída por completo nos *piacula*. É que, a partir do momento em que os antigos totens foram suplantados pelos animais domésticos no culto dos povos pastores, só raramente figuraram nos sacrifícios, e em circunstâncias particularmente graves. Por conseguinte, apareceram como demasiado sagrados para que os profanos pudessem tocar neles: só os sacerdotes comiam deles, ou então se fazia desaparecer tudo. Neste caso, a extrema santidade da vítima acaba por converter-se em impureza; o caráter ambíguo das coisas sagradas, que R. Smith iluminou tão admiravelmente, permitia-lhe explicar facilmente como uma tal transformação pudera produzir-se. De outro lado, quando o parentesco dos homens e dos animais deixou de ser inteligível para os semitas, o sacrifício humano substituiu o sacrifício animal; pois daí por diante era o único meio de estabelecer uma troca direta do sangue entre o clã e o deus. Mas então as idéias e os costumes que protegiam na sociedade a vida dos indivíduos, proscrevendo a antropofagia, fizeram cair no desuso o repasto sacrifical.

De outro lado, aos poucos, o caráter sagrado dos animais domésticos, cotidianamente profanados para a alimentação do homem, também foi desaparecendo. A divindade separou-se de suas formas animais. A vítima, distanciando-se do deus, aproximou-se do homem, proprietário do rebanho. Foi então que, para explicar a oferenda que dela se fazia, se passou a representá-la como um dom do homem aos deuses. Assim nasceu o sacrifício-dom. Ao mesmo tempo, a semelhança dos ritos da punição e do rito sacrifical, a confusão do sangue que se encontrava de ambos os lados deu um caráter penal às comunhões piaculares da origem e transformou-os em sacrifícios expiatórios.

A estas pesquisas ligam-se, de uma parte, os trabalhos de Frazer e, de outro, as teorias de Jevons. Com maior circunspecção sobre certos pontos, estas últimas constituem, em geral, o exagero teológico da doutrina de Smith[7]. Quanto a Frazer[8], acrescenta um desenvolvimento importante. A explicação do sacrifício do deus era resto rudimentar em Smith. Sem desconhecer o seu caráter naturalista, fazia disto um *piaculum* de ordem superior. A idéia antiga do parentesco da vítima totêmica e dos deuses sobrevivia para explicar os sacrifícios anuais; comemoravam e reeditavam um drama cujo deus era a vítima. Frazer reconheceu a semelhança existente entre estes deuses sacrificados e os

---

7. *Introduction to the History of Religion*, 1896. Para as restrições, ver p. 111, 115, 160. — M. Sydney Hartland aderiu (*Legend of Perseus*, t. II, cap. XV) à teoria de Rob. Smith.
8. Frazer, *Golden Bough*, cap. III.

144 ENSAIOS DE SOCIOLOGIA

demônios agrários de Mannhardt [9]. Aproximou do sacrifício totêmico a morte ritual dos gênios da vegetação; mostrou como do sacrifício e do repasto comunitário, onde a pessoa julgava assemelhar-se aos deuses, saiu o sacrifício agrário onde, para aliar-se ao deus dos campos no fim de sua vida anual, este deus era morto e depois comido. Constatou ao mesmo tempo que, com freqüência, o velho deus assim sacrificado parecia, talvez por causa dos tabus de que era carregado, levar consigo a doença, a morte, o pecado, e desempenhava a função de vítima expiatória, de bode expiatório. Mas, embora a idéia de expulsão fosse marcada nestes sacrifícios, a expiação parecia ainda sair da comunhão. Frazer propôs-se antes completar a teoria de Smith do que discuti-la.

O grande defeito deste sistema é o de querer reduzir as fórmulas tão múltiplas do sacrifício à unidade de um princípio arbitrariamente escolhido. Em primeiro lugar, a universalidade do totemismo, ponto de partida de toda a teoria, é um postulado. O totemismo só aparece em estado puro em algumas tribos isoladas da Austrália e da América. Colocá-lo na base de todos os cultos teriomórficos é formular uma hipótese, talvez inútil e, em todo caso, impossível de verificar. Sobretudo, é difícil encontrar sacrifícios propriamente totêmicos. O próprio Frazer reconheceu que, com freqüência, a vítima totêmica era a de um sacrifício agrário. Em outros casos, os pretendidos totens são os representantes de uma espécie animal de que depende a vida da tribo, quer se trate de espécie doméstica, da caça preferida ou, ao contrário, da espécie particularmente temida. Seria necessária pelo menos uma descrição minuciosa de um certo número destas cerimônias; ora, é precisamente o que falta.

Mas, aceitemos por um instante esta primeira hipótese, por mais contestável que seja. A própria marcha da demonstração está sujeita à crítica. O ponto delicado da doutrina é a sucessão histórica e a derivação lógica que Smith pretende estabelecer entre o sacrifício comunitário e os outros tipos de sacrifício. Ora, nada é mais duvidoso. Todo o ensaio de cronologia comparada dos sacrifícios árabes, hebreus ou outros que ele estudava, é fatalmente ruinoso. As formas que parecem as mais simples só são conhecidas por textos recentes. Sua simplicidade pode ainda resultar da insuficiência de documentos. Em todo caso, não implica nenhuma prioridade. Se nos ativermos aos dados da história e da etnografia, encontraremos em toda parte o *piaculum* ao lado da comunhão. Aliás, este termo vago de *piaculum* permite a Smith descrever, sob a mesma rubrica e nos mesmos termos, purificações, propiciações e expiações, e é esta

---

9. Mannhardt. *Wald-und Feldkulte*, 2 vol., Berlim, 1875; id., *Mythologische Forschungen*, Estrasburgo, 1884.

ENSAIO SOBRE A NATUREZA E A FUNÇÃO... 145

confusão que o impede de analisar o sacrifício expiatório. Certamente, estes sacrifícios são geralmente seguidos de uma reconciliação com o deus; um banquete sacrifical, uma aspersão de sangue, uma unção restabelecem a aliança. Para Smith, é nestes ritos comunitários que reside a virtude propiciatória destes tipos de sacrifícios; a idéia de expiação é, portanto, absorvida pela idéia de comunhão. Sem dúvida, ele constata, em algumas formas extremas ou simplificadas, alguma coisa que não ousa ligar à comunhão, uma espécie de exorcismo, de expulsão de um caráter mau. Mas, segundo ele, trata-se de processos mágicos que nada têm de sacrifical e Smith explica com bastante erudição e engenho a introdução tardia destes processos no mecanismo do sacrifício. Ora, é precisamente o que podemos conceder. Um dos objetivos deste trabalho é o de mostrar que a eliminação de um caráter sagrado, puro ou impuro, é uma engrenagem primitiva do sacrifício, tão primitiva e tão irredutível quanto a comunhão. Se o sistema sacrifical tem sua unidade, ela deve ser procurada alhures.

O erro de R. Smith foi sobretudo um erro de método. Em vez de analisar em sua complexidade original o sistema do rito semítico, dedicou-se antes a agrupar genealogicamente os fatos segundo as relações de analogia que julgava perceber entre eles. Aliás, é um traço comum dos antropólogos ingleses que se preocupam, antes de tudo, em acumular e classificar documentos. Quanto a nós, não queremos fazer, por nosso turno, uma enciclopédia que nos seria impossível tornar completa e que, vindo depois das deles, não seria útil. Dedicar-nos-emos ao estudo acurado dos fatos típicos. Tomaremos estes fatos particularmente dos textos sânscritos e da Bíblia. Estamos longe de ter sobre os sacrifícios gregos e romanos documentos do mesmo valor. Comparando as informações esparsas, fornecidas pelas inscrições e pelo autores, não se chega a constituir algo mais do que um ritual heterogêneo. Ao contrário, temos na Bíblia e nos textos hindus corpos de doutrinas que pertencem a uma época determinada. O documento é direto, redigido pelos próprios autores, em sua língua, no próprio espírito em que realizavam os ritos, e com uma consciência sempre bem clara da origem e do motivo de seus atos.

Sem dúvida, quando se trata de distinguir as formas simples e elementares de uma instituição, é inoportuno tomar como ponto de partida a pesquisa dos rituais complicados, recentes, comentados e provavelmente deformados por uma teologia erudita. Mas, nesta ordem de fatos, é vã toda a pesquisa puramente histórica. A antiguidade dos textos ou dos fatos referidos, a relativa barbárie dos povos, a aparente simplicidade dos ritos são indícios cronológicos enganadores. É excessivo procurar num rosário de versos da

146 ENSAIOS DE SOCIOLOGIA

Ilíada uma imagem aproximativa do sacrifício grego primitivo; não bastam nem sequer para dar uma idéia exata do sacrifício dos tempos homéricos. Só percebemos os ritos mais antigos através dos documentos literários, vagos e incompletos, das sobrevivências parciais e mentirosas, das tradições infiéis. É também impossível pedir somente à etnografia o esquema das instituições primitivas. Geralmente truncados por uma observação apressada ou falseados pela precisão de nossas línguas, os fatos registrados pelos etnógrafos só assumem seu valor se forem relacionados com documentos mais precisos e mais completos.

Não pensamos, pois, em fazer aqui a história e a gênese do sacrifício e, se viermos a falar de anterioridade, tratar-se-á de anterioridade lógica e não de anterioridade histórica. Não é que nos recusemos o direito de recorrer seja aos textos clássicos, seja à etnologia, para esclarecer nossas análises e controlar a generalidade de nossas conclusões. Mas, em lugar de dirigir nosso estudo aos grupos de fatos artificialmente formados, teremos, nos ritos definidos e completos que estudaremos, conjuntos determinados, sistemas naturais de ritos que se impõem à observação. Assim forçados pelos textos, estaremos menos expostos às omissões e às classificações arbitrárias. Enfim, como as duas religiões que vão constituir o centro de nossa investigação são muito diferentes, visto que uma desemboca no monoteísmo e a outra no panteísmo, pode-se esperar, comparando-as, chegar a conclusões suficientemente gerais [10].

---

10. Devemos, antes de tudo, indicar quais são os textos que nos serviram e qual nossa atitude crítica com relação a eles. — Os documentos do *ritual védico* repartem-se em: Vedas ou Samhitras, Bramanas e Sûtras. Os Samhitras são as coleções de hinos e de fórmulas recitadas nos ritos. Os Bramanas são os comentários mitológicos e teológicos sobre os ritos. Os Sûtras são os manuais rituais. Embora cada uma destas ordens de textos repouse sobre a outra, como uma série de estratos sucessivos, os mais antigos dos quais seriam os Vedas (v. Max Müller, *Sanskr. Lit.*, p. 572 ss.), pode-se, com a tradição hindu, que os sanscritistas tendem sempre mais a adotar, considerá-las como formando todas um bloco e completando-se mutuamente. Sem atribuir-lhes datas precisas, mesmo aproximadas, pode-se dizer que umas sem as outras são incompreensíveis. O sentido das preces, as opiniões dos Brâmanes, seus atos, são absolutamente solidários, e a significação dos fatos não pode ser dada salvo por uma comparação incessante de todos estes textos. Estes últimos distribuem-se de acordo com as funções dos sacerdotes que os empregam, e de acordo com os diversos clãs bramânicos. Servimo-nos dos seguintes: "Escolas do recitante", o *Rg. Veda* [X] (= R.V.), coleção de hinos empregados pelo *hotar* (não queremos dizer que só contenha hinos rituais, nem que seja de data recente), ed. Max Müller, 2.ª; tradução Ludwig; e entre outros textos deste estudo o *Aitareya Brâhmana* (= *Ait. B.*) ed. Aufrecht (citada por *Adh.* e *Khan.*), tradução Hang; e, como Sûtra, o *Açvalâyana çrauta sûtra*, ed. Bibl. Ind. (= *Açv. çr. sû*). — (Escolas do oficiante. *a*) Escola de Yajur-Veda branco (Vâjasaneyins) com os textos editados por Weber: *Vâjasaneyi-Samhitâ* (= V.S.), veda das fórmulas; *Çatapatha Brâhmana* (= *Çat. Bra.*), trad. Eggeling em *Sacred Books of the East* (S.B.E.), XXII, XXIII, XLI, XLVI; *Kâtyâyana çrauta sûtra* (= *Kât. çr. sû*); — *b*) escola do Yajur-Veda negro (Taittiriyas): *Tattiriya Samhitâ* (= T.S.), ed. Weber, *Indische Studien*. XI e XII, contém as fórmulas e o Bramanas; *Taittiriya Brâhmana* (= *T.B.*) contém também fórmulas e o Bramanas; *Apastamba-çrauta-sûtra* (ed. Garbe) cujo ritual seguimos de maneira particular. — A estes textos se sobrepõem os do ritual doméstico, os *grhua sûtras* das diversas escolas (trad. Oldenberg em *S.B.E.*, XXIX, XXX). — Ao seu lado encontra-se a série dos textos atarvânicos (do brâmane). *Atharra-Veda*

ENSAIO SOBRE A NATUREZA E A FUNÇÃO... 147

1. DEFINIÇÃO E UNIDADE DO SISTEMA SACRIFICAL

Mas, antes de irmos mais longe, importa dar uma definição exterior dos fatos que designamos pelo nome de sacrifício. O termo sacrifício sugere imediatamente a idéia de consagração e poderíamos ser induzidos a crer que as duas noções se confundem. Com efeito, é bem certo que o sacrifício implica sempre uma consagração; em todo sacrifício, um objeto passa do domínio comum ao domínio religioso; é consagrado. Mas nem todas as consagrações são da mesma natureza. Existem aquelas que esgotam seus efeitos no objeto consagrado, qualquer que ele seja, homem ou coisa. É, por exemplo, o caso da unção. Um rei é consagrado? Só a personalidade religiosa do rei é modificada; fora dela, nada é mudado. No sacrifício, ao contrário, a consagração irradia-se para além da coisa consagrada; alcança entre outras a pessoa moral que faz os gastos da cerimônia. O fiel que forneceu a vítima, objeto da consagração, não é, no fim da operação, aquilo que era no começo. Adquiriu um caráter religioso que não tinha, ou desembaraçou-se de um caráter desfavorável que o angustiava; elevou-se a um estado de graça ou saiu de um estado de pecado. Num caso como no outro, está religiosamente transformado.

(= *A.V.*), veda das encantações, ed. Whitney e Roth; traduções: seleção, Bloomfield em *S.B.E.* XLVIII; livros VIII-XIII, V. Henry. *Kauçika sûtra* (= *Kauç. sû.*), ed. Bloomfield). — Nosso estudo do ritual hindu teria sido impossível sem os livros de Schwab e de Hillebrandt e sem a assistência pessoal de Caland, Winternitz e Sylvain Lévi, mestres do uno entre nós.

Para nosso estudo do sacrifício bíblico, tomaremos por base o *Pentateuco*. Não procuraremos tirar da crítica bíblica os elementos de uma história dos ritos sacrificais hebreus. Primeiro, os materiais são, em nossa opinião, insuficientes. Depois, se cremos que a crítica bíblica pode constituir a história dos textos, recusamo-nos confundir esta história com a dos fatos. Em particular, qualquer que seja a data da redação do *Levítico* e do *Priestercodex* em geral, a idade do texto não é, em nossa opinião, necessariamente a idade do rito; os traços do ritual talvez só tenham sido fixados tardiamente, mas existiam antes de serem registrados. Assim pudemos evitar, a propósito de cada rito, a questão de saber se pertence ou não a um rito antigo. Sobre a fragilidade de certo número das conclusões da escola crítica, V. Halévy, *Rev. Sémitique*, 1898, p. 1 ss., 97 ss., 193 ss., 289 ss., 1899, p. 1 ss. — Sobre o sacrifício hebreu ver as obras gerais: Munk, *Palestine*, Paris, 1845; — Nowack, *Lehrbuch der Hebräischen Archaeologie*, 1894, II, p. 138 ss.; — Berzinger, *Hebräische Archaeologie*, p. 431 ss., 1894; as obras especiais: Hupfeld, *De prima et vera festorum apud Hebraeos ratione*, Progr. Halle, 1851; — Riehm, "Ueber das Schuldopfer", *Theol. Studien und Kritiken*, 1854; Rinck, "Ueber das Schuldopfer", *ibid.*, 1855; — J. Bachmann, *Die Festgesetze des Pentateuchs*, Berlim, 1858; — Kurtz, *Der alttestamentliche Opferkultus*, Mitau, 1862; — Riehm, "Der Begriff der Sühne", *Theol. St. Krit.*, 1877; — Orelli, "Einige Alttestamentl. Prämissen zur Neutest. Versöhnungslehre", *Zeitsch. f. Christl. Wissen. u. Christ. Leben*, 1884; — Müller, *Kritischer Versuch über den Ursprung und die geschichtliche Entwickelung das Pessach und Mazzothfestes*, Inaug. Diss., Bonn, 1884. — Schmoller, "Das Wesen der Sühne in der alttestam. Opfertora". *Theol. St. u. Krit.*, 1891; — Folck, *De Nonnullis Veteris Testamenti Prophetarum locis*, etc., Progr. Dorpat. 1893; — Br. Baentsch, *Das Heiligkeitsgesetz*, etc., Erfurt, 1893; — Kamphausen, *Das Verhaeltnis des Menschenopfers zur israelitischen Religion*, 1896. Prog. Univ. Bonn. — Sobre os textos evangélicos referentes ao sacrifício, ver Berdmore Compton, *Sacrifice*, Londres, 1896.

148 ENSAIOS DE SOCIOLOGIA

Chamamos sacrificante o sujeito que recolhe assim os benefícios do sacrifício ou sofre seus efeitos[11]. Este sujeito às vezes é um indivíduo[12] e às vezes uma coletividade[13], família, clã, tribo, nação, sociedade secreta. Quando é uma coletividade, acontece que o grupo cumpre coletivamente o ofício de sacrificante, isto é, assiste corporalmente ao sacrifício[14]; mas às vezes também delega um de seus membros que age em seu lugar e cargo. Deste modo a família é geralmente representada por seu chefe[15], a sociedade por seus magistrados[16]. É um primeiro grau desta série de representações que encontramos em cada uma das etapas do sacrifício.

Contudo, há casos em que a irradiação da consagração sacrifical não é sentida diretamente pelo próprio sacrificante, mas por certas coisas que se referem mais ou menos diretamente à sua pessoa. No sacrifício que se oferece quando da construção de uma casa[17], a casa é que é afetada e a qualidade que assim adquiriu pode sobreviver a seu proprietário atual. Em outros casos, é o campo do sacrificante, o rio que deve atravessar, o juramento que ele presta, a aliança que trava, etc. Chamaremos objetos do sacrifício a estes tipos de coisas em vista das quais o sacrifício se realiza. Importa notar, além disso, que também o sacrificante é atingido, pela razão mesma de sua presença ao sacrifício e da parte que aí toma ou do interesse que manifesta. A ação irradiante do sacrifício é aqui particularmente sensível; pois produz um duplo efeito, o primeiro sobre o objeto para o qual é oferecido e sobre o qual se quer agir, o segundo sobre a pessoa moral que deseja ou provoca este efeito. Ocasiões há mesmo em que só é útil sob a condição de ter este duplo resultado. Quando um pai de família sacrifica para a inauguração de sua casa, é

---

11. O *yajamâna* dos textos sânscritos. Notemos o emprego desta palavra, particípio presente médio do verbo *yaj* (sacrificar). O sacrificante é, para os autores hindus, aquele que espera um retorno sobre si do efeito de seus atos. (Comparar a fórmula védica "nós que sacrificamos para nós" *ye yajâmahe* com a fórmula avéstica *yazamaide*. (Hillebrandt, *Ritual-Litteratur*, pp. 11). — Estes *benefícios* do sacrifício, são, segundo nossa opinião, contragolpes necessários do rito. Não se devem a uma vontade divina livre que a teologia, aos poucos, intercalou entre o ato religioso e suas conseqüências. A partir daí compreender-se-á, por conseguinte, que negligenciamos certo número de questões que implicam a hipótese do sacrifício-dom, e a intervenção de deuses rigorosamente pessoais.
12. É o caso normal do sacrifício hindu, que é, tão rigorosamente quanto possível, individual.
13. Por exemplo, *Il. A*, 313 ss.
14. É o caso, em particular, dos sacrifícios verdadeiramente totêmicos, e daqueles em que o grupo mesmo desempenha a função de sacrificador, mata, dilacera e devora a vítima; enfim, um bom número de sacrifícios humanos, sobretudo os do endocanibalismo. Mas amiúde basta só o fato de assistir.
15. Na índia antiga o amo da casa (*grhapati*) sacrifica algumas vezes por toda a família. Quando é apenas participante das cerimônias, sua família e sua mulher (esta última assistente nos grandes sacrifícios), recebiam certos efeitos.
16. Segundo Ezequiel, o príncipe (*naçi* = exilarca) devia pagar os custos do sacrifício das festas, fornecer as libações e a vítima. Ezequiel XLV, 17; II. *Crôn.* XXXI, 3.
17. Ver adiante, p. 199.

ENSAIO SOBRE A NATUREZA E A FUNÇÃO... 149

mister não somente que a casa possa receber sua família, mas ainda que esta se ache em condições de aí entrar [18].

Vê-se qual é o traço distintivo da consagração no sacrifício; é que a coisa consagrada sirva de intermediário entre o sacrificante, ou o objeto que deve receber os efeitos úteis do sacrifício, e a divindade a quem o sacrifício geralmente é dirigido. O homem e deus não estão em contato imediato. Por aí, o sacrifício se distingue da maior parte dos fatos designados sob o nome de aliança pelo sangue, onde se produz, pela troca do sangue, uma fusão direta da vida humana e da vida divina [19]. Diremos a mesma coisa a respeito de certos casos de oferenda da cabeleira; aqui ainda, o sujeito que sacrifica está, pela parte de sua pessoa que é oferecida, em comunicação direta com o deus [20]. Sem dúvida, há entre estes ritos e o sacrifício relações de conexidade; eles devem, no entanto, ser distinguidos.

Mas esta primeira característica não é suficiente; pois não permite distinguir o sacrifício destes fatos mal definidos aos quais convém o nome de oferendas. Com efeito, não há oferenda onde o objeto consagrado não se interponha igualmente entre o deus e o ofertante e onde este último não seja afetado pela consagração. Mas se todo o sacrifício é, com efeito, uma oblação, há oblações de espécies diferentes. Às vezes, o objeto consagrado é simplesmente apresentado como um ex-voto; a consagração pode destiná-lo ao serviço do deus, mas ela não altera sua natureza pelo simples fato de fazê-lo passar para o domínio religioso: as das primícias que eram somente levadas ao templo aí permaneciam intactas e pertenciam aos sacerdotes. Em outros casos, ao contrário, a consagração destrói o objeto apresentado; no caso em que o animal é apresentado ao altar, o objetivo que se persegue só é alcançado quando ele é degolado, ou feito em pedaços, ou consumido pelo fogo; numa palavra, sacrificado. O objeto assim destruído é a vítima. Evidentemente, às oblações deste gênero é que se deve reservar a denominação de sacrifício. Pressente-se que a diferença entre estes dois tipos de operações refere-se à sua desigual gravidade e à sua desigual eficácia. No caso do sacrifício, as energias religiosas postas em jogo são mais fortes; daí suas devastações.

Nestas condições, deve-se chamar sacrifício toda a oblação, mesmo vegetal, todas as vezes em que a oferenda, ou que uma parte da oferenda, é destruída, embora o uso

---

18. Ver adiante, p. 200, n. 377. Citaremos particularmente os sacrifícios celebrados para a entrada de um hóspede na casa; Trumbull, *Threshold Covenant*, p. 1, ss.

19. Sobre a aliança pelo sangue e a maneira pela qual ela foi ligada ao sacrifício, V.R. Smith, *Rel. of Sem.*, lect. IX, H.C. Trumbull, *The Blood Covenant*.

20. Sobre a consagração da cabeleira, V.G.A. Wilken, "Haaropfer", *Rev. col. Inter.* 1884; Rob. Smith, *ib.*, p. 324 ss. Cf. S. Hartland, *The Legend of Perseus*, vol. II, p. 215.

150 ENSAIOS DE SOCIOLOGIA

pareça reservar o termo sacrifício somente à designação dos sacrifícios sangrentos. É arbitrário restringir assim o sentido do termo. Guardadas todas as proporções, o mecanismo da consagração é o mesmo em todos os casos; portanto não há razão objetiva para distingui-los. Assim, o *minkhâ* hebraico é uma oblação de farinha e de bolos[21]; acompanha certos sacrifícios. Ora, trata-se a tal ponto de um sacrifício da mesma qualidade como os outros que o *Levítico* não os distingue[22]. Os mesmos ritos são aí observados. Uma porção é destruída sobre o fogo do altar; o resto é comido totalmente ou em parte pelos sacerdotes. Na Grécia[23], certos deuses só admitiam sobre seu altar oblações vegetais[24]; houve portanto ritos sacrificais que não comportavam oblações animais. O mesmo se pode dizer das libações de leite, de vinho ou de outro líquido[25]. Na Grécia[26], estão sujeitas às mesmas distinções que os sacrifícios[27]; chegam mesmo a ocupar o lugar destes[28]. A identidade destas diferentes operações foi tão bem sentida pelos hindus que os objetos oferecidos nestes diferentes casos foram eles mesmos identificados. São todos igualmente considerados como viventes e tratados como tais. Assim, no momento em que, num sacrifício suficientemente solene, se trituram os grãos, dirige-se-lhes a súplica para que não se vinguem sobre o sacrificante pelo mal que se lhes faz. Quando se depõem os bolos sobre os cacos de louça para cozê-los, pede-se-lhes para que não se quebrem[29]; quando são cortados, implora-se deles para que não firam o sacrificante e os sacerdotes. Quando se faz a libação de leite (e todas as libações hindus são feitas com leite ou com um de seus produtos), não é algo de inanimado que se oferece, mas a própria vaca em seu suco, em sua seiva, em sua fecundidade[30].

21. *Lev.* 2:1 ss.; 6:7 ss.; 9:4 ss.; 10:12 ss.; *Ex.* 23:18; 34:25; *Amós.* 4:5. — A *minkhâ* realiza de tal forma o ofício de qualquer outro sacrifício que (*Lev.* V,11) uma *minkhâ* sem óleo nem incenso substitui um *hattât* e traz o mesmo nome. Com freqüência diz-se *minkhâ* no sentido geral de sacrifício (exemplo, *I.R.* XVIII, 29, etc.). Inversamente, na inscrição de Marselha a palavra *zebah* é aplicada como *minkhâ* a oblações vegetais: *C.I.S.* 165, 1,12; 1,14; Cf. *id.* 167, 1,9 e 10.
22. *Lev.* II.
23. Aristoph *Plut.* 659 ss. Stengel, *Die griechischen Kultusalterthümer*, 2.ª ed., p. 89 ss.
24. Porph. de *Abst.* II, 29 — Diog. Laert., VIII, 3 (Delos). — Stengel, *ib.*, p. 92. — Plínio, *N. II*, XVIII, 7. — Schol. Pers., II, 48.
25. Rob Smith, *Rel of Sem.*, p. 230 e ss. vê mesmo nas libações de vinho e de óleo dos rituais semíticos equivalentes do sangue das vítimas animais.
26. K. Bernhardi, *Trankopfer bei Homer*. Progr. d. Kgl. Gymm, z. Leipzig, 1885. — Fritze, *De libatione veterum Graecorum*, Berl. Dissert., 1891.
27. νηφάλια e μελίχοατον· V. Stengel, p. 93 e 111. — Frazer, *Pausanias*, t. III, p. 583.
28. Stengel, *ib.*, p. 99. — Uma libação de aguardente substituiu, às vezes, nos usos atuais, antigos sacrifícios. Ex. em Bahlmann, *Münsterl. Märchen* (ver exposição), p. 341. Cf. Sartori, *Bauopfer* (ver exposição), p. 25.
29. Ver os textos citados por Hillebr. *N.V. Opf.*, pp. 42-43.
30. Estas oferendas vegetais substituíram os sacrifícios sangrentos, como o queria a fórmula romana *in sacris simulata pro veris accipi?* (Serv., *Ad Aen.* II, 116; Fest., p. 360, b). Sem dúvida, era cômodo imaginar uma passagem progressiva do sacrifício humano ao sacrifício animal, depois do sacrifício animal ao sacrifício de figurinhas re-

ENSAIO SOBRE A NATUREZA E A FUNÇÃO... 151

Chegamos, pois, finalmente, à seguinte fórmula: *O sacrifício é um ato religioso que, pela consagração de uma vítima, modifica o estado moral da pessoa que o realiza ou de certos objetos pelos quais ela se interessa*[31].

Para a brevidade da exposição, chamaremos *sacrifícios pessoais* aqueles em que a personalidade do sacrificante é diretamente afetada pelo sacrifício, e *sacrifícios objetivos*, aqueles em que objetos, reais ou ideais, recebem imediatamente a ação sacrifical.

Esta definição não delimita somente o objeto de nossa pesquisa, mas também nos fixa num ponto muito importante: com efeito, supõe a unidade genérica dos sacrifícios. Assim, como o fazíamos prever, quando censurávamos Smith por reduzir o sacrifício expiatório ao sacrifício comunitário, não era para estabelecer a diversidade original e irredutível dos sistemas sacrificais. É que sua unidade, mesmo sendo real, não é tal como ele a representava.

Mas este primeiro resultado parece em contradição com a infinita variedade que parecem apresentar, à primeira vista, as formas do sacrifício. As ocasiões de sacrificar são inumeráveis, os efeitos desejados muito diferentes e a multiplicidade dos fins implica a dos meios. Por isso contraiu-se o hábito, sobretudo na Alemanha, de classificar os sacrifícios segundo um certo número de categorias distintas: fala-se, por exemplo, de sacrifícios expiatórios (*Sühnopfer*), dos sacrifícios de ações de graças (*Dankopfer*), dos sacrifícios-pedidos (*Bittopfer*), etc. Mas, na realidade, os limites destas categorias são flutuantes, emaranhados, amiúde indiscerníveis; as mesmas práticas encontram-se, em certo grau, em todas as categorias. Não fazemos nossa nenhuma das classificações correntemente empregadas; a nosso ver, não resultam de uma pesquisa metódica. Sem tentar elaborar uma nova classificação que estaria exposta às mesmas objeções, contentamo-nos em usar aqui, para formar uma idéia da diversi-

---

presentando animais e daí, enfim, às oferendas de bolos. É possível que, em certos casos, aliás mal conhecidos, a introdução de novos rituais tenha produzido estas substituições. Mas nada autoriza a generalizar estes fatos. Mesmo a história de certos sacrifícios apresenta antes uma sucessão inversa. Os animais feitos de massa sacrificados em certas festas agrárias são imagens dos demônios agrários e não dos simulacros de vítimas animais. A análise destas cerimônias dará mais adiante as razões disto.

31. Desta definição resulta que há entre pena religiosa e sacrifício (ao menos o sacrifício expiatório) analogias e diferenças. A pena religiosa também implica uma consagração (*consecratio bonorum et capitis*); ela também é uma destruição e que resulta desta consagração. Os ritos são bastante semelhantes aos do sacrifício para que R. Smith pudesse enxergar aí um dos modelos do sacrifício expiatório. A diferença está em que no caso da pena, a manifestação violenta da consagração apresenta-se diretamente relacionada com o sujeito que cometeu o crime e que o expia; no caso do sacrifício expiatório, ao contrário, há substituição e é sobre a vítima e não sobre o culpado que recai a expiação. Todavia, como a sociedade é contaminada pelo crime, a pena é ao mesmo tempo para ela um meio de lavar a mancha que a macula. O culpado, portanto, realiza com relação a si próprio a função de uma vítima expiatória. Pode-se dizer que há, ao mesmo tempo, pena e sacrifício.

152 ENSAIOS DE SOCIOLOGIA

dade dos sacrifícios, uma das classificações dadas pelos textos hindus.

A mais instrutiva talvez seja aquela que reparte os sacrifícios em constantes e em ocasionais [32]. Os sacrifícios ocasionais são, em primeiro lugar, os sacrifícios sacramentários (*samskâr*), isto é, aqueles que acompanham os momentos solenes da vida. Um certo número destes sacrifícios fazem parte do ritual doméstico (exposto no *grhya sûtras*): são os que se realizam por ocasião do nascimento, da tonsura ritual, da partida do pupilo, do casamento, etc. Outros fazem parte do ritual solene; é a unção do rei e o sacrifício que conferem a qualidade religiosa e civil que é considerada como superior a todas as outras [33]. Em segundo lugar, há sacrifícios votivos cujo caráter ocasional é ainda mais marcado [34]; enfim, os sacrifícios curativos e expiatórios. Quanto aos sacrifícios constantes (*nityâni*) ou, melhor, periódicos, estão ligados a certos momentos fixos, independentes da vontade dos homens e do acaso das circunstâncias. Tais são o sacrifício cotidiano, o sacrifício da lua nova e da lua cheia, os sacrifícios das festas das estações e pastorais, das primícias do fim do ano. Uns e outros se encontram geralmente no ritual solene e no ritual doméstico, com as diferenças que comportam a solenidade de um e o caráter familiar do outro.

Vê-se em quantas ocasiões diversas os brâmanes estabeleceram sacrifícios. Mas, ao mesmo tempo, perceberam tão bem sua unidade que fizeram desta a base de sua teoria. Quase todos os textos do ritual solene têm o mesmo plano: exposição de um rito fundamental, que se diversifica progressivamente para fazê-lo corresponder às diferentes necessidades [35]. Assim o *çrauta sutras* e os *brâhmanas* que os co-

---

32. V. Max Müller, *Zeitschr. d. D. Morg. Gesell.* IX. p. LXIII. — *Kât. çr. sû.* 1.2.10,12 e com. de Mahidh *ad locum*, sobretudo em 11, cf. *Kulluka ad Manu*, 2,25. — *Vedânta Sâra*, 7 e ss. (Ed. Böhtlingk, in *Sanskrit-Chresto*, p. 254, 255). Esta classificação, segundo parece, não é atestada a não ser por autoridades bastante recentes, enquanto que outras remontariam aos mais antigos textos. Mas, de fato, ela se acha primeiramente nas coleções litúrgicas que distinguem fórmulas regulares (*yajus*), as fórmulas dos ritos facultativos (*Kâmyestiyajyâs*), e as fórmulas dos ritos expiatórios (*prayaçcittâni*). Encontra-se nos Bramanas que (por exemplo o *Taitt. Br.*) consagram longas secções seja às expiações, seja aos votos particulares, e aos sacrifícios necessários. Enfim os sutras distinguem constantemente os ritos em constantes (*nityâni*), obrigatórios e periódicos, em facultativos (*Kamyâni*), ocasionais (*naimittikâni*) e expiatórios (*prayaçcittâni*). Estas divisões são conhecidas tanto a partir do ritual solene como do ritual doméstico (V. Oldenberg, "Survey of the Contents of the Grhyasú" em S.B.E. XXX, p. 306-7). Estes textos contêm também passagens referentes aos ritos curativos (*Bhaisajyâni*) paralelos àqueles que nos dá a conhecer o *Kaucika sûtra* (Adh. III, ed. Bloomf, 1890). De tal modo que os sacrifícios foram de fato, desde o princípio, repartidos segundo esta divisão, que só mais tarde se tornou consciente.

33. O *vâjapeya*. Weber, *Sitzber k.k. AK. d. Wiss. z. Berl. Phil. Hist. Cl.* 1892, p. 765 e ss., e Hillebr., *Vedische Mythologie*, I, 247 (Breslau, 1890).

34. Por exemplo para obter um filho, uma longa vida (Hillebr. *Rit. Litt.*, § 58 e § 66). Estes sacrifícios são extremamente numerosos. Mais numerosos mesmo do que os textos publicados no-los apresentam.

35. O princípio é mesmo tão rigoroso que o ritual do sacrifício é exposto antes do estabelecimento do altar (V. Hillebr., § 59, *Rit. Litt.* Vorbem).

ENSAIO SOBRE A NATUREZA E A FUNÇÃO... 153

mentam partem da descrição geral do conjunto dos ritos ·que constituem o sacrifício dos bolos até aqueles da lua nova e cheia, e é este esquema que adaptam sucessivamente, modificando-o segundo as circunstâncias, a todas as cerimônias que comportam um sacrifício de bolo. Assim é que um sacrifício de bolo constitui a cerimônia essencial quer das festas das estações, cujos aspectos já são numerosos e variados (sacrifícios à natureza, sacrifícios de purificação, de consumação dos primeiros grãos, etc.), quer, também, de toda uma série de sacrifícios votivos [36]. E não há aí somente um sacrifício de expiação, mas um sentido real da flexibilidade do sistema sacrifical. Com efeito, tomemos o sacrifício animal solene. Encontramo-lo isolado ou combinado com outros, nos casos mais diversos: nas festas periódicas da natureza e da vegetação, e nos ritos ocasionais, quando da construção do altar, nos ritos destinados a resgatar a pessoa. Vejamos agora o sacrifício do soma [37]. Dado que o soma não é apto para o sacrifício a não ser na primavera, este só pode ser uma festa periódica [38], e no entanto é sacrificado para uma multidão de finalidades que às vezes dependem e às vezes independem dos votos e das ocasiões: em cada primavera, quando da consagração do ɪei, para alcançar uma categoria social mais elevada, para tornar-se invulnerável e vitorioso, para escapar das desgraças que poderiam tornar-se crônicas. Da mesma forma, ritos de sentido contrário podem ter o mesmo desɪgnio: razões internas foram por certo a causa pela qual a vaca estéril, sacrifício a Rudra, deus mau, pelos brâmanes, o é da mesma maneira que o bode sacrificado aos deuses celestes e bons, Agni e Soma [39].

O ritual hebreu fornece exemplos não menos impressionantes da complexidade dos ritos e da identidade de seus elementos. O *Levítico* reduz todos os sacrifícios a quatro formas fundamentais: *òla, hattât, shelamim minkhâ* [40]. Os no-

---

36. Hillebr. *Rit. Litt.*, § 66.

37. Assim traduzimos o termo soma, no composto *somayajña*, como um nome comum. O termo é intraduzível, pois a palavra soma designa, ao mesmo tempo, a *planta vítima*, o deus *que separa o sacrifício* e o *deus sacrificado*. Feita esta reserva, optamos.

38. Com efeito, o soma só pode ser sacrificado no momento em que está florido, na primavera (V. *Açvalâyana soma prayoga* em Mss. *Wilson 453), Boley*, Oxf. f. 137.

39. Existe, efetivamente, a maior analogia possível entre o ritual do sacrifício do animal a Agni-Soma (*Ap. çr. sû.* VII) e o ritual atarvânico da sufocação da *vaçâ* (vaca estéril) (*Kauçika sûtra*. 44 e 45). Da mesma forma, no ritual doméstico os diversos sacrifícios animais, incluído aquele do touro expiatório (ɪer, mais adiante, p. 189) são tão análogos que tanto uns como outros puderam, segundo as escolas, servir de tema fundamental à descrição (V. Hillebr. *Rit. Litt.* § 44).

40. O *Deuteronômio* 12:6, 11, 27, cf. *Lev.* 17:8, cf. *Juízes* 20:26; *II Samuel*, 6:17, etc., só mencionam o *óta* e o *zebah* ou o *shelamin*. A questão de saber se as passagens se referem a rituais anteriores ou a rituais paralelos, não importa para o objeto especial de nosso trabalho. Para a teoria segundo a qual os sacrifícios expiatórios só foram introduzidos tardiamente no ritual hebraico, remetemos simplesmente ao resumo de Benzinger, *Hebräische Archaeologie*, p. 441 e p. 447 ss. A passagem de I *Sam.* 3:14 é demasiado vaga para que dela se possa concluir contra a existência do *hattât*. Em todo caso, é impossível admitir que os sacrifícios explatórios sejam transformações da pena pecuniária.

154 ENSAIOS DE SOCIOLOGIA

mes de dois dentre eles são significativos. O *hattât* era o sacrifício que servia particularmente para expiar o pecado chamado *hattât* ou *hâtaah*, do qual o *Levítico* nos dá uma definição infelizmente muito vaga [41]. O *shelamin* [42] (LXX θυσία εἰρηνικὴ é um sacrifício comunial, sacrifício de ações de graças, de aliança, de voto. Quanto aos termos *òlâ* e *minkhâ*, são puramente descritivos. Cada um deles lembra uma das operações particulares do sacrifício: o segundo, a apresentação da vítima, no caso em que ela é de natureza vegetal, o primeiro, o envio da oferenda à divindade [43].

Esta simplificação dos sistemas de sacrifícios[43bis] é sem dúvida o resultado de uma classificação muito particular, e aliás muito arbitrária, para servir de base a um estudo geral do sacrifício. Mas, para dizer a verdade, estas quatro formas típicas não são, ou ao menos não são mais, tipos reais de sacrifícios, mas espécies de elementos abstratos em que um dos órgãos do sacrifício se acha particularmente desenvolvido, e que podem sempre entrar em fórmulas mais complexas. O ritual decompôs as cerimônias às quais dava lugar cada ocasião de sacrificar, numa pluralidade de sacrifícios simples ou que se consideravam tais. Por exemplo, o sacrifício de ordenação do grão-sacerdote [44] compõe-se de um *hattât*, sacrifício expiatório, de uma *òlâ*, sacrifício em que a vítima era queimada por completo e de um sacrifício do carneiro das consagrações que é um *zebah shelamim*, sacrifício comunitário. O sacrifício para a purificação das parturientes compreende um *hattât* e uma *òlâ* [45]. O sacrifício para a purificação do leproso comporta ritos análogos aos da consagração do sacerdote [46]. Aí estão portanto dois sacrifícios dos quais um parece ser expiatório e o outro mais comunial, que

---

41. *Lev.* 4:2.

42. *Shelamin = zebah shelamim.* Sobre a equivalência de *zebahim* e *zebah shelamim*, ver Benzinger, *loc. cit.*, p. 135.

43. Na tradução da palavra *òlâ*, prendemo-nos à interpretação tradicional que, aliás, se fundamenta na expressão bíblica "ele fez subir o *óla* (a subida)". — Cf. Clermont-Ganneau, *Comptes rendus de l'Académie des Inscriptions*, 1898, p. 599. — Sobre o *âvon* e sua expiação, ver Halévy, *Revue sémitique*, 1898, p. 49. — Outro tipo de pecado do qual o ritual previu a expiação, o *asham* (*Levítico*, 5), parece não ter dado lugar a uma forma especial de sacrifício. O sacrifício que o expia acontece ser designado pelo nome de *asham*, mas segundo *Lev.* 5 a cerimônia expiatória compõe-se de *hattât* e de *óla*; *Lev.* 7,2-7 identifica o *hattât* e o *asham*; cf. *Números* 5,9 ss. Contudo *Ez.* 40:39; 42:13; 46:20 distingue formalmente os dois sacrifícios.

43. bis. A inscrição de Marselha (*C.I.S.*, I, 165) apresenta uma redução análoga dos diversos sacrifícios a três tipos de sacrifícios: 1.º o *kalil* que equivale ao *óla* hebraico; 2.º o *sauat*, *sacrificium laudis* ou *orationis*, que equivale ao *shelamim*; 3.º o *shelem-kalil*. A linha 11 menciona somente dois sacrifícios particulares o *shasaf* e o *hazut* (*V.C.I.S.*, t. I, p. 233). O *Shelem-kalil* deve ser considerado como uma justaposição de sacrifícios? V. A. Barton, "On the Sacrifices Kalil and Shelem-kalil in the Marseille Inscription". *Proc. Am. Or. Soc.* 1894, p. LXVII-LXIX. — A inscrição 167 (Cartago) só distingue *Kelilim* e *Sauat.* Cf. Clermont-Ganneau, "Inscription Nabatéenne de Kanatha", em *C.R. de l'Ac. des Inscr.*, 1898, p. 597-599.

44. *Êx.* 29. — *Lev.* 8.

45. *Lev.* 12:6.

46. *Lev.* 14. — Comparar *Lev.* 14:7 de *Êx.* 24:20.

acabam em ritos semelhantes. Assim, mesmo estas duas idéias irredutíveis de expiação e de comunhão, de comunicação do caráter sagrado ou da expulsão de um caráter contrário, não podem fornecer a base de uma classificação geral e rigorosa dos sacrifícios. Procuraríamos talvez em vão exemplos de sacrifício expiatório onde não se infiltra nenhum elemento comunial ou de sacrifícios comuniais que em parte não se assemelhem a sacrifícios expiatórios [47].

Pois, não somente nos sacrifícios complexos, mas até nos sacrifícios elementares do *Pentateuco*, reencontramos a mesma ambigüidade. O *zebah shelamim* [48] é um sacrifício comunitário; no entanto, certas partes da vítima (o sangue, a gordura, algumas vísceras) são sempre reservadas, destruídas ou interditas. Um membro é sempre comido pelos sacerdotes. A vítima do *hattât* pode ser totalmente atribuída aos sacerdotes [49]; na falta do sacrificante, os sacrificadores comungam. No *hattât* celebrado para a consagração ou para a purificação do templo ou do altar, o sangue da vítima serve para ungir as portas e os muros. Este rito comunica-lhes a consagração [50]. Ora, um rito do mesmo gênero encontra-se no *zebah shelamim* da ordenação: uma unção de sangue inteiramente parecida é feita sobre Aarão e seus filhos [51].

Estes exemplos mostram qual a afinidade que apresentam práticas que, pela natureza de seu objeto e de seus resultados, parecem ser as mais opostas. Há continuidade entre as formas do sacrifício. São ao mesmo tempo muito diversas e muito semelhantes para que seja possível dividi-las em grupos muito caracterizados. Têm todas o mesmo núcleo; aí está o que faz sua unidade. São os invólucros de um mesmo mecanismo que agora vamos desmontar e descrever.

2. O ESQUEMA DO SACRIFÍCIO

A entrada

Evidentemente não podemos desenhar aqui um esquema abstrato do sacrifício que seja suficientemente completo para convir a todos os casos conhecidos; a variedade dos fatos é demasiado grande. Tudo o que é possível fazer é estudar formas determinadas de sacrifício, bastante complexas para que todos os momentos importantes do drama aí estejam reunidos, e muito bem conhecidas para que uma análise precisa

---

47. Os sacrifícios gregos podem ser divididos com muita facilidade em sacrifícios de comunhão e em sacrifícios expiatórios, sacrifícios aos deuses infernais e sacrifícios aos deuses do céu; estão classificados desta forma no excelente manual de Stengel, *Die griechischen Kultusalterthümer*. Esta classificação só é justa na aparência.

48. *Lev.* 4 e 7:14; 9:21, etc.

49. *Lev.* 10:16.

50. *Ez.* 43:19 ss.; 45:19. Cf. purificação do leproso, *Lev.* 14:7.

51. *Êx.* 29:20.

ENSAIOS DE SOCIOLOGIA

possa ser feita. O sacrifício que melhor nos parece corresponder a esta condição é o sacrifício animal hindu védico. Com efeito, não conhecemos outro cujo pormenor seja melhor explicado. Todas as personagens são claramente apresentadas, no momento de sua introdução e de sua saída, assim como no decurso da ação. Ademais, é um rito amorfo; não é orientado num sentido determinado, mas pode servir para os fins mais diversos. Portanto não há outro que melhor se preste à pesquisa que queremos empreender. Por isso é que faremos dele a base de nosso estudo, com a ressalva de agrupar em torno desta análise outros fatos, tirados seja da própria Índia seja de outras religiões.

O sacrifício é um ato religioso que só pode ser realizado num ambiente religioso e por intermédio de agentes essencialmente religiosos. Ora, em geral, antes da cerimônia, nem o sacrificante, nem o sacrificador, nem o lugar, nem os instrumentos, nem a vítima têm este caráter no grau que convém. A primeira fase do sacrifício tem por objeto dar-lho. Eles são profanos. É preciso que mudem de estado. Para isto, são necessários ritos que os introduzam no mundo sagrado e aí os comprometam de maneira mais ou menos profunda, segundo a importância da função que em seguida irão desempenhar. É isto que constitui, segundo a própria expressão dos textos sânscritos [52], *a entrada no sacrifício.*

1.º *O sacrificante.* Para estudar a maneira pela qual esta mudança de estado se produz no sacrificante, tomemos logo um caso extremo, quase anormal, que não pertence ao ritual do sacrifício animal, mas onde os ritos comuns são como que aumentados e, por esta razão, mais facilmente observáveis. É o da *diksâ*, isto é, da preparação do sacrificante para o sacrifício do soma [53]. A partir do momento em que os sacerdotes são escolhidos, toda uma série de cerimônias simbólicas começam para o sacrificante, que vão progressiva-

---

52. O princípio da entrada no sacrifício é constante no ritual. É notavelmente expresso no sacrifício do *soma* onde temos a *prâyaniyesti*, o sacrifício de entrada, que corresponde exatamente ao *adayaniyesti*, sacrifício de saída. *Çat. Br.* 3,2,3,1; 4,5,1,1. — Cf. *Ait. Br.* 4,5,1 e 2. — Cf. *Taitt.* 5,6,1,5,3,4. — Geralmente simples ritos de consagração direta são suficientes para preparar os sacrifícios. Mas vemos que há casos em que o sacrifício principal é precedido de sacrifícios preliminares. Assim: os *"praecidaneae"* romanos (Gell. 4,6,7). Os προθύμχτα não são do mesmo gênero (Eur. *Iph. A.*, 1310-1318. Cf. Paton, *Cos.* 38-17), mas outros sacrifícios lhes correspondiam: Paton, *Cos.* 38,12.

53. Sobre a *diksâ*, ver Bruno-Lindner, *Die Diksâ oder Weihe für das Somaopfer*, Leipzig, 1878. Estuda somente os textos teológicos e os compara. Aliás, estes textos do *Çat. Br.*, de *Ait. Br.*, da *Taitt. sam.* sobre a questão são realmente completos. — Oldenberg. *Rel. d. ved.* p. 398, ss. Oldenberg vê na *diksâ* um rito de ascetismo comparável àqueles do xamanismo. Não dá valor ao simbolismo das cerimônias e julga que é de data recente. Oldenberg parece realmente ter trazido à luz um lado dos fatos; mas sua explicação pode muito bem ser conciliada com a nossa. — Para o conjunto dos textos bramânicos, v. S. Lévi, *Doctr.*, p. 103-106. Para a tradução da palavra *diksâ*, prendemo-nos à opinião de Weber. *Vâjapeya* (*loc. cit.*, p. 778). A *diksâ* só é indicada vagamente em *Rg veda*, e nem se podia esperar outra coisa. Ela tem um lugar preponderante na literatura védica. O êxito deste rito, aliás muito bem conservado, foi muito grande nos rituais purânicos e tântricos.

ENSAIO SOBRE A NATUREZA E A FUNÇÃO... 157

mente despojá-lo do ser temporal que ele era, para fazê-lo renascer sob espécies inteiramente novas. Tudo aquilo que toca os deuses deve ser divino; o próprio sacrificante é obrigado a tornar-se deus para estar em condições de agir sobre eles [54]. Para isto, constrói-se-lhe uma cabana especial, estritamente fechada; pois o *diksita* é um deus e o mundo dos deuses está separado do mundo dos homens [55]. É rapado, cortam-se-lhe as unhas [56], mas à maneira dos deuses, isto é, numa ordem inversa daquela que habitualmente seguem os homens [57]. Depois de ter tomado um banho purificador [58], veste-se com uma vestimenta de linho completamente nova [59]; por esse meio indica-se que uma nova existência vai começar para ele. Depois, à medida que são feitas diferentes unções [60], é recoberto com a pele do antílope negro [61]. É o momento solene em que o novo ser nele desperta. Tornou-se feto. Ele vela a cabeça e deve cerrar o punho [62], pois o embrião nestes invólucros tem o punho cerrado; faz-se com que dê voltas em torno do fogo como o feto se agita no útero. Fica neste estado até a grande cerimônia da introdução do soma [63]. Então, abre os punhos, descobre-se; nasceu para a existência divina; é deus.

Mas, uma vez proclamada, sua natureza divina [64] confere-lhe os direitos e impõe-lhe os deveres de um deus, ou ao menos de um santo. Não pode ter relações com os homens das castas impuras, nem com as mulheres; não responde a quem o interroga; ninguém o toca [65]. Sendo um deus, é dispensado de todo o sacrifício. Toma somente leite, alimento de jejum. E esta existência dura longos meses até que seu corpo se tenha tornado diáfano. Então, tendo como que sacrificado seu antigo corpo [66] e chegado ao último grau da

---

54. Ver S. Lévi, *ib.*, p. 103.
55. *T.S.* 6,1,1,1.
56. Deste rito, espalhado na maior parte das religiões, os textos hindus dão uma excelente interpretação; os cabelos, as sobrancelhas, a barba, as unhas das mãos e dos pés são "parte morta", impura do corpo. São cortadas para que a pessoa se torne pura. *T.S.* 6,1,1,2.
57. S. Lévi, *ib.*, p. 87, 88. *T.S.* 6,1,1,5. — *Cat. Br.* 3,1,2,4,5.
58. É o rito de *apsudiksâ* (*Âp. çr. sû.* X, 6,15 ss.) que simboliza ao mesmo tempo sua purificação (ver o mantra *T.S.* 1,2,1,1 = *V.S.* 4,2 a=*R.V.* 10,17,10 e *A.V.* 6,51,2) e sua nova concepção. Eis a série de símbolos segundo o *Ait. Br.* 1,3,1 ss. "O banho significa sua concepção, a cabana é sua matriz; a vestimenta o âmnio, a pele negra de antílope o córlo", etc. Aliás, as escolas variam ligeiramente sobre as diversas significações dos diferentes ritos, e sobre sua ordem.
59. *Âp. çr. sû.* X, 6,6. O mantra é *T.B.* 3,7,7,1. Cf. *V.S.* 4, 2, c. e *Çat. Br.* 3,1,2,20.
60. *Âp. çr. sû.* X, 6, 11 ss. X,7,1 ss. *T.S.* 6,1,1,4,5, etc.
61. *Âp. çr. sû.* X, 8, 11, 12. Esta pele de antílope é, segundo certos textos (*Ait. Br., loc. cit. et Çat.* 3,2,1,2), uma das membranas do embrião deus que é o *didiksamâna*, aquele que se inicia. Outros textos, de igual valor (*T.S.* 6,1,3,2), dizem que se trata simplesmente de revestir o sacrificante com a pele do animal bramânico, a fim de fazer com que adquira a qualidade de brâmane.
62. *Âp. çr. sû.* X, 11, 2.
63. *Âp.* X,9,10. *T.S.* 6,1,3,3. — Cf. Web. *Ind. st.* X, p. 358, n. 4.
64. *Âp.* 11, 5 ss. — *T.S.* 6,1,4,3.
65. *Âp.* X, 11, 7 ss. X, 12,1, 13-18.
66. Seu *âtman*, seu indivíduo. Tornou-se uma "oferenda aos deuses". *Ait. Br.* 6,3,9,6,9,6. *Çat.* 3,3,4,21 — *Âp. çr. sû.* X,14,10. "É o que se explica ao Brâmane. Quando este *diksita* fica magro torna-se puro (*médhyo*, sacrifical). Quando quando não há mais nada torna-se puro.

158 ENSAIOS DE SOCIOLOGIA

superexitação nervosa, está apto a sacrificar e as cerimônias começam.

Esta iniciação complicada, a longo termo, requerida para cerimônias de uma gravidade excepcional, não passa, é verdade, de uma ampliação. Mas é encontrada, embora de maneira menos exagerada, nos ritos preparatórios do rito animal ordinário. Neste caso, não é mais necessário que o sacrificante seja divinizado; mas é sempre necessário que ele se torne sagrado. Daí por que, também aí, ele se raspa, toma banho, se abstém de toda a relação sexual, jejua, vela, etc. [67]. E mesmo para estes ritos mais simples, as interpretações que lhes dão as orações que os acompanham e os comentários bramânicos explicam claramente o sentido. Lemos desde o começo do Çatapatha Brâhmana. "(O sacrificante) enxagua-se a boca... Pois, antes disto, é impróprio para o sacrifício... Pois as águas são puras. Ele se torna interiormente puro... Passa do mundo dos homens ao mundo dos deuses" [68].

Estes ritos não são particulares dos hindus: o mundo semítico, a Grécia e Roma fornecem igualmente exemplos. Um certo grau de parentesco com o deus é inicialmente exigido daqueles que querem ser admitidos no sacrifício [69]. Por isso o estrangeiro é em geral excluído [70], e, com maior razão, as cortesãs, os escravos [71], freqüentemente as mulheres [72]. Ademais, a pureza momentânea é requerida [73]. A aproximação da

Quando a pele toca os ossos, torna-se puro. É iniciado quando está gordo, sacrifica quando está magro. Aquilo que está ausente de seus membros, ele o sacrificou". O sacrificante, pelo jejum, despojou-se na medida do possível de seu corpo mortal para tornar-se uma forma imortal. — Vê-se como as práticas ascéticas entraram no sistema do sacrifício hindu (Ver S. Lévi, *ib.*, p. 83, n. 1. Cf. p. 159). Desenvolvidas a partir deste momento, puderam tornar-se, no bramanismo clássico, no jainismo, no budismo, a totalidade do sacrifício. O indivíduo que sacrifica, sacrifica-se. Por exemplo, o jejum budista *uposadha* corresponde exatamente ao jejum *upavasatha*, da noite *upavasatha* do sacrifício ordinário, que corresponde ao jejum do *diksita*. (V. *Çat. Br.* 1,1,1,7. A aproximação é de M. Eggeling *ad loc. S.B.E.* XII. Cf. *ib.* 2,1,4,2, etc. sobre o jejum da diksâ, *ib.* 3,2,2, 10,19). Desde o *Çat. Br.* as virtudes do ascetismo são consideradas tão grandes como as do sacrifício (*ib.* 9,5,1,1-7, etc.). Não temos necessidade de chamar a atenção para a analogia que existe aqui com as práticas semíticas, gregas e cristãs. O jejum sacrifical do Kippur tornou-se o modelo dos outros jejuns judaicos. Estas ações preparatórias tornaram-se, com freqüência, o tipo do sacrifício de si mesmo. O ascetismo prévio do sacrifício tornou-se, em muitos casos, o sacrifício inteiro.

67. Hillebr. *Neu-u Vollm. Opf.* p. 3, 4. Cf. *Çat. Br.* 1,1,1,7 ss. e passagens citadas, nota precedente. Cf. Schwab, *Thieropfer*, p. XXII, 39.

68. *Çat. Br.* 1,1,1,1 ss.

69. *Núm.* 9:14; 15:13-15, 29. — Cf. Paus. II, 27, 1; Eur. *El.* 795; *C.I.A.* II, 582, 583.

70. Os incircuncisos não podem aparecer nas cerimônias do culto. *Ez.* 44:7. Cf. *Ex.* 12:43, 45, 48; *Lev.* 22:10,12,13. — Herod. VI, 6. — Dittemb. *Syllog.* 358, cf. 373, 26. — Na índia clássica e mesmo védica somente os membros das três classes superiores têm o direito de sacrificar.

71. Ateneu, IV, p. 149, C; VI, p. 262, C.

72. Dittenb, 373, 9. Fest. p. 82. Lamprid. *Elagab.* 6. Cat. *R.R.* LXXXIII no sacrifício de Mars Silvanus. — Os casos de expulsão das mulheres das cerimônias são muito numerosas.

73. *Lev.* 7:19-21; *Crôn.* 30:17, a propósito do sacrifício da Páscoa. — Cf. *C.I.G.* 3562. — Entretanto certas impurezas não afastavam determinados sacrifícios; ex. *Núm.* 9:10. — Cf. *Od.* O. 222 ss.

ENSAIO SOBRE A NATUREZA E A FUNÇÃO... 159

divindade é temível para quem não é puro [74]; quando Sahwe vai aparecer sobre o Sinai, o povo deve lavar as vestes e permanecer casto [75]. Da mesma forma, o sacrifício é precedido de uma purificação mais ou menos longa [76]. Consiste principalmente em aspersões de água lustral e em abluções [77]; às vezes, o sacrificante deve jejuar [78] e purificar-se [79]. Deve revestir-se de vestimentas limpas [80] ou mesmo de vestimentas especiais [81], que lhe dão um começo de santidade. O ritual romano prescrevia geralmente o uso do véu, sinal de separação e, portanto, de consagração [82]. A coroa que o sacrificante trazia sobre a cabeça, ao mesmo tempo que o separava das más influências, marcava-o com um caráter sagrado [83]. O sacrificante às vezes completava sua toalete raspando a cabeça e as sobrancelhas [84]. Todas estas purificações [85], lustrações, consagrações preparavam o profano para o ato sagrado, eliminando de seu corpo os vícios da laicidade, separando-o da vida comum e introduzindo-o, passo a passo, no mundo sagrado dos deuses.

2.º *O sacrificador*. Existem sacrifícios em que não há outros atores a não ser o sacrificante e a vítima. Mas, em geral, a pessoa não ousa aproximar-se das coisas sagradas diretamente e sozinha; são demasiado graves e demasiado altas. É mister um intermediário ou, ao menos, um guia [86]. É o sacerdote. Mais familiar com o mundo dos deuses onde está semicomprometido por uma consagração prévia [87], pode

---

74. *Êx.* 19:22.
75. *Ib.* 19:10 ss. *Núm.* 11:18-25. As proibições de relações sexuais por ocasião de alguma cerimônia são, aliás, um princípio religioso quase constante.
76. *Cf. Paus.* X, 32,9. Panegírico de Titoréia.
77. *Gên.* 25:2; *Êx.* 19:4; 40:12; *Lev.* 8:6; *Núm.* 8:7. — Stengel, *Griech. Kult. Alt.*, p. 97. — Marquardt. *Hdb. d. röm. Alt.* VI, p. 248, n. 7. — *Il.* A. 313 ss.
78. *Lev.* 23:27,32: jejum do Kippur. *Núm.* 29:7. — Cf. o jejum do comungante e do sacerdote antes da missa católica.
79. Ver certos exemplos em Frazer. *Gold. B.* II, 76.
80. *Gên.* 35:2; *Êx.* 29:8; 40:14; *Lev.* 8:13 (consagração de Aarão). Cf. Paus. II,35,4. Procissão dos *Chthonia* de Hermione. — Plut. *Cons. ad. Apol.* 33, p. 119. — O uso de vestimentas especiais, a borradura do corpo ou da figura fazem parte do ritual de quase todas as festas conhecidas.
81. Porfírio. *V. Pyth.* 17.
82. S. Reinach, *Le voile de l'oblation*, 1897, p. 5 ss.
83. Stengel, *loc. cit.*, p. 98. — Menandro, "Le laboureur", v. *Rev. des Et. grecques*, 1898, p. 123. — E. Samter, "Römische Sâhnriten", *Philologus* 1897, p. 393 ss. — Fest. p. 117.
84. Ex.: *Núm.* 8:7. — Luciano, *De Dea Syria*, 55.
85. Sobre o conjunto das cerimônias preparatórias (*ikrâm* = santificação), aos antigos sacrifícios correspondem as peregrinações atuais de Meca. V. Wellh. *Reste des arab. Heidenthums*, p. 79 ss. As peregrinações a Hierápolis apresentavam as mesmas práticas (Luciano, *loc. cit.*). O mesmo se passava com os peregrinos do antigo Templo. *Jer.* 12:5. Ver Rob. Smith, *Rel. of Sem.* p. 333, p. 481 (nota adicional).
86. Os casos que não são tirados do ritual doméstico e onde o próprio sacrificante oficia são bastante raros nas religiões que estudamos. Na Judéia só havia o sacrifício da Páscoa onde se podia, na ausência de todo Levita ou Cohen e fora de Jerusalém, matar uma vítima. — Na Grécia, por exemplo, o sacrifício a Amphiaraos (Oropos) pode ser apresentado pelo sacrificante na ausência do sacerdote (*C.I. G.G.S.* 235). — No ritual hindu, ninguém, a não ser brâmane, pode sacrificar sobre os três fogos do grande sacrifício. A presença do brâmane não é exigida, ao contrário, no culto familiar (Hillebr. *Ritual-Litteratur*, p. 20).
87. *Êx.* 29. — *Lev.* 8. — *Núm.* 8.

160 ENSAIOS DE SOCIOLOGIA

abeirar-se mais de perto e com menor temor do que o leigo, talvez maculado por impurezas desconhecidas. Ao mesmo tempo, evita ao sacrificante erros funestos. Vezes há em que o profano está formalmente excluído do santuário e do sacrifício [88]. O sacerdote é pois, de uma parte, o mandatário do sacrificante [89] de cujo estado participa e cujas faltas carrega [90]. Mas, de outro lado, está marcado com um selo divino [91]. Traz o nome [92], o título [93] ou o trajo [94] de seu deus; é seu ministro, sua encarnação [95] mesma, ou ao menos o depositário de seu poder. É o agente visível da consagração no sacrifício; em suma, está no limiar do mundo sagrado e do mundo profano e os representa simultaneamente. Eles se unem nele.

Em conseqüência deste caráter religioso, poder-se-ia crer que pudesse ao menos entrar no sacrifício sem iniciação prévia. Com efeito, é o que se passava na Índia. O brâmane chegava com sua natureza quase divina; não tinha portanto necessidade de uma consagração especial, salvo em circunstâncias extraordinárias [96]; pois neste caso há preparação prévia. Ela só difere daquela que descrevemos a propósito do leigo pelo fato de ser geralmente menos complexa. Como o sacerdote está naturalmente mais próximo do mundo sagrado, bastam operações mais simples para fazê-lo entrar aí totalmente.

Entre os hebreus, embora o sacerdote fosse ordenado, era obrigado, para poder sacrificar, a tomar algumas pre-

---

88. *Ez.* 44:9,11.

89. II *Crón.* 30:17. Os Levitas sacrificam a Páscoa para os impuros. — Na ausência do sacrificante hindu, podiam-se realizar para ele certos ritos essenciais (Hillebrandt, *Neud-und Vollmondsopfer*, p. 146, n.º 7).

90. *Êx.* 28:38. — *Núm.* 28:1-3.

91. Estes dois caracteres são bem marcantes no que se refere ao brâmane. De um lado, ele é de tal modo o delegado do sacrificante que se torna o Senhor de sua vida (ver Sylvain Lévi, *Doctrine du sacrifice dans les Brâhmanas*, p. 12). De outro lado, é de tal forma o delegado dos deuses que com freqüência é tratado como tal, quando é convidado ao sacrifício, quando recebe sua parte sacerdotal (ver p. 182, n. 289). Sobre o caráter do brâmane no ritual, ver Weber, *Ind. Stud.* X, p. 135. Cf. *Çat. Br.* 1, 7,1,5 onde os brâmanes são chamados deuses humanos.

92. Culto de Átis e de Cibele, ver Frazer, *Gold. B.* I, p. 300. — Paus. VIII, 13,1. Cf. Frazer, *Pausanias*, t. IV, p. 223; t. V, p. 261. — Back, *De Graecorum caerimoniis in quibus homines deorum vice fungebantur* (Berlim, 1883).

93. *Paus.* VI, 20,1.

94. *Paus.* VIII, 15,3. (Culto de Demeter a Fenésia na Arcádia). — Polyaen. VIII, 59. (Culto de Atená a Pelene). — V. Samter, *Römische Sühnriten, die Trabea* (*Philologus*, 1897, LVI, p. 393) para a vestimenta do sacerdote romano. Contudo, segundo Macróbio III, 6,17, sacrifica-se com a cabeça velada à *Ara Maxima*, "ne quis in aede dei habitum éjus imitetur".

95. Cf. Frazer, *Gold. B.* I, p. 286, 388, 343, 368, 370. II p. 2, 27. — Höfler, *Corr. Bl. d. deut. Gesell. f. Anthr,,* 1896, 5.

96. No caso em que o próprio brâmane era sacrificante, e no caso de um *sattra*, sessão ritual, grande sacrifício em que os sacerdotes eram submetidos à *dikśa* ao mesmo tempo que o sacrificante, rei ou homem de grande mérito. — Em todos os outros casos, só há prescrições para o brâmane referentes a pequenas lustrações: enxaguar a boca, lavar as mãos, etc. Este rito era sempre obrigatório quando se faz menção a potências malévolas (*Çankhâyana-grhya-sûtra* I,10,9; *Katy. çr. sû.* I, 10,14).

ENSAIO SOBRE A NATUREZA E A FUNÇÃO... **161**

cauções suplementares. Devia lavar-se antes de entrar no santuário [97]; antes da cerimônia devia abster-se de vinho e de bebidas fermentadas [98]. Vestia-se com vestimentas de linho [99] que tirava logo depois do sacrifício [100]. Depositava-as num lugar consagrado; porque já em si mesmas eram uma coisa santa e temível cujo contato era perigoso aos profanos [101]. O próprio sacerdote, em seu contato, ainda que habitual, com o divino, era sem cessar ameaçado de morte sobrenatural [102] que havia atingido os dois filhos de Aarão [103], os de Heli [104] ou os sacerdotes da família de Baithos [105]. Aumentando a própria santidade pessoal [106], ele se facilitava o difícil acesso ao santuário e provia-se de salvaguardas.

Mas não se santificava somente para si mesmo; santificava-se também para a pessoa ou para a sociedade em cujo nome agia. Devia mesmo tomar precauções tanto maiores pelo fato de expor, ao mesmo tempo que sua própria pessoa, aqueles de quem era substituto. Isto era particularmente acentuado na festa do Grande Perdão [107]. Com efeito, neste dia, o sumo sacerdote representa o povo de Israel. Ele perdoa, ao mesmo tempo, a si e a Israel, a si e o touro, e Israel com sua família com dois bodes [108]. É depois desta expiação que ele penetra, queimando o incenso, atrás do véu do Santo dos Santos [109] onde encontra Deus na nuvem. Funções tão graves precisavam de preparações especiais, relacionadas com a função quase divina que o sacerdote desempenhava. Guardadas todas as proporções, os ritos assemelhavam-se aos da *diksâ* de que há pouco falamos. Sete dias antes da festa o sumo-sacerdote se isola de sua família [110], mantendo-se na celula dos *paredri* (dos assessores) [111]. Como o sacrificante hindu, é objeto de

---

97. *Êx.* 30:20,21. Cf. Rawlinson, *W.A.I.* 23,1,15 para as mãos. A lavagem das mãos do sacerdote e dos fiéis é uso na sinagoga como no ritual católico.

98. *Lev.* 10:9. — *Ez.* 44:21. — Jos. *Ant.* 3,12,2; *Bell. Jud.* 5,5,7. — Phil. *De Ebr.* p. 377 ss. M.

99. *Lev.* 6:3; 16:4,32. — Cf. *Êx.* 28:40,42.

100. *Lev.* 6:4; 14:23. — *Ez.* 44:19.

101. *Êx.* 28:35. — *Ez.* 42:11-14 (o texto de LXX é preferível).

102. *Êx.* 28:43; 30:20,21.

103. *Lev.* 10:1 ss.

104. I *Sam.* 4:11.

105. Ver a narração legendária em *Gem.* ad *Talm.* J. Tratado *Yoma*, I:1,5 (Schwab, trad.) que diz que um sumo-sacerdote que cometesse uma heresia ritual no dia do Kippur, morreria no mesmo instante, que vermes sairiam de seu nariz, um casco de bezerro de sua fronte, como acontecera aos sacerdotes da família de Baithos.

106. Cf. *Tossifta Soukka*, III, 16.

107. Servimo-nos da Mischná e do Talmud de Jerusalém (para maior comodidade remetemos à tradução de Schwab), *Traité Yoma*, cap. II, III, Schwab, V, p. 155. Ver a este propósito: J. Derenbourg, "Essai de restitution de l'ancienne rédaction de Massechet Kippourim", *Rev. études juives*, VI, 41. — Houtsma, "Over de Israelitische Vastendagen", *Versl. Med. d. k. AK. v. Wet. Afdeel.* Letterk. 1897. Amsterdã.

108. *Lev.* 16

109. *Ib.* 2.

110. *Talm. J. Yoma* (Schwab, p. 161). Por ocasião do Kippur, reforçava-se a pureza sacerdotal e chegava-se ao isolamento absoluto.

111. Durante estes sete dias o sumo-sacerdote realizava o serviço com a vestimenta pontifical de gala que, como se sabe, tinha virtudes particulares. *Êx.* 28.

162 ENSAIOS DE SOCIOLOGIA

todas as espécies de cuidados. Na véspera, é rodeado pelos anciãos que lhe lêem a secção da Bíblia onde está exposto o ritual do Kippur. Dá-se-lhe pouca comida; depois do que é conduzido a uma câmara especial [112] onde é deixado após fazê-lo jurar que nada vai mudar dos ritos. "Depois, chorando, ele e eles separam-se" [113]. Deve velar toda a noite [114], porque o sono é um momento durante o qual podem ser contraídas impurezas involuntárias [115]. Assim todo o ritual pontifical tende para o mesmo objetivo: dar ao sumo-sacerdote uma santificação extraordinária [116] que lhe permite aproximar-se do deus que está atrás do propiciatório e carregar o fardo dos pecados que serão acumulados sobre a sua cabeça.

3.º *O lugar, os instrumentos*. Não basta que o sacrificante e o sacerdote sejam santificados para que o sacrifício propriamente dito possa começar. Este não pode realizar-se em qualquer tempo nem em qualquer lugar. Pois nem todos os momentos do dia ou do ano são igualmente propícios aos sacrifícios; há mesmo alguns que os excluem. Na Assíria, por exemplo, era proibido no dia 7, 14 e 21 do mês [117]. De acordo com a natureza e o objeto da cerimônia, a hora da celebração diferia. Às vezes devia ser oferecido de dia [118], às vezes, ao contrário, de tarde ou de noite [119].

O próprio lugar da cena deve ser sagrado; fora de um lugar sagrado, a imolação não passa de um assassínio [120]. Quando o sacrifício se faz num templo [121] ou num local por

112. A célula de Beth-Abdinos.
113. *Ib*. I,5. *Mischná*. A *Gemará* (ad. loc.) dá muitas explicações deste rito incompreendido. Uma delas parece indicar o que pôde ser o seu verdadeiro sentido: os anciãos choram porque são forçados a abandonar, tão isolado, o pontífice cuja vida é, ao mesmo tempo, tão preciosa e tão frágil.
114. Para isso, ou ele mesmo faz a exegese bíblica, ou ouve doutores, ou lêem-lhe passagens bíblicas. A prescrição de ocupar-se durante a vigília do sacrifício de coisas sagradas e de falar delas é também uma prescrição do sacrifício hindu; é ainda uma prescrição sabática, em geral das festas na maior parte dos ritos conhecidos. As vigílias cristãs, no início especialmente pascais, depois multiplicadas, talvez sejam a imitação dos doutos colóquios da noite da Páscoa judia.
115. Perdas seminais, tal é a explicação, justa mas parcial, que dá nosso texto. Com efeito, é preciso considerar que o sono é geralmeste considerado como um estado perigoso; pois a alma então é móvel, fora do corpo, e pode não voltar mais a ele. Ora, a morte do sumo-sacerdote seria uma calamidade. Para preveni-la obrigam-no à vigília. — Da mesma forma, o sono é um estado perigoso para o *diksita* hindu que dorme ao abrigo de Agni, junto ao fogo, numa posição especial (cf. *T.S.* 6,1,4,5,6).
116. *Talm*. I,2 e *Gem.*, p. 168, cf. *Misch. ib*. III, 3.
117. Hemerologia do mês de Elul. Rawlinson *W*, A. I, IV, pl. 32,3. V. Jastrow, *The Original Character of the Hebrew Sabbath*.
118. Stengel, *loc. cit.*, p. 13 (sacrifícios aos deuses celestes).
119. Stengel, *loc. cit*. (sacrifícios aos deuses ctonianos). — *Paus*. II, 24, I (Argos), sacrifício a Apolo Δειρχδιωτζς . ' — A fixação da hora, do dia, no qual se deve fazer o sacrifício, é um dos pontos melhor precisados pelos rituais hindus e outros. A constelação sob a qual se sacrifica também não é indiferente.
120. *Lev*. 17:3-5.
121. É claro que não queremos estabelecer nenhuma anterioridade do lugar para a consagração constante, sobre o lugar consagrado para uma ocasião determinada. Reservamos completamente a questão.

si mesmo sagrado, as consagrações prévias são inúteis ou, ao menos, muito reduzidas. É o caso do sacrifício hebreu tal como é regulamentado pelo ritual do *Pentateuco*. Celebrava-se num santuário único, antecipadamente consagrado [122], escolhido pela divindade [123] e divinizado por sua presença [124]. Por isso os textos que chegaram até nós não contêm disposição alguma relativa à santificação repetida do lugar do sacrifício. Cumpria ainda manter a pureza e a santidade do templo e do santuário: sacrifícios cotidianos [126] e uma cerimônia expiatória anual respondiam a esta necessidade [127].

Entre os hindus não havia templo. Cada um podia escolher o lugar que quisesse para sacrificar [128], mas este lugar devia ser previamente consagrado por meio de um certo número de ritos, dos quais o mais essencial é aquele que consistia em estabelecer os fogos [129]. Não o descreveremos detalhadamente. As cerimônias complexas que o constituem têm por objeto criar um fogo no qual só entrem elementos puros, já consagrados a Agni [130]. Um destes fogos é aceso por fricção, a fim de que seja inteiramente novo [131]. Nestas condições, há uma virtude mágica que afasta os maus gênios, os malefícios e os demônios. O fogo é matador de demônios. Não chega a ser exagero dizer: ele é deus, é Agni sob sua forma completa [132]. Da mesma forma, também segundo certas lendas bíblicas, o fogo do sacrifício não é outra coisa senão a própria divindade que devora a vítima ou, para falar mais

---

122. *Êx.* 29:37,44. — *Núm.* 8:15 ss. — II *Sam.* 6:17. — I *Reis* 8:63, etc. — No que se refere à proibição de sacrificar em outro lugar fora de Jerusalém, ver *Lev.* 17:3-4. *Deut.* 12:5 ss.; 14:23; 15:20; 16:2 ss. É certo que esta proibição é de data recente. Ver II *Reis* 23. Parece mesmo que sempre tenham subsistido na Palestina "pequenos altares". *Misch*, in *Megilla*, I, 11, 12. (*Talm. J.*, Schwab, pp. 220, 222, 223). Cf. *Talm. Babl. Zebahim*, 116 a.
123. *Êx.* 20:24. — *Deut.* 12:5, etc.
124. *Êx.* 29:42-46, etc.
126. *Êx.* 29:38. — Cf. Porph. *de Abst.* I, 25 etc. Sobre a perpetuidade do fogo do altar e a maneira pela qual o destino de Israel está ligado àquele do Templo. Ver sobretudo *Daniel* 9:27; 8:11-15; 11:31, etc. Este tornou-se um tema legendário da literatura judia.
127. *Êx.* 30:10. — *Ez.* 45:14.
128. Desde que fosse propício e declarado "sacrifical" (*yajñiya*) pelos brâmanes.
129. Sobre o estabelecimento dos fogos. V. Hillebr. *Rit. Litte*, § 59. — Koulikovski. Os três fogos sagrados do *Rig-Veda* (*Revue de l'hist. des rel.* XX, p. 151 ss. só trata da repartição dos fogos). — Weber, *Ind. St.* IX, p. 216 — Eggel. ad *Cat. Br.* (*S.B.E.* XII, 247 ss.).
130. As matérias com as quais e sobre as quais é acendido e preparado, (os *sambharas*) correspondem todas a um mito muito importante (*T.B.* 1,1,3 e 5 cf. *Ç.B.* 2,1,4). São coisas nas quais parece residir algo de ígneo, de particularmente vivo. De tal modo vivo mesmo que a lenda vê em algumas as formas primitivas do mundo. Esta criação do fogo simboliza a criação do mundo.
131. O fogo é sempre criado por fricção quando se trata da colocação dos lares, do sacrifício animal, do sacrifício do soma. V. Schwab, *Thierop.* § 47, p. 77 ss. Weber, *Ind. St.* I, 197, n. 3. A. Kuhn, *Herabkunft des Feuers und des Göttertranks*, p. 70 ss. Em torno desta criação do fogo-deus, os brâmanes, desde o Rg Veda, misturaram concepções panteísticas. Pois somente o fogo do sacrifício é excelente, somente ele é o Agni completo, contém "os três corpos de Agni", sua essência terrestre (o fogo doméstico), atmosférica (relâmpago), celeste (sol), contém tudo aquilo que há de animado, de quente, de ígneo no mundo. (*T.B.* 1,2,1,3,4).
132. É mesmo um dos epítetos mais antigos de Agni. V. Bergaigne, *Rel. Véd.* II, p. 217.

164 ENSAIOS DE SOCIOLOGIA

exatamente, é o sinal da consagração que o inflama[133]. Portanto, aquilo que o fogo do sacrifício hindu tem em si de divino ele o comunica ao lugar sacrifical e o consagra[134]. Este lugar consistia num espaço retangular bastante vasto, chamado *vihâra*[135].

No interior deste espaço encontra-se outro, chamado *vedi*, cujo caráter sagrado é ainda mais marcante; é este que corresponde ao altar. A *vedi* ocupa pois uma situação ainda mais central do que os fogos. Estes, com efeito, ao contrário daquilo que se passa na maior parte dos outros cultos, não se acham sobre o próprio altar, mas em volta dele[136]. Os contornos da *vedi* são cuidadosamente desenhados sobre o solo[137]; para isso toma-se uma pá (ou, em outros casos, o sabre de madeira mágica), roça-se ligeiramente a terra dizendo: "O mau está morto"[138]. Assim, toda a impureza é destruída; o círculo mágico é traçado, o lugar é consagrado. Nos limites assim marcados, o terreno é cavado e nivelado; é o buraco assim formado que constitui o altar. Depois de uma lustração, ao mesmo tempo expiatória e purificadora, cobre-se o fundo do buraco com diferentes tipos de ervas. É sobre esta erva que vêm assentar-se os deuses aos quais se

---

133. *Lev.* 10:2. — *Juízes*, 6:11 ss., sacrifício de Gideão; 13:19 ss. Manoah; 1 *R.* 18:38, Elias. — *I Crôn.* 21:26 etc. A preparação dos lares tem importante lugar nos outros rituais. Sobre a necessidade de um fogo puro, cf. *Lev.* 10:1; — sobre a renovação dos fogos no México: Sahagun, *Historia de las cosas de Nova España*, II, p. 18. — Chavero, *México à través de los Siglos*, I, p. 77; — em Lemnos: Philostrate. *Heroica*, 19,14; — *B. corr. Hell.* XVIII, 87 e 92; — na Irlanda, Bertrand, *Religion des Gaulois*, p. 106. — Cf. Frazer, *Golden Bough*, II, p. 76, p. 194. — Frazer, *Pausanias*, t. II, p. 392; t. V, p. 521. — Relig. Indo-Européennes, V. Knauer in *Festgruss à Roth*, p. 64.

134. Ela torna-se o "*devayajana*", o lugar do sacrifício aos deuses. É preciso ver nos Bramanas as especulações místicas sobre a questão. O "*devayajana*" é o único terreno firme da terra. Este só existe para servir de lugar de sacrifício aos deuses. Este lugar é também o ponto de apoio dos deuses, sua cidadela; foi daí que, tomando seu impulso (*devâyatana*), subiram ao céu. É ainda o centro do céu e da terra, o umbigo da terra. — Por mais loucas que nos pareçam tais expressões, lembremo-nos que para os judeus o templo era o centro da terra; assim também para os romanos, Roma; e nos mapas da Idade Média, Jerusalém era o umbigo do mundo. Estas idéias não se acham assim tão longe de nós. O centro religioso da vida coincide com o centro do mundo.

135. O nome tornou-se mesmo o dos mosteiros budistas. — Não podemos seguir nem o pormenor, nem a ordem rigorosa dos ritos do sacrifício animal hindu. Assim a cerimônia de acender o fogo é proclamada ao menos por uma escola (Kât. 3,26) como indissoluvelmente ligadas às cerimônias da introdução da vítima.

136. Ver os planos do terreno em Hilleb. *N.V.O.*, p. 191 e Eggel. *S.B.E.* XXIII, fim.

137. Ela é medida com exatidão e assume as formas mais diversas segundo os sacrifícios (Ver Hilleb. *N.V.O.*, p. 47 ss.; p. 176 ss.; Schwab, *Thier.*, p. 13 ss. — Thibaut, *Baudhayana Çulbaparibhâsa sûtra* (in Pandit. Benarès, IX. 1875). No caso de nosso sacrifício animal, há duas *vedi*, uma que é mais ou menos a *vedi* ordinária, que descrevemos no texto, e a outra que é *sobrelevada* (ver Schwab, p. 14, 21), em cima da qual há um fogo, que é um dos fogos do sacrifício (*Ap.* VII, 7,3,V. Schwab, p. 37). Guardadas todas as proporções, elas são construídas ou cavadas da mesma forma.

138. *T. S.* 1,1,9,1,9. Os mantras exprimem o fato de que as más sortes são afastadas, de que os deuses protegem de todos os lados a *vedi*. Aqueles que acompanham a elevação do *uttarâ vedi* exprimem antes a segunda idéia (*T.S.* 1,2,12,2), sobretudo os que acompanham a lustração do altar construído.

ENSAIO SOBRE A NATUREZA E A FUNÇÃO... 165

oferece o sacrifício; é aí que, invisíveis e presentes, assistem à cerimônia [139].

Não insistiremos sobre os diversos instrumentos [140] que são depostos sobre o altar [141] depois de terem sido ou fabricados no decurso mesmo da sessão ou cuidadosamente purificados. Mas há um que deve reter nossa atenção, pois, a bem dizer, faz parte do altar [142]; é o *yûpa*, o poste ao qual vai ser ligado o animal. Não se trata de matéria brutal, mas a árvore de que foi feito já tinha, por si mesma, uma natureza divina [143], que as unções e as libações reforçaram ainda mais [144]. Ele também ocupa uma situação eminente, pois aí ficará a mais importante de todas as personagens visíveis que tomarão parte na cerimônia [145], a vítima. Por isso os brâmanes o representam como um dos pontos onde vêm convergir e concentrar-se todas as forças religiosas que estão em jogo no sacrifício. Por sua haste esguia, lembra a maneira como os deuses subiram ao céu [146]; por sua parte superior, dá poder sobre as coisas celestes; por sua parte mediana, sobre as coisas da atmosfera; por sua parte inferior, sobre as da terra [147]. Mas, ao mesmo tempo, representa o sacrificante; é o tamanho do sacrificante que determina suas dimensões [148].

---

139. A partir de *Rg Veda,* os deuses trazem a epítese "barhisadas", aqueles que se sentam sobre a juncada do sacrifício. (Ver Grassmann, *Wört.* ad verbum). Cf. *R.V.* II,3, 4; V,31,12; VI, 1,10, etc.

140. Ver Schwab, *op. cit.,* p. 11, 47. Comumente os utensílios sagrados de um templo não devem sair deste templo. Assim, em Jerusalém, as facas eram guardadas numa célula especial, a dos *halifoth*. Ver *Talm. J. Soucca,* V, 8. *Gem.,* Schwab, VI, p. 51. *Middoth,* IV, 7. Gem.; *Yoma,* III,8). — Certos sacrifícios exigem uma baixela especial e nova. Assim o sacrifício doméstico da Páscoa; da mesma forma na Grécia, ver Paton, *Cos.,* 38,25; 39,6. — Cf. Frazer, *Gold. B.,* t. II, p. 107.

141. Ver Schwab, p. 44, para a enumeração destes instrumentos. *Ap. çr. sû.* VII, 8. — Para a purificação ver Schwab, n.º 35.

142. *Ap. çr. sû.* VII, 9-6. É plantado de tal forma que uma metade esteja no limite da *vedi* e a outra metade fora.

143. Procura-se a árvore de essência determinada (*T.S.* 6,3,3,4. *Ap. çr. sû.* VII, 1, 16, 17. Ver Schwab, p. 2 ss.). É adorada e propiciada (*Ap. çr. su.* VII, 2, 1), e ungida; é cortada com precauções; unge-se e encanta-se o tronco. Todas as cerimônias que marcam bem, como viu Oldenberg, um antigo caso de culto da vegetação. (*Rel. d. Ved.* p. 256), Oldenberg aproxima ainda (p. 90) este poste, de uma parte dos postes sacrificais em geral e, em particular, da *ashera* semítica, também ela plantada sobre o altar (Ver Rob. Smith, *Rel. of. Sem.,* p. 187, n.º 1). — As duas aproximações em parte são fundamentadas.

144. *Ap. çr. sû.* VII, 10,1 ss. Para o sentido do rito (*T.S.* 6,3,4,2, 3). O rito inteiro é certamente antigo. Enquanto se unge, se enterra e se ergue o *yûpa*, recitam-se mantras do *Rg Veda* (o hotar. *Açv. çr. sû.* 3, 1, 8). — Os mantras estão na seguinte ordem: I, 36, 13, 14. III, 8, 13, 2, 5, 4 (Hino âpri) no caso em que haja muitos animais sacrificados e muitos postes, III, 8, 6, II. O mesmo ritual é prescrito. *Ait. Br.* 6, 2, 17, 23, que comenta os versos do *Rg Veda.* Este hino já exprime as diversas funções do *yûpa*, que mata os demônios, protege os homens, simboliza a vida, traz a oferenda aos deuses, sustenta o céu e a terra. Cf. *T.S.* 6,3,4,1,3.

145. O próprio sacrificante permanece, durante certo tempo, segurando o *yûpa* (*Ap. çr. sû.* 7, 11, 5. Segundo certos sûtras, a mulher e o oficiante também permanecem aí. A tradição dos Apastambins parece melhor). Em todos os casos é o sacrificante que faz uma parte das unções e passa sua mão ao longo de todo o poste. Todos estes ritos têm como finalidade identificar o sacrificante ao poste e à vítima, fazendo com que assuma o seu lugar durante certo tempo.

146. *Ait. Br.* 6,1,1; cf. *Çat. Br.* 1,6,2,1, etc.

147. *T.S.* 6,3,4,4. — Cf. *T.S.* 6,3,4,7; *Ç.B.* 3,7,1,2,5.

148. Há a estatura do sacrificante quando ele está quer sobre um carro e quer em pé e com os braços levantados (*T.S.* 6,3,4,1. *Ap. çr. sû.* VII, 2, 11 ss.).

166 ENSAIOS DE SOCIOLOGIA

Quando é ungido, unge-se o sacrificante; quando é firmado, firma-se o sacrificante [149]. Nele se opera, de modo mais marcante do que no sacerdote, esta comunicação, esta fusão dos deuses e do sacrificante, que se tornará ainda mais completa na vítima [150].

A encenação agora é regulada. Os atores estão prontos. A entrada da vítima vai começar a peça. Mas antes de introduzi-la, devemos notar um caráter essencial do sacrifício: é a perfeita continuidade que nele se requer. A partir do momento em que é iniciado [151], deve continuar até o fim sem interrupção e na ordem do ritual. É preciso que todas as operações de que se compõe se sucedam sem lacuna e estejam em seu lugar. As forças que estão em ação, se não se dirigirem exatamente no sentido prescrito, escapam ao sacrificante e ao sacerdote e se voltam contra eles, terríveis [152]. Esta continuidade exterior dos ritos não é suficiente [153]. É preciso ainda uma espécie de constância igual no estado de espírito em que se encontram o sacrificante e o sacrificador no tocante aos deuses, à vítima, ao voto cuja execução é pedida [154]. Devem ter uma confiança no resultado automático do sacrifício que nada desmente. Em suma, trata-se de realizar um ato religioso em um pensamento religioso; é preciso que a atitude interna corresponda à atitude externa [155]. Vê-se como, desde o princípio, o sacrifício exigiu um *credo*

---

149. *T.S.* 6,3,4,4.

150. Supomos que aquilo que é verdadeiro da *vedi* e do *yûpa*, seja verdadeiro, em geral, dos altares, dos bétilos e pedras erguidas sobre as quais ou ao pé das quais se sacrifica. O altar é o signo da aliança dos homens e dos deuses. De um extremo a outro do sacrifício o profano une-se ao divino.

151. Daí a oração dita no começo de todo o sacrifício, pelo sacrificante, "possa eu igualar-me a este rito" *Ç.B.* 1,1,1,7. Daí sobretudo a metáfora corrente nos textos sânscritos que compara os sacrifícios a uma tela que a pessoa tece e a estende. *R.V.X.* 130; Bergaigne e Henry, *Manuel pour étudier le sanscrit védique*, p. 125, n.; S. Lévi, *Doctr.*, p. 79, p. 80, n. 1.

152. S. Lévi, *ib.* 23 ss. Toda falta ritual é um *corte* na tela do sacrifício. Por este corte as forças mágicas escapam e fazem morrer, ou enlouquecem, ou arruínam o sacrificante. — Não temos necessidade de lembrar os casos famosos contados pela Bíblia, de heresias rituais terrivelmente punidas; os filhos de Heli, a lepra do rei Osias, etc. — É que em geral é perigoso manipular as coisas sagradas: por exemplo, é preciso tomar cuidado, na Índia védica, para que o sacrificante não toque a *vedi* (*Ç.B.* 1,2,5,4), não toque ninguém com o sabre de madeira mágica, etc.

153. As expiações rituais têm precisamente como finalidade isolar os efeitos das faltas que são cometidas no decurso do rito (Ver acima). Cf. Serv *ad Aen* IV, 696. *Et sciendum si quid caeremoniis non fuerit observatum, piaculum admitti.* — Arnob. IV, 31. — Cic. *r̃ har. resp.* XI, 23. — Da mesma forma, o frontal do sumo sacerd(ce em Jerusalém expiava todas as faltas leves cometidas no decurso do rito; *Ex.* 28:38. Cf. *Talm. J. Yoma*, 1 (Schwab, V, p. 176).

154. Aqui temos um curioso paralelo a estabelecer com as teorias do ritual judaico. Um cordeiro consagrado ao sacrifício pascal não podia ser mudado. (*Talm. Mischná. Pesachim*, IX, 6); da mesma forma, um animal designado para um sacrifício deve ser sacrificado, mesmo se a pessoa morra para que o sacrifício deva ser feito (ib. *Haggigha* I, 1 Gem. fim. Schwab, VI, p. 261). Pela mesma razão, na véspera do Kippur, faziam-se passar diante do sumo-sacerdote todos os animais que ele devia degolar no dia seguinte para que não houvesse confusão entre as diversas vítimas.

155. Sabe-se que a atitude comumente recomendada é o silêncio.

ENSAIO SOBRE A NATUREZA E A FUNÇÃO... 167

(*çraddhâ* equivale a *credo*, mesmo foneticamente); como o ato levou empós de si a fé [156].

Dizíamos há pouco que a construção do altar no rito hindu consiste em descrever sobre o solo um círculo mágico. Na realidade, todas as operações que acabamos de passar em revista têm o mesmo objeto. Consistem em traçar como que uma série de círculos mágicos concêntricos, interiores ao espaço sagrado. Sobre o círculo exterior mantém-se o sacrificante; depois, vêm sucessivamente o sacerdote, o altar e o poste. Na periferia, no leigo em cujo interesse o sacrifício se realiza, a religiosidade é fraca, mínima. Vai crescendo à medida que o espaço, no qual se desenvolve, vai se estreitando. Toda a vida do meio sacrifical se organiza assim e se concentra em torno do mesmo foco; tudo converge para a vítima que agora vai aparecer. Tudo está pronto para recebê-la. Trazem-na.

Às vezes, era sagrada por seu próprio nascimento; a espécie a que pertencia estava unida à divindade por laços especiais [157]. Tendo assim um caráter divino congênito, não precisava adquiri-lo especialmente para a circunstância. Mas, em geral, determinados ritos eram necessários para colocá-la no estado religioso que o papel ao qual estava destinada exigia. Em certos casos, onde fora designada com muita antecipação, estas cerimônias se haviam realizado antes que fosse levada ao lugar do sacrifício [158]. Mas, com freqüência, neste momento ainda nada tinha de sagrado. Era obrigada somente a preencher certas condições que a capacitavam a receber a consagração. Não podia ter defeito, nem doença, nem enfermidade [159]. Devia ter determinada cor [160], idade, sexo, se-

---

156. Ver S. Lévi, *Doctr.*, p. 112 ss.

157. Estes casos compreendem aqueles em que as vítimas são ou foram seres totêmicos. Mas não é necessário, logicamente, que animais sagrados, por exemplo, tenham tido sempre este caráter (Ver Marillier, *Rev. de l'hist. dés rel.* 1898, 1, p. 230-231; Frazer, *Gold. B.*, II, p. 135-138) como sustenta, por exemplo, Jevons (*Introd. to the Hist. of. Relig.*, p. 55). Esta teoria é, em parte, sustentada por Rob. Smith, *Kinship.*, p. 308 ss. e *Rel. Sem.* 357 ss. — A verdade é que, de um modo ou de outro, há uma relação definida entre o deus e sua vítima, que esta com freqüência chega ao sacrifício já consagrada: ex.: Stengel, *op. cit.*, p. 107 ss. — Marquardt, *op. cit.* p. 172. — *Bull. Corr. Hell.* 1889, p. 169, *Apoll. Rhod.* II, 549 (sacrifício de pombas). — Ramsay, *Cities and Bishoprics of Phrygia*, I, 138. — *Paus.* III, 14, 9 e Frazer *ad loc.* — Plut. *Qu. Rom.* 111. — Ath. VIII, p. 346, d. (sacrifício do peixe em Hierápolis), etc. — Em outros casos, o deus recusava certas vítimas. Ex. *Paus.* X, 32, 8. — Herod. IV, 63; *Paus.* II, 10-4. — Javé só admite as quatro espécies de animais puros: ovinos, bovinos, caprinos e pombas.

158. É ainda um caso muito geral: assim o cavalo de açvamedha era tratado, adorado, durante longos meses (Ver Hillebr. "Nationalipfer in Alt-Indien" in *Festgruss à Böhtlingk*, p. 40 ss.); da mesma forma a *meriah* dos Khonds, o urso de Ainos, etc., todos os casos bem conhecidos.

159. Esta é uma prescrição védica, como também bíblica, talvez geral. Ver no que se refere ao sacrifício animal hindu: Schwab, *op. cit.*, p. XVIII; Zimmer, *Altindisches Leben*, p. 131. *Kâty. çr. sû.* 6,3,22 e *paddh. Ap. çr. sû.* VII, 12, 1 e com. *T.S.* 5, 1, 1. No que se refere às vítimas do templo, ver *Ex.* 12:5; *Lev.* 22:19 ss.; *Deut.* 10:21; 17:1; *Malaquias* 1:6-14, etc. — Cf. Stengel. *ib.*, p. 107.

160. Assim o cavalo de açvamedha devia ser vermelho (trazia o nome de *Rohita* vermelho e era o símbolo do sol). Ver Henry, *Les hymnes Rohita de l'Atharva-Veda* (Paris 1889). Sobre as vítimas

168   ENSAIOS DE SOCIOLOGIA

gundo os efeitos que se pretendia produzir [161]. Mas para fazer passar ao ato esta aptidão geral, para elevá-la ao grau exigido de religiosidade, era necessário submetê-la a todo um conjunto de cerimônias.

Em certos países, enfeitavam-na [162], penteavam-na, pintavam-na de branco, como o *bos cretatus* dos sacrifícios romanos. Douravam-se os crifres [163], coroavam-na e decoravam-na com fitas [164]. Estes ornamentos comunicavam-lhe um caráter religioso. Por vezes mesmo, coberta com a vestimenta que lhe punham, aproximavam-na do deus que presidia ao sacrifício: tal era o objeto dos disfarces empregados nos sacrifícios agrários dos quais nos restam mais do que sobrevivências [165]. Aliás, a semiconsagração que assim se lhe conferia podia ser obtida de outra maneira. No México [166], em Rodes [167], embebedava-se a vítima. Esta embriaguez era um sinal de possessão. O espírito divino já invadia a vítima.

Mas o ritual hindu vai permitir-nos seguir melhor toda a seqüência das operações no decurso das quais a vítima era divinizada progressivamente. Depois de banhada [168], ela é introduzida, enquanto são feitas libações [169]. Dirigem-lhe então a palavra multiplicando os epítetos laudativos e lhe pedem que se tranqüilize [170]. Ao mesmo tempo, invoca-se o deus, senhor dos animais, pedindo-lhe que consinta no emprego de sua propriedade como vítima [171]. Estas precauções, estas propiciações, estes sinais de honra têm um duplo objetivo. Primeiro, manifestam o caráter sagrado da vítima; pelo fato de qualificá-la de coisa excelente, de propriedade dos deuses, ela se converte em tal coisa. Mas trata-se sobretudo de induzi-la a deixar-se sacrificar tranqüilamente para o bem dos homens e a não vingar-se depois de morta. Estas usanças, que são infinitamente numerosas [172], não significam,

---

vermelhas, ver Fest. p. 45; Diod. I, 88; Cf. Frazer, *Gold. Bough*, II, 59. — Sobre as vacas negras para produzir a chuva, ver mais abaixo, p. 200. — Na Grécia (Stengel, *ib.*, p. 134, n. 1), as vítimas destinadas aos deuses celestes eram geralmente claras; as que se ofereciam aos deuses ctonianos eram sempre negras.

161. Ver p. 200.
162. Paton, *Cos.* 37,22. — Stengel, *ib.*, p. 97 ss. — Mannhardt, *W. u. F. Kultt.* II, p. 108.
163. *Il.* K. 294; *Od.* L, 304. — Cf. Rawlinson W.A.I. IV, p. 22, 37 ss.
164. *Paus.* X, 32, 9.
165. Cf. Frazer, *Gold. B.* II, p. 145, 198, etc.
166. Chavero, *México à través de los siglos*, p. 644.
167. Porph. D. *Abst.* II, 154.
168. *Âp. çr. sû.* VII, 12, 1.
169. *Âp. çr. sû.* VII, 12, 10. Os mantras destas libações são *T.S.* 1,4,2. Coisa curiosa, estes mantras encontram-se em *A. V.* II, 34, cf. Weber, *Ind. Stud.* III, p. 207, e são empregados (*Kauç. sû.* 57,20) durante a iniciação bramânica. É que de fato se trata de uma espécie de introdução no mundo religioso. — Libações no ensejo da apresentação da vítima aparecem com muita freqüência. Paton, *Cos.* 40,9. Na Assíria. Inscric. de Sippara, IV, 32.
170. *T.S.* 1, 3, 7, 1; 6, 3, 6, 1, 2; *Âp. çr. sû.* VII, 12, 6. — Cf. *V.S.* 6,5 — *Maitr. S.* 5,3,9,6. *Çat. Br.* 3,7,3,9 ss. *Kât. çr. sû.* 6,3,19.
171. *Âp. ib.* no presente caso o deus é Prajâpati-Rudra. *T. S.* 3, 1, 4, 1 comentado por *T. S.* 3, 1, 4, 5. Esta invocação não é praticada por outras escolas.
172. Marq. *Röm. Alterth.* VI, p. 175. — Cf. Frazer. *Gold. B.* II, p. 110 ss. — A coisa era ainda mais natural quando se tratava de uma

ENSAIO SOBRE A NATUREZA E A FUNÇÃO... 169

como alguém disse, que o animal sacrificado é sempre um animal totêmico. A explicação é mais próxima. Há na vítima um espírito que o sacrifício tem precisamente por objeto libertar. É, pois, necessário obter as boas graças deste espírito que, de outra forma, poderia, uma vez livre, tornar-se perigoso; daí estas lisonjas e estas excusas prévias.

Depois, liga-se a vítima ao poste. Neste momento, o caráter sagrado que está em vias de adquirir já é tal que o brâmane não pode mais tocá-la com as mãos, e o próprio sacrificador hesita em aproximar-se dela. É preciso que seja convidado e encorajado a isso por meio de uma fórmula especial que o sacerdote lhe dirige [173]. No entanto, para levar a estes últimos limites esta religiosidade já tão alta, três séries de ritos são necessárias. Dá-se de beber água ao animal [174], pois a água é divina; ele é banhado em cima, embaixo, em toda parte [175]. Depois, é untado com manteiga derramada sobre a cabeça, sobre a cernelha e as duas espáduas, na garupa e entre os dois chifres. Estas unções correspondem àquelas que se fazem com o óleo no sacrifício hebreu, na cerimônia da *mola salsa* em Roma, dos σὐλαί ou grãos de cevada que os assistentes, na Grécia, lançavam sobre o animal [176]. Da mesma forma, encontram-se um pouco por toda a parte libações análogas àquelas de que acabamos de falar. Seu objetivo era produzir uma acumulação de santidade sobre a cabeça da vítima. Enfim, depois destas lustrações e destas unções, vem, no ritual védico, uma última cerimônia que tem como efeito encerrar a própria vítima num último círculo mágico, mais estreito e mais divino do que os outros. Um sacerdote toma, do fogo dos deuses, um tição e, com este tição em punho, dá três voltas em torno do animal.

vítima humana. (Ver Serv. ad *Aen.* III, 57. Cf. Eur. *Herak.* 550 ss. *Phoen.* 890; Ath. XIII, p. 602. — Chavero, *México*, etc., p. 610. (Cf. Macpherson. *Men. of Serv. in India,* etc. p. 145) e ainda mais quando se trata de uma vítima deus.

[173]. *Ap.* VII, 13-8. O mantra é *T. S.* 1, 3, 8, 1 comentado 6, 3, 6, 3, *dhsra manusa* "firma-te, ó homem!" — Outra tradição, *V.S.* VI, 8, Ç. *Br.* 3,7,4,1 pretende que a pessoa dirija a fórmula ao animal *dhrsa manusân* "firmados os homens". Ao contrário da opinião de Schwab (*op. cit.* p. 81, n. 2), cremos que o texto dos Taitt é mais fundamentado na natureza do rito. Os Vâjasaneins representam, aí como alhures, uma tradição mais depurada e racionalizada. A aproximação com *R. V.* 1, 63, 3 não prevalece.

[174]. *Ap.* VII, 13, 9 e com. Diz-se-lhe: "é um bebedor de água". *V. S.* VI, 10 a. *T. S.* 1, 3, 8, 1. Ludw. *ad. R. V.* X, 36, 8. Ver IV, p. 233 pensa (cf. Sây. ad *Taitt. S.*) que o sentido é: "Tens sede de água". Mas o texto que adotamos é o indicado em Ç. *Br.* 3, 7, 4, 6. *T. S.* 6, 3, 6, 4 fim, assim como os comentários a *V. S. loc. cit.* e a *Kât.* 6, 3, 32. Fazendo-se com que o animal beba, este se torna interiormente puro. Da mesma forma, o sacrificante enxagua a boca antes do sacrifício.

[175]. *Ap. çr. sû.* VII, 13-10.

[176]. A. v. Fritze, Οὐλαί *Hermés,* p. 255 ss. Stengel pensa que os οὐλαί são o pão do banquete divino. Em Megara, nos sacrifícios a *Tereus,* os οὐλαί eram substituídos por calhaus. Paus. I, 41, 9. Cf. Lefébvre, "Origines du fétichisme" in *Mélusine,* 1897, p. 151 e *Folklore,* 1898, p. 15. Na Sicília, os companheiros de Ulisses, sacrificando três bois do sol, serviram-se de folhas à guisa de οὐλαί · Cf. Paus. II, 9,4. O jato οὐλαί pode ser um meio de comunicação entre o sacrificante e a vítima, ou ainda uma lustração fecundante comparável aos jatos de grãos sobre a casada.

170 ENSAIOS DE SOCIOLOGIA

Esta volta era feita, na Índia, em torno de todas as vítimas, com ou sem o fogo. Era o deus, Agni, que cercava o animal por todas as partes, consagrava-o, separava-o [177]. Mas, mesmo avançando assim no mundo dos deuses, a vítima devia continuar em relações com os homens. O meio empregado para assegurar esta comunicação era fornecido, nas religiões que aqui estudamos, pelos princípios da simpatia mágica e religiosa. Às vezes, há representação direta, natural: um pai é representado pelo filho que ele sacrifica, etc. [178]. Em geral, como o sacrificante é sempre obrigado a fazer pessoalmente os gastos, há, por isso mesmo, uma representação mais ou menos completa [179]. Mas, em alguns casos, esta associação da vítima e do sacrificante realiza-se por um contato material entre o sacrificante (às vezes o sacerdote) e a vítima. Este contato é obtido, no ritual semítico, pela imposição das mãos; em outros lugares, por ritos equivalentes [180]. Em conseqüência desta aproximação, a vítima, que já representava os deuses, passa a representar também o sacrificante. Não basta dizer que o representa; confunde-se com ele. As duas personalidades fundem-se. A própria identificação se torna tal, ao menos no sacrifício hindu, que, a partir de então, o destino futuro da vítima, sua morte próxima têm uma espécie de efeito de retorno sobre o sacrificante. Daí resulta para este último uma situação ambígua. Precisa tocar o animal para ficar unido a ele; no entanto, tem medo de tocá-lo, porque assim se expõe a partilhar de sua sorte. O ritual resolve a

177. É a cerimônia do *paryagnikriya* da circumambulação com o fogo. *Âp. çr. sû.* VII, 15, 1. O rito é certamente da mais alta antiguidade, porque o sacerdote (o *maitravaruna*, cf. Weber, *Ind. St.* IX, p. 188) repete (*Açv. çr. sû.* II, 2, 9 ss.) o hino *R. V.* LV, 5, 1-3 (ver Trad. Old. e notas in *S. B. E.* XLVI ad loc.). — O sentido do rito é tríplice. É primeiramente uma volta em torno do fogo, de Agni, deus-sacerdote dos deuses, depositário dos tesouros, que consagra a vítima e a conduz para os deuses, mostrando-lhe o caminho (tal é o sentido dos três versos do *R. V.* empregados nesta ocasião e compostos especialmente para ela) cf. *Ait.* Br. 6,5,1 e 1 e 6, 11, 3. Assim, a vítima é divinizada (cf. *T. S.* 6, 3, 8, 2. *Ç. B.* 3, 8, 1, 6). É, em seguida, um simples círculo mágico. Afastam-se os demônios que rondam, como os deuses, a vítima. — É, enfim, um giro ritual bom, feito da esquerda para a direita, no sentido dos deuses (*Baudh. çr. sû.* II, 2 citado por Caland, *op. cit.*, p. 287), que tem uma virtude mágica por si mesmo. Sobre a questão das circumambulações em torno da vítima, v. Simpson, *The Buddhist Praying-Wheel* e a resenha que fizemos, *Ann. soc.*, 1897, e sobretudo a exaustiva monografia de Caland: *Een Indo-germaansch Lustratie-Gebruik* (*Versl en Mededeel. d. Konink. AK. c. Wetensch. Afd. Letterkunde*, 4.ª *Reeks Deel*, II, 1898, p. 275 ss. — O rito é, em primeiro lugar, fundamental no rito hindu, doméstico (cf. *Pâr. grh. sû.* 1, 1, 2) e solene (Hilleb. *N.V.O.* p. 42. Cf. *Ç. B.* I, 2,2, e 3), ver Caland, *op. cit.* n. 2 e 3, p. 300; em segundo lugar, quase geral nas populações indo-européias (v. Caland); enfim, muito disseminado um pouco por toda a parte.

178. *II Reis* 3:28; *Ez.* 16:36. Cf. *Gênesis* 22; *Deut.* 12:31. *Sal.* 106:37; *Jes.* 57:5. — Luc. *Dea Syr.* 58. — Cf. Lenda de Atamas. Preller, *Gr. Myth.* II, p. 312. — Cf. Basset, *Nouv. Contes Berbères*, 1897, n. 91. — Cf. Hoefler, *Corr. Bl. d. d. Ges. f. Anthr.* 1896, 3. — Cf. Sacrifício de um membro da família. Porfírio, *De Abst.* II, p. 27. — Cf. Lenda de *Çunahçepa*. (S. Lévi, *Doctr.* p. 135.) Os exemplos desta nova representação são particularmente numerosos no sacrifício de construção. Ver Sartori, "Bauopfer" (*Zeitsch. f. Ethn.* 1968), p. 17.

179. *Ex.* 1, *Crôn.* 21:23, segundo a história de Davi na eira de Ornã.

180. *Lev.* 1:4; 3:2; 16:1. — *Ex.* 29:15, 19. — Cf. *Núm.* 8:10; 27:18. 23. — Cf. *Deut.* 24:9. — *Sal.* 89:26. — Tylor, *Prim. Cult.* II, p. 3. — Cf. Rob. Smith, *Rel. of Sem..* p. 423.

ENSAIO SOBRE A NATUREZA E A FUNÇÃO... 171

dificuldade por um meio-termo. O sacrificante só toca a vítima por intermédio de um dos instrumentos do sacrifício[181]. Assim é que a aproximação do sagrado e do profano, que vimos desenvolver-se progressivamente através de diversos elementos do sacrifício, se completa na vítima.

Eis-nos chegados ao ponto culminante da cerimônia. Todos os elementos do sacrifício estão presentes; acabam de ser postos em contato uma última vez. Mas a operação suprema está ainda por realizar-se[182]. A vítima já é eminentemente sagrada. Mas o espírito que está nela, o princípio divino que ela agora contém, continua ainda metido em seu corpo e ligado por este último vínculo ao mundo das coisas profanas. A morte vai libertá-la, tornando assim a consagração definitiva e irrevogável. É o momento solene.

É um crime que começa, uma espécie de sacrilégio. Por isso, enquanto a vítima era levada ao lugar da morte, certos rituais prescreviam libações e expiações[183]. As pessoas excusavam-se do ato que iam realizar, soltavam gemidos pela morte do animal[184], choravam-no como a um parente. Pediam-lhe perdão antes de golpeá-lo. Dirigiam-se ao resto da espécie à qual ele pertencia como a um vasto clã familial, suplicando-lhe que não vingasse o mal que lhe ia ser causado na

---

181. *Ap.* VII, 15,10,11. O mantra fala então, *T. S.*, 3, 1, 4, 3, exprime que "o sopro", a vida do sacrificante é, como seu desejo, ligado ao destino do animal, 3, 1, 5, 1. A escola do *Yaj. Ved.* Branco não prescreve mantra (*Kât*, VI, 5, 5) e, ademais, não faz celebrar oferendas expiatórias neste momento; o que é uma diferença notável. Mas o rito de comunicação, assim como sua teoria permanecem os mesmos. *Çat. Br.*, 3, 8, 1, 10. *T. S.* 6, 3, 8, 1. Os brâmanes discutem. "É preciso tocar o animal, dizem uns; mas este animal é conduzido à morte; se o *yajamâna* o tocasse por detrás morreria subitamente." Outros dizem: "Este animal é conduzido ao céu, e se ele (o *sacrificante*) não o tocasse por detrás, seria separado do céu. É por isso que deve ser tocado com os dois espectos da *vapâ*. Assim, ele é como que tocado e não tocado" (cf. 6, 3, 5, 1). O *Ç. B.*, explica que a comunicação é misteriosa, ao mesmo tempo que inofensiva, e útil para o sacrificante cujo voto e cuja alma vão ao céu com a vítima.

182. Não estudaremos a questão da "apresentação" da vítima ao deus, e da invocação que geralmente a acompanha. Seríamos levados a desenvolvimentos demasiado longos, pois se trata no caso das relações do sacrifício e da oração. Dizemos somente que há aí: 1.º ritos manuais: ligar o animal ao poste (ver p. 169), nos cornos do altar (*Sal.* 98:27; cf. Rob. Smith, p. 322; *Lev.* 1:11); 2.º ritos orais; convite aos deuses; hinos aos deuses; descrição das qualidades da vítima, definição dos resultados que se esperam. Invoca-se a consagração do alto por todos estes meios reunidos.

183. Aludíamos às libações ditas *aparyâni* do sacrifício animal hindu (Schwab, *Tb.*, p. 98, n.º 1, cf. como em *T. B.* 3, 8, 17, 5, liga a palavra à raiz *pû*, purificar). Elas só se encontram nas escolas do *yajur veda* Negro. São feitas durante a separação do animal por meio da volta do fogo, e no momento em que é conduzido ao lugar da morte (*Ap.* VII, 15, 4, os mantras são: *T. S.* 3,1,4,1,2 — explicados *T. S.* 3, 1, 5, 1. Encontram-se também em *M. S.*, 1, 2, 1). As fórmulas exprimem: que os deuses se apoderam do animal e que este vai ao céu; que este animal representa os outros, entre os animais dos quais Rudra-Pajâpati é o senhor; que é bem recebido pelos deuses e dará a vida e a riqueza em gado; que é a parte de Rudra-Prajâpati que, recuperando sua primogenitura e ligando-a, "vai deixar de ligar" (fazer morrer) os vivos, animais e homens, etc.

184. Stengel, *Op. cit.*, p. 101. — Herod., II, 39, 40. — Em Roma Marq., *op. cit.* VI, p. 192. — Rob. Smith, *Rel. of Sem.*, p. 430, 431. — Frazer, *Gold. B.*, t. I, p. 364; t. II, p. 102 ss. — Talvez seja necessário aproximar destas práticas o luto da *Flaminica*, por ocasião da festa dos *Argeii*: Pl. *Qu. Rom.*, 86.

172 ENSAIOS DE SOCIOLOGIA

pessoa de um de seus membros [185]. Sob a influência das mesmas idéias [186], acontecia que o autor da morte era punido; era batido [187] ou exilado. Em Atenas, o sacerdote do sacrifício dos Bufonia fugia jogando fora seu machado; todos aqueles que haviam tomado parte no sacrifício eram citados no Pritaneion; lançavam a culpa uns sobre os outros; finalmente, condenava-se o cutelo, que era lançado ao mar [188]. As purificações a que devia submeter-se o sacrificador depois do sacrifício pareciam-se com a expiação do criminoso [189].

Por isso, uma vez que o animal é colocado na posição prescrita e orientado no sentido determinado pelos ritos [190], todo o mundo cala. Na Índia, os sacerdotes se voltam para o lado; o sacrificante e o oficiante voltam-se para o lado [191] murmurando mantras propiciatórios [192]. Só se ouvem as ordens dadas em voz simples pelo sacerdote ao sacrificador. Este aperta então o laço que contorna o pescoço do animal [193], "pacifica seu sopro" [194], como diz o eufemismo empregado. A vítima está morta. O espírito partiu.

---

185. Este rito, muito geral, como o mostrou Frazer, é notavelmente expresso pelo ritual hindu. No momento de sufocar, entre as fórmulas que o sacerdote ordenador, o *maitravaruna*, recita, aquelas da *adhrgunigada* (*Açv. çr. sû.*, III, 3, 1 explicado em *Ait. Br.*, 6, 6, 1), que figuram entre as mais antigas do ritual védico, acha-se a seguinte: "Eles no-lo abandonaram este ser, sua mãe e seu pai, sua irmã e seu irmão da mesma estirpe, e seu companheiro da mesma raça" (*Âp. çr. sû.* VII, 25, 7 com *T. S.* 3, 6, 11, 2. Ver Schwab, p. 141, n. e *Çat. Br.* 3, 8, 3, 11; *Ap.* VII, 16, 7. — *T. S.*, 6, 3, 8, 3, e *Ç. B.*, 3, 8, 1, 15.)

186. O *çamitar*, o "pacificador", nome eufemístico do sacrificador, pode ser ou não ser um brâmane de categoria inferior, pois carrega o pecado de ter matado um ser sagrado, às vezes inviolável. Há no ritual uma espécie de imprecação contra ele: "Que em vossa raça jamais um tal pacificador faça tais coisas", isto é, oxalá não tenhais um sacrificador entre os vossos parentes. (Seguimos o texto de *Âçr. çr. sû.* 3, 1, que Schwab segue, *op. cit.*, p. 105, e não o texto *Ait. Br.*, 6, 7, 11.)

187. Elien, *Nat. an.* XII, 34 (Tenedos). — Rob. Smith, *Rel. of Sem.*, p. 305.

188. Porf. *De Abst.* II, 29-30; *Paus.* I, 24, 4; 28, 10. — Mito da instituição dos *Karneia*: Paus. II, 13, 4; Uzener, *Rhein. Mus.*, 1898, p. 39 ss. — Stengel, p. 140. — Cf. Platão, *Leg.* IX, p. 865.

189. Ver Frazer, *Paus.* t. III, p. 54 ss.

190. Diz-se: "Voltai seus pés para o norte, fazei ir ao sol seu olho, espalhai ao vento seu sopro, à atmosfera sua vida, às regiões seu ouvido, à terra seu corpo". Estas indicações *Açv. çr. sû.* III, 3, 1, cf. *Ait. Br.*, 6, 6, 13 são importantes. A cabeça é virada para o ocidente, porque tal é o caminho geral das coisas: aquele por onde vai o sol, aquele que seguem os mortos, por onde os deuses subiram ao céu, etc. — A orientação das vítimas é um fato muito notável. Infelizmente as informações semíticas, clássicas, etnográficas, são relativamente pobres sobre a questão. Na Judéia, as vítimas eram amarradas aos cornos do altar, de diferentes lados de acordo com a natureza do sacrifício, e parece que tinham a cabeça voltada para o leste. — Na Grécia, as vítimas aos deuses ctonianos são sacrificadas com a cabeça contra a terra; as dedicadas aos deuses celestes, com a cabeça voltada para o céu (ver *Il.* A. 459 e Schol.) Cf. os baixos-relevos que representam o sacrifício mitriático do touro, em Cumont, *Textes et mouvements relatifs au culte de Mithra*.

191. *Âp. çr. sû.* VII, 17, 1. *Açv. çr. sû.* III, 3, 6. Da mesma forma, na Missa católica os fiéis inclinam-se na Elevação.

192. Diz-se ao animal: que ele vá ao céu, para os seus, que não morra, que não seja ferido, que vá pelo caminho dos bons, o caminho de Savitar (o sol), o caminho dos deuses, etc., etc. *Ap.* VII, 16, *T. B.* 3, 7, 7, 14.

193. *Kâty. çr. sû.* VI, 15, 19. Importa que o corpo esteja intacto no momento da morte.

194. Tal é a ordem repetida três vezes *Açv. çr. sû.* III, 3, 1, 4.

ENSAIO SOBRE A NATUREZA E A FUNÇÃO... 173

Os ritos do assassinato eram extremamente variáveis. Mas cada culto exigia que fossem escrupulosamente observados. Modificá-los era geralmente uma heresia funesta, punida pela excomunhão e pela morte [195]. É que, pelo assassínio, liberta-.a-se uma força ambígua, ou, antes cega, temível pelo próprio fato de ser uma força. Era, pois, necessário limitá-la, dirigi-la e domá-la. Era para isso que serviam os ritos. No mais das vezes, cortava-se a nuca ou o pescoço da vítima [196]. A lapidação era um rito antigo que na Judéia só aparecia em certos casos de execução penal; na Grécia só no estado de testemunha, no rito de algumas festas [197]. Em outras partes, a vítima era espancada [198] ou dependurada [199]. Nenhuma precaução era demais numa operação tão grave. Geralmente desejava-se que a morte fosse rápida; apressava-se a passagem entre a vida terrestre da vítima e a vida divina, a fim de não deixar às influências más o tempo de viciar o ato sacrifical. Se os berros do animal eram tidos de como mau presságio, procurava-se abafá-los ou conjurá-los [200]. Amiúde, com vistas a evitar possíveis desvios da consagração desencadeada, procurava-se regulamentar a efusão do sangue consagrado [201]; cuidava-se para que só caísse num lugar propício [202], ou ainda agia-se de maneira a não derramar nenhuma só gota [203]. Entretanto, acontecia também que essas precauções fossem consideradas como indiferentes. Em Metidrion, na Arcádia, o rito mandava que se despedaçasse a vítima [204]. Podia-se até ter interesse em prolongar-lhe a agonia [205]. A morte lenta, como a morte brusca, podia diminuir a responsabilidade do sacrificador; pelas razões declaradas,

---

195. Ex. Maspero, *Rev. arch*, 1871, p. 335, 336 (Estela de Napata).
196. Isto se verificava em todos os casos do ritual hebraico (*Lev.* 1:5, etc.), salvo no sacrifício dos pombos cuja garganta era cortada com a unha (*Lev.* 1:14, 15). — Na Grécia, ver *Od. T.* 449. — Apoll. Rhod., *Arg.* I, 429 ss. — Soph., *Aj.*, 296 ss.
197. Lapidação de *Pharmakos* nos *Targélios*: Eurip. *Androm.* 1128; Istros *F. H. G.*, I, p. 422. — Cf. a festa dos λιθοβόλιχ em Trezene. *Paus.* II, 32. — Cf. Mannh. *W. F. K.*, I, 419, 548, 552. — A lapidação parece que tinha a finalidade de "dividir a responsabilidade" entre os assistentes. Jevons, *Introd. Hist. Rel.*, p. 292. Vítima golpeada de longe, ver Suidas βουτόπος. . Cf. Porf., *D. Abst.* II, 54 ss.
198. Dion. Hal., VII, 72, p. 1459. — Apoll. Rhod., *Arg.* I, 426.
199. Rob. Smith, *op. cit.*, p. 370.
200. Na Índia védica, uma série de expiações eram prescritas para o caso em que, depois de sua entrada no campo do sacrifício, o animal fizesse sinais sinistros (*T. B.*, 3, 7, 8, 1, 2 v. comentário. Ver Schwab, *Thier.*, p. 76, n.º 46), no caso em que, preparado para a asfixia, o animal soltasse um grito, ou tocasse o ventre com o pé, *Âp. çr. sû.* VII, 17, 2, 3. Cf. *T. S.*, 3, 1, 5, 2. Ver, para outros fatos, Weber, *Omina et Portenta*, pp. 377 ss.
201. É conhecido o princípio bíblico que exige que todo o sangue deve ser consagrado a deus, mesmo o dos animais mortos na caça: *Lev.* 17:10; 19:25; *Deut.* 12:16, 23, 25; 15:23. — Cf. na Grécia, *Od.* T 455; 427. — Stengel, p. 401. — Höfler, *Corr. Blatt. d. D. Gesell. f. Anthrop.* (1896), 5. A mesma precaução com relação ao leite. Höfler, *ib.*
202. Na Judéia, o sangue recolhido era seus vasos era entregue ao sacerdote oficiante, *Lev.* 1:5; 4:12, e este usava-o ritualmente. — Na Grécia, em alguns sacrifícios, o sangue era recolhido numa taça σφαγιον ou σφαγεῖον . Poll. X, 65. — Xen. *Anab.* II, 2, 9.
203. Rob. Smith, *R. Sem.*, p. 417. — Sacrifício cita. Herod. IV, 60; entre certas tribos do Altai quebra-se a espinha dorsal da vítima. Kondakoff Reinach. — *Antiquités de la Russie Méridionale*, p. 181.
204. *Paus.* VIII, 37, 5. — Rob. Smith, *Rel. Sem.*, p. 368.
205. Mannh. *W. F. K.*, I, p. 28 ss.

ENSAIOS DE SOCIOLOGIA

os rituais eram engenhosos em encontrar circunstâncias atenuantes. Os ritos eram mais simples quando em lugar de um animal só se sacrificava a farinha ou bolos. A oblação era lançada toda inteira ou em partes ao fogo.

Por esta destruição, o ato essencial do sacrifício estava realizado. A vítima era separada definitivamente do mundo profano; era *consagrada,* era *sacrificada,* no sentido etimológico do termo, e as diversas línguas chamavam *santificação* ao ato que a punha neste estado. Mudava de natureza, como Demofon, como Aquiles, como o filho do rei de Biblos, quando Demeter, Tétis e Ísis consumiam no fogo sua humanidade [206]. Sua morte era aquela do fênix [207]: renascia sagrada. Mas o fenômeno que se passava neste momento tinha outro aspecto. Se, de uma parte, o espírito era libertado, se havia passado completamente "para trás do véu", para o mundo dos deuses, de outro lado, o corpo do animal continuava visível e tangível; e também ele, pelo fato da consagração, estava repleto de uma força sagrada que o excluía do mundo profano. Em suma, a vítima sacrificada parecia-se com os mortos cuja alma residia, ao mesmo tempo, no outro mundo e no cadáver. Por isso seus restos eram cercados de religioso respeito [208]: honras lhes eram tributadas. O assassinato deixava atrás de si uma matéria sagrada, e era ela que, como iremos ver agora, servia para desenvolver os efeitos úteis do sacrifício. Para tanto era submetida a uma dupla série de operações. Aquilo que sobrevivia do animal ou era atribuído inteiramente ao mundo sagrado, ou atribuído totalmente ao mundo profano, ou dividido entre um e outro.

A atribuição ao mundo sagrado, divindades protetoras e demônios malfazejos, realizava-se segundo diferentes processos. Um deles consistia em pôr materialmente em contato certas partes do corpo do animal e o altar do deus ou alguns objetos que lhe eram especialmente consagrados. No *hattât* hebraico do dia de Kippur, tal como era descrito nos primeiros versículos do Capítulo 4 do *Levítico* [209], o sacrificador molha seu dedo no sangue, que lhe é apresentado; faz aspersão sete vezes diante de Iahwe, isto é, sobre o véu, e lança um pouco de sangue sobre os cornos do altar dos perfumes, no interior do santuário [210]. O resto era derramado ao pé

---

206. Pl. *De Iside et Osiride,* 15, 17, Mannh. *W. F. K.,* II, 52. Rohde, *Psyche,* p. 393; Dieterich, *Nekyia,* p. 197 ss., etc.

207. Wiedemann, *Aeg. Zeitsch.,* 1878, p. 89. Cf. Morgan-Wiedemann, *Negada,* p. 215. — Cf. Frazer *Gold. Bough,* II, p. 90.

208. Herod. III, 91. Ver os fatos conhecidos em Frazer. *Gold. Bough,* II, p. 112 ss.

209. *Lev.* 4:5, 7; 16-19; 17:11. Com freqüência busca-se fundamento nesta última passagem para dizer que a virtude expiatória do sacrifício pertence ao sangue. Mas este texto significa simplesmente que o sangue colocado sobre o altar representa a vida da vítima consagrada.

210. *Ex.* 30:10; *Lev.* 16:16. Ver sobretudo *Talm. J. Yoma. Misch.,* V, 4, 6.

do altar da *òlâ* que era a entrada. No *hattât* ordinário o sacerdote lançava o sangue sobre os cornos do altar da *òlâ*[211]. O sangue das vítimas da *òlâ* e dos *shelamin* era simplesmente derramado ao pé do altar[212]. Em outros lugares, manchava-se a pedra sagrada ou a figura do deus[213]. Na Grécia, nos sacrifícios às divindades aquáticas, fazia-se escorrer o sangue para a água[214]; ou então, depois de ser recolhido numa taça, era derramado no mar[215]. Quando a vítima era esfolada, podia-se revestir com sua pele o ídolo[216]. Este rito era particularmente observado nas cerimônias em que se sacrificava um animal sagrado, qualquer que fosse a forma dada ao ídolo[217]. Em todo caso, apresentava-se a vítima morta como a haviam apresentado antes da consagração[213]. Na *òlâ*, os ajudantes, depois de terem cortado a vítima em pedaços, levam-nos com a cabeça ao sacerdote oficiante que os põem sobre o altar[219]. No ritual dos *shelamin*, as partes apresentadas recebiam nomes significativos: *terumâ*, oferenda elevada, *tenuphâ*, oferenda virada[220].

A incineração era outro meio. Em todos os sacrifícios hebreus, assim como o sangue era inteiramente atribuído por via de aspersão ou de efusão[221], a gordura e as vísceras eram queimadas no fogo do altar[222]. As porções assim consagradas ao deus que personificava a consagração chegavam até ele em fumo de agradável odor[223]. Quando o deus intervinha no sacrifício, julgava-se que comia real e substancialmente a carne sacrificada; era "sua carne"[224]. Os poemas homéricos mostram-nos os deuses sentando-se aos banquetes

---

211. *Lev.* 4:25, 30; 8:14; 9:9; 16:16; *Ez.* 43:20.

212. *Lev.* 1:5; 9:12. — *Lev.* 3:2.

213. O hábito de pintar de vermelho certos ídolos provém sem dúvida destas unções primitivas. Ver Frazer, *Paus.* t. III, p. 20 ss. Herod. IV, 62. Sprenger, *Das Leben und die Lehre des Mohammad*, t. III, p. 457. — Miss Kingsley, *Travels in West Africa*, p. 451. — V. Marillier, *Rev. hist. des relig.*, 1898, I, p. 222, etc.

214. Stengel, p. 121. — Michel, *Recueil d'inscriptions grecques*, 714, 37 (Mykonos). Cf. Rev. Mart. J. Hall, *Through my Spectacles in Uganda.* Londres, 1898, pp. 96-97 (Bagandas).

215. Ateneu, VI, 261, D.

216. Rob. Smith, *Rel. Sem.* 435 ss. — Cf. Muller-Wieseler, *Denkmäler*, I, pl. LIX, 299. 6, imagem de Hera Ἀλλοράγος.

217. Ex. em Tebas. Herod. II, 42.

218. Varro. *De R. R.* I, 29, 3.

219. *Lev.* 1:6,8,9; 9:13. — *Êx.* 29:17. — Os ossos não deviam ser quebrados: *Êx.* 12:46. *Núm.* 9:12.

220. *Lev.* 7:14; 9:21; 10:14; 15; 14:12, 21.

221. São conhecidas as proibições bíblicas de comer o sangue que é a vida, e que pertence a Deus. *I Sam.* 14:32-33; *Deut.* 12:23; *Lev.* 17:11. *Gên.* 9:2-5. Cf. Virg. *Georg.* II, 484. Sérvio *ad Aen.* III, 67; V. 78; Cf. Ellis, *Ewe Speaking Peoples*, p. 112. Cf. Marillier, "La place du totémisme", etc., *Rev. d'hist. des relig.*, 1898, p. 351.

222. *Lev.* 3:3, 4, 16 ss.; 7:23; 9:19, 20; para os *shelamim Lev.* 4:8 ss. 19, 31; 9:10. — Na Grécia: Stengel, *op. cit.*, p. 101; Paton *Cos.* 38; Hesic. ἐνορατα; Herod. IV, 62.

223. *Lev.* 1:9, 13, 17; 2:2, 9, etc.; *Sal.* 66:15. Cf. *Es.* 1:13. Cf. Clermont-Ganneau, "Inscript. de Kanatha", in *C. R. de l'Ac. des Inscr.*, 1898, p. 599. — *Il.* A. 301; 549 ss.

224. *Lev.* 21:8, 17, 21. *Ez.* 44:7. Herod. IV, 61. Cf. a propósito de *Hirpi Sorani*, e da maneira como os lobos roubavam a carne dos sacrifícios, V. Mannhardt, *W. F. K.* II, p. 332.

176 ENSAIOS DE SOCIOLOGIA

sacrificais [225]. A carne cozida [226], reservada ao deus, era-lhe apresentada e era colocada diante dele. Devia comê-la. Na Bíblia, muitas vezes, o fogo divino irrompe e faz desaparecer as carnes que estão sobre o altar [227].

Sobre a carne que restava depois destas destruições preliminares, outras partilhas eram feitas. O sacerdote tirava sua parte [228]. Ora, a parte do sacerdote ainda era uma parte divina. Os redatores do *Pentateuco* preocuparam-se em saber se a vítima do *hattât* devia ser queimada ou comida pelos sacerdotes. Moisés e os filhos de Aarão, segundo o *Levítico* [229], estavam em desacordo neste ponto. Portanto os dois ritos tinham visivelmente o mesmo sentido [230]. Da mesma forma, nos sacrifícios expiatórios romanos, os sacerdotes comiam a carne [231]. No *zebah shelamin*, os sacerdotes guardavam as partes especialmente apresentadas a Iahwe, a espádua e o peito [232], a *tenuphâ* e a *terumâ*. As partes reservadas aos sacerdotes só podiam ser comidas por eles e suas famílias, e num lugar sagrado [233]. Os textos gregos contêm numerosas informações, não menos precisas, sobre as partes das vítimas e das oblações reservadas aos sacrificadores [234]. Sem dúvida, os ritos às vezes pareciam muito pouco exigentes; assim, os sacerdotes levam sua parte para casa; faz-se dinheiro com as peles das vítimas e as partilhas assumiam um aspecto de pequenos ganhos. Contudo pode-se crer que os sacerdotes eram, também neste caso, os agentes, os representantes, os substitutos do deus. Assim os mistas de Baco dilaceravam e devoravam as vítimas quando estavam possessos [235]. Talvez se devam considerar como partes sacerdotais diversas porções atribuídas aos reis [236] ou às famílias sagradas [237].

A incineração, a consumação pelo sacerdote tinha como objeto eliminar completamente do meio temporal as partes

---

225. *Odr. T.*, 51 ss., H. 201 ss.
226. No ritual hebraico a vítima era fervida ou bem queimada. — Para as vítimas fervidas, ver *I Sam.* 2:13; Herod. IV, 61.
227. Ver acima, p. 163.
228. *Ex.* 29:32 ss.; *Lev.* 7:8, 14; *I Sam.* 2:13 ss.; *Ez.* 44:29 ss. — *C. I. S.* 165 passim, 167.
229. *Lev.* 10:16 ss. Cf. 4:11; 6:18 ss.
230. A disputa foi resolvida por uma distinção: a vítima devia ser queimada "fora do campo" quando o sangue era trazido ao santuário, isto é, fora do sacrifício do Grande Perdão. Nos outros casos, a carne pertencia aos sacerdotes. *Lev.* 6:23; 10:18. Cf. 4:21; 8:17; 4:11.
231. Cf. *Act. fr. Arv.* a. 218 (*C. I. L.*, VI, 2104) *et porcilias piaculares epulati sunt et sanguinem postea.* — Serv. *ad.* 'Aen. III, 231.
232. *Ex.* 19:27 ss. — *Lev.* 7:13, 29 ss.; 10:14. — *Núm.* 5:9; 6:20; 18:8 ss. *Deut.* 18:3.
233. *Lev.* 6:19, 22: Só os homens podem comer do *hattât* e é necessário que estejam puros. — Para os *shelamim* (10:14) as mulheres dos Cohanim são admitidas, mas é necessário comê-los em lugar puro. As carnes são sempre cozidas numa câmara sagrada: *Ez.* 46:20.
234. Paton., *Cos.* 37, 21, 51; 38, 2, 5; 39, 10 ss. Michel, *op. cit.* 714 (Mykonos), 726 (Milet). *B. C. H.*, 1889, p. 300 (Sinope). *Pausanias*, 5, 13-2. — Stengel, "Zunge des Opfertier", in *Jahrb. f. Phil.* 1879, p. 687 ss.
235. Rhode, *Psyche*, II, p. 15.
236. Herod. IV, 161; VI, 57.
237. Paton, *Cos.*, 38, 17.

ENSAIO SOBRE A NATUREZA E A FUNÇÃO... 177

do animal que eram assim destruídas ou consumidas. Como a alma que a imolação anteriormente havia libertado, elas eram, por isso mesmo, dirigidas para o mundo sagrado. Havia casos em que a destruição e a eliminação daí resultante se referiam ao corpo inteiro e não apenas a algumas de suas partes. Na *òlâ* hebraica e no holocausto grego [238], a vítima inteira era queimada sobre o altar ou no lugar sagrado, sem que dela nada fosse subtraído. O sacerdote, depois de ter lavado as entranhas e os membros do animal, colocava-os sobre o fogo onde se consumiam [239]. O sacrifício, às vezes, era chamado *Kalil*, isto é, completo [240].

Entre os casos de destruição completa, havia certo número que apresentava uma fisionomia especial. A imolação da vítima e a destruição de seu corpo operavam-se de uma só vez. Não se começava por matá-la para depois incinerar seus restos: tudo se passava ao mesmo tempo. Eram assim os sacrifícios por precipitação. Quer se lançasse um animal num abismo, quer o precipitassem da torre de uma cidade ou do alto de um templo [241], realizava-se *ipso facto* a separação brutal que era o sinal da consagração [242]. Estes tipos de sacrifícios geralmente eram endereçados às divindades infernais ou aos maus gênios. Carregados de influências maléficas, tratava-se sobretudo de afastá-los, de apartá-los do real. Não há dúvida de que nem toda a idéia de atribuição estava ausente da operação. Havia a vaga idéia de que a alma da vítima, com todos os poderes maléficos que nela estavam, ia unir-se ao mundo das potências maléficas; assim é que o bode do Grande Perdão era dedicado a Azazel [243]. Mas o essencial era eliminá-lo, expulsá-lo. Por isso acontecia que fosse expulso sem ser entregue à morte. Na Leucade, providenciava-se para que a vítima escapasse; ela era exilada [244]. O pássaro solto nos campos no sacrifício da purificação dos leprosos na Judéia [245], o βολιμος [246] expulso das casas e da cidade de Atenas, são sacrifícios deste tipo. Apesar

---

238. **Plat.** *Qu. Symposiacae*, VI, 8, 1 (Esmirna). Virg. *Aen.*, VI, 253. **Serv.** *ad loc.* Cf. Tautain, in *Anthropologie*, 1897, p. 670. Os LXX traduziram *òlá* por holocausto.
239. *Lev.* 1:9; 9:14; 9:20; 1:17. *Ez.* 40:38.
240. *Deut.* 33:10; *òlâ kalil, I Sam.* 7:9. *Sal.* 51:21, o *kalil* é distinto do *òlâ.*
241. **Luc.** *de Dea Syria*, 58. — Herodiano, V, 5 ss.; Lamprid, *Helag.* 8. — Movers, *Phön.* I, 365. — Plut. *d. Is.* e *Os.* 30. — Em *Thargélies*: Am monios, p. 142 Valk.; cf. Mannhardt, *Myth. Forsch.*, p. 136, n.º 1. — Na Thesmoforias: *Rhein. Mus.* XXV, 549 (Schol. à Luc. *Dial. mer.* II, 1). — Em Marselha: Serv. *ad Aeneid.* III, 57. — O bode de Azazel, no dia do Grande Perdão, era precipitado, da mesma forma, do alto de um rochedo (*Talm. J. Mischná de Yoma*, VI, 3, 7).
242. Há certa analogia entre estas precipitações e alguns dos afogamentos das vítimas praticados nas festas agrárias. V. Stengel, *op. cit.*, p. 120 ss. — Mannhardt, *W. F. K.*, II, p. 278, 287. Cf. Rohde, *Psyche*, I, 192.
243. *Lev.* 17:26.
244. Estrabão, X, 2, 9.
245. *Lev.* 14:53.
246. **Plut.** *Quaest. Symp.* VI, 8, 1. Ver para um certo número de fatos do mesmo gênero, cujo número facilmente poderia ser aumentado, Frazer. *Gold. B.* II, p. 157 ss.

ENSAIOS DE SOCIOLOGIA

da diferença de ritos, passa-se aqui o mesmo fenômeno que sobre o altar da *òlâ* em Jerusalém quando a vítima sabe toda inteira em fumaça diante da face de Iahwe. De ambos os lados ela é separada completamente, embora não seja para as mesmas regiões do mundo religioso que ela se dirige nos dois casos.

Mas quando os restos da vítima não eram totalmente atribuídos nem aos deuses nem aos demônios, eram utilizados para comunicar aos sacrificantes ou aos objetos do sacrifício as virtudes religiosas que a consagração sacrifical havia neles suscitado. As operações que vamos descrever correspondem àquelas que encontramos no começo da cerimônia. Vimos então o sacrificante passar à vítima algo de sua personalidade por meio da imposição das mãos. Agora é a vítima ou aquilo que dela resta que vai passar ao sacrificante as qualidades novas que adquiriu pela sacrificação. Esta comunicação pode ser obtida por uma simples bênção [247]. Mas, em geral, recorria-se a ritos mais materiais; eram, por exemplo, a aspersão do sangue [248], a aplicação da pele [249], unções de gordura [250], o contato dos resíduos da cremação [251]. Às vezes, o animal era cortado em duas partes e o sacrificante passava no meio delas [252]. Mas o meio de realizar a comunicação mais perfeita era abandonar ao sacrificante uma parte da vítima que ele consumia [253]. Assimilava os caracteres do todo quando comia uma parte. Aliás, da mesma forma como havia casos em que tudo era queimado para o deus, havia também outros em que o sacrificante recebia a totalidade da oblação[254].

Todavia, estes direitos sobre a parte da vítima que se lhe abandonava eram limitados pelo ritual [255]. Com freqüência devia consumi-la dentro de um tempo determinado. O *Levítico* permite comer no dia seguinte da cerimônia o resto da vítima do sacrifício do voto (*neder*) e do sacrifício designado pelo nome de *nedabâ* (oferenda voluntária). Mas, se ainda restava alguma coisa no terceiro dia, era preciso quei-

---

247. *Lev.* 9:22. — O *Çat. Br.* exprime maravilhosamente o mesmo princípio: "o sacrifício pertence aos deuses, a bênção ao sacrificante". *Çat. B.* 2, 3, 4, 5.

248. *Lev.* 14:7. — Wellhausen, *Reste des arabischen Heidenthums*, p. 174 (iniciação). — Na Grécia, Xenofonte, *Anab.* II, 2, 9 (juramento). — Frazer, *Pausanias*, t. III, p. 277, p. 593 (purificação).

249. Luc, *Dea Syria*, 55. — *Paus.* I, 34, 3 (a pessoa se deita debaixo da pele da vítima). Cf. Frazer, *Pausanias*, t. II, p. 476. — Διος χωδιον. Stengel, *op. cit.*, p. 146. Cf. Lenormant, *Gaz. Archeol.* 1884, p. 352; Rob. Smith, *Rel. Sem.*, p. 437, 438.

250. Rob. Smith, *op. cit.*, p. 383-4.

251. Cinzas da vaca ruiva servem para as águas de lustração, *Núm.* 19:9. — Ovídio, *Fastos*, IV, 639, 725, 733.

252. Ver acima, *Jer.* 34:18 ss.; cf. *I Reis*, 18:36. O rito parece ter feito parte de um sacrifício sacramentário, simbólico de um contrato. Cf. *Gên.* 13:9 ss. Plut. *Qu. Rom.* 111.

253. Sabe-se que o nome técnico das carnes do *zebah shelamim*, etc., que se podiam consumir em Jerusalém era aquele de *Qedashim* = santidades (cf. LXX χρέα ἅγια). *Jer.* 11:15. Cf. Rob. Smith, *Rel. Sem.*, p. 238.

254. No *zebah shelamim*, afora as partes reservadas, o sacrificante tem direito ao todo.

255. Ver Rob. Smith, *Rel. of Sem.*, p. 237 ss.

ENSAIO SOBRE A NATUREZA E A FUNÇÃO... 179

má-lo; quem o comesse pecava gravemente[256]. Geralmente, a vítima deve ser comida no próprio dia do sacrifício[257]; quando este se realiza à tarde, nada deve restar pela manhã: é o caso do sacrifício da Páscoa[258]. Na Grécia, encontravam-se restrições análogas, por exemplo, nos sacrifícios θεοῖς τοῖς Μειλιχίοις, deuses ctonianos, em Mionia na Fócida[259]. Além disso, o banquete sacrifical só podia realizar-se nos limites do santuário[260]. Estas precauções destinavam-se a impedir que os restos da vítima, sendo sagrados, entrassem em contato com as coisas profanas. A religião defendia a santidade dos objetos sagrados ao mesmo tempo em que protegia o vulgar contra a malignidade. Se, embora profano, o sacrificante era admitido a tocar em objetos sagrados e a comer do sacrifício, era porque a consagração, santificando-o, o havia colocado em estado de poder fazê-lo sem perigo. Mas os efeitos da consagração não duravam por muito tempo; desvaneciam-se com o passar do tempo e daí por que a consumação devia realizar-se dentro de um tempo determinado. Inutilizados, os restos deviam, se não fossem destruídos, ao menos ser guardados e vigiados[261]. Mesmo os resíduos da cremação que não podiam ser nem destruídos nem utilizados não eram jogados ao acaso. Eram depositados em lugares especiais protegidos por interdições religiosas[262].

O estudo do sacrifício animal hindu, cuja descrição interrompemos, apresenta um conjunto, raramente realizado, de todas estas práticas, e daquelas que se referem à atribuição aos deuses, e daquelas que se referem à comunicação aos sacrificantes.

Logo depois da sufocação da vítima, assegura-se-lhe a pureza sacrifical por meio de um rito especial. Um sacerdote conduz para junto do corpo estendido a mulher do sacrificante que assistiu à cerimônia[263] e, durante diferentes lavagens, ela "faz beber" a cada um dos orifícios do animal as águas da purificação[264]. Feito isto, a desmembração co-

256. *Lev.* 7:15-18; 19:5-8; *Êx.* 29:34. Cf. Mannhardt, *W. F. K.* II, p. 250. — Frazer, *Gold. B.* II, p. 70.
257. *Lev.* 7:15; 22:29, 30. Ver *Dillmann-Knobel*, t. XII, p. 448.
258. *Êx.* 12:10; 23:18; 24:25; *Deut.* 16:4.
259. *Paus.* X, 38-6. Ver Frazer, t. III, p. 240. — Rob. Smith, *op. cit.*, p. 282, 369. — Cf. *Athénée*, VII, p. 276.
260. *Paus, ib.;* II, 27, 1; VIII, 38-6. Hesic, *s. v.* Ετσ'ία θύομεν. — Paton, *Cos.* 38,24.
261. *Paus.* X, 32-9. (Culto de Ísis a Titoréia): os restos da vítima permaneciam expostos no santuário de uma festa a outra; e, antes de cada festa, eram tirados e enterrados.
262. *Lev.* 6:4; 14:4; cf. 4:11; cobria-se com terra o sangue dos pássaros mortos no templo. — No Olimpo havia um montão de cinzas diante do altar: *Paus.* X, 13, 8. Ver Frazer, t. III, 556; Stengel, p. 15.
263. A mulher do sacrificante assiste a todos os sacrifícios solenes hindus, num lugar especial, ligeiramente ligada, e é objeto de certos ritos, que lhe comunicam de certa forma os eflúvios do sacrifício e asseguram sua fecundidade. *Kâty. çr. sû,* VI, 6, 1 ss. *Ap. çr. sû.* III, 18, 1, 12 com.
264. Ela faz beber todos os sopros *sarvân prânân* (*Ap.*, VII, 18, 6) enquanto o oficiante asperge com muita água todos os membros (*T. S.*, 1, 3, 9, 1. Cf. 6, 3, 9, 1; *V. S.* VI, 14; *Ç. B.* 3, 8, 2, 4, 7), deve-se

180   ENSAIOS DE SOCIOLOGIA

meça. Desde o primeiro golpe do cutelo, o sangue escoa; deixa-se que escorra. É a parte destinada aos maus gênios. "Tu és a parte dos *raksas*" [265].

Vem então a cerimônia que tem como objeto atribuir ao deus a parte essencial da vítima: é a *vapâ*, na terminologia médica o *grande epigloon* [266]. Tiram-na rapidamente com todas as espécies de precauções e de propiciações. Conduzemna processionalmente como uma vítima, enquanto o sacrificante segura o sacerdote que a leva [267]. É cozida junto ao fogo sagrado e dispõem-se as coisas de modo que a gordura, derretendo-se, escorra gota a gota sobre o fogo. Diz-se que cai sobre "a pele do fogo" [268], isto é, de Agni, e como Agni é encarregado de transmitir aos deuses as oferendas, é uma pri-

---

reconstituir *nâsike*, etc., in *T. S.*). A cerimônia tem vários sentidos. Os Taitt exageraram o lado propiciatório: a morte é "uma dor", uma flama que arde com os sopros, que é preciso pacificar. Para tanto, faz-se beber água aos sopros, e a dor e a chama partem com a água para a terra. (Cf. *Ç. B.* 3, 8, 2, 8, 16). Por isso os Taitt dizem para cada um dos *mantras* dirigidos a cada orifício: "Bebei" e não "purificai-vos" (Vâj.), expressão que corresponde ao próprio nome do rito. A explicação dos Vâj. insiste no lado purificatório do rito; dizem: "Purificai-vos": a vítima é uma vida, é mesmo a *amrta* (alimento imortal, imortalidade) dos deuses. Ora, mata-se o animal quando o sufocam e o aplacam. Mas as águas são os sopros da vida (contêm os princípios vitais); assim, fazendo-se assim (esta lustração), substituem-se os sopros. A vítima torna-se de novo vida e alimento imortal dos imortais. (*Ç. B. loc. cit.*).

265. *Ap.* VII, 18, 14, mantras: *T. S.*, 1, 3, 9, 2; *V. Ib.*, 6, 3, 9, 2, propõe um rito mais preciso. (Cf. *Kâly*, VI, 6, 11.) Mas os textos da escola de Rg Veda (a adhrgunigada *Açv. çr. sû*, III, 3, 1; *Ait. Br.*, 6, 7, 1, 10) falam simplesmente de espalhar o sangue para os demônios, a fim de que se afastem. A discussão travada nesta matéria é interessante: é explicado que os demônios, como os deuses, assistem aos sacrifícios; que lhe cabe também suas partes; porque sem isto, como eles têm direto a elas, se não se lhes desse nada para afastá-los (nir-ava-dâ; cf. Oldenberg, *Rel. d. Ved.*, p. 218 e *T. S.*, 6, 3, 9, 2), eles "passariam a pesar" sobre o sacrificante e à sua família. — Assim, diferentes outras partes da vítima são atribuídas aos demônios: as gotas de sangue que escapam na hora da cozedura do coração (*Kâty*, VI, 7, 13) e, além disso, o estômago, os excrementos e as ervas sobre as quais é espalhado o sangue recolhido. (*Ap.* não dá estes pormenores; ver Schwab, p. 137); todas estas partes são enterradas na "fossa dos excrementos", fora do lugar sacrifical (*Ap.*, VII, 16, 1; cf. *Açv.*, III, 3, 1). O *Ait. Br.*, 6, 6, 16 dá outra interpretação a este enterramento. — Os textos com freqüência passam por cima destas partes feitas aos demônios. Pareceu rito irreligioso (cf. *Ait.* 6, 7, 2) convidar os inimigos dos deuses para o sacrifício. — Mas os ritos são claros: em geral todos os restos inutilizáveis dos sacrifícios (por exemplo, os farelos dos grãos moídos para fabricar o bolo) são assim rejeitados, expulsos. — Pode-se comparar a estes fatos a prática grega do sacrifício a ʽΗράγαμηλία, onde se rejeitava, o fel da vítima (Plut. *Conj. praec.*, 27), e a prescrição bíblica de enterrar o sangue dos pássaros de purificação. — Observemos que o rito dos sacrifícios da Índia prova que, ao contrário das idéias admitidas, um sacrifício sangrento não tem necessariamente como princípio o uso que se faz do sangue.

266. A parte superior do peritônio, musculosa e gordurenta, "a mais sumarenta, para ti, do meio, dentre as gorduras, foi tirada, nós to-la damos". *R. V.* III, 21, 5. É a parte central do animal; o princípio de sua vida individual, seu *âtman* (*T. S.*, 6, 3, 9, 5), como o "sangue é a vida" entre os semitas. Ela é o princípio sacrifical da vítima (o *medhas*). *T.* 3, 1, 5, 2; *Ç. B.*, 3, 8, 2, 28; ver *Ait. Br.*, 7, 3, 6, um mito ritual curioso.

267. *Ap. çr. sû.* VII, 19, 3 ss. A testa marcha um sacerdote, com um archote aceso na mão, depois o sacerdote que carrega a porção com a ajuda de dois espetos (pois não deve tocá-la diretamente) e, por fim, o sacrificante, que segura o sacerdote como foi dito acima (*Ap.*, VII, 19, 6, 7, com.). As razões do rito são as mesmas que as indicadas acima (V. p. 169 e n.° 1. *T. S.*, 6, 3, 9, 3 e 4).

268. *R. V.*, III, 21, 5. Trad. de Oldenberg (*ad loc.*) contra Sâyana in *R. V.*, e *T. B.*

ENSAIO SOBRE A NATUREZA E A FUNÇÃO... 181

meira parte atribuída aos deuses [269]. Uma vez que a *vapâ* está cozida e cortada, é lançada ao fogo [270], em meio de bênçãos, de reverências e depois de serem feitas as invocações necessárias. É uma nova parte para os deuses. Esta segunda atribuição é tratada, por sua vez, como uma espécie de sacrifício completo [271]; assim é que se apresenta escusas à *vapâ*, tal como se apresentara à vítima no momento da imolação. Feito isto, torna-se ao animal, que agora é esfolado e, de suas carnes, cortam-se dezoito pedaços [272], que são cozidos em conjunto. A gordura, o caldo, a espuma [273], que sobrenadam [274] na panela onde se realiza esta cocção, são para o deus ou para o casal de deuses ao qual se dirige o sacrifício: sacrifica-se tudo isto no fogo. Aquilo que assim se destrói representa formalmente ainda uma vez a vítima toda inteira [275]; é uma nova eliminação total do animal que deste modo é efetuada. Enfim, dos dezoito pedaços que serviram para fazer este caldo, um certo número é tirado para ser atribuído ainda às diferentes divindades ou personalidades míticas [276].

Mas sete destas partes têm um objetivo totalmente diferente [277]: é por meio delas que vai ser comunicada ao sacrificante a virtude sagrada da vítima [278]. Constituem aquilo que se chama a *idâ*. Este nome é igualmente o da deusa que

---

269. Todo o rito é muito antigo pois um dos sacerdotes recita o hino: *R. V.*, II, 75, 1, depois II, 21 todo inteiro = *T. B.*, III, 6, 7, 1 ss. = *M. S.* 3, 10, 1. — Cf. *T. S.*, 6, 4, 3, 5. Cf. *Ait. Br.*, 7, 2, 5 ss. — Ver Ludwig, *Rig-Veda*, IV, 303. — Bergaigne, *Hist. de la liturgie védique*, p. 18, considera este hino como recente porque é formado por versos de metros variados, isto é, por uma série de fórmulas inteiramente separadas. (Ver Oldenberg, *Vedic Hymns S. B. E.*, XLVI, p. 283.) Este fato é incontestável; as fórmulas são de diversas fontes e foram corrigidas tardiamente. Mas as fórmulas são muito anteriores ao hino. De tal sorte que se o hino não tem unidade de redação, apresenta uma unidade de objeto, e a maneira pela qual foi composto demonstra que ele se vincula a um dos ritos mais antigos. — O hino descreve com muita exatidão todos os pormenores da operação (Cf. *T. S.*, 6, 3, 9, 5 e *Ç. B.*, 3, 8, 2, 11). Para este rito sacrifical dos mais importantes, os brâmanes encontraram uma significação naturalista.

270. *Ap.*, VII, 22, 2.

271. Todos se levantam. *Ap.*, VII, 22, 6 = *Kâty*, 6, 6, 29 = *Açv.*, 3, 5, 1 e 2. Os mantras são *T. S.*, 4, 1, 5, 1 = *R. V.*, X, 9, 1, 3. A *V. S.*, VI, 16 dá o mesmo texto que *A. V.*, VI, 89. O último mantra exprime a libertação da doença, do pecado, da morte, da maldição, divina e humana. — Aliás, é o sacrifício da *vapâ*, que marca, no caso em que o sacrifício tenha como finalidade resgatar um homem, o momento preciso do resgate.

272. Ver Schwab, *Thieropf.*, n.º 98, p. 126 ss.

273. Ver Schwab, *Thieropf.*, p. 141, n.º 1, cf. Ludwig, *Rig-Veda*, IV, p. 361. — Ver *Ap.*, VII, 25, 7 ss. — *Ç. B.* 3, 8, 3, 10. Eggel *ad loc.*

274. *Ap.*, VII, 25, 8.

275. *T. S.*, 6, 3, 11, 1. Durante o sacrifício recita-se: *R. V.*, VI, 60, 13; I, 109, 7 e 6 = *T. B.*, 3, 3, 11, 1 ss., fórmulas de glorificação aos deuses, e que descrevem a maneira pela qual eles aceitam a oferenda e a consomem depois de recebê-la.

276. Para Agni que perfaz os ritos (ver Weber *Ind. Stud.*, IX, p. 218) cf. Hilleb. *N.V.O.*, p. 118. — Para os outros seres a quem são atribuídas partes (do intestino grosso) numa oferenda suplementar (*Ap.*, VII, 26, 8 ss.) ver Schwab, n.º 104. Os mantras recitados e as respostas correspondem-se muito mal.

277. Pode-se acrescentar-lhes outras, sem osso. *Ap.*, VII, 24, 11.

278. Sobre a Idâ, ver especialmente: Oldenberg, *Rel. d. Ved.*, p. 289 ss. e as passagens citadas no Index.

182 ENSAIOS DE SOCIOLOGIA

personifica os animais e que dispensa a fortuna e a fecundidade [279]. É que a deusa vem encarnar-se aí no próprio decurso da cerimônia, e eis como se opera esta encarnação [280]. Nas mãos de um sacerdote, previamente ungidas [281], coloca-se a *idâ*; os outros sacerdotes e o sacrificante cercam-na e a tocam [282]. Enquanto permanecem nesta posição, invoca-se a deusa [283]. Trata-se aqui de uma invocação no sentido próprio e técnico do termo (*vocare in,* chamar dentro). A divindade não é somente convidada a assistir e a participar do sacrifício, mas a descer na oferenda. É uma verdadeira transubstanciação que se opera. Diante do apelo que lhe é dirigido, a deusa vem e traz consigo toda a sorte de forças míticas, as do sol, do vento, da atmosfera, do céu, da terra, dos animais, etc. Assim é que, como diz um texto, esgota-se sobre a *idâ* (parte sacrifical) tudo aquilo que há de bom no sacrifício e no mundo [284]. Então, o sacerdote que a segurava em suas mãos come sua parte [285] e, depois, o sacrificante faz o mesmo [286]. E todo o mundo fica sentado em silêncio até que o sacrificante se tenha enxaguado a boca [287]. Então [288], distribuem-se suas partes aos sacerdotes, cada um dos quais representa um deus [289].

279. Ver Berg. *Rel. véd.,* I, 323, 325; II, 92, 94. S. Lévi, *Doctr.,* p. 103 ss.
280. Este momento do sacrifício é tão importante que o *Çat. Br.* ligou a ele a famosa lenda tornada clássica, do dilúvio (*Çat. Br.,* 1, 8, 12 inteiro; Eggel, *ad. loc.,* S. B. E., XII). Cf. Weber *Ind. Stud.,* I, 8 ss. — Muir, *Old Sanskrit Texts,* I, p. 182, p. 196 ss. — Mas os outros Bramanas só têm o fim desta lenda, que é só um artigo da fé bramânica. Segundo eles, foi inventando o rito da Idâ, criando assim a deusa Idâ (sua mulher, ou sua filha segundo os textos) que Manu, o primeiro homem e o primeiro sacrificante, adquiriu posteridade e gado (ver *T. S.,* 1, 7, 1 e 2, todo inteiro 6, 7; *T. B.,* 3, 7, 5, 6). Em todo o caso, ela e seu correspondente material, que representam os animais, constituem toda a sua força: *idâ vai paçavo,* "*idâ,* é os animais".
281. Ver Hillebr. *N.V.O.,* p. 124; Schwab, *Th.,* p. 148.
282. Hillebr., p. 125.
283. A cerimônia chama-se *idâhvayana,* ou então *idopahvâna,* termo que corresponde exatamente à *epiclese* da missa cristã. O texto é *Açv, çr. sû.,* I, 7, 7, traduzido em Hillebr. *N. V. O.,* p. 125 e 6; Oldenb. *Rel. d. Véd.,* p. 290 ss. Os textos *Çânkh. çr. sû.,* I, 10, 1; *Taitt. Br.* 3, 5, 8, 1; 3, 5, 13, 1 ss. são ligeiramente diferentes. — Esta invocação consiste essencialmente numa série de apelações à divindade, que, julga-se, traz consigo todas as forças mencionadas, e de outra parte convidar, por seu turno, os sacerdotes e o sacrificante para que tomem sua parte das forças assim reunidas. O sacrificante diz, durante uma pausa (*Âp.,* IV, 10, 6. — *T. S.,* 1, 7, 1, 2): "que esta oferenda (de leite de mistura) seja minha força".
284. *Taitt. Br.,* 3, 5, 8 fim, 3, 5, 13. fim.
285. *L'avântaredâ, idâ* suplementar que segura na outra mão. (Ver Weber, *Ind. Stud.,* X, p. 213). Ele diz (*Açv. çr. sû.* 1, 7, 8; cf. *T. S.,* 2, 6, 8, 1 e 2): "Idâ, aceita nossa parte, faze prosperar nossas vacas, faze prosperar nossos cavalos. Tu dispões da flor da riqueza, alimenta-nos dela, dá-no-la".
286. O sacrificante diz: "Idâ, aceita, etc., possamos nós consumir de ti, nós em corpo e alma (com. a *Taitt. Br.*), todo nós com toda a nossa gente" (*T. B.,* 3, 7, 5, 6).
287. *Açv.,* I, 8, 2.
288. Certa escola prescreve um rito de apresentação aos manes (*Kâty,* 3, 4, 16 e 17). O rito, ainda que antigo (*V. S.,* II, 31), não passa de um rito de escola.
289. Ver os mantras de Hillebr. *N. V. O.,* 126 ss.; assim é que se julga que a boca do *agnidhra* (sacerdote do fogo) é a do próprio Agni. Portanto, as partes sacerdotais são efetivamente partes divinas. Aqui não se trata, como o viu Oldenberg, de um repasto em comum, de um rito de comunhão social, sejam quais forem as aparências. Na Idâ "a parte do sacrificante" tem uma espécie de virtude "medicina" (Oldenberg); dá força ao sacrificante, "coloca nele os ani-

ENSAIO SOBRE A NATUREZA E A FUNÇÃO... 183

Depois de ter distinguido nos diversos rituais que acabam de ser comparados os ritos de atribuição aos deuses e os ritos de utilização pelos homens, importa notar sua analogia. Uns e outros são feitos das mesmas práticas e implicam as mesmas manobras. Encontramos em ambos os lados a aspersão do sangue; a aplicação da pele, aqui sobre o altar ou sobre o ídolo, lá sobre o sacrificante ou os objetos do sacrifício; a comunhão alimentar, fictícia e mítica no que concerne aos deuses, real no que diz respeito aos homens. No fundo, mesmo, estas diferentes operações são todas substancialmente idênticas. Trata-se de pôr em contato a vítima uma vez imolada seja com o mundo sagrado, seja com as pessoas ou as coisas que devem aproveitar do sacrifício. A aspersão, o contato, a aplicação dos despojos evidentemente não passam de maneiras diferentes de estabelecer um contato que a comunhão alimentar leva ao mais alto grau de intimidade; pois não produz uma simples aproximação exterior, mas uma mistura de duas substâncias que se absorvem mutuamente a ponto de tornarem-se indiscerníveis. E se estes dois ritos são a tal ponto semelhantes, é que o objetivo perseguido em ambos os casos não é despido ele próprio de analogia. Em ambos os casos, trata-se de fazer com que a força religiosa, que as consagrações sucessivas acumularam no objeto sacrificado, se comunique, de um lado, com o domínio do religioso, do outro, com o domínio profano ao qual pertence o sacrificante. Ambos os sistemas de ritos contribuem, cada qual em seu sentido, para estabelecer esta continuidade que nos parece ser, depois desta análise, um dos caracteres mais notáveis do sacrifício. A vítima é o intermediário pelo qual se estabelece a corrente. Graças a ela, todas as correntes que se encontram no sacrifício, aí unem-se. Todas as forças que para aí concorrem, confundem-se.

Há mais: não há apenas semelhança, mas estreita solidariedade entre estas duas espécies de práticas de atribuição. As primeiras são a condição das segundas. Para que a vítima possa ser utilizada pelos homens é preciso que os deuses hajam recebido sua parte. De fato, ela está carregada de tal santidade que o profano, apesar das consagrações prévias que, de certa maneira, o elevaram acima de sua natureza ordinária e normal, não pode aí tocar sem perigo. É mister, portanto, baixar de alguns graus esta religiosidade que está nela e que a torna inutilizável para simples mortais. Em parte, já a imolação havia alcançado este resultado. Com

---

mais" como dizem os textos: *paçun yajamâne dadhâti* (note-se o emprego do locativo). Ver *T. S.*, 2, 6, 7, 3: *Aít. Br.*, 2, 30, 1; 6, 10, 11; *Çat. Br.*, 1, 8, 1, 12, etc. — A *Idâ* faz parte do ritual dos sacrifícios solenes hindus. — Acrescentemos que os restos da vítima são, em certa medida, profanados: os brâmanes e o sacrificante podem levá-los para casa. (Schwab, p. 149.) Não conhecemos a regra que prescreve dilações para a consumação dos restos das vítimas. Mas existem regras para a consumação de todos os alimentos em geral.

184 ENSAIOS DE SOCIOLOGIA

efeito, era no espírito que esta religiosidade estava mais eminentemente concentrada. Uma vez que o espírito partiu, a vítima torna-se mais acessível. Podia ser manipulada com menos precauções. Havia até sacrifícios em que todo o perigo desde então desaparecera; eram aqueles em que todo o animal era utilizado pelo sacrificante, sem que nada fosse atribuído aos deuses. Mas, em outros casos, esta primeira operação não bastava para descarregar a vítima tanto quanto era necessário. Cumpria, portanto, retomar de novo o trabalho a fim de eliminar ainda, em direção às regiões do sagrado, aquilo que havia sobrado de demasiado temível; era preciso, como o diz o ritual hindu, refazer uma espécie de novo sacrifício [290].

Assim os ritos, tão numerosos, que são praticados sobre a vítima, podem ser, em seus traços essenciais, resumidos num esquema simples. Começa-se por consagrá-la; depois deixa-se escapar as energias nela suscitadas e concentradas por esta consagração, umas para os seres do mundo sagrado, as outras para os seres do mundo profano. A série de estados pelos quais ela passa poderia, portanto, ser figurada por uma curva: eleva-se a um grau máximo de religiosidade onde se detém só por um instante e de onde torna a descer em seguida progressivamente. Veremos que o sacrificante passa por duas fases homólogas [291].

A saída

Os efeitos úteis do sacrifício estão produzidos; entretanto, nem tudo está terminado. O grupo de pessoas e de coisas que se formou pela circunstância em torno da vítima não tem mais razão de ser; ainda é necessário que se dissolva lentamente e sem choques e, como foi criado por ritos, so-

---

290. Ver p. 180.

291. Alguém pode ter estranhado que, neste esquema, não tenhamos aludido aos casos em que a vítima não é um animal. Tínhamos relativamente o direito de fazê-lo. Com efeito, vimos como os rituais proclamaram a equivalência das duas espécies de coisas (ver p. 149). Por exemplo, em todo o conjunto dos sacrifícios agrários, sua identidade entranhada torna possível a substituição de uns pelos outros (ver p. 211-12). Porém há mais; é possível estabelecer simetrias reais entre as vítimas e as oblações sacrificais. — A preparação dos bolos, a maneira como eram untados de óleo ou de manteiga, etc., corresponde à preparação da vítima. Mesmo a criação da coisa sagrada, no decurso da cerimônia, é muito mais evidente, no caso da oblação, do que em qualquer outro caso, pois é confeccionada amiúde em todas as suas partes, no próprio lugar do sacrifício (ver Índia: Hillebr. *N.V.O.*, p. 28, 41), sobretudo no caso em que se trata de figurinhas (ver para a Índia, Hillebr. *Rit. Lit.*, § 64, p. 48. Cf. Weber, *Naksatra*, II, 338, informações bastante fragmentárias: *Çáñkh. grh. sû.* IV, 19). Para a Grécia, ver atrás, p. 150, Stengel, p. 90 ss. — Festus, 129; cf. Frazer, *Golden Bough*, II, p. 84, p. 139 ss. — Lobeck, *Aglaophamus*, p. 119, 1080 ss. — Depois a destruição tem o mesmo caráter de consagração definitiva que o abate de uma vítima animal. Põe-se sempre, ao menos o espírito da oblação, fora do mundo real. Só que existe uma diferença, natural, aliás mesmo das coisas: na maioria dos casos o momento da atribuição e aquele da consagração coincidem, sem que a vítima tenha por isso o caráter de uma coisa a eliminar. Com efeito, a libação é destruída no momento em que escorre sobre

ENSAIO SOBRE A NATUREZA E A FUNÇÃO... 185

mente os ritos podem pôr em liberdade os elementos de que se compõe. Os vínculos que uniram os sacerdotes e o sacrificante à vítima não foram rompidos pela imolação; todos aqueles que tomaram parte no sacrifício adquiriram nele um caráter sagrado que os isola do mundo profano. É mister que possam voltar a este. É preciso que saiam do círculo mágico em que se acham encerrados. Ademais, no decurso das cerimônias, é possível que tenham sido cometidas faltas que precisam ser apagadas antes de se retomar a vida comum. Os ritos pelos quais se opera esta saída do sacrifício constituem exatamente as contrapartes daquelas que observamos por ocasião da entrada [292].

No sacrifício animal hindu, como, aliás, em todos os sacrifícios do mesmo ritual, esta última fase do sacrifício é mui claramente marcada. Sacrifica-se aquilo que sobra de manteiga e de gordura esparsas sobre a relva [293]; depois, destrói-se no fogo sacrifical um certo número de instrumentos[294], a relva do sacrifício [295], o bastão do recitante, as tabuinhas que estavam em volta da *vedi* [296]. Derramam-se as águas da lustração que não foram empregadas, depois, feita a reverência ao poste [297], faz-se sobre ele uma libação. Às vezes, é levado para casa, julgando-se que purifica das faltas rituais; ou então é queimado como a relva [298]. Destrói-se pelo fogo tudo aquilo que pode restar das oferendas, limpam-se os utensílios que, depois de lavados [299], são guardados. Mas o espeto que serviu para fritar o coração é enterrado; caso

---

o altar, perde-se na terra, evapora ou queima no fogo o bolo, o punhado de farinha se consomem e se perdem em fumaça. O sacrifício e a atribuição à divindade não constituem mais do que um e o mesmo ritual. Mas não há dúvida alguma sobre a natureza da destruição: assim é que o simples depósito de lenha para queimar é, no ritual hindu, em certos momentos, um sacrifício por si mesmo (aludimos aos *sâmidheni*, ver Hillebr. *N. V. O.*, p. 74 ss.). Enfim, a repartição das partes é, *mutatis mutandis*, análoga àquela do sacrifício animal: assim no caso do sacrifício da lua cheia e nova, encontramos partes para os deuses, uma *idâ*, etc. Lembremos, enfim, que o mais importante de todos os sacrifícios hindus, o caso talvez mais extraordinário de todos os sacrifícios, aquele em que se faz com que a vítima suporte todos os tratamentos possíveis, o sacrifício *soma*, é, como o sacrifício cristão, constituído por uma oblação vegetal.

292. Nada é mais explicável; pois são as mesmas pessoas e as mesmas coisas que estão em jogo, e, de outro lado, em virtude das leis bem conhecidas que regulamentam as coisas religiosas, são os mesmos procedimentos lustratórios que conferem ou tiram um caráter sagrado.

293. *Âp.*, VII, 26, 12; *Kât.*, 6, 9, 11; *T. S.*, 1, 3, 11, 1 e *Ç. B.*, 3, 8, 5, 5 para o mantra (*Kât.*, fez um melhor emprego). Fez-se uma série de pequenos sacrifícios (Ver Schwab, *Th.*, n.º 111) cujas fórmulas exprimem a conclusão do rito.

294. *Âp.* VII, 27, 4. *Kât*, VI, 9, 12. (Coisa notável, *Âp.* tira o mantra de *V. S.* VI, 21.

295. Hillebr. *N. V. O.*, p. 145-147. Schwab, Th. 156-9. Durante este rito, procede-se a toda uma curiosa recapitulação dos diversos momentos do sacrifício (*T. B.*, 3, 6, 15 inteiro) e dos benefícios que daí espera o sacrificante; ele provará aquilo que fez os deuses provarem (cf. *Açv. çr. sû.* 1, 9, 1).

296. Hillebr. *N. V. O.* 147-149.

297. Agradecendo-lhe por ter conduzido aos deuses a oferenda: *Âp.* VII, 28, 2; *T. B.* 2, 4, 7, 11, cf. *T. S.* 3, 5, 5, 4.

298. *Âp. ib.* 4. — *Ait. Br.* 6, 3, 5.

299. Schwab, *Th.* p. 107. Hilleb. *N. V. O.*, p. 140-141.

ENSAIOS DE SOCIOLOGIA

particular do rito em virtude do qual o instrumento do crime ou da dor deve ser ocultado [300].

Eis agora o que se passa com as pessoas. Os sacerdotes, o sacrificante, sua mulher reúnem-se e lustram-se lavando as mãos [301]. O rito tem um duplo objetivo: a pessoa purifica-se em primeiro lugar das faltas que porventura tenha cometido no sacrifício e também daquelas que o sacrifício tinha como finalidade apagar. Na realidade, abandona-se a religiosidade sacrifical. É isto que exprime o rito do abandono do voto [302]. "O Agni, fiz meu voto; igualei-me a meu voto, voltei a ser homem... Volto a descender do mundo dos deuses no mundo dos homens" [303].

Uma forma exagerada do mesmo rito expressará melhor seu sentido: é "o banho de arrebatamento" [304] que termina o sacrifício do soma, e que é o contrário da *dîksâ*. Depostos os instrumentos, o sacrificante toma um banho numa enseada tranqüila formada por uma água corrente [305]. Mergulham-se na água todos os restos do sacrifício, todas as partes esprimidas do soma [306]. O sacrificante desata então a cinta sacrifical de que se revestira por ocasião da *dîksâ*; faz o mesmo com o laço que prendia certas peças do vestuário da mulher, com o turbante, a pele negra de antílope, as duas vestimentas do sacrifício, e imerge tudo isto. Então ele e sua mulher, na água até o pescoço, tomam seu banho, rezando e lavando-se, primeiro as costas, depois os membros, um ao outro [307]. Feito isto, saem do banho e vestem novas roupas [308]. Tudo passou, pois, para a água de modo a perder qualquer caráter perigoso ou simplesmente religioso; as faltas rituais que porventura foram feitas são expiadas, assim como o crime que se cometeu matando o deus Soma. Ora, se o rito é mais complexo do que aquele de que falamos há pouco, é da mesma natureza: os fatos e a teoria lhe consignam a mesma função.

---

300. *Âp.* VII, 26, 15. *Ç. B.* 3, 8, 5, 8. *T. S.* 6, 4, 1, 8. *T. S.* 1, 3, 11. *V. S.* VI, 22, *Âp.* VII, 27, 16.

301. *Âp.* VII, 26, 16 ss. *T. S.* 1, 4, 45, 3.

302. Hilleb. *N. V. O.* p. 174. Cf. Syl. Lévi, *Doctr.* p. 66.

303. Cf. *Çat. Br.,* 1, 1, 1, 4-7.

304. *Avabhrta.* Ver Web *Ind. Stud.* X, 393 ss. Cf. Oldenberg, *Rel. d. Ved.,* p. 407 ss. Talvez as expressões "fluido", etc., de que se serve Oldenberg não sejam as melhores, mas ele, no entanto, indicou o sentido do rito, tal como aparece (não em *Rg Veda,* onde aliás é mencionado. Ver Grassmann. *Wörterb. ad verb.*) em todos os outros textos rituais e teológicos. *Âp. çr. sû.* VIII, 7, 12 ss. e XIII, 19 ss. — *Kât.* VI, 10, 1; X, 8, 16 ss.

305. Estes lugares, os tanques, los *Tirthas,* que são ainda hoje lugares particularmente sagrados da Índia, são tidos como propriedade favorita de Varuna (*Çat. Br.* 4, 4, 5, 10).

306. *Âp.* XIII, 20, 10, 11.

207. *Âp.* XIII, 22, 2. com. Ao mesmo tempo, repetem diversas fórmulas que exprimem o desejo que expiem seus pecados, suas faltas rituais, que adquiram força, prosperidade e glória, e se assemelhem assim à força mágica das águas, dos ritos e das plantas.

308. Dão suas velhas vestimentas aos sacerdotes; abandonando assim sua antiga personalidade e, vestindo novas roupas, adquirem "pele nova como a serpente". "Agora não há neles mais pecado do que numa criança sem dentes." *Ç. B.,* 4, 4, 23.

ENSAIO SOBRE A NATUREZA E A FUNÇÃO... 187

Os textos bíblicos infelizmente são menos complexos e menos claros; encontram-se aí, no entanto, algumas alusões às mesmas práticas. Na festa do Grande Perdão, o sumo-sacerdote, depois de haver expulsado o demônio Azazel, entrava no santuário e retirava o traje sagrado, "a fim de que não propagasse a consagração"; lavava-se, punha outras vestes, saía e sacrificava a *òlâ* [309]. O homem que havia conduzido o bode banhava-se e lavava suas roupas antes de voltar [310]. Aquele que queimava os restos do *hattât* fazia o mesmo [311]. Ignoramos se os outros sacrifícios eram acompanhados de práticas análogas [312]. Na Grécia, após os sacrifícios expiatórios, os sacrificadores, que aliás se abstinham o mais possível de tocar a vítima, lavavam as vestimentas num rio ou numa fonte antes de voltar à cidade ou junto aos seus [313]. Os utensílios que haviam servido para o sacrifício eram cuidadosamente lavados, quando não eram destruídos [314]. Estas práticas limitavam a ação da consagração. São bastante importantes para terem subsistido na missa cristã. O sacerdote, depois da comunhão, lava o cálice, lava as mãos; feito isto, a missa está acabada, o ciclo fica encerrado e o oficiante pronuncia a fórmula final e libertadora: *Ite, missa est.* Estas cerimônias correspondem às que marcaram a entrada no sacrifício. O fiel e o sacerdote são liberados, tal como haviam sido preparados no começo da cerimônia. São cerimônias inversas e fazem contrapeso às primeiras.

O estado religioso do sacrificante descreve, portanto, uma curva simétrica correspondente à da vítima. Começa por elevar-se progressivamente na esfera do religioso, alcança assim um ponto culminante de onde em seguida torna a descer para o profano. Assim, cada um dos seres e dos objetos que desempenham uma função no sacrifício é transportado como que por um movimento contínuo que, da entrada à saída, prossegue sobre dois declives opostos. Mas se as curvas assim descritas têm a mesma configuração geral, não têm todas a mesma altura; naturalmente aquela que a vítima descreve é que chega ao ponto mais elevado.

Aliás, é claro que a importância respectiva destas fases de ascensão e descenso pode variar infatamente segundo as circunstâncias. É o que mostraremos naquilo que se seguirá.

---

309. *Lev.* 16: 22, 23. Mudava ainda uma vez a vestimenta na saída do jejum e voltava à sua casa recebendo as felicitações dos amigos, por ter suportado todas as provas, realizado todos os ritos, escapado a todos os perigos deste dia. (*Talm. Yoma.*, VIII, 8, 5, *Mischná.*)
310. *Lev.* 16:26.
311. *Ib.*, 28. — Da mesma forma aquele que reconduzia as cinzas da vaca ruiva.
312. Sabemos, por *Ez.* 44:19, que as vestimentas dos sacerdotes eram encerradas em "quartos sagrados" onde os sacerdotes iam vestir-se e despir-se antes de ir para o povo; o contato destas vestimentas era perigoso para os leigos.
313. Porfírio, *De Abst.*, II, 44. — Paton, *Cos.*, 28, 24. — Cf. Frazer, *Golden Bough*, II, p. 54 ss.
314. *Lev.* VI, 21 (*hattât*).

ENSAIOS DE SOCIOLOGIA

3. COMO O ESQUEMA VARIA SEGUNDO AS FUNÇÕES GERAIS DO SACRIFÍCIO

Efetivamente, nas linhas precedentes, construímos um esquema. Mas este esquema não é uma simples abstração. Vimos, com efeito, que estava realizado *in concreto* no caso do sacrifício animal hindu; ademais, em torno deste rito, pudemos agrupar um conjunto de ritos sacrificais que prescrevem o ritual semítico e os rituais gregos e latinos. Na realidade, ele constitui a matéria comum de que são feitas as formas mais especiais do sacrifício. Conforme o fim perseguido, conforme a função que ele deve desempenhar, as partes que o compõem podem dispor-se segundo proporções diferentes e numa ordem diferente; uns podem assumir mais importância em detrimento de outros, alguns podem até faltar totalmente. Daí nasce a diversidade dos sacrifícios, mas sem que haja entre as diversas combinações diferenças específicas. São sempre os mesmos elementos agrupados de maneira diversa ou desigualmente desenvolvidos. É o que tentaremos mostrar a propósito de alguns tipos fundamentais.

Visto que o sacrifício tem por finalidade afetar o estado religioso do sacrificante, pode-se prever *a priori* que as linhas gerais de nosso desenho devem variar segundo aquilo que é o estado em questão no começo da cerimônia. Suponhamos primeiro que seja neutro. O sacrificante (e aquilo que dizemos do sacrificante poderia repetir-se do objeto no caso do sacrifício objetivo) não é investido, antes do sacrifício, de nenhum caráter sagrado; o sacrifício tem então por função fazer com que ele o adquira. É o que acontece particularmente nos sacrifícios de iniciação e de ordenação. Nestes casos, a distância é grande entre o ponto de onde parte o sacrificante e aquele ao qual deve chegar. As cerimônias de introdução são, portanto, necessariamente muito desenvolvidas. Ele entra passo a passo, com precaução, no mundo sagrado. Inversamente, como a consagração é então mais desejada do que temida, recear-se-ia diminuí-la limitando-a e circunscrevendo-a demasiado estreitamente. É preciso que o sacrificante, mesmo de volta à vida profana, guarde alguma coisa daquilo que adquiriu no decurso do sacrifício. As práticas de saída são, pois, reduzidas à sua mais simples expressão. Podem mesmo desaparecer completamente. O *Pentateuco* não as assinala quando descreve os ritos da ordenação dos sacerdotes, dos Levitas. Na missa cristã, só sobrevivem na forma de purificações suplementares. As mudanças produzidas por estes sacrifícios têm, aliás, uma duração mais ou menos longa. Às vezes são constitucionais e implicam verdadeira metamorfose. Pretendia-se que o homem que tocasse nas carnes da vítima humana sacrificada a Zeus Licaio (o *lobo*) no Liceu era trasmudado em lobo como Licaon

ENSAIO SOBRE A NATUREZA E A FUNÇÃO... 189

o fora depois de haver sacrificado uma criança [315]. É por esta razão mesma que tais sacrifícios aparecem nos ritos de iniciação, isto é, nos ritos que têm por objeto introduzir uma alma num corpo [316]. Em todo caso, o sacrificante achava-se, no fim da cerimônia, marcado por um caráter sagrado que, algumas vezes, acarretava interdições especiais. Este caráter podia até ser incompatível com outros do mesmo gênero. Assim, em Olímpia, o homem que, depois de ter sacrificado a Pélopes, comia as carnes da vítima, não tinha o direito de sacrificar a Zeus [317].

Esta primeira característica é solidária de outra. O fim de todo o rito é aumentar a religiosidade do sacrificante. Para isso, era mister associá-lo à vítima da maneira mais estreita possível; pois é graças à força que a consagração acumulou nela, que ele adquire o caráter desejado. Podemos dizer que, neste caso, o caráter cuja comunicação é a própria finalidade do sacrifício, *vai da vítima ao sacrificante* (ou ao objeto). Por isso é depois da imolação que eles são postos em contato, ou, ao menos, é neste momento que se realiza o contato mais importante. Sem dúvida, acontece que uma imposição das mãos estabeleça um vínculo entre o sacrificante e a vítima antes que esta seja destruída; mas algumas vezes (por exemplo, no *zebah shelamin*), ele falta totalmente e, em todo caso, é secundária. A mais essencial é aquela que se produz depois que o espírito partiu. É então que se pratica a comunhão alimentar [318]. Poder-se-ia chamar de sacrifícios de sacralização os sacrifícios desta espécie. A mesma denominação convém igualmente àqueles que têm por efeito, não criar um caráter sagrado completamente novo no sacrificante, mas simplesmente aumentar um caráter preexistente.

Mas não é raro que o homem que vai sacrificar já se acha marcado por um caráter sagrado, de onde resultam interdições rituais que podem ser contrárias a seus desígnios. A mácula [319] que contrai por não observar as leis religiosas ou por contato com coisas impuras, é uma espécie de consagração [320]. O pecador, como o criminoso, é um ser sagra-

---

315. Plat. *Rep.* VII. — *Paus.*, VIII, 2, 6; VI, 2, 3. — Plínio, *N. H.*, VIII, 22. — Ver Mannhardt, *W. F. K.*, p. 340. — Mesma lenda sobre o santuário de Hyre. Gruppe, *Griech. Mythologie*, p. 67 ss. — Cf. Wellhausen, *Reste des arabischen Heidenthums*, p. 162 e n., p. 163. — Ver adiante p. 197.

316. Aludimos aos fatos bem conhecidos desde Mannhardt, Frazer, Sidney, Hartland, sob o nome de *alma exterior*, aos quais os últimos dois autores ligaram toda a teoria da iniciação.

317. *Paus.* V, 13, 4. — Mesma interdição em Pérgamo para aqueles que haviam sacrificado a Telefo.

318. Ver atrás p. 179, 183. É então que propriamente se efetua a identificação às vezes procurada, entre o sacrificante, a vítima e o deus. (Sobre este princípio, ver *Ep. Hebr.*, 2, 11.)

319. *Sal.* 106:39. "Maculam-se por suas obras e pervertem-se por suas práticas."

320. *Lev.* 11, ss. — Cf. Marquardt, p. 277. — Cf. Frazer, *Encyclopaedia Britannica*, art. "Taboo". — Cf. *Gold. Bough, passim.* — Cf. Jevons, *Introd. Histor.*, p. 107 ss.

190 ENSAIOS DE SOCIOLOGIA

do [321]. Se ele sacrificar, o sacrifício tem por objetivo livrá-lo
de sua impureza, ou ao menos um dos objetivos do sacrifício
é este. É a expiação. Mas notemos um fato importante: doença, morte e pecado, são, do ponto de vista religioso, idênticos. A maioria das faltas rituais são sancionadas pela infelicidade ou pelo mal físico [322]. E, inversamente, acredita-se que
estes sejam causados por faltas conscientes ou inconscientemente cometidas. A consciência religiosa, mesmo a de nossos
contemporâneos, nunca separou exatamente a infração das regras divinas e suas conseqüências materiais no corpo, na situação do culpável, em seu futuro no outro mundo. Por isso,
podemos tratar, ao mesmo tempo, dos sacrifícios curativos e
dos sacrifícios puramente expiatórios. Uns e outros têm por
objeto fazer passar, graças à continuidade sacrifical, para a
vítima a impureza religiosa do sacrificante e eliminá-la com
ela.

Por isso a forma mais elementar da expiação é a eliminação pura e simples. Deste gênero é a expulsão do bode
de Azazel, e a do pássaro no sacrifício da purificação do
leproso. O dia do Perdão, escolhiam-se dois bodes. O sumo-
-sacerdote, depois de diversos *huttât*, punha as duas mãos sobre a cabeça de um deles, confessava sobre ele os pecados de
Israel, depois enviava-o ao deserto. Carregava consigo os
pecados que lhe eram comunicados pela imposição das
mãos [323]. No sacrifício da purificação do leproso [324], o sacrificador tomava dois pássaros (?). Cortava a garganta de um
deles sobre um vaso de terra que continha água corrente. O
outro era molhado nesta água ensangüentada, com a qual
era feita uma aspersão sobre o leproso. O pássaro vivo era
então libertado levando consigo a lepra. O doente só precisava fazer uma ablução; estava purificado e curado. O
hattât apresenta uma eliminação igualmente clara no caso em
que os restos da vítima eram levados para fora do campo e
queimados completamente [325]. Os sacrifícios-medicina hindus apresentam casos análogos [326]. Para curar alguém de
icterícia [327], colocam-se dois pássaros amarelos debaixo do

321. Cf. Rohde, *Psyche*, I, p. 179, 192; S. R. Steinmetz, *Studien
zur ersten Entwicklung der Strafe*, II, p. 350 ss.
322. É a sanção geral das faltas rituais no *Levítico*, no *Deuteronômio*, no *Êxodo*, como em *Ezequiel* e os livros históricos: cumpre
observar os ritos para não morrer, para não ser atacado de lepra como
o rei Osias. — Cf. Oldenberg, *Rel. d. Ved.*, p. 287, p. 319. Cf. Berg.
Rel. Véd., III, p. 150 ss.
323. Lev. 16. Cf. atrás p. 170, n. 180.
324. *Lev.* 14: 1, ss.
325. Sobre os sacrifícios expiatórios gregos, V. Lasaulx, "Sühnopfer
der Griechen". *Akad. Abhdlg.* Würzburg, 1844, p. 236 ss. — Donaldson. "On
the Expiatory and Substitionary Sacrifices of the Greeks", in *Transactions
of Edinburgh*, 1876, p. 433 ss. — Para os fatos germânicos, V. Ullrich Jann.
Die Abwehrenden und die Sühnopfer der Deutschen. Inaug. Diss.
Breslau 1884, reimpresso in *Die deut. Opfergehbräuche bei Ackerbau
und Viehzucht* (Germ. Abhd. de Weinhold).
326. Ver Oldenb. *Rel. d. Ved.*, p. 287 ss., p. 522 ss.
327. *Kauç. sû.*, 26-18. — Cf. o belo artigo de Kuhn, para uma
série de ritos análogos em toda a Europa (*Kuhn's Zeitschrift*, XIII,
p. 113 ss.). Sobre este rito ver Bloomfield, *Hymns of the Atharva-Veda*.
S. B. E., XLII ad A. V. I, 22, p. 244; cf. Introd. a VII, 116 (p. 565, 7).

ENSAIO SOBRE A NATUREZA E A FUNÇÃO... 191

leito do paciente; este é lustrado de tal modo que a água cai sobre os pássaros que se põem a piar. Como diz o hino mágico, é neste momento que "a icterícia" está "nos pássaros amarelos"[328]. Ultrapassemos este estádio demasiado material do rito. Suponhamos o caso de um homem que tem má sorte. Emprega-se uma série de ritos, dos quais alguns são puramente simbólicos[329], mas outros se aproximam do sacrifício. Liga-se à pata esquerda "de um galo negro"[330] um gancho, ao gancho um bolo e, soltando o pássaro, diz-se[331]: "Voa daqui, ó sorte má[332], destrói-te aqui; voa para outro lugar, sobre aquele que nos odeia; com este gancho de ferro, nós te ligamos"[333]. A tara do sacrificante fixou-se no pássaro e desapareceu com ele, quer seja destruído, quer recaia sobre o inimigo[334].

Mas há um caso em particular em que se vê claramente que o caráter assim eliminado é essencialmente religioso: é o do "touro no espeto[335]", vítima expiatória do deus Rudra. Rudra é o senhor dos animais, aquele que pode destruí-los, eles e os homens, pela peste ou pela febre. É, pois, o deus perigoso[336]. Ora, como deus do gado, ele existe no rebanho, ao mesmo tempo em que o cerca e o ameaça. Para afastá-lo daí, procura-se concentrá-lo no mais belo dos touros do rebanho. Este touro torna-se o próprio Rudra; é ele-

---

328. *A. V.*, I, 22, 4.

329. Sobre os ritos, ver Bloomf. *Op. cit.*, introd. a VII, 116, e Winternitz, "Altind. Hochzeitsrituell". *Abhdl. d. k. k. Ak. d. Wiss. z. Wien.*, XL, p. 12, 23, 67, *Kauç. sû.* 18, 17, 16.

330. Traduzimos literalmente. Bloomf. e o comentário explicam (*ad loc.*) pela palavra corvo.

331. *A. V.*, VIII, 115, 1.

332. *Laksmî*, "marca" de infelicidade, sinal da deusa *Nirrti* (da destruição). Esta marca corresponde tanto à cor negra do corvo como ao pequeno bolo que se lhe prende à pata.

333. A remessa das sortes azíagos sobre o inimigo é um tema constante do ritual védico, atárvico e outros.

334. Cf. *Kauç. sû.*, 32, 17.

335. Sobre este rito ver Oldenberg, *Rel. d. Ved.*, p. 82, p. 446, n.º 1, e sobretudo Hillebr. *Rit. Litt.*, p. 83. — O rito faz parte do ritual domésticos. Os textos são: *Açv. grh. sû.*, 4, 8; *Pâr.*, 3, 8; *Hiran.* 2, 8, 9; *Ap. grh. sû.* 19, 13 ss.; 201-19. — O texto de *Açv.* parece atribuir a este rito um sentido de rito de prosperidade (4, 8, 35; *Pâr.* 3, 8, 2). Mas os caracteres do rito são bem claros e o comentário a *Hiran.* 2, 9, 7 (ed. Kirste, p. 153) vê aí uma *çânti* a Rudra, deus dos animais, um "modo de tranqüilizar" o deus com a ajuda de uma vítima que seria "o espeto das vacas" (cf. Old. trad. de Hiran. *S. B. E.* XXX, p. 220). Oldemberg vê sobretudo neste rito um caso de *Tierfetischismus*. É que ele se empenha sobretudo em desenvolver o ponto notável do rito que é a incorporação do deus na vítima. — O rito só chegou até nós através de textos bastante recentes, apresentando divergências importantes. Não podemos expor aqui a análise histórica dos textos. O resultado a que chegamos é que houve aí três ritos mais ou menos heterogêneos, que se fundiram mais ou menos, dois a dois, ou todos juntos segundo as escolas e os clãs bramânicos. Expomos sobretudo o rito dos clãs dos Atreias (*Açv. Pâr.*). Em todo caso, o rito é muito antigo e os hinos do *Rg Veda* a Rudra (v., 43; I, 114; II, 33; VII, 46) são, tanto pelos sutras como por Sây, consagrados a este rito ao qual se aplicam de maneira notável.

336. Sobre Rudra, ver sobretudo Oldenb. *Rel. d. Ved.*, 216-224; 283 ss.; 333 ss. — Cf. Barth. "M. Old. et la relig. du Veda", *Journal des savants*, 1896. — Siecke (artigo citado). Bergaigne, *Rel. Véd.* III, 31 ss.; 152-154. — Lévi, *Doctr.*, p. 167 (*Ait.* Br. 13, 9, 1.) — É-nos impossível expor aqui as razões de nossa explicação da personalidade mítica de Rudra.

192 ENSAIOS DE SOCIOLOGIA

vado, consagrado como tal e rende-se-lhe homenagem [337]. Depois, ao menos segundo certas escolas, é sacrificado fora da aldeia, à meia-noite, no meio das árvores [338]; desta maneira, Rudra é eliminado [339]. O Rudra dos animais foi unir-se ao Rudra das árvores, dos campos e das encruzilhadas. Foi portanto a expulsão de um elemento divino que o sacrifício teve de fato como objeto.

Em todos os casos, o caráter pelo qual o sacrifício opera a transmissão não vai da vítima ao sacrificante [340], mas, ao contrário, do sacrificante à vítima. É nela que ele se desembaraça. Por isso é antes da imolação e não depois que se realiza o contato de ambos, ao menos aquele que é verdadeiramente essencial. Uma vez que se descarregou nela, tende, ao contrário, a fugir dela assim como de todo o meio onde se passou a cerimônia. Por esta razão, são desenvolvidos os ritos de saída. Os ritos deste gênero que assinalamos no ritual hebreu só nos foram apresentados para sacrifícios expiatórios. Depois do primeiro sacrifício que o purificou, o leproso deve completar sua purificação por uma ablução suplementar e mesmo por um novo sacrifício [341]. Ao contrário, os ritos de entrada são limitados ou faltam. Como o sacrificante já está investido de um caráter religioso não precisa adquiri-lo. A religiosidade que o marca diminui progressivamente desde o começo da cerimônia. O movimento ascensional que encontramos no sacrifício completo é rudimentar ou falta totalmente. Encontramo-nos, pois, na presença de outro tipo, no qual entram os mesmos elementos que no sacrifício da sacralização; mas estes elementos são orientados no sentido contrário e sua importância respectiva é invertida.

Naquilo que precede, supusemos que o caráter sagrado com que estava marcado o sacrificante no começo do sacrifício era para ele uma tara, uma causa de inferioridade religiosa, pecado, impureza, etc. Mas há casos em que o mecanismo é exatamente o mesmo e onde contudo o estado inicial é para o sacrificante uma fonte de superioridade, e constitui um estado de pureza. O nazir [342], em Jerusalém, era um ser perfeitamente puro; era consagrado a Jahwe por um voto

---

337. É o ponto sobre o qual todas as escolas concordam: dão-lhe a cheirar as oferendas (cf. Oldenb., p. 82 e a maneira pela qual se faz com que o cavalo divinizado de *açvamedhâ* respire as oferendas, cf. ainda *Kâty.* 14, 3, 10); chamam-no com toda a série dos nomes de Rudra: "Om (sílaba mágica) a *Bhava*, ôm a *Çarva*, etc." Cf. *A. V.*, IV, 28, e recitam-se os textos a Rudra: *T. S.*, 4, 5, 1, ss. Ver *Mantrapâtha d'Apastamba*, ed. Winternitz, II, 18, 10 ss.
338. Segundo Pâraskâra.
339. Nada se pode levar do animal à aldeia "porque o deus procura matar os homens". Os parentes não podiam aproximar-se do local do sacrifício, nem comer sem ordem e convite especial a carne da vítima. *Açv.* 4, 8, 31 e 33 (ver Old. *S. B. E.*, XXIX, p. 258).
340. Para a simplicidade da exposição, subentendemos que a mesma coisa pode repetir-se em toda a parte, nos mesmos termos dos objetos.
341. *Lev.* 14:10 ss.
342. *Núm.* 6:13 ss. — *Talmud J. Traité Nazir.* (Schwab, t. IX, p. 84 ss.).

ENSAIO SOBRE A NATUREZA E A FUNÇÃO... 193

em conseqüência do qual se abstinha de vinho e não cortava os cabelos. Devia evitar toda a mácula. Mas, uma vez chegado ao termo de seu voto[343], só podia livrar-se dele por meio de um sacrifício. Para isto, toma um banho de purificação[344], depois depois oferece um cordeiro em *òlâ*, uma ovelha em *hattât* e um cordeiro em *zebah shelamim*. Raspa os cabelos e joga-os ao fogo onde cozinha a carne do *shelamim*[345]. Quando o sacrificador faz o *zebah shelamim*, e põe sobre as mãos do nazir a *terumâ*, a *tenuphâ*, isto é, as partes consagradas, e um bolo da oferenda correspondente[346]. A seguir isto estas oblações são apresentadas a Jahwe. Depois, diz o texto, o nazir poderá beber vinho, e isto significa que está livre da consagração. Ela passou, de uma parte, para os cabelos cortados e ofertados sobre o altar, e de outra para a vítima que o representa. Ambas as coisas são eliminadas. O processo é portanto o mesmo que na expiação. O caráter sagrado, qualquer que seja seu alto valor religioso, vai do sacrificante à vítima. Por conseguinte o sacrifício de expiação não passa de uma variedade particular de um tipo mais geral, que independe do caráter favorável ou desfavorável do estado religioso afetado pelo sacrifício. Poder-se-ia chamá-lo de *sacrifício de dessacralização*.

As coisas, como as pessoas, podem encontrar-se num estado tão grande de santidade que se tornem inutilizáveis e perigosas. Sacrifícios deste gênero tornam-se necessários. É o caso, em particular, dos produtos do solo. Cada espécie de frutos, cereais ou outros, é totalmente sagrada, interdita, enquanto um rito, freqüentemente sacrifical, não faz desaparecer o interdito que sobre ela pesa[347]. Com esta finalidade, concentra-se sobre uma parte da espécie de frutos toda a virtude que os outros contêm. Depois sacrifica-se esta parte e, com isto, as outras são liberadas[348]. Ou então, passando por duas etapas de dessacralização sucessivas, concentra-se, primeiro sobre as primícias, o conjunto da consagração, depois, representam-se estas mesmas primícias por meio de uma vítima que se elimina. É o que acontecia, por

343. *Talm. Naz.*, I, 2. O *nazir* oferece o mesmo sacrifício quando alivia sua cabeleira que se tornou muito pesada.
345. *Ib.*, II, 10.
346. *Nazir, ib.*, VI, 7 e 8. — *Núm.* 6:18.
346. *Núm.* 6:19.
347. Ver sobretudo Frazer, *Golden Bough*, nota adicional ao t. II, para um certo número de fatos etnográficos, cf. *ib.*, II, p. 62 ss. Seria fácil estender o número dos fatos citados. Frazer viu com razão que a maior parte das oferendas dos primeiros frutos consistem na consagração de uma parte da espécie comestível, parte que representa o todo. Mas sua análise, que aliás mantém no terreno dos fatos, não explicou a função do rito.
348. Ordinariamente esta parte é a primeira de todas. Sabe-se qual é a extensão das prescrições bíblicas com relação aos primogênitos, aos homens e aos animais; com relação aos primeiros frutos e aos primeiros grãos do ano, aos primeiros produtos de uma árvore (*órlah*), ao primeiro trigo consumido (*ázimos*), à primeira massa levedada (*halla*). De tudo aquilo que vive e faz viver, as primícias pertencem a Iahwe. As bênçãos talmúdicas e sinagogais acentuaram mais este tema, visto que são obrigatórias quando se saboreia pela primeira vez um fruto, quando se começa a refeição, etc.

exemplo, no caso do oferecimento dos primeiros frutos em Jerusalém [349]. Os habitantes de um distrito [350] traziam nos ombros seus cestos. Na frente do cortejo caminhava o tocador de flauta. *Cohanim* vinham ao encontro dos que chegavam; e, na cidade, todos se erguiam à sua passagem, rendendo assim as honras às coisas sagradas que aí estavam. Atrás do tocador de flauta vinha um boi, de chifres dourados, coroado de oliveira. Este boi, que talvez trazia os frutos ou puxava o carro, mais tarde era sacrificado [351]. Ao chegar à montanha sagrada, cada qual, "mesmo o rei Agripa em pessoa", tomava seu cesto e subia no átrio [352]. As pombas que eram colocadas em cima serviam para o holocausto [353], e aquilo que se tinha nas mãos era entregue ao sacerdote. Assim, neste caso, dois meios se sobrepõem para afastar a santidade dos primeiros frutos: consagração no templo, sacrifício do boi e sacrifício das pombas, personificações das virtudes que se julgavam aí residirem.

A comparação que acabamos de fazer, entre o *nazir* e a expiação individual, entre o caso dos primeiros frutos e o das outras coisas que é preciso desembaraçar de um caráter religioso mais realmente mau, leva-nos a fazer uma observação importante. Já era um fato notável que, de um modo geral, o sacrifício pudesse servir para fins tão contrários quanto o de adquirir um estado de santidade e o de suprimir um estado de pecado. Visto que, em ambos os casos, é feito dos mesmos elementos, é necessário que não haja entre estes dois estados a oposição cortante que ordinariamente aí se percebe. Mais ainda, acabamos de ver que dois estados, um de pureza perfeita, o outro de impureza, podiam ser ocasião de um mesmo procedimento sacrifical, no qual os elementos são não somente idênticos, mas arranjados na mesma ordem e orientados no mesmo sentido. Inversamente, aliás, acontece que um estado de impureza é tratado, sob certas condições, como o estado oposto. É que nós só isolamos assim mecanismos elementares, tipos quase abstratos que, na realidade, são o mais das vezes solidários. Não seria completamente exato representar a expiação como uma eliminação pura e simples onde a vítima desempenharia apenas o papel de intermediário passivo ou de um receptáculo. A

---

349. *Talm. J. Biccourim*, III, *Mischná*, 2 e seguintes. Evidentemente não se pode seguir o rito nos textos bíblicos que só contêm as prescrições sacerdotais, e não os usos populares. O caráter popular de todo este rito é evidente: este tocador de flauta, este boi coroado de oliveira, de chifres dourados (que podia substituir um cabrito de chifres prateados, cf. *Gem*. ad loc.), estes cestos, estas pombas, tudo isso são traços originais, de uma antiguidade incontestável. Aliás, estes mesmos textos mischnaicos são eles mesmos muito antigos.

350. Reuniram-se na véspera e passavam a noite em praça pública (por medo de contato impuro segunda a *Gemará*).

351. *Gem*. em 2. Discutem os rabinos para saber se era em *shelamim* ou em *ôlâ*.

352. Rito de resgate pessoal, caso muito notável.

353. Cf. *Menâhol*, in *Talm. Babli*, 58 a. (chamada de Schwab ad loc.).

ENSAIO SOBRE A NATUREZA E A FUNÇÃO... 195

vítima do sacrifício expiatório é mais sagrada do que o sacrificante. Carrega-se de uma consagração que não é sempre diferente daquela que toma nos sacrifícios de sacralização. Do mesmo modo, veremos ritos de sacralização e ritos expiatórios reunidos num mesmo sacrifício. A força que a vítima contém é de natureza complexa; no ritual hebraico, os resíduos da cremação da vaca ruça, que são reunidos num lugar puro, tornam impuro por seu contato um homem que se encontra em estado normal e, no entanto, servem para a purificação daqueles que contraíram certas máculas[354]. À mesma ordem de fatos pertencem algumas das comunicações que se estabelecem entre o sacrificante e a vítima em conseqüência da morte sacrifical: há sacrifícios expiatórios em que, depois de esfolada a vítima, o sacrificante, antes de estar completamente purificado, permanece sobre a pele da vítima ou a toca. Alhures, arrasta-se a pele da vítima para o local onde se faz a expiação[355]. Em sacrifícios mais complexos, de que teremos ocasião de falar, a eliminação complica-se com uma absorção. Em suma, considerando bem o sacrifício hebreu, a consagração da vítima se realiza da mesma maneira no *hattât* e na *òlâ*. O rito da atribuição do sangue é simplesmente mais completo no primeiro sacrifício. E é digno de nota que, quanto mais a atribuição do sangue é completa, mais a exclusão expiatória é perfeita. Quando o sangue era levado para o santuário, a vítima era tratada como impura, e era queimada fora do campo[356]. No caso contrário, a vítima era comida pelos sacerdotes como as porções consagradas do *shelamim*. Que diferença havia, pois, entre a pureza da vítima do primeiro *hattât* e o caráter sagrado da vítima do segundo? Nenhuma; ou melhor, havia uma diferença teológica entre os sacrifícios expiatórios e os sacrifícios de sacralização. Nos *hattât* e nos outros sacrifícios, havia de fato atribuição do sangue ao altar, mas o altar era dividido por uma linha vermelha. O sangue do *hattât* era derramado embaixo; o sangue do holocausto em cima[357]. Havia duas religiosidades cuja distinção não era muito profunda.

É que, com efeito, como bem mostrou Robertson Smith, o puro e o impuro não são contrários que se excluem; são dois aspectos de uma realidade religiosa. As forças religiosas caracterizam-se por sua intensidade, sua importância, sua dignidade; por conseguinte, são separadas. Aí está o que as constitui; mas o sentido no qual se exercem não é necessariamente predeterminado por sua natureza. Podem exercer-se para o bem como para o mal. Isto depende das circunstâncias, dos ritos empregados, etc. Explica-se assim

354. *Núm.* 19.
355. Ver atrás p. 190.
356. Ritual do Kippur.
357. *Talm. J. Maaser Sheni*, VI, *Gem.* (V. Schwab, p. 247). Cf. *Mischná* in *Middoth*, citado ib.

196 ENSAIOS DE SOCIOLOGIA

como o mesmo rito sacrifical pode satisfazer necessidades religiosas cuja diferença é extrema. Traz a mesma ambigüidade que as próprias forças religiosas. Está apto para o bem e para o mal; a vítima representa tanto a morte como a vida, a doença como a saúde, o pecado como o mérito, a falsidade como a verdade. É o meio de concentração do religioso; ela o exprime, o encarna e o transporta. É agindo sobre ela que se age sobre ele, que se passa a dirigi-lo, quer seja atraído e absorvido, quer seja expulso e eliminado. Explica-se desta maneira como, por procedimentos apropriados, essas duas formas de religiosidade podem transformar-se uma na outra e como ritos que, em certos casos, parecem opostos, às vezes são quase indiscerníveis.

4. COMO O ESQUEMA VARIA DE ACORDO COM AS FUNÇÕES SOCIAIS DO SACRIFÍCIO

Acabamos de mostrar como nosso esquema varia para adaptar-se aos diferentes estados religiosos nos quais se encontra o ser, seja qual for, afetado pelo sacrifício. Mas não nos preocupamos em saber o que era este ser em si mesmo, mas somente se tinha ou não um caráter sagrado antes da cerimônia. Entretanto, é fácil prever que o sacrifício não poderia ser o mesmo quando é feito tendo em vista o próprio sacrificante ou uma coisa pela qual este se interessa. As funções que desempenha devem então especializar-se. Vejamos que diferenciações se produzem neste ponto.

Designamos como pessoais os sacrifícios que concernem diretamente à pessoa do sacrificante. Desta definição resulta que todos apresentam um primeiro caráter comum: visto que o sacrificante é a origem e o fim do rito, o ato começa e acaba com ele. É um círculo fechado no sacrificante. Sem dúvida, sabemos muito bem que há sempre ao menos atribuição de espírito da coisa sacrificada ao deus ou ao poder religioso que age no sacrifício. No entanto, resta o fato de que o ato realizado pelo sacrificante lhe é proveitoso de maneira imediata.

Em segundo lugar, em todos os tipos de sacrifício, o sacrificante, à saída da cerimônia, melhorou sua sorte, quer por ter suprimido o mal de que sofria, quer por se ter recolocado em estado de graça, quer por ter adquirido uma força divina. Existe mesmo um grande número de rituais onde a fórmula especial, seja na saída seja no momento solene da sacrificação, exprime esta mudança, esta salvação que sobrevém [358], a ma-

---

358. Sabemos que esta "morte" é um tema fundamental dos Profetas e dos Salmos; nela é mergulhado o fiel antes da volta de Iahwe (Cf. *Ez.* 37, 2; *Jó* 33, 28, e comentário in *Talm. J. Baba gamma*, VII, 8 (4) (*Gem*). — Ver *Sal.* 116 inteiro e 117 a partir de 17. "Não morrerei, mas viverei, etc." Dispensamo-nos de lembrar as fórmulas católicas da missa.

ENSAIO SOBRE A NATUREZA E A FUNÇÃO... 197

neira pela qual o sacrificante é transportado para o mundo da vida [359]. Acontece mesmo que a comunhão determine como que uma alienação da personalidade. Comendo a coisa sagrada onde se julga que o deus reside, o sacrificante absorve-o; é possuído por ele, κάτοχος ἐκ τοῦ θεοῦ γίνεται [360], como a sacerdotisa do templo de Apolo sobre a Acrópole de Argos quando bebeu o sangue do cordeiro sacrificado. Poderia parecer, é verdade, que o sacrifício expiatório não tivesse os mesmos efeitos. Mas, na realidade, o dia "do Perdão" é também o "dia de Deus". É o momento em que aqueles que escapam do pecado pelo sacrifício são inscritos "no livro da vida" [361]. Como no caso da sacralização, a corrente que se estabelece, através da vítima, entre o sagrado e o sacrificante, regenera este último, dando-lhe nova força. Por este meio somente o pecado e a morte foram eliminados, e as potências favoráveis entram em cena para o bem do sacrificante.

Esta regenerescência pelo sacrifício pessoal deu origem a certo número de importantes crenças religiosas. Deve-se ligar-lhe primeiramente a teoria do renascimento pelo sacrifício. Vimos os símbolos que fazem do *dîksita* um feto, depois um brâmane e um deus. Sabemos qual foi a importância das doutrinas do renascimento nos mistérios gregos, nas mitologias escandinavas e célticas, nos cultos osirianos, nas teologias hindus e avésticas, no próprio dogma cristão. Ora, no mais das vezes, estas doutrinas estão claramente conexas à realização de certos ritos sacrificais: a consumação do bolo de Elêusis, do *soma,* do *haoma* iraquiano, etc... [362].

Amiúde, uma mudança de nome marca esta recriação do indivíduo. Sabe-se que o nome é, nas crenças religiosas, intimamente ligado à personalidade daquele que o usa: contém alguma coisa de sua alma [363]. Ora, o sacrifício com muita freqüência é acompanhado de mudança de nome. Em certos casos, esta mudança reduz-se a uma adição de epíteto.

---

359. Na índia, reputa-se todo o mundo do sacrifício como este mundo novo. Quando se carrega o sacrificante assentado, diz-se-lhe: "Em pé, na vida". Quando se anda, carregando uma coisa sagrada, a fórmula é: "Vá o longo da vasta atmosfera" (*T. S.,* 1, 1, 2, 1). No começo de todos os ritos, um dos primeiros mantras é: "Tu para o suco, tu para a seiva" (*T. S.,* 1,1,1,1). — E no fim do sacrifício a regenerescência é total (cf. atrás, p. 186, n. 308).

360. *Paus.,* I I,24, 1. Sobre o transporte, pelo Soma, sobre a maneira pela qual os *rsis* que o beberam se sentem arrebatados ao outro mundo, ou possuídos pelo deus Soma (ver Berg. *Rel. Véd.,* I, 151, ss.; *Rig Veda* X, 119, X, 136, 3, 6 ss., VIII, 48 inteiro. — Cf. Oldenb. *Rel. d. Ved.,* p. 530). — Sobre a possessão, ver Wilken. "Het Shamanisme bij de Volken van den Indischen Archipel", *extr. de Bijdr. tot de Taal, Land, en Volkend. v. Ned. Ind.,* 1878, p. 1 ss. Frazer, *Pausanias,* t. V, p. 381; cf. *Paus.* I, 34, 3. Roscher, *Rhein. Mus.,* LIII, p. 173 ss.

361. Estas expressões são tomadas das especulações bíblicas e talmúdicas sobre o dia do "julgamento" do Kippur.

362. Ver nas recensões dos livros de A. Nutt, Rohde, Cheetham (vol. I das *Oeuvres,* p. 317 ss.). No que se refere às doutrinas hindus, ver Sylv. Lévi, *Doctr.,* 102, 108, 161; no que se refere ao *haoma,* ver Darmesteter, *Haurvetât et Amretât,* p. 54. *Ormazd et Ahriman,* p. 96.

363. Ver Lefébvre in *Mélusine,* 1897; Brindon, *Relig. of. Prim. Peoples,* p. 89 ss.

198 ENSAIOS DE SOCIOLOGIA

Ainda hoje, na Índia, usa-se o título de *dîksita*[364]. Mas às vezes o nome é completamente mudado. Na antiga Igreja, era no dia de Páscoa que se batizavam os neófitos depois de tê-los exorcizado: ora, após este batismo, fazia-se com que comungassem e impunha-se-lhes o novo nome[365]. Nas práticas judaicas, ainda em nossos dias, o mesmo rito é empregado quando a vida está em perigo[366]. Ora, é provável que outrora acompanhasse um sacrifício; sabe-se que um sacrifício expiatório, por ocasião da agonia, existia entre os judeus[367] como, aliás, em todas as religiões a cujo respeito estamos suficientemente informados[368]. É natural, portanto, pensar que a mudança de nome e o sacrifício expiatório fizessem parte de um mesmo complexo ritual, exprimindo a modificação profunda que se produz neste momento na pessoa do sacrificante.

Esta virtude vivificante do sacrifício não se limita à vida neste mundo, mas, se estende à vida futura. No decurso da evolução religiosa, a noção do sacrifício alcançou as noções que se referem à imortalidade da alma. Neste ponto nada temos a acrescentar às teorias de Rohde, de Jevons e Nutt sobre os mistérios gregos[369], das quais devem ser aproximados os fatos citados por S. Lévi, tirados das doutrinas dos Brâmanes e os que Bergaigne e Darmesteter haviam extraído dos textos védicos[370bis] e avésticos[371]. Mencionemos também a relação que une a comunhão cristã à salvação eterna[372].

---

364. O peregrino de Meca, o ancião sacrificante do *haag* tomava e toma ainda o título de *hadj*. Ver Wellhausen, *Reste des arab. Heid.* p. 80.

365. Ver Duchesne, *Origines du culte chrétien*, p. 282 ss. Ver atrás p. 189. Sobre a relação entre o sacrifício e os ritos da iniciação e da introdução da nova alma, cf. Frazer, *G. B. I.*, p. 344 ss. — A entrada na vida cristã foi sempre considerada uma verdadeira mudança de natureza.

366. Sabemos que em muitos casos paralelos, e mesmo neste, visa-se outro efeito: desnortear os maus espíritos, mudando de nome, desviar a má sorte. Ver *Midrasch à l'Ecclésiaste*, I, 19, *Talm. B.* fol. 16 a. *Gemara* em *Schebouoth*. *Talm. J.*, VI, 10. Schwab, IV, p. 79. Cf. Snouck Hurgronje, *Mekka*, II, p. 122.

367. *Talm. J.*, tratado *Guittin*. *Gem.*, p. 45 (Schwab).

368. Ver Caland, *Altindische Toten-Bestattungsgebräuche*, n.º 2. De Groot, *The Religious System of China*, I, p. 5.

369. Ver resumo, p. 317 das *Oeuvres*, vol. I.

370. *Doctr.*, p. 93-95. Aderimos absolutamente à aproximação proposta por M. L., entre a teoria bramânica da fuga da morte pelo sacrifício e a teoria budista da *moksâ*, da libertação. Cf. Oldenberg, *Le Bouddha*, p. 40.

370 bis. Ver Berg. *Rel. Véd.* sobre a *amrtam* "essência imortal" que o *soma* confere (I, p. 254 ss., etc.). Mas aí, como no livro de Hillebr., *Vad. Myth.*, I, p. 289 e ss. passim, as interpretações de mitologia pura invadiram um pouco as explicações dos textos. V. Kuhn, *Herabkunft des Feuers und des Göttertranks*: Cf. Roscher, *Nektar und Ambrosia*.

371. Ver Darmesteter, *Haurvetât* e *Amretât*, p. 16, p. 41.

372. Tanto no dogma (ex. Ireneu, *Ad Haer.* IV, 4, 8, 5) como nos ritos mais conhecidos; assim a consagração da hóstia se faz por uma fórmula em que é mencionado o efeito do sacrifício sobre a salvação. V. Magani, *Antica Liturgia Romana*, II, p. 268, etc. Poder-se-ia ainda aproximar destes fatos a *Aggada* Talmúdica segundo a qual as tribos desaparecidas no deserto e que não sacrificaram não terão parte na vida eterna (*Gem.* em *Sanhedrin*, X, 4, 5 e 6 in *Talm. J.*), nem as pessoas de uma cidade interditada por ter entregue à idolatria, nem Cora a ímpia. Esta passagem talmúdica apóia-se no versículo *Sal.* 50:5: "Reuni-me meus justos que travaram comigo aliança pelo sacrifício".

ENSAIO SOBRE A NATUREZA E A FUNÇÃO... 199

Por mais importantes que sejam os fatos, não se lhes deve exagerar o alcance. Enquanto a crença na imortalidade não for deduzida da teologia inculta do sacrifício, permanece vaga. É a "não-morte" (*amrtam*) da alma que o sacrifício assegura. Garante contra o aniquilamento na outra vida como nesta. Mas a noção de imortalidade pessoal só foi deduzida da precedente em conseqüência de uma elaboração filosófica e, ademais, a concepção de uma outra vida não tem como origem a instituição do sacrifício [373].

O número, a variedade e a complexidade dos sacrifícios objetivos são tais que só podemos tratar deles sumariamente. Com exceção do sacrifício agrário cujo estudo já está bastante adiantado, deveremos contentar-nos com indicações gerais que mostram como estes sacrifícios se ligam a nosso esquema geral.

O traço característico dos sacrifícios objetivos é que o efeito principal do rito visa, por definição, a um objeto outro que não o sacrificante. Com efeito, o sacrifício não volta a seu ponto de partida; as coisas que ele tem por finalidade modificar estão fora do sacrificante. O efeito produzido sobre este último é, pois, secundário. Por conseguinte, os ritos de entrada e de saída, que têm particularmente em vista o sacrificante, tornam-se rudimentares. É a fase central, a sacrificação, que tende a tomar o maior espaço. Trata-se antes de tudo de criar espírito [374], quer seja criado para atribuí-lo ao ser real ou mítico ao qual o sacrifício diz respeito, quer para libertar uma coisa de alguma virtude sagrada que a torne inacessível, se transforme esta virtude em espírito puro, quer se procure atingir ambas as finalidades ao mesmo tempo.

Mas, além disso, a natureza particular do objeto visado pelo sacrifício modifica este último. No sacrifício de construção [375], por exemplo, a proposta é fazer um espírito que

---

373. Aqui seria o lugar de estudar o lado por assim dizer político do sacrifício: num bom número de sociedades político-religiosas (sociedades secretas, milanesianas e guineanas, bramanismo, etc.), a hierarquia social é amiúde determinada pelas qualidades adquiridas no decurso de sacrifícios pelo indivíduo isoladamente. — Conviria considerar também o caso em que o grupo (família, corporação, sociedade, etc.) é o sacrificante, e verificar quais são os efeitos produzidos sobre uma pessoa deste gênero pelo sacrifício. Ver-se-ia facilmente que todos os sacrifícios, de sacralização e dessacralização, exercem, sobre a sociedade, desde que todas as outras coisas sejam iguais, os mesmos efeitos que sobre o indivíduo. Mas a questão depende mais da sociologia em geral do que do estudo preciso do sacrifício. Aliás, foi intensamente estudada pelos antropólogos ingleses: os efeitos da comunhão sacrifical sobre a sociedade são um de seus temas favoritos (ver R. Smith, *Rel. of. Sem.*, p. 284 ss. Sidney Hartland, *Leg. Pers.*, II, cap. XI, etc.).

374. Grant Allen, na segunda parte de seu livro, *The Evolution of the Idea of God* (ver vol. I das *Oeuvres*, 321 e s.), sustentou idéias referentes a estes sacrifícios e aos sacrifícios do Deus que talvez parecerão relativamente análogas às nossas (ver sobretudo p. 265, 266, 239, 340 ss.). Esperamos, no entanto, que o leitor se aperceberá das diferenças fundamentais.

375. É um dos ritos cujo estudo comparado é dos mais avançados. Ver H. Gaidoz, *Les rites de la construction*, Paris, 1882. R. Winternitz, "Einige Bemerkungen über das Bauopfer bei den Indern" (*Mitthlg. d. Anthr. Gesell. z. Wien*, 1888, XVII, Intr., p. 37 ss.), e sobretudo a

200 ENSAIOS DE SOCIOLOGIA

seja o guardião da casa, ou do altar, ou da cidade que se constrói ou se quer construir, e que constitua sua força [376]. Por isso os ritos de atribuição se desenvolvem. Encerra-se o crânio da vítima humana, o galo, a cabeça da coruja. De outro lado, segundo a natureza da construção, a importância da vítima varia; depende de ser um templo, ou uma cidade ou uma simples casa. Dependendo de o edifício já estar construído ou por construir, o sacrifício terá como objeto criar o espírito ou a divindade guardiã, ou então será uma propiciação do gênio do solo que os trabalhos de construção vão lesar [377]. Por isto a cor da vítima varia: será negra, por exemplo, se se tratar de propiciar o gênio da terra, branca se se quiser criar um espírito favorável [378]. Os próprios ritos da destruição não são idênticos em ambos os casos.

No sacrifício-pedido, procura-se antes de tudo produzir certos efeitos especiais que o rito define. Se o sacrifício é o cumprimento de uma promessa já feita, se é feito para desligar uma pessoa de um vínculo moral e religioso que pesa sobre ela, a vítima, em certo grau, tem um caráter expiatório [379]. Se, ao contrário, se quiser comprometer a divindade por meio de um contrato, o sacrifício tem antes a forma de uma atribuição [380]: o *do ut des* é o princípio e, por conseguinte, não há parte reservada aos sacrificantes. Se se tratar de agradecer à divindade por uma graça parti-

---

exaustiva monografia de Sartori, "Das Bauopfer" in *Zeitsch. f. Ethn.*, 1898 (ver vol. I das *Oeuvres*, 321 e s.), com a classificação das formas onde somente a análise do rito deixa realmente a desejar. Sobre a conservação do corpo ou das partes do corpo das vítimas nas construções, v. Wilken, "Iets. over de Schedelvereering bij den volken v. ed. Ind. Arch." (*Bijdr. Taal, Land, Volken Kunde v. Ned. Ind.*, 1889), p. 31. — Pinza, *Conservazione delle teste umane*, passim.

376. É o caso mais geral. Trata-se realmente da criação de uma espécie de deus ao qual mais tarde se renderá um culto. Há aí um caso paralelo ao do sacrifício agrário. Este espírito será vago ou preciso, confundir-se-á com a força que torna sólida a construção, ou tornar-se-á uma espécie de deus pessoal, ou será as duas coisas ao mesmo tempo. Mas sempre estará ligado por certos vínculos à vítima da qual sai e à construção de que é guarda e protetor; contra os azares, as doenças, as infelicidades, inspirando a todos o respeito do limiar, aos ladrões e aos habitantes. (H. C. Trumbull, *The Threshold Covenant*, Nova Iorque, 1896.) — Da mesma forma como se fixa a vítima agrária, semeando seus restos, etc., assim se espalha o sangue sobre os alicerces e mais tarde se empareda sua cabeça. — O sacrifício de construção pôde repetir-se em diversos rituais; no início, em ocasiões graves: reparação de uma construção, assédio de uma cidade; depois, tornou-se periódico e confundiu-se em muitos casos com sacrifícios agrários, dando como eles origem a personalidades míticas (ver Dümmler, "Sittengeschichtliche Parallelen", *Philologus*, LVI, p. 19 ss.).

377. Este caso também é muito geral. Trata-se de resgatar por uma vítima cóleras do espírito proprietário seja do solo, seja em alguns casos da própria construção. Os dois ritos aparecem reunidos na Índia (ver Winternitz, *loc. cit.*) no sacrifício a *vastospati*, "Rudra senhor do lugar"; comumente são isolados (Sartori, *loc. cit.*, p. 14, 15, 19 e 42 ss.).

378. Ver Winternitz (*loc. cit.*).

379. O caso mais conhecido é o da filha de Jefté. Mas há sempre, após a realização de um sacrifício voluntário, o sentimento de estar absolvido, de ter "rejeitado o voto", como dizem energicamente os teólogos hindus.

380. A fórmula geral de atribuição que o sacrificante pronunciava, quando o oficiante lançava ao fogo uma parte qualquer, era na Índia védica: "Isto ao Deus N.N. não a mim".

cular [381], o holocausto, isto é, a atribuição total, ou então o *shelamim*, isto é, o sacrifício uma parte do qual fica para o sacrificante, podem ser a regra. De outro lado, a importância da vítima está em relação direta com a gravidade do voto. Enfim, os caracteres especiais da vítima dependem da natureza da coisa desejada: se se quiser chuva, sacrificam-se vacas negras [382] ou se faz intervir no sacrifício um cavalo negro sobre o qual se derrama água [383], etc. Deste princípio geral, pode-se dar uma razão muito plausível. Aí, como no caso mágico com o qual estes ritos se confundem sob certos aspectos, o rito age, no fundo, por si mesmo. A força libertada é eficaz. A vítima molda-se segundo à fórmula votiva, incorpora-se a ela, a enche, a anima, leva-a aos deuses, torna-se seu espírito, seu "veículo" [384].

Não fizemos mais do que indicar como o tema do sacrifício varia com os diferentes efeitos que deve produzir. Vejamos como os diversos mecanismos que distinguimos podem reunir-se num sacrifício único. Os sacrifícios agrários são precisamente excelentes exemplos sob este ponto de vista. Pois, essencialmente objetivos, não têm efeitos menos importantes sobre o sacrificante.

Estes sacrifícios têm dupla finalidade. São destinados primeiramente a permitir quer a trabalhar a terra quer a utilizar seus frutos, levantando as interdições que os protegem. Em segundo lugar, são um meio de fertilizar os campos que se cultivam e conservar-lhes a vida quando, após a colheita, se apresentam despojados e como que mortos. Com efeito, os campos e seus produtos são considerados como eminentemente vivos. Neles, há um princípio religioso que dorme durante o inverno, reaparece na primavera, se mani-

---

381. São os sacrifícios "de graça", de louvor da Bíblia. — Parece que foram pouco numerosos na maioria das religiões (ver para a Índia: Oldenb. *Rel. d. Ved.*, p. 305, 6); Wilken. *Over eene nieuwe Theorie des Offers*. De Gids., 1890, p. 365 ss.; Callaway, *Rel. Syst. of the Amazulu*, p. 59, n.º 14. Cf. Frazer, *Gold. Baugh*, II, 42, etc. — Cf. Marillier, *Rev. Hist. Relig.*, 1898, I, p. 209. — Cf. Sahagun, *Historia de las cosas de Nª España*, II, p. 20.

382. Callaway, *Rel. Syst. of the Amazulu*, p. 59, n.º 14, Cf. Frazer, *Gold Bough*, II, 42, etc. Cf. Marillier, *Rev. Hist. Relig.*, 1898, I, p. 209. Cf. Sahagun, *Historia de las cosas de N.ª España*, II, p. 20.

383. Hillebrandt, *Ved. Rit. Litt.*, p. 75. — É mister ligar a estes fatos os casos de afogamentos de vítimas na água. Em outros casos espalha-se água sobre uma vítima qualquer: ex. 2 *Reis*, 18:19 ss., etc. Cf. Kramer, "Das Fest Sinsja und das Feldgebet", etc. *Bull. Soc. Arch. Hist. Ethn. de l'Univ. de Kazan in Globus*, 1898, p. 165. — Cf. Smirnow et Boyer, *Populat. finnoises*, 1898, p. 175.

384. Quando se unge um animal, no rito védico, sobre a garupa se diz: "Que o senhor do sacrifício (o sacrificante) vá contigo e com sua vontade ao céu" (*Âp. çr. sû.*, VII, 14, 1, *V. S.*, 6, 10, 6, *T. S.*, 1, 3, 8, 1); comentado (*T. S.*, 6, 3, 7, 4. *Ç. B.*, 3, 7, 4, 8) onde se explica que o animal vai ao céu, e leva na garupa o voto do sacrificante. A vítima foi com muita freqüência apresentada como um mensageiro dos homens; é o caso dos mexicanos e dos trácios de Heródoto (IV, 9), etc. — Nossa enumeração dos sacrifícios objetivos não é de modo algum completa: nem tratamos do sacrifício divinatório, nem do sacrifício de imprecação, nem do sacrifício — alimento, nem do sacrifício do juramento, etc. Um estudo destas formas talvez demonstrasse que se trata, também aí, de criar e de utilizar uma coisa sagrada, um espírito que é dirigido para tal ou tal coisa. Deste ponto de vista, talvez seja possível chegar a uma classificação.

202 ENSAIOS DE SOCIOLOGIA

festa na colheita e a torna, por esta razão, de difícil acesso aos mortais. Por vezes mesmo, representa-se este princípio como um espírito que monta guarda em torno das terras e dos frutos; ele os possui, e é esta posse que constitui sua santidade. É mister, pois, eliminá-lo para que a colheita ou o uso dos frutos seja possível. Mas ao mesmo tempo, visto que ele é a própria vida do campo, é preciso, depois de tê-lo expulsado, recriá-lo e fixá-lo na terra a qual ele deu fertilidade. Os sacrifícios de dessacralização simples podem bastar para a primeira destas necessidades, mas não para a segunda. Os sacrifícios agrários, em sua maioria, têm portanto efeitos múltiplos. Encontram-se nele reunidas diferentes formas de sacrifícios. É um dos casos em que se observa melhor esta complexidade fundamental do sacrifício sobre a qual nunca é demais insistir. Por isso não pretendemos elaborar nestas poucas páginas uma teoria geral do sacrifício agrário. Não ousamos prever todas as exceções aparentes e não podemos desenredar o emaranhado dos desenvolvimentos históricos. Limitar-nos-emos à análise de um sacrifício bastante conhecido que já foi objeto de um certo número de estudos. É o sacrifício a Zeus Polieus que os atenienses celebravam na festa conhecida sob o nome de *Dipolia* ou de *Bufonia*[385].

Esta festa[386] realizava-se no mês de junho, no fim da colheita e no começo da debulha do trigo. A principal cerimônia passava-se sobre a acrópole, no altar de Zeus Polieus. Bolos eram depositados sobre uma tábua de bronze. Não eram guardados[387]. Então, soltavam-se bois; um deles aproximava-se do altar, comia uma parte das oferendas e pisava o resto[388]. Imediatamente um dos sacrificadores golpeava-o com seu machado. Depois de abatido, um segundo completava o trabalho cortando-lhe a garganta com uma faca; outros o esfolavam, enquanto que aquele que o havia golpeado fugia. Depois do julgamento no Pritaneion de que falamos, a carne do boi era dividida entre os assistentes, a pele do boi era novamente costurada, enchida de palha, e o animal assim empalhado era atrelado à charrua.

Estas práticas singulares prestavam-se à lenda. Três versões diferentes atribuíam-na a três personagens diferentes: a primeira a Diomos, sacerdote de Zeus Polieus, a segunda a

---

385. Ver Mannhardt, *Mythologische Forschungen*, p. 68 ss. Rob. Smith, *Rel. of Sem.*, p. 304 ss. Frazer, *Golden Bough*, II, p. 38, 41. De Prott. "Buphonien" in *Rhein. Mus.*, 1897, p. 187 ss. Stengel, *ib.*, p. 399 ss. Farnell, *Cults of the Greeck States*, I, p. 56, 58 e 88 ss. (ver nas Bufonias um caso de culto totêmico). Frazer, *Pausanias*, t. II, p. 203 ss.; t. V, p. 509. A. Mommsen, *Heortologie*, p. 512 ss. Gruppe, *Griechische Mythologie*, I, p. 29.

386. Ver *Pausanias*, I, 24, 4; 28, 10. — Porfírio, *De Abstinentia*, II, 9, 28 ss. — Schol. Arist. *Nub.*, 985. — Hom. Schol. *Il.*, 83. — Suídas, Διὸς ψῆφος, Herych, Διὸς θακοι·

387. *Paus.* I, 24, 4.

388. Porfírio. *De Abst.*, II, 28.

ENSAIO SOBRE A NATUREZA E A FUNÇÃO... 203

Sopatros, a terceira a Taulon[389], que pareciam ser os antepassados míticos dos sacerdotes deste sacrifício. Nas três versões, o sacerdote depositou a oferenda sobre o altar; aparece um boi que as tira; o sacerdote furioso golpeia o sacrílego e, sacrílego, ele mesmo, exila-se. A mais longa dessas versões é aquela cujo herói é Sopatros. Seca e fome são as conseqüências de seu crime. A Pítia consultada responde aos atenienses que o exilado poderia salvá-los; que seria necessário punir o matador, ressuscitar a vítima num sacrifício semelhante àquele em que ela morreu e comer sua carne. Faz-se voltar Sopatros, devolvem-se-lhe seus direitos para que ofereça o sacrifício e celebre-se a festa como descrevemos.

Eis os fatos: que significam? Há três atos a distinguir nesta festa: 1.º a morte da vítima; 2.º a comunhão; 3.º a ressurreição da vítima[390].

No começo da cerimônia, bolos e grãos são depositados sobre o altar. Provavelmente são as primícias do trigo batido[391]. Esta oblação é análoga a todas aquelas que permitem aos profanos o uso das colheitas. Toda a santidade do trigo a ser batido está concentrada nos bolos[392]. O boi toca neles; a rapidez do golpe que o atinge mostra que a consagração passou por ele, fulminante. Encarnou o espírito divino alojado nas primícias que ele comeu. Ele se torna este espírito, de modo que sua morte é um sacrilégio. A vítima do sacrifício agrário representa sempre simbolicamente os campos e seus produtos. Por isso é posta em relação com eles antes da conservação definitiva. No caso presente, o boi come o bolo das primícias; em outros casos é levada através dos campos, ou a vítima é morta com os instrumentos agrícolas ou enterrada até a metade do corpo.

Mas os fatos devem ser considerados sob outro aspecto. Ao mesmo tempo que o campo, a vítima pode representar também os fiéis que vão profanar a colheita servindo-se dela[393]. Não só os produtos da terra afastavam o sacrificante, mas ainda o sacrificante podia estar num estado tal que devia permanecer afastado. O sacrifício devia corrigir este estado. Em certos casos, as práticas purificatórias faziam parte da cerimônia. Assim uma confissão une-se ao sacrifício[394].

389. Porfírio. *ib.*, II, 9. — *Ib.*, II, 23, 30; — Schol. Hom. *loc. cit.* e Arist. *loc. cit.*

390. Eusébio, *Praep. Ev.*, III, 2, 9, viu na morte de Adônis o símbolo da colheita de um dia. Mas isto significa fazer do rito uma idéia vaga e estreita.

391. Mommsen, *loc. cit.*, pensa que as Bufonias são uma festa do batedura.

392. Stengel, *loc. cit.*, pretende que a superposição do sacrifício sangrento à oferenda das primícias nas Dipolias seja um caso de substituição das oferendas vegetais pelo sacrifício sangrento.

393. Cato, *de Agric.* 14. *Ambarvalia*: Marquardt, p. 200, n. 3. — Cf. Frazer, *Gold. B.* I, p. 39. Ver exemplos muito claros do mesmo gênero de fatos: Sartori, *Bauopfer*, p. 17. Pinza, *op. cit.*, p. 154.

394. Havia uma confissão quando o dízimo e os frutos eram apresentados ao Templo de Jerusalém (*Mischna. Maaser Sheni* V. 10 ss. *Talm. J.*). Na índia uma confissão da mulher fazia parte do ritual dos *Varunnapraghâsas* Sylv. Lévi, *Doctr.*, p. 156.

204 ENSAIOS DE SOCIOLOGIA

Outras vezes, o próprio sacrifício realizava esta espécie de expiação. Podia apresentar-se como um verdadeiro resgate. Assim é que a Páscoa se tornou um rito de resgate geral por ocasião da consumação das primícias. Não só se resgatava a vida dos primogênitos [395] dos homens pelo sangue do cordeiro pascal [396], mas libertava-se ainda cada hebreu do perigo. Poder-se-ia talvez aproximar destes fatos as lutas que os sacrificantes travam entre si em certas festas agrárias [397]. Os golpes parecem sacrificá-los, purificá-los e resgatá-los. Há, pois, no primeiro momento do rito [398], uma dupla operação: 1.º dessacralização do trigo recolhido e batido por meio da vítima que o representa; 2.º resgate dos ceifadores e dos trabalhadores para a imolação desta vítima que os representa.

Com respeito aos Dipolia, os documentos não fazem alusão a uma comunicação entre o sacrificante e a vítima antes da consagração. Mas ela se produz depois; é realizada por um banquete de comunhão [399] que constitui uma nova fase da cerimônia. Depois que os sacrificadores foram absolvidos de seu sacrilégio, os assistentes podem ousar comungar. Lembramo-nos de que, segundo o mito, foi o que a Pítia havia-lhes aconselhado [400]. Um grande número de sacrifícios agrários são seguidos de uma comunhão semelhante [401]. Por esta comunhão, os sacrificantes de Dipolia participavam da natureza sagrada da vítima. Recebiam uma consagração atenuada, porque ela era dividida e porque uma parte do boi permanecia intacta. Investidos do caráter sagrado igual ao das coisas que pretendiam usar, podiam aproximar-se delas [402].

395. Wellhausen, *Prolegomena*, III, 1. Rob. Smith, p. 406, 464, etc. Contra a interpretação demasiado estreita de Wellhausen e de R. Smith, mantemos o caráter de comunhão da festa; notemos a maneira pela qual nela se consome o primeiro trigo, e se consagra a primeira paveia, e digamos que aí, como em toda parte, sem que se trate necessariamente de fusão de ritos diferentes, de origens e de nacionalidades diferentes, há simplesmente um caso de rito naturalmente complexo.

396. A obrigação de sacrificar a Páscoa, de consumir o cordeiro, de oferecer os primeiros frutos (ver atrás p. 190, n. 324, cf. p. 204), é rigorosamente pessoal no rito hebraico. Da mesma forma, no rito dos *Varunnapraghâsas*, estudado mais adiante, encontraremos um caso notável de resgate pessoal. Desata-se de cada indivíduo da família "o laço" que Varuna lhe lançaria. Fazem-se tantos bolos de cevada em forma de potes (*Karambhapatrânni*) quantos são os membros da família (*Ap. çr. sû.*, VIII, 5, 41) mais um, que representa a criança a nascer (*Taitt. Br.*, 1, 6, 5, 5), e em certo momento da cerimônia, cada qual os coloca sobre a cabeça (*Ap.*, VIII, 6, 23). Afasta-se assim, diz Bramana, Varuna, deus da cevada, da cabeça (*Taitt. B.* 1, 6, 5, 4).

397. Ver *Pausanias*, II, 32, 2 (Trezene), cf. Frazer, *Pausanias*, III, p. 266 ss. *Paus*. III, 11, 12; 14, 8, 10; 19, 7 (Esparta). Uzener, *Stoff d. griech. Epos.*, p. 42 ss. — Cf. Mannhardt, *B. W. F. K.* I, p. 281. — Frazer, *Gold. Bough*, II, 165. — Sobre as lutas das festas da Holi, ver Crocke, *Pop. Relig. a. Folklore of Northern-India*, II, p. 315 ss., onde se cita um certo número de equivalentes. — Mas o rito é complexo, e é bem possível que haja aí sobretudo uma imitação mágica da luta anual dos bons e dos maus espíritos.

398. Com efeito, a lenda marca este caráter quase expiatório das Bufonia.

399. Farnell (*loc. cit*) e Rob. Smith, art. "Sacrifice" (*Encyclopaedia Britannica*) vêem nisso uma sobrevivência da comunhão totêmica.

400. Porfírio, *loc. cit.*

401. Mannhardt, *W. F. K.*, I, 105. — Frazer, *Golden B.*, II, p. 71, 106, 157; nota adic. ao t. II.

402. Cf. Frazer, *Gold. B.*, II, p. 9, 21, 23, 31, 42, 73, 75, 78, etc.

ENSAIO SOBRE A NATUREZA E A FUNÇÃO... 205

É por um rito deste gênero que os cafres de Natal e da Zululândia se permitem, no começo do ano, o uso dos novos frutos; a carne de uma vítima é cozida com grãos, frutas e legumes. O rei põe um pouco na boca de cada homem e esta comunhão o santifica por todo o ano [403]. A comunhão da Páscoa tinha os mesmos resultados [404]. Com muita freqüência, nos sacrifícios celebrados antes da lavragem, dá-se ao lavrador uma parte da carne da vítima [405]. Esta comunhão, é verdade, pode parecer inútil, visto que o sacrifício prévio já teve como efeito profanar a terra e os grãos. Parece que havia duplo emprego [406] e é possível, com efeito, que às vezes a comunhão tenha sido suficiente para obter o efeito desejado. Mas, em geral, ela sucede a uma dessacralização, que já produz uma primeira profanação. Isto é muito sensível no rito hindu dos *Varunapraghâsas*. A cevada é consagrada a Varuna [407]; é seu alimento [408]. Outrora as criaturas comeram dele, diz o mito, e se tornaram hidrópicas. Foi graças ao rito de que vamos falar que escaparam deste perigo [409]. Eis em que consiste. Entre outras oferendas [410], dois sacerdotes fazem, com grãos de cevada, duas figurinhas que têm a forma de um cordeiro e de uma ovelha. O sacrificante e sua mulher põem, o primeiro sobre a ovelha, a outra sobre o cordeiro, tufos de lã que representam seios e testículos, na maior quantidade possível [411]. Depois faz-se o sacrifício; uma parte é atribuída a Varuna assim como outras oferendas de cevada. E então come-se solenemente o resto. "Pelo sacrifício a gente afasta" [412] Varuna, a gente o elimina e livra aqueles que comerão a cevada do "laço" que ele lançaria sobre eles. Depois, comendo o que resta das

403. Frazer, II, p. 74.
404. Os hebreus não podem comer dos frutos da Terra Prometida antes de comerem os ázimos e o cordeiro. *Jos.* 5:10 ss. *Ex.* 24:15 ss., 24:18 ss., etc.
405. Frazer, II, p. 31.
406. Segundo o texto das palavras da Pítia, parece de fato que a comunhão tenha sido supererrogatória (λῶον ἔσεσθαι).
407. Ver S. Lévi, *Doctrine*, p. 155, n. 3.
408. Daí o nome do rito "os alimentos de Varuna".
409. *Ç. B.* 2, 5, 2, 1. — V. S. Lévi, p. 156, n.º 1, o texto *T. B.*, 1, 6, 4, 1, só indicam este último termo do mito. — Nós não estudamos mais do que um dos três ritos que fazem parte da cerimônia; um destes ritos é um banho idêntico ao banho da saída do sacrifício a *soma* (ver, atrás, p. 186), o outro é uma confissão da mulher, totalmente comparável à prova levítica da mulher adúltera. Toda a festa tem assim um caráter purificatório bem marcado (ver atrás, p. 197 e 198, n. 362 e 364).
410. Todas feitas de cevada; excepcionalmente algumas podem ser feitas de arroz. *Ap. çr. sû.*, VIII, 5, 35.
411. *Ap.*, VIII, 5, 42; 6, 1 ss. — Evidentemente estas duas imagens representam o espírito da cevada, considerado como fecundante e fecundado (cf. *T. B.*, 1, 6, 4, 4 sobre a cópula figurada destes dois animais pela qual as criaturas se desligam do laço de Varuna), mas não há texto muito claro sobre este ponto; e embora o rito tenha em si mesmo o sentido de uma criação mágica do espírito da cevada (cf. *Ç. B.*, 2, 5, 2, 16 onde se diz que o carneiro é "Varuna visível" e onde se trata do carneiro figurado e não de um carneiro qualquer, como crê S. Lévi, *Doctrine*, p. 155, n.º 4), os textos não explicam suficientemente esta significação para que possamos desenvolvê-la.
412. *Ava-yaj.* (*T. B.*, I, 6, 5, 1.)

206 ENSAIOS DE SOCIOLOGIA

figurinhas, absorve-se o próprio espírito da cevada. Portanto a comunhão é claramente acrescentada à dessacralização. Neste caso e em casos semelhantes, teme-se sem dúvida que a profanação tenha sido incompleta, e que, de outra parte, o sacrificante haja recebido apenas uma semiconsagração. O sacrifício estabelece um nível entre a santidade do objeto a ser posto em uso e a do sacrificante.

Mas nos sacrifícios cuja finalidade é fertilizar a terra [413], isto é, infundir-lhe uma vida divina ou tornar mais ativa a vida que ela pode ter, não se trata mais, como anteriormente, de eliminar um caráter sagrado; é mister comunicá-lo. Os processos de comunicação direta ou indireta estão, pois, necessariamente implicados nestes tipos de operações. Cumpre fixar no solo um espírito que o fecunde. Os conds sacrificavam vítimas humanas para assegurar a fertilidade das terras; as carnes eram divididas entre os diferentes grupos e enterradas nos campos [414]. Alhures, o sangue da vítima humana era derramado sobre a terra [415]. Na Europa, depositam-se no campo cinzas de São João, pão bento de Santo Antônio [416], ossos de animais mortos na Páscoa ou em outras festas [417]. Mas, freqüentemente, nem toda a vítima era empregada desta maneira e, como nos Bufonia, os sacrificantes recebiam sua parte [418]. Às vezes, inclusive, era-lhes atribuída totalmente. Era um modo de fazer com que o lavrador participasse nos benefícios da consagração, e mesmo, talvez, de confiar a seus cuidados as forças que ele assimilava e que, em outros casos, eram fixados no campo. Aliás, mais tarde, semeavam-se as relíquias do banquete, por ocasião da semeadura ou da lavra [419]. Ou ainda repartia-se outra vítima, nova encarnação do gênio agrário, e disseminava-se na terra a vida que outrora fora daí retirada. O que se devolvia à terra era o que da terra fora tomado [420]. Esta correspondência fundamental entre os ritos da profanação das primícias e os da fertilização dos campos, entre as duas vítimas, pôde, em certos casos, dar lugar a uma verdadeira fusão das duas cerimônias, praticadas então sobre uma mesma vítima. É o que aconteceu no caso dos Bufonia. São um sacrifício de duplo aspecto: são um sacrifício da debulha, porquanto começavam pela oferenda de primícias, mas têm igualmente como objetivo final a fertilização da terra. Com efeito, vimos que, segundo a lenda, a festa foi estabelecida para pôr fim a uma fome e a uma sede. Poder-se-ia dizer até que a comunhão feita com a ajuda

---

413. Mannhardt, *W. F. K.*, I, p. 350 ss.
414. Macpherson, *Memorials of Service in Indian*, p. 129, ss. — Cf. Sacrifício do boi nos campos, *Gold. B.*, II, 20, 23, 41.
415. Mannhardt, *W. F. K.*, I, p. 363.
416. Bahlmann, *Münsterländische Märchen*, etc., p. 294.
417. Höfler, *Correspond. Blatt. d. Ges. f. Anthr.*, 1896, 4.
418. Frazer, *Gold. B.*, II, p. 21, 28 ss., 43, 47 ss.
419. Mannhardt, *W. F. K.*, I, p. 350 ss. — Frazer, *Gold. B.* I, p. 381 ss.
420. O gênio passava o inverno na quinta. — Frazer, *Gold. B.*, II, p. 16, 14.

da carne de boi tem também ela este duplo fim: permitir a consumação dos novos grãos, dar aos cidadãos uma bênção especial para seus futuros trabalhos agrários.

Mas prossigamos na análise de nossos dados. Chegamos ao terceiro momento de nosso rito. Sopatros, matando o boi, matara o espírito do trigo e o trigo não se opusera. Nos termos do oráculo, o segundo sacrifício deve ressuscitar o morto. É por isso que se empalha o boi; o boi empalhado [421] é o boi ressuscitado. Atrelam-no à charrua; o simulacro de lavragem que é levado a efetuar através do campo corresponde à dispersão da vítima entre os conds. Mas é mister notar que a existência individual do boi, de seu espírito, sobrevive tanto à consumação de suas carnes quanto à difusão de sua santidade. Este espírito, que é aquele mesmo que foi retirado da colheita, reencontra-se aí, na pele novamente cozida e cheia de palha. Este traço não é particular dos Bufonia. Numa das festas mexicanas, para representar o renascimento do gênio agrário, esfolava-se a vítima morta e revestia-se com sua pele aquela que devia suceder-lhe no ano seguinte [422]. Em Lusace, na festa da primavera, enterra-se "o morto", isto é, o velho deus da vegetação, tira-se a camisa do manequim que o representa, transportam-na imediatamente para a árvore de maio [423] e, com a vestimenta, leva-se embora o espírito. Portanto é a própria vítima que renasce. Ora, esta vítima é a própria alma da vegetação que, concentrada inicialmente nas primícias, foi transportada para o animal, e que a imolação, ademais, purificou e rejuvenesceu. É, portanto, o próprio princípio da germinação e da fertilidade, é a vida dos campos que renasce e assim ressuscita [424].

O que sobretudo impressiona neste sacrifício é a continuidade ininterrupta desta vida cuja duração e transmissão ele assegura. Uma vez que o espírito é separado pela morte sacrifical, fica fixado aí onde o rito o dirige. Nos Bufonia, ele reside no manequim do boi empalhado. Quando a ressurreição não era figurada por uma cerimônia especial, a conservação de uma parte da vítima ou a oblação atestava a persistência e a presença da alma que residia nela. Em Roma, não só se conservava a cabeça do cavalo de outubro, mas guardava-se seu sangue até as Palilias [425]. As cinzas do sacrifício dos *Forcidiciae* eram igualmente preservadas até esta data [426]. Em Atenas, encerravam-se os restos dos porcos

---

421. Cf. Kondakoff e Reinach, *Antiquités de la Russie Méridionale*, p. 181 (tribos de Altai). — Herod. IV, 72. — Frazer, *Golden B.,* II, p. 42 (China). *Ib.,* 94, 220, para dois usos do mesmo gênero.
422. Frazer, *Gold. B.,* II, p. 220.
423. *Ib.,* I, p. 266.
424. *Ib.,* I, p. 257 ss.
425. Ov. *Fastos,* IV, 73 ss. — Propércio, V, 1, 19. — Mannhardt, *W. F. K.,* II, p. 314 ss.; *Myth. Forsch.,* p. 189.
426. Ovídio, *Fast.,* IV, 639.

208 ENSAIOS DE SOCIOLOGIA

sacrificados nos Tesmofórias [427]. Estas relíquias serviam de corpo para o espírito separado pelo sacrifício. Permitiam agarrá-lo, utilizá-lo, mas, em primeiro lugar, conservá-lo. O retorno periódico do sacrifício, nas épocas em que a terra se despojava, assegurava a continuidade da vida natural, permitindo localizar e fixar o caráter sagrado que havia interesse em conservar e que, no ano seguinte, reapareceria nos novos produtos do solo para encarnar-se de novo numa nova vítima.

A seqüência dos sacrifícios agrários apresenta assim uma série ininterrupta de concentrações e de difusões. Imediatamente a vítima que se torna espírito, gênio, é dividida e dispersa para semear a vida com ela. Para que esta vida não se perca (e corre-se sempre o risco de perder um pouco dela, como testemunha a história de Pélops da espádua de marfim), é preciso reuni-la periodicamente. O mito de Osíris, cujos membros dispersos eram reunidos por Ísis, é uma imagem deste ritmo e desta alternância. Para concluir, o sacrifício continha em si mesmo, abstração feita do retorno regular dos trabalhos agrícolas, a condição de sua periodicidade. De resto, era estipulada pela lenda que relata a instituição destes sacrifícios. A Pítia prescrevia a repetição indefinida dos Bufonia e das outras cerimônias da mesma natureza. A interrupção era inconcebível.

Numa palavra, da mesma forma que o sacrifício pessoal assegurava a vida da pessoa, assim o sacrifício objetivo em geral e o sacrifício agrário em particular asseguravam a vida real e sadia das coisas.

Mas, em geral, o cerimonial dos sacrifícios agrários, um de cujos tipos acabamos de analisar, viu-se sobrecarregado com ritos acessórios e muito desfigurado conforme a interpretação que puderam receber estas ou aquelas de suas práticas. Geralmente se misturam aí ritos mágicos da chuva e do sol: afoga-se a vítima ou se derrama água sobre ela; o fogo do sacrifício ou fogos especiais representam o fogo do sol [428]. De outro lado, aconteceu que assumindo os ritos de dessacralização (do objeto, do sacrificante) um caráter preponderante, todo o rito podia tomar, como o mostrou Frazer, o caráter de um verdadeiro sacrifício expiatório [429]. O espírito do campo que saía da vítima revestia-se das aparências de um bode expiatório [430]. A festa agrária tornava-se uma festa do *Perdão*. Com freqüência, na Grécia, os mitos que contavam a instituição destas festas representa-

---

427. Frazer, *Gold. B.*, II, p. 45. — Schol. Luc. in *Rhein. Mus.*, 1870, p. 548 ss. (E. Rohde). — Cf. culto de Ísis em Titores, ver atrás, p. 179, n. 261.
428. Ver Marillier, *Rev. hist. relig.*, 1898, I, p. 209, *II Reis*, 18:19 ss.
429. *Gold. B.*, I, p. 384.
430. Pharmakos (*Targélias*), Boulinos. (*Pl. Qu. Symp.* VI, 8, 1); *Argei* em Roma (Marquardt, p. 191); Mannhardt, *Myth. Forsch.*, p. 135.

ENSAIO SOBRE A NATUREZA E A FUNÇÃO... 209

vam-nos como expiação periódica de crimes originais. É o caso dos Bufonia [431].

Assim, de um só sacrifício agrário, podia sair toda uma massa de efeitos. O valor da vítima de um sacrifício solene era tal, a força expansiva da consagração tão grande, que era impossível limitar-lhe arbitrariamente a eficácia. A vítima é um centro de atração e de irradiação. As coisas que o sacrifício podia tocar recebiam sua parte de influência. Conforme o estado, a natureza das necessidades, das pessoas e dos objetos, os efeitos produzidos podiam diferir.

5. O SACRIFÍCIO DO DEUS

Este valor singular da vítima aparece claramente numa das formas mais acabadas da evolução histórica do sistema sacrifical: é o sacrifício do deus. Com efeito, é no sacrifício de uma pessoa divina que a noção do sacrifício chega à mais alta expressão. É por isso que sob essa forma ele penetrou nas religiões mais recentes e deu origem a crenças e práticas que ainda vivem.

Veremos como os sacrifícios agrários puderam fornecer um ponto de partida para tal evolução. Mannhardt e Frazer [432] já haviam visto nitidamente que existiam estreitas relações entre o sacrifício do deus e os sacrifícios agrários. Não reexaminaremos os pontos da questão já tratados por eles. Mas procuraremos, com a ajuda de alguns fatos suplementares, mostrar como esta forma do sacrifício se liga ao próprio fundo do mecanismo sacrifical. Nosso principal esforço tenderá sobretudo a determinar a parte considerável que a mitologia desempenhou nesse desenvolvimento.

Para que um deus possa descer ao ponto de desempenhar o papel de vítima, é necessário que haja alguma afinidade entre sua natureza e a das vítimas. Para que ele venha submeter-se à destruição sacrifical é preciso que tenha sua origem no próprio sacrifício. Esta condição parece, sob certos aspectos, preenchida por todos os sacrifícios; porque a vítima tem sempre alguma coisa de divino que o sacrifício põe em evidência. Mas uma vítima divina não é uma vítima-deus [433]. Não se deve confundir o caráter sagrado de que se revestem as coisas religiosas com estas personali-

---

431. Cf. os Targélias, expiação da morte de Andrógéia. Gruppe, *Gr. Myth*, p. 37; os *Carneia*, daquela de Carnos, etc. — Cf. lenda de Melanipo e de Comaito em Patras (*Paus.* VII, 19, 2 ss.).
432. Mannhardt, *W. F. K.; Mythologische Forschungen*. — Frazer, *Golden B.*, I, p. 213 ss., II, p. 1 ss. — Jevons, *Introduction to the History of Religion*. — Grant Allen, *The Evolution of the Idea of God.*, cap. X ss. — Liebrecht, "Der aufgefressene Gott.", in *Zur Volskunde*, p. 436, 439. — Goblet d'Alviella, *Les rites de la moisson*, in *Rev. hist. des relig.* 1898, II, p. 1 ss. — Rob. Smith, "Sacrifice" in *Encyclopaedia Britanica*. — *Religion of Semites*, p. 414 ss. — Vogt, *Cong. inter. d'archéol. pré-hist.*, Bolonha, 1871, p. 325. Não sustentamos que todo sacrifício do deus seja de origem agrária.
433. Pomos de parte evidentemente o caso dos animais totêmicos.

ENSAIOS DE SOCIOLOGIA

dades definidas, que constituem objeto de mitos e de ritos igualmente definidos, e que se chamam deuses. Nos sacrifícios objetivos, é verdade, vimos que da vítima se desprendiam seres cuja fisionomia era mais precisa unicamente pelo fato de estarem ligados a um objeto e a uma função determinados. Acontece até, nos sacrifícios de construção, que o espírito criado seja quase um deus. Entretanto, tais personagens míticas em geral permanecem vagas e indecisas. É sobretudo nos sacrifícios agrários que elas chegam à sua mais alta determinação. Devem o privilégio a diferentes causas.

Em primeiro lugar, nestes sacrifícios, o deus e a vítima sacrificada são particularmente homogêneos. O espírito de uma casa é algo diferente da casa que protege. O espírito do trigo, ao contrário, é quase indistinto do trigo que ele encarna. Ao deus da cevada oferecem-se vítimas feitas de cevada na qual ele reside. Pode-se, pois, prever que, em conseqüência desta homogeneidade e da fusão daí resultante, a vítima poderá comunicar ao espírito sua individualidade. Enquanto ela é simplesmente a primeira paveia da ceifa ou os primeiros frutos da colheita, o espírito permanece, como ela, uma coisa essencialmente agrária[434]. Ele não sai, portanto, do campo a não ser para voltar aí imediatamente; ele se concretiza no momento preciso em que se concentra na vítima. A partir do momento em que esta é imolada, difunde-se de novo em toda a espécie agrícola cuja vida constitui e assim torna a ser vago e impessoal. Para que sua personalidade se acentue, é mister que os vínculos que o unem aos campos se afrouxem; e, para tanto, é preciso que a própria vítima se mantenha mais longe das coisas que representa. Um primeiro passo é dado quando, como freqüentemente acontece, a paveia consagrada recebe o nome ou mesmo a forma de um animal ou de um homem. Por vezes mesmo, como que para tornar a transição mais sensível, enclausura-se[435] um animal vivo, uma vaca, um bode, um galo, por exemplo, que se tornam a vaca, o bode, o galo da colheita. A vítima perde assim uma parte de seu caráter agrário e, na mesma medida, o gênio separa-se de seu suporte. Esta independência aumenta ainda quando a paveia é substituída por uma vítima animal. Neste caso, a relação que ela mantém com aquilo que encarna torna-se tão longínqua que às vezes é difícil percebê-lo. Somente a comparação pôde descobrir que o touro e o bode de Dioniso, o cavalo ou o porco de Deméter eram encarnações da vida dos trigos e das vinhas. Mas a diferenciação torna-se sobretudo mar-

---

434. Mannhardt, *Korndämonen*, Berlim, 1868: *W. F. K.*, e *Muthol. Forsch.* — Frazer, *Gold. B.*, t. II, os numerosos fatos citados: a vítima, o gênio do campo, a última paveia trazem o mesmo nome. Seguimos aqui sua exposição.

435. Acontece mesmo que se coloque, aí, sacrifício bem elementar, vitualhas, etc. Mannh. I, p. 215.

ENSAIO SOBRE A NATUREZA E A FUNÇÃO... 211

cante quando a função é assumida por um homem [436] que traz consigo sua própria autonomia. Então o gênio torna-se personalidade moral que tem um nome, que começa a existir na lenda fora das festas e dos sacrifícios. Assim é que, aos poucos, a alma da vida dos campos se torna exterior aos campos [437] e se individualiza.

Mas a esta primeira causa é acrescentada outra. O sacrifício determina, por si mesmo, uma exaltação das vítimas que as diviniza diretamente. Numerosas são as lendas onde são contadas estas apoteoses. Hércules só foi admitido no Olimpo depois de seu suicídio sobre o Oeta. Atis [438] e Eshmun [439] após a morte foram animados de uma vida divina. A constelação da Virgem não é outra coisa senão Erígone, uma deusa agrária que se enforcara [440]. No México, um mito narrava que o sol e a lua foram criados para um sacrifício [441]; a deusa Toci, a mãe dos deuses, era também apresentada como uma mulher a quem um sacrifício teria divinizado [442]. No mesmo país, por ocasião da festa do deus Totec, onde se matavam e esfolavam os cativos, um sacerdote revestia-se da pele de um deles; tornava-se então a imagem do deus, usava seus ornamentos e suas vestimentas, assentava-se num trono e recebia no lugar do deus imagens dos primeiros frutos [443]. Na lenda cretense de Dioniso, o coração do deus, que fora massacrado pelos Titãs, era colocado no *xoanon* onde devia ser adorado [444]. Filo de Biblos empregava, para exprimir o estado de Oceanos, mutilado por seu filho Cronos, uma expressão bem significativa: "foi consagrado", ἀωιερώθη [445]. Nestas lendas subsiste a consciência obscura da virtude do sacrifício. O vestígio disto persiste também nos ritos. Por exemplo, em Jumièges, onde o papel do gênio animal da vegetação era desempenhado por um homem cujo ofício durava um ano e começava na festa de São João, fingia-se lançar o futuro *lobo verde* no fogo da pira; depois dessa execução simulada, seu predecessor devolvia-lhe as insígnias [446]. A cerimônia não tinha como efeito encarnar simplesmente o gênio agrário. Ele nascia no próprio

---

436. Mannh. *W. F. K.*, I, p. 350, 363. — Frazer, *Gold. B.*, I, 381 ss., II, p. 21, 183 ss. — Porf. *D. Abst.*, II, 27.

437. Cf. Frazer, *Gold. B.*, I, p. 360.

438. Arnob. *Adv. nat.*, V, 5, ss. (Lenda de Agdistis que obtém de Zeus que o cadáver de Átis não se corrompa.) — Julien, *Or.*, V. p. 180.

439. Fil. Biblos, 44.

440. Roscher, *Lexikon*, art. *Ikarios*.

441. Chavero, *México*, etc., p. 365.

442. *Cod. Ramirez. Relación del origen de los Indios*, ed. Vigil., p. 28. — Sahagun, *Historia de las cosas da N. España*, II, 11 e 30.

443. Bancroft, *Native Races of the Pacific States*, II, p. 319 ss. Cf. Frazer, *Gold. B.*, p. 221.

444. Firmicus Maternus, *De errore profanarum religionum*, 6. — Royde, *Psyche*, II, p. 166. — Frazer, *Pausanias*, t. V, p. 143.

445. Fil. Bibl. (ed. Orelli), 34. — Cf. talvez *Bull. Cor. Hell.*, 1896. p. 303 ss. Inscrip. de El-Bardj: ἀποθεωθένος ἐν τῷ λέβητι

446. Mann., *W. F. K.*, II, p. 325.

212 ENSAIOS DE SOCIOLOGIA

sacrifício [447]. Ora, dado que não se pode distinguir os demônios das vítimas agrárias, tais fatos são precisamente exemplos daquilo que dissemos a propósito da consagração e de seus efeitos diretos. A apoteose sacrifical não é outra coisa senão o renascimento da vítima. Sua divinização é um caso especial e uma forma superior de santificação e de separação. Mas esta forma quase não aparece salvo nos sacrifícios em que, pela localização, concentração e acumulação de um caráter sagrado, a vítima se vê investida de um máximo de santidade que o sacrifício organiza e personifica.

Eis a condição necessária para que o sacrifício do deus seja possível. Mas para que se torne uma realidade, não basta que o deus haja saído da vítima: é mister que tenha ainda toda a sua natureza divina no momento em que entra no sacrifício para tornar-se ele mesmo vítima. Isto significa que a personificação da qual resultou deve tornar-se durável e necessária. Esta associação indissolúvel entre seres ou uma espécie de seres e uma virtude sobrenatural é o fruto da periodicidade dos sacrifícios de que se trata precisamente aqui. A repetição destas cerimônias, nas quais, em conseqüência de um hábito ou por qualquer outra razão, uma vítima reaparecia com intervalos regulares, criou uma espécie de personalidade contínua. Visto que o sacrifício conserva seus efeitos secundários, a criação da divindade é obra dos sacrifícios anteriores. E isto não é um fato acidental e sem alcance, dado que, numa religião tão abstrata como o cristianismo, a figura do cordeiro pascal, vítima habitual de um sacrifício agrário ou pastoral, persistiu e ainda hoje serve para designar o Cristo, isto é, Deus. O sacrifício forneceu os elementos da simbólica divina.

Mas foi a imaginação dos criadores de mitos que concluiu a elaboração do sacrifício do deus. Com efeito, ela deu primeiramente um estado civil, uma história e, portanto, uma vida mais contínua à personalidade intermitente, anuviada e passiva que nascia da periodicidade dos sacrifícios. Sem contar que, libertando-a de sua ganga terrestre, tornou-a mais divina. Às vezes pode-se até mesmo seguir no mito as diferentes fases desta divinização progressiva. Assim, a grande festa dórica das Carnéia, celebrada em honra de Apolo Carneios, fora instituída, contava-se, para expiar o assassínio do adivinho Carnos, morto por Heráclides Hipo-

---

447. Em Lusácia o espírito que vivia nos trigos era chamado o morto. *Gold. B.*, I, 265 ss. Cf. Mannhardt, *W. F. K.*, I, p. 420. — Em outros casos figurava-se o nascimento do gênio dando à última paveia, aos primeiros grãos, a forma de uma criança ou de um pequeno animal (o *corn-baby* dos autores ingleses): o deus nascia do sacrifício agrário. Ver Mannhardt, *Myth. Forsch.*, p. 62 ss. — Frazer, *Gold. B.*, I, p. 344; II, p. 23 ss. — Nascimento dos deuses: de Zeus sobre a Ida, e Gruppe, *Griech. Myth.*, p. 248. — Lydus, *De Mens.*, IV, 48. — V. *Paus.*, VIII, 26, 4, para o nascimento de Atená em *Alifera* e o culto de Zeus Λτεχάεης (de parto). Soma é do mesmo modo amiúde chamado também de jovem deus, o mais jovem dos deuses (como Agni). Bergaigne, *Rel. Véd.* I, p. 244.

ENSAIO SOBRE A NATUREZA E A FUNÇÃO... 213

tes [448]. Ora, Apolo Carneios não é outro senão o adivinho Carnos cujo sacrifício é realizado e expiado como os dos Dipolia; e o próprio Carnos, "o cornudo" [449], confunde-se com o herói Crios, "o carneiro" [450], hipóstase da vítima animal primitiva. Do sacrifício do carneiro, a mitologia fizera o assassinato de um herói e em seguida transformara este em grande deus nacional.

Entretanto, se a mitologia elaborou a representação do divino, não trabalhou com dados arbitrários. Os mitos conservam o traço de sua origem: um sacrifício mais ou menos desfigurado forma o episódio central e como que o núcleo da vida lendária dos ·deuses que saíram de um sacrifício. S. Lévi explicou a função que desempenham os ritos sacrificais na mitologia bramânica [451]. Vejamos como, mais especialmente, a história dos deuses agrários é tecida sobre um fundo de ritos agrários. Para mostrá-lo, iremos agrupar alguns tipos de lendas gregas e semíticas, vizinhas daquelas de Átis e de Adônis, e que são outras tantas deformações do tema do sacrifício do deus. Umas são mitos que explicam a instituição de certas cerimônias, outras são contos, geralmente provenientes de mitos similares aos primeiros [452]. Amiúde, os ritos comemorativos que correspondem a estas lendas (dramas sagrados, processões [453], etc.) não têm, ao que saibamos, nenhum dos caracteres do sacrifício. Mas o tema do sacrifício do deus é um motivo que a imaginação mitológica usou livremente.

O túmulo de Zeus em Creta [454], a morte de Pã [455], a de Adônis são bastante conhecidos e não é preciso mais do que mencioná-los. Adônis deixou nas lendas sírias descendentes que condividem sua sorte [456]. Em alguns casos, é verdade, os túmulos divinos talvez sejam monumentos do culto aos mortos. Porém o mais das vezes, a nosso ver, a morte mítica do deus lembra o sacrifício ritual; está envolta na lenda, aliás obscura, mal transmitida e incompleta de circunstâncias que permitem determinar sua verdadeira natureza.

---

443. Teopompo, fr. 171 (*F. H. G.*, I, p. 307). — *Paus.*, III, 13. 4. Oinomaos em Eusébio, *Praep. Ev.*, V, 20, 3, p. 219. — Cf. Usener, *Rh. Mus.*, LIII, 359 ss. — Cf. para uma lenda do mesmo gênero, id. *Rh. Mus.*, LIII, p. 365 ss.

449. Ver Hesych. s. v.

450. *Paus.*, III, 13, 3, ss.

451. *Doctr.* cap. II, cf. Bergaigne, vol. I, p. 101 ss.

452. V. Usener, *Stoff. d. Griech. Epos*, III, *Göttliche Synon*, v. C. R.

453. Os episódios míticos são geralmente solidários com as cerimônias rituais. Assim, Cipriano conta que, na juventude, havia sido figurante da δράκοντος δραματουργία, em Antióquia (*Confessio SS. Cypriani*, in *AA. SS.* set. 26, t. VII, p. 205). Sobre a apresentação do combate de Apolo contra Píton em Delfos, v. Frazer, *Pausanias*, III, p. 52, t. V, p. 244.

454. Cirilo, *Adv. Julian.* X, p. 342, D. — Diodoro, VI, 5, 3.

455. Mannhardt, *B. W. F. K.*, II, p. 133, cf. p. 149.

456. Clermont-Ganneau, "La stèle de Byblos" in *Bibl. Ec. hautes études*, 44, p. 28. — Eerdmans, "Der Ursprung der Zeremonien des Hocein Festes", in *Zeitschr. f. Assyriologie*, 1894, p. 280 ss.

214   ENSAIOS DE SOCIOLOGIA

Lê-se na tabuinha assíria da lenda de Adapa [457]: "Da terra desapareceram dois deuses; é por isso que trago as vestimentas de luto. Quais são estes dois deuses? São *Du-mu-zu* e *Gish-zi-da*". A morte de Du-mu-zu é um sacrifício mítico. A prova é dada pelo fato de que Ishar, sua mãe e esposa, quer ressuscitá-lo [458] derramando sobre o cadáver água da fonte de vida que vai procurar nos infernos; pois nisto imita os ritos de certas festas agrárias. Quando o espírito do campo está morto, lança-se seu cadáver à água ou é aspergido com água. Então, quer ressuscite, quer uma árvore de maio se erga sobre seu túmulo, a vida renasce. Aqui, é a água derramada sobre o cadáver e a ressurreição que nos levam a assimilar o deus morto a uma vítima agrária; no mito de Osíris, é a dispersão do cadáver e a árvore que cresce sobre o ataúde [459]. Em Trezene, no períbolo do templo de Hipólito, comemorava-se com uma festa anual os λιθόβολια, a morte das deusas Damia e Auxesia, virgens, estrangeiras, vindas de Creta, que, segundo a tradição, haviam sido lapidadas numa sedição [460]. As deusas estrangeiras são o estrangeiro, o viandante que com freqüência desempenha uma função nas festas da colheita; a lapidação é um rito de sacrifício. Amiúde, uma simples ferida do deus equivale à sua morte anual. Belen, adormecido no Blumenthal ao pé do balão de Guebwiller, foi ferido no pé por um javali, como Adônis; para cada gota do sangue que escorria de sua ferida nascia uma flor [461].

A morte do deus é freqüentemente um suicídio. Hércules sobre o Oeta, Melkarth em Tiro [462], o deus Sandés ou Sandon em Tarso [463], Dido em Cartago, tinham-se queimado a si mesmos. A morte de Melkarth era comemorada com uma festa em cada verão; era uma festa da colheita. A mitologia grega conhece deusas que usavam o título de Απαγχομένη, isto é, deusas "enforcadas": era o caso de Artêmis, Hécate, Helena [464]. Em Atenas, a deusa enforcada era Erígone, mãe de Estáfilo, herói da uva [465]. Em Delfos, chamava-se Charila [466]. Charila, dizia a lenda, era uma menina que, no decurso de uma fome, fora pedir ao rei sua parte da última distribuição; batida e expulsa por ele,

---

457. Harper, "Die Babylonischen Legenden von Etana, Zu. Adapa" (Delitzsch, *Beitr. z. Assyr.*, II, 2, C, 22). — Cf. Stucken, *Astralmythen*, II, *Lot.*, p. 89.
458. Jeremias, *Die Höllenfahrt der Ishtar* (cf. A purificação do cadáver no rito védico, p. 79, n. 4).
459. Plut. *De Iside et Osiride*, § 13 ss. — Frazer, *Gold. B.*, I, p. 301 ss. — Firmicus Maternus, *De Err. profan. Relig.*, amortalhamento de Osíris nos mitos isíacos.
460. *Paus.* II, 32, 2.
461. Fournier, *Vieilles coutumes des Vosges*, p. 70.
462. Clem. Rom. *Recognitiones*, X, 24. Cf. Herod. VII, 167. — Movers, *Phönizier*, I, 153, 155, 394 ss. — Pietschmann, *Gesch. d. Phönizier*. — Rob. Smith, p. 373, n.º 2.
463. O. Müller, *Rhein. Mus.*, 1829, p. 22-39. *Sandon und Sardanapal.*
464. Uzener. *Götternamen*, p. 239 ss.
465. Ver atrás, p. 211.
466. Plut. *Qu. Graec.*, 12.

ENSAIO SOBRE A NATUREZA E A FUNÇÃO... 215

enforcara-se num pequeno vale afastado. Ora, uma festa anual, instituída, diz-se, por ordem da Pítia, era celebrada em sua honra. Começava por uma distribuição de trigo; depois, fabricava-se uma imagem de Charila, que era golpeada, enforcada e enterrada. Em outras lendas, o deus inflige a si mesmo uma mutilação em conseqüência da qual morre. É o caso de Átis e de Eshmun que, perseguido por Astronoe, se mutila com um machado.

Amiúde era do fundador do culto ou do primeiro sacerdote do deus que o mito contava a morte. Assim, em Iton, Iodama, sobre cujo túmulo ardia um fogo sagrado, era sacerdotisa de Atena Itonia [467]. Da mesma forma Aglaura, em Atenas, de quem se julgava que as Plunteries expiavam a morte, era igualmente sacerdotisa de Atena. Na realidade, o sacerdote e o deus não são mais do que um só e o mesmo ser. Com efeito, sabemos que o sacerdote pode ser, da mesma forma como a vítima, uma encarnação do deus; com freqüência, ele se disfarça à sua imagem. Mas há aí uma primeira diferenciação, uma espécie de desdobramento mitológico do ser divino e da vítima [468]. Graças a este desdobramento, o deus parece escapar à morte.

É a uma diferenciação de outra espécie que se devem os mitos cujo episódio central é o combate de um deus com um monstro ou um outro deus. Tais são, na mitologia babilônica, os combates de Marduk com Tiamat, isto é, o Caos [469]; de Perseu matando a Gorgone ou o dragão de Jope, de Belerofon lutando contra a Quimera, de São Jorge vencedor do Dadidial [470]. É também o caso dos trabalhos de Hércules e enfim de todas as teomaquias; porque, nestes combates, o vencido é tão divino quanto o vencedor.

Este episódio é uma das formas mitológicas do sacrifício do deus. Com efeito, estes combates divinos equivalem à morte de um só deus. Alternam-se nas mesmas festas [471]. Os jogos ístmicos, celebrados na primavera, comemoram a a morte de Melicerte ou a vitória de Teseu sobre Sinis. Os jogos nemeanos celebram ou a morte de Arquemoro ou a vitória de Hércules sobre o leão da Neméia. Às vezes eles são acompanhados pelos mesmos acidentes. A derrota do monstro é seguida do casamento do deus, de Perseu com Andrômaca, de Hércules com Hesíone; a noiva exposta ao monstro e libertada pelo herói não é outra, aliás, senão a *Maibraut*

---

467. *Paus.* XI, 34, 2.

468. No entanto, há casos em que as três personagens divinas são mortas sucessivamente, como no mito de Busíris e de Litierses (Ver Mannhardt, *Myth. Forsch.*, p. 1 ss.); o estranho é morto por Busíris e Litierses, estes são mortos por Hércules e Hércules suicidar-se-á mais tarde.

469. Halévy, *Recherches bibliques*, p. 29 ss. — Jensen, *Kosmologie*, p. 263-364. — Gunkel, *Schöpfung und Chaos*. — Delitzsch, *Das babylon. Weltschöpfungsepos*, 1896.

470. Clermont-Ganneau, "Horus et Saint-Georges". *Rev. archéol.*, 1876, II, p. 196, 372; 1877, I, p. 23; *Bibl. Ec. hautes ét.*, t. 44, p. 78, 82.

471. Stengel, *op. cit.*, p. 101 ss.

216   ENSAIOS DE SOCIOLOGIA

das lendas alemãs perseguida pelos espíritos da caça selvagem. Ora, no culto de Átis, o casamento sagrado segue a morte e a ressurreição do deus. Produzem-se em circunstâncias análogas e têm o mesmo objeto. A vitória de um jovem deus contra um monstro antigo é um rito da primavera. A festa de Marduk, no primeiro dia de Nisã, repetia sua vitória contra Tiamat [472]. A festa de São Jorge, isto é, a derrota do dragão, era celebrada no dia 23 de abril [473]. Ora, era na primavera que Átis morria. Enfim, se é verdade, como relata Beroso, que uma versão da Gênesis assíria mostrava Bel ao mundo, os dois episódios aparecem juntamente na lenda do mesmo deus; o suicídio de Bel substitui seu duelo com o Caos [474].

Para completar a prova da equivalência destes temas, digamos que amiúde acontece que o deus morre após a vitória. Em Grimm (*Maerchen*, 60), o herói, tendo adormecido depois de sua luta com o dragão, é assassinado; os animais que o acompanham chamam-no à vida [475]. A lenda de Hércules apresenta a mesma aventura: depois de matar Tifon, asfixiado pelo sopro do monstro, caiu por terra inanimado: só foi ressuscitado por Iolaos com a ajuda de uma codorniz [476]. Na lenda de Hesíone, Hércules era engolido por um cetáceo. Castor, depois de ter matado Linceu, foi morto por Idas [477].

Estas equivalências e estas alternâncias explicam-se facilmente se se considera que os adversários postos frente a frente pelo tema do combate são o produto do desdobramento de um mesmo gênio. A origem dos mitos desta forma geralmente foi esquecida; são apresentados como combates meteorológicos entre os deuses da luz e os das trevas ou do abismo [478], entre os deuses do céu e os do inferno. Mas é extremamente difícil distinguir com clareza o caráter de cada um dos combatentes. São seres da mesma natureza cuja diferenciação, acidental e instável, pertence à imaginação religiosa. Seu parentesco aparece plenamente no panteão assírio. Assur e Marduk, deuses solares, são os reis dos Anunaquis, os sete deuses do abismo [479]. Nergal, que às vezes é chamado Gibil, deus do fogo, traz aliás um nome de monstro infernal. Quanto aos sete deuses do abismo, é

---

472. Festa de ZAG-MU-KU (*rish-shatti*, começo do ano). Ver Hagen, in *Beitr. z. Assyr.*, II, p. 238. — W. A. I., IV, 23, 39 ss. — Cf. *Rev. de philo.*, 1897, p. 142 ss.
473. Clermont-Ganneau, *Rev. Archéol.*, 1876, XXXII, p. 387.
474. Eusébio, *Chron.*, ed. Schone, I, p. 14, 18.
475. Cf. Sydney Hartland, *The Legend of Perseus*, III, para o mito do herói adormecido e equivalentes. — Da mesma forma, Indra cai sem forças depois de sua luta contra o demônio Vrtra, ou então foge, etc. Conta-se a mesma lenda de Visnu, etc.
476. Eudóxio, in Athénée, IX, 392, E. — Eustáquio, *Il.*, 1702, 50.
477. Hygin. fab., 80.
478. Cf. Usener, *Stoff. d. griech. Epos.*
479. K. 2801, 1 (*Beitr. z. Assyr.*, III, p. 228; *ib.* II, p. 258, 259). — K. 2585. Somas, juiz dos Annunakis. — K. 2606, Etana, assassino dos Annunakis.

ENSAIO SOBRE A NATUREZA E A FUNÇÃO... 217

difícil, sobretudo nas mitologias que sucederam à mitologia assíria, distingui-los dos sete deuses planetários, executores das vontades celestes [480]. Muito antes do sincretismo greco-romano que fazia do sol o senhor do Ades [481] e aproximava Mitra de Plutão e de Tifão [482], as tabuinhas assírias diziam que Marduk, governante do abismo [483], que Gibil, do fogo [484], e o próprio Marduk são filhos do abismo [485]. Em Creta, os Titãs que matavam Dioniso eram seus parentes [486]. Além disso, os deuses inimigos eram irmãos, freqüentemente gêmeos [487]. Às vezes, a luta sobrevinha entre o tio e o sobrinho, ou mesmo entre um pai e o filho [488].

Na falta deste parentesco, outra relação une os atores do drama e mostra sua identidade fundamental. O animal sagrado de Perseu em Serifos era o caranguejo, o χαρχίνος [489]. Ora, o caranguejo que, na lenda de Serifos, era inimigo do polvo, junta-se à hidra de Lerne, que é um polvo, para combater Hércules. O caranguejo, como o escorpião, às vezes é aliado, às vezes inimigo do deus solar; no total, são formas do mesmo deus. Os baixos-relevos mítricos mostram Mitra cavalgando o touro que vai sacrificar. Assim Perseu montava Pégaso, nascido do sangue da Górgona. O monstro ou animal sacrificado servia de cavalgadura ao deus vitorioso antes ou depois do sacrifício. Em suma, os dois deuses da luta ou da caça mítica são colaboradores. Mitra e o touro, dito Porfírio, são demiurgos a igual título [490].

Assim o sacrifício produzira na mitologia uma infinidade de rebentos. De abstração em abstração, tornara-se um dos temas fundamentais das lendas divinas. Mas é precisa-

---

480. Cf. *Talm. Bab., Chillin.* fol., 91 T. — Haarbrücker, *Schahrastani. Religionspartein und Philosophenschulen*, Halle, 1851, p. 5 ss.
481. Parthey, *Pap. Berl.*, 1, v. 321 ss.
482. Martianus Capella, *De nuptiis Philologiae et Mercurii*, II, 85.
483. *W. A. I.*, IV, 21, 1 c.
484. *Id.*, 14, 2. Rev. 9: Gibil, *mar apsi* (filho do abismo).
485. *Id.*, 22, 1, obv., 30.
486. Cf. Usener, *Stoff.*, etc. II, Tersita = Farmacos acusado por Aquiles de ter furtado as taças de Apolo e condenado à morte; e de outro lado Tersita = *Teritas* = Apolo.
487. Stucken, *Astralmythen*, II, Lot.
488. Oineus e os filhos de Ágrio. Usener, *Gött. Syn.* (*Rh. Mus.*, LIII, p. 375).
489. Tümpel, *Der Karabos des Perseus in Philologus*. Neue Folge, VII, p. 544. Cf. Stucken, *Astralmythen*, I, Abraão, p. 233 ss.
490. Porfírio, *Antr. Nymph.*, 24. — Darmesteter, *Ormazd et Ahriman*, p. 327 ss. — Não é necessário dizer as explicações simbólicas (ex. in Gruppe. *Griech. Cult. und Myth.*, p. 153 ss.; Frazer, *Gold. B.*, I, p. 402) não poderiam convir. O símbolo não passa de uma explicação fora de tempo tanto do mito como do rito. Com efeito, estas lendas são tão naturalmente sacrificais que podem ser substituídas por episódios onde o próprio deus oferece ele mesmo um sacrifício: ex. lenda de Perseu (Pausan. de Damasco, frg. 4); Perseu oferece um sacrifício para sustar uma inundação (lenda de introdução provavelmente recente no ciclo); lenda de Aristeu: Diod. IV, 81-82. Aristeu sacrifica para sustar uma peste. Outra lenda, *Georg.*, IV, 548 ss. Cf. Maas, *Orpheus*, p. 278-297; Gruppe, *Gr. Myth.*, p. 249, n. 2; Porfírio, *Antr. Nymph.* c. 18). Cf. leão de Sansão (*Juízes*, 14, 8). Sobre o sacrifício mitríaco, v. Cumont, Textos e Monum. relat. ao culto de Mitra, *passim*. Darmesteter, *Ormazd et Ahriman*, p. 150, 256; sobre os deuses sacrificantes equivalentes aos deuses lutadores ou, antes, que lutam com a ajuda do sacrifício, v. S. Lévi, *Doctr.*, II.

218 ENSAIOS DE SOCIOLOGIA

mente a introdução deste episódio na lenda de um deus que determinou a formação ritual do sacrifício do deus. Sacerdote ou vítima, sacerdote e vítima, é um deus já formado que age e sofre, ao mesmo tempo, no sacrifício. Ora, a divindade da vítima não está limitada ao sacrifício mitológico; mas aparece igualmente no sacrifício real que lhe corresponde. O mito, uma vez constituído, reage sobre o rito de onde saiu e aí se realiza. Assim o sacrifício do deus não é simplesmente o sujeito de um belo conto mitológico. Qualquer que tenha se tornado a personalidade do deus no sincretismo dos paganismos, adultos ou envelhecidos, é sempre o deus que sofre o sacrifício; não é um simples comparsa [491]. Houve, ao menos no começo, "presença real" como na missa católica. São Cirilo [492] relata que, em certos combates de gladiadores, rituais e periódicos, um certo Cronos (τις Κρόνος), oculto debaixo da terra, recebia o sangue purificador que escorria das feridas. Este Κρόνος τις é o Saturno das Saturnais que, em outros ritos, era condenado à morte [493]. O nome dado ao representante do deus tendia a identificá-lo ao deus. É por esta razão que o sumo-sacerdote de Átis, que também desempenhava o papel de vítima, portava o nome de seu deus e predecessor mítico [494]. A religião mexicana oferece exemplos bem conhecidos da identidade da vítima e do deus. Particularmente na festa de Huitzilopochtli [495], a própria estátua do deus, feita de massa de acelga, amassada com sangue humano, era feita em pedaços, dividida entre os fiéis e comida. Sem dúvida, como já o observamos, em todo sacrifício, a vítima tem alguma coisa do deus. Mas aqui ela é o próprio deus e é esta identificação que caracteriza o sacrifício do deus.

Mas sabemos que o sacrifício se repete periodicamente porque o ritmo da natureza exige esta periodicidade. O mito só deixa, pois, que o deus saia vivo da prova para submetê-lo de novo a ela e assim compõe a vida dele de uma cadeia ininterrupta de paixões e ressurreições. Astartéia ressuscita Adônis, Istar Tamuz, Ísis Osíris, Cibele Átis e Iolaos Hércules [496]. Dioniso assassinado é concebido uma segunda vez por Semele [497]. Eis que já estamos longe da apoteose de que falamos no começo deste capítulo. O deus só sai do sacrifício para tornar a entrar nele e reciprocamente. Não há mais interrupção em sua personalidade. Se

---

491. Mannhardt, *W. F. K.*, I, p. 316.
492. *Adv. Julianum*, IV, p. 128 D.
493. Parmentier, *Rev. de Phil.*, 1897, p. 143 ss.
494. Exemplo: *Ath. Mitth.*, XXII, 38. Pessinonte.
495. Torquemada, *Monarquia Indiana*, VI, 38, in Kinsborough, VI, nota p. 414. — Cortez, 3.ª carta a Carlos Quinto (Kinsborough, VIII, nota, p. 228).
496. Cf. Mannhardt, *W. F. K.*, I, p. 358 ss.; 572 ss.
497. Proclo, Hino a Atená in Lobeck, *Aglaophamus*, p. 561; Abel, *Orpnica*, p. 235.

ENSAIO SOBRE A NATUREZA E A FUNÇÃO... 219

é feito em pedaços, como Osíris e Pélops, estes pedaços são reencontrados, aproximados e reavivados. Então, a meta primitiva do sacrifício é relegada à sombra; não é mais um sacrifício agrário nem um sacrifício pastoral. O deus que aí aparece como vítima existe em si, tem qualidades e poderes múltiplos. Segue-se que o sacrifício surge como uma repetição e uma comemoração do sacrifício original do deus [498]. À lenda que o conta geralmente se acrescenta alguma circunstância que lhe assegura a perpetuidade. Assim, quando um deus morre de morte mais ou menos natural, um oráculo prescreve um sacrifício expiatório que reproduz a morte deste deus [499]. Quando um deus é vencedor de outro, perpetua a lembrança de sua vitória pela instituição de um culto [500].

Cumpre notar aqui que a abstração que, no sacrifício, gerava o deus podia dar outro aspecto às mesmas práticas. Por um procedimento análogo ao desdobramento que produziu as teomaquias, ela podia separar o deus da vítima. Nos mitos estudados acima, os deuses adversários são igualmente divinos; um deles aparece como o sacerdote do sacrifício onde sucumbe seu predecessor. Mas a divindade virtual da vítima nem sempre é desenvolvida. Com freqüência permaneceu terrestre e, por conseguinte, o deus criado, outrora saído da vítima, permanece agora fora do sacrifício. Então, a consagração, que faz passar a vítima para o mundo sagrado, assume o aspecto de uma atribuição a uma pessoa divina, de um dom. Entretanto, mesmo neste caso, é sempre um animal sagrado que se sacrifica ou, ao menos, alguma coisa que lembra a origem do sacrifício. Em suma, oferece-se o próprio deus: Dioniso carneiro tornava-se Dioniso Criófago [501]. Às vezes, ao contrário, como nos desdobramentos de onde resultaram as teomaquias, o animal sacrificado passava por um inimigo do deus [502]. Se era imolado era para expiar uma falta cometida contra o deus por sua espécie. Ao Vírbio de Nemi, morto por cavalos, sacrificava-se um cavalo [503]. A noção do sacrifício ao deus desenvolveu-se paralelamente àquela do sacrifício do deus.

Os tipos de sacrifício do deus que acabamos de passar em revista acham-se realizados *in concreto* e reunidos a pro-

---

498. Ver atrás, p. 212 (Carnéia); ver adiante, p. 220. Cf. Usener, *Göttliche Synonyme in Rhein. Mus.*, LIII, p. 371.
499. Ver p. 208, n. 430.
500. Assim Heracles institui o culto de Atená Αἰγοφάγος depois de seu combate contra Hippocoon (*Paus.*, III, 15, 9); — depois de ter lançado bois de Gerion na fonte Kiane, ordena a renovação de seu ato (*Diod.* V, 4, 1, 2).
501. Roscher, *Lexikon*, I, 1059. — Frazer, *Gold. B.*, I, p. 238; cf. Hera Αἰγοφάγος (*Paus.*, III, 5, 9).
502. Frazer, *Gold. B.*, II, p. 58 ss. — Cf. Seidel, "Fetischverbote in Togo". *Globus.*, 1898, p. 355.
503. Frazer, *ib.*, II, p. 62. — Cf. *Diodore*, V, 62. — Cf. o princípio (Sérvio *ad En.*, III, 18, *Victimae numinibus aut per similitudinem aut per contrarietatem immolabantur*.

pósito de um só e mesmo rito hindu: o sacrifício do so-ma [504]. Pode-se ver nele, em primeiro lugar, aquilo que no ritual é um verdadeiro sacrifício do deus. Não podemos ex-por aqui como Soma deus se confunde com a planta soma, como ele está aí realmente presente, nem descrever as ceri-mônias no meio das quais é levado ao lugar do sacrifício e é aí recebido. É conduzido sobre um pavês, é adorado, de-pois é perseguido e morto. Então, destes ramos esprimidos, o deus se desprende e se espalha pelo mundo; uma série de atribuições distintas comunicam-no aos diferentes reinos da natureza. Esta presença real, este nascimento do deus, suce-dendo à sua morte, são, de certo modo, formas rituais do mito. Quanto às formas puramente míticas de que se revestiu este sacrifício, são exatamente aquelas que acima descreve-mos. Trata-se, em primeiro lugar, da identificação do deus Soma com o inimigo dos deuses, *Vrtra*, o demônio que de-tém os tesouros da imortalidade e que Indra mata [505]. Pois para explicar como um deus podia ser morto, passou-se a representá-lo sob a forma de um demônio; é o demônio que é morto e é dele que sai o deus; liberta-se a essência excelente do invólucro mau que a retinha. Mas, de outro lado, é com freqüência Soma que mata Vrta; em todo caso, é ele que dá forças a Indra, o deus guerreiro, destruidor dos demô-nios. Acontece até que em certos textos Soma é seu próprio sacrificador; chega-se ao ponto de representá-lo como o tipo dos sacrificadores celestes. Daí ao suicídio do deus a dis-tância não era grande; os brâmanes transpuseram-na.

Por este meio focalizaram um ponto importante da teo-ria do sacrifício. Vimos que entre a vítima e o deus há sem-pre alguma afinidade: a Apolo Carneios oferecem-se carnei-ros, a Varuna a cevada, etc. É pelo semelhante que se ali-menta o semelhante e a vítima é o alimento dos deuses. Por isso o sacrifício foi rapidamente considerado como a própria condição da existência divina. É ele quem fornece a matéria imortal de que vivem os deuses. Assim, não só é no sacrifício que alguns deuses nascem, mas é ainda pelo sacri-fício que todos mantêm sua existência. Portanto, o sacrifício acabou por aparecer como sua essência, sua origem, seu

---

504. Pode-se encontrar uma bibliografia daquilo que se refere ao Soma em Macdonnel, "Vedic Mythology" (Grundriss d. Ind. Ar. Phi-lologie), p. 115. — Ver sobretudo Bergaigne. *Rel. Véd.*, I, 148, 125; II, 298, 366, etc. — Hillebrandt, *Véd. Mythologie*, I (tem uma ex-posição sucinta do próprio rito, p. 146 ss.) O soma, planta anual, sacrificada na primavera, parece-nos ter servido sobretudo na origem para um rito agrário (ver Berg. *Rel. Véd.*, III, p. 8 e 9, n. 1); ele é o "rei das plantas" desde *Rg. Veda*, e a Índia clássica em geral desenvolveu este tema: ver Hilleb. *Ved. Myth.*, p. 390. — Um estudo completo do sacrifício do *soma* ainda não foi feito; compreende-se assim que não tenhamos tentado apoiar coisa alguma por meio de textos, sendo a matéria neste ponto indefinida. — Quanto às inter-pretações naturalistas do mito do Soma, não podemos discutir todas; aliás, admitimos todas, visto que não as julgamos inconciliáveis.

505. S. Lévi, p. 162. — Bergaigne, *Rel. Véd.*, III, 84, 85; 63, n.º 1, etc. — Hillebr. *Viçvârûpa*, p. 53, etc.

criador [506]. É também o criador das coisas; pois é nele que reside o princípio de toda a vida. Soma é ao mesmo tempo o sol e a lua no céu, a nuvem, o relâmpago e a chuva na atmosfera, o rei das plantas sobre a terra; ora, no soma vítima, todas estas formas de Soma estão reunidas. É o depositário de todos os princípios nutritivos e fecundantes da natureza. É, ao mesmo tempo, alimento dos deuses e bebida inebriante dos homens, autor da imortalidade de uns e da vida efêmera dos outros. Todas estas forças são concentradas, criadas e distribuídas de novo pelo sacrifício. Este é, pois, "o senhor dos seres", Prajâpati. É o Purusa [507] do famoso hino X, 90 do *Rg Veda* de onde nascem os deuses, os ritos, os homens, as castas, o sol, a lua, as plantas, o gado; será o brâmane da Índia clássica. Todas as teologias atribuíram-lhe este poder criador. Espalhando e reunindo alternadamente a divindade, semeia os seres como Jasão e Cadmos semeiam os dentes do dragão de onde nascem os guerreiros. Da morte ele tira a vida. As flores e as plantas crescem sobre o cadáver de Adônis; enxames de abelhas evolam-se do corpo do leão morto por Sansão e do touro de Aristeu.

Por isso a teologia toma suas cosmogonias dos mitos sacrificais. Ela explica a criação como a imaginação popular explicava a vida anual da natureza, por um sacrifício. Por este meio transporta o sacrifício do deus à origem do mundo [508].

Na cosmogonia assíria, o sangue de Tiamat vencido havia dado origem aos seres. A separação dos elementos do caos era concebida como o sacrifício ou o suicídio do demiurgo. Gunkel [509] provou, cremos, que a mesma concepção se encontrava também nas crenças populares dos hebreus. Aparece na mitologia do Norte. Está também na base do culto mitríaco. Os baixos-relevos querem mostrar a vida que sai do touro sacrificado; já sua cauda termina num feixe de espinhos. Na Índia, enfim, a criação contínua das coisas por meio do rito acaba por tornar-se uma criação absoluta, e *ex nihilo*. No começo não havia nada. O Purusa desejou. É por seu suicídio, pelo abandono de si mesmo, pela renúncia a seu corpo, modelo, mais tarde, da renúncia budista, que o deus deu existência às coisas.

Pode-se supor que neste grau de heroificação do sacrifício, a periodicidade subsistiu. Os contra-ataques do caos e do mal requerem incessantemente novos sacrifícios, criadores e redentores. Assim transformado e, por assim dizer,

---

506. Ver Sylvain Lévi, *Doctrine*, cap. I, e Prefácio.

507. Berg. *Rel. Véd.*, I, p. 275. Ver a notável discussão de Ludwig, *Rig Veda*, III, p. 308.

508. Stucken, *Astralmythen*, II, p. 97. *Talm. B. Gem. a Taanith.* 4, 2. O mundo repousa sobre o sacrifício celebrado no templo.

509. *Schöpfung und Chaos in Urzeit und Endzeit.*

222 ENSAIOS DE SOCIOLOGIA

sublimado, o sacrifício foi conservado pela teologia cristã[510]. Sua eficácia foi simplesmente transportada do mundo físico para o mundo moral. O sacrifício redentor do deus perpetua-se na missa cotidiana. Nós não pretendemos pesquisar como se constituiu o ritual cristão do sacrifício, nem como ele se liga aos ritos anteriores. Todavia, no decurso deste trabalho, julgamos possível aproximar às vezes as cerimônias do sacrifício cristão daquelas que temos estudado. Seja-nos suficiente aqui lembrar simplesmente a impressionante semelhança e indicar como o desenvolvimento de ritos, tão similares aos do sacrifício agrário, pôde dar origem à concepção do sacrifício, redentor e comunicativo, do deus único e transcendente. O sacrifício cristão é, sob este aspecto, um dos mais instrutivos que se possa encontrar na história. Nossos sacerdotes procuram, através dos mesmos processos rituais, quase os mesmos efeitos que nossos mais longíquos antepassados. O mecanismo da consagração da missa católica é, em suas linhas gerais, o mesmo daquele dos sacrifícios hindus. Ele nos apresenta, com uma clareza que nada deixa a desejar, o ritmo alternativo da expiação e da comunhão. A imaginação cristã construiu sobre planos antigos.

6. CONCLUSÃO

Vê-se agora melhor em que consiste, segundo nós, a unidade do sistema sacrifical. Não vem, como acreditou Smith, do fato de que todas as espécies possíveis de sacrifícios saíram de uma forma primitiva e simples. Tal sacrifício não existe. De todos os processos sacrificais, os mais gerais, os mais ricos em elementos que se pôde alcançar são de sacralização e de dessacralização. Ora, na realidade, em todo sacrifício de dessacralização, por mais puro que possa ser, encontramos sempre uma sacralização da vítima. Inversamente, em todo o sacrifício de sacralização, mesmo o mais caracterizado, há uma dessacralização necessariamente implicada, pois se assim não fosse os restos da vítima não poderiam ser utilizados. Estes dois elementos são, pois, de tal forma interdependentes que um não pode existir sem o outro.

Mas, além disso, estes dois tipos de sacrifícios ainda não passam de tipos abstratos. Todo sacrifício ocorre em circunstâncias determinadas e com vistas a fins determinados; da diversidade dos fins que podem assim ser perseguidos nascem modalidades diversas das quais demos alguns exemplos. Ora, de um lado, não há religião onde estas modalidades não coexistem em número mais ou menos grande; todos os rituais sacrificais que conhecemos já apresentam uma grande com-

---

510. V. Vogt, *Congrès international et d'archéologie préhistorique*, Bolonha, 1871, p. 325. Cf. Lasaula, *Die Sühnopfer der Griechen*, etc. 1841.

plexidade. Ademais, não há rito particular que não seja em si mesmo complexo; porque, ou procura atingir muitos objetivos ao mesmo tempo, ou, para alcançar um só, põe em movimento muitas forças. Vimos sacrifícios de dessacralização e até propriamente expiatórios complicarem-se com sacrifícios de comunhão; mas poder-se-iam dar outros exemplos de complicação. Os Amazulu, para conseguirem a chuva, reúnem um rebanho de bois negros, matam um deles e comem-no em silêncio; depois queimam os ossos fora da aldeia: o que compõe três temas diferentes na mesma operação [511].

No sacrifício animal hindu esta complexidade é ainda mais pronunciada. Encontramos aí partes expiatórias atribuídas aos maus gênios, partes diversas reservadas, partes de comunhão que cabiam ao sacrificante, partes sacerdotais que os sacerdotes consumiam. A vítima serve igualmente para imprecações contra o inimigo, para adivinhações, para votos. Por um destes aspectos, o sacrifício depende dos cultos teriomórficos, pois a alma do animal é enviada a juntar-se no céu aos arquétipos dos animais e a manter aí a perpetuidade da espécie. É também um rito de consumação, pois o sacrificante que colocou as brasas só pode comer carne depois de ter feito um tal sacrifício. É, enfim, um sacrifício de resgate; porque o sacrificante é consagrado, está sob o domínio da divindade e se redime colocando a vítima para substituí-lo. Tudo se mistura e se confunde numa mesma organização que, apesar desta diversidade, não deixa de ser harmônica. Com mais razão sucede o mesmo com um rito, de extensão imensa, como o sacrifício a Soma, onde temos, além de tudo aquilo que precede, um caso realizado de sacrifício do deus. Numa palavra, da mesma forma como a cerimônia mágica, da mesma forma que a oração, que pode servir ao mesmo tempo a uma ação de graças, a um voto, a uma propiciação, o sacrifício pode desempenhar concomitantemente uma grande variedade de funções.

Mas se o sacrifício é tão complexo, de onde lhe pode vir sua unidade? É que no fundo, sob a diversidade das formas de que se reveste, é sempre feito segundo um mesmo processo que pode ser empregado para as mais diferentes finalidades. *Este processo consiste em estabelecer uma comunicação entre o mundo sagrado e o mundo profano por intermédio de uma vítima, isto é, de uma coisa destruída no decurso da cerimônia.* Ora, ao contrário do que acredita Smith, a vítima não chega necessariamente ao sacrifício com uma natureza religiosa, acabada e definida; é o próprio sacrifício que lhe confere. Portanto, ele pode dar-lhe as virtudes mais diversas e torná-la assim apta a desempenhar as funções mais variadas, seja em ritos diferentes, seja durante um mes-

---

511. Callaway, *Religious System of the Amazulu.*, p. 59, cf. p. 92.

mo rito. Pode igualmente transmitir um caráter sagrado do mundo religioso ao mundo profano ou inversamente; ela é indiferente ao sentido da corrente que a atravessa. Pode-se, ao mesmo tempo, encarregar o espírito que se libertou dela de levar um voto até as potências celestes, servir-se dela para adivinhar o futuro, subtrair-se à cólera divina dando aos deuses suas partes e, enfim, aproveitar das carnes sagradas que restam. De outro lado, uma vez constituída, ela tem, faça-se o que se fizer, uma certa autonomia; é um foco de energia de onde se desprendem efeitos que ultrapassam a finalidade estrita que o sacrificante consigna ao rito. Imola-se um animal para resgatar um *dîksita*; por um contragolpe imediato, a alma libertada vai alimentar a vida eterna da espécie. O sacrifício ultrapassa assim, naturalmente, os objetivos estreitos que as teologias mais elementares lhe atribuem. É que ele não se compõem somente de uma série de gestos individuais. O rito põe em movimento o conjunto das coisas sagradas às quais se dirige. Desde o começo deste trabalho, o sacrifício nos pareceu como uma ramificação especial do sistema da consagração.

Não é o momento para explicar longamente por que o profano se relaciona assim com o divino; é que ele vê aí a própria fonte da vida. Ele tem, portanto, todo o interesse em aproximar-se dele, pois é aí que se encontram as condições de sua existência. Mas como é que se explica que só se aproxima dele permanecendo a certa distância? Como é que se explica que só se comunique com o sagrado através de um intermediário? Os efeitos destrutivos de um rito explicam em parte este estranho procedimento. Se as forças religiosas são o próprio princípio das forças vitais, em si mesmas elas são de tal natureza que o contato com o vulgar lhes resulta temível. Sobretudo quando alcançam certo grau de intensidade, não podem concentrar-se num objeto profano sem destruí-lo. O sacrificante, seja qual for a necessidade que tenha delas, não pode abordá-las a não ser com extrema prudência. Daí por que, entre elas e ele, o sacrificante, inserem-se intermediários dos quais o principal é a vítima. Se se empenhasse até o extremo no rito, colheria aí a morte e não a vida. A vítima o substitui. Só ela penetra na esfera perigosa do sacrifício; ela sucumbe e acha-se lá para sucumbir. O sacrificante permanece ao abrigo; em vez de tomar o sacrificante, os deuses tomam a vítima em vez de tomá-lo. *Ela o resgata.* Moisés não circuncidara o filho: Iahwe veio "lutar" com ele numa estalagem. Moisés agonizava quando sua mulher cortou violentamente o prepúcio da criança e o lançou aos pés de Iahwe, dizendo-lhe: "És para mim um esposo de sangue". A destruição do prepúcio satisfez o deus que não mais destruiu Moisés resgatado. Não há sacrifício onde não intervenha alguma idéia de resgate.

ENSAIO SOBRE A NATUREZA E A FUNÇÃO... 225

Mas esta primeira explicação não é bastante geral; pois, no caso da oferenda, a comunicação se faz igualmente por um intermediário, no entanto não há destruição. É que uma consagração demasiado forte tem graves inconvenientes, mesmo quando não é destrutiva. Tudo aquilo que está demasiado profundamente comprometido no domínio religioso é, por isso mesmo, retirado do domínio profano. Quanto mais um ser é marcado de religiosidade, mais é carregado de interditos que o isolam. A santidade do Nazir o paralisa. De outro lado, tudo aquilo que entra em contato por demais íntimo com as coisas sagradas assume sua natureza e torna-se sagrado como elas. Ora, o sacrifício é feito por profanos. A ação que ele exerce sobre as pessoas e sobre as coisas destina-se a pô-las em condições de desempenhar seu papel na vida temporal. Umas e outras não podem, portanto, entrar utilmente no sacrifício a não ser com a condição de poder sair dele. Os ritos de saída servem em parte para este fim. Atenuam a consagração; mas, por si sós não poderiam atenuá-la suficientemente se tivesse sido demasiado intensa. Importa pois que o sacrificante ou o objeto do sacrifício só a recebam abrandada, isto é, de maneira indireta. Para isso é que serve o intermediário. Graças a ele, os dois mundos em presença podem penetrar-se mesmo continuando distintos.

Assim se explica um caráter muito particular do sacrifício religioso. Em todo sacrifício, há um ato de abnegação, visto que o sacrificante se priva e dá. Mesmo esta abnegação às vezes lhe é imposta como um dever. Pois o sacrifício não é sempre facultativo; os deuses o exigem. É dever prestar-lhes culto, serviço, como diz o ritual hebreu; é dever pagar-lhes sua parte, como dizem os hindus. Mas esta abnegação e esta submissão não são isentas de um retorno egoísta. Se o sacrificante dá alguma coisa de si, ele não se dá; ele se reserva prudentemente. É que, se ele dá, em parte é para receber. O sacrifício se apresenta, portanto, sob um duplo aspecto. É um ato útil e é uma obrigação. O desinteresse se mistura aí com o interesse. Daí por que com tanta freqüência foi tão amiúde concebido sob a forma de contrato. No fundo, talvez não haja sacrifício que não tenha alguma coisa de contratual. As duas partes em presença trocam serviços e cada uma tem aí sua conta. Pois os deuses, também eles, têm necessidade dos profanos. Se da colheita nada fosse reservado, o deus do trigo morreria; para que Dioniso possa renascer, é preciso que, nas vindimas, o bode de Dioniso seja sacrificado; é o *soma* que os homens dão de beber aos deuses que gera sua força contra os demônios. Para que o sagrado subsista, é mister que se lhe dê sua parte, e é da parte dos profanos que se tira esta porção. Esta ambigüidade é inerente à própria natureza do sacrifício. Com efeito, ela depende da presença do intermediário, e sabemos que, sem intermediário, não há sacrifício. Sendo a vítima distinta do sacrificante e do deus, ela os separa mesmo unindo-os; aproximam-se, mas sem se entregar totalmente um ao outro.

Há, no entanto, um caso em que todo o cálculo egoísta está ausente. É o sacrifício do deus; pois o deus que se sacrifica dá-se sem retorno. É que, desta vez, todo o intermediário desapareceu. O deus, que é ao mesmo tempo o sacrificante, faz uma coisa só com a vítima e às vezes mesmo com o sacrificador. Todos os elementos diversos que entram nos sacrifícios ordinários entram aqui uns nos outros e se confundem. Só que uma tal confusão não é possível salvo para seres míticos, isto é, ideais. Eis como a concepção de um deus que se sacrifica para o mundo pôde produzir-se e se tornou, mesmo para os povos mais civilizados, a expressão mais alta e como que o limite ideal da abnegação sem partilha.

Mas, assim como o sacrifício do deus não sai da esfera imaginária da religião, da mesma forma poder-se-ia crer que todo o sistema não passa de um jogo de imagens. Os poderes aos quais se dirige o fiel que sacrifica seus bens mais preciosos parecem não ser nada de positivo. Quem não acredita, só vê nestes ritos vãs e custosas ilusões e se admira que toda a humanidade se tenha encarniçado em dissipar suas forças por deuses fantásticos. Mas talvez haja verdadeiras realidades às quais seja possível ligar a instituição em sua integralidade. As noções religiosas, porque nelas se acredita, existem; existem objetivamente, como fatos sociais. As coisas sagradas, com relação às quais funciona o sacrifício, são coisas sociais. E isto basta para explicar o sacrifício. Para que o sacrifício seja bem fundado, duas condições são necessárias. Em primeiro lugar é preciso que haja fora do sacrificante coisas que o façam sair de si mesmo e às quais ele deve aquilo que sacrifica. Em seguida é necessário que estas coisas estejam perto dele para que possa entrar em relação com elas, encontrar aí a força e a segurança de que tem necessidade e tirar de seu contato o benefício que espera de seus ritos. Ora, este caráter de penetração íntima e de separação, de imanência e de transcendência, é, no mais alto grau, característico das coisas sociais. Elas existem ao mesmo tempo, segundo o ponto de vista em que a pessoa se coloca, dentro e fora do indivíduo. Compreende-se por conseguinte aquilo que pode ser a função do sacrifício, abstração feita dos símbolos pelos quais o crente se exprime a si mesmo. É uma função social porque o sacrifício se refere a coisas sociais.

De uma parte, esta renúncia pessoal dos indivíduos, ou dos grupos às suas propriedades alimenta as forças sociais. Não, sem dúvida, que a sociedade tenha necessidade das coisas que são a matéria do sacrifício; tudo se passa aqui no mundo das idéias, e trata-se de energias mentais e morais. Mas o ato de abnegação implícito em todo o sacrifício, lembrando freqüentemente às consciências particulares a presença das forças coletivas, nutre-lhes precisamente a existência ideal. Estas expiações e estas purificações gerais, estas comunhões, estas sacralizações de grupos, estas criações de gênios das cidades dão ou renovam periodicamente à coletividade, representada por seus deuses, este caráter bom, forte, grave, terrível, que é um dos traços essenciais de toda a personalidade social. De outra parte, os indivíduos encontram neste mesmo ato sua vantagem. Eles se conferem, a si e às coisas que lhes dizem respeito de perto, a força social completa. Revestem de uma autoridade social seus votos, seus juramentos, seus matrimônios. Cercam, como que de um círculo de santidade que os protege, os campos que lavraram, as casas que construíram. Ao mesmo tempo, encontram no sacrifício o meio de restabelecer os equilíbrios perturbados: pela expiação, resgatam-se da maldição social, conseqüência da falta, e tornam a entrar na comunidade; pelas retiradas por conta das coisas cujo uso a sociedade reservou, adquirem o direito de gozar delas. A norma social é portanto mantida sem perigo para eles, sem diminuição, para o grupo. Assim a função social do sacrifício é preenchida, tanto para os indivíduos quanto para a coletividade. E como a sociedade não é feita só de homens, mas de coisas e de acontecimentos, é possível entrever como o sacrifício pode seguir e reproduzir ao mesmo tempo o ritmo da vida humana e aquele da natureza; como pôde tornar-se periódico à maneira dos fenômenos naturais, ocasional como as necessidades momentâneas dos homens, adaptando-se, enfim, a mil funções.

De resto, pudemos ver, no decurso deste trabalho, quantas crenças e práticas sociais, que não são propriamente religiosas, se acham relacionadas com o sacrifício. Tratamos sucessivamente do contrato, do resgate, do castigo, do dom, da abnegação, das idéias relativas à alma e à imortalidade que ainda estão na base da moral comum. Quer dizer, qual a importância da noção de sacrifício para a sociologia. Mas, neste trabalho, não podíamos segui-la em seu desenvolvimento e através de todas as suas ramificações. Nossa tarefa foi simplesmente procurar constituí-la.

5. A Prece*

LIVRO I

CAPÍTULO I. INTRODUÇÃO GERAL

De todos os fenômenos religiosos, poucos há que, mesmo se considerados apenas externamente, dão de maneira tão imediata como a prece a impressão da vida, da riqueza e da complexidade. Ela tem uma história maravilhosa: partindo de baixo, elevou-se, aos poucos, até os cumes da vida religiosa. Infinitamente flexível, revestiu as formas mais variadas, sucessivamente adorativa e constrangedora, humilde e ameaçadora, seca e abundante em imagens, imutável e variável, mecânica e mental. Desempenhou as funções mais diversas: aqui é uma petição brutal, ali uma ordem, albures um contrato, um ato de fé, uma confissão, uma súplica, um louvor, um hosana. Às vezes, um mesmo tipo de oração passou sucessivamente por todas as vicissitudes: quase vazia na ori-

---

* Nota da Edição Francesa — Este texto é a primeira parte, inacabada, da tese que Marcel Mauss preparou sobre *A Prece*. O próprio autor a retirou da gráfica das Editions Félix Alcan, onde foi composta em 1909. Se houve alguma hesitação de nossa parte em fazê-la figurar na presente coletânea, pareceu-nos legítimo, de outro lado, descartar os argumentos que se lhe opunham, em vista do interesse que existe em divulgar um estudo que, mesmo em estado fragmentário, continua sendo um dos mais importantes que Marcel Mauss nos legou. Ele o distribuiu, aliás, confidencialmente a seus amigos e o menciona em seus trabalhos científicos. Algumas remessas a partes ulteriores (mantidas em nossa edição) sugerem que a elaboração do conjunto já se encontrava muito adiantada durante a impressão da primeira parte. A seqüência do texto permanece, entretanto, desconhecida. Não se sabe se ela chegou de fato a ser redigida. [*Oeuvres*, I, pp. 357-477.]

230 ENSAIOS DE SOCIOLOGIA

gem, uma se apresenta um dia cheia de sentido, outra, quase sublime no início, reduz-se, aos poucos, a uma salmodia mecânica.

Compreende-se todo o interesse que pode haver em estudar e em seguir, através de todas as suas variações, uma coisa tão complexa e tão proteiforme. Temos aqui uma ocasião, particularmente favorável, para mostrar como uma mesma instituição pode desincumbir-se das mais diversas funções, como uma mesma realidade pode revestir-se de múltiplas formas, permanecendo ainda assim ela mesma e sem mudar de natureza[1]. Ora, este duplo aspecto das coisas religiosas e sociais com muita freqüência foi desprezado. Umas vezes não se vê nelas mais do que noções simples, de uma simplicidade abstrata onde a razão se move sem dificuldade. Outras vezes se lhe atribui uma complexidade desesperadora que as subtrai às possibilidades da apreensão da razão. Na realidade, tudo aquilo que é social é, ao mesmo tempo, simples e complexo. É sobre matéria concreta e cheia de movimento que a abstração do sociólogo se exerce e pode legitimamente exercer-se. Um estudo da prece ilustrará utilmente este princípio.

Mas não é apenas por estes motivos exteriores que a oração deve chamar a atenção; é, antes de tudo, por causa de sua grande importância intrínseca. Ela é, com efeito, sob muitos pontos de vista, um dos fenômenos centrais da vida religiosa.

Em primeiro lugar, a prece é o ponto de convergência de um grande número de fenômenos religiosos. Mais do que qualquer outro sistema de fatos, participa, ao mesmo tempo, da natureza do rito e da natureza da crença. É um rito, pois é uma atitude assumida, um ato realizado em vista de coisas sagradas. Ela se dirige a uma divindade e a influencia; consiste em movimentos materiais dos quais se esperam resultados. Mas, ao mesmo tempo, toda oração é sempre, em certo grau um *Credo*. Mesmo lá onde o uso a privou de sentido, exprime ainda ao menos um mínimo de idéias e de sentimentos religiosos. Na prece o fiel age e pensa. E ação e pensamento estão estreitamente unidos, jorram num mesmo momento religioso, num só e mesmo tempo. Esta convergência, aliás, é totalmente natural. A oração é uma palavra. Ora, a linguagem é um movimento que tem uma meta e um efeito; no fundo, é sempre um instrumento de ação. Mas age exprimindo idéias, sentimentos que as palavras traduzem externamente e substantivam. Falar é, ao mesmo tempo, agir e pensar: eis por que a prece depende, ao mesmo tempo, da crença e do culto.

---

1. Sobre estes fenômenos de transmutação, na arte e naquilo que ele chama "mito", ver as engenhosas observações de Wundt sobre a *Umwandlung der Motive. Völkerpsychologie*, II Bdr, I, p. 430, 590.

A PRECE

231

Esta natureza da oração favorece seu estudo. Sabe-se quão difícil é explicar um rito que não é senão um rito, ou um mito quase puro [2]. Um rito só encontra sua razão de ser quando se lhe descobre o sentido, isto é, as noções que estão e estiveram na sua base, as crenças às quais corresponde. Um mito só é verdadeiramente explicado depois que se disser quais os movimentos, quais os ritos com que é solidário, quais são as práticas que ele comanda. De um lado, o mito não tem quase realidade se não estiver ligado a um uso determinado do culto; e, de outro, o rito quase não tem valor se não implicar o emprego de certas crenças. Uma noção religiosa separada das práticas onde ela funciona é coisa vaporosa e vaga; e uma prática cujo sentido não é conhecido de fonte certa, para a ciência não passa de uma série mecânica de movimentos tradicionais, cujo papel só pode ser determinado de maneira completamente hipotética. Ora, via de regra, são precisamente mitos e ritos quase isolados que a mitologia e a ritologia comparadas estudam. Está apenas no início o estudo destes fatos em que representação e ação se correspondem intimamente e cuja análise pode ser tão frutuosa. A prece é precisamente um desses fatos, visto que o rito está aí unido à crença. Ela é plena de sentido como um mito; freqüentemente é tão rica em idéias e em imagens como uma narração religiosa. É cheia de força e eficácia como um rito; com freqüência é tão poderosamente criadora quanto uma cerimônia simpática. Ao menos no princípio, quando é inventada, nada tem de cego: jamais é algo inativo. Assim um ritual de orações é um todo, onde são dados os elementos míticos e rituais necessários para compreendê-lo. Pode-se até dizer que uma única prece compreende, amiúde claramente expressas, um certo número de suas próprias razões. Ao passo que, em outros ritos, o corpo de idéias e de sentimentos permanece comumente num estado vago; ao contrário, as necessidades da linguagem fazem com que a própria oração muitas vezes especifique ela própria as circunstâncias, os motivos de sua enunciação. A análise da oração é, pois, mais fácil do que a da maioria dos fenômenos religiosos.

Por isto mesmo o estudo da prece permitir-nos-á lançar alguma luz sobre a questão tão controvertida das relações entre o mito e o rito. O que deu origem ao debate foi que cada uma das duas escolas, ritualista [3] e mitologista, estabelecia como axioma que um destes dois elementos era anterior ao outro. Por conseguinte, o problema todo se reduzia a procurar qual dos dois elementos era o princípio religioso

---

2. Sobre as relações entre o mito e o rito, ver nossas observações, *Année sociologique*, 6. Introdução à rubrica *Mythes*, pp. 242-246, cf. Mauss, "L'art et le mythe d'après M. Wundt", *Revue philosophyque*, 1908, p. 17. [Cf. *Oeuvres* II, pp. 195-268.]

3. Para uma exposição da tese ritualista, ver R. Smith, *Religion of Semites*, 2.ª ed., p. 16.

232 ENSAIOS DE SOCIOLOGIA

por excelência. Ora, de fato, todo rito corresponde necessariamente a uma noção mais ou menos vaga, e toda crença suscita movimentos, por mais fracos que sejam. Mas é sobretudo no caso da prece que a solidariedade destas duas ordens de fatos irrompe com evidência. Aqui o aspecto ritual e o aspecto mítico não são, rigorosamente falando, mais do que duas faces de um só e mesmo ato. Aparecem ao mesmo tempo e são inseparáveis. Não há dúvida de que a ciência pode abstraí-los para melhor estudá-los, mas abstrair não é separar. Sobretudo não se pode pretender atribuir a um ou ao outro uma espécie de primazia.

Em segundo lugar, a oração é um fenômeno central no sentido de que é um dos melhores signos e pelos quais se manifesta o estado de adiantamento de uma religião. Pois, em todo o curso da evolução, seus destinos e os da religião estão estreitamente associados. A história de quase todos os outros ritos consiste numa regressão contínua. Há ordens de fatos que desapareceram quase totalmente: como o sistema das interdições alimentares. Muito desenvolvido nas religiões elementares, quase nada resta dele em certas confissões protestantes a não ser uma fraca sobrevivência, da mesma forma como o sacrifício que, no entanto, é característico de religiões que chegaram a certo grau de desenvolvimento, acabou por perder toda a vida verdadeiramente ritual. O budismo, o judaísmo, o islamismo [4] não o conhecem mais; no cristianismo sobrevive apenas sob forma mítica e simbólica. Totalmente oposto é o caso da oração, a qual na origem nada apresenta exceto rudimentos indecisos, fórmulas breves e esparsas, cânticos mágico-religiosos a cujo respeito mal se pode dizer que são preces, e que depois se desenvolve, ininterruptamente, e acaba por invadir todo o sistema dos ritos. Com o protestantismo liberal, converteu-se quase que na totalidade da vida religiosa [5]. Portanto, foi a planta maravilhosa que, depois de se ter desenvolvido à sombra das outras, acabou por sufocá-las sob suas vastas ramagens. A evolução da prece é uma parte da própria evolução religiosa; os progressos da prece são, em parte, os da religião.

Por isso podemos seguir, através do desenvolvimento da oração, todas as grandes correntes que agiram sobre o conjunto dos fenômenos religiosos. Sabemos, com efeito, ao menos de forma geral, que a religião sofreu uma dupla evolução. Primeiro ela se tornou cada vez mais espiritual. Enquanto que, no princípio, ela consiste em ritos mecânicos, materiais e precisos, em crenças estritamente formuladas e feitas quase exclusivamente de imagens sensíveis, ela tendeu,

---

4. Naturalmente, em sua forma teórica. Pois no culto dos santos, nas práticas do juramento, num bom número de festas mais ou menos populares, o Islã guardou sacrifícios, a maioria vestígios de antigos cultos.

5. V. Sabatier, *Esquisse d'une philosophie de la religion, d'après la psychologie et l'histoire*, Paris, 1897, p. 24 e seguintes.

A PRECE

no decurso de sua história, a dar um espaço mais e mais amplo à consciência. Os ritos tornaram-se atitudes da alma mais do que atitudes do corpo, enriqueceram-se de elementos mentais, de sentimentos e de idéias. As crenças por sua parte se intelectualizavam e, sempre menos materiais e detalhadas, reduzem-se a um número de dias menor de dogmas no sentido ao mesmo tempo rico e variável [6]. Ao mesmo tempo em que se espiritualiza, a religião tende sempre mais a individualizar-se. Os ritos começam por ser sobretudo coletivos; são realizados quase que somente em comum, pelo grupo reunido. A maior parte das crenças só existe inicialmente sob uma forma tradicional; estritamente obrigatórias, ou ao menos comuns, encontravam-se difundidas em toda a comunidade com uma uniformidade cujo rigor dificilmente pode ser imaginado. A atividade dos indivíduos em matéria de noções e de atos religiosos exercia-se então nos limites mais estritos. A evolução inverteu a proporção e, no fim, foi a atividade do grupo que se viu limitada. As práticas religiosas tornaram-se, na maioria das vezes, verdadeiramente individuais. O instante, o lugar, as condições, as formas deste ou daquele ato dependem sempre menos de causas sociais. Do mesmo modo como cada qual age quase a seu bel-prazer, assim cada qual é também, na medida do possível, o criador de sua fé. Mesmo certas seitas protestantes, por exemplo os remonstrantes, reconhecem a todo o membro da Igreja uma autoridade dogmática. O "deus interior" das religiões mais avançadas é também o deus dos indivíduos.

Estes dois processos são particularmente marcantes na prece. Ela foi um dos melhores agentes desta dupla evolução. No começo totalmente mecânica, agindo só por meio de sons proferidos, acabou por ser totalmente mental e interior. Depois de ter concedido apenas uma parte mínima ao pensamento, acabou por não ser mais do que pensamento e efusão da alma. No início estritamente coletiva, dita em comum ou ao menos segundo formas rigorosamente fixadas para o grupo religioso, algumas vezes até mesmo proibida [7], torna-se o domínio da livre conversação do indivíduo com Deus. Se ela pôde acomodar-se assim a esta dupla transformação, foi graças à sua natureza oral. Enquanto que os ritos manuais tendem naturalmente a modelar-se à base dos efeitos materiais a produzir muito mais do que à base dos estados mentais dos quais procedem, a oração, sendo uma palavra, acha-se, por isso mesmo, mais próxima do pensa-

---

6. Estas linhas gerais da evolução das religiões são, em outros termos que julgamos mais exatos, pouco mais ou menos aqueles que Tiele desenvolve. Ver *Elements of the Science of Religions*, 1898, II, p. 130 ss.

7. *Jure pontificum cautum est, ne suis nominibus dii Romani appellarentur, ne exaugurari possent*, Servius, ad *Aen.* II, 35 n. Cf. Plínio, *N. H.* XXVIII, 18; cf. Wissowa, *Religion und Kultus der Römer*, 1902, p. 333.

234 ENSAIOS DE SOCIOLOGIA

mento. Daí por que ela pôde abstrair-se, espiritualizar-se, ao mesmo tempo em que as coisas religiosas se tornavam mais imateriais e transcendentes. E, de outro lado, as palavras que a compõem gozam de relativa mobilidade. Como as palavras são mais plásticas do que os gestos individuais, pôde seguir as variações e os matizes das consciências individuais e, por conseqüência, deixar a máxima liberdade possível à iniciativa privada. Foi assim que, ao mesmo tempo que se aproveitava da evolução religiosa, foi um de seus melhores agentes.

Vê-se quanto interesse apresenta a questão da prece. Evidentemente, não se poderia pensar em estudar a totalidade das manifestações de uma instituição tão geral e tão complexa, em seu fundamento e em sua história. É mister seriar os problemas e as dificuldades, e separar uns dos outros os diversos momentos de um longo devir, os múltiplos aspectos e as numerosas funções de um rito essencial.

Daquilo que acabamos de dizer a propósito do duplo interesse que apresenta o estudo das origens da oração e de sua evolução, resulta que um estudo de conjunto deveria compreender ao menos três partes.

Na primeira, procurar-se-ia, nas religiões elementares, como a oração se formou. Assistir-se-ia, se não a seu nascimento, ao menos a seus primeiros vagidos. Procurar-se-iam suas modestas origens, que podem muito bem ser formas de ritos orais mais ricas e mais incultas do que aquelas que temos o hábito de chamar propriamente preces, isto é, petições dirigidas à personalidade divina ou ao menos espiritual. Alcançar-se-iam assim, na medida do possível, os próprios germes dos quais tudo saiu, germes que podem ser tão diferentes dos primeiros efeitos como o grão se assemelha pouco à árvore. Depois estudar-se-iam as primeiras transformações da oração, as primeiras formas fixas, específicas, de que ela se revestiu. Para isso considerar-se-iam religiões ainda suficientemente próximas das primeiras religiões estudadas e contudo suficientemente evoluídas para que tenham chegado a constituir um ritual precativo detalhado. Ser-se-ia assim conduzido a explicar aquilo que pôde fazer sair a oração de seus rudimentos.

Uma vez dada a oração propriamente dita, com certo número de suas divisões principais, seria necessário em seguida acompanhar sua evolução em duas direções que atrás indicamos. Para determinar conforme que regras a oração se espiritualizou progressivamente, seria mister descobrir um tipo de religião de longa história, na qual, partindo de formas equivalentes àquelas que nos teria apresentado a mais evoluída das religiões primitivas inicialmente estudadas, nos

A PRECE

elevaríamos sem interrupção, nem cronológica, nem lógica, até as formas mais altas, as mais puras, as mais reduzidas ao ato em espírito. Para este estudo, nenhuma sociedade poderia fornecer-nos um terreno mais propício do que a Índia antiga. Com efeito, o ritual védico certamente partiu de um estado que lembra o dos mais aperfeiçoados rituais polinésios. No entanto, sabemos quanto ultrapassou este nível. Do simples mantra das escolas bramânicas, dos Vedas regulares ou do Veda dos mágicos, passa-se, sem abalo, sem sair da mesma literatura védica, ao hino mítico, moral, depois filosófico, teosófico[8]; daí passa-se à primeira prece mental, à concentração mística do pensamento, superior a todo o rito, superior aos próprios deuses; é o *dhyâna* da ascese que acaba ou no Nirvana búdico, ou no aniquilamento da consciência individual no seio do braman supremo nas escolas ortodoxas. Estas espécies de orações não só se sobrepuseram logicamente no decurso dos tempos e é possível seguir-lhes a concatenação regular, mas ainda a cada revolução das instituições religiosas da Índia vemo-las coexistir em proporções variadas, em liturgias orgânicas, que se harmonizam entre si no seio de uma massa compacta de crenças e práticas.

O terceiro estudo teria como objeto a evolução que fez da prece um rito cada vez mais individual. O exemplo típico seria aqui, de preferência, fornecido pelas religiões semíticas (da Síria e da Palestina) e pela religião cristã dos primeiros séculos. Ao passo que num dado momento, na maioria dos santuários, a oração do simples fiel, do leigo era por assim dizer proibida, chegou o tempo em que foi formalmente prescrita[9]. A oração dita em comum[10], ou em nome quer do povo, quer do sacrificante, pelo sacerdote, estritamente litúrgica e tradicional, foi aos poucos suplantada, em muitos casos, por uma oração livre, cuja forma era escolhida pelo próprio fiel, de acordo com seus sentimentos e com as circunstâncias. Por um curioso retorno,

---

8. Uma parte desta história foi descrita por Oldenberg, *Le Bouddha, sa vie, sa doctrine, son Eglise*, trad. Foucher, 2. ed., p. 1-80; por Deussen, *Allgemeine Geschichte der Philosophie*, t. I e II, *Die Philosophie des Veda; Die Philosophie der Upanishads*, Berlim, 1896, 1898; por Oltramare, *Histoire de la théosophie hindoue*, I. Bibl. d'Et. du Musée Guimet.

9. Aludimos sobretudo ao nascimento da sinagoga, que é antes de tudo uma "assembléia" de orações; ver Isi Loeb, "La communauté des pauvres", *Revue des études juives*, 1889; Israel Lévi, "Les dix-huit bénédictions", *ibid.*, 1896, p. 16; *ibid.*, p. 61; Schürer, *Geschichte des Volkes Israël im Zeitalter Jesu*, 2.ª ed., II, p. 45 ss.
Sobre as origens da oração cristã, ver Von der Goltz, *Das Gebet in der ältesten Christenheit*, 1901, e nossas observações, *Année sociologique*, 6, p. 216.

10. Sabe-se agora que os salmos foram, desde a origem, composições litúrgicas. Uns pertencem ao ritual do Templo: salmos alfabéticos dos doze e vinte e quatro apóstolos, cf. Gressmann, *Musik und Musikinstrumente im Alten Testament*, 1903; salmos do Hallel; cf. Cheyne, *The Origin and Religious Content Psalter*. Oxford, 1891; os outros provêm da "comunidade dos pobres", cf. Coblentz, *Ueber das betende Ich der Psalmen*, etc. Francf., 1897.

ENSAIOS DE SOCIOLOGIA

viu-se mesmo a antiga oração coletiva, mecânica, de enunciado imutável e recitação obrigatória, reduzir-se a ser apenas a um dos meios de expressão da alma individual, graças às qualidades poéticas de que era dotada.

Mas a prece não teve somente uma marcha ascendente. Teve também suas regressões, que é mister levar em conta se se quiser traçar a vida desta instituição. Muitas vezes, orações que eram totalmente espirituais se tornam objeto de uma simples recitação, com exclusão de toda a personalidade [11]. Caem ao nível de um rito manual, e a pessoa move os lábios como alhures move os membros. As preces continuamente repetidas, as preces em língua incompreendida, as fórmulas que perderam todo o sentido [12], aquelas cujas palavras são usadas de tal forma que se tornaram incompreensíveis são exemplos evidentes destes recuos. Ademais, vê-se, em certos casos, a oração mais espiritual degenerar até tornar-se um simples objeto material: o terço, a árvore de orações, o amuleto, os filactérios, os *mezuzoth*, as medalhas com fórmulas, os escapulários, os ex-votos [13] são verdadeiras orações materializadas. A prece em religiões cujo dogma se separou de todo o fetichismo torna-se ela mesma um feitiço.

Destas quatro partes, somente a primeira constitui o objeto deste trabalho. Pois para compreender toda a seqüência da evolução, é preciso primeiramente conhecer as formas elementares. Queremos proceder por ordem, de acordo com a natureza dos fatos; como o biólogo que, tendo começado pelo conhecimento dos organismos monocelulares, pode passar depois ao estudo dos organismos policelulares, sexuados, e assim por diante. Cremos, com efeito, que, por muito tempo, em sociologia, o estudo das formas rudes será mais interessante, mais urgente, mesmo para a compreensão dos fatos atuais, do que o estudo das formas que precederam imediatamente estes últimos. Nem sempre os fatos mais próximos no tempo constituem as causas mais profundas dos fatos que conhecemos. Por isso os sistemas de orações da Grécia e de Roma, sobre os quais aliás estamos mal informados [14], e que parecem, antes daquilo a que chamamos sincretismo, terem sido muito pobres, não tiveram mais do que uma fraca influência sobre o sistema das Igrejas cristãs. Aliás, é quase impossível seguir outra ordem. Os fatos apresentados mesmo por rituais ainda bárbaros como o ritual védico são tão

---

11. É, por exemplo, o caso das preces que entraram na magia, ex. Dietrich, *Eine Mithrasliturgie*, 1902.

12. Veremos mais adiante que esses fenômenos de usura estão longe de serem incompatíveis com os estados de civilização extremamente primitivos; pois encontramos numerosos exemplos disto na Austrália. L. III, 2.ª parte, cap. III.

13. Sobre a importância, por exemplo, desta última forma de regressão, em nossos países, poder-se-á consultar com proveito, R. Andree, *Ueber Votivund Weihegaben*, Brunswick, 1906, onde se encontrarão listas de fórmulas.

14. Cf. abaixo.

A PRECE 237

abundantes, tão densos, que a gente não poderia orientar-se em seu meio, mesmo com a ajuda desses teólogos conscientes que foram os brâmanes, se não se dispõe de algumas hipóteses condutoras, as quais unicamente a análise das formas elementares pode fornecer.

CAPÍTULO II

I. *Histórico da questão*

A pobreza da literatura científica em assunto de importância tão primordial é verdadeiramente notável. Os cientistas, antropólogos e filólogos, que fundaram a ciência das religiões, nem sequer se propuseram por assim dizer o problema [15]. É que, por razões diversas, ele se achava fora de seus campos de estudos. Os autores da escola filológica, de Kuhn [16] e Mar Muller [17] a V. Henry e Usener, só pediram à filologia aquilo que ela lhes podia dar. Analisaram objetivamente os nomes dos deuses e, seja através destes nomes, seja à parte, os mitos que descrevem os deuses. Procuravam antes determinar o sentido das palavras que o fiel pronuncia do que explicar sua eficácia. Quase não saíram do domínio da crença [18]. A oração, que é um rito, escapava-lhes. Quanto aos antropólogos, preocuparam-se sobretudo em procurar aquilo que há de comum na vida religiosa de toda a humanidade; estudaram as civilizações superiores apenas para encontrar aí os traços das civilizações mais primitivas [19]. Daí a importância que assumiu em seu espírito e em seus sistemas o estudo das sobrevivências. Não é, pois, de estranhar que tenham negligenciado a prece que, longe de ser uma sobrevivência, é segundo alguns dentre eles um produto tardio da evolução da religião [20].

Os historiadores não podiam desinteressar-se completamente dessa questão. Quer nos manuais e dicionários de história das religiões, quer em monografias, aliás bastante raras, encontram-se excelentes informações sobre diferentes

---

15. Cf. adiante, livro II, cap. I. Ver Farnell, *Evolution of religion*, 1906, p. 168 ss.

16. Entretanto há um belo artigo de Kuhn sobre as fórmulas mágicas no folclore europeu, *Zeitschrift für Völkerpsychologie und Sprachwissenschaft*, 1864, XIII, p. 49, ss; p. 113, ss.

17. Ver mais adiante a discussão de um curto trabalho, de Max Müller, resumo, aliás, de um curso na Universidade de Oxford.

18. Entretanto, pelo fim de sua vida, Usener, cf. "Ueber zwei Rechtsriten", *Hessische Blätter für Volkskunde*, t. I; V. Henry, *La magie dans l'Inde antique*, 1904, demonstraram um interesse crescente com relação ao estudo dos ritos como ritos.

19. Cf. ainda J. J. Frazer, *On the Scope of Social Anthropology* (Aula inaugural, Liverpool, 1907).

20. Cf. adiante, livro II, caps. I e II.

238   ENSAIOS DE SOCIOLOGIA

rituais [21]. Mas o historiador empenha-se sobretudo em descrever. Não procura nem os princípios nem as leis. Expõe em que consiste o sistema de preces em tal ou tal religião; não estuda nem uma espécie de orações nem a oração em geral. As relações que estabelece entre os fatos são essencial, se não exclusivamente, de ordem cronológica. Determina menos causas do que antecedentes. Sem dúvida, estas relações cronológicas podem ser sintomáticas de relações causais. Às vezes mesmo, quando o historiador se acha em presença de fatos não datados, é pela maneira segundo a qual se condicionam, hipoteticamente, que ele estabelece sua ordem de sucessão. Foi o que aconteceu sobretudo no tocante ao ritual védico e semítico [22]. Assim os materiais de nossa pesquisa são às vezes, na história, submetidos como que a um começo de elaboração. Mas trata-se sempre de vistas fragmentárias, esporádicas, acidentais. Tiraremos proveito destes elementos de explicação, que devem ser retidos. Contudo não constituem uma teoria.

Convém ainda acrescentar que os historiadores nem sempre deram a nosso tema o interesse que ele merece. Os etnólogos quase não falam dele [23]. Os historiadores das religiões orientais sentiram melhor sua importância; mas a extensão de seus trabalhos é pequena em comparação com o lugar que ocupa a prece nas religiões de que se ocupam. Os Vedas, entendemos aqui os *samhitâs,* as coleções de hinos e de fórmulas não são mais do que um vasto missal. Ora, afora os capítulos de Bergaigne sobre a questão [24], quase não há estudo de conjunto sobre a oração védica. Os Vedas foram tratados, e com razão, como uma coletânea de textos cuja história era mister constituir antes de tudo [25]. Mas,

---

21. Para dar uma idéia da ignorância em que ainda nos encontramos nestas questões, ver no que se refere à oração entre os antigos, na Grécia e em Roma: C. Ausfeld, "De graecorum precationibus quaestiones", *Jahrb. f. Klass. Phil.* Fleckeisen, XXVIII, Teubner, 1903, p. 305 ss; acrescentar à bibliografia: Chételat, *De precatione apud poetas graecos et latinos,* 1877; o Padre Vincent, *La prière chez les Grecs et les Latins;* 1887; C. Ziegler, *De precationum apud Graecos formis,* etc. Diss. Bresl. 1905; H. Schmidt, "Veteres philosophi quomodo judicaverint de precibus" (*Religionsgesch. Unters. u. Vorarb.* hergg. v. Dietrich. u. R. Wünsch, IV, 1, x 1907). O velho trabalho de E. v. Lasaullx, *Die Gebete der Griechen und der Römer,* 1842, é sempre de preciosa consulta. — Mas não há quase nada neste ponto afora filólogos, visto que a literatura clássica e mesmo os monumentos são tão pobres em preces!

22. Os debates sobre a antiguidade relativa do ritual dos mágicos Atharva Veda e *sûtra* deles dependentes, e dos rituais dos diversos sacerdotes, Rigveda, Yajurveda, etc., são precisamente dominados por questões desse gênero: uns sustentando que a idade dos textos não é a dos fatos e que a tradição Atharvânica é tão antiga como a outra; outros sustentando implicitamente que os numerosos empréstimos do Atharva Veda aos outros vedas lhe dão uma idade anterior. Ver uma excelente exposição da questão, Bloomfield, "The Atharva Veda". *Grundriss der indo-arischen Philologie,* II, I, II, 1904.

23. Citaremos, quase como uma exceção, o belo ritual Pawnee publicado por Mrs. A. Fletcher, "The Hako. A Pawnee Ceremony", *22ª Ann. Rep. of the Bur. of Amer. Ethno.,* 1904 (texto, música, comentário teológico das orações).

24. Bergaigne, *La Religion védique,* II, 2.

25. Weber, *Indische Studien,* X; Oldenberg, *Die Hymnen des Rig Veda,* 1888; Bergaigne, *Histoire de la liturgie védique,* Jour. As. 1892.

A PRECE 239

quanto aos fatos de que estão cheios, foram tratados sobretudo, outrora como uma coleção de mitos, depois, hoje, como um catálogo de ritos de todas as espécies; e dentre esses ritos, os estudiosos ativeram-se mais aos da magia, do sacrifício, do que da própria oração. Só recentemente puseram-se a colecionar aquilo que os comentários bramânicos aos Vedas, os Brâhmañas, diziam da oração [26], de fixar esta figura curiosa do deus da oração, Brahmañaspati, que desempenha um papel tão importante desde os Vedas e que era, na história da Índia, destinado a tão altas metamorfoses [27]. Para os outros documentos da liturgia hindu, o estudo apenas começou. Sucendo o mesmo com o budismo, com as religiões chinesas, com os *gâthas* do Avesta, que até hoje só foram utilizados para datar — com que diferenças de datas! — o Avesta. Quanto às religiões da Antiguidade clássica, a literatura histórica sobre a oração é pobre, provavelmente porque os documentos eram pouco abundantes. As religiões semíticas e a religião cristã constituem, até certo ponto, exceção. Necessidades práticas, de exegese, questões de ritual e de teologia, suscitaram trabalhos sobre a história da liturgia hebraica, judia, cristã, que são sem dúvida importantes, mas sempre fragmentários [28]. É difícil assinalar uma causa para esta relativa indiferença, visto que os materiais não faltam. Assim, apesar do número de εὐχαί que a literatura e as inscrições gregas contêm, a história desta palavra ainda não foi fixada com precisão, salvo num ponto: a atitude dos filósofos diante da prece [29]. Só mui recentemente aprofundou-se o estudo das orações assírio-babilônias [30] e das encantações [31]. No entanto, os cilindros litúrgicos formam quase a quarta parte de tudo aquilo que nos sobrou desta civilização [32]. Isto se deve sem dúvida ao fato de que a história outrora se contentava de bom grado com um estudo exterior dos fatos. Ainda há pouco tempo, não havia mais do que uma narração, mais ou menos artística dos acontecimentos políticos, dos mais superficiais da vida social. Mas

Pode-se encontrar uma boa exposição destas questões e de sua bibliografia em Winternitz, *Geschichte der indischen Litteratur*, I, 1905, p. 61 ss.

26. Sylvain Lévi, *La doctrine du sacrifice dans les Brahmanes*, 1898, p. 100.

27. Strauss, *Brhaspati im Veda*, Kiel, Diss., 1905.

28. Cf. acima; cf. Th. Engert, *Der betende Gerechte der Psalmen*, Würzburg, 1902; O. Dibelius, *Das Vaterunser*, etc., Giessen. 1903 (cf. *Année sociologique*, 7, p. 304 ss.).

29. H. Schmidt, *Veteres philosophi*, etc., 1907.

30. Ver Jastrow, *The Religion of Babylonia and Assyria*, 1898, p. 292, ss.; Zimmern, *Babylonische Busspsalmen*, Leipzig, 1888 e ss., ver bibliografia do tema de Jastrow, *Die assyrisch-babylonische Religion*.

31. King, *Babylonian Magic and Sorcery*, Londres, 1896, part. I; Fossey, *La magie assyrienne*, 1902, p. 93 ss.

32. Sobre a oração no Egito não poderíamos citar nenhum trabalho de conjunto: a questão só foi tratada de viés, seja em trabalhos filológicos, relacionados particularmente com o Livro dos Mortos, seja nos estudos de rituais especiais. O mais instrutivo é aquele de Maspero, "La table d'offrandes dans le rituel funéraire", *Rev. hist. des relig.*, 1896, 1897.

240   ENSAIOS DE SOCIOLOGIA

a pressão das ciências sociais em vias de formação levou-a a estudar fenômenos sociais mais e mais íntimos. Ora a oração parece ser precisamente um destes fatos que não se impõem à atenção de um observador cuja ciência é escrupulosa, mas pouco profunda.

Até agora os teólogos e os filósofos foram quase que os únicos teóricos da oração. Mas seja qual for o interesse de suas teorias, estão longe de satisfazer às exigências científicas.

Os teólogos elaboraram numerosas teorias da prece. Tentaram saber por que rezavam, por que empregavam tal ou tal oração em tal ou tal circunstância. Foram levados a classificar e a explicar suas preces. Amiúde suas explicações [33], suas discussões, suas classificações são infinitamente preciosas, porque às vezes tinham, na Índia por exemplo, um senso muito exato dos ritos que praticavam [34]. Mas a maneira pela qual as concebem não é em si mesma senão um documento sobre seu estado de espírito, por mais clara que seja sua consciência religiosa, pois a exposição que fazem de suas experiências nada tem de científico. Partem de crenças positivas, recebidas na tradição que praticam, que analisam no mesmo momento em que escrevem, e é com relação a estas crenças que procuram construir um sistema mais ou menos ordenado de seus ritos, de suas idéias, de seus sentimentos. Por isso às vezes vêem os fatos através de idéias religiosas que não lhes correspondem de forma alguma ou não mais lhes correspondem. Uma prática antiga não é compreendida a não ser graças a um dogma novo [35]. Uma prece de caráter nitidamente mágico, até mesmo teúrgico, aparecerá, em teologia, a um dos rabinos que redigiram o Talmud ou a um Padre da Igreja, como uma oração adorativa [36]. Enfim, não se deve perder de vista que a teologia tem, antes de tudo, um objetivo de prática; visa sobretudo a ser diretriz da liturgia. Se ela se esforça por sistematizar, por compreender as orações, é antes de tudo para propagar ou dirigir seu emprego. Por isso as pesquisas históricas que ela inspira consistem principalmente em estabelecer qual o texto mais antigo, o mais autêntico, o mais canônico, o mais divino. Eis o princípio de todas as especulações teológicas sobre a prece, desde o tratado dos Berakhôth na Mischna e o Talmud, desde a Didaché e Irineu, até a multidão inume-

---

33. Poucas leituras são mais úteis do que as do *De oratione*, de Orígenes.

34. Por exemplo a classificação dos *Vedas* em *vedas* dos *hinos*, salmodiados pelo *hotar* e cantados pelo *udgâtar* (*Rig Veda* e *Sâma Veda*); veda das fórmulas murmuradas ou ditas pelo *adhvaryu*, o oficiante (*Yajur Veda*); *veda* das fórmulas mágicas, do brâmane (*Atharva Veda*) é, no fundo, perfeita.

35. É, em parte, assim que se deve conceber a história dos debates dogmáticos sobre o cânone da missa ou dos salmos. Pode-se encontrar uma boa exposição da história dos primeiros debates referentes ao valor dos salmos em Engert, *op. cit.*

36. Cf. mais adiante.

A PRECE 241

rável de obras católicas, ortodoxas, protestantes ou judias. Visto que nos informam sobre o sentido que os fiéis mais esclarecidos, e freqüentemente a própria autoridade religiosa, atribuíam aos ritos, estas teorias dogmáticas são para nós documentos preciosos. Mas são fatos propriamente ditos. Só podem colocar-nos no caminho das explicações. Servem para a análise, mas não a substituem.

Os filósofos tentaram uma explicação racional da prece. Propuseram-se determinar suas causas humanas. Mas quiseram logo em seguida encontrar uma teoria geral que se estenda ao conjunto dos fatos. Admitiram como coisa evidente que foi uma única modalidade do sentimento religioso que desabrochou por toda a parte na oração. Para eles, há um estado de alma comum a toda a humanidade que a prece se limita a traduzir, e empreenderam o trabalho de descrevê-lo. Nesta matéria, o método da introspecção pareceu-lhes o mais indicado. Afigurou-se-lhes inteiramente natural analisar suas próprias noções que lhes são dadas em plena e clara consciência — assim o crêem — para estarem em condições de compreender as idéias de outrem. Não lhes pareceu possível encontrar em outra parte, salvo em si mesmos, estas coisas íntimas que, segundo eles, constituem a raiz de todos os fatos religiosos. Mas verifica-se então que se assemelham aos teólogos. O que eles estudam não é a prece, mas a idéia que têm dela. E como, finalmente, as idéias de um homem refletem sempre mais ou menos as de seu meio, é a maneira pela qual a oração é compreendida por eles e em torno deles que se torna a matéria de seu estudo. Deste ponto de vista, suas teorias como as dos teólogos não têm mais do que um valor documentário: informam-nos não mais sobre a prática em si mesma, mas sobre a representação que dela tem o filósofo e, a rigor, que dela têm seus contemporâneos. Por isso todo o andamento destas dissertações é dominado pelo estado mental de seus autores. Como definem tão-somente sua idéia, não delimitam o círculo de fatos que seriam obrigados a percorrer em sua totalidade e do qual estariam obrigados a nunca se afastar, se quisessem submeter suas concepções a um sério controle. Nada força o filósofo a levar em conta fatos contrários, e nada o impede de especular sobre fatos mais ou menos próximos daqueles que ele estuda, mas, na realidade, profundamente diferentes. Por isso, mesmo quando se alimentou na sã escola da história das religiões, quase não faz mais do que ilustrar seus pontos de vista gerais com exemplos que, mesmo sendo numerosos e tópicos, não constituem provas. Pela mesma razão, as questões de que trata não são aquelas que os fatos impõem, mas aquelas que lhe sugerem suas preocupações pessoais ou as do público. Os termos em que são colocadas, a maneira pela qual são dispostas, não irresistivelmente ordenadas pelo mé-

242 ENSAIOS DE SOCIOLOGIA

todo e pelas relações naturais das coisas, mas por considerações subjetivas, amiúde até por preconceitos correntes, inconscientemente partilhados pelo autor.

Para precisar as observações precedentes, apliquemo-las às teorias de Tiele e de Sabatier sobre a oração. Escolhemo-las porque são, ao mesmo tempo, as mais recentes e porque tiveram o maior sucesso.

Num livro que é uma filosofia da história das religiões e das instituições religiosas, Tiele [37], em meio a uma multidão de questões relacionadas com o culto, trata da oração [38]. Vê nela uma conversação espiritual com Deus, um movimento em direção à divindade. Admitindo, por assim dizer *a priori,* a doutrina cristã [39], chega ao ponto de dizer que a "resposta de Deus é a oração", que este ato do homem é em si mesmo o efeito de uma espécie de reação de Deus. Estamos, pois, exatamente diante de uma noção totalmente subjetiva. O objeto da análise é um fato de consciência pessoal de Tiele e de seus correligionários. Mais ainda, quando o autor passa à filosofia da história e tenta reconstituir em grandes traços a evolução da prece, é a partir deste mesmo ponto de vista subjetivo que examina e resolve questões que todavia são questões de fatos. Querendo refutar a teoria segundo a qual a prece teria tido de início um poder coercitivo sobre o deus e teria sido primitivamente teúrgica [40], limita-se a demonstrar dialeticamente, em nome de sua definição, que ela não pode vir da encantação mágica, "da mesma forma como a religião não pode vir da superstição". É, pois, sua idéia da prece e da religião que domina toda a sua argumentação. Vê-se ao mesmo tempo que todo o estudo versa de pronto, sem delimitação alguma, nem divisão prévia, sobre todos os fatos. É de toda a oração que, imediatamente, se trata. Por isso, nenhum método preside à pesquisa: as questões são escolhidas arbitrariamente; muitas e essenciais são deixadas na sombra; outras são rapidamente resolvidas, embora sejam insolúveis, como a da universalidade da oração [41].

O mesmo procedimento, os mesmos princípios conduzem Sabatier a concepções quase opostas. Tiele fazia da prece uma "manifestação" importante, mas relativamente se-

---

37. *Elements of the Science of Religion* (Gifford Lectures), 2 vol. Edimburgo, 1898 e 1899. Tiele considerou aí primeiramente a evolução das religiões tomadas globalmente, animismo, politeísmo, etc., depois as principais instituições: prece, sacrifício, igreja, etc.

38. Vol. II, p. 130. Cf. Pfleiderer, *Religionsphilosophie*, 2.ª ed. p. 301.

39. Poder-se-ia até dizer a do protestantismo ultraliberal, sociniano, remonstrante, pois Tiele era remonstrante.

40. Tiete não diz contra quais teóricos combate. Supomos que se dirigia a Max Müller, cf. mais adiante.

41. *El. Sc. Relig.,* II, p. 133.

A PRECE 243

cundária da "religião". Para Sabatier, ela constitui a essência da religião. "A oração, diz ele, eis a religião em ato."[42]

Como se todo o rito não tivesse este caráter! Como se o contato com uma coisa sagrada, como se todo o contato com a divindade não fosse igualmente um comércio com Deus. Assim, "o impulso interior da alma para o Deus interior", tal como se realiza na oração meditativa (ἄρρητος ἄνωσις) de um protestante ultraliberal se torna o tipo genérico da oração, o ato essencial de toda religião. Isto significa que religião e oração são definidas por suas formas últimas, as mais sutis, as mais raras. É verdade que Sabatier é o primeiro a reconhecer que suas concepções são o produto de uma evolução, e ele empreende a tarefa de nos retraçar o seu curso[43]. Mostra-nos, pois, como, na origem, de religioso só tinha a crença na sua eficácia. Ao contrário de Tiele, admite que primitivamente ela manteve os deuses em servidão. Depois, segundo ele, o fetichismo e o politeísmo teriam estabelecido uma espécie de contrato entre os deuses e o homem que, desde então, teria rezado para receber. A religião de Israel teria realizado novo progresso: com a fusão da piedade e da moral, teria nascido daí uma prece de confiança, de abandono, de alegria. Mas o feroz monoteísmo do judaísmo deixava subsistir o temor de um deus demasiado exterior ao homem. É o advento do Evangelho que remata a evolução: desde Jesus o homem pôde dirigir-se a Deus como a seu pai[44]. Mas qualquer que possa ser o interesse desta exposição histórica, vê-se o quanto os fatos são arbitrariamente escolhidos. Sobre as origens, o fetichismo (supondo-se que existe um), sobre o mosaísmo, o cristianismo, não temos mais do que vistas e por uma passagem, apanhados filosóficos que não poderiam ser considerados como provas. Não é em poucas linhas, mesmo poderosamente condensadas, que se pode expor a essência das grandes religiões. De outro lado, os fatos essenciais que informam a teoria não são examinados. Assim Sabatier admite como evidente que a prece é um fato individual, quando há numerosas religiões onde é proibido ao leigo ou à mulher rezar[45]. É que na realidade os resultados da discussão são predeterminados pela fé do autor. Trata-se muito menos de analisar os fatos do que de demonstrar a superioridade da religião cristã.

II. *A oração, fenômeno social*

Se os teóricos não saíram das generalidades foi porque, pela maneira como se colocavam o problema, subtraíam a

---

42. *Esquisse d'une philosophie de la religion d'après la psychologie et l'histoire*, Paris, 1897, p. 14, 24.
43. *Op. cit.*, I, cap. IV, § 4.
44. *Op. cit.*, p. 191.
45. Cf. mais adiante.

244 ENSAIOS DE SOCIOLOGIA

si próprios dados necessários para resolvê-lo. Com efeito, para eles a oração é essencialmente um fenômeno individual; é uma coisa do foro íntimo: é uma obra da pessoa espiritual, uma manifestação de seu estado d'alma [46]. Quanto às formas de que ela se reveste, vêem aí uma espécie de queda; é, segundo eles, algo de exterior e artificial, uma espécie de linguagem que a autoridade eclesiástica ou algum poeta, algum especialista, inventou para a comodidade do fiel, e que só toma sentido pelas emoções pessoais que nela vêm se exprimir. Nestas condições, a prece se torna um fenômeno inapreensível, que não se pode mais conhecer salvo interrogando-se a si próprio, ou interrogando aqueles que rezam. Não há mais nenhum outro método possível a não ser a introspecção, quando muito com o controle que fornecem outras introspecções, as "experiências religiosas", como se diz, que a literatura teológica pôde registrar. Ora, quer se faça uma introspecção pessoal ou se recorra a estas estatísticas psicológicas tão em moda hoje em dia, só se pode determinar assim a maneira pela qual tais e tais pessoas, em tal número, imaginam que rezam. Mas ocorre incessantemente que realizamos um ato cujas razões, sentido, alcance, verdadeira natureza nos é impossível perceber; amiúde nossos esforços para sermos conscientes só conseguem enganar-nos sobre nós mesmos. A idéia que podemos conceber de uma prática que nos é habitual, não é senão uma expressão totalmente inadequada desta prática. Uma coisa é o conhecimento empírico de uma língua, mesmo aquele que dela possuem um poeta, um dramaturgo, outra é o conhecimento que possuem da língua o filólogo e o lingüista. Da mesma forma, uma coisa é a oração e outra é a representação que, por seus meios unicamente, pode forjar dela um espírito, mesmo religioso e cultivado.

Se há um fato para o qual a observação interior é radicalmente incompetente, é sem dúvida a prece. Bem longe de ser elaborada toda inteira pela consciência individual e, por conseguinte, de podermos apreendê-la com facilidade, por meio de um olhar interior, ela é prenhe de elementos de todas as espécies cuja origem nos escapa assim como sua natureza. Todo o mito e todo o rito para ela convergem. Analisemos, por exemplo, uma das fórmulas religiosas mais simples [47] que seja a da bênção: *"In nomine patris, etc."* Quase toda a dogmática e quase toda a liturgia cristãs encontram-se aí intimamente combinadas. *"In nomine"*, virtude atribuída ao próprio verbo da bênção, em nome do deus, e virtude espe-

---

[46]. Cf. Höffding, *Philosophie de la religion*, trad. fr. p. 140 ss.
[47]. Poder-se-á ver um bom exemplo de análise de uma fórmula importante em O. Dibelius, *Das Vaterunser*, Giessen, 1902. A análise comparada dos dogmas e fórmulas que aí se professam, do sentido que tinham para a primitiva tradição cristã e do sentido que tinham para Lutero, mostra de maneira impressionante estas mudanças de sentido, de alcance.

A PRECE

cial inerente à pessoa que pronuncia a fórmula, o que implica toda a organização sacerdotal quando é um sacerdote que abençoa, a individualização da religião quando é um leigo que abençoa, etc. *Patris:* nome de pai dado a um deus único, por conseqüência monoteísmo, concepção do deus interior, etc. *Filii:* dogma do filho, de Jesus, messianismo, sacrifício de deus, etc. *Spiritus Sancti:* dogma do Espírito, do Logos, da Trindade, etc. Enfim, sobretudo o conjunto da oração traz a marca da Igreja organizadora do dogma e do rito. E é necessário que hoje estejamos em condições de perceber tudo aquilo que contém um enunciado aparentemente tão simples. Não só é complexo pelo número de elementos que aí entram, mas além disso cada um deles resume toda uma longa história, que a consciência individual naturalmente não pode aperceber. Uma interjeição como aquela que começa a prece dominical é o fruto do trabalho dos séculos. Uma oração não é somente a efusão de uma alma, o grito de um sentimento. É um fragmento de uma religião. Ouve-se ressoar aí o eco de toda uma imensa seqüência de fórmulas; é um trecho de uma literatura, é o produto do esforço acumulado dos homens e das gerações.

Isto significa que é, antes de tudo, um fenômeno social, pois o caráter social da religião está suficientemente demonstrado. Uma religião é um sistema orgânico de noções e de práticas coletivas relacionadas com os seres sagrados que ela reconhece. No caso, mesmo que a oração seja individual e livre, mesmo quando o fiel escolhe segundo seu gosto os termos e o momento, naquilo que diz nada mais há se não frases consagradas, e ele só fala aí de coisas sagradas, isto é, sociais. Até na prece mental onde segundo a fórmula, o cristão se abandona ao espírito, ἀναϰρατηθῆναι τῷ πνεύματι , este espírito que o domina é o da Igreja, as idéias nas quais pensa são as da dogmática de sua seita, os sentimentos que aí estão em jogo são os da moral de sua facção. O budista, em sua meditação ascética, em seus exercícios, seus *karmasthâna,* deliberará de maneira totalmente diversa consigo mesmo, porque outra religião se exprime em sua prece.

A oração é social não somente por seu conteúdo, mas ainda por sua forma. Suas formas são de origem exclusivamente social. Ela não existe fora de um ritual. Não falemos dos primitivos formalismos onde disporíamos de um jogo demasiado belo para estabelecer nossa tese. Mas mesmo nas mais elevadas religiões, aquelas que chamam todo o mundo à mesma oração, a massa dos fiéis só se serve das coletâneas consignadas. A *tephilah* e o *mahzor,* as suratas litúrgicas, o paroquiano e o breviário, o *book of common prayer,* e as coletâneas das diversas "confissões" satisfazem amplamente às necessidades da imensa maioria dos "cren-

246 ENSAIOS DE SOCIOLOGIA

tes". Não somente o texto é tradicional, mas vem materializar-se num livro, *o livro*. De outro lado, as circunstâncias, o momento, o lugar onde as orações devem ser ditas, a atitude que é mister assumir, são rigorosamente fixados. Assim, mesmo nas religiões que dão o máximo espaço à ação individual, toda a prece é um discurso ritual, adaptado a uma sociedade religiosa [48]. É uma série de palavras cujo sentido é determinado e que são dispostas numa ordem reconhecida como ortodoxa pelo grupo [49]. Sua virtude é aquela que lhe atribui a comunidade. É eficaz porque a religião a declara eficaz. Sem dúvida, em certas religiões, o indivíduo pode às vezes rezar para obrigar-se a seguir formas impostas externamente. Mas o fato é raro, a meditação interior não se tornou uma prática corrente. Ademais, por mais livremente que a pessoa reze, observa sempre os princípios gerais dos ritos, pelo fato de não os violar. Conscientemente ou não, a gente se conforma com certas prescrições, assume-se uma atitude tida como conveniente [50]. E é com as frases do ritual que a pessoa compõe seu discurso interior. Portanto, o indivíduo não faz mais do que adaptar a seus sentimentos individuais uma linguagem que ele não produziu de modo algum. O ritual continua sendo a própria base da oração por mais individual que seja.

O que mostra que a prece é um fenômeno essencialmente social é o fato de, em certas religiões, ser dita unicamente pelo grupo, ou pela autoridade sacerdotal. Acontece mesmo que uma regra precisa proíba qualquer outro modo de orar. É o caso da Índia. A todo aquele que não é brâmane é *vedado* rezar [51]. Os brâmanes, o vocábulo o indica, são os rezadores [52]. São os homens do *brahman*, da palavra sagrada. Ninguém partilha com eles esta função. O fato é

---

48. Assim para a oração individual na sinagoga, *Talm. Babl. Berakhot*, 16 a. Schürer, *Geschichte des Volkes Israël in der Zeit Jesu.* 2.ª ed. II, p. 25, 45 ss; cf. J. J. Kohler art. "Prayer" *Jewish Encyclopaedia.*

49. Aquilo que dizia o Rabi Bekai do Shemoné Esré, das dezoito bênçãos, é exatamente o contrário daquilo que se produziu na sinagoga. Mas sua palavra contém uma justa apreciação do valor das fórmulas canônicas: "É mister que saibas que do tempo de Moisés, nosso mestre, até os dias da Grande Assembléia, a oração em Israel não tinha ordem estabelecida para todos nós, e que cada um, cada fiel em particular, fazia sua fórmula (o sentido do termo hebraico é propriamente: enigma) e rezava como queria, de acordo com seu saber e sua ciência, seu talento de palavra; foi então que vieram os homens da Grande Assembléia, e eles instituíram esta prece · que é o *Shemoné Esré*, de sorte que houve uma oração ordenada que valeu para todo Israel", *Or hahaiim*, 113.

Sobre a história de *Shemoné Esré*, ver Is. Loeb, "Les dix-huit bénédictions", *Revue des études juives*, 1889, p. 17 ss; Is. Lévi, "Des dix-huit bénédictions et les psaumes de Salomon", *Rev. des ét. j.*, 1896; "Ainda uma palavra", etc., *ib.*, p. 161, etc.

50. Cf. Mat. 6:5 e 6. Oposição da oração individual e da oração em comum da sinagoga. Mas esta oposição vem da própria sinagoga e não é uma invenção cristã.

51. *Manu.* IX, 19, interdição absoluta às mulheres; X, 74-80; cf. "Visnu", II, 1-7. Vasistha, II, 13-19; cf. os textos reunidos em Weber, *Indische Studien*, X, p. 4, 17 ss.; cf. Oldenberg, *Religion du Véda*, trad. Henry, p. 316 ss.

52. Cf. Strauss, *Brhaspati.* Kiel (disser.) 1905, e os textos citados.

A PRECE 247

tanto mais notável quanto o sacrifício coletivo, e, em geral, todas as cerimônias populares e nacionais ou urbanas *parecem* ter desaparecido do bramanismo propriamente dito. É sempre para um indivíduo e não para a coletividade que se realizam os ritos [53]. Mas o beneficiário não é o autor dos ritos: ele não tem o direito de realizá-los, nem por conseguinte de dizer as orações se ele mesmo não for sacerdote. Pelo menos, se lhe acontece intervir no transcorrer da operação religiosa, só o fará a convite do sacerdote e segundo as formas rigorosamente prescritas. Não faz mais do que repetir o *mantra,* que o mandam recitar. E isto só é permitido às classes superiores, aos *ksatriyas,* aos nobres e aos homens livres, aos iniciados, àqueles a quem se confere o cordão bramânico. Embora também eles sejam "duas vezes nascidos", só rezam por intermédio daquele ao qual a sociedade religiosa deu o direito e o poder exclusivo de orar. As castas inferiores só causam horror aos grandes deuses que não as ouvem de forma alguma.

Entre os hebreus não encontramos proibição explícita da prece individual. Mas, de fato, as únicas orações de que possuímos o texto são essencialmente coletivas [54]. São, em primeiro lugar, cânticos entoados seja pelo povo reunido [55], seja pelos grupos de peregrinos que subiam a Jerusalém, seja pela comunidade dos justos e dos pobres onde foram compostos bom número destes cânticos [56]; encontram-se, em seguida, salmos litúrgicos, manifestamente destinados a serem ditos em públicos [57]. A maior parte trai mesmo por aspecto o caráter levítico e sacerdotal: ou então trazem uma rubrica que determina seu emprego no serviço do templo [58], ou então

---

53. Cf. Hubert e Mauss. "Essai sur le sacrifice", *Mélanges,* cf. Oitramare, *Le yajamâna,* Muséon, 1900.

Sublinhamos *parecem* porque, segundo nosso modo de ver, os textos nos quais está consignado o ritual védico têm antes um valor teórico do que uma real veracidade histórica. Não representam toda a religião hindu da época anterior ao budismo, mas aquela parte cujo exercício era conferido às diversas escolas bramânicas.

54. Dizemos hebreus embora pouquíssimos textos bíblicos de oração (o Cântico de Débora é arcaizante e não arcaico) sejam anteriores ao Exílio. Ver Cheyne, *The Psalter;* mas se assim é com a religião pós-exílica, supomos, com muito maior razão, que o mesmo se passou com o culto do Primeiro Templo antes de sua destruição.

55. Deste número é a espécie de canção, de cântico popular mágico-religioso que é, segundo nos parece, o mais antigo, o mais primitivo fragmento de prece que a Bíblia nos conservou. É um verdadeiro coro de fazedores de chuva: *Núm.* 21:17, 18. Em Béer (o poço), Moisés fez jorrar a água e Israel cantou este cântico:

Jorra ó poço (primeiro hemistíquio que falta nos 70, mas que é precisamente interessante porque dá um caráter mágico a todo o cântico). / Cantai-lhe (ao poço). / Eles sondaram o poço / os chefes o cavaram/, com seus bastões de mando, com seus bastões de apoio. / (Os 70 têm outra versão do último verso. Budde propõe que se acrescente a essa espécie de ronda as duas palavras: *ummidbar mattanâ,* mas é inútil e o texto é, a partir deste ponto, demasiado corrompido para que se possa corrigi-lo.) Somos reconhecidos a nosso aluno, M. de Félice, por haver chamado nossa atenção para esse texto.

56. Ver os autores citados acima.

57. Ver Kohler, *The Psalms and their Place in the Liturgy* (*Gratz College Publ.,* p. 31 ss.) cf. *Talm. Babl.,* Tratado Berakhot. 14. a. para a maneira segundo a qual a multidão repetia o primeiro verso.

58. Assim a dedicação ao corifeu dos chantres, de 55 salmos, etc.

248 ENSAIOS DE SOCIOLOGIA

são redigidos de uma forma que demonstra que eram recitados por equipes de chantres [59]; um terceiro grupo compreende cânticos nitidamente populares, aceitos como se fossem cânticos religiosos [60], quando não se conhecia mais o hebraico e o sentido primitivo. Por fim, vem um conjunto de imitações de modelos antigos. Mesmo os textos mais recentes, como a prece de Salomão [61], falam sobretudo da prece de um povo. Enfim, a própria evolução do judaísmo, a longa luta entre o Templo e a Sinagoga, a dificuldade que teve a prece sinagogal para conseguir o seu reconhecimento como legítima, embora fosse ainda coletiva, demonstram que a oração era, no começo, reservada ao templo, ao povo que aí se reunia, aos levitas que o representavam, uma equipe por tribo, ao fiel que vinha, acompanhado pelos sacerdotes, abordar Jahvé, e cumprir seu voto ou executar sua expiação [62].

Trata-se aí, é verdade, apenas de dois casos particulares, o de *um* templo e o de *uma* religião [63]; e podem ter como causas o domínio de dois sacerdócios sobre cultos. Mas, ao menos, provam que a prece *pode* não ser mais do que um fenômeno social. Todavia, esta evolução possível possui causas profundas. Teremos ocasião de vê-lo nas religiões elementares; no princípio, só encontramos orações coletivas, ou de forma rigorosamente coletiva [64]. Sem dúvida, não se constata que a oração individual tenha sido formalmente proscrita. Mas, em primeiro lugar, como o ritual não está aí condensado em regras precisas, não se pode alimentar a esperança de encontrar uma interdição deste gênero. Além disso, a ausência de tal interdição pode muito bem ser devida ao fato de não se ter sequer uma idéia de uma oração individual. De resto, e qualquer que seja a verdade neste ponto, só pelo fato de que em dois casos, importantes e significativos, a oração nos aparece como uma manifestação essencialmente social, temos fundamento para concluir que ela não é um fenômeno essencialmente individual.

O que completa a demonstração de que a prece é um fenômeno coletivo são as relações que a unem a outros fenômenos coletivos. Há particularmente toda uma ordem de fatos evidentemente sociais que mantêm com ela estreita relação de parentesco. São as fórmulas jurídicas e morais [65]. Uma teoria da oração certamente não será inútil para quem

---

59. Aludimos sobretudo aos salmos alfabéticos, 34, 37, etc.
60. *O Cântico dos cânticos.*
61. *I Reis*, 8:23 ss. a partir de 29 não se trata mais do povo.
62. Schürer. *Gesch. Volk. Isr*, 2.ª ed. II, p. 447 ss. *non obstant*: os textos citados por Cheyne, art. "Prayer". *Encyclopaedia biblica*, p. 3827.
63. Cf. o princípio romano acima citado.
64. Cf. adiante.
65. As relações eram particularmente estreitas no antigo Direito Romano. Huvelin, "Nexum", em Daremberg e Saglio, *Dict. des Antiquités.*

A PRECE

quiser compreender o juramento, o contrato solene [66], os giros de frases requeridas pela etiqueta, quer se trate de chefes, de reis, de cortes ou de parlamentos, as denominações da cortesia. Todos estes fatos são tão vizinhos da prece que mais tarde deveremos distingui-los. A fórmula inicial da maior parte das orações sacramentais no catolicismo e aquela pela qual se inicia o enunciado de nossos julgamentos sobrepõem-se quase traço por traço. Às expressões rituais *in nomine Patris*, etc. correspondem as palavras consagradas "Em nome do povo francês, etc.". Ambas têm um valor evocativo e colocam a coisa que solenizam sob a proteção de um ser que nomeiam e tornam presente. E pelas fórmulas, é a todo o formalismo [67], de um modo geral, que a oração se vê ligada. Por conseqüência, ela ajuda a compreendê-lo. Mesmo o caráter criador das formas que a sociedade impõe em parte alguma aparece melhor do que na oração. Sua virtude *sui generis*, a marca particular que elas imprimem aos atos, aparece aí melhor do que em qualquer outra instituição. Porque a oração só age pela palavra e a palavra é o que há de mais formal no mundo. Portanto, nunca o poder eficaz da forma é tão aparente. A criação pelo verbo é o tipo da criação *ex nihilo*[68].

Não há mesmo quase esfera da vida social onde a prece não desempenhe ou não tenha desempenhado alguma função. Ela se relaciona com a organização da família no ensejo da iniciação, do matrimônio, etc. Cimenta as alianças, as adoções. Intervém em toda a vida judiciária com o juramento [69]. Associa-se à moral na confissão, na oração expiatória, na culpa. Chega a ter funções econômicas. Efetivamente, as preces são muitas vezes verdadeiros valores [70], pois contribuem para fazer a riqueza das classes sacerdotais. Ademais, há civilizações inteiras onde são tidas como fatores da produção. A eficácia que se lhes atribui é análoga à do trabalho ou das artes mecânicas. Para numerosas tribos australianas o melhor meio de assegurar a reprodução das espécies animais de que se nutrem é realizar certas cerimônias, pronunciar certas palavras, recitar certos cânticos.

Mas quando dizemos que a oração é um fenômeno social, não queremos dizer que ela não é em nenhum grau um fenômeno individual. Interpretar assim nossa tese seria com-

---

66. Ver exemplos em Ziebarth, "Der Fluch im griechischen Rechte", *Hermes*, XXX, 1895.

67. Sobre o formalismo em geral, e em particular no Direito Romano. III, ver Iehring, *Esprit du droit*, p. 156, 255, etc.

68. É o tipo da eternidade, ao mesmo tempo que da causalidade, diz Manu, II, 84; "todas as outras atividades prescritas pelos Vedas são perecíveis (em si mesmas e por suas festas, diz o comentário), as libações e os sacrifícios, etc.; imperecível, inalterável, é, ao contrário, o brâmane (a fórmula), e é Prajâpati (o deus causa, senhor dos seres)". Cf. Visnu, 56, 18 ss. Vasistha, XXVI, 9, 10.

69. Ver em particular, Huvelin, "Magie et droit individuel", *Année sociologique*, 1907, 10, p. 31 ss. Westemarck, *Origin and Evolution of Moral Ideas*, 1906, I, p. 568.

70. Ver o verso *Rig Veda*, II, 32, 13, cf. Manu. IV, 234.

250 ENSAIOS DE SOCIOLOGIA

preendê-la mal. Não pensamos que a sociedade, a religião, a prece sejam coisas extraordinárias, sejam concebíveis sem os indivíduos que a vivem. Mas julgamos que, mesmo realizando-se no espírito do indivíduo, a oração tem sobretudo uma existência social, exterior ao indivíduo, na esfera do ritual, da convenção religiosa. Na realidade, apenas invertemos a ordem segundo a qual os dois termos são ordinariamente estudados sem que neguemos nenhum deles. Em vez de ver na prece individual o princípio da oração coletiva, fazemos da segunda o princípio da primeira. Escapamos assim ao inconveniente de derivar o complexo do simples, a oração canônica da Igreja da oração espontânea do indivíduo. Mas nem por isso desconhecemos a importância do fator individual. Que cada qual pudesse ou soubesse rezar a seu modo desde a origem, é algo que não sabemos, mas do qual não encontraremos prova alguma e do qual dificilmente se poderia encontrar uma que nos satisfazesse. Que tenha havido desde o princípio inventores de preces é, ao contrário, o que nós mesmos iremos constatar. Mas a função que o indivíduo desempenha necessariamente no funcionamento das práticas coletivas não lhes tira seu caráter coletivo. Da mesma forma como cada um tem seu estilo, sua entonação, embora falando a língua nacional, cada um pode criar sua oração, sem que a oração deixe de ser uma instituição social. Quanto às preces que, compostas pelos indivíduos, entram nos rituais, a partir do momento em que são aí recebidas deixam de ser individuais. E aliás, se puderam generalizar-se e tornar-se obrigatórias é, em primeiro lugar, porque satisfaziam às exigências do ritual constituído, é em seguida porque correspondiam às necessidades coletivas de inovação religiosa. Enfim, devem também seu êxito à autoridade que a opinião confere a seus autores. Estes não são poetas quaisquer mas sacerdotes, profetas, videntes, isto é, homens que a comunidade crê estarem em relações com os deuses[71]. Quando falam são os deuses que falam por suas bocas. Não são simples indivíduos, eles mesmos são forças sociais.

III. *Método*

Resta-nos determinar o método que melhor convém a nosso assunto. Embora pensemos que não seja necessário agitar perpetuamente as questões de metodologia[72], parece-nos

---

71. Justamente nas sociedades australianas que vamos estudar, a invenção das fórmulas é o privilégio desses mágicos, bardos, que, como mostramos, só agem porque são dotados de uma autoridade social, e são por sua vez sugestionados pela sociedade. "L'origine des pouvoirs magiques", *Mélange d'histoire des religions*, II. [Cf. *Oeuvres* II, pp. 319-369.]

72. Reconhecer-se-á naquilo que vai seguir uma aplicação dos princípios estabelecidos por Durkheim, *Règles de la méthode sociologique*, 3.ª edição, 1907, cf. Mauss e Fauconnet, Art. "Sociologia", *Grande Encyclopédie*. [Ver Cap. 1 desta coletânea.]

entretanto que há interesse em explicar aqui os procedimentos de definição, de observação de análise que serão aplicados no decurso do trabalho. Poder-se-á, assim, fazer mais facilmente a crítica de cada um de nossos passos e controlar seus resultados.

A partir do momento em que a oração, parte integrante do ritual, é uma instituição social, o estudo tem uma matéria, um objeto, uma coisa a que pode e deve ater-se. Com efeito, ao passo que para os filósofos e os teólogos, o ritual é uma linguagem convencional pela qual se exprime, de maneira imperfeita, o jogo das imagens e dos sentimentos íntimos, ele se torna, para nós, a própria realidade. Pois contém tudo aquilo que há de ativo e de vivo na oração: guarda em reserva todo o sentido que foi colocado nas palavras, e contém em germe tudo aquilo que daí se poderá deduzir, mesmo por novas sínteses: as práticas e as crenças que se encontram ali condensadas estão carregadas do passado e do presente, prenhes do futuro. Portanto, quando se estuda a oração por este viés, ele deixa de ser algo inexprimível, inacessível. Torna-se uma realidade definida, um dado concreto, alguma coisa precisa, resistente e fixa que se impõe ao observador.

Definição. Se agora sabemos que existe em algum lugar um sistema de fatos chamados orações, dele ainda não temos mais do que uma apreensão confusa: não conhecemos sua extensão nem limites exatos. Ser-nos-á preciso, pois, antes de tudo, transformar esta impressão indecisa e flutuante numa noção distinta. Aí reside o objeto da definição. Não se trata, bem entendido, de definir imediatamente a própria substância dos fatos. Tal definição só pode vir no termo de uma ciência, aquela que devemos enunciar no início só pode ser provisória. Está destinada apenas a encaminhar a pesquisa, a determinar o objeto do estudo, sem antecipar os resultados do estudo. Trata-se de saber quais são os fatos que merecem ser chamados orações. Mas esta definição, embora provisória, deve ser estabelecida com todo o cuidado, pois dominará toda a seqüência do trabalho. Com efeito, facilita a pesquisa porque limita o campo da observação. Ao mesmo tempo, torna metódica a verificação das hipóteses. Graças a ela escapa-se ao arbitrário, fica-se obrigado a considerar todos os fatos ligados à oração e considerar só estes fatos. A crítica pode então ser feita de acordo com regras precisas. Para discutir uma proposição é necessário fazer ver: ou que a definição era má e viciava toda a seqüência do raciocínio, ou que foi negligenciado tal fato que entrava na definição, ou, enfim, que foram levados em conta fatos que não vinham ao caso.

252 ENSAIOS DE SOCIOLOGIA

Ao contrário, quando a nomenclatura não é firme, o autor passa insensivelmente de uma ordem de fatos à outra, ou uma mesma ordem de fatos traz diferentes nomes em diferentes autores. Os inconvenientes que resultam da ausência de definição são particularmente sensíveis na ciência das religiões onde houve pouca preocupação em definir. Assim é que etnógrafos depois de terem dito que a prece é desconhecida por tal ou tal sociedade, nos citam "cânticos religiosos", numerosos textos rituais que aí observaram [73]. Uma definição prévia poupar-nos-á estas deploráveis flutuações e estes intermináveis debates entre autores que, sobre o mesmo assunto, não falam das mesmas coisas.

Visto que esta definição vem no começo da pesquisa, isto é, no momento em que os fatos só são conhecidos por fora, ela só pode ser enunciada a partir de sinais exteriores. Trata-se exclusivamente de delimitar o objeto do estudo, e por conseguinte de lhe demarcar os contornos. O que é preciso encontrar são alguns caracteres aparentes, suficientemente sensíveis que permitam reconhecer, quase à primeira vista, tudo aquilo que é oração. Mas, de outro lado, estes mesmos caracteres devem ser objetivos. Cumpre que não nos fiemos em nossas impressões nem em nossas prenoções, nem nos dos meios observados. Não diremos de um ato religioso que é uma prece porque nós assim o sentimos, nem porque os fiéis de tal ou tal religião assim o nomeiam [74]. Do mesmo modo como o físico define o calor pela dilatação dos corpos e não pela impressão de calor, é nas próprias coisas que iremos procurar o caráter em função do qual a oração deve ser expressa. Definir de acordo com impressões é o mesmo que não definir de modo algum; pois nada é mais móvel do que uma impressão: ela muda de um indivíduo para outro; muda, num indivíduo como num povo de acordo com o estado de espírito em que se encontram. Da mesma maneira quando em lugar de constituir — arbitrariamente, concedamos, mas com a preocupação da lógica e o sentido do concreto — a noção científica da oração, procura-se compô-la com a ajuda de elementos tão inconsistentes como o sentimento dos indivíduos, vê-se que acaba vacilando entre os contrários, em detrimento do trabalho. As coisas mais diferentes são chamadas orações quer no curso do mesmo trabalho, pelo mesmo autor, quer de acordo com os autores que dão ao termo sentidos diversos, quer de acordo com as civilizações estudadas [75]. Destarte, chega-se a opor como con-

---

73. Ver mais adiante, Livro II, cap. II.
74. Isto será no entanto uma forte presunção, mas somente no caso em que os rituais forem claramente estabelecidos e houver cânones impostos.
75. Assim não se duvida que a epiclese do cânon da missa seja uma oração, mas duvida-se que a dos papiros helenísticos o seja. Cabrol, *Origines liturgiques*, 1906 1.ª Conferência; "La prière antique", 1900, p. 1300.

traditórios fatos que pertencem ao mesmo gênero, ou a confundir fatos que devem ser distinguidos. Da mesma forma como a antiga física fazia do calor e do frio, duas naturezas diferentes, assim, um idealista, ainda hoje, recusar-se-á admitir que haja algum parentesco entre a prece e a grosseira encantação mágica. O único meio de escapar de distinções, tão arbitrárias quanto certas confusões, é afastar, de uma vez por todas, estas prenoções subjetivas para alcançar a própria instituição. Sob esta condição, esta definição inicial já será um primeiro passo na pesquisa. Porque a propriedade que ela faz ressaltar, sendo objetiva, exprime em algum grau a natureza da coisa. Ainda que exterior, ela é solidária com as propriedades mais essenciais. Assim é que a dilatação dos corpos pela qual se define o calor corresponde aos movimentos moleculares que a termodinâmica descobriu.

A observação. Uma vez definidos os fatos, é preciso entrar em contato com eles, isto é, observá-los. Mas a observação naquilo que se refere ao nosso tema apresenta dificuldades particulares e se exerce em condições especiais. Os fatos que servem de matéria a uma teoria da prece não são dados imediatamente como um organismo é dado ao zoólogo que efetua sua descrição. São registrados em documentos históricos ou etnográficos através dos quais é preciso ir encontrá-los de maneira a determinar sua verdadeira natureza. Um processo especial é, pois, necessário para despreendê-los, e em certa medida, construí-los. É este modo particular de observação que as ciências históricas designam sob o nome de crítica. Partindo dos mesmos dados como a história, a sociologia deve aplicar-lhes os mesmos métodos. Sem dúvida, foi fora dela que nasceu a crítica, mas ela deve assimilar seus princípios essenciais, pois nada tem a fazer com fatos inautênticos e controvertidos. É o que com demasiada freqüência foi esquecido em matéria de etnografia. Não há fatos que requeiram tanto a crítica e aos quais ela seja tão pouco aplicada[76]. Mesmo a escola antropológica emprega comumente materiais etnográficos dos quais se serve sem tê-los criticado suficientemente[77].

Mas não basta dizer que a sociologia deve tomar à história tais processos. Ao mesmo tempo em que generaliza seu emprego ela lhes infunde outro espírito. Torna-os mais claros, mais conscientes, mais rigorosos; estende o círculo de sua aplicação, mantendo-os ao mesmo tempo em seu lugar. Pois os historiadores quase chegaram a fazer da crítica o

---

76. Tentamos dar uma amostra daquilo que entendemos por este gênero de crítica, tanto nos capítulos que publicamos mais adiante, como num outro trabalho: "L'origine des pouvoirs magiques", *Mélanges*, II.

77. Fazemos exceção para os trabalhos de N. W. Thomas.

ENSAIOS DE SOCIOLOGIA

objetivo de sua pesquisa. Estabelecendo como princípio que um fato não pode ser utilizado antes de ser determinado em todos os seus detalhes, demoram-se sem fim em suas discussões desesperadoras e adiam sem limites a hora da sistematização. Ao contrário, a partir do momento em que se vê na crítica um simples meio inicial da ciência ela está orientada para objetivos definidos.

A primeira coisa a fazer diante de um documento é pesquisar o seu valor[78], isto é, estabelecer o coeficiente de erro que comporta, dado o estado em que se encontra, a maneira como nos foi transmitido, a data, as fontes, etc. É o que ordinariamente se chama crítica externa. Iremos naturalmente servir-nos dela de diferentes maneiras segundo se tratar de textos ou de informações indiretas referentes à prece. Tomemos nossos exemplos do domínio da etnografia, porquanto é este domínio que teremos de percorrer de um modo particular na seqüência deste primeiro trabalho. Se, até o presente, as informações dos etnólogos foram desdenhadas por certos sociólogos, é simplesmente porque não as haviam submetido à crítica necessária. Na realidade, é bem possível determinar a parte de interpretação pessoal que uma observação contém. Assim, quando um antropólogo, mesmo que seja tão avisado como Curr, diz que não há orações entre os australianos, não daremos nenhum crédito à sua afirmação. Primeiramente porque está habituado a estas negações precipitadas. Depois, porque ele mesmo nos apresenta certo número de ritos que certamente merecem o nome de preces[79]. Quando estamos na presença de verdadeiros textos de orações estamos mais próximos dos fatos originais, mas ainda é mister levar em conta tudo aquilo que deles nos separa. Na maior parte das vezes só possuímos traduções cujo valor cumpre determinar segundo a competência, a consciência do autor, etc. Depois, precisamos medir a autenticidade do documento apresentado, conforme as condições nas quais foi recolhido e o informador que o ditou, etc. Assim Ellis, em suas *Polynesian Researches*[80], dá-nos um longo texto de hino sem mencionar em que parte do Taiti foi observado, em que época, qual é sua fonte. Sabemos, de outro lado, que se Ellis conhecia tão bem a língua da ilha, era também muito devoto. Portanto, não devemos servir-nos deste texto a não ser com as precauções que se tornam necessárias e o estado de indecisão em que nos deixa sua leitura, e os preconceitos de seu tradutor.

---

78. Sobre a crítica histórica, ver Seignobos e Langlois, *Introduction aux études historiques*, Paris, 1898, 1.ª parte. Não seguimos, naturalmente, as opiniões expostas por Seignobos na segunda parte da obra.

79. Ver mais adiante, livro II, cap. 2, p. 284 e ss.

80. 1.ª ed., vol. II, p. 1501 ss.

A PRECE

Mas à crítica do documento deve acrescentar-se a crítica do fato apresentado no documento. A primeira não pode dispensar a segunda mesmo quando o documento é datado. Pois, por exemplo, um documento recente pode registrar fatos antigos, e, de dois documentos de datas diferentes não é sempre no menos antigo que se encontram os fatos mais recentes. Assim é que aparecem na Bíblia ritos evidentemente posteriores a certos ritos mágicos que somente o Talmud nos conservou. Esta segunda espécie de crítica recebeu o nome de crítica interna. Tem por objeto estabelecer o próprio fato, situando-o em seu meio, e decompondo-o em seus elementos. Para tanto determina-se-lhe a data, isto é, no fundo, o período religioso ao qual pertence, o sistema ritual ao qual está ligado, a significação que tem em seu conjunto e em cada uma de suas partes. Para proceder a tais determinações, os historiadores empregam diversos processos, sendo que todos nos parecem repousar num mesmo princípio de natureza evidentemente sociológica, isto é, o princípio da interdependência dos fenômenos sociais. Por exemplo, data-se uma oração de acordo com a antiguidade das formas verbais e sintáticas que aí são empregadas, o que redunda em relacionar esta instituição social que é a oração com esta outra instituição social que é a linguagem [81]. Ou então faz-se ver que determinado texto menciona ou implica acontecimentos que só puderam produzir-se em determinado momento da evolução. Ou ainda classifica-se cronologicamente uma série de hinos, partindo deste princípio de que as "formas puras" dependem das "formas impuras" e por conseguinte são posteriores, ou inversamente. Aliás, de um modo geral, é fácil compreender como na base de todos estes raciocínios há o mesmo axioma fundamental: pois como ligar um fato a um meio, senão fazendo ver como este meio agiu sobre o fato.

Sendo este o postulado da crítica interna, os historiadores que dele se servem, conscientemente ou não, fazem obra de sociólogo [82]. Ora, a aplicação de um método é tanto mais regular e segura quanto mais consciente for. Portanto, fazendo seus os processos da crítica o sociólogo não pode deixar de tornar seu emprego mais frutuoso.

Uma vez que o princípio sobre o qual repousam se tornou claro, estamos em melhor situação para aplicá-lo de acordo com sua verdadeira natureza.

---

81. Tal é o caso da maior parte dos trabalhos filológicos sobre os Gâthas do Avesta ou as diferentes partes dos diversos Vedas. Ver Bloomfield, "On the Relative Chronology of the Vedic Hymns", *Journ. Amer. Or. Soc.*, 1900, 1900, XXI. O critério da língua é um dos melhores, mas não é dos mais seguros: efetivamente, os rituais abusam de linguagem arcaica, mesmo na Austrália (cf. mais adiante, livro II, cap. III), e a língua artificial de um rito recente pode conter formas mais antigas do que a de um rito antigo.

82. Cf. Bouglé. *Qu'est-ce que la sociologie. La sociologie inconsciente.* Paris, F. Alcan, 1907.

256 ENSAIOS DE SOCIOLOGIA

Especialmente fica-se menos exposto a substituí-lo por outros princípios que, na realidade, não têm o mesmo sentido nem o mesmo valor. Assim a crítica, e sobretudo a crítica bíblica, efetuou às vezes um uso abusivo do princípio de contradição. Admite-se como evidente que dois fatos contraditórios ou simplesmente contrários são necessariamente de datas ou de origens diferentes. Por exemplo, segundo a maioria dos autores [83], as *dânastúti* (glorificações e bênçãos invocadas sobre o sacrificante) que terminam um grande número de hinos védicos, seriam interpoladas, simplesmente porque não se unem imediatamente ao resto do texto. Mas nunca foi necessário que se lhe vinculassem intimamente. Prejulgar que as orações são todas necessariamente bem feitas é desconhecer a verdadeira natureza dos laços que unem entre si os fenômenos sociais. Se há um ponto que a ciência das religiões pôs em evidência, é que uma mesma noção ou uma mesma ação religiosa pode ter os sentidos mais diferentes, os mais contraditórios. Uma mesma instituição social pode ter as funções mais variadas, produzir os efeitos mais opostos. Uma mesma oração que pode começar por um ato de desinteresse pode acabar por um ato interessado. Basta que uma simples contradição lógica seja o sinal de uma incompatibilidade real entre os fatos.

Ao mesmo tempo nos desembaraçamos de certo número de questões mais ou menos ociosas que a crítica de bom grado agita, e somos levados a nos propor outras mais essenciais. Supõe-se amiúde que cada oração teve um autor, e para estabelecer seu texto e sentido, procura-se qual foi este autor? quais foram suas expressões? quais foram suas idéias? Ora, posta nesses termos, a questão é, na maior parte das vezes, insolúvel. Com efeito, ordinariamente, as religiões atribuem a autores míticos, deuses, heróis e videntes, a composição das preces. Mas mesmo aí onde houve verdadeiras invenções de preces, como nas religiões recentes, houve como que uma tendência do ritual a suprimir todo traço de particularidades individuais. Totalmente outra é a verdadeira questão crítica se virmos na prece uma instituição social [84]. A partir de então, com efeito, a questão essencial não mais a de se saber qual o autor que imaginou tal oração, mas qual a coletividade que a empregou, em que condições, em que estado de evolução religiosa. Não se procura mais o texto original, mas o texto recebido, tradicional e canônico; não são mais as idéias de um homem que se procuram reencontrar sob as palavras, mas as de um grupo.

83. Max Müller, *Sanskrit Literature*, p. 49; Macdonnel, *Sanskrit Literature*, p. 127.
84. M. Loisy aplicou recentemente princípios deste gênero à exegese dos Evangelhos, que foram antes de tudo, segundo ele, propriedade das diversas Igrejas. *Les Evangiles synoptiques. Introduction.*

A PRECE 257

Deste mesmo ponto de vista o problema da data perde sua importância. Não há dúvida de que as questões de cronologia não podem ser negligenciadas. Mas, com esta reserva, o valor de um fato para uma teoria sistemática da oração, depende muito menos de sua idade aproximativa do que do lugar que ocupa no conjunto do ritual. É menos no tempo do que na liturgia que importa, antes de tudo, situá-lo. Aí está, por exemplo, a coleção dos salmos conhecida sob o nome de Hallel. Sua data é imprecisa, mas seu emprego ritual é mais facilmente determinável. Pode-se estabelecer que eram cantados por ocasião dos sacrifícios das três grandes festas e da Neomênia, mas não no sábado, no Roch Hachanah, ou no Kippur [85]. Donde se conclui que faziam parte do rito dos antigos sacrifícios solenes [86]. Assumem assim todo seu sentido e podem entrar mais facilmente numa teoria seja da oração judia, seja da oração em geral. Além disso, a questão da data fica de certa maneira esclarecida. Porque o Hallel está também ligado à mais antiga das liturgias do templo, das festas agrárias e astronômicas, por oposição à do sábado e das festas mosaicas. Hesitaríamos, por conseguinte, em dizer que não existiam salmos deste gênero na época do primeiro templo, sem contudo poder afirmar que estava em uso a redação atual.

O sociólogo não tem, portanto, exigências menores que o mais escrupuloso historiador. Também ele se esforça por perceber todo o pormenor dos fatos, e toma como regra ligá-los a um meio bem descrito. Mas para ele a ciência toda não consiste na fixação do detalhe. E o meio ao qual aplica sua atenção é, antes de tudo, o conjunto das instituições sociais, com as quais o fato é solidário. Conduzida neste espírito, a crítica não corre o risco de perder-se em comentários, em discussões de simples curiosidade. Ela prepara os caminhos para a explicação.

A explicação. Explicar é estabelecer, entre os fatos uma vez determinados, uma ordem racional. Com efeito, o sociólogo que trata da prece não deve limitar-se a descrever a maneira pela qual se reza em tais ou tais sociedades, mas deve procurar as relações que unem os fatos das preces entre si e com os outros fatos que as condicionam. Trata-se de construir uma hierarquia de noções que se esclarecem mutuamente e cujo conjunto constitui uma teoria da prece.

Mas tal sistematização pode operar-se de duas maneiras diferentes. Em primeiro lugar, pela análise de fenômenos mais ou menos numerosos, mas suficientemente escolhidos, cons-

---

85. V. Kohler, *op. cit.*: cf. acima; cf. *Encyclopaedia Biblica*, s. v. *Hallel*.
86. Ver Cap. 4 desta coletânea.

258 ENSAIOS DE SOCIOLOGIA

titui-se uma noção genérica. Exprime-se esta noção em uma fórmula que dá como que o esquema do fato a explicar, quer se trate da oração ou do sacrifício, da pena ou da família. Procura-se então explicar caracteres bastante gerais dos fatos cuja análise tem esta noção. Feito isso, examina-se como tal fórmula esquemática varia, quando se faz intervir tal ou tal causa em função da qual a instituição deve variar. Tem-se assim um sistema de conceitos que vai do mais geral ao mais particular, onde se pode ver como e por que o gênero, enriquecendo-se de diferenças específicas, dá origem à diversidade das espécies. É este método que nós mesmos empregamos em outra ocasião [87].

Mas há um segundo processo de explicações que também pode ser empregado. Em lugar de partir do gênero para chegar à espécie, parte-se das formas mais rudimentares que o fato considerado tenha apresentado para passar progressivamente às formas cada vez mais desenvolvidas, e mostra-se como as segundas saíram das primeiras. Tem-se assim, como no primeiro caso, uma série de noções hierarquizadas. Somente numa explicação esquemática a gente se coloca fora do tempo e do espaço, visto que se considera o gênero e todas as espécies como se fossem dadas num mesmo momento lógico. Aqui, ao contrário, trata-se de tipos que realmente se sucederam na história, que nasceram uns dos outros, e a gente se propõe descrever a ordem de sua gênese. Daí por que esta explicação pode ser chamada genética. Assim, no que concerne ao nosso tema, se se emprega o primeiro processo, começar-se-á por determinar, com a ajuda de boas observações, os traços constitutivos da prece em geral, para pesquisar em seguida como ela se torna, segundo as circunstâncias, prece de expiação, de ação de graças, hino, prece de petição, prece votiva, etc. Se ela for explicada genericamente, pergunta-se qual é a mais rudimentar de todas as formas conhecidas da oração, para determinar em seguida a forma imediatamente superior que dela saiu, a maneira como é derivada, e assim por diante, até chegar-se às mais recentes. Ver-se-á, por exemplo na Índia, certos hinos védicos de um panteísmo sincrético dando origem à oração mística [88] dos Upanishads, e a esta suceder a meditação ascética, bramânica ou budista.

Ainda que estes dois métodos sejam igualmente lícitos, o segundo parece-nos mais apropriado ao estudo da prece. Com efeito, quando se trata de uma instituição que evoluiu constantemente, e que, no curso desta evolução, se revestiu

---

87. H. Hubert e Mauss, "Ensaio sobre a natureza e a função do sacrifício", *Mélanges d'histoire des religions*, 1909. [Ver Cap. 4 desta coletânea.]
88. Cf. as referências citadas acima; para formar uma idéa da questão, poder-se-á consultar Winternitz, *Geschichte der indischen Litteratur*, 1905, pp. 110, 130.

A PRECE   259

de uma grande multiplicidade de formas, a explicação esque
mática, por fazer abstração da história, não pode recompor
muito bem a fisionomia real dos fatos. Ele só convém verdadeiramente no caso em que o fenômeno assume alguma parte
das formas bastante acabadas para que seja relativamente fácil depreender-lhe a essência, e onde as variações que sofreu
são muito restritas, em número como em importância. Ora,
a oração está, como o vimos, em perpétuo devir. Seria difícil fixar um momento em que ela se realiza mais completamente do que em qualquer outro lugar. A sucessão histórica
das formas torna-se, pois, o fator importante da explicação.

Aliás, de uma maneira geral, a explicação genérica apresenta certas vantagens. Ela segue a ordem dos fatos e assim
deixa menos lugar ao erro. Por isso mesmo torna as omissões
mais difíceis, pois uma lacuna na seqüência da evolução
criaria uma solução de continuidade que seria logo sentida.
Ademais, a gente se dá conta melhor da natureza dos fatos
quando se assiste à sua gênese. Enfim, pode servir para
preparar uma explicação esquemática que seria muito mais
perfeita se viesse depois de um exame metódico e uma primeira sistematização dos fatos.

O primeiro momento de uma explicação genética consiste em estabelecer uma classificação genealógica dos tipos
de orações, isto é, em constituir tipos dispondo-os segundo a
ordem de sua evolução. Por si só uma classificação desse
gênero já nos fornece, à medida de seu progresso, uma primeira explicação. Com efeito, cada tipo de oração tem como matéria-prima o tipo ou os tipos imediatamente antecedentes, e sua genealogia permite-nos saber de que é feito.
Mas ao derivar assim o superior do inferior de forma alguma pretendemos explicar o complexo pelo simples. Pois as
formas mais rudimentares não são em grau nenhum mais
simples do que as formas mais desenvolvidas. Sua complexidade é apenas de natureza diferente [89]. Os elementos que
se distinguirão e se desenvolverão na seqüência da evolução
estão aí reunidos num estado de penetração mútua. A unidade resulta de sua confusão; esta é tal que o tipo não pode
ser caracterizado por nenhum dentre eles, mas por esta espécie de mistura, de fusão tão íntimas que uma separação radical seria arbitrária, contrária à razão e aos fatos. É mister
evitar o erro, cometido com demasiada freqüência, que levou
a conceber as formas primitivas como reduzidas a um único
elemento. Todas as espécies de dificuldades inextricáveis vieram desse erro inicial. Assim, às vezes ainda se agita a questão de saber se a oração vem da encantação mágica ou inversamente [90]. Na realidade, se a deduzirmos, será de um

89. Cf. Mauss, "Leçon d'ouverture du Cours d'histoire des religions", *Rev. de l'hist. des religions*, 1902.
90. Cf. adiante, Livro II, cap. I.

ENSAIOS DE SOCIOLOGIA

princípio mais complexo que compreenderá ambas ao mesmo tempo.

Mas se as formas mais organizadas saem das mais rudimentares, estas não contém em si mesmas a causa de sua evolução. A classificação genealógica dá-nos um quadro lógico da gênese, mas não nos faz conhecer seus fatores determinantes. As forças que transformam o sistema da prece são-lhe necessariamente exteriores. Onde temos, pois, probabilidades de encontrá-las. Não é na constituição mental do indivíduo que nós as descobriremos. As leis gerais da representação humana, em toda parte idênticas a si mesmas, não poderiam explicar tal diversidade de tipos. Quando muito podem explicar a possibilidade de prece em geral. Mesmo uma tal explicação, pelas condições mais distantes, fica evidentemente muito longe dos fatos. Com maior razão não poderia fazer-nos compreender como determinada religião tem determinado sistema de orações, por que, por exemplo, a oração mística se desenvolveu em tal caso ao passo que a oração adorativa se desenvolvia sobretudo em outro. As causas verdadeiramente determinantes e imediatamente próximas de todas estas variações só podem encontrar-se num meio igualmente variável, e em relações imediatas com a prece. É o lugar social. Existe entre uma dada oração, uma sociedade e uma religião dadas, um lugar necessário. E desde já se pode dizer que certos tipos de orações são característicos de determinada organização social e inversamente. Assim, lá onde se encontram orações mágico-religiosas destinadas a entreter a vida de certas espécies animais ou vegetais, pode-se ter certeza de que se está na presença de grupos totêmicos [91]. Esse caráter determinante das causas sociais manifesta-se igualmente na diversidade das transformações que às vezes sofre um mesmo tipo de oração de acordo com os meios em que se desenvolve. De um mesmo ritual budista, essencialmente meditativo e espiritual na origem puderam sair formas tão contrárias como o *dharani* tibetano, japonês, nepalês ou chinês, verdadeira materialização da prece, e as formas místicas dos bonzos siameses e birmaneses. Da mesma forma, o catolicismo e o cristianismo ortodoxo desenvolveram uma oração mecânica e idolátrica, ao passo que o protestantismo desenvolvia sobretudo a oração mental e interna. É que uma mesma forma contém em si possibilidades muito diversas e até opostas, e de acordo com as circunstâncias, é uma ou outra destas virtualidades que se realiza. Isso mostra, além do mais, que a evolução da prece não está sujeita a um determinismo rígido, mas dá, ao contrário, certa margem à contingência.

Quanto ao instrumento da explicação genética, é a mesma coisa como se se tratasse da classificação genealógica ou

91. Cf. mais adiante, livro II, cap. III, § 5, uma aplicação deste princípio.

A PRECE 261

da determinação das causas. É o método comparativo. Pois, em matéria de fenômenos sociais, só se pode chegar a alguma explicação por meio da comparação.

Em primeiro lugar, no que se refere à constituição dos tipos, ela supõe evidentemente que sejam aproximados diversos sistemas de orações, a fim de deduzir deles os caracteres comuns. Mas é preciso ter o cuidado de só comparar entre si as coisas comparáveis. Os diferentes rituais com os quais se pretende formar um tipo devem, pois, pertencer a religiões da mesma ordem. É verdade que, no estado atual da ciência, não podemos apoiar-nos numa classificação objetiva das religiões. Entretanto, é incontestável que, presentemente, grandes categorias começam a ser estabelecidas, e portanto podemos limitar o campo da comparação de maneira a evitar conjuntos de fatos demasiado discordantes. Por exemplo, ninguém nos contestará o direito de comparar as religiões australianas entre si, e de determinar assim a natureza da prece nas religiões do mesmo tipo. Em tais comparações são levadas em conta sobretudo as concordâncias, Contudo, se não forem pesquisadas ao mesmo tempo e com o maior cuidado as diferenças, a gente se expõe a tomar como essenciais semelhanças totalmente fortuitas, porque as coisas mais discordantes podem ser semelhantes sob certos aspectos, e por isso serem classificadas em conjunto. Assim como se definiu como peixe todo o animal que vive na água, poder-se-ia definir o hino pelo cântico e confundi-lo por conseqüência com cânticos populares. Inversamente, tais semelhanças superficiais trazem sempre consigo diferenças igualmente superficiais, e podem induzir a opor radicalmente coisas que são da mesma natureza. Pela mesma razão que se aproxima o hino do cântico, poder-se-ia separá-lo da oração da qual não passa de uma variedade. Se cremos dever insistir nesta regra de método é porque a ciência das religiões e, mais geralmente, a sociologia, a desprezou com demasiada freqüência. Como nossa ciência se acha ainda em seus inícios, a atenção se volta mais facilmente para as concordâncias que por sua repetição impressiona o espírito. Não se procura impelir a análise até o elemento diferencial. Foi assim que se constituíram vastos gêneros de fatos dotados de contornos indefinidos e compostos de elementos basicamente heterogêneos, como é o caso de certas noções correntes: totemismo, tabu, culto dos mortos, patriarcado, matriarcado, etc.

Uma vez constituídos os tipos, sua genealogia aparece por assim dizer no tipo inferior do qual saiu imediatamente; são partes comuns que manifestam seu parentesco. Com efeito, na maior parte dos casos, as formas elementares não desaparecem completamente diante das formas mais elevadas [92], mas persistem em baixo, ao lado ou no próprio inte-

---

92. Cf. acima.

262 ENSAIOS DE SOCIOLOGIA

rior destas últimas, como que para testemunhar sua origem. Assim vimos na Índia o simples *mantra* subsistir lado a lado com a oração ascética [93]. Ademais, com muita freqüência, acontece que se pode seguir diretamente, na história, a evolução no curso da qual os novos tipos se constituíram; e então não é mais necessário induzir sua ordem de sucessão, basta observá-la.

Ao passo que, para constituir os tipos, a comparação era feita imediatamente sobre as concordâncias, quando se quer determinar causas, as diferenças é que são as mais instrutivas. Assim os traços distintivos da oração australiana, ponto de partida de nossa pesquisa, depende daquilo que o próprio meio social australiano tem de específico. Portanto, é pela aproximação dos caracteres diferenciais tanto desta organização social como dessa espécie de oração que poderemos chegar a descobrir as causas desta última. Com mais razão será ainda quando, elevando-nos acima das formas elementares, pesquisarmos como ela evoluiu, pois as mudanças sucessivas pelas quais passaram evidentemente estão relacionadas com as mudanças paralelas que se produziram nos meios sociais correspondentes.

Mas nestes meios sociais podemos distinguir, de certa forma, duas esferas concêntricas, a primeira formada pelo conjunto das instituições gerais da sociedade, a segunda pelo conjunto das instituições religiosas. Estes dois fatores desempenham um papel evidentemente diferente na gênese dos tipos de orações. Às vezes a organização social, seja política, seja jurídica, seja econômica, age diretamente. Temos, por exemplo, segundo os casos, as orações do culto nacional, as do culto doméstico e as preces para a caça, para a pesca, etc. Amiúde, a própria estrutura da oração depende da estrutura social. Assim as formas elementares de oração aparecer-nos-ão como ligadas à organização do clã. Entretanto, em geral, a prece está em relação mais imediata com o resto dos fenômenos religiosos e é sob sua ação direta que evolui. Assim ela muda totalmente se as potências míticas são ou não personificadas, se existe ou não um sacerdote. Por certo, mesmo nestes últimos casos é ainda o meio social geral o motor último, pois é ele que produz no meio religioso as modificações que repercutem na oração. E não é menos verdade que as causas próximas são particularmente religiosas. É, pois, no círculo determinado dos fenômenos sociais que a comparação de um modo mais geral deverá mover-se.

Tais são os principais processos de que teremos de nos servir no decurso de nosso trabalho. Para expô-los, fomos obrigados a separá-los uns dos outros. Mas isto não significa

---

93. Os poderes mágicos (o *mantra*, em particular), têm mesmo, na mística hindu, budista e bramânica, a propriedade do asceta, do *yogin*, cf. Patañjali, *Yogasûtra*, IV, 1; Childers, *Pali Dictionary*, s. v., *iddhi*, *jhânam*.

A PRECE   263

que os empregaremos cada um à parte, em instantes sucessivos. Haveria um estéril excesso de dialética se tentássemos resolver cada problema não todo inteiro cada vez que um deles se apresenta, mas em várias vezes, segundo as divisões do método. Somente a definição provisória deve constituir o objeto de uma pesquisa distinta porque constitui o passo inicial de que dependem todos os outros. Mas em seguida todas as formas da crítica e todos os modos de comparação serão naturalmente misturados na prática. As distinções que precedem não são quadros antecipados de nossa exposição, mas destinam-se simplesmente a precisar nossa posição e a tornar mais fácil o controle de nossas observações e de nossas hipóteses.

CAPÍTULO III. DEFINIÇÃO INICIAL

O primeiro passo que nos compete dar é, pois, encontrar uma definição provisória da oração. Trata-se de determinar um signo exterior mas objetivo graças ao qual os fatos ligados às orações possam ser reconhecidos. Pois é preciso compreender que não queremos fazer outra coisa exceto sistematizar fatos. Quando dizemos "a oração", não queremos com isso dizer que em algum lugar exista uma entidade social merecedora deste nome e sobre a qual poderíamos imediatamente especular. Uma instituição não é uma unidade indivisível, distinta dos fatos que a manifestam, ela não é mais do que seu sistema. Não só "a religião" não existe e só há religiões particulares, mas ainda nenhuma destas é outra coisa salvo um conjunto mais ou menos organizado de crenças e práticas religiosas. Da mesma forma, a palavra prece não é mais do que um substantivo pelo qual indicamos um conjunto de fenômenos, cada um dos quais individualmente é uma prece. O que acontece é que todos têm em comum certos caracteres próprios que uma abstração pode depreender. Podemos, pois, reuni-los sob um mesmo nome que designa todos e não designa nada mais senão eles.

Mas se, para constituir esta noção, não estamos ligados de modo algum pelas idéias correntes, não devemos perpetrar contra eles violência inútil. Não se trata de modo algum de empregar num sentido inteiramente novo uma palavra de que todo o mundo se serve, mas de pôr no lugar da concepção usual, que é confusa, uma concepção mais clara e mais distinta. O físico não desfigurou o sentido da palavra calor quando a definiu como sendo a dilatação. Da mesma forma, o sociólogo não desfigurará o sentido da palavra oração quando lhe delimitar a extensão e a compreensão. Seu único objetivo é o de substituir impressões pessoais por um sinal objetivo que dissipe as anfibologias e as con-

264   ENSAIOS DE SOCIOLOGIA

fusões e, mesmo evitando os neologismos, previna a jogos de palavras.

Mas definir é classificar, isto é, situar uma noção com respeito a outras previamente definidas. Ora, a ciência das religiões ainda não se dedicou suficientemente a classificar metodicamente os fatos de que ela trata, e por conseguinte quase não nos oferece definições às quais possamos referir-nos. Nós mesmos teremos, portanto, de ir definindo os fenômenos em função dos quais iremos exprimir a oração. Naturalmente, não se pode tratar aqui, no tocante a eles como à própria oração, senão de definições provisórias.

I. O rito

Classifica-se comumente a oração entre os ritos da religião: isto já nos fornece um primeiro elemento da definição, se ao menos esta classificação pode ser certa. Mas para estabelecer em que medida ela é fundamentada cumpriria saber em primeiro lugar o que se chama rito. Como o termo é empregado correntemente sem que tenha sido regularmente definido, impõe-se que nós mesmos procedamos a esta definição [94]. Aliás, mesmo que a classificação corrente se visse justificada, não poderia servir para esclarecer-nos sobre os caracteres da oração exceto na medida em que os do rito fossem previamente determinados.

Que os ritos sejam atos, é o que todo o mundo nos concederá sem dificuldade. A dificuldade está em saber que espécie de atos eles constituem.

Entre os atos da vida religiosa há os que são tradicionais, isto é, realizados segundo uma forma adotada pela coletividade ou por uma autoridade reconhecida. Outros, ao contrário, por exemplo as práticas individuais [95] do ascetismo, são rigorosamente pessoais; não são repetidos e não são submetidos a nenhuma regulamentação. Os fatos correntemente designados pelo nome de ritos entram evidentemente na primeira categoria. Mas, mesmo quando deixam o máximo espaço à individualidade há sempre neles alguma coisa regulamentada. Assim na glossolalia dos primeiros tempos da Igreja, o neófito extasiado deixava vagamundear suas exclamações; seus discursos desconexos e místicos. Mas ela havia tomado lugar no ritual da missa, fazendo mesmo parte integrante desta; devia produzir-se num momento determinado, daí por que era um rito [96].

---

94. Ver Hubert e Mauss, "Esquisse d'une théorie générale de la magie". *Année sociologique*, 7, p. 14 e seguintes.

95. Não sabemos, por não termos estudado a questão, em que medida a prática individual se opõe à regra da seita ou da ordem, nem se é possível que haja ascetismo sem regra. Entretanto é pouco provável: cf. Zöckler, *Askese und Mönchtum*, I, p. 170 ss.

96. Paulo, I *Cor.* 14, sobretudo *ib.*, 26; cf. Hilgenfeld, *Die Glossolalie in der alten Kirche*, 1850; Weiszäcker, *Die Versammlungen der ältesten Christengemeinden*, Jahr. *Deut. Theol.*, 1874, p. 589.

A PRECE 265

Mas nem todos os atos tradicionais são ritos. Os usos da cortesia, os da vida moral, têm formas tão fixas quanto os ritos religiosos mais caracterizados. E de fato com freqüência foram confundidos com estes últimos. Aliás, esta confusão não deixa de ter, em certa medida, seu fundamento. Com efeito, é certo que o rito se liga ao simples uso por uma série ininterrupta de fenômenos intermediários. Amiúde aquilo que aqui é uso alhures é rito; aquilo que foi um rito torna-se um uso, etc. Assim um simples bom dia espalhado em toda a Europa é um verdadeiro desejo, claramente formulado e no entanto só tem um significado convencional. Ao contrário, as leis da polidez são dadas em Manu[97] como ritos estritamente definidos, que variam de acordo com as qualidades religiosas das pessoas. Mas o que os diferencia é que nos casos dos usos da cortesia, dos costumes, etc., o ato não é eficaz por si mesmo. Não é que ele seja estéril em conseqüências. Só que seus efeitos dependem, principal ou exclusivamente, não de suas qualidades próprias mas do fato de ser prescrito. Por exemplo, se eu não saúdo, magôo alguém, exponho-me à censura da opinião; e se saúdo evito todo aborrecimento. Mas esta segurança, esta censura, esta mágoa, não vêm do fato de a saudação ser feita com estes ou aqueles movimentos, mas do fato de eu dever saudar em circunstâncias determinadas. Ao contrário, os ritos agrários, por exemplo, possuem, segundo a opinião, efeitos relacionados com a própria natureza da prática. Graças ao rito as plantas crescem. Sua virtude vem não somente do fato de ser feito de conformidade com uma regra dada, vem ainda e sobretudo de si mesmo. Um rito tem, portanto, uma verdadeira eficácia material. Em suma, neste sentido, os usos da vida moral são comparáveis, em todos os pontos, aos usos seguidos nos jogos tradicionais, cânticos e rodas, e danças de crianças ou de adultos, bom número dos quais, aliás, são sobrevivências de antigos ritos[98]. Sem dúvida, há entre eles a diferença que, num caso, a gente age seriamente e no outro brinca, mas em ambos os casos se dá ao ato tal ou tal forma, não é porque esta forma tenha por si mesma uma virtude especial, mas porque é imposta pela regra. Os próprios australianos fizeram admiravelmente a distinção. Em certas tribos quando um grupo local encontra outro, faz-se um *corroboree,* ou, mais exatamente, um *alertha,* série de divertimentos e de danças, que com muita freqüência chegam a apresentar um caráter totêmico. Mas estes tipos de festas não são de forma alguma assimilados, pelos próprios indígenas, às cerimônias *intichiuma* (do grupo totêmico), nem

---

97. Manu, II, 120 ss. Cf. Tylor, art. "Salutations", *Journal of the Anthropological Institute,* XIX, 166 ss.
98. Stewart Culin, "The Games of the North American Indians", 24th, *Ann. Rep. of the Bur. of Amer. Ethno.,* 1907, demonstra que *todos* os jogos dos índios da América do Norte são antigos ritos.

às da iniciação, embora haja entre umas e outras as mais estreitas semelhanças. Num caso observa-se o uso para que se possa exercer uma ação sobre certas coisas, aumentar a quantidade de alimento, a fertilidade das flores, etc. No outro, observa-se para observar. Um rito é, pois, uma ação tradicional eficaz.

Mas há ações tradicionais que são tão coletivas como os ritos, que têm uma eficácia talvez mais marcante, e que, todavia, devem ser distinguidas destes. São as técnicas industriais. Não precisamos demonstrar que elas são eficazes; de outro lado, nada é mais coletivo. São determinadas pelos instrumentos em uso numa determinada sociedade, pelo estado em que se apresenta a divisão do trabalho econômico, etc. E sabe-se que as sociedades se caracterizam talvez tanto por sua civilização material quanto por sua linguagem, sua estrutura jurídica, pela religião que observam. Por exemplo, a maneira pela qual os pescadores repartem as tarefas e combinam a ação varia de acordo com o desenvolvimento das artes materiais, o *habitat,* as crenças religiosas e mágicas, a forma de propriedade, a constituição da família, etc. Importa tanto mais distinguir todos estes fatos dos ritos, quanto na prática eles lhes são estreitamente associados. Assim, na caça, na pesca, na agricultura, ritos e técnicas misturam de tal forma sua ação que não se distingue a parte de uns e de outros no resultado comum. Determinado sacrifício primaveril contribui, tanto como o amanho das terras, para fazer germinar os grãos [99]. Às vezes acontece até que o rito é, ao mesmo tempo, uma técnica. Na Polinésia o tabu da copa dos coqueiros certamente é instituído por um motivo inteiramente material econômico. Da mesma forma, a *schehitâ* judia é não apenas um meio de matar os animais, mas também um sacrifício.

Não é segundo a natureza dos atos e de seus efeitos reais que é possível distinguir estas duas ordens de fatos. Desse ponto de vista, aquilo que se poderia dizer dos ritos é que eles não podem produzir os resultados que se lhes atribuem. Tomando isso em conta, não se poderiam distinguir os ritos das práticas errôneas. Todavia sabemos muito bem que uma prática errônea não é um rito [100]. Logo, considerando não a eficácia em si própria, mas a maneira pela qual esta eficácia é concebida é que poderemos descobrir a diferença específica. Ora, no caso da técnica, julga-se que o efeito produzido provém todo ele do trabalho mecânico efetivo. E isto aliás a bom título, pois justamente o esforço da civilização consistiu, em parte, em reservar às técnicas industriais e às ciências sobre as quais elas repousam este

---

99. Assim a propósito do sacrifício do soma, na Índia védica, o Rig Veda dizia que vale mais do que um trabalho de sete charruas, ver Bergaigne, *Religion védique*, III, p. 8 e 9, n. 1.

100. Um exemplo clássico de prática errônea é o da gente de Tahiti plantando os pregos que Cook lhe havia dado; imaginavam que eram grãos e que bastava semeá-los para conseguir novos pregos.

A PRECE 267

valor útil que outrora se atribuía aos ritos e às noções religiosas. Ao contrário, no caso da prática ritual, julga-se que intervenham causas totalmente outras às quais é imputado todo o resultado esperado. Entre os movimentos de que é feito o sacrifício de construção e a solidez da casa que se supõe que o sacrifício assegura, não há mesmo com respeito ao sacrificador nenhuma espécie de dependência mecânica[101]. A eficácia atribuída ao rito não tem, portanto, nada em comum com a eficácia peculiar aos fatos que são materialmente realizados. É representada no espírito como totalmente *sui generis,* pois se considera que toda ela procede de forças especiais que o rito teria a propriedade de pôr em jogo. Mesmo no caso em que o efeito realmente produzido resultasse de fato de movimentos executados, haveria rito se o fiel o atribuísse a outras causas. Assim, a absorção de substâncias tóxicas produz psicologicamente um estado de êxtase, entretanto se trata de um rito para aqueles que atribuem esse estado não às suas verdadeiras causas mas a influências especiais[102].

Mas conforme a natureza dessas forças, outra distinção é necessária. Em certos casos, residem no próprio rito. É ele que cria e que *faz.* Por uma virtude que lhe é intrínseca, coage diretamente as coisas. Ele se basta a si mesmo. Assim, unicamente por efeito de suas encantações, de seus atos simpáticos, etc., o feiticeiro produz a chuva e o vento, detém a tempestade, dá a vida e a morte, lança e destrói as sortes, etc. O rito é como que animado de um poder imanente, de uma espécie de virtude espiritual. Nele há espírito, "mana", como se diz na Melanésia, pois mesmo a palavra "espírito" é ainda demasiado precisa para bem traduzir essa noção vaga de faculdade criadora. Os ritos que só apresentam estes caracteres podem ser chamados, e com razão, mágicos[103]. Mas há outros que não produzem seus efeitos a não ser pela intervenção de certas potências que são consideradas como existentes fora do rito. São as potências sagradas ou religiosas, deuses pessoais, princípios gerais da vegetação, almas imprecisas das espécies totêmicas. Julga-se que o rito age sobre elas e, através delas, sobre as coisas. Isto não significa que o rito não conserve sua força especial, mas há, além disso, outras forças *sui generis* que concorrem para o resultado e que o rito põe em movimento. Às vezes são elas mesmas que têm o principal poder criador, enquanto o rito tem apenas um poder de provocação. Reservamos o nome de religiosos aos ritos deste gênero. Distinguem-se dos ritos mágicos pelo fato de possuírem uma característica a mais; são eficazes, com esta eficácia própria do rito, mas o são, ao mesmo tempo, por si mesmos e por intermédio dos

---

101. Ver Hubert e Mauss, *Mélanges.*
102. Ver mais adiante, livro III, parte II, cap. III. [Ver nota p. 229].
103. Cf. Hubert e Mauss. "Esquisse d'une théorie générale de la magie", *Année sociologique,* 7.

268 ENSAIOS DE SOCIOLOGIA

seres religiosos aos quais se dirigem. Assim o índio cumpre um rito mágico quando, ao partir para a caça, se julga capaz de parar o sol colocando uma pedra a certa altura na árvore [104], e Josué praticava um rito religioso quando, para deter o mesmo sol, invocava a onipotência de Iahvé.

Além disso, há outros signos exteriores, corolários dos primeiros, pelos quais estas duas espécies de ritos podem ser distinguidos entre si. Os primeiros exercem freqüentemente sua influência de maneira coercitiva; impõem e produzem os acontecimentos com certo determinismo [105]. Os segundos, ao contrário, têm amiúde alguma coisa de mais contingente. Consistem antes em solicitações por via de oferendas ou de pedidos. É que, quando se age sobre um deus, ou mesmo sobre uma força impessoal como a da vegetação, o ser pelo qual a ação se exerce não é inerte, como é o gado diante do sortilégio que lhe é lançado. Pode sempre resistir ao rito e é preciso, pois, contar com ele. O que acaba de tornar sensível à distância entre essas duas ordens de práticas, é que não são realizadas pelos mesmos agentes. É o feiticeiro, o homem-medicina, que, em princípio, exerce a magia; é o grupo religioso, agindo como um todo ou por intermédio de seus representantes, que tem principalmente o encargo de prestar seu culto às coisas sagradas. E esta distinção se encontra desde as sociedades mais elementares.

Mas para caracterizar as duas espécies de ritos consideramo-los sob suas formas extremas. Na realidade, são espécies do mesmo gênero, entre as quais há uma solução de continuidade. Com efeito, entre as coisas puramente profanas e as coisas propriamente sagradas, há toda uma série de seres intermediários, demônios, gênios, fadas, etc. Estes seres ambíguos lembram certos caracteres das potências religiosas, mas são de qualidade inferior. O feiticeiro tem poder sobre eles, constrange-os e os submete como faria com as coisas profanas. Se, pois, os ritos correspondentes têm alguma semelhança com os ritos da religião, não deixam de ter também um caráter mágico. Não somente entre a magia e a religião há toda uma gama de transição, mas ainda muitas vezes só se distinguem pelo lugar que ocupam nos rituais, e não pela natureza da ação. Há seres religiosos sobre os quais é exercida uma ação tão coatora como sobre demônios ou sobre coisas profanas. Inversamente, há demônios com os quais se usam processos tomados do culto propriamente dito. Por uma cerimônia simpática o clã dos Cangurus obriga o canguru, seu totem, a se reproduzir [106]. Ao contrário, há gênios aos quais se apresentam oferendas e homenagens[107].

---

104. Frazer, *Golden Bough*, I, p. 20 ss.
105. Cf. Hubert e Mauss. "Esquisse d'une théorie générale de la magie", p. 16 e seguintes. É dada como algo bem entendido que a religião é normalmente teúrgica, e a magia normalmente propiciatória, mas em diferentes graus.
106. Cf. mais adiante, livro II, cap. III.
107. Cf. "Origene des pouvoirs magiques", *Mélanges*.

A PRECE

269

Outras vezes, vê-se um rito mágico, mesmo conservando sua própria natureza, intercalar-se na trama de uma cerimônia religiosa, ou inversamente. No curso do maior sacrifício bramânico, surgem a cada instante verdadeiros ritos mágicos, para a morte do inimigo, a prosperidade dos rebanhos, contra a esterilidade das mulheres [108], etc. Não se poderia, portanto, tratar, como alguém propôs [109], de colocar a magia completamente fora dos fenômenos religiosos. Mas, mesmo constatando suas relações, não se pode desconhecer as diferenças que as separam. Os ritos da religião possuem um caráter diferencial que depende da natureza exclusivamente sagrada das forças às quais se aplicam. Concluindo, poderemos, pois, defini-los como: *atos tradicionais eficazes que versam sobre coisas ditas sagradas.*

II. A oração

Agora estamos em condições de mostrar que um grupo considerável de fatos que todo o mundo designa pelo nome de orações, apresenta todos os caracteres do rito religioso tal como acaba de ser definido.

Em primeiro lugar, toda a prece é um ato [110]. Não é nem um puro devaneio sobre o mito, nem uma pura especulação sobre o dogma, mas implica sempre um esforço, um dispêndio de energia física e moral com vistas à produção de certos efeitos. Mesmo quando é totalmente mental [111], quando nenhuma palavra é pronunciada, quando todo o gesto é quase abolido, ainda é um movimento, uma atitude da alma.

Ademais, é um ato tradicional na medida em que faz parte de um ritual. Vimos em outro lugar que, mesmo aí onde parece ser mais livre, ainda está ligada à tradição. Em todo caso, se encontrássemos atos religiosos que, mesmo parecendo-se sob certos aspectos com a prece, não apresentassem nenhum traço de conformismo, uma diferença tão essencial

---

108. Encontrar-se-ão numerosos exemplos no sacrifício do soma: Caland e Henry, *L'Agnistoma*, I, 13, 14, 26, 27, etc., e quase em cada página; contudo, não admitimos que, pelo fato de serem mágicos por natureza, todos esses ritos cessem de ser religiosos. No ritual da religião existem atos, coisas, idéias que este pode utilizar como as utiliza a magia, à qual vem fazer concorrência. É por isso que, apesar de Caland, que classifica (na esteira de Sten Konow, *Das Sâmaviddhânabrahmana, Ein altindisches Handbuch der Zauberei*, 1893), entre os ritos mágicos (mantras e manuais) os sacrifícios especiais para tal ou tal fim ("Over de Werschoffers", *Versl. en Mededeel. der Kon. Akad. d. Wetensch. Afd. Letterk.* IV, V, p. 436; "Altindische Zauberei, Darstell. d. Altind. Wunschopfer", *Verhdl. d. Kon. Ak. v. Wet. Afd. Letterk*, X, n.º 1, 1908), diremos que estes ritos simpáticos e outros fazem parte da religião.

109. Frazer. Cf. mais adiante; cf. Hubert e Mauss, *Mélanges*, p. XXX.

110. Cf. *Encyclopédie des sciences religieuses* (Lichtenberger), art. "Prière".

111. Assim não há nenhuma Igreja ou seita cristã que não tenha ligado a noção de prece com a de edificação (οἰχοδρμὴ), na qual está precisamente implicada esta idéia de ato, I. *Pedro*, 2:5; *I Cor.*, 14:4 ss.

270 ENSAIOS DE SOCIOLOGIA

obrigar-nos-ia a classificá-los à parte e a designá-los por outro nome.

Ela é também eficaz e de uma eficácia *sui generis*, pois as palavras da oração podem causar os fenômenos mais extraordinários. Certos rabinos dos primeiros tempos podiam, com uma *berakâ* dita a propósito, transformar a água em fogo [112], e os grandes reis podiam, por meio de certas fórmulas, mudar os brâmanes ímpios em insetos que devoravam as cidades mudadas em formigueiros [113]. Mesmo quando toda a eficácia parece ter desaparecido da prece que se torna pura adoração, quando todo o poder parece reservado a um deus, como na oração católica, judia ou islamita, ainda é eficaz, pois é ela que incita o deus a agir em tal ou tal direção.

Enfim, sua eficácia é exatamente a dos ritos religiosos; pois se dirige a forças religiosas. Isto mesmo a distingue de outro fato próximo com o qual freqüentemente foi confundida: a encantação. Com efeito, esta também consiste em palavras eficazes. Mas, em princípio, a pura encantação é una e simples e não recorre a nenhuma força exterior a si própria. Age sozinha, e é o sortilégio pronunciado que, diretamente, adere à coisa enfeitiçada. Constitui portanto essencialmente um rito mágico e temos um meio muito simples para distinguir estas duas ordens de fatos. Diremos que provavelmente há oração todas as vezes que estivermos na presença de um texto que mencione expressamente um poder religioso. Na falta desta menção, usaremos ainda a mesma denominação, se o lugar, as circunstâncias, o agente do rito tiveram um caráter religioso, isto é, se for realizado num lugar sagrado, no decurso de uma cerimônia religiosa ou por uma personalidade religiosa. Nos outros casos diremos que há encantação mágica pura ou em forma mista.

Mas entre as encantações e as preces, como geralmente entre os ritos da magia e os da religião há todas as espécies de graus. Com efeito, certas orações são, sob certos aspectos, verdadeiras encantações. Por exemplo, as que servem para consagrar produzem necessariamente a consagração. Inversamente, certas encantações contêm louvores e solicitações aos demônios e aos deuses. De outro lado, entre os dois domínios há perpétuas mudanças. Grandes deuses podem ser solicitados a conceder seu concurso a ritos mágicos muito secundários. Na Índia, Varuna intervém na cura mágica da hidropisia [114]. A mais antiga oração mística da Índia encontra-se no Atharva Veda, Veda dos encantamentos; no Rigveda [115] servia a um rito solar que era de natureza simpática,

---

112. Blau, *Altjüdisches Zauberwesen*, 1901, p. 16 ss.
113. Os poderes do *mantra* são um dos recursos mais poderosos da literatura épica e védica.
114. *Kauçika sutra*, 25, 37, etc. *Atharva Veda*, I, 10, cf. V. Henry, *La magie dans l'Inde*, p. 209.
115. Aludimos ao hino *R. V.*, I, 164 = *A. V.* IX, 9 e 10, empregado em *mahâvrata* (*Çañkhâyana çrauta sutra*, 16, 22. 7. Cf. Sâyana ad *R. V.* I, 164) e a um rito de prosperidade (*Kauçikasutra*, 18, 25), que aliás faz parte da coleção dos Upanishad, *Aitareya Aranyaka*, 5, 3, 2.

A PRECE

e pode-se interpretá-la seja como uma exposição mística seja como uma série de adivinhações [116]. Algumas vezes é o sistema da oração que acaba por anexar-se ele mesmo à encantação: assim o tratado Berakhôt na Mischnâ e nos Talmud [117], compõe-se normalmente de verdadeiros encantamentos que nada têm de religioso exceto a invocação de Iahvé pela qual começam. O Atharva-Veda depois de ter sido por muito tempo mantido fora do círculo dos Vedas, acabou por ser assimilado a eles. Isto significa que se tornou também uma coleção de fórmulas religiosas, um dos pilares sobre os quais se julgava repousar o mundo [118]. Enfim, aquilo que é oração para uma Igreja torna-se com muita freqüência receita mágica para os fiéis de uma Igreja diferente. Portanto, visto que essas duas ordens de ritos estão muito próximas, visto que há entre as duas comunicações constantes, e que se acham como que num estado de contínua osmose, pode-se prever que nos será impossível separá-las radicalmente no decurso de nosso estudo. Devemos até esperar encontrar muitos fatos ambíguos que não comportam exatamente nenhuma qualificação precisa. Se nos ativermos unicamente à consideração da prece *stricto sensu*, expornos-emos a ver surgir aqui e ali orações para as quais não poderíamos determinar a origem e a ver desaparecer outras sem que possamos dizer onde foram parar. Aliás, como os fatos da religião e os da magia, numa determinada sociedade, fazem parte de um mesmo sistema e talvez dependam de uma mesma origem, o estudo comparativo não pode deixar de ser interessante. Todavia, nem por isso era menos necessário distingui-las por meio de um sinal objetivo; pois é com essa condição que nos será possível assinalar o lugar respectivo da encantação e da prece, mesmo determinando os vínculos que os unem.

Mas o conjunto dos ritos religiosos deve ser dividido em duas grandes ordens: uns são manuais, outros orais. Os primeiros consistem em movimentos do corpo e em deslocamentos de objetos, os outros em locuções rituais. Com efeito, concebe-se que a palavra tenha um poder de expressão tòtalmente diferente do gesto e que, não sendo feita de movimentos mas de simples palavras, possa não dever sua eficácia às mesmas causas. A prece é, evidentemente, um rito

---

116. Pode, a nosso ver, conciliar as duas traduções. Os representantes da segunda são: Haug, "Vedische Rätselfragem und Rätselsprüche", *Sitzber. d. phil. mat. Classe d. K. Bayer. Ak. d. Wiss.* II; V. Henry, *Atharva Véda*. Os livros VIII e IX, p. 107 ss., 143 ss.; Deussen foi quem deu a interpretação mais mística, *Allgem. Gesch. der Philos.* I, 1, p. 105 ss. Encontrar-se-á uma bibliografia da questão e uma tradução bastante razoável em Lanmann-Whitney, *Atharvaveda Sambitâ*, II, p. 533. (Agradecemos sinceramente à Universidade de Harvard pelo presente que houve por bem nos fazer dessas soberbas publicações; esta, e a *Vedic Concordance* de Bloomfield foram e continuam sempre sendo preciosas, indispensáveis.)

117. Blau. *loc. cit.*, ver *Jewish Encyclopaedia*, t. XXI, p. 713.

118. Encontrar-se-á uma excelente história deste destino da Atharva veda em Bloomfield, "The Atharva Veda". *Grundr. d. Indo-Ar. Philol.* p. B. ss.

272 ENSAIOS DE SOCIOLOGIA

oral. Isto não significa que não haja casos incertos cuja classificação às vezes é difícil. Assim, poder-se-ia dizer com certa razão que na prece mental nada há de verbal. Mas na realidade uma oração interior é ainda uma oração, e para que haja linguagem não é necessário que a palavra seja materialmente pronunciada. É sempre um ato mental [119]. De outro lado, há certos ritos manuais, claramente simbólicos, que poderiam ser chamados orações, porque na realidade são uma espécie de linguagem por meio de gesto; por exemplo, todas as dramaturgias religiosas, que têm como finalidade reproduzir os altos feitos dos deuses, suas lutas contra os demônios, etc., são práticas equivalentes aos cânticos rezados que contam aos deuses sua própria história e os incitam a renovar suas façanhas. Mas elas só estão à margem da oração, como a linguagem por meio de gestos está à margem da linguagem articulada, e por conseguinte não vamos retê-las em nossa definição. Ao contrário, há certos ritos orais que consideraremos como preces, embora se hajam tornado manuais por uma série de degradações; é isso que chamamos as regressões da prece. Com efeito, sua origem é sempre oral, é à virtude da palavra que devem seu poder.

Mas nem todos os ritos religiosos orais são orações: é o caso do juramento, do contrato verbal de aliança religiosa, do desejo, da bênção e da maldição, do voto e da dedicação oral, etc. Distingue-os um traço essencial. Seu principal efeito consiste em modificar o estado de uma coisa profana à qual se trata de conferir um caráter religioso. Um juramento, um contrato ritual [120] está destinado a consagrar antes de tudo uma palavra dada, colocando-a sob a sanção dos deuses testemunhas. Pelo desejo, um acontecimento adquire uma virtude que lhe assegura a realização [121]. Na bênção e na maldição, uma pessoa é abençoada ou amaldiçoada. No voto ou na dedicação [122], a promessa ou a apresentação fazem passar uma coisa para a esfera do sagrado. Sem dúvida, todos estes ritos põem em movimento poderes religiosos, que contribuem para dar esta qualidade nova àquilo que é declarado, desejado, prometido. Mas o termo do ato não é a influência conquistada sobre as coisas religiosas mas é a mudança de estado produzida no objeto profano. Ao contrário, a prece é antes de tudo um meio de agir sobre os seres sagrados; estes é que são influenciados por ela, é nestes que ela suscita modificações. Isso não sig-

---

19. Cf. Paulo, Ef. 5:17, 18: δέξαστε καὶ τὴν μάχαιραν τοῦ πνεύματος, ὅ ἐστιν ῥῆμα Οεοῦ διὰ πάςης προσευχῆς καὶ δεήςεως, προσευχόμενοι ἐν παντὶ καιρῶ ἐν πνεύματι... κ.τ.λ.

120. Sobre o juramento na Antiguidade clássica, ver Glotz art. *Jusjurandum*, Daremberg e Saglio, *Dictionnaire des Antiquités;* Hirzel, *Der Eid*, Leipz. 1902; Wenger, "Der Eid in den griech. Papyrusurkunden", *Zeitschr. d. Savigny Stiftung*, 1902, XXIII, R. Abth. 158-274; cf. Huvelin, "Magie et droit individuel", *Annés sociologique*, 10, p. 32, n. 1, 12 e Westermarck, *Origin and Evolution of Moral Ideas*, I, 58-61, etc.

121. Ver G. Rousse, *Greek Votive Offerings*, 1903.

122. Ver Rousse, *ib.*; R. Andree, *Votiv-und Weihegaben*, 1906.

A PRECE 273

nifica que não tenha alguma repercussão no domínio comum; aliás, provavelmente não há rito que não sirva de alguma forma ao fiel. Quando se reza, espera-se em geral algum resultado da própria oração, para alguma coisa ou para alguém, nem que seja para si próprio [123]. Mas não se trata no caso senão de um contragolpe que não domina o mecanismo do próprio rito. Este é totalmente dirigido para as potências religiosas às quais ele se endereça, e só secundariamente, por seu intermédio, chega a afetar os seres do profano. Às vezes todo o seu efeito útil reduz-se a um simples conforto trazido àquele que reza, é o mundo divino que absorve quase toda a sua eficácia. Todavia, a diferença entre a prece e os outros ritos religiosos orais não é tão nítida que se possa dizer com precisão onde a primeira começa e os outros acabam. Uma oração pode servir de juramento [124]; um desejo pode tomar a forma de uma oração. Uma súplica pode intercalar-se numa bênção. Pode-se consagrar alguma coisa a um deus por uma fórmula claramente precativa. Mas, se essas duas regiões da vida religiosa são separadas por fronteiras indecisas, elas não deixam de ser distintas, e importava fixar esta distinção para evitar as confusões possíveis.

Finalmente chegamos, pois, à seguinte definição: *a prece é um rito religioso, oral, diretamente relacionado com as coisas sagradas* [125].

LIVRO II

NATUREZA DOS RITOS ORAIS ELEMENTARES

CAPÍTULO I. HISTÓRICO DA QUESTÃO E DELIMITAÇÃO DO ASSUNTO

Agora, que estamos de posse de uma definição do rito oral religioso e, em particular, da oração, podemos entrar na discussão do único problema que nos propusemos neste primeiro trabalho: o das origens da prece que, aliás, vai nos

---

123. Note-se o emprego do médio nos verbos εὔχομαι., praecor.
124. Cf. Cheyne, "Blessings and Cursings", *Encyclo. Bibl.*
125. Deste ponto de vista é inútil distinguir entre o encantamento e a oração, como o fazem Marrett e Farnell. Não somente em toda a prece, há, mesmo adotando sua terminologia, um encantamento, mas ainda é inexato excluir toda a teurgia de toda a religião.

274 ENSAIOS DE SOCIOLOGIA

forçar a tratar do problema, mais geral, da origem da crença de fórmulas religiosas, nas sociedades de estrutura primitiva.

I

Se a literatura científica relativa à prece em geral se reduz a pouca coisa, como vimos, a que se refere à questão especial que ora nos ocupa é ainda mais pobre. É com dificuldade que podemos citar alguns nomes.

Dos dois filósofos da religião cujas doutrinas discutimos, o primeiro, Sabatier, depois de um rápido relance de olhos, deixa o problema de lado sem estabelecer sequer a materialidade dos fatos: ele não se certifica se a oração, tal como ele a entende, isto é, como a "religião em ato e em espírito", seja realmente o fenômeno universal de que fala [126]; o outro, Tiele [127] limita-se a opor objeções dialéticas àqueles que querem deduzir a prece primitiva de fórmulas teúrgicas: em apoio à sua afirmação só invoca fórmulas muito refinadas de religiões já muito elevadas [128]. Além do mais, ambos [129], como a maioria dos filósofos da religião, quase não se preocuparam com procurar a forma e o sentido exato dos ritos nas sociedades inferiores; todo o trabalho deles tende à crítica ou à demonstração da excelência de certos estados d'alma religiosos.

Entre os antropólogos, somente Tylor, Farrer e Max Müller abordaram a questão.

Para o primeiro [130], a prece teria começado por ser uma simples expressão, imediata, de um desejo material, e terse-ia dirigido às potências sobrenaturais, aos espíritos cuja existência é explicada pelo animismo. Os americanos do Norte estariam precisamente nesse estado da instituição; os hindus da antiguidade, os gregos e os romanos não se teriam libertado dele. Mas Tylor, numa época em que a antropologia e a sociologia mal se fundavam, misturava todos os povos primitivos num gênero imenso, sem espécies nem hierarquia. Começava, pois, por rituais que, evidentemente, já pertencem a um grau muito elevado [131] em sociedades de uma civilização já desenvolvida. E, de outro lado, em virtude de seu sistema animista, supunha adquirida, desde a origem, a noção de personalidades ao mesmo tempo espiri

---

126. *Esquisse*, p. 23, 40.
127. *Elements of the Science of Religion*, Edimburgo, 1898, II, p. 50.
128. *Ib.* p. 154.
129. Como seus imitadores, R. Pfeiderer (*Grundriss der Religionsphilosophie*, p. 190); Bousset (*Das Wesen der Religion*, lições de Götingen, Götingen, 1904, p. 21). Um antropólogo diserto, Grawley, caiu no mesmo erro. É verdade que sua obra tem um caráter filosófico, *The Tree of Life*, 1906, p. 62, 182. Conhece, contudo, os fatos australianos e discute a interpretação proposta por Frazer, mas conduz o debate como teólogo (Lang, *Mythes, cultes et religions*, trad. fr., p. 180, tem a mesma atitude).
130. *Civilisation primitive* (tr. fr.), II, p. 468.
131. Ver Waitz, *Anthropologie der Naturvölker* (2), IV, p. 508.

A PRECE 275

tuais e divinas, noção que, segundo nosso modo de ver, é tardia, e que a prece, em seu nascimento, contribuiu precisamente para formar.

A teoria de Max Müller [132] em parte é idêntica à de Tylor, em parte à de Farrer; o filólogo comportou-se, neste caso, como antropólogo. Ele parte dos fatos que, então, Codrington [133] acabava de assinalar entre os melanésios, e suas indicações não são despidas de importância. Entrevê claramente a existência de orações diferentes daquelas que costumamos chamar assim, e que, no entanto, têm direito a esse nome. Num rápido esboço das formas de que ela se reveste, emite a idéia de que teria começado por expressões tais como "que *minha* vontade seja feita" para chegar a expressões totalmente opostas, "seja feita a *tua* vontade" [134]. Entre estes dois tipos caracterizados se escalariam as preces semíticas e védicas. Mas esses desenvolvimentos brilhantes não podem substituir as provas. Em primeiro lugar, se as fórmulas citadas têm um caráter primitivo, dado que elas coexistem, segundo Codrington, com outras preces, de um valor suplicatório preciso [135], nada estabelece, com efeito, que umas sejam mais primitivas do que as outras e que a injunção tenha precedido a invocação. De outro lado, o problema fundamental referente à prece fica por tratar. Como é que palavras podem ter uma virtude, comandar uma divindade? É isto que permanece incompreensível, sobretudo se se admitem as doutrinas de Max Müller sobre a origem da religião, universal, sentido, comum a todos os homens, do infinito. Não conseguimos mesmo imaginar como Max Müller não se apercebeu da grave contradição que existia entre as duas doutrinas: porque se a oração começou com o encantamento, a magia, é porque a divindade não era concebida de forma alguma como representação de um infinito de grandeza e de moralidade.

Em suma, Max Müller se ligava [136] a uma interessante dissertação de um dos iniciadores, um pouco esquecido, de nossos estudos, Farrer [137]. Este, partindo de fatos americanos, africanos e polinésios, sustenta que a prece "dos selvagens" foi inicialmente um encantamento mágico. Mas, de um lado, os rituais de observação dos quais partia contêm algo bem diferente dos encantamentos; compreendem importantes ritos orais que podem ser considerados como tais.

---

132. "On Ancient Prayer" in *Semitic Studies* (Kohut). Berlim, Calvary, 1896, p. 1-51). (extraído de um curso não publicado, ministrado em 1895 em Oxford). Cf. Prefácio a Wyatt Gill, *Myths and Songs of South Pacific*. Londres, 1890.
133. *The Melanesians*, etc. Oxford, 1890.
134. *On Ancient Prayer*, p. 41. Cf. *Anthropological Religion*, Londres, 1893, p. 320.
135. *The Melanesians*, p. 71, p. 123.
136. Ele não a cita, mas o livro teve muito sucesso e podemos crer que tenha chegado ao conhecimento de um dos fundadores da ciência das religiões.
137. "The Prayers of Savages", in *Primitive Manners and Customs*, Londres, 1872.

276 ENSAIOS DE SOCIOLOGIA

E, de outro, as sociedades muito avançadas, com religiões muito elevadas, que ele estudava não podiam fornecer-lhe nem fatos suficientemente primitivos, nem meios de abordar a questão fundamental da eficácia das palavras.

Parece no entanto que, afora Tylor, reina certa unanimidade sobre a questão da forma primitivamente encantatória da oração. Dois trabalhos recentes de Marett [138] e de Rivers [139] consideram, em suma, esta teoria como uma verdade firmada; o primeiro vê toda a evolução religiosa indo do encantamento à oração, que reduz à súplica; o segundo assinala de maneira interessante o caráter que julga exclusivamente mágico da liturgia dos Todas [140], que considera como primitivos, mas que todavia sabe distinguir das fórmulas propriamente maléficas.

Partindo do trabalho e dos documentos de Marett, um historiador da religião grega, Farnell, num livro sobre a evolução da religião, emitiu recentemente algumas hipóteses sobre a "história da oração" [141]. Distingue-se, contudo, de seus predecessores num ponto. Se admite, como eles, que possam existir povos sem orações, limitados, em matéria de ritual oral, aos encantamentos, julga contudo que, desde a origem, o encantamento se opôs à oração pura, onde o Deus foi invocado como um parente ou um amigo. Para ele, cumpre classificar as religiões segundo uma espécie de dosagem dos encantamentos e das preces que todas elas conteriam. No decorrer do trabalho discutiremos várias vezes esta teoria dado que não podemos estabelecer aqui um debate que suporia encerrado o exame dos fatos. Baste ter indicado o vínculo que a unè à hipótese atualmente em voga.

Entretanto, todas essas teorias pecam por graves falhas de método. Em primeiro lugar, se os ritos orais pela magia como e por que se originou daí a oração? Por que é que a natureza e deus deixam de ser dependentes da voz do homem [142]? É porque a gente se dá conta experimentalmente dos malogros do rito? Mas, mesmo deixando de lado o fato de que a crença na magia está fundamentada na impossibilidade de semelhante experimentação [143], não se explica de forma nenhuma por que estes poderes antes coagidos são agora invocados, em lugar de deixar simplesmente

---

138. "From Spell to Prayer". — *Folklore*, 1904, p. 132 ss.
139. "On Toda Prayers". — *Folklore*, 1904, p. 166 s.
140. Cf. *The Todas*, Macmillan, 1906, p. 216 ss. Cf. mais adiante, L. R. Farnell, *Evolution of Religion* (Crown Theological Series), 1905, cap. III, "History of Prayer".
141. *Op. cit.*, p. 167; a prova citada é tirada de um artigo de Lathan, "The Tribes and Subtribes... the Bahr el Gazal," *Journ. of the Anthr. Inst.* 1904, p. 165. Ela não tem valor. O texto quer simplesmente dizer que não existem orações dirigidas ao grande Deus. E a própria afirmação é em si mesma bastante inverossímil, pois os povos nilóticos, chegados a um alto grau de civilização, figuram entre os mais religiosos dos povos africanos.
142. Frazer aplicou esta teoria à magia e à religião que teria precedido uma idade mágica da humanidade, cf. *Golden Bough*, II, 140 ss. III, 530 ss.
143. Ver Hubert e Mauss, "Esquisse d'une théorie générale de la Magie", *Année sociologique*, 7, p. 101 ss.

A PRECE

de lhes falar. Em segundo lugar, todos estes trabalhos deixam na obscuridade a origem não somente da prece, mas ainda do encantamento cuja possibilidade se trata precisamente de explicar. Pois, fazer do encantamento oral ou da petição dirigida ao espírito a forma primitiva da oração não basta para que se compreenda como este encantamento pôde ser tido como ativo, e esta petição necessitante, como útil. Em terceiro lugar, todos partem de comparações apressadas. Nenhum deles nos descreve um sistema litúrgico que seria inteiramente reduzido ao encantamento. Nenhum deles estuda fatos suficientemente primitivos para que estejamos certos de que não existem outros mais próximos daqueles que se nos apresentam como as formas primitivas da instituição. É dessa tríplice falha que devemos fugir.

II

Para isso nos incumbe escolher como terreno de pesquisas um grupo de sociedades bem delimitadas, onde o ritual oral se apresente nas seguintes condições: 1.º é mister que haja um caráter religioso bastante acentuado, para que estejamos certos, no caso de não ser composto somente de puras orações, mas de ritos mais complexos, de que a prece pode ser deduzida destes ritos sem lacuna impossível a preencher; 2.º deve ser observável em condições tais que a própria explicação destes ritos seja possível, isto é, tais que se possa, com alguma probabilidade de êxito, estabelecer uma hipótese sobre a origem da fé depositada neles; 3.º é preciso que estejamos certos de que, nestas sociedades, não há outros modos de ritos orais a não ser estes modos primitivos, e de que não é possível encontrar, no estado atual de nossos conhecimentos, fenômenos mais elementares.

A esta tríplice exigência, responde, cremos, a observação das sociedades australianas [144]. Isto será demonstrado no decorrer do presente trabalho. Mas é útil indicar brevemente, aqui, que não podíamos encontrar campo de observação mais favorável.

Em primeiro lugar, entre as sociedades atualmente observáveis ou historicamente conhecidas não conhecemos nenhu-

---

144. Não levaremos em consideração, salvo para indicar referências e aproximações, fatos tasmanianos, embora os indígenas da Tasmânia fossem certamente da mesma cepa dos australianos, e dos australianos mais primitivos, como em geral se admite: ver Howitt, "President's Address", *Austral. Ass. Adv. Sc.* 1898, IV, Melbourne; *Native Tribes of South-East Australia* (doravante *S. E. A.*), Londres, 1905, cap. I. Poder-se-á, aliás, encontrar todos os documentos úteis reunidos na monografia de Long Roth, *The Tasmanians*, Halifax, 1899. — A observação dos tasmanianos, se tivesse sido feita, seria capital para nós, visto que eles representavam, vivos, um período da humanidade desaparecida, em nossas regiões, com as civilizações paleolíticas mais antigas; cf. Tylor, "On the Tasmanians as Representatives of Eolithic Man", *Journal of the Anthropological Institute* (doravante J. A. I.), 1895, p. 413. — Mas os tasmanianos foram destruídos antes que fosse colhida qualquer observação precisa sobre as sociedades que formavam. Entretanto, os poucos documentos que a eles se referem não contradizem nenhum dos dados fornecidos pelas religiões australianas, e alguns poderão até ser preciosos a título de comparação.

ma que apresente em grau igual os sinais incontestáveis de uma organização primitiva e elementar. Pequenas, pobres, de fraca densidade, atrasadas do ponto de vista tecnológico, estagnadas do ponto de vista moral e intelectual, possuindo as estruturas sociais mais arcaicas que se possa imaginar, permitem mesmo representarmos esquematicamente, ainda supondo atrás delas uma longa história, os primeiros grupos humanos dos quais os outros se originam. Não chegamos ao ponto de sustentar, como Schoetensack[145], numa espécie de embriaguez antropológica, que são homens primitivos; que, embalados no berço da raça humana, no lugar onde esta nasceu por evolução, jamais tiveram necessidade de inovar, de evoluir. Não obstante, só conhecemos dois grupos de homens, ditos primitivos, que nos dão a impressão de que sua história parte de tão baixo e que teria sido tão pouco atravessada pelas vicissitudes da vida e da morte das raças, das civilizações, das sociedades. Trata-se, em primeiro lugar, dos agans da Terra do Fogo[146], mas atualmente se acham quase desaparecidos antes de terem sido sistematicamente descritos[147] e talvez fossem antes degenerados do que propriamente primitivos. Vêm em seguida os Seri da Ilha de Tiburon, no Golfo da Califórnia. Mas a monografia de Mac Gee é, em nossa opinião, superficial[148], pois o autor permaneceu pouco tempo em seu meio, eles continuam, em suma, desconhecidos; aliás, se sob certos aspectos parecem ser primitivos[149], parece também que têm atrás de si uma longa história[150], estando claramente unidos pela língua e pela raça ao grande grupo americano dos Yuma, Pima, Papagos, etc.[151]. As outras partes da humanidade consideradas habitualmente como primitivas, na realidade não o são. Mesmo os pigmeus africanos[152], os negritos da Malásia[153] que

---

145. "Die Bedeutung Australiens für die Geschichte der Menschheit", in *Zeitschrift für Ethnologie*, 1901, p. 127 ss., cf. Klaatsch. *Verhandld. Deut. Anthro. Tags. z. Frankfurt*, in *Mitthlg. d. Anthr. Gesell. in Wien*, .1907, p. 83.

146. Cumpre distingui-los bem dos Onans, a respeito destes, ver Bunsen, "The Onans of Tierra del Fuego", in *Geographical Journal*, 1905, I, p. 513, que são patagões emigrados; por conseguinte estão ligados à grande raça e à grande civilização caraíba; sobre esta, ver Verneau, *Les Patagoniens*, Paris, 1899.

147. Hyades e Deniker, *Mission scientifique à la Terre de Feu*, vol. IV. As observações sobre a religião, em particular, são sumárias e foram efetuadas em más condições.

148. "The Seri Indians", in *XVIIth Annual Report of the Bureau of American Ethnology*, 2 Pt. Washington, 1899 (1900).

149. Ausência do "senso da faca". Mac Gee, *loc. cit.*, p. 152, 154; redução dos grupos sociais a duas clãs totêmicas, crenças amorfas, p. 269.

150. Louça, particularmente dos "olle", Mac Gee, *loc. cit.*, p. 220, arte compósita, p. 195 ss.

151. Sobre este ponto, cf. Mac Gee, *loc. cit.*, p. 293 ss, e Alzadar, *Estudios sobre los Indios del Mexico Norte*, México, 1903, p. 180 ss. (parece inspirado nos documentos de Mac Gee).

152. Ver a bibliografia referente a eles. Schmidt, "Die Pygmäer des Ituri", in *Zeitchr. f. Ethno.*, 1905, p. 100 ss., e acrescentar Mgr Le Roy, *Les Pygmées africains*, Paris, Mame, 1905.

153. Sobre estes, ver as obras citadas por Skest e Blagden, *The Pagan Races of the Malay Peninsula*, Macmillan, 1906, p. XXX. ss. Acerca dos negritos das Filipinas, ver as publicações de *Ethnological Survey*, dirigido por Jenks; cf. *Année sociologique*, 10, p. 213. Estes perderam completamente toda originalidade.

A PRECE

são evidentemente muito "selvagens" como se diz, vivem no meio de grandes civilizações bárbaras, banto e nilótica na África, malaio-polinésia na Malásia; e, em certa medida, participam destas. Quanto aos Vedas [154] e aos selvagens asiáticos, fez-se justiça às teorias fantasiosas sobre a indigência de sua civilização e de sua carência de religião.

As sociedades australianas não só apresentam sinais de primitivismo, mas são, ao mesmo tempo, assaz numerosas, assaz homogêneas e também assaz heterogêneas entre si para formar um grupo eminentemente favorável a pesquisas sobre o conjunto de um ritual e de suas variações. Embora estendendo seu *habitat* a todo um continente, formam uma espécie de totalidade, de unidade étnica como se diz impropriamente, de "província geográfica" como dizia Bastian [155], isto é, têm uma civilização, formam uma família de sociedades unidas não somente pelos vínculos da história, identidade, técnica, lingüística, estética, dos sistemas jurídicos, religiosos [156], mas ainda pelos vínculos da raça [157], de tal sorte que um certo número de teses aplicáveis a algumas terão probabilidades de serem aplicáveis às outras. Se existem variações, operam-se a partir de um fundo comum, onde todas acabam por se fundir. As comparações no interior do grupo se fazem, pois, com os menores riscos. E assim, mesmo deixando aos fatos sua cor local, australiana, ao menos durante todo nosso trabalho de descrição, satisfaremos ao

---

154. Foram os Sarrasin que lançaram estas lendas, *Die Veddahs von Geylon*. Basiléia, 1888. Esperamos, pois, com impaciência e alguma desconfiança suas observações sobre os Toalas das Celebes.

155. Sobre a noção da província geográfica, ver Bastian, *Das elementare Völkergedanke*, Berlin, 1874. É incontestável, convenhamos, que ao norte da Austrália existiram influências malásias e ao nordeste influências oceânicas: ver Maj. Campbell, "Mam. Resid. Melville Isl. and Port Essington", *Journ. Roy. Georgr. Soc.*, 1843, vol. 13, p. 180 ss. G. W. Earl, "On the Aboriginal Tribes of the Northern Coast of Australia", *Journ. Roy. Georgr. Soc.*, 1845, vol. XVI, p. 239; cf. N. W. Thomas, "Australian Canoes and Rafts", *J. A. I.*, 1905, tipo 3, p. 70. Todavia, o presente trabalho poderá ser considerado como uma contribuição para o estabelecimento desta unidade das populações australianas. O único que o contestou foi Mathew, *Eaglehawk an Crow*, (Londres, Nutt, 1899) que chega a ver na divisão dos clãs primários a prova da existência de duas raças separadas e atribui a primeira ao ramo papua, e a segunda ao ramo dravídico da humanidade. Não entramos na discussão; esta tese nem sequer tem base nas provas lingüísticas que o autor pretende ter encontrado. Os únicos pontos que se lhe podem conceder são: é bem possível que os tasmanianos não sejam todos da mesma raça ou da mesma civilização que os australianos, e representem uma camada anterior de população; contra aqueles que o contestam, Mathew, *Eaglehawk and Crow*, (Londres) apresenta razões de ordem geológica (cf. Howitt, *loc. cit.*), zoológica (ausência do dingo, cf. *Transactions of the Royal Society of South Australia*, Memória II) e tecnológica (ver Tylor, *loc. cit.*).

156. Sobre este ponto, remetemos simplesmente aos trabalhos dos etnógrafos; haveria muitas reservas a fazer no tocante a bom número deles, mas não deixam de ter seu valor: ver Waitz, *Anthropologie der Naturvölker*, IV, 2; Brough Smyth, *Aborigines of Victoria*, Melbourne, 1875, I, p. LXXX ss.; Curr, *The Australian Race*, 1882, I, p. 28 ss.; Howitt, *locis citatis atrás*; Schotensack, *op. cit.*, F. Graebner, "Kulturstadien und Kulturkreise in Australien und Melanesien", *Zeitschrift für Ethnologie*, 1905, p. 410 ss. Os primeiros observadores já haviam notado essas uniformidades, sobretudo lingüísticas; ver J. Eyre, *Journey of discovery*, etc., 1835, II, app.

157. Ver Topinard, *Les Indigènes australiens*, Paris, 1878; Helms, "Anthropology", in *Trans. Roy. Soc. South Australia*, 1895. vol. XVII.

280 ENSAIOS DE SOCIOLOGIA

mesmo tempo às exigências da ciência que compara e da etnologia histórica que procura especificar.

Mas essa homogeneidade não exclui certa heterogeneidade. Na civilização australiana menosprezaram-se muitas correntes, muitos tipos [158]. De outro lado, distinguiram-se, de maneira quase unânime e sobretudo exatamente no que concerne aos fenômenos religiosos, muitos estádios de *evolução* [159]. O debate versa sobre a categoria a ser atribuída às diversas sociedades. Nós mesmos seremos obrigados a tratar da questão. Mas pouco importa neste momento. Para nosso trabalho basta que esta diversidade mesma não seja posta em dúvida. É suficiente que demos precisamente aqui a sensação de que nem todas as sociedades que iremos estudar estão todas no mesmo nível, e não são todas uniformes e orientadas para as mesmas direções. Pois se, através dessas variações, podemos chegar a constituir um tipo de ritos orais primitivos, se podemos estabelecer-lhes a provável universalidade para esta massa de sociedades diversas, é sinal que teremos tocado num fenômeno necessário para sociedades desse gênero. Ao mesmo tempo, as variações de grandeza, de forma, de teor, de gosto religioso, aos quais estará sujeito este tipo de ritos, não serão, muitas vezes, menos interessantes do que o próprio tipo geral. Unindo-se elas mesmas a fenômenos sociais determinados, explicar-se-ão e, explicadas, servirão de explicação geral.

Acrescentemos que as sociedades australianas estão começando a ser as mais conhecidas dentre aquelas que se convencionou chamar primitivas. Não somente as últimas expedições de Spencer e Gillen [160], as últimas pesquisas de

---

158. Consideramos como estabelecidos os resultados dos trabalhos de Howitt sobre os tipos de iniciação, Cf. *S. E. A.* conclusão, p. 618 ss., de Thomas, sobre as artes náuticas, cf. *op. cit.* Mas devemos suspeitar dos trabalhos dos mesmos autores, por mais eminentes que sejam, sobre as classes matrimoniais, Howitt, *Ibid.*, p. 150 ss.; Thomas, *The Marriage Laws of Australians*, Cambridge Univ. P. 1906. — A hipótese, emitida a este mesmo propósito, por Van Gennep de uma dupla origem do sistema de filiação, não tem fundamento. *Mythes et légendes d'Australie*, Paris, Maisonneuve, 1906, p. xc. Graebner a adota basicamente, e sem ulteriores raciocínios, ver F. Graebner, "Kulturschichten und Sozialverhältnisse in Australien", *Globus*, 1906, I, p. 323, 373, etc. — Para nós, falta demonstrar a existência destes tipos e destas correntes. Mas esperamos mais da constituição de uma tecnologia comparada e de uma filologia comparada dos australianos do que de trabalhos que levantam de uma só vez grande número de questões sociológicas ainda mal elucidadas. Poder-se-á, todavia, seguir, de maneira bastante segura e clara, no trabalho de Thomas, certo número de usos referentes aos regimes familiais.

159. Frazer, "The Beginnings of Totemism and Religion", *Fortnightly Review*, 1905; Spencer em "Presid. Andress." *Austral. Ass. Adv. sc.*, 1904, VIII, p. 160 (primitividade dos Aruntas), contra Howitt, *S. E. A.*, 150 ss. Lang, *The Secret of the Totem*, p. 175; Van Gennep, *Mythes*, etc., p. LXXX. Cf. Thomas in *Man*, 1904, n.º 40; 1905, n.º 42; 1906, n.º 42, em seguimento a Durkheim, sobre o "Totemismo", *Année sociologique*, 5 (1902). 8 (1903-1904).

160. *The Native Tribes of Central Australia*, Macmillan, 1899 (doravante *N. T.*), *The Northern Tribes of Central Australia*, Macmillan, 1904 (doravante *N. T. C.*) estarão entre as principais fontes. Tanto Spencer quanto Gillen tiveram ambos a sorte de serem considerados como "completamente iniciados" entre os Arunta (cf. *N. T. C.*, p. XI), e com isto tiveram acesso a muitos espetáculos, a muitas tradições, a muitas práticas que, mesmo para observadores mais dotados do que eles, permaneceriam secretos. Entretanto, qualquer que seja a importância

A PRECE

W. Roth [161] foram levadas a cabo com todos os recursos da etnologia moderna; não somente aquelas publicadas atualmente pelos missionários do centro são dirigidas a partir de

particular que atribuamos a seus trabalhos, não os manejaremos com uma fé cega. Encontrar-se-ão mais adiante numerosas discussões acerca dos documentos que eles nos transmitem. Eis em que espírito essas discussões serão conduzidas. Em primeiro lugar, parece-nos certo que os Arunta estiveram mais em contato com a civilização européia do que o indicam Spencer e Gillen. Cf. *N. T.* p. 12 e Schultze, "Notes on the Aborigines of the Finke River", *Transactions of the Royal Society of South Australia*, 1891, vol. XIV, pt. II, p. 218. Na fundação da estação de Alice Springs (para onde vai uma diligência regular faz alguns anos, cf. R. H. Mathews, "Notes on the Languages of Some Tribes of Central Australia", *Journ. R. Soc. N. S. Wales*, XXXVIII, p. 420), muitos costumes talvez tenham perdido sua originalidade. Isto, no que se refere aos próprios Arunta. Naquilo que se refere aos observadores, deve-se distinguir: o conhecimento aprofundado dos fatos relativos aos Arunta parece ser de Gillen, protetor dos indígenas da região durante vinte anos; e os dois autores ao que parece dispor apenas de conhecimento pouco detalhado das outras tribos, adquirido mais ou menos nas mesmas condições para ambos. Todavia, se este estudo dos Arunta foi extremamente aprofundado, de um lado só o foi durante um pequeno número de anos (Cf. os documentos que Gillen transmite a Stirling para redigir a secção *Anthropology*, IV da *Horn Expedition*, p. 179 ss). Não foi aprofundado igualmente em todos os pontos (cf. *Année sociologique*, 2, pp. 219, 221), e assim conhecemos apenas treze *intichiuma* dentre mais ou menos cem que devem existir, ao menos se os princípios estabelecidos forem exatos, e sem Strehlow não conheceríamos as fórmulas destes. Na verdade, versa somente sobre os grupos de Alice Springs e das redondezas. Daí as notáveis diferenças que iremos perceber entre estes estudos e os documentos alemães, da missão de Herrmannsburg, às margens do Finke. Não foi conduzido com suficiente severidade; parece que Spencer e Gillen confiaram demais nos dois anciãos com os quais mantinham relações (cf. *N. T. C.* p. XIII e R. H. Mathews, *loc. cit.*, p. 420; cf. Klaatsch, "Schlussbericht meiner Reise etc.", *Z. f. Ethn.*, 1907, p. 730; não se informaram se outros já haviam começado ou mesmo se haviam progredido muito no trabalho; poderiam encontrar auxílios úteis, sobretudo filológicos, entre os missionários. Cf. H. Kempe, "Grammar and Vocabulary of the Languages Spoken by the Aborigines of the Macdonell Ranges". *S. A.* in *Trans. Roy. Soc. S. Austr.* vol. XIV, pt. I ss. Cf. Planert (segundo o missionário Wettengel), *Australische Forschungen*, I, *Aranda Gramatik*, *Z. f. E.* 1907, p. 55 ss.; e Basedow, *Vergleichende Grammatik*, *Z. f. E.* 1908, p. 105 ss.; pois tanto Spencer como Gillen se encontram igualmente mal armados do ponto de vista filológico: não têm nenhum sistema de transcrição; exemplo: aquilo que Planert, um lingüista de profissão, escreve *atua* (homem) em escritura fonética eles escrevem *ertwa*, o que só dá aproximadamente o som indicado em virtude das regras da pronúncia inglesa; não formaram nenhuma coleção de textos arunta, nem um léxico seguro; não conheciam as línguas das tribos vizinhas. Ousamos até afirmar que jamais se comunicaram com seus irmãos arunta a não ser em "pidgin English"; esta afirmação vale ainda mais para as outras tribos, em particular para Urabunna do Sul ou Warramunga do Norte. Poderíamos dar numerosas provas do que acabamos ·de adiantar. — Isto posto, é tanto mais lamentável que estes autores não tenham tomado o cuidado de nos dar os nomes de seus informadores, e explicar-nos as condições de cada uma de suas observações, etc. — Nem por isso deixamos de render homenagem ao sentido maravilhoso dos fatos, sobretudo dos fatos interessantes, que estes observadores obtiveram. Os trabalhos antigos e recentes dos missionários Strehlow, *Die Aranda Stämme* (publicado por F. v. Leonhardi) *Veröffll. v. Städt. Völkermuseum*, Frankfurt, a M. I. *Mythologie der Aranda und Loritja* (Luritcha de Spencer e Gillen), de Kempe, de Schultze, permitem-no freqüentemente uma crítica suficiente.

161. Roth publicou: 1.º *Ethnological Researches among the Aborigines of Central North western Queensland*, Brisbane, Gov. Print., 1898 (doravante, *Ethn. Res.*); 2.º 8 fascículos de *North Queensland Ethnography Bulletin*, Brisbane, Gov. Pr. 1900-1907; suas observações são mais secas, mais concisas, porém mais esporádicas e dispersas do que as de Spencer e Gillen; a explicação simplista (salvo em matéria tecnológica ou propriamente etnográfica) impede aí muitas observações. Não sabemos se Roth realmente disse a Klaatsch (cf. "Schlussbericht meiner Reise", p. 739), que jamais havia constatado a existência de totem em Queensland (contra, cf. os textos de Roth citados mais adiante sobre o chamado dos animais por seus homônimos); em todo caso, semelhante idéia vicia suas observações: o totemismo é, com

282 ENSAIOS DE SOCIOLOGIA

um dos melhores museus etnográficos [162], mas ainda os documentos mais antigos, de Howitt, publicados inicialmente pouco a pouco, depois reunidos em bloco [163] e completados, em certa medida, são de grande valor. E certas partes dos velhos livros de Woods [164], de Grey [165], de Eyre [166] se equivalem aos melhores trabalhos atuais. Ademais, começamos, quer com o auxílio dos antigos lingüistas quer com o dos novos [167], a formar uma idéia bastante exata da estrutura

efeito, um desses costumes mantidos de bom grado em segredo e que é preciso procurar para descobrir.

162. Ver Strehlow-Leonhardi, *Die Aranda Stämme*, etc. Francfort, 1907.

163. *The Native Tribes of the South East Australia*, Macmillan, 1904, (doravante *S. E. A.*) para os trabalhos anteriores que Howitt não menciona completamente, ver bibliografia em *S. E. A.* — Howitt não teve um conhecimento pessoal e aprofundado a não ser dos Kurnai do Gippsland; suas observações foram assinaladas por Fison (que naquele tempo residia em Fiji e às vezes viajava para a Austrália) e, indiretamente por Morgan, a quem Fison e Howitt assinalaram as nomenclaturas de parentesco por grupo e a quem dedicaram a primeira obra, *The Kamilaroi and Kurnai*, Londres, Melbourne, 1875. Mas tais observações foram feitas mais de vinte anos depois da ocupação européia (N.-E. Victoria); por muito tempo ficaram incompletas e, por exemplo, quando Howitt se deu conta da existência da iniciação, teve de fazer com que fossem repetidas as cerimônias. Ver "The Jeraeïl Ceremony of the Kurnai Tribe", *J. A. I.*, XV, 1885, p. 455, assim como para o combate modelo, v. *S. E. A.* p. 344, 345; de outro lado, se estas observações foram efetuadas com real precisão, certos pontos, a mitologia por exemplo, foram negligenciados talvez por força das circunstâncias, dado o desaparecimento dos velhos depositários das tradições; cf. *Kamilaroi and Kurnai* 252; *On Australian Medicine Men. J. A. I.*, 1883, p. 413). Enfim, estas observações foram colhidas com uma precisão filológica relativa, visto que Howitt se serviu sobretudo do inglês dos indígenas (cf. *S. E. A.*, p. 627), e fazendo com que fossem ditadas e traduzidas segundo a ocasião, com certo cuidado, certo senso lingüístico, as frases ou as palavras que o interessavam, ver ex. in *S. E. A.* p. 630, cf. a propósito do Kuringal, Yuin, p. 533, 534. — Outra tribo que Howitt conheceu de maneira menos perfeita foi a dos Dieri; ele foi um dos primeiros europeus a explorá-la (cf. Howitt, "Personal Reminiscences of Central Australia", *Inaugur. Addr. Austr. Ass. Adv. Sc.*, Adelaide, 1907, p. 31, ss. (Dieri, Yantruwanta, Yaurorka), voltando a vê-las freqüentemente, mas só para completar ou verificar as observações antigas de Gason ou recentes de um missionário, Siebert. — Howit teve acesso mais ou menos direto às outras tribos do S.-E. da Austrália: aquelas que ele agrupa sob o nome de Yuin (montanhas do N.-E. de Victoria e S.-E. da costa de Nova Gales do Sul); observou-as quando já estavam muito adulteradas pela civilização européia (precisou provocar também suas cerimônias de iniciação, cf. "On Certain Australian Ceremonies of Initiation", *J. A. I.*, XIII, p. 410), com elas só teve relações mais ou menos íntimas e por intermédio de indígenas de qualificação desigual, desigualmente interrogados (assim Howitt, a propósito das cerimônias de iniciação, colheu tudo aquilo que poderia colher de Berak, um velho indígena que Mathews interrogou depois, cf. mais adiante). Para todas as outras tribos, com exceção daquelas das redondezas de Maryborough, Howitt serviu-se de informações de colonos mais ou menos ligados às tribos vizinhas.

164. *The Native Tribes of South Australia*, Adelaide, 1875.

165. *Journal of Two Expeditions of Discovery into the Interior of Western Australia*, 2 vol., Londres, 1835.

166. *Journals of Expeditions of Discovery into Australia*, etc. incluindo *An Account of the Manners and Customs of the Aborigines*, 2 vol., Londres, 1845 (tribo de Adelaide segundo Moorhouse, tribos do baixo Murray de acordo com as observações pessoais feitas durante cerca de três anos e depois de sérios esforços).

167. Os principais trabalhos que merecem ser citados são os de Teichelmann e Schürman, *Vocabulary of the Tribes Neighbouring Port Lincoln*, 1834; Threlkeld, *A Key to the Structure of the Aboriginal Language Spoken by the Awabakal Tribe of Port Macquarie*, Sydney, 1850, etc.; *An Awabakal Lexicon*, ibid., reimpresso com outros trabalhos deste autor e de outros autores. (A. Günther, Wiradhuri, etc.; Livingstone. Tribos da Wimmera, in J. Frazer, Threlkeld, *A Grammar*, etc., Sydney, 1892, a reimpressão não é nem completa nem perfeita. — W. Ridley, *Kamilaroi and other Australian Languages*, etc. 2.º ed., 1875, N. S. W.

das línguas australianas, dos modos de pensamento que aí são trilhados e de suas faculdades de expressão. Enfim, dispomos de um número assaz grande de textos de mitos e de fórmulas em tradução justalinear para estarmos certos de que este trabalho sobre a prece primitiva não será despido de todo valor, quando a filologia das línguas australianas for finalmente estabelecida.

Isto não quer dizer que todos os fatos sejam conhecidos, nem significa que aqueles que são conhecidos o sejam na maneira devida. Devemos ainda estar preparados para surpresas. Recordamo-nos da surpresa causada pela aparição do primeiro livro de Spencer e Gillen. Certos cientistas não se deram conta disto, e estão por assim dizer fascinados pelos Arunta. Outras descobertas poderão também transtornar certo número de nossas idéias, e é preciso esperar por isto, visto que das duzentas e cinqüenta sociedades australianas enumeradas por Curr, compreendendo aí sociedades atualmente desaparecidas, mas deixando de lado numerosas tribos ainda ignoradas, apenas umas trinta são conhecidas em graus diversos de aproximação. Entretanto como os documentos de primeira mão que em grande parte pudemos verificar se referem a sociedades espalhadas por todo o continente e que possuem os sistemas mais diversos de organização e de religião, as descobertas possíveis não poderão, julgamos nós, apresentar fatos inteiramente contraditórios àqueles que vamos estudar. E, de outro lado, por mais diversa e desigual que seja a autoridade das provas que invocaremos, são de proveniência tão variada e se controlam tão facilmente entre si que sua crítica, em nossa opinião, não oferece dificuldade.

Mas antes de passar à descrição, depois à explicação das formas primitivas da prece na Austrália e, por hipótese, em geral, devemos responder a uma objeção de princípio, a que não damos importância alguma, mas que poderia ser lançada especiosamente contra nós. Com que direito podemos escolher assim entre os fatos de oração? Com que direito podemos concluir da oração das religiões australianas para as origens da oração em geral?

É certo que a única maneira de estabelecer metodicamente que a prece australiana é uma mostra do tipo original da oração seria mostrar que, deste gênero de fórmulas, saíram todas as outras formas de oração. Evidentemente, não é no decurso de um só e único trabalho que tal demonstração pode ser tentada. Todavia, na falta desta prova que

---

Gov. Print.; Rev. Hey, in Roth, *N. Q. Ethn., Bulletin*, n.º 6, "A Grammar of the Ngerrikundi and Kokoyimidir Languages"; Rev. Gale, n.º 9, *Bul.* 7, "A Grammar of the Kokowarra and Kokoyimidir Languages", etc. Dispomos, enfim, nos recentes documentos dos missionários alemães, de um grupo importante de textos, Arunta, Loritja, traduzidos palavra por palavra (para as gramáticas e dicionários, ver atrás). Servir-no-emos com muita precaução dos trabalhos lingüísticos, ao mesnos desordenados, de M. R. H. Mathews, e dos vocabulários publicados por Brough Smyth, *The Aborigines of Victoria*, II, p. 1 ss., 310, e daqueles de Curr.

284 ENSAIOS DE SOCIOLOGIA

seria a única decisiva, razões muito sérias nos autorizam a considerar provisoriamente como primitivos os fatos que vamos estudar. É preciso primeiro considerar que os observamos nas sociedades mais inferiores que conhecemos. Há, portanto, todas as probabilidades de que os fatos religiosos que aí encontramos tenham o mesmo caráter de primitividade que os outros fatos sociais. Em segundo lugar, veremos que a prece australiana está estritamente ligada ao sistema totêmico, isto é, ao sistema religioso mais arcaico, sistema cuja existência nos foi revelada até agora pela história e etnografia. Enfim e sobretudo, mostraremos que, mesmo sendo muito diferente daquilo que comumente designamos com este nome, contém no entanto todos os elementos essenciais dos ritos mais complexos e mais depurados aos quais as religiões idealistas reservam esta denominação. Ao mesmo tempo, por sua simplicidade, sua rudeza, o ritual oral australiano leva-nos evidentemente às primeiras fases da evolução religiosa. É mesmo difícil conceber como poderia existir ritual que fosse mais simples. Descobre-se nele todo o futuro em germe. Pode-se, pois, presumir um forte fundamento que este futuro tenha saído daí.

Aliás, é claro que os resultados aos quais podemos ser conduzidos só poderiam ser provisórios. As conclusões da ciência têm sempre este caráter e o cientista deve sempre estar pronto a revisá-las. Se se chegar a descobrir uma forma de oração mais elementar, ou a estabelecer que, em condições determinadas, a prece nasceu de repente sob uma forma mais complexa, dever-se-ão examinar os fatos que poderão apoiar uma ou outra das asserções. Por agora nos basta que a análise ainda não tenha alcançado nada mais simples e, inversamente, que todas as formas mais desenvolvidas de oração que conhecemos sejam manifestamente o produto de uma evolução histórica mais ou menos longa.

CAPÍTULO II. EXISTEM ORAÇÕES NA AUSTRÁLIA?

I

Sobre a questão assim formulada encontramo-nos na presença de duas teses contrárias. Na opinião de alguns, não só existe oração na Austrália, mas ela já tem a forma de uma súplica, de uma invocação, de um apelo dirigido a uma divindade poderosa e independente, como nas religiões mais avançadas [168]. Na opinião de outros, pelo contrário, os austra-

---

168. Ver Crawley, *The Tree of Life*, Londres, 1906, p. 80. O P. W. Schmidt parece dever concluir no mesmo sentido os artigos sobre "A Origem da Idéia de Deus", *Anthropos*, 1908, n.º 1-4, visto que admite como certos os documentos de Mrs. Langloh Parker que discutimos mais adiante. Cf. Andrew Lang. Prefácio do livro de Mrs. L. Parker, *The Euahlayi Tribe*, Londres, 1905, p. 20; *Magic and Religion*. Londres, 1901, p. 36 ss.

A PRECE 285

lianos nada conhecem que possa ter o nome de prece[169]. Examinemos, sucessivamente, os documentos em que se baseiam as duas assertivas.

Entre as informações nas quais se alicerçaram aqueles que julgam ter encontrado orações na Austrália, no sentido europeu do termo, umas são tão evidentemente despidas de valor que nem há por que deter-se em seu exame[170]. Outras mais dignas de fé apresentam-se desprovidas de todas as provas[171], reduzidas à simples asserção, sem que haja um texto sequer para apoiá-las. Outras que parecem mais precisas, e que parecem conter um começo de demonstração, são, no fundo, causadas por simples confusões, simples falhas de nomenclatura. A propósito de tribos desta feita bem localizadas, os autores empregam a palavra invocação, adjuração, súplica, onde só poderiam provar a existência de um rito oral provavelmente muito simples. Quando Oxley[172] nos diz que a tribo de Sydney[173] orava, nada diz de claro; quando Heagney fala de adjuração aos espíritos invisíveis, para enfeitiçar, de súplica para fabricar a chuva, comete verdadeiras falhas de linguagem; quando Peechey[174] fala de propiciação e de invocação a propósito daquilo que ele mesmo chama *corroborees,* isto é, danças cantadas, "para a chuva", abusa do direito de interpretar. Nenhum dos empregos destes termos é justificado.

Mais importantes são os documentos publicados por Mrs. Langloh Parker sobre os Euahlayi[175]. Fala de uma ceri-

---

169. "The Beginnings of Totemism", in *Fortnightly Review,* 1899. "Remaks on Totemism". *J. A. I.,* 1899, p. 280; *Golden Bough,* 2.º ed., p. 363, n.º 1 (ver as passagens citadas em *Année sociologique,* 5, p. 212). "Some Ceremonies of the Central Australian Tribes", in *Austral. Ass. Adv. Sc.* Melbourne, VII, 1901, pp. 313-322. — Frazer recentemente atenuou estas afirmações, e distinguiu os lineamentos daquilo que ele chama prece, isto é, uma oração propiciatória, e do sacrifício nas religiões australianas, ver "The Beginnings of Religion and Totemism", in *Fortnightly Review,* 1905, p. 162 ss., p. 168. Entretanto Spencer, "Totemism in Australia", *Pres. Addr. Austral. Ass. Adv. Sc.,* Dunedee Meet., 1904, p. 376 ss., e Gillen, "Magic amongst the Natives of Australia", *Austr. Ass. Adv. Sc.,* 1901, Melbourne, VIII, 162 ss., permanecem em seu antigo ponto de vista.

Mencionamos de memória as opiniões dubitativas de Topinard, *Les sauvages australiens,* 1887, p. 21 ou negativas de Elie Reclus, *Les primitifs,* 2.º edição, p. 231.

170. Por exemplo, as do negro Andy, um impostor, sobre todas as tribos da Nova Gales do Sul, in Manning, "The Aborigines of New South Wales". *Journal Roy. Soc. N. S. Wales,* 1892, p. 160, 161.

171. Entre outros, Manning (Kamilaroi do Leste), (Thuruwul), Port-Macquarie, *loc. cit.,* p. 161, em contradição com Threlkeld *loc. cit.,* mais adiante; Wyndham (Kamilaroi do Oeste), "The Aborigines of Australia" in *J. Pr. R. S. N. S. W.,* 1889, XXVIII, p. 36 e 37 (orações a Baiame), mas o documento nos parece provir de Andy. Cf. Andy em Frazer, "The Aborigines of N. S. W.", *J. Pr. R. S. N. S. W.* 1889, XVIII, p. 166; Wrixen (tribo de Melbourne), numa discussão sobre uma comunicação em *Proceed. Roy. Col. Inst.,* Londres, 1890. XXII, p. 47; o melhor testemunho deste gênero é o de Dawson, *The Present State of Australian Aborigines in North West Victoria,* Melbourne, 1822, p. 210.

172. Oxley, *Journal of Two Expeditions from Port Jackson,* etc. Londres, 1820, p. 162.

173. Tribo do Rio Barcoo (grupo Barkunji provavelmente), in Curr, *Austral. Race,* II, n.º 107, p. 377.

174. "Vocabulary of the Cornu Tribe" (grupo Wiraijuri). *J. A. I.* 1870, p. 143, *s.v. coola-boor,* deus.

175. Yualeai de certos outros autores, Nova Gales do Sul, Riv. Barwan (organização e língua do tipo Kamilaroi).

286 ENSAIOS DE SOCIOLOGIA

mônia funerária onde seria pronunciada uma espécie de oração: a *Baiame*, o grande deus criador de todas estas tribos das Pradarias [176]. Aí se recomendava o espírito do morto ao deus, e dirigia-se-lhe a súplica a fim de deixar entrar de bom grado o defunto, fiel às suas leis, fiel sobre a terra, em sua habitação celeste, em *Bullimah*, o "país da beleza" [177]; pedia-se-lhe para que salvasse o defunto do inferno, *Eleanbah wundah* [178]. É o mais velho dos mágicos, *wirreenum*, que, voltado para o leste, e de cabeça baixa, como toda a assistência, de pé, pronuncia esta oração [179].

Por mais retumbante que seja a afirmação de Mrs. Parker, parece-nos das mais contestáveis. Em primeiro lugar, a própria natureza do formulário empregado trai uma origem cristã, um cunho ao menos indiretamente bíblico, até mesmo protestante. "Ouvi, pois, nossa voz, Baiame" [180]. Além disso, temos todos os tipos de razões para supor que a tribo observada se encontra ao menos num estado de receptividade que a inclinava a imitações desse gênero. Estava em processo de decomposição desde a juventude de Mrs. L. Parker [181]; compreendia numerosos elementos estranhos [182] que, ao menos eles, podiam ter sido submetidos a certa evangelização; e, dado que nossa observadora cresceu, viveu por assim dizer entre eles e que só tardiamente pensou em anotar e publicar suas observações, que ela não data, tudo nos leva a crer que a descrição relata um costume recente, posterior à influência exercida direta ou indiretamente pelos brancos. Não podemos deixar de pensar no costume europeu que quer que os parentes do morto se mantenham em cículo, de pé e com a cabeça inclinada, por ocasião do sepultamento. Aliás [183], este fato isolado parecerá ainda mais inverossímil quando nos dermos conta de que a oração *pelo* morto (e não *ao* morto), é certamente uma das mais refinadas, das

---

176. *Australian Legendary Tales*, Londres, Nutt., 1897, p. 10, *More Australian Legendary Tales*, Londres, Nutt., 1899, p. 96. Não temos certeza de que Mrs. Parker tenha assistido pessoalmente a cerimônia, pois ela mesma diz em seu último livro, *The Euahlayi Tribe*, 1905, p. 89, que alguém lhe afirmou que este rito teria sido praticado "em outras circunstâncias".

177. *Bullimah* significa também cristal; o cristal mágico, que forma as espáduas de Baiame, é ao mesmo tempo a substância celeste e bela por excelência, cf. *Austr. Leg. Tales*, p. 91.

178. Wundah, mau espírito nestas línguas. Cf. Vocabulário de Gunther (Wiraljuri) in Threlkeld (ed. Fraser), *ad verb*. Não compreendemos Eleanbah; mas se vê quão próximos estamos da noção de inferno, cf. *Euahl. Tr.*, p. 78. *Eleanbah Wundah*, grande-fogo, movimento perpétuo.

179. *Euahl. Tr.* p. 8.

180. Cf. C. H. Richards, "crying heart", in Vocabulário Wiraljuri. "The Wiraa-dthooree, etc., *Science of Man*", *Australasian Anthropological Journal* (doravante *Science of Man*), 1903, VI, p. 320; Cf. F. Tuckfield in Cary, *Vocabulary of the Geelong and Colac Tribes*, 1840, *Austr. Ass. Adv. Sc.*, 1898. Sydney, VII, p. 863, 864; tudo isto certamente vem do *Book of Common Prayer* anglicano.

181. Cf. *Euahl. Tr.*, p. 76, existência de numerosos mestiços, severidades dos velhos *wireenun* contra a dissolução dos costumes.

182. Prefácio a *Austr. Leg. Tales*, p. III.

183. Não negamos que, sob a influência européia, este costume tenha podido instalar-se facilmente; certas idéias, próprias destas tribos, tornavam-no possível; em particular, as relações que existem entre a qualidade do iniciado e o estado d'alma depois da morte.

A PRECE 287

mais raras e das mais recentes de todas as formas dos ritos orais. Só aparece com certeza no cristianismo, e ainda num cristianismo já afastado de suas próprias origens [184]; portanto é inverossímil que os australianos tenham superado com um salto todos os estádios que os separavam destas formas complicadas e sublimes da oração, sem auxílio estranho. Além do mais, nada prova que essa prática tenha sido constantemente observada seja antes seja depois das observações de Mrs. Parker e cremos ter a prova de que, durante toda a estada da observadora entre eles, os Euahlayi não deixaram de mudar ritos funerários. Com efeito, em seu relato do enterro do venerável Eerin, o autor não nos fala de um rito muito importante que, ao contrário, é mencionado na narração do sepultamento da velha Beemuny, uma mulher, à qual no entanto é devida menor consideração do que aos desejos mortuários de um homem. Referimo-nos a um rito, certamente bem australiano, da melopéia funerária, cantada sobre o túmulo, onde são evocados todos os nomes do defunto, seus totens e sub-totens [185]. A menos que se admita, o que parece fazer Mrs. Parker, que o ritual é muito diferente para os homens e para as mulheres [186], e que para uns não haja apelo a Baiame, nem para outros apelo aos totens, o que nos parece inverossímil. Pois, ao menos os dois ritos deveriam ser empregados nos funerais dos homens, a não ser que se tivessem verificado, em datas já antigas, importantes alterações do culto dos mortos.

Mrs. Parker faz-se fiadora de um segundo fato de oração a Baiame, ainda que, para dizer a verdade, não o tenha presenciado diretamente; pois se trata de iniciação e ela não assistiu a nenhuma *boorah* [187]. Eis em que consiste. Por ocasião da segunda iniciação [188], depois que o jovem foi admitido a contemplar as figuras esculpidas sobre as árvores, modeladas em relevo sobre o solo e traçadas sobre a relva, do grande deus Baiame e de sua mulher Birragnooloo [189], depois de ter ouvido o cântico sagrado de Baiame [190], o jovem, diz-nos ela, assiste enfim a oração que o mais antigo dos mágicos presentes dirige a Baiame (*wirreenuns* [191]). Este "pe-

---

184. Ver Salomon Reinach, "L'origine des prières por les morts", in *Cultes, mythes et religions*, Leroux, 1905, p. 316. Talvez, no cristianismo, egípcio ou anatoliano, estes ritos provenham de fontes místicas, mas é impossível dizer se elas mesmas são antigas ou recentes.

185. *Euahl. Tr.*, p. 85, a menos que o *Goohnai* do enterro do velho Eerin, *More Austr. Leg. Tales*, não seja o mesmo deste, e que não haja em tudo isto senão graves falhas de redação.

186. *Euahl. Tr.*, p. 89.

187. Pronunciar à inglesa: *Bura*, ordinariamente escrito *bora*. Mrs. Parker só fala das cerimônias de iniciação por ouvir dizer e, ademais, no pretérito: os ritos já não estavam em uso no momento em que ela recolhe enfim ou pode recolher seus materiais.

188. *Euahl. Tr.*, p. 79, 80.

Ver as discussões sobre o mesmo texto entre Marett, "Australian Prayer", *Man.*, 1907, n.º 2, resposta de Andrew Lang, *ibid.*, n.º 12; resposta de Marett, *ibid.*, n.º 72.

189. *Ibid.*, p. 79.

190. *Ibid.*, p. 80, sobre isto ver mais adiante (Liv. II, cap. V, *Oeuvres* de M. Mauss).

191. *Ibid.*, p. 79.

288   ENSAIOS DE SOCIOLOGIA

de" a Baiame "que faça com que os negros vivam longamente sobre a terra, visto que por muito tempo foram fiéis às suas leis, como o demonstra a observância da boorah". "O velho mágico repete estas palavras muitas vezes e com a voz implorante, a face voltada para leste, direção onde se enterram os mortos." Mas cabe perguntar se a interpretação destas palavras de um indígena não é um pouco forçada pelo autor, ou se não se misturou, no primeiro testemunho do indígena, uma certa tendência complacente. A linguagem da fórmula é bem bíblica [192]. Pode acontecer que no caso se tratasse apenas de um rito muito comum nesta região da Austrália mas que não constitua uma oração do gênero indicado por Mrs. Parker. Em todas essas tribos do centro e do sul da Nova Gales do Sul, os anciãos procedem a uma espécie de demonstração não somente artística, por meio de pinturas, esculturas e desenhos, mas também falada, da existência do grande deus, Baiame ou um outro, no céu [193]. Existe até certo número dessas cerimônias de iniciação em que um ancião, ou vários anciãos, freqüentemente enterrado e como que a ponto de renascer [194] trava relações orais com o grande deus, e em sua tumba formula perguntas e respostas, como se fosse um espírito conversando com outra personalidade espiritual. Em todos estes casos, se estamos de fato em presença de orações no sentido geral que estabelecemos, estamos longe dessa fórmula intermediária entre um *credo*, uma prece dominical, e um eco do Decálogo, que Mrs. Parker põe na boca dos velhos feiticeiros. De resto, se o rito alguma vez existiu, deve ter sido recentemente, pois não havia ainda encontrado seu lugar no mito, relatado alhures, da primeira *bora*, instituída por Baiame em pessoa [195]: este mito, fundamento de toda liturgia, não fala de uma ordem que Baiame teria dado aos homens de orar a ele quando observassem suas leis.

    Julgamos, além do mais, que todas as observações de Mrs. Parker são um pouco suspeitas. Talvez tenham sido viciadas por uma idéia preconcebida. Porque nosso autor coloca em princípio que não pode haver povo ou religião sem oração [196]. Sente-se o perigo de semelhante princípio de pesquisa, que impeliu Mrs. Parker a acentuar certos traços de um ritual mais ou menos antigo.

---

192.   Também aqui não negamos que tenha havido, nas religiões australianas, elementos que tornavam possível tal empréstimo. Mais adiante encontrar-se-ão alguns exemplos disto, pois é certo que os deuses, em certos casos, exigem, assim é dito, a observância da *borah*.

193.   Alguns desses fatos em Howitt, *S. E. A.* p. 523, 528, 543.

194.   Aludimos aos ritos que agrupamos mais adiante sob o nome de *yibaimalian*, liv. II, cap. V, § I, que se vinculam ao mesmo tempo ao culto totêmico da iniciação, à dação do nome e aos cultos dos grandes deuses da iniciação.

195.   *More Austr. Leg. Tales,* p. 94 ss.

196.   *Euahlayi Tr.,* p. 80. Encontrar-se-á, na pág. 79, a prova de que Mrs. Parker conversou sobre a oração com seus informantes indígenas, visto que lhe respondem, como fazia o índio americano a Oglethorpe, que as orações diárias lhes pareciam um insulto a Baiame. Certamente deram as respostas que julgavam eles, lhes eram pedidas.

A PRECE 289

A tese contrária conta entre seus partidários os etnólogos mais autorizados. É o caso de Curr [197] que conhecia intimamente um número bastante grande de tribos, do Queensland ao Murray inferior. Howitt não é menos radical em suas negações [198]. Spencer e Gillen estendem em suma a todas as tribos do Centro australiano a tese de Curr; garantem que nem sequer constataram as idéias necessárias à formação da prece [199], e dão como certo o caráter mágico de todo o ritual oral como também manual dos Arunta e das outras tribos de seu domínio [200].

Em torno destas testemunhas, observadores de muitas sociedades australianas agrupam-se outras, não menos categóricas, não menos precisas: Ed. Stephens, a propósito de tribo de Adelaide [201], Semon, falando daquelas do Queensland meridional [202], Mrs. Smyth, descrevendo os boandik do sudoeste de Victoria [203], Mann, de acordo com um residente (T. Petrie[204]) que permanecera por muito tempo na tribo de Moreton Bay [205]. Enfim, quanto às tribos do sul da Austrália Ocidental, dispomos de preciosas negações de um bispo católico, fundador da missão de Nova Nórcia: julga que Motagon é o deus criador, bom, e que sua idéia corresponde à primitiva revelação [206], mas concorda em que ele não é reverenciado de forma alguma, nem pela oração, nem pela oferenda.

Um sintoma ainda mais grave que essas negações baseado em pesquisas provavelmente conscienciosas, consiste no seguinte: nas línguas australianas, das quais possuímos vocabulários, léxicos ou textos, por exemplo traduções da Bíblia, nada encontramos que lembre o termo oração [207]. Mesmo onde houve necessidade dela, por exemplo para a propaganda religiosa, foi necessário ou introduzir palavras, ou forjá-las, ou desviar o sentido de algumas outras. E isto

---

197. *Australian Race,* I, p. 44, 45, "o certo é que nada foi observado da natureza do culto, da oração e do sacrifício".

198. *S. E. A.,* p. 503.

199. *N. T. C.,* p. 491. "There is never an idea of appealing to any *alcheringa* ancestor". O próprio Strehlow, embora afirmando a existência dos deuses, *altjira,* não encontrou oração entre os Arunta (do modo como ele entende a palavra), ver N. W. Thomas, "The Religious Ideas of the Arunta". *Folk-Lore,* 1905, p. 430.

200. Ver *loc. cit.*

201. "The Aborigines of South Australia". *J. R. S. N. S. W.* 1889, vol. XXXIII, p. 482.

202. Herbert e Burnett Rivers (grupo da Dora, *Kumbiningerri, etc.*) — Cf. R. H. Matthews, "The Toara Ceremony of the Dippll Tribe", *American Anthropologist,* sq. VII, p. 210; "The Thoorga Language, etc., in Notes on the Lang", etc., *Journ. of the Roy. Georgr. Soc. Queensl.* XIII, p. 200; ver Semon, *In the Australian Bush,* Londres, 1891, p. 230 (nega igualmente a existência de toda religião).

203. Na evangelização, Mrs. Smyth diz que os missionários e ela não encontraram nenhum sistema de culto a destruir. *The Booandik Tribe,* etc. Adelaide, 1879, p. 33.

204. "Notes on the Aborigines of Australia", in *Spec. Vol. Proc. Geogr. Soc. Australia,* Sydney, 1865, p. 76, 77.

205. *Mémoires historiques de l'Australie Occidentale,* tr. fr. de Falcimane, Paris 1845, p. 259.

206. P. 345, apesar da interpretação dada p. 200, do *corroboree* como se constituísse uma missa. Cf. Jalaru: dança, p. 345.

207. Ver os léxicos indicados; ex. Teichelmann e Schürmann, in Willhelmi. *Evangelische Missionszeitsch.* Basiléia, 1870, p. 31 ss.

ENSAIOS DE SOCIOLOGIA

não somente para fazer compreender o rito cristão, mas também para transcrever o próprio Antigo Testamento. Nos Evangelhos e no Gêneses em awabakal escritos pelo excelente Threlkeld, os termos que substituem "orar", "oração" são compostos com a ajuda de um tema verbal *wya* que significa simplesmente falar [208]. No vocabulário dieri de Gason, o único termo que se aproxima do de oração não significa mais do que encantamento [209]. O pequeno léxico do protetor dos indígenas, Thomas, de Victoria [210], mostra-nos os europeus enxertando simplesmente o termo "thanrk" na língua bunurong, wurnjerri, etc., a fim de exprimir as "graças" a divindade, e criando, para designar o juramento, não sabemos como, um novo termo "pardogurrabun".

Mas estas negações tão nítidas e este silêncio inquietante da linguagem são suficientes para provar a ausência de toda e qualquer oração. Efetivamente, é preciso contar com os preconceitos dos europeus etnógrafos, missionários e mesmo filólogos. As distinções são compreendidas por confusões arbitrárias em outras partes. Mesmo os textos da Bíblia onde a prece não era para o hebreu mais do que uma palavra solene, um meio de acesso à divindade, inacessível fora das formas necessárias, soam aos ouvidos de um missionário protestante ou católico como efusões edificantes da alma. Nem estas negações nem esse silêncio bastam para provar a ausência de toda oração.

O fato de que estes diferentes observadores não tenham encontrado traço algum pode depender de causas totalmente diversas. Manifestamente, partem do mesmo postulado dos partidários da tese oposta. Para eles, a prece cristã, a prece concebida como um comércio espiritual entre o fiel e seu deus, é o próprio tipo da oração. Sob a influência deste preconceito, não estavam em condições de perceber aquilo que há de comum entre a oração assim entendida e o gênero de palavras que o australiano dirige a seus poderes sagrados familiares. Aliás, é pela mesma razão que Spencer e Gillen se recusam a ver no sistema dos ritos e das crenças totêmicas uma religião propriamente dita. A conclusão negativa à qual chegou não goza, portanto, da autoridade que comumente se atribui a seu testemunho. Para descobrir a oração na Austrália é mister tê-la reduzido a seus elementos essenciais e ter aprendido a não ver todas as coisas religiosas através de idéias cristãs.

---

208. Evangelho segundo São Lucas (reed. Fraser), *Wiyelli-ela*, p. 129, cf. vers. 19,20, minha palavra, minhas palavras, *wyellikanne*, ibid., cap. II, vers. 34, p. 34; *ibid.*, cap. III, vers. 21; *wyelliela*, fazendo sua oração; *ibid.*, cap. IV, vers. 19, para anunciar, cf. 7,10; *ibid.*, cap. IX, vers. 29; *wyelliela*, oração (de Jesus); *ibid.*, 22,40, p. 187, *wyella*, orar; *ibid.*, vers. 41, 42, 43, 45, *wyella*, falar; cf. *A Grammar*, p. 10, sobre o sentido da palavra *wya*, amém: orar, *ewielliko*; cf. *A Key to the Awbakal*, p. 112, *s.v. wya*, ver *wyellukane*, alguém que fala, que chama.
209. In Curr, *Austr. R.*, II, p. 92.
210. São as línguas do Rio Yarra, superior, Brouht Smyth, *Abor. Vict.*, II, p. 128, cf. p. 132, em baixo.

A PRECE 291

A pretendida indigência do vocabulário não possui maior poder demonstrativo. O que se queria era que a linguagem do australiano exprimisse a idéia de oração tal como a concebia o europeu; e era natural que ela se recusasse a fazê-lo, porquanto tal idéia era estranha ao indígena. Faltava a palavra, da mesma forma como faltava a coisa. Para homens imbuídos de idéias teológicas, elementares ou refinadas, como eram os autores destes trabalhos lingüísticos, era impossível transpor o abismo que separa a idéia que eles podem conceber da linguagem conveniente com relação a Deus e o gênero de palavras dirigidas pelo australiano a seus totens, a seus espíritos. Naturalmente, os observadores não estavam em condições de perceber aquilo que há de comum entre uma prece cristã e um cântico destinado a encantar um animal. Daí suas negações. E se a linguagem é incapaz de exprimir esta idéia da prece que o proselitismo queria inculcar, é simplesmente porque estas línguas e estas religiões não estavam maduras para a forma de oração que se queria ensinar; mas isso não significa que outros sistemas de oração não estivessem aí em uso.

II. *Os inícios*

Aquilo que encontramos não são, — e nesta medida é preciso dar razão à tese negativa —, de forma alguma, preces de adoração, de humilhação, de efusão mental. Mas existe uma oração de outro gênero, de outros gêneros. No tecido dos cultos australianos entram numerosos ritos orais que merecem este nome, se adotarmos a definição suficientemente geral que propusemos atrás. Poder-se-á ver, por conseguinte, como ritos orais informes podem apresentar a natureza e as funções da oração sem ter o comportamento moral, o valor psicológico, o teor semântico dos discursos religiosos aos quais costumamos reservar este nome.

Há, porém, alguma coisa mais; partindo das religiões australianas, pode-se perceber, além da massa de formas elementares, confusas, complexas, contornos, começos, ensaios de uma linguagem mais acabada. A instituição já viva começa a balbuciar de acordo com ritmos que, mais tarde, darão sua medida a todo o ritual oral. Naturalmente, todos esses usos só são separados por matizes do tipo geral dos ritos orais que constituiremos mais tarde. Mas assim como sobre o ovo aparece a mancha de sangue, o núcleo de onde provém o pintainho, da mesma forma aparecem na Austrália, de maneira mais ou menos vivamente colorida, aqui e ali, tentativas de orações no sentido europeu da palavra. Elas nos permitirão compreender como pôde nascer esta espécie à qual os observadores ou os cientistas julgaram poder reduzir o gênero. Elas nos colocarão na trilha em que deveremos pesquisar para descobrir as leis de uma evolução.

292 ENSAIOS DE SOCIOLOGIA

Darão, enfim, a sensação de que, se entre as práticas orais dos australianos e as das religiões antigas há uma distância considerável, existe e existiram vínculos lógicos que unem os dois rituais. Porque fatos como aqueles que vamos descrever teriam sido impossíveis se o resto do ritual oral de nossos primitivos não houvesse apresentado em nenhum grau as características genéricas da prece, e se estivesse reduzido inteiramente ao encantamento.

Atribuiremos mais tarde maior importância, todo seu valor aos ritos para provocar a chuva. Mas desde já podemos destacar de seu estudo a relevância de alguns documentos. Compreende-se, com efeito, que mesmo a observadores intimamente ligados aos indígenas, ritos desse gênero tenham dado a impressão de verdadeiras preces européias. Quer afastem a chuva, quer a provoquem, exprimem evidentemente o desejo, a necessidade, o infortúnio moral e material de todo um grupo. As palavras assumem aí facilmente a contextura de uma espécie de juramento, de desejo. E como a chuva, a água é comumente concebida como residindo em algum lugar, num sítio de onde alguém a faz sair, as fórmulas parecem dirigidas a um poder pessoal cuja vinda ou ajuda misteriosa se solicita. Importa fixar o limite atrás do qual se deve alinhar estes ritos e que eles não ultrapassaram na Austrália [211].

Bunce [212] diz-nos que [213], por ocasião de uma tempestade, ao chegar ao acampamento, "um grupo de anciãos se pôs a rezar para ter bom tempo; sua oração consistia num cântico melancólico e contínuo. Continuaram este ofício por bastante tempo", mas vendo que seu bom deus, no momento, estava surdo a seus apelos, gritaram: "Marmingatha bullarto porkwadding; quanthunura — Marmingatha está muito aborrecido e por quê?" [214] Apesar da precisão dos termos, não vemos aqui mais do que uma oração de um tipo totalmente diferente daquele em que pensava Bunce. É claro que neste caso houve rito oral, palavras, frases foram cantadas. Mas nós não temos a fórmula, e nada nos garante que possuísse um caráter precatório. A própria seqüência do rito parece antes implicar a interpretação contrária. Pois, constatando seu insucesso, os anciãos "cuspiram para o ar em direção à

---

211. A bem dizer, há poucos que tenham sido, de modo geral, mais nitidamente classificados pelos etnógrafos entre os ritos mágicos, mas é inútil opor os erros de uns aos erros de outros. Mas é muito provável que esta classificação seja o resultado de uma tradição já velha em antropologia, e à qual os questionários, particularmente o da Sociedade de Geografia de Londres, o do Anthropological Institute, e mesmo o de Frazer, tenham dado sua autoridade.

212. *Australasiatic Reminiscences*, p. 73, citado em Brouht Smyth. *Abor. Vict.*, I, p. 127, 128. Bunce é um excelente observador e conhecia bem a língua.

213. Tribo de Geelong (grupo de Bunurong).

214. Desta tradução podemos verificar o sentido das duas palavras, com a ajuda do vocabulário de Bunce, in *B. S. Abor. Vict.*, II, p. 134.

A PRECE 293

tempestade, dirigindo-lhe um grito de desprezo"[215]. Portanto é muito provável que as primeiras palavras dirigidas a Marmingatha fossem antes ordens do que sinais de respeito, visto que a própria individualidade espiritual é exposta a insultos. Aliás, mesmo se neste momento tivesse havido oração e não simplesmente um rito que se interpretou desta forma, nada se poderia concluir do fato. A tribo de Geelong, instalada àquela altura na estação de proteção, já estava evangelizada. É o que demonstra o emprego mesmo da palavra *marmingatha,* no vocabulário do próprio Bunce[216]: esta palavra que significava provavelmente um pai[217], um antepassado, no máximo um espírito[218], designa aí tudo, o pessoal, o deus, os atos, em particular a oração da religião evangélica.

Outros ritos orais do mesmo grupo reduzem-se ainda da mesma maneira. Por exemplo, as orações das crianças pedindo chuva entre os Euahlayi, são quando muito uma espécie de ronda mágica[219]. Da mesma forma, quando Gason verificou que entre os Dieri se invocava Moora Moora, deus criador, para ter a chuva[220], incorria num simples contrasenso, seja com relação à natureza da divindade interpelada, seja com relação à fórmula que agora possuímos[221]. Não existem aí mais do que antepassados totêmicos de um clã da chuva; e as orações a eles dirigidas têm muito pouco a ver com o sistema de invocação cristã[222].

Cumpre portanto procurar em outra parte fatos mais claros e mais precisos[223]. Num certo número de tribos, completamente isoladas umas das outras, o nome dos totens[224]

---

215. Sobre fatos do mesmo gênero, ver mais adiante. Mas sublinhemos a palavra *lhe,* que denotaria que *marmingatha* não é uma divindade, mas a própria tempestade.

216. B. S. II, p. 141, *marmingatha:* divine, minister, Lord, Supreme Being, orison, a prayer, religion; *marmingatha ngamoodjitch,* preacher (cf. *ngamoordjitch,* p. 145, parson, priest). A história da palavra parece ter sido a seguinte. Marmingatha foi empregada no começo da oração dominical que se procurou ensinar às pessoas de Geelong, e acabou por designar tudo aquilo que se refere à religião evangélica.

217. *Marmoonth,* pai; *ib.,* p. 141, *marmingatha* deve significar "pai nosso".

218. Cf. a propósito da tribo da R. Yarra superior (outro grupo bunurong) um documento de Thomas, in B. S., *Abor. Vict.,* I, p. 466, um marminarta, espírito que se apossa de um velho.

219. Mrs. L. Parker, *Euahl. Tr.,* p. 12. Cf. um rito equivalente das crianças entre os Dieri. Gason in Curr, *Austr. R.,* II, p. 92. Ver mais adiante cap. V, para os ritos do mesmo gênero.

220. *The Diyerie Tribe,* Melbourne, 1874, reimpresso em Woods, *The Native Tribes of South Australia,* 1886, e in Curr (segundo o qual citamos), *The Austr. R.,* II, n.º 55, p. 66, 68. Cf. Gason a Howitt in Howitt, "The Dieri and other Kindred Tribes", etc., *J. A. I,.* XX, p. 92; Gason a Frazer, *J. A. I.,* XXIV, p. 175. (É também Moora Moora que inspira os ritos).

221. Ver mais adiante, cap. III, § 4.

222. Sobre o valor geral dos ritos para provocar a chuva, uma das melhores informações é a do velho Collins. *An Account of the English Colony of New South Wales,* 2.º ed., Londres, 1801, p. 555.

223. Frazer assinalou recentemente certo número de fatos que classificamos aqui, e indicou muito bem que constituem inícios de oração, mesmo entendida como propiciatória, "The Beginnings of Religion and Totemism", in *Fortnightly Rev.,* 1905, II, p. 164.

224. Deixamos de lado a questão de saber se se trata de totens individuais ou de totens de clã.

294   ENSAIOS DE SOCIOLOGIA

é pronunciado da mesma forma como é evocada, em religiões que se desenvolveram de modo totalmente diverso, a personalidade divina. Em realidade e em espírito, o animal auxiliar está presente a seu adorador. "Entre os Mallanpara [225] quando a pessoa deita ou adormece, ou levanta, deve pronunciar, em voz mais ou menos baixa, o nome do animal, etc. que é seu homônimo ou que pertence ao grupo do qual a pessoa faz parte [226], acrescentando o termo "wintcha, wintcha" — onde? onde? (está você?). Deve-se, se for o caso (isto é, onde existir o uso [227]), imitar o barulho, o grito, o apelo (do animal) [228]. O objetivo dessa prática, ensinada pelos antigos aos jovens logo que estes estão na idade de aprender as coisas, é fazer com que sejam hábeis e felizes na caça, e recebem todas as advertências úteis contra todo perigo [229] que lhes poderia advir do animal, etc., do qual trazem o nome. Se um homem porta o nome de um peixe e o invocar regularmente, terá êxito na pesca e conseguirá pegar grandes peixes quando estiver faminto [230]. Se um indivíduo por negligência deixa de chamar a tormenta, a chuva [231], etc., com a condição, naturalmente, de que sejam seus homônimos, perderá o poder de fazê-lo [232]. Serpentes, jacarés, etc., não virão incomodar seus homônimos, caso sejam regularmente invocados (sic) sem dar uma advertência, um sinal, uma "coisa qualquer" que o aborígine sente em seu ventre, umas cócegas que ele sente nas pernas. Se o indivíduo negligencia esta prática, será culpa sua se for pego ou mordido [233]. "Crê-se que esta invocação de homogênero não exerce grande ação em favor das mulheres. Se forem

225. Rio Tully. Queensland N. W. Centr., ver Roth, "Superstition, Magic, Medicine", in *Bull.*, V, § 7, p. 20, 21, Roth não escrevia muito bem e por isso nossa tradução não é tão literal como aquelas que damos ordinariamente.

226. Roth, que não acredita no totemismo, julga que isto se refere às classes matrimoniais.

227. Por exemplo, naquilo que Roth chama, com certo espírito de sistema, jogos cerimoniais imitativos dos animais, "Games, Sports and Amusements", *Bulle.*, V. p. 8, n.º 1; p. 28, n.º 64.

228. A frase de Roth é espantosa: "Se há algum ruído, grito ou chamado que deva ser feito ao mesmo tempo, pode-se imitá-lo". Mas, rigorosamente falando, pode-se compreender que se trata de um uso equivalente ao do grifo do animal emitido em muitas cerimônias totêmicas (cf. "Games, etc.", *loc. cit.*).

229. Caso notável de totens ofensivos, o texto deve ser, para ser compreendido, comparado com aquele que citamos mais adiante e que o explica, n. 233. O fato pode parecer extraordinário, mas não o é em numerosas sociedades australianas. Alguns totens são de natureza perigosa e seu culto consiste antes em conjurá-los. De outro lado, não está fora da natureza do totem ser perigoso para seu companheiro humano, em particular no caso da violação dos interditos totêmicos; até a alma pode ser perigosa para o indivíduo que a possui, porque é exterior a ele; assim na tribo da Pennefather (Roth, *Sup. Mag.*, p. 29, n.º 115), o choi ou o ngai podem, residindo numa árvore, fazer cair seu homem que nela subiu.

230. Caso de consumação do totem que nada tem a ver com o sacramento totêmico, tal como o praticam os arunta. Restringe-se ao caso de fome? Talvez o texto "should he be hungry" queira significar isto.

231. Nesta tribo existe um clã da chuva, *Ibid.*, p. 9, n.º 16. Aliás, este clã parece ter entre seus subtotens o relâmpago e o trovão.

232. Fazer o trovão? Provavelmente fazê-lo cessar.

233. *Ibid.*, p. 40, sec. 150; cf. *ibid.*, p. 26, n.º 104 (parece ser o mesmo fato).

A PRECE

invocados outros seres (coisas e espécies sagradas) que não os homônimos, isso não dá resultado algum, nem para o bem nem para o mal"[234].

Teríamos de bom grado classificado com este apelo ao totem um costume do mesmo gênero, de outra tribo do Queensland. "Grita-se aí, antes de dormir, um ou outro dos nomes dos animais, plantas, coisas ligadas à divisão primária da tribo de que se faz parte[235]. O animal ou a coisa assim chamada dá-se conta, durante a noite, da chegada de outros animais, etc., durante o sono." Em outras palavras, se bem compreendemos estas obscuras frases, o animal auxiliar[236] vela sobre seu aliado, ele o adverte de tudo o que lhe poderia acontecer da parte dos seres subordinados, classificados sob outras classes matrimoniais. Por exemplo, a um Kurchilla, o opossum, que é desta classe, anunciará nele a chegada da chuva, santa para o Wungko. Mas não estamos certos de que neste caso se trate de totens; pois o caso aqui não é nem de clãs que usam esses nomes, nem de um culto dirigido, fora desses ritos, a estas espécies e a estas coisas, entre as quais o vento, a chuva. Entretanto é muito provável que elas o sejam; em todo o grupo de tribos vizinhas existe precisamente um tipo muito especial de totemismo, onde somente as pessoas do totem e as aparentadas com sua classe têm direito de consumir o totem e os totens de sua classe[237], e onde as interdições alimentares salvam por con-

---

234. *Ibid.*, p. 21, sec. 74.

235. Rio Proserpine, Koko-yimidir, Roth, *ibid.*, p. 21, sec. 74. Sobre as classes matrimoniais, ver Durkheim, "Origine de la prohibition de l'Inceste", *Année soc.*, 1, p. 11. Longos debates entre observadores e teóricos nada acrescentaram à teoria exposta nem chegaram a contradizê-la verdadeiramente. Por isso não entramos nesta questão. Limitamo-nos a dizer que todas as sociedades australianas, salvo um pequeno número, conhecem esta organização. Elas se dividem em quatro, e, em certos casos, em oito classes, repartidas entre duas fratrias no interior das quais todo conúbio é proibido. Um indivíduo de uma determinada classe só pode esposar um indivíduo de uma determinada classe de outra fratria, sendo os filhos necessariamente de outra classe que não aquela do ascendente do qual tiram sua filiação (pai ou mãe de acordo com o caso, visto que o sistema das oito classes tem como objetivo levar em conta as duas descendências: na fratria e nos totens); ver Durkheim, "Sur l'organisation matrimoniale des sociétés australiennes", in *Année soc.*, 8, p. 116 ss. Uma boa exposição dos fatos e das doutrinas, sobretudo muito completa do ponto de vista dos documentos, é a de N. W. Thomas, *Kinship Organisations and Group Marriage in Australia* (Cambr. Arch. a. Ethn. Ser. I. Cambridge, Un. Pr., 1906). A tribo da Proserpine está, com os Wakelbura, Pegullobura, a tribo de Port Mackay, etc., entre aquelas que classificam as coisas de acordo com as classes matrimoniais. Cf. Durkheim e Mauss, "Classifications primitivas", p. 12; reparte as coisas da seguinte maneira:

Kurchilla: arco-íris, opossum, guano de terra, lagarto mosqueado;
Kupuru: "stinging tree", ema, enguia, tartaruga;
Banbari: mel, "sting ray", baudicout, águia-falcão;
Wungko: vento, chuva, serpente escura, serpente tapete.

236. Dizemos aqui animal auxiliar porque, mesmo no caso de haver totem, por mais raro que seja este gênero de totemismo na Austrália, ele é evidentemente concebido como auxiliar. De resto, a diferença que existe entre o totemismo australiano e os outros, neste ponto, foi exagerado, sobretudo por Spencer, "The Totemism in Australia", VIII, *Mest. Austr. Ass. Adv. Sc.*, 1904, p. 80.

237. Ver mais adiante, livro II, cap. IV, último parágrafo.

ENSAIOS DE SOCIOLOGIA

seguinte as classes [238], visto que o alimento e o culto são por assim dizer repartidos, com um mínimo de cooperação entre as duas fratrias. Aliás, é preciso também levar em conta a tendência, em nossa opinião sistemática, em todo caso confessada, que induz Roth a não ver totens em parte alguma, mesmo lá onde existem com certeza [239] famílias nomeadas de acordo com animais ou coisas e que possuem sobre elas um poder singular.

O fato, embora raro, não é isolado. Encontramos este uso entre os Parnkalla, de Port-Lincoln (S.A.) [240] sob uma forma intermediária entre a dos dois ritos que acabamos de descrever. O nome dos totens [241] aí é gritado durante a caça; em caso de êxito, enquanto se bate no estômago, "Ngaitye paru! Ngaitye paru!" — "my meat, my meat", traduz Schürmann. Outras fórmulas, ao contrário, não parecem reservadas aos membros de um clã totêmico, mas àqueles de outros clãs que podem caçar o animal, e aos quais é concedido, pela gente do clã, com a ajuda de "dísticos de caça", uma espécie de poder sobre o animal caçado [242]. Elas evocam também as virtudes da espécie totêmica e dos encantamentos que esta produz [243]. De modo que se poderia dizer que os Parnkalla conheceram ritos orais do gênero daqueles praticados pelas duas tribos do Queensland, tão afastadas delas que não se pode pensar de modo algum em empréstimo. Pode-se até ver na coincidência a prova da possibilidade de uma mesma evolução, de uma mesma tendência para a formação de orações propriamente ditas.

Os principais caracteres desta encontram-se com efeito, já reunidos, de maneira bastante sumária por certo, mas já cunhada de forte religiosidade. Esta regularidade do rito, esta obrigação de realizá-lo, entre os Mallanpara, esta emoção divinatória, que sua realização confere a seu observador, esta presciência dos sonhos que ela dá entre os Kokowarra, já singularizam mesmo fortemente estes ritos dentre os outros

---

238. Ver sobre os Pitta Pitta, *Ethn. Res.*, p. 57, 58, cf. Roth in *Proceed. Roy. Soc. Queensl.*, 1897, p. 24; "Food, its Quest and Capture", etc., Bull. VII, p. 31, sec. 102.

239. Cf. atrás, n. 225 e n. 230, e adiante, cap. III.

240. Esta tribo certamente está ligada ao grupo do Centro australiano. Cf. Howitt, *S. E. A.*, p. 111; cf. Spencer e Gillen, *N. T. C.*, p. 70.

241. Schürmann, "The Aboriginal Tribe of Port Lincoln", in Woods, *Nat. Tr.*, p. 219. A palavra *ngaitye* significava totem nestas tribos e nas tribos próximas (pertencentes já a outro tipo de civilização) e significava "minha carne", cf. Taplin, *The Narinyerri*, etc., p. 2. Portanto Schürmann, em virtude do documento precedentemente citado, traduziu mal, e devia ter dito "minha carne! minha carne, meu totem". Talvez o rito tivesse um sentido muito complexo que não chegaremos nunca a explicar devidamente (a palavra ni-ngaitye, os suplicantes (sic), Taplin, *ibid.*, p. 64, talvez correspondesse a esta prática totêmica).

242. Schürmann, *ibid.*, *ibid.*, p. 229, cf. John Eyre, *Journeys of Discovery*, II, p. 333, 334 (tribo vizinha de Adelaide), parece ter verificado estas asserções.

243. Cf. Teichelmann e Schürmann in Wilhelmi, "Die Eingeborenen, etc.", in *Aus allen Weltteilen*, I, 1870, p. 13. — Estes textos são analisados mais adiante, L. II, cap. VI, pois dão uma boa idéia do conglomerado de fórmulas de que tudo isto é parte. Cf. também cap. V, § 5 para uma explicação geral das formas do culto totêmico.

A PRECE

do ritual australiano. De resto, não lhes falta nenhum dos traços gerais que definimos como sendo os da oração; agem e utilizam poderes sagrados concebidos como intermediários; fazem parte de um culto regular em dois casos, regulado no outro. No entanto, medimos a distância que separa um rito deste gênero, a mentalidade que revela, dos ritos mais elevados. Como é fraco o matiz que separa tais invocações das evocações e até mesmo da evocações mágicas. Um só apelo, o dos Mallanpara, faz alusão a essa distância onde estarão, nos rituais aperfeiçoados, situados os deuses, e justamente é de uma concisão totalmente imperativa, "onde? onde?". Trata-se de um apelo que é uma espécie de ordem, e o deus vem como o cão que obedece à voz do amo.

Encontramos em outras partes estes ritos de apelo do totem. Ocorrem em outros grupos de práticas, nas festas mais importantes do culto australiano [244], e teremos neste momento de determinar da melhor maneira possível seu valor e, indiretamente, o valor dos fatos que acabamos de citar.

Em todo o restante das práticas do totemismo australiano achamos apenas um fato capaz de corresponder bem à idéia que estamos habituados a formar da oração; é uma só das fórmulas, dentre tantas outras, dirigidas a Wollunqua [245]. Esta é uma serpente fabulosa, única em sua espécie; e que, no entanto, dá origem a um clã que traz seu nome e em nada se distingue dos outros clãs totêmicos [246] dos Warramunga (Centro austr.). Os dois chefes do clã repetiram esta prece quando levaram Spencer e Gillen a Thapauerlu [247], ao "buraco d'água" [248], na caverna que ela habita. "Disseram-lhe que lhe haviam levado dois grandes homens brancos para ver onde ela vivia; e pediram-lhe que não nos fizesse mal" [249]. Expõem-lhe, aliás, que são seus amigos e associados. Notemos quão sintomático é este isolamento de semelhante alocução a um ser divino. Os ritos do clã do Wollunqua que seriam, de acordo com Spencer e Gillen, em todas as tribos que eles observaram, os únicos que teriam um caráter propiciatório [250], e entre eles uma única fórmula apresenta um sentido geral, aliás ainda in-

---

244. Intichiuma, ver cap. III. — Cerimônias totêmicas, § 3, 4 e 7.
245. Sobre o culto totêmico do Wollunqua, ver livro II, cap. VI, onde mostramos os caracteres religiosos de todo o ritual dos clãs, fratrias, tribos, nações australianas, e indicamos a possibilidade de sua evolução.
246. Os sarcasmos de Klaatsch contra as afirmações muito claras de Spencer e Gillen nada podem (ver "Schlussbericht meiner Reise in Australia", Z. F. E., 1907, p. 720). — É evidente que estes ritos fazem parte não somente do culto totêmico, mas também do culto das serpentes, particularmente das serpentes d'água. Mas isto de forma alguma contraria as observações dos autores ingleses.
247. N. T. C., p. 252, 253, cf. p. 495.
248. Doravante traduziremos desta maneira o termo inglês (na espécie australiano) "waterhole", que não corresponde nem à nossa palavra fonte, nem à nossa palavra nascente, nem a uma perífrase como "poço natural", etc. São escavações normalmente produzidas nos rochedos onde a água brota, e onde ela fica.
249. Esta frase desaparece da resenha da cerimônia, p. 495.
250. Cf. N. T. C., p. 227, 228, 495, 496.

298 ENSAIOS DE SOCIOLOGIA

forme, que todas estas práticas assumem [251], e esta fórmula não aparece mesmo como perfeitamente integrada no culto: é ocasional e pronunciada diante dos brancos, certamente iniciados, mas assim mesmo estranhos. Em suma, o ponto culminante atingido aqui pelas fórmulas do ritual totêmico ao tenderem para outros tipos de oração não é nem estável, nem elevado [252].

Resta o culto dos grandes espíritos, dos grandes deuses, se quisermos. Ele também comporta certos ritos orais onde o que aparece não são ordens, nem ʻnarrações, nem apelos.

Entre os Pitta Pitta de Bulia, Karnmari, a grande serpente de água, espírito da natureza, iniciador de mágicos, ouve breves discursos [253] totalmente análogos àquele que os dois chefes do clã do Wollunqua enunciavam junto à residência de seu antepassado direto. Mas Karnmari, por sua vez, parece estar separado de qualquer totem; aparece por ocasião das cheias das torrentes e, então, afoga os imprudentes. Se a pessoa quiser proceder sabiamente deverá falar a Karnmari mais ou menos nos seguintes termos: "Não me toques, pertenço a esta região". Em suma, a palavra serve aqui para advertir o espírito possessor do lugar, para pedir que deixe passar, e para indicar-lhe a razão que se têm para contar com sua benevolência. Conversa-se e se lhe pede um favor: a força do curso de água diminui. Entretanto seria necessário não exagerar a qualidade desta prece. A sua função é mais de conjurar do que de adjurar; ela é aqui antes uma palavra de senha para uso das pessoas do país que são os únicos parentes (tais são as relações das pessoas do Wollunqua com seu totem) ou os únicos amigos de Karnmari [254]. Deve, enfim, ser aproximada de todos os fatos de permissão pedida aos espíritos locais, totêmicos ou outros [256]. Desde que seres pessoais se ligaram assaz estreitamente a uma localidade para se tornarem seus proprietários foi necessário agir com eles como se age com os possessores humanos.

Mas, entre os australianos, nem todos os espíritos permaneceram tão ligados à natureza como Karnmari ou Wollunqua. Muitas sociedades, mesmo no Centro e no Oeste [257], compreenderam, em graus diversos, a noção do grande deus,

---

251. Sobre este sentido do rito, ver Frazer, *Beginnings of Religion*, p. 165.

252. Sobre Karnmari, ver Roth, *Ethn. Res.*, p. 152, 260; vocabulário, p. 198; *Superstion. Mag. Med. Bull.*, V, p. 29, n. 118 (cf. mais adiante, livro III, cap. IV, § 5, sobre os espíritos da natureza).

253. *Ethn. Res.*, p. 160, n. 276; *Sup. Mag. Med.*, p. 26, n. 104. Estes dois documentos são ligeiramente diferentes, mas basicamente concordam.

254. A prova deste sentido do rito está em que não se ousa atravessar o rio se se está acompanhado (Roth, *Sup. Mag. Med.* p. 26).

256. Cf. mais adiante, liv. III, nascimento da fórmula ritual.

257. Sobre esta questão ʻdo grande deus, ver mais adiante.

A PRECE

no mais das vezes celeste[258]. Acreditaram suficientemente nela para dirigir a estes deuses uma espécie de culto ou, ao menos, para fazê-los testemunhas mais ou menos ativas de seus ritos. Um dos mais notáveis desses seres divinos é Atnatu[259], o deus da iniciação[260] entre os Kaitish, uma destas tribos que Spencer e Gillen reputam mesmo incapazes de semelhante culto[261]. Nasceu quase na origem do mundo e, com antepassados de alguns totens, transformou as coisas, de rudes e imperfeitas que eram, em ágeis e completas; habita no céu, com suas mulheres, as estrelas, e seus filhos que também são estrelas, *atnatu*, como ele. De lá ele vê e ouve os homens. Ouve se tocam bem os "diabos" da iniciação e se pronunciam bem todos os cânticos desta[262]. Se não os ouve trespassa os ímpios com sua lança e os puxa para ao céu; se os ouve, ele mesmo procede à iniciação de um de seus filhos. Não conhecemos o teor desses cânticos, nem se são cânticos de diversos totens ou os da iniciação propriamente dita; provavelmente se trata de uns e de outros. Mas se seu caráter eficaz é muito acentuado, não é menos certo que são dirigidos a um deus, que este deus não é de forma alguma uma pálida figura mítica, exotérica, e que estes cânticos fazem parte das cerimônias que se deviam e ainda se devem repetir "para ele"[263]. Na maior parte das tribos de Nova Gales do Sul e de uma parte (N.) de Victoria, (S.) de outra do Queensland, os ritos de iniciações[264] comportam normalmente a presença de um grande deus[265]. Ora, este ser, que fora destas cerimônias não parece ser objeto de nenhum culto de adoração, é ao menos objeto de in-

258. O fato de que este grande deus é freqüentemente um totem, ou um antigo totem, ou uma espécie de arquétipo dos totens, ou um herói civilizador, não é de forma alguma exclusivo de sua natureza celeste.

259. Ver N. T. C., p. 344-347, 498, 499. Sobre o mito próximo dos deuses *Tumana* (são *churinga*: diabos), ver p. 421, cf. p. 499, 500. O nome Atnatu vem de *atna*, ânus que ele não possui, mas que abriu nos homens (existe em arunta uma raiz *tu*, bater).

260. Efetivamente, sua função parece estar restringida a isto, todavia faz intichiuma para todos os totens (cf. mais adiante, cap. VIII, § 6).

261. Spencer e Gillen desmentem, apesar da evidência, que Atnatu nada tenha de comparável com Baiame, Daramulum, etc., Cf. *N. T. C.*, p. 252, 492. Ao contrário, é claro que o sentido do culto de Atnatu é infinitamente mais religioso do que o do culto das tribos do Leste: o mito é perfeitamente esotérico, e não há nenhuma cerimônia que reduza Atnatu aos *churinga*.

262. O traço referente aos cânticos não é mencionado na discussão do sentido dos ritos, nem no resumo; mas é mencionado no mito "as mulheres que cessam de ouvir os homens cantando". *N. T. C.*, p. 347. Podemos portanto considerar como certo que não se trata somente do som dos rombos, mas também de todas as cerimônias e de seus cânticos.

263. *N. T. C.*, p. 499. Foi quando viu que alguns de seus filhos não lhe faziam soar os "diabos" e não praticavam as cerimônias sagradas, em sua honra, *for him*, que os precipitou sobre a terra (mito inverso da sanção atual, pois se a iniciação não for feita regularmente, Atnatu puxa para o céu os ímpios).

264. Sobre os ritos orais referentes a estes grandes deuses, ver mais adiante, cap. V, ritos de iniciação.

265. Sobre estes mesmos deuses, ver mais adiante, livro III, II, cap. Mitos.

300 ENSAIOS DE SOCIOLOGIA

vocações; é chamado por seu nome [266], descreve-se o que se faz para ele e aquilo que ele faz [267]; e à maneira de ladainha é evocado "por seus sinônimos" [268]. Como o diz Howitt: "Não existe culto de Daramulun, mas as danças em torno da figura de argila que dele se moldou, e sua invocação nominativa pelos homens-curandeiros certamente teriam podido levar a tanto" [269]. Outras cerimônias comportam uma espécie de demonstração, que pode ser igualmente evocatória: esta é silenciosa, mas tão expressiva que se pode na verdade considerá-la como um desses casos, numerosos entre os australianos, em que a religião se serve do gesto para substituir a palavra [270]. Em Bunan (N.-E. Victoria, S.-E., N.S. Wales, Yuin) os homens levantam os braços para o céu, o que significa "o Grande Senhor" [271], nome exotérico de Daramulun. Da mesma forma em Burbung no círculo de iniciação os Wiraijuri fazem ao grande deus demonstração similar [272].

Semelhantes práticas parecem confinadas aos ritos naturalmente tribais da iniciação. Entretanto são encontradas em outras partes. Diante de Taplin, os Narinyerri fizeram uma manifestação deste gênero ao céu, lançando um grito, um apelo, e os repetiram muitas vezes [273]. Por ocasião de uma grande batida em Kangaroo, depois de um cântico em coro, os homens se lançaram, azagaia em riste, para a fumaça do fogo onde se cozia o wallaby; em seguida levantaram suas armas para o céu [274]. A cerimônia foi instituída por Nurundere, a quem ela é dirigida, e Nurundere é um grande deus [275].

---

266. Ver Howitt, "Cert. Austr. Cer. Init.", *J. A. I.*, XIII, p. 457. "Although there is no worship of Daramulun as for instance by prayer."

267. Cf. mais adiante, cap. V, e Howitt, *ult. loc.*, "yet there is clearly an invocation of him by name".

268. Howitt, "Austr. Cer. Init.", *J. A. I.*, XIII, p. 454, *S. E. A.*, p. 553, cf. 563, 546; "Notes on Songs and Song Makers", *J. A. I.* XVI, p. 332; cf. "Austr. Cert. Init.", p. 555; "Cert. Cer. etc", *J. A. I.*, XIII, 462. "Austr. Med. Men." *J. A. I.*, XV, p. 460, ver mais adiante, a propósito destes sinônimos (cap. V, § 2).

269. *S. E. A.*, 556.

270. Cf. outros casos, mais adiante, cap. IV, cap. V; ver sobre a linguagem religiosa dos gestos e mesmo dos objetos rituais, livro III, cap. IV (relações entre ritos manuais e ritos orais).

271. "Austr. Cer. Init.", *J. A. I.*, XIII, p. 450 (que Frazer parece ter conhecido e por conseguinte confirmado, *Aborígenes of N. S. Wales*, Sydney, 1894, p. 12), *S. E. A.*, p. 528.

272. *S. E. A.*, p. 586, R. H. Mathews, "The Burbung of the Wiraidthuri Tribes", *J. R. S. N. S. W.*, XXIII, p. 215; *J. A. I.*, XXV, p. 109, ao contrário, coloca estes ritos entre os ritos exotéricos feitos diante das mulheres, quando o assim chamado Dharamulum (que aqui é um deus menor, porque é filho do grande) leva os garotos para serem iniciados.

273. *Narinyerri Tribe,* p. 55. Contudo é possível que, dado o grande número de Narinyerri presentes, este rito tenha sido executado durante uma congregação da tribo, e esta congregação quando de uma iniciação (sobre estas coincidências necessárias, ver livro III, cap. IV, § 3, A Festa).

274. Ver mais adiante, livro III, cap. II, Mitos; Taplin, p. 57; *Folklore of South Australia*, Adelaide, 1879, p. 22.

275. Cf. Hubert e Mauss, "Esquisse de une théorie générale de la magie", *Année sociologique*, 7, p. 145.

A PRECE

Seja qual for a importância destes fatos, mostram-nos somente as civilizações australianas enveredando pelo caminho que leva para a oração aos deuses, aos grandes deuses. A simplicidade das fórmulas reduzidas quase todas à invocação do nome, e o alcance dessas fórmulas que evocam mais do que invocam, as alinham verdadeiramente ao lado das outras fórmulas que encontraremos nos cânticos de iniciação de que fazem parte, ou das do culto totêmico das quais são vizinhas. Trata-se de ensaios, mas de ensaios bem informes, para exprimir, por meio de uma fraseologia sumária, que a divindade está à distância e que se quer trazê-la para perto.

É digno de nota que entre os ritos orais existam os dos mágicos onde melhor se manifesta aquilo que um dia será a oração, quando ela há de apresentar outra fisionomia que não aquela que lhe reconhecemos na Austrália. Como uma instituição, que serviu tanto para o desenvolvimento da religiosidade, pode dever tanto aos mágicos? Efetivamente, seria impossível compreendê-lo se não soubéssemos que os mágicos formam a elite intelectual das sociedades primitivas, e figuram entre os agentes mais ativos do progresso. Ora, por dois momentos de seus ritos, ao menos tais como eles os representavam aos leigos, em sua corporação, encontravam elementos que serão, em outras civilizações, típicos de todo ritual de preces.

De um lado, têm a ver com os grandes deuses, dos quais derivam amiúde o poder. Não somente têm em suas inspirações, quando de suas iniciações, conversações regulares com eles [276], mas ainda, em alguns casos, pedidos a dirigir-lhes. Assim é que entre os Anula (Golfo de Carpentária), encontramos talvez uma espécie de verdadeira oração-pedido. Contra os dois maus espíritos que infligem a doença, combate um terceiro, que usa o mesmo nome, Gnabaia, que a cura [277]. O mágico "canta-lhe [278] para que venha e restabeleça o doente". Devem existir ritos do mesmo gênero entre os Binbinga: o mágico tem dois deuses, um dos quais "doublet" é também o duplo, a alma do mágico que usa o mesmo nome que ele; é este último deus que possui poderes medicinais e assiste à operação; e como, num dado momento, o Munkaninji vai pedir ao Munkaninji, deus, a autorização de mostrar à assistência o osso mágico causa da doença, é bem provável que tenha havido o apelo prévio a Munkaninji, e talvez a indicação do efeito desejado [279]. É isto certo? Em

---

276. Cf. Mauss, "Origines des pouvoirs magiques..." cap. III.

277. *N. T. C.*, p. 502, cf. p. 501, sobre a função do Gnabaia na iniciação ordinária; p. 749, diz-se que existem três Gnabaia, dois hostis e um bom; portanto o mito seria exatamente o mesmo que entre os Mara e Binbinga, embora a organização da profissão mágica seja muito diferente.

278. *N. T. C.*, 502, "sings to his Gnabaia".

279. *N. T. C.*, p. 488. Deve haver em todos estes documentos alguma falha de observação: Mundadji (p. 487), Mundagadji (p. 501, não figura no vocabulário, p. 754), Munkaninji = munkani (Mara, Anula, p. 754, ortografado mungurni, p. 489). Todos estes espíritos usam nomes

ENSAIOS DE SOCIOLOGIA

todo caso, parece-nos que fórmulas desse gênero são necessárias no rito que, entre os Binbinga e entre os Mara, consiste em chamar, como entre os Anula [280], um terceiro espírito, contra os dois espíritos maléficos iniciadores dos mágicos [281]. A maneira pela qual um sacrifício serve para adquirir o poder mágico [281 bis] nos faz pensar que os mágicos destas tribos puderam chegar ou pretender chegar a refinamentos rituais bastante elevados.

De outro lado, os mágicos ainda encontravam seres, bastante individuais e sagrados, com os quais podiam e deviam, em certas tribos, entreter-se regularmente. São os mortos cujos poderes eles também detêm. Naturalmente, como, por um rodeio, os mágicos são superiores a seus espíritos oficiais, a maioria destes ritos orais assumem o aspecto de evocação simples mais do que de evocação. Encontrar-se-á um bom exemplo disto no antigo trabalho de Dawson, sobre as tribos do N.W. de Victoria. Entretanto, nem todos têm uma cor tão nítida de fórmulas mágicas. Certas expressões tradicionais dos mágicos já possuem um sentido menos fixo: assim é que Howitt apresentou três traduções de uma mesma fórmula, de *Mulla mullung* (mago de magia branca), interpretando-a alternativamente como suplicatória e como evocatória [282]. Mas outros fatos são mais claros. Os Jupagalk (Victoria W.) suplicavam, em caso de perigo, a um amigo morto para que viesse vê-los em sonho e ensinar-lhes as fórmulas que podiam conjurar o malefício [283]. Entre os Bunurong (Victoria, Melbourne), "conjuravam-se" os Len-bamoor, os espíritos dos mortos para que fizessem o favor de entrar na parte doente e extrair o encantamento causador da doença [284]. O fato é verossímil sobretudo se aproximando do rito Anula, que acabamos de assinalar; mas as palavras provavelmente não tinham uma forma de adjuração tão clara.

---

singularmente próximos, tanto daquele do mágico como daquele do rito (cf. mais adiante, o *munguni*, livro III, cap. II, o feitiço).

280. Não compreendemos absolutamente como Spencer e Gillen puderam afirmar que não há nenhuma analogia entre as práticas mara *binbinga* e as práticas anula *N. T. C.*, p. 502.

281. Ver p. 628. O *munpani* de que se trata talvez seja simplesmente *munkani*: uma falha de impressão, uma falta de atenção bastaria para explicar tudo. Mas é certo que os documentos de Spencer e Gillen pecam aqui singularmente do ponto de vista lógico e filológico.

281 bis. *N. T. C.*, p. 488.

282. Cf. Howitt, in B. S. *Ab. Vict.*, I, 473; Fison e Howitt, *Kam. a. Kur.*, p. 220; cf. "Notes on Songs and Song Makers", *J. A. I.*, XVI, p. 733, e *S. E. A.*, p. 435. A fórmula é a seguinte:

Tundunga Brewinda nundunga mei murriwunda.

"Tundung para Brewin, eu creio, pelo recurvado, pelo olho do propulsor". Howitt traduziu (*Kam. et Kurn.*) por "O! Tundung!" embora dê o sentido de *Tundung*: fibras do "stringy bark tree". Mais tarde converteu de *Tundung* em um instrumental como *Brewinda*. Anteriormente, em Brough Smyth fizera de *Brewinda* um vocativo.

283. *S. E. A.*, p. 435. Cf. a propósito dos Gournditch Maro, Rev. Stähle in Fison e Howitt, *Kam. a. Kur.*, p. 252, revelação pelo morto das orações para a morte, documento criticado mais adiante, livro III, cap. II.

284. Brough Smyth, *Abor. Vict.*, I, 462, 463, cf. *Vocab.*, Green, *ad verb.*, *ibid.* II, 122. Cf. *Ibid.*, uma petição aos pássaros da qual trataremos mais adiante, livro III, cap. I, §. Ritos mágicos.

A PRECE 303

Aí estão, pois, fatos comprobatórios de que existem, mesmo na Austrália, preces e elementos de prece de tipo bastante evoluído. Podemos agora abordar o estudo de outros tipos de orações menos próximas dos tipos conhecidos. De uma parte, com efeito, estaremos seguros de que ritos orais elementares que agora vamos descrever são exatamente os que dão origem àqueles que acabamos de discernir. Pois vemos estes coexistirem com aqueles numa mesma civilização, num mesmo ritual. E facilmente poderemos ligar uns às orações do culto totêmico e os outros às do culto de iniciação. Numa massa considerável de preces vivas mas rudes e totalmente diferentes daquelas a que ordinariamente se reserva este nome, vimos os núcleos, os germes nascerem, colorirem-se os centros de onde partirão as novas formas de instituição.

Mas teremos ainda mais a impressão da riqueza religiosa do ritual oral elementar dos australianos quando tivermos analisado cada um de seus elementos. Por distantes que sejam das orações clássicas, as fórmulas do culto totêmico ou do culto de iniciação nos parecerão como dotadas da mesma natureza genérica e da mesma função social que aquelas. Ao mesmo tempo, quanto a nós, ver-nos-emos em estado de tentar uma explicação dessas fórmulas elementares, de captar-lhes as condições e as causas profundas, na mentalidade dos homens que vivem em agrupamentos extremamente primitivos. Enquanto que a análise histórica de coletâneas consideráveis de preces evoluídas não teriam mesmo podido colocar-nos no caminho das fórmulas primitivas, já nos encontramos no das causas. A via que escolhemos conduz-nos a tal objetivo e a conclusões sobre as faculdades que estas formas elas mesmas tinham de evoluir, sobre as causas que puderam impor esta evolução.

CAPÍTULO III. AS FÓRMULAS DOS INTICHIUMA

I. *Introdução*

Efetivamente, resta-nos descrever e analisar um número considerável de ritos orais, de caráter evidentemente religioso e que são, não menos evidentemente, dirigidos para seres considerados como sagrados. Uma nomenclatura tirada da teologia recusava, sem dúvida, o nome de orações a estes ritos; pois não são nem a expressão de um estado de alma individual, nem de uma crença ou de um desejo. Sua simples transcrição fará ver, ao contrário, que eles merecem esse título, contanto que ele seja entendido em sentido amplo. E o próprio número dos fatos demonstrará que importância têm estas bárbaras fórmulas, que constituem a massa, o centro de gravidade do ritual oral australiano.

304 ENSAIOS DE SOCIOLOGIA

Não as estudaremos, com exceção das cerimônias nas quais podem ser pronunciadas. Este método, por assim dizer exclusivamente literário e filológico, só pode ser aplicado aos rituais muito evoluídos, onde a oração já conseguiu obter seu lugar próprio. Mesmo então é amiúde perigoso isolar este estudo. A prece quase não logra trazer à tona outros elementos afora os desejos expressos, se é que existem, os seres invocados quando o são nomeadamente e algumas das relações que as pessoas pensam manter com eles. Mas não pode realçar as mais íntimas destas relações, nem sobretudo a maneira pela qual age a palavra, que só se pode conceber se, num rito ao mesmo tempo manual e oral, se mede o lugar respectivo dado às duas frações do ato. A eficácia da palavra, os vínculos entre os homens e os deuses, esses dois fenômenos essenciais da oração não são mais os que se procura explicar, mas os dados necessários de onde se deve partir, os últimos princípios aos quais se possa remontar.

Um exemplo dos perigos deste método é o trabalho, tão importante, que Ausfeld consagrou à prece na Grécia [285]. Entre as questões que negligencia — todo mundo tem o direito de negligenciá-las — uma é precisamente a do próprio sentido da oração nessas religiões: ora, visto que ele constata efetivamente que as orações são antes de tudo *rituais* [286], teria tido o meio, se houvesse estudado as relações com os ritos, sacrificais ou outros, de determinar a função geral que a prece desempenhou entre os gregos; teria podido vê-la, em particular, reduzir-se ao voto εὐχή. [287] e, em suma, à expressão sobretudo dos vínculos estabelecidos, por outros ritos ou por qualidades naturais, entre os gregos e seus deuses.

Seria ainda mais perigoso tratar isoladamente da oração na Austrália, onde ela não é, por assim dizer em nenhum grau, um rito autônomo. Ela não se basta a si própria. Constataremos apenas em alguns casos que ela se separou o suficiente das operações materiais para que pareça ter independência. Ora, num deles [288], nem possui mais figura de palavra sequer, mas se reduz a um grito lançado com extraordinária monotonia. Durante a maior parte do tempo, não é mais do que o acompanhamento de outro rito, por mais longos que sejam os intervalos de tempo que ocupa. Amiúde não passa de uma franja emotiva, uma expressão

---

285. "De Graecorum praecationibus quaestiones." Suppl. Bd. XXVIII *Jahrb. f. Klass. Philol.* Leipz, Teubner, 1903, p. 505 ss. Deste trabalho, entre as teses a serem retidas pode-se assinalar sobretudo a divisão dos três temas: invocação, parte épica, prece ou petição propriamente dita.

286. P. 506, coisa curiosa a divisão em "preces rituais" e em "preces quae sine actione sacra effunduntur", não é seguida no resto do trabalho.

287. Ver nossa resenha de W. H. D. Rouse, *Greek Votive Offerings. An Essay on the History of Greek Religion*, 1903, in *Année sociologique*, 7, p. 29-297.

288. Intichiuma do cacatua branco entre os Warramunga, mais adiante.

sumária dos sentimentos violentos e das pobres imagens que atos brutais, penosos e exaltados supõem. Portanto aqui é impossível separar os atos orais dos gestos manuais que sempre contribuem para dar-lhes um sentido pleno e verdadeiro.

Será portanto necessário situar, antes de mais nada, as orações australianas em seu meio ritual. Para compreendê-las, cumprir-nos-á, sem outra pretensão imediata, passar em revista os documei 'os que nos relatam ritos orais, em cerimônias, e procurar desenredar daí, durante o percurso, todos os elementos de oração que se possam neles encontrar.

Este procedimento terá o inconveniente de nos obrigar a algumas repetições. Nestas religiões, pouquíssimo férteis em variações, encontraremos fórmulas de natureza idêntica para cerimônias de diferentes alcances, e, para orações diversas, condições manuais invariáveis. A fim de evitar as repetições, poderíamos ser tentados a dispor de outra forma os fatos. Seria sedutor, por exemplo, classificar diretamente as preces de acordo com sua natureza e suas modalidades. Mas nos pareceu preferível proceder de maneira mais simples, efetuando um inventário completo dos fatos, sem impor-lhes, por assim dizer antecipadamente, um quadro de todo pronto. Nada mais faremos, pois, do que repartir os ritos orais de acordo com as diversas instituições religiosas das quais são preces essenciais. Limitando-nos, por escrúpulos, ao estudo de *todos* os documentos, daremos assim a sensação de termos investigado conscientemente os fatos contrários, e de não termos sistematizado preconcebidamente. Aliás, uma classificação imediata, necessariamente rigorosa, das fórmulas teria feito desaparecer de nossa exposição a descrição de numerosas conexões que é útil que o leitor conheça. Em particular, acontece muitas vezes que, numa mesma cerimônia, se sucedem orações de sentidos divergentes e de valores diferentes: isolá-las umas das outras, cortá-las de seu substrato de gestos, seria impossível e, em todo caso, arrastaria a erros.

Além do mais, ao longo da própria descrição, podemos esclarecer os tipos principais. Aproveitando o fato de que determinado grupo de povos desenvolveu mais determinado tema do que outro, poderemos, mesmo seguindo uma ordem histórica, geográfica, etnológica se se quiser, medir as identidades e as diversidades. Assim, deixaremos ao mesmo tempo *in situ,* em sua ganga natural, os ritos orais; e com isto conseguiremos já classificá-los.

Entre as cerimônias certamente essenciais das religiões australianas, distinguiremos três grupos principais:

1.º As cerimônias que têm por objetivo agir sobre a coisa ou a espécie totêmicas.

2.º As cerimônias totêmicas que fazem parte dos ritos de iniciação.

306 ENSAIOS DE SOCIOLOGIA

3.º As cerimônias da iniciação propriamente ditas: circuncisão, extração do dente, dos pelos, etc.

Esses três grupos, aliás, formam um sistema claramente ajustado; em torno deles é fácil agrupar toda uma poeira de ritos, cultos das classes, da tribo, dos indivíduos; e não teremos dificuldade em demonstrar, mais adiante, sua unidade genérica e de origem.

Nessas três partes do culto australiano, encontramos numerosos ritos orais.

Damos o nome de *intichiuma* às cerimônias do primeiro grupo. Conservamos o termo de Spencer e Gillen; eles o tomaram emprestado, talvez até inexatamente [289], dos Arunta do Centro australiano [290] e o aplicaram a todas as cerimônias do ~esmo gênero que constataram em tribos vizinhas, do Norte ~ do Sul. De modo geral, achamos perigoso estender assim o nome de uma instituição, que pode ser muito especial de um povo, a toda uma série de instituições similares ou homólogas entre outros povos. Mas o termo, na medida em que nossa ciência o entende, fez fortuna, e, desde que definido exatamente, seu emprego não oferece perigo.

São *intichiuma* aquelas *cerimônias dos clãs totêmicos que têm como efeito agir diretamente e, em certa medida exclusivamente, sobre a espécie ou a coisa totêmica*. Semelhante definição se afasta sensivelmente das definições propostas [291], mas tudo o que agora vem em seguida a justificará. Ver-se-á particularmente quão errados andaríamos se acompanhássemos nossos antecessores prejulgando com respeito ao caráter mágico dos ritos ou não incluindo entre as funções desse ritual tanto os ritos que limitam quanto os ritos que aumentam a existência do totem [292].

---

289. Strehlow, efetivamente, *Ar. St.*, I, p. 4 e *ib.* n. 5, relaciona a palavra de uma raiz *inti* que significa ensinar; todas as cerimônias do culto totêmico seriam *intijiuma*, atos de ensinamento (*intijiuma* substantivo, infinitivo verbal do causativo do verbo *inti*); por conseguinte, todas caberiam nas cerimônias totêmicas da iniciação, ver mais adiante, cap. IV, onde adotamos uma parte da teoria de Strehlow. — Mas ele distingue, entre os *intijiuma*, os *mbatjakuljama* (= pôr de bom acordo) que consistem em restabelecer o bom entendimento entre os deuses totêmicos, e em excitar as espécies a se reproduzirem, a chuva a cair, etc., o que redunda simplesmente em restabelecer o *intichiuma* sob outro nome e dar-lhe um sentido mais amplo e mais religioso. — Não hesitaríamos a aceitar a opinião de Strehlow se não tivéssemos, em geral, certa desconfiança com relação às suas etimologias e se Kempe, *Vocabulary of the Tribes... Tr. R. S. S. Austr.* XIV, 2, 1891, p. 93, não indicasse *intitakerama*, to mimic, to speak, que dá ao radical *inti* um sentido que Strehlow não dá. Ver, todavia, Planert, "Australische Furschungen", I, *Zeitsch. f. Ethno.* 1907, *Aranda Sprache*, segundo Wettengel, p. 151, inti.

290. É bem possível que haja, entre os Arunta, várias tribos; em todo caso, há certamente vários dialetos e vários rituais (cf. mais adiante); supomos que a palavra intichiuma talvez tenha sido empregada no sentido indicado pelos Arunta do Nordeste (grupo de Alice Springs, Tjritja em arunta, etc., e pelos grupos vizinhos, para o Leste).

291. Sobre estas definições e as teorias que elas acompanham, ver as referências citadas mais adiante.

292. A única tribo onde os poderes do clã totêmico tem, segundo um autor bastante superficial, um caráter exclusivamente positivo é aquela dos Piljarri, Paljarri (N. de W. A.), onde os membros dos clãs não teriam outro poder afora o de acrescentar o nome dos seres de

A PRECE

Para compreender o ritual dos intichiuma australianos estudaremos primeiramente o conjunto dos intichiuma dos Arunta. São os intichiuma melhor e há mais tempo conhecidos. Como contêm, ao mesmo tempo, grande número de ritos orais, de alcance e de texto bem determinados, e quase todas as variedades desses ritos, fornecem um excelente ponto de partida. Acrescentemos que conhecemos, melhor do que no caso de qualquer outra tribo, as condições rituais, mitológicas, sociais em que são repetidas as fórmulas. Continuaremos com os intichiuma dos Warramunga, que nos mostrarão uma única espécie de ritos orais a formar, quase sozinha, o ritual completo dos intichiuma desta tribo. Em torno das duas tribos do centro da Austrália, agruparemos as tribos, de organização e de civilização muito diferentes, que ocupam o resto do território australiano; mostraremos que elas também possuem, mais ou menos desenvolvida, tal instituição religiosa, e que esta compreende, por seu turno, preces de gêneros equivalentes e pronunciadas em condições equivalentes.

II. *Os intichiuma arunta*

Os Arunta são, atualmente, a tribo melhor conhecida da Austrália [293]. Habitam um enorme território, na longitude 132° E.Gr.-136° e mais de três graus em latitude 23°-26°. Formam uma das tribos mais poderosas das que habitaram a Austrália [294]. Em número de mais de 1 200, constituem mais de uma centena de grupos locais, totêmicos. Talvez sejam mais uma confederação do que uma tribo única [295]. Mudanças importantes nos dialetos [296], nas ceri-

---

seu clã, J. G. Whitnell, "Marriages Rites an Relationships". *Austral. Anthr. Journ. Sc. of Man*, 1903, VI, p. 41. Mas se o fato é plausível, o testemunho exige confirmação, pois, em suma, está aí implicado um fato grave.

293. Graças aos trabalhos de Spencer e Gillen, e dos missionários alemães: sobre as críticas que lhes são dirigidas, ver atrás.

294. Os Arunta eram ainda mais numerosos por volta do ano de 1874, antes da chegada primeiro das bexigas e depois da sífilis, depois dos europicus (ver Schultze, "Notes Abor.", etc., *Trans. R. S. S. A.*, 1891, XIV, p. 18). A mais poderosa das tribos que Howitt descreve, os Dieri, contavam, quando muito, no começo da ocupação européia, 600 membros; eram 230 no momento do recenseamento de Gason, in Curr. II, p. 44. As tribos mais numerosas como os Wiraidthuri, os Barkunji (3000 segundo Teulon, Curr II, p. 189), os Narrinyerri (segundo Taplin em 1842 em número de 3200) são antes agregados de tribos. De resto, é muito difícil dizer onde começa e onde acaba a tribo na Austrália (ver mais adiante, livro III, parte I, condições de morfologia social).

295. Cf. os nomes de origem puramente geográfica das diversas divisões arunta, Stirling. *Rep. Horn Exped.* IV, p. 10. Spencer e Gillen, *N. T.*, p. 9. Mesmo se esses nomes só se referissem à distribuição dos grupos locais por ocasião dos acampamentos gerais da tribo e de suas frações, nem por isso deixariam de ter interesse: embora só designem as regiões de onde vêm os clãs e a maneira pela qual se dispõem no campo segundo sua direção de origem, talvez esta distribuição se opere no interior das fratrias que aqui comandam a organização do campo tribal (cf. os textos citados: Durkheim e Mauss, "Classifications primitives", *Année sociologique*, 6, p. 63, mesmo no caso em que esta hipótese fosse verificada, seria a suposição que fizemos nesse momento que se veria, ela mesma, corroborada).

296. Sobre essas variações de dialeto, ver por exemplo Kempe, "Vocabul." *Trans. R. S. S. A.*, II, p. I ss.; as variações do léxico em

308 ENSAIOS DE SOCIOLOGIA

mônias de iniciação por exemplo [297], na organização social [298], o fato de que ao menos uma das partes da tribo (aquela que habita o Rio Finke), parece dotada de uma organização completa, tudo isto nos dá o que pensar [299]. Não habitam de forma alguma uma região tão exclusivamente desolada como poderiam fazer crer certas descrições [300]. A região por onde vagueiam é uma estepe recortada de dunas e de espaços rochosos, mas as águas aí são muito abundantes, os rios que não chegam à sua antiga embocadura do Lago Eyre não deixam de ser permanentes e piscosos; os vales mais ou menos largos e escarpados formam territórios de caça abundante, e os pequenos oásis do deserto ou da estepe excelentes reservas [301]. Apesar de uma tecnologia primitiva [302], os Arunta, como em geral a maior parte das tribos australianas, podiam, pois, manter-se num estado de feliz adaptação a um meio favorável. Sua vida econômica lhes deixava lazeres e não os impelia nem ao progresso técnico, nem ao progresso científico [303]. Grandes congregações tribais, e até mesmo intertribais, consagradas a longas festas de iniciação [304], onde puros festins e puros divertimentos se misturavam aos ritos mais sagrados, ocupavam meses inteiros. Isto supõe um solo fértil em grãos, em répteis e em insetos, boas caçadas e provisões acumuladas.

Nestas condições materiais, os Arunta desenvolveram e provavelmente já deixaram degenerar [305] uma organização

---

particular parecem bastante graves, exemplo: *ultunda* S. W. (pedras mágicas) = *atnongara* N. E., etc., *Engwra* = *urumpilla*.

297. Sobre estas variações, ver *N. T.*, p. 265. *N. T. C.*, p. 308, 309.

298. Sobre as divisões de 4 a 8 classes, cf. a divertida contradição entre os antigos missionários, Kempe e Schultze, in *Horn. Exped.* IV, p. 50, os documentos citados in Durkheim, "Sur totémisme", *Année sociologique*, 5, p. 82.

299. Resulta de uma análise dos documentos de Strehlow, *Ar. St.*, I, p. 3, n. 5, que os Arunta da Finke, por si sós, repartem entre as oito classes distribuídas entre duas fratrias *Pmalyanuka* e *Lakakia*, os territórios inteiros. Spencer e Gillen tomaram seus nomes próprios por nomes comuns; o primeiro, *nakrakia*, designaria as pessoas da fratria daquele que fala, o segundo, *mulyanuka*, o de fratria oposta. Persistiram neste erro em seu segundo livro, *N. T. C.*

300. Florescentes estações, em *Tempe Downs* em país Loritja, *Exped.*, *Horn*, LV, p. 7. Schultze, "Tribes Finke R.", *Tr. R. S. S. A.*, XIV, p. 220, 229, fazemos alusões às descrições dos primeiros exploradores Giles, *Australia Twice Traversed*, p. 12, etc.; e mesmo às de Spencer e Gillen, *N. T.*, p. 2 ss; na realidade os grupos arunta só residem no deserto ou na estepe quando estão em viagem ou quando perseguem a caça. Aliás, a região tornou-se um país de estações esparsas; mas, em suma, é relativamente colonizado, cf. R. H. Mathews, in *J. R. S. N. S. W.*, XXXVIII, p. 420.

301. Sobre a caça, a pesca, a colheita. Ver, além de Spencer e Gillen, *N. T.*, p. 7 ss. *N. T. C.*, p. ss.; Schultze, *loc. cit.*, p. 232-234.

302. *N. T. C.*, p. 633 ss.

303. Cf. mais adiante, livro III, parte II, § 1.

304. O *Engwura*, a que assistiram Spencer e Gillen durou mais de três meses, durante os quais os homens só excepcionalmente saíram para caçar. Cf. "The Engwura of the Arunta Tribes", in *Trans. R. S. Victoria*, II, p. 221-223.

305. Sobre a degenerescência já antiga dessas tribos, ver Schultze, *loc. cit.*, p. 218, 224-225 (alterações da organização social). Cf. Kempe, *Vocab.*, p. 1, sobre a dificuldade de conversar com rapazes que não foram educados na missão. Entretanto, não se deveria deduzir dessa contradição que a observação, tanto a de Spencer e Gillen como a dos outros autores, foi impossível. Primeiro, o extremo nomadismo dos Arunta salva-os, apesar de suas numersas relações com os europeus, de uma influência demasiado forte; e depois os etnógrafos e os

A PRECE

social extremamente aperfeiçoada. De um lado, duas fratrias, entre as quais outrora, e ainda hoje em princípio, se distribuem os totens [306]. Estas duas fratrias divididas em quatro ou oito classes matrimoniais, conforme estejamos ao sul, ao sudoeste ou ao norte da tribo [307], permitiam levar em consideração a posição dos clãs totêmicos nas fratrias, a descendência uterina e a descendência masculina [308]. Ao menos elas desempenhavam esta função quando, por razões desconhecidas, a herança totêmica que, durante muito tempo se fez de maneira regular [309], como entre todos os vizinhos dos Arunta [310], cessou entre eles, de um modo que não foi miraculoso.

Mas, do ponto de vista do culto totêmico, anotamos a importância e o número considerável de clãs totêmicos: Spencer e Gillen nos enumeram ao menos 62 em sua primeira obra [311], 75 na lista que dão na segunda obra [312]. Dos

missionários tiveram a natural prudência de só se dirigirem a anciãos que pareciam bastante inteligentes (cf. *N. T. C.*, prefácio, p. VIII e R. H. Mathews, *ult. loc. cit.*, p. 420); cf. Strehlow, *Ar. St.*, I, p. 1, n. 2, ef. fig. p. 1.

306. Cf. atrás, e Durkheim, "Sur le totémisme", *Année sociologique*, 5, p. 91 ss.; cf. mais adiante, livro III, parte II, Cap. II, condições sociais. Supomos, para prevenir desde já o crítico que os Arunta tinham, há ainda relativamente pouco tempo, uma organização semelhante à dos Mara e dos Anula.

307. Cf. Durkheim, "Sur l'organisation matrimoniale etc.", *Année sociologique*, 8, p. 124 ss. As objeções feitas por Thomas, van Gennep e outros não procedem, ao menos em nossa opinião.

308. Um documento de Schultze, muito pouco notado, estabelece que a criança tinha dois totens, o de seu pai e o de sua mãe, *loc. cit.*, p. 235, cf. p. 238, para os *tmara altjira*, o campo da Alcheringa, que é, segundo Schultze, sempre o campo da mãe, do antepassado mítico da mãe; cf. mais adiante cap. V: as cerimônias totêmicas em caso de perda de sangue.

309. Naturalmente, não adotamos de forma alguma a hipótese segundo a qual a crença primitiva teria sido a fé no nascimento perfeitamente miraculoso, sem relação com os totens; cf. mais adiante livro III, II, I, para uma discussão. Em todo caso, a questão nos parece vazia pela simples observação de que não se compreenderia como se teria chegado à noção de filiação uterina, cf. *Année sociologique*, 10, p. 229.

310. Salvo aqueles que são exatamente da mesma nação: Ilpirra, Unmatjera, Kaitish (?) (cf. *N. T. C.*, p. 150 ss) e estes se acham ainda num estado menos evoluído de decomposição, pois os totens ao menos continuam ligados às fratrias. Mas entre os Warramunga e todas as tribos do Norte, como entre os Urabunna e todas as tribos do Sul, o nascimento miraculoso não tem de modo algum como efeito uma descendência irregular dos totens.

311. Ver a lista que demos, *Année sociologique*, 6, p. 28, n. 2 e comparar com a lista seguinte.

312. Cf. *N. T. C.*, p. 768 ss. *Arwatja* (camundongo); *atjilpa* (achilpa de *N. T.*, gato selvagem); Bandicout; *uknulia* (cão); *inarlinga* (équidna); *elkuntera* (grande morcego branco); euro; canguru, opossum; *untaina* (pequeno rato); *untjipera* (pequeno morcego); wallaby; *arthwarta* (pequeno falcão); *ertwaitja* (pássaro sino, cf. 374 onde ele se chama kupakupalpulu, num mito); *atnaljulpira* ("grass parrot"); *impi impi* (pequeno pássaro), *ircalanji* (falcão escuro); coruja; *atninpiritjira* (periquito Pr. Alex.); faisão indígena; *inturita* (pombo); *podargus; tulkara* (cotovia); *taluthalpuna* (galinha-do-mato); *thippathippa* (pequeno pássaro); *ertnea* (peru); *ullakuperra* (pequeno falcão); serpente escura; *arrikarika; obma* (serpente tapete, cf. o nome genérico das serpentes que é, Dieri, womma apma, Urabunna); *okranina* (não venenosa), *undathirka* (idem); lagartos: *erliwatjera* (*varanus* Gould.); *etjunpa* (*var. sp.*); goama (*var.* varius); *iltjiquara* (*varanus punctatus*); *ilura* (*nephriarius*); lagarto judeu; lagarto Parenthie (*var. gigant.*); rã (*lymnodynastes dorsalis*); peixes: *interpitna, irpunga*; *tjanka* (formiga buldogue); *intiliapaiapa* (water beetle); formiga de açúcar; *untjalka* (*unchalqua* de *N. T.* uma lagarta); lagarta witchetty; grãos herbáceos: *alojantwa, audava, ingwitjika; injirra; intwuta; elonka* (fruto de Marsden, sp.); (supo-

310 ENSAIOS DE SOCIOLOGIA

mitos recolhidos por Strehlow, e que, segundo ele, se referem exclusivamente a deuses totêmicos [313], extraímos uma lista de mais de 99 totens, sem incluir um grande número de subtotens. Isto supõe, em média, uma dúzia de indivíduos para cada clã totêmico; e como alguns são muito numerosos

mos que Spencer e Gillen simplesmente omitiram de anotar arunta: *unjiamba* (flor da Hakea); *munyera* (semente de *claytonia balonnensis*); *tjankuna* (uma baga); *ultinjkintja, untjirkna* (sementes de acácia); *yelka* (bulbo do *cyperus rotondus*).

Os totens aberrantes são: o fogo, a lua, a estrela vespertina, pedra ([?] provavelmente pedra de "tomahawks"), sol, água (nuvem).

O totem do vento não é mencionado entre os totens aberrantes; certo número de outros totens mencionados em *N. T.* não figuram no segundo volume, por exemplo *arwarlinga* (espécie de flor hakea), p. 444, *urpura* (pega anã), p. 404; o mais importante dos totens assim negligenciados é o da ameixeira Akakia. De outro lado, bom número de totens são ortografados, talvez mesmo nomeados de maneira extremamente diferente, por exemplo, *ulira* N. T. p. 439: *ilura N. T. C.;* a serpente tapete *okranina N. T.,* p. 342 se chama *obma, N. T. C.;* falta, enfim, na segunda lista, totens mencionados em *N. T. C.,* exemplo *latjia* (mesmo nome como em Strehlow), para uma semente de erva, p. 731. Notar-se-á que o número de totens de plantas é muito maior do que na primeira lista.

Certo número são certamente subtotens; exemplo: uma pequena lagarta *N. T.,* p. 301, etc. Cf. mais adiante.

313. Lista dos totens de Strehlow. *Ar. St.* I (ordem alfabética, ordem de Planert).

Alkenenera (espécie de cigarra), p. 56, n. 8; *alknipata* (espécie de lagartas), p. 84; *antana.* (opossum), p. 62; *ara, aranga* (canguru, *arunga* de Sp. G., p. 2, p. 6, etc.); *aroa* (euro), p. 29, p. 59; *arkara* (espécie de pássaro branco), p. 67, p. 73; *arkularkua* (espécie de coruja cuco, *Podargus*), p. 8.

Eritja (*irritcha,* de Sp. G., águia), p. 6, p. 45, etc.; *eroanba* (grou branco), p. 76.

Ibara (grou com listas cinzentas e negras), p. 19, p. 75, p. 82; *ibiljakua* (patos), p. 11, p. 74; *ilanga* (pequeno lagarto), p. 81; *ilia* (ema, *erlia* de SP. G.), p. 6, etc.; *ilkumba, ilbala* (espécie de arbustos, p. 67; *ilbala* (ilbula? *tea tree*), p. 98, *iltjenma* (lagostim-do-rio), p. 46, n. 19, *imbarka* (centípede), Taf. IV, n. 5: *inalanga* (inarlinga de Sp. G.) (équidna), p. 6, 8 etc.; *injitjera* (rã), p. 52 (cf. *inyalanga* de Sp. G. para o totem precedente e este): *injitjinjitja* (pequenos pássaros negros), p. 91; *injunanga* (larva do gumífero), p. 85, p. 11 (mas existe aqui uma negligência de Strehlow), *injikantja* (goma envenenada? Gift-drüse?); *intjira* (lagarto negro), p. 60; *inkaia* (pequeno bandicoot), p. 66, p. 76; *inkenikena* (pássaro de presa, provavelmente totem Loritja), p. 45; *inkalentja* (pequeno falcão), p. 81; *iwuta* (wallaby), p. 57, (cf. Sp. G. *N. T. C.,* p. 768); outros nomes de wallaby totens, talvez de outras espécies, *luta, putaia*) *irbanga, (irpunga,* Sp. G., peixes de toda espécie, um dos raros totens genéricos comuns), p. p. 46, n. 19; *irkentera* (morcego, Sp. G. *elkuntera*); *irkna* ou *jelka* (yelka, Sp. G., inhames), p. 87.

Ulultara (papagaio), p. 78; *ulbatja* (papagaio); *ulbulbana* (morcego), p. 46; *ultamba* (abelhas), p. 67; *urartja* (rato), p. 46; *urburu* (pequeno pássaro do gênero da pega, *craticus nigricularis* Gould), p. 2, 19; *urturta* (*urturba,* tabela VIII, fig. 2, pequeno falcão), p. 39; *utnea* (espécie de serpente venenosa), p. 48, n. 2, p. 18, 28, 94.

Kelupa (longa serpente negra, venenosa), p. 29, 50; *kulaia* (outra serpente), p. 57, 78; *kutakuta* (ou *kutukutu*, pequeno pássaro noturno vermelho; o indivíduo kurtakurta de Spencer e Gillen, *N. T.,* p. 232 ss., cf. *ib.,* p. 651 é evidentemente o mesmo), cf. p. 20, cf. p. 53, n. 4 (Loritja); *knarinja* (longa serpente não venenosa), p. 50; *knulja* (*uknulia* de Sp. G., *N. T. C.,* p. 768, cães), p. 27, cf. p. 39; *kwaka* (espécie de *Podargus*), p. 67, n. 4; *kwalba* (rato marsupial cinzento), p. 66; *kweba* (outra espécie do mesmo animal?), p. 78.

Nkebara (alcatraz), p. 46, p. 74; *ngapa* (gralha, *corvus coronoides*), p. 76, p. 6; *nganka* (corvos, idênticos a *ngapa*?), p. 58; *nguratja* (longa serpente venenosa, p. 29).

Tjilpa (gato selvagem, Achilpa de Sp. G.), p. 9, etc.; *tjilparg tjilpara* (*thippa thippa* de Sp. G.) (pássaro muito pequeno, com suas verdes e peito vermelho), p. 37; *tjunba* (*varanus giganteus*, lagarto gigante, *echunpa, etjunpa* de Sp. G.), p. 6, p. 79.

Ntjuara (grou branco), p. 8, p. 90 (outra identificação);

Pipatja (espécie de lagarta), p. 84; *jerramba* (*yarumpa* de Sp. G., formigas de mel), p. 82.

Tangatja (larva de lagartas do pau-ferro), p. 86; *tantana* (garçareal negra), p. 76; *tekua* (espécie de rato), p. 46; *terenta* (rã), p. 81,

A PRECE

e outros reduzidos a algumas unidades, e até mesmo à unidade [314]; como do ponto de vista especial dos intichiuma cada clã tem seu intichiuma [315], percebe-se por aí a extrema complexidade desse culto. Como, enfim, no caso em que o clã é numeroso, cada um dos grupos locais tem seu *intichiuma* [316] e como pode haver aí muitos intichiuma por clã [317], é razoável supor que não conheçamos mais do que uma pequena parte deste ritual. Há apenas uma quinzena de intichiuma, em mais de cento e cinqüenta, cujas fórmulas e ritos possuímos. Mas, apesar de uma extrema variedade na especialização, este ritual, como veremos, é de extrema uniformidade [318]. De outro lado, por mais numerosos

p. 99; *tokia* (rato), p. 46; *tonanga* (larva comestível de uma formiga), tab. I, I; *titjeritjera* (companheiro de pastor, *Sauloprocta motacilloides*), *Tnalapaltarkna* (espécie de garça-real noturna), p. 76; *tnatata* (escorpião), t. III, 2; *tnimatja* (espécie de larva que vive sobre o pássaro arbusto *tnima*), p. 86; *tnunka* (rato canguru), p. 8, 59, 64, 65 (*atnunga* de Sp. G.), *tnurungatja* (lagarta witchetty, *udnirringita* de Sp. G.), p. 84.
Palkanja (martim-pescador, exemplo: Halcyon spec.), p. 77; *pattatjentja* (pega de vaso, pequeno pássaro do gênero da pega), p. 28; *putaia* (wallaby, aliás *luta*, aliás *aranga*), p. 9, 65.
Maia maia (grande larva branca que vive sobre os arbustos do gênero *udnirringa* de Sp. G., *tnurunga* de Str.), p. 84; *maljurkarra* (fêmea do rato marsupial?), p. 99; *manga* (moscas, genérico?), p. 49; *mangarabuntja* (os homens moscas?), p. 61, 96; *mangarkunyerkunja* (lagarto papa-moscas), p. 6; *manginta* (uma espécie de coruja), p. 67; *milkara* (uma espécie de papagaio verde, com mancha amarela na cabeça, *Calopsitt. Nov. Holl.*), p. 79; *mulkamara* (mosca varejeira), t. III, n. 1; *mbangambaga* (rato porco-espinho), p. 86.
Wonkara (espécie de patos), p. 2.
Rakara (espécie de pomba vermelha), p. 10, 67, 69; *cramaia* (espécie de lagarto), p. 80; *raltaralta* (espécie de pequeno peixe, *Nematoccitris tatii*), p. 47, n. 3; *crenina* (espécie de serpente, de quatro pés de comprimento, não venenosa), p. 48, n. 2; *rebilanga* (grande pássaro branco), p. 73.
Lakabara (falcão negro), p. 8, p. 97; *lintjalenge* (falcão cinzento), p. 8; *luta* (espécie de wallaby), p. 9, 64; *Itjeljera* (espécie de lagarto considerado de costumes dissolutos, *iturkavara*, que tem botões, cf. *nephriurus*, p. 11, n. 2, cf. Sp. G. *N. T.*, p. 8, etc.).
Os totens aberrantes que Strehlow cita são a água, *kwatia* (*quatcha* de Sp. G.) com seu subtotem, granizo, *tnamia* (p. 26); *taia* (a lua), quadro II, 2; *latjia*, as sementes, p. 76; *ratapa* (erathipa de Spencer e Gillen, a criança), p. 80, 87, cf. quadro IV, 3. Este último é ou subtotem do lagarto *ramaia* (em Sp. G. do lagarto *echunpa*), p. 80, ou então, talvez, em outras seções, um totem independente. Aliás, para a existência deste totem existem causas que indicaremos mais adiante. Enfim vem o fogo, p. 90.
Bom número destes totens se nos apresentam como subtotens dos outros, ver mais adiante; isto é evidente desde já para os totens da mosca, ver a lista sob *manga*, etc.
Percebe-se a extrema divergência entre esta lista e a de Spencer e Gillen; mas não se pode tirar partido daí para argumentar contra este último. Efetivamente, as observações se referem a porções da tribo arunta suficientemente separadas para que os totens e as categorias dos subtotens sejam totalmente diferentes (ver livro III, caráter familiar das mitologias).
314. *N. T.*, p. 9.
315. *N. T.*, p. 169.
316. *N. T.*, p. 11, p. 169.
317. *N. T.*, p. 119, p. 267, cf. intichiuma da chuva, mais adiante.
318. Cf. *N. T. C.*, prefácio, p. XIV. Estes cultos acabam por assemelhar-se ao das confrarias; é o caso do clã das lagartas witchetty, cf. mais adiante; dizemos confraria por causa do recrutamento miraculoso do clã que deixou de ser hereditário. *N. T.*, p. 11, cf. mais adiante. Desenvolvemos intencionalmente este traço da organização religiosa porque assim a fazemos aparecer como ela é: alguma coisa ao mesmo tempo muito evoluída e muito degenerada, embora tenha conservado admiravelmente traços muito primitivos. Reagimos assim contra a tendência que quer fazer dos Arunta os representantes mais puros da civilização australiana, e contra aquela que, situando-os ao contrário numa extremidade da evolução dessa civilização, não

ENSAIOS DE SOCIOLOGIA

que sejam os clãs, acham-se em relações tão estreitas entre si que formam uma sociedade religiosa das mais organizadas. A partir daqueles que conhecemos, poderemos, com alguma segurança, estender as conclusões aos intichiuma que não conhecemos ou àqueles que só conhecemos por indução [319] ou por seu mito [320].

O mais antigo documento detalhado sobre os Arunta dá-nos uma excelente descrição do intichiuma e de suas fórmulas das festas e dos cânticos *tjurunga* com Schulze os chamava [321] ou, como traduzia, "orações para as substâncias alimentares" [322]. Chegava a reduzir a intichiuma todas as cerimônias do culto totêmico, que para ele se referiam todas "exclusivamente à alimentação" e à maneira de adquiri-la[323]. Desde este momento, a natureza dos cânticos e as condições rituais em que eram repetidos, eram conhecidas.

Em primeiro lugar, Schultze assinalava claramente o caráter religioso da cerimônia [324]. Depois anotava com acerto que ela constituia a propriedade, em totalidade, fórmula, objetos e manuais operatórios, não de um indivíduo mas de uma espécie de sacerdote que trabalhava em nome de um clã, e para o conjunto da sociedade, dos outros clãs [325]. Enfim, estabelecia como regra geral que, por mais preeminente que fosse o lugar do chefe, proprietário da cerimônia, esta nem por isso deixava de ter um caráter coletivo, e supunha um auditório que, por seu canto, se não por suas danças, delegadas a atores, tomava parte ativa na cerimônia [326].

---

deixa contudo de considerá-los como o próprio tipo dessa civilização (sobre estes pontos, cf. L. III, cap. I, condições sociais). Cremos que entre as sociedades australianas constituem uma das mais singulares exceções. A espécie de fascinação que exercem atualmente sobre a ciência das religiões e a sociologia provém simplesmente de certa moda científica e também da abundância de documentos que lhes concerne. Esta abundância rompeu de certa forma em seu favor o sábio equilíbrio crítico.

319. Por exemplo, os intichiuma do bandicout, *N. T.*, p. 205, 206 da crisálida longicórnea, *idnimita, ibid.*, p. 206 do bulbo *irriakura, ibid.;* da ameixeira *Akakia, N. T.*, p. 205 deve-se supô-lo dado o fato de conhecermos seus sacramentos totêmicos que só podem ser conseqüência de um intichiuma.

320. Intichiuma do fogo. Cf. mais adiante; intichiuma da chuva.

321. "Abor. Finke", *R. Tr. R. S. S. A.*, 1891, XII, p. 218.

322. *Ibid.*, p. 221. Neste momento os missionários, cf. Kempe, *Vocabul. ad verb.; a corroboree, tjurunga*, ser forte, p. 50; compreediam perfeitamente o sentido da palavra tjurunga (*churiña* de Stirling, *Horn Expedition*, IV, p. 77, 78, *churinga* de Spencer e Gillen) e sabiam que designava o sagrado, a cerimônia sagrada, o canto sagrado, e os churinga que aí eram empregados, cujo uso conheciam perfeitamente, cf. Schultze, p. 244. Pode-se dizer que a confusão que reinava então no espírito dos observadores, entre os intichiuma e as outras cerimônias *tjurunga* não estava tão longe da verdade quanto a excessiva distinção que introduziram Spencer e Gillen.

323. *Ibid.*, p. 245.

324. *Ib.*, p. 241. "Worship or more correctly idolatrous service."

325. *Ib.*, p. 243, as visitas em proveito de outrem, p. 241, 242, 244, propriedade da fórmula e do rito.

326. *Ib.*, p. 221, p. 243. Infelizmente, Schultze não havia distinguido entre os corroboree *ildada* (*althertha* de Spencer e Gillen) e as cerimônias do culto totêmico, de tal modo que sua descrição se aplica a umas e outras enquanto ele certamente viu cerimônias distintas, p. 243.

A PRECE 313

Aí está, bem estabelecida, a natureza da cerimônia e as condições religiosas, essencialmente práticas, essencialmente coletivas, em que são repetidas as fórmulas. Eis agora o que se refere à própria fórmula.

Em primeiro lugar, ela é nitidamente musical, rítmica e metódica [327]; é um cântico. Este cântico, ou serve para acompanhar a dança de um ator ou de um pequeno número de mimos, ou, então, depois que acompanhou a dança mimada e desempenhou-se assim de sua função, continua indefinidamente, no mesmo ritmo mais ou menos precipitado, sobre o mesmo tema transposto, quando muito, de oitava em oitava e de quinta em quinta [328]. Fortemente ligado ao ritmo manual, ao qual está submetido, visto que não tem outra função exceto a de ritmar e de dirigir, pode prosseguir, tal como um gesto estereotipado, quando a dança do ator fatigado cessa. E ainda, de acordo com Schultze, podemos induzir que o ritmo que se continua a bater com os bastões de música (*tnuma*) constitui ao menos um gesto ritual. O ritmo, a métrica da fórmula provêm da destinação dramática.

Mas às vezes o rito oral pode, e já vimos exemplos deste uso nos apelos ao totem, reduzir-se a um grito [329], o grito do animal representado [330]. Neste caso, reduz-se ainda mais claramente a um gesto, a um ruído rítmico, seja porque imita o ritmo, natural neste caso, do canto do pássaro [331], seja porque é repetido por intervalos, depois das pausas regulares, marcando um passo único, medido. É digno de nota que Spencer e Gillen não nos tenham dito nada dessa função do grito nas festas arunta [332].

O grito é necessariamente monótono. É indefinidamente repetido: acaba tornando-se uma espécie de hábito da voz [333]. A modulação deixa de ser livre; as variações são impossíveis. Também o grito não é mais do que um gesto, um modo a mais de imitar o animal; não é mais do que a franja vocal do ato.

Mas não se deve exagerar a distância que separa o grito da fórmula; esta não é mais longa do que um grito; seus valores musicais e seus tempos só variam fracamente. O passo de dança é tão monótono que impõe a monotonia. E quando o cântico deixa de ser dançado, não muda nem de forma, nem de ritmo, nem de tema, nem de fundo. A repe-

---

327. *Ib.*, p. 221, 243, 244.
328. Ex., do *já* superior, ao *lá*, e dai ao *mi* inferior depois representando o *já* superior.
329. *Ib.*, p. 245.
330. É claro que não pode haver verdadeira imitação a não ser no caso de totens animais. Constatamos no entanto imitações vocais do ribombo do trovão, do vento, etc. (Cf. mais adiante, e livro III, II, cap. III, as linguagens da natureza), porque tudo grita e fala.
331. Ver mais adiante, intichiuma da chuva, imitação da tarambola.
332. Talvez seja o grito a que Schultze alude, quando fala do caráter "monossilábico" das fórmulas. Mas talvez não pense somente no grito animal mas também nas interjeições rituais. (Cf. mais adiante, livro III, II, cap. III — condições rituais — As interjeições religiosas.)
333. *Ib.*, p. 221.

314 ENSAIOS DE SOCIOLOGIA

tição é essencial ao cântico *tjurunga,* segundo Schulze, como ao grito [334].

É lamentável que o missionário alemão não tenha dado uma descrição completa de um intichiuma determinado e se haja limitado à descrição geral e à indicação do sentido dos ritos. Para ele isto não passa de um mimo acompanhado de um canto [335]. Mas ao menos dá-nos preciosos detalhes sobre as fórmulas e sua significação.

Antes de tudo, observa muito bem sua simplicidade. Segundo ele, não são mais do que quatro ou cinco palavras, ordenadas de acordo com a pobre sintaxe dessas línguas, que raramente mudam [336] e, mesmo quando isto não aparece, não são mais do que a expressão de um desejo [337], uma prece. Uma das fórmulas citadas lembra tais gritos que, por simples preconceitos, estamos habituados a atribuir aos selvagens; ei-la:

Galbmantalanta	*janiau*	*gatijalanta*	*janiau,*
Mel muito	sim sim	muito muito	sim sim [338]

Se esta frase pode significar muitas coisas [339], não há dúvida de que seu traço dominante é a expressão brutal, por simples substantivos, pronomes, advérbios, interjeições, de um desejo de extraordinária intensidade e também de uma satisfação antecipada, como o testemunha a criança à vista do objeto de seu desejo, satisfação que torna o objeto tão presente como se fosse definitivamente possuído. Em suma, não só o desejo mas também o efeito moral do rito são imediatamente sentidos e expressos. As outras fórmulas citadas e traduzidas por Schultze não seriam tão claras se ele não as comentasse. Uma delas tem o ar de não ser mais do que o resumo aforístico, uma espécie de rubrica musical de um mito; é o *tjurunga* do pássaro *Lambulambila.*

Lambulambila	*laintjirbmana*

O (nome do pássaro) está sobre a água que está sobre a montanha[340]

---

334. Daí, em sua descrição, como nos trabalhos de Spencer e Gillen, o emprego inexato da palavra "burden", refrão para designar a repetição coletiva do cântico formulário. Assinalaremos, cada vez que tivermos ocasião, os casos em que há refrão ou coro respondendo a um solista.

335. *Ib.,* p. 221, 243.

336. *Ib.,* p. 221, cf. mais adiante sobre a aliteração nos cânticos totêmicos, cap. IV.

337. *Ib.,* p. 221, 243.

338. *Ib.* Fórmula 4, p. 244, *talanta, terenta* é um sufixo de quantidade. Deve-se observar o equilíbrio métrico dos dois membros da fórmula cujas cinco últimas sílabas são idênticas, quanto ao som e quanto ao sentido.

339. Efetivamente, pode referir-se à expressão do desejo, mas pode também descrever certa quantidade de mel representada simbolicamente por um churinga (cf. no intichiuma da flor Hakea. *N. T.,* p. 184, a pedra que representa uma quantidade de flores), ou uma quantidade de mel que existia no passado (cf. mais adiante sobre os múltiplos sentidos da fórmula).

340. *Ib.,* n. 3, p. 244. A fórmula é obscura, e a tradução não é clara; não somente o pássaro designado é desconhecido, mas também não compreendemos bem a tradução "mountain-sized water", pois reconhecemos no composto *laia,* lago (cf. o lago das almas, p. 239, 249; cf. Strehlow, *Ar. St.* I, p. 3), *irbmana,* montanha, ver vocabulário Kem-

A PRECE 315

Os dois outros que fazem parte do *tjurunga,* da festa da ema, exprimem a existência atual de alguma coisa do passado, mas de um desses passados totalmente concretos e próximos, como as pegadas que o caçador descobre. Descrevem uma pista da caça, isto é, um lugar por onde a caça acaba de passar, de onde ela acaba de partir, um ponto a partir do qual se sente que ela existe, um caminho no qual se tem a certeza de encontrá-la.

Tijatitjana	*jala vamana*
Grandes emas	muitos vestígios[341]
Magatjagatjana	*werilankana*
Inumeráveis emas	estiveram aqui [342]

Evidentemente, os dois versos estão relacionados: não somente sua repetição contínua, mas mesmo sua pausa métrica e seu equilíbrio ritmam seu emprego. Schultze dizia a propósito disso [343]: "todas essas festas referem-se exclusivamente à alimentação e à aquisição desta; descreve-se aí de onde são os diversos objetos (de alimentação), as emas, os peixes, etc.; em que número e de que tamanho eram outrora; isto constitui o refrão dos cânticos dessas festas. Servem, além disso, de comemoração, e glorificam o passado, mesmo estando ligadas a orações onde se deseja que os animais, etc., apareçam outra vez tão numerosos, grandes e gordos". A passagem do passado mítico ao futuro ritual é constante, fácil, imediata. O instante do intichiuma, da fórmula que aí acompanha a dança ou o ritmo, é tal que se passa insensivelmente da simples descrição do passado ou do presente ao desejo imediatamente eficaz, à demonstração do efeito indicado como se ele também fosse dado.

Uma última característica das fórmulas é, segundo Schultze, sua obscuridade, sua ininteligibilidade [344]. Quase todo o mundo na tribo ignora seu sentido, com exceção ao menos de seu proprietário [345]. Com efeito, a linguagem na qual são fixadas não é a linguagem profana das mulheres, das crianças, dos homens no campo; em geral são usadas palavras de forma dessueta, arcaica "parcialmente tiradas de outros dialetos". Schultze indica de maneira concisa a razão disto: é que são "derivados dos antepassados" [346]. Estes naturalmente, mais do que humanos, estranhos a seus descen-

---

pe, *ad verb.;* mas a forma *intji* (auxiliar?) nos escapa; e o inglês tanto pode ser traduzido por "a água que está situada sobre a montanha", como "a água que tem as dimensões da montanha". Adotamos a primeira tradução porque, em nossa opinião, a fórmula alude ao mito do centro totêmico "buraco de água" numa montanha.

341. Fórmula 1, p. 243. Não compreendemos o dativo para *titja titja* e para *rama.*

342. Fórmula 2, p. 247. Também aqui é tão incompreensível como na fórmula precedente. Nenhuma destas duas fórmulas se encontra no *tjurunga* completo da ema que descreveremos mais adiante.

343. Ib., p. 243. Schultze escreve muito mal o inglês; por isso às vezes somos obrigados a interpretar.

344. *Ib.,* p. 244.

345. Julga-se que este as compreende, por conhecimento ou por inspiração original, p. 242.

346. *Ib.,* p. 244.

316 ENSAIOS DE SOCIOLOGIA

dentes, falavam uma língua diferente da deles. Assim um novo traço se acrescenta ao nosso quadro: a língua que as fórmulas falam é diferente da linguagem vulgar, diária; estas fórmulas são as mesmas dos antepassados, e são as preces; as frases que se lhes dirigem, lhes são dirigidas na linguagem que falavam.

Desta análise dada por Schultze há muitos anos nada temos a suprimir. Desde já podemos indicar os caracteres gerais não só das fórmulas do intichiuma mas também de todo o resto do ritual religioso australiano.

Todas as fórmulas que vamos encontrar doravante são:

I. NO QUE SE REFERE À FÓRMULA RITUAL: 1º *musicais*, isto é, *melódicas e rítmicas;* 2.º *diretoras* dos gestos, mimos ou danças; 3.º *coletivamente cantadas;* 4.º *repetidas de maneira monótona,* mesmo quando são independentes da dança [347].

II. NO QUE SE REFERE À ESTRUTURA LITERÁRIA DAS FÓRMULAS. São: 1.º *simples, podendo reduzir-se ao grito ou compondo-se de uma curta frase;* 2.º *eminentemente descritivas,* seja de um passado que se confunde com o presente ou com o futuro, seja antes do efeito desejado; 3.º *ordinariamente compostas, apresentadas numa linguagem incompreendida* do público que não está iniciado nos arcanos do próprio rito; 4.º elas são, enfim, tanto por seu valor próprio como por suas relações com a festa de que fazem parte, *eficazes* tal como dissemos que o era a oração entendida de maneira muito ampla.

Todos os traços desse retrato aplicam-se a todos os ritos orais do ritual totêmico ou tribal que descreveremos no presente capítulo. Anotaremos as raras exceções aparentes; não conhecemos exceções reais à regra que acabamos de propor. Não voltaremos mais a falar dela, ainda que seja considerável a função que desempenhará mais tarde, em nossas tentativas de explicação.

Vê-se apenas a que distância nos encontramos da prece mental e individual: nada que não seja prático, imediato, concreto; nada que não corresponda a uma necessidade material; nada que não seja coletivo, banal, estereotipado, mecânico. Se a oração primitiva não tivesse sido nada mais do que isto, como seria possível que outras orações germinassem sobre ela? É preciso que contenha ainda outros elementos, que a pobreza dos documentos de Schultze nos haja forçado a negligenciar. Sob o invólucro exterior das condições rituais e das formas verbais deve haver outras crenças e outros sentimentos além dessa força brutal das palavras. É o que nos vão permitir perceber as descrições mais detalhadas de Spencer e Gillen, de uma parte, e de Strehlow de outra.

---

347. Reconhecem-se aqui todos os traços da ronda primitiva. (Cf. mais adiante livro III, II, cap. IV, fim).

A PRECE

Ao mesmo tempo, poderemos descobrir a formação de espécies diferentes de orações; veremos aparecer tipos e poderemos entrever o sentido no qual evoluíram.

Spencer e Gillen só acrescentam dois caracteres gerais[348] ao quadro que Schultze apresentou do intichiuma.

1.º Propriedade exclusiva do clã, na maioria das vezes constituem também seu segredo. Não toleram mesmo outros espectadores que não sejam membros do clã ou da fratria à qual o clã está mais especialmente ligado. Aqui Spencer e Gillen acham-se em contradição formal com Schultze, que não distingue entre os intichiuma e as cerimônias sagradas, *tjurunga*, totens, e não especifica esta condição ritual[349].

2.º Além disso, são perfeitamente regulares, anuais, repetidos em cada estação[350].

Mas passamos por cima dessas duas características. São quase específicas dos intichiuma arunta. Ao contrário, certo número de traços, comuns em certos graus aos intichiuma mais diversos, vão servir-nos para completar a descrição geral que acabamos de tentar fazer das fórmulas e de seu valor.

Para comodidade de nossa explicação, e também porque esta divisão corresponde aos fatos, distribuímos estas cerimônias em três grupos, conforme os gêneros de fórmulas que empregam. Uns são intichiuma de fórmulas; outros são intichiuma de hinos; outros, enfim, e estes são os mais numerosos, consistem, do ponto de vista das formas usadas, numa mistura dos dois tipos.

I. *A fórmula.* Um dos intichiuma mais desenvolvidos que conhecemos é o do clã das lagartas *witchetty*[351], e neste clã, do grupo de Alice Springs[352] que é a mais importante de todas as frações da tribo[353]. Aliás, não conhecemos so-

---

348. Aliás, Spencer e Gillen mencionaram para os intichiuma todas as condições que Schultze já havia indicado: eles têm uma eficácia direta, particular e versam imediatamente sobre a espécie totêmica; asseguram sua existência, sua multiplicação se ele é animal ou vegetal, *N. T. C.*, p. 288, *N. T.*, p. 81, 167, 169, 170 (cf. mais adiante, crítica desta teoria). Pertencem a uma secção local do clã. *N. T.*, p. 11; variam para cada grupo local, e não pode haver dois idênticos. *N. T.*, p. 119, *N. T. C.*, p. 267, assim o grupo de Ulatherka das lagartas witchetty tem um intichiuma diferente do intichiuma do grupo de Alice Springs; são a propriedade mais especialmente do chefe, *alatunja*, p. 11.
349. *N. T.*, p. 11, p. 169. *N. T. C.*, p. 257, p. 315, cf. "Presidents' Address", *Austr. Ass. Adv. Sc.* 1904, p. 165. Sobre este ponto do segredo do intichiuma Arunta e Ilpirra, ver mais adiante.
350. *N. T.*, *loc. cit.*, cf. *N. T. C.*, p. 315, 316. Sobre a regularidade, ver mais adiante.
351. O nome da lagarta, do inseto em estado de lagarta dita witchetty (pois os Arunta conheciam perfeitamente a história do animal) é *udnirringita* (N. T.) *udnirringita* (*N. T. C.*, p. 289, 290): segundo Spencer e Gillen viria do arbusto udnirringa onde o inseto põe seus ovos e onde vivem as larvas; cf. Strehlow, *Ar. Lo. St.* I, p. 84. *inurungatja.*
352. Tjoridja, em arunta, cf. Strehlow, *Ar. St.*, I, p. 41. 85. Encontra-se mais adiante, cap. IV, uma discussão sobre a natureza da peregrinação que parece ter precedido o intichiuma.
353. *N. T.*, p. 11, 423. O grupo conta 40 indivíduos. Ocupa, por direito de propriedade, e em virtude de sua descendência mítica (visto que cada indivíduo é a reencarnação de um antepassado cuja dupla continua a viver no solo) uma superfície de mais de 100 milhas quadradas inglesas.

318 ENSAIOS DE SOCIOLOGIA

mente seus ritos orais e manuais [354] mas também seu mito [355]. A única lacuna de nossos dados é a ignorância em que ainda nos encontramos com relação ao texto das fórmulas empregadas, das quais conhecemos somente o sentido.

Sob a direção de *alatunja* [356], isto é, do chefe do grupo totêmico local, possessor, proprietário da cerimônia, as pessoas do totem deixam o campo, em segredo e em silêncio, absolutamente nus, e sem instrumentos de nenhuma espécie. Não comerão até o fim da cerimônia [357]. Chegam assim à garganta de Emily, centro mítico do totem, principal residência dos corpos e das almas, dos antepassados, das almas-fetos, germes, dos animais e dos homens, prontos a encarnar-se no corpo das fêmeas das borbõletas ou no das mulheres [358]. Aí passam a noite [359]. No dia seguinte partem, com ramos de plantas gumíferas nas mãos, enquanto o *alatunja* [360] traz nas mãos apenas uma pequena bacia de madeira, como o grande antepassado tinha [361]. E caminham seguindo os vestígios deixados pelo condutor das lagartas fundadoras do campo, Intwailiuka, que nasceu, ou melhor, que apareceu no mundo ao norte desta garganta [362]. Assim uma peregrinação percorre em procissão os diversos lugares onde se comemora um santo. Ao cabo desta caminhada, chega-se ao mundo dos mitos, a uma vasta caverna, uma cova [363] onde um grande bloco de quartzito encontra-se rodeado de pedras redondas. O primeiro representa o *maegwa*, o inseto adulto [364]. O *alatunja* começa o cântico, batendo na pedra com seu *apmara*, com sua pequena bacia. E os outros retomam o cântico, batendo no rochedo com suas ramagens [365], entoando cânticos cujo refrão é um convite ao animal para que ponha seus ovos [366]. Isto dura algum tempo: depois bate-se da mesma forma, provavelmente com os mesmos cânticos, nas pedras que representam os ovos de que os antepassados (homens-lagartas) estavam cheios [367]. Tudo isto,

354. *N. T.*, p. 170, 179, cf. *N. T. C.*, p. 289 ss.
355. *N. T.*, p. 423 ss.: o mito do grupo ocidental deste totem (grupo de Ulaterka-Ulathurqua, Sp. G.) é apresentado por Strehlow, I, n.º 55. Leva os fundadores do grupo de Ulaterka até Emile Gap, precisamente, onde ouvem Antaljiuka cantar (p. 85, n. 4) enquanto ele os escuta.
356. Sobre o *alatunja*, ver *N. T.*, p. 65, p. 119, p. 153, p. 166, p. 169, cf. *N. T. C.*, p. 25, p. 188. Strehlow indica outro nome para o chefe *inkata*, *Ar. St.*, I, p. 2, p. 7. Kempe, *Vocabulary*, 1. 1., p. 42, col.2.
357. *N. T.*, p. 170.
358. *N. T.*, figs. 24, 25, p. 171, 173, figs. 93, 94, p. 426, 427. O nome da garganta é *Unthurqua* em arunta. V. a descrição, p. 424, 425 (*inturka*, Strehlow, I, p. 84, n. 9: o ventre; o termo é muito significativo e exprime bem o papel genésico deste lugar da terra).
359. *N. T.*, p. 171.
360. *N. T.*, p. 425.
361. *N. T.*, p. 427.
362. *N. T.*, p. 425.
363. *N. T.*, p. 172, *oknira ilthura* (o grande buraco, cf. p. 650). *N. T.*, fig. 25, cf, *N. T. C.*, p. 267.
364. *N. T.*, p. 652.
365. Cf. *N. T. C.*, p. 289. Rito negligenciado e fórmula não mencionada.
366. *N. T.*, p. 172.
367. *N. T.*, p. 424, e que se chamam *churinga unchina* (ovos sagrados, ovos *churinga;* sobre os *churinga*, cf. mais adiante, cap. V, conclusões, cf. L. III, parte II, cap. II condições rituais). Omitimos um rito

A PRECE

aliás, Intiwailiuka já o fizera, nesse mesmo lugar, sobre essas mesmas pedras, porque também ele havia praticado o intichiuma [368]. Chega-se em seguida a *Alknalinta,* o rochedo de olhos [369], sob o qual há outra pedra-inseto adulta, outra *maegwa churinga,* profundamente enterrada na areia; o *alatunja* bate ainda na pedra com seu apmara; os outros o imitam ainda com seus ramos, "enquanto os anciãos cantam novamente convites com animação: que eles (os insetos) venham de todas as direções e depositem seus ovos" [370]. Intiwailiuka também se havia divertido naquele lugar lançando os ovos sagrados, os ovos *churinga* ao ar, ao longo da rocha; e eles voltavam rolando a seus pés. O *alatunja* imita também este ato com as pedras *churinga* que são, ao mesmo tempo, os ovos do antepassado e os símbolos atuais das almas dos indivíduos, seres humanos e animais, passados, presentes, futuros [371]. Durante esse rito os outros membros do clã sobem e descem ao longo de toda a parede rochosa "cantando de maneira contínua, não sabemos o quê, mas evidentemente uma frase que descreve esse gesto do antepassado". O primeiro ato da liturgia está encerrado. O inseto adulto foi encantado e depositou seus ovos. A cena e o assunto mudam. Volta-se ao campo [372].

Continua-se a história, ao mesmo tempo mítica e natural, estranhamente fantasista e realista, da espécie animal. Agora se trata da larva, da crisálida. A caminho de volta, à maneira das lagartas, que andam lentamente, os peregrinos passam sucessivamente, estacionando junto a uns dez buracos, *ilthura,* simples escavações onde se acham, recobertas de areia e de húmus, grandes pedras, uma ou duas por buraco. São desenterradas; representam crisálidas ou ovos do inseto [373]. Enquanto retira uma por uma dessas coisas sagradas, o *alatunja* "entoa um cântico monótono sobre a crisálida".

---

que compreende uma fórmula: o *alatunja* toma cada uma dessas pedras e, batendo no estômago de cada um dos praticantes, diz: *unga murna oknirra* (mal escrito, aliás *oknira*) *ulkina* "Vós (tu, cf. Strehlow, Planert, *unta*) comestes muito (*knira,* Strehlow) alimento". Esta cerimônia é na realidade um rito complexo, e nós voltaremos a isso (L. III, parte II, cap. III estados mentais): é uma simples fórmula ritual e descritiva de um rito de saída (pois é aqui a *atnita ulpilima,* desligamento dos intestinos ligados pela emoção religiosa, cf. *N. T.,* p. 562, 564, cerimônia do sol, cf. p. 647; cf. *N. T. C.,* p. 182, 184), que encerra uma primeira parte do ritual completo; mas ela se tornou uma fórmula provavelmente eficaz (imitação da prenhez das fêmeas? imitação da repleção do ventre depois de um festim?).

368. *N. T.,* p. 425, p. 430.

369. *N. T.,* p. 426, cf. p. 172 "decorated eyes", a primeira tradução é inferior à segunda "eyes painted around". O que é certo é o sentido do termo *alkna,* olho. A fig. 132, p. 632, parece reproduzir precisamente esta pintura.

370. Spencer e Gillen atribuem tão pouca importância a estas fórmulas, no entanto tão importantes, que não as mencionam em seu resumo *N. T. C.,* p. 290.

371. *N. T.,* p. 427.

372. Este momento do ritual só está bem indicado em *N. T. C.,* p. 290.

373. *Churinga uchaqua, N. T.,* p. 173. O polimento do *churinga* terá valor simplesmente do culto do ovo de lagarta, ou tem também o de uma espécie de unção feita sobre um corpo de antepassado? Não sabemos. Talvez tenha os dois sentidos.

320   ENSAIOS DE SOCIOLOGIA

Quando elas são expostas "entoam-se cânticos [374] que também se referem a *uchaqua*" (nome da crisálida e desta pedra sagrada). Depois esfregam-nas umas nas outras; limpam-nas e untam-nas, porque se trata de relíquias veneradas, reprodutoras das lagartas, dos insetos e dos ovos. A cerimônia é repetida em cada um dos dez *ilthura,* das dez paradas dos piedosos peregrinos [375]. E estes cânticos são aqueles que o antepassado, chefe do clã, cantava e que ouviram de outros antepassados, de outra localidade, do mesmo totem [376].

O terceiro ato, final, é aquele do reingresso no campo. Os homens adornam-se, o *alatunja* menos do que os outros. Cada indivíduo traz, pintando sobre si próprio o desenho sagrado, o brasão que identifica as pessoas com os totens, o indivíduo com o antepessado que ele reencarna e que, ao mesmo tempo homem e animal, outrora levava o mesmo brasão [377]. Desta vez, todos têm na mão ramos de arbustos; eles os agitam constantemente durante toda a marcha em fila indiana [378]. Enquanto se haviam ausentado em sua mística expedição, um ancião construiu, longe do campo, uma longa cabana de ramagens, chamada *umbana,* nome da crisálida, e que deve, segundo nosso modo de ver, representar o casulo. Todas as pessoas da localidade estão lá, inclusive as mulheres, enfeitadas de várias maneiras [379]. Tão logo percebe ao longe o grupo dos atores do rito, o velho põe-se a cantar: uma fórmula cujo sentido desconhecemos.

> *Ilkna pung kwai,*
> *Yaalan nik nai,*
> *Yu mulk la,*
> *Naantai yaa lai* [380].

O grupo se aproxima, e da mesma forma como Intwailiuka outrora se detinha para contemplar as mulheres, assim o *alatunja* se detém e lança-lhes um olhar. Depois todos entram na *umbana.* "E então todos se põem a cantar, cantando o animal em seus diversos estados, a pedra *Alknalinta,* e o grande *maegwa* em sua base" [381]. Os homens e as mulheres da outra fratria encontram-se aí enfileirados, deitados,

---

374. Serão respostas à do *alatunja,* ou os mesmos cânticos repetidos em coro?

375. Cf. atrás.

376. *N. T.,* p. 431. O próprio nome de Intwailjuka, Antaljiuka (Strehlow) significa "que ele estava à escuta e ouvia" (os cânticos) *Ar. St.,* I, p. 84, n. 4.

377. Sobre o brasão, ver mais adiante, III, partes II, III, condições rituais.

378. Este rito consiste provavelmente numa imitação do ruído do vôo do inseto, talvez deste mesmo vôo; no culto do arbusto que dá seu nome ao inseto; e no convite aos insetos para que se reproduzam sobre todos os arbustos da mesma espécie.

379. Trata-se aqui, evidentemente, daqueles que, pertencendo a outros totens, neste dia trazem seus próprios adornos.

380. *N. T.,* p. 176. O sentido não é indicado. Mas a forma métrica é bem clara salvo no 3.º verso. É possível que não haja ali mais do que uma fórmula de saudação: *ilkna* cf. *ilknia,* desenho totêmico (saúda as pessoas adornadas!?). *Yaalan = jala* (Strehlow) sim: *lai* (imper. de *la*: ir?).

381. *N. T.,* p. 178.

A PRECE

com o rosto para o chão; não devem mexer-se nem proferir palavra durante todo o tempo desses ritos. O cântico continua. O *alatunja,* entrementes, sai da *umbana,* rastejando e deslizando insensivelmente sobre o solo apropriado. É imitado por todos os homens, que, uma vez estando todos fora, cantam a história do *maegwa* sobretudo de seu invólucro, a *umbana*[382]. Depois tornam a entrar da mesma forma, afastando-se de maneira imperceptível, e o cântico cessa. É neste momento que podem, pela primeira vez depois de longas horas, comer e beber[383].

Pode-se considerar o último rito desta série como um epílogo. Mas para nós não é o menos interessante, posto que em suma é consagrado aos cânticos, aos ritos orais cuja eficácia aparece melhor. Durante toda a noite, os homens do clã permanecem sentados, do outro lado da *umbana* junto a um grande fogo, "cantando a larva witchetty", invisíveis aos olhos dos membros da outra fratria que continuam prosternados. Depois, bruscamente, no raiar do sol, o canto cessa, o fogo do campo é apagado pelo *alatunja,* e as pessoas da outra fratria são dispensadas[384]. Seguem os ritos do sacramento totêmico, e os ritos de saída que não precisamos considerar neste momento[385].

Vê-se desde logo que esses ritos orais correspondem todos ao tipo geral que constituímos: são cânticos monótonos ritmados, ligados a ritos manuais (danças ou gestos coletivos)[386], ainda que às vezes se separem e funcionem de maneira autônoma, mas sem que o ritmo mude; dois somente consistem num solo do chefe ao qual respondem espécies de coros[387]; exprimem sentimentos e idéias que nada têm de individual; traduções rudes e claras da necessidade e da espera. Ademais, todos estes ritos consistem estritamente, salvo dois ou três, em fórmulas: quer anunciem ordens ao animal totêmico[388], quer descrevam em algumas sóbrias frases aplicáveis tanto ao presente e ao futuro quanto ao passado, eterno como os atos da espécie animal. Enfim, é difícil imaginar obstinação mais violenta num modo de atividade do que esta repetição incessante, durante quarenta e oito horas[389], de sentenças pouco poéticas, de temas musicais uniformes, em suma, de cânticos pouco artísticos e de nenhum modo sentimentais. A realidade nos apresenta aqui um ritual tão longa e sistematicamente formulado que mesmo as hipóteses mais ousadas não poderiam nos levar a conceber outro semelhante. É por isso que, embora contenha duas ou três fórmulas que não são exclusivamente deste

382. *Ibid.*
383. Cf. atrás.
384. *N. T.,* p. 178.
385. Cf. mais adiante, *a fórmula ritual.* L. III, parte I, cap. III.
386. Ritos da *ilthura oknira,* etc. atrás.
387. Textos citados atrás.
388. Textos citados atrás.
389. Cf. *N. T.,* p. 173, "low, monotonous chant".

ENSAIOS DE SOCIOLOGIA

tipo [390], julgamos poder escolhê-lo como representante das fórmulas religiosas.

Mas uma análise detalhada nos vai mostrar outros elementos afora aqueles que já apontamos aqui. Efetivamente, podemos distinguir, além das características já dadas, cinco temas de ritos que fazem deste amontoado informe de curtas baladas mágico-religiosas um breviário de incomparável riqueza sob sua simplicidade exterior.

1.º Como observava Schultze [391], o caráter precatório do rito está indicado. Encontra-se aí um apelo ao animal divino, ao *totem,* sob seus diferentes aspectos: nele se grita aos insetos para que venham pôr seus ovos; nele se canta os ovos para provocar o aparecimento das lagartas, as lagartas para que façam seus casulos, as crisálidas para que operem sua metamorfose em borboletas [392]. A espécie totêmica não é somente concebida como coisa inerte e passiva; é um composto de indivíduos de todas as partes que um chamado, de um convite, análogo ao que se dirige aos homens, reúne e incita a satisfazer os desejos do clã, intérprete da tribo. Quando, em outros *intichiuma* se chama o totem simples por seu nome, sem outras circunlocuções como se faz com um homem, ou quando alguém emite simplesmente seu grito, o efeito que se pode produzir sobre o animal é aquele que se atribui à voz do animal ou ao canto do pássaro sobre seus congêneres [393].

2.º Este apelo não é concebido como uma prece à qual o totem possa subtrair-se [394]. É uma espécie de ordem, uma sugestão imperativa à qual deve conformar-se. É chegada a estação na qual as lagartas wichetty saem de seus ovos e se deixam comer [395] por todos os seus fiéis arunta, alguns dos quais, membros do clã da lagarta, são seus parentes e aliados, as reverenciam, e fora do sacramento totêmico [396] não as comerão. É mister que como as primeiras lagartas obedeciam às ordens de seu chefe, e como procedem atualmente seus irmãos de totem, se resignem a fazer aquilo

390. Ver textos citados atrás.
391. Ver atrás.
392. Ver textos citados atrás.
393. Sobre este efeito, ver mais adiante, Livro III, II, cap. IV.
394. Não podemos exprimir-nos corretamente sem colocarmos um artigo diante da palavra totem. Mas esta maneira de dizer é inexata. Porque na palavra "o totem" estão incluídas muitas representações: não somente a dos animais associados, em suas diversas formas, mas também a do grande antepassado, dos outros antepassados, a das almas dos mortos, a do duplo dos indivíduos presentes, as das almas sementes dos indivíduos futuros, humanos e animais. A ausência de todo artigo nas línguas australianas e, em geral, nas línguas onde há totemismo, permite precisamente essas confusões constantes que seria imprudente perder de vista (cf. mais adiante, L. III, parte II, cap. II, condições mentais).
395. A palavra "convite" de Spencer e Gillen não deve ser tomada neste sentido. N. T., p. 172.
396. Sobre esta noção, essencial no totemismo, da concessão que a espécie animal faz de seu corpo, ver mais adiante. Encontra-se a noção expressa em excelentes termos num mito zuñi, ver *Mélanges d'histoire des religions,* p. 12, n. 3.

A PRECE

que se lhes indica que façam, que venham, que ponham ovos, que se metamorfoseiem regularmente como elas vêem que os homens fazem em seu drama ritual [397]. As fórmulas, mesmo quando não são expressas à maneira de ordens, preenchem a função de injunção sacramental [398].

Mas há outros dados por assim dizer intrínsecos ao próprio texto das fórmulas, e há outros elementos, componentes igualmente necessários e que só podem ser desvendados pelo estudo das relações da fórmula com o mito.

3.º Estas fórmulas ordinariamente não são frases de uma conversação corrente. Têm uma autoridade que não lhes pode ser conferida nem sequer pela força mágica dos vivos que as pronunciam. Pois esta força é sempre fraca, inferior mesmo aos misteriosos caprichos, às inteligências secretas que movem os animais e que presidem aos destinos instáveis das coisas [399]. O canto não exprime, pois, *de plano,* os desejos exclusivos dos atores do rito que agem em nome da tribo, a "vontade" deles. Tem origem mais elevada, maior virtude interior, mais atividade, mais dignidade. As palavras são as que eram empregadas pelo antigo chefe, as que eram repetidas pelos outros autores do totem, quando o grupo das lagartas witchetty, nos tempos fabulosos em que os homens e os animais não constituíam uma só coisa, viajavam, pondo seus ovos [400], os *churinga* receptáculos das almas dos mortos, das almas dos filhos dos homens e das substâncias dos animais [401]. Elas têm um valor mítico porque foram empregadas na própria origem da espécie; foram elas que fizeram nascer as almas dos animais e dos homens. Elas têm um valor experimental, porquanto o tempo, concomitantemente infinito e historicamente medido [402] que separa esta época fabulosa, verificou sua eficácia em cada estação em que nascem as lagartas.

É desta causa, como viu com justeza Schultze, que deriva, à maneira de um corolário, a própria forma da fórmula, com freqüência incompreensível, se não para seus proprietários, ao menos para o público da tribo. Ela não é composta na linguagem comum; a embrulhada mística com que é pronunciada é a linguagem extraordinária, estranha dos antepassados fundadores do clã [403]. Quer algumas provenham, numa forma já completamente elaborada, de uma tribo estrangeira; quer outras sejam compostas de palavras pro-

---

397. Sobre o sacramento totêmico, ver mais adiante, cap. V, § 4.
398. Sobre o drama ritual idêntico ao intichiuma, ver cap. V, conclusão.
399. Sobre a instabilidade da espécie, cf. *N. T.*, p. 520, 521. Quando os animais aparecem fora de estação, é porque os *Iruntarinia,* as almas (dos mortos ou do totem) fizeram, por sua vez, os *intichiuma.*
400. *N. T.*, p. 430.
401. *N. T.*, p. 431, p. 432, cf. *N. T.*, p. 156.
402. Sobre esta natureza do tempo do alcheringa, cf. *N. T.*, p. 387, *N. T. C.*, p. 438, cf. mais adiante, L. III, parte II, cap. II.
403. Cf. *N. T.*, p. 432.

324 ENSAIOS DE SOCIOLOGIA

fanas, desfiguradas para que se tornem irreconhecíveis [404], quer sejam verdadeiramente pronunciadas numa linguagem arcaica ou prejudicadas pelas más transmissões [405], são tidas como provenientes do *Alcheringa,* dos antepassados do *Alcheringa.* Sua força prodigiosa é a que elas tinham no passado; mas só podem ser onipotentes através de sua forma sibilina.

4.° Mas estas fórmulas não são repetidas indefinidamente nem em todo lugar. São cantadas apenas diante dos *churinga* e sobre eles, nos lugares sagrados [406] sobre o conjunto e sobre cada uma das orações sagradas [407]. Consistem portanto, propriamente, em encantamentos. Encantam e animam de alento as pedras por assim dizer inanimadas: essas bênçãos, essas afirmações eulogísticas, esses cânticos tornam-nas seres vivos, ovos, crisálidas, lagartas e borboletas. A perenidade da pedra complica-se com o poder do sopro, do som, da voz [408]. A fórmula é um meio de fazer reviver os antepassados míticos que residem nas pedras. Ademais, como as metamorfoses sucessivas do animal estão ligadas à reprodução, por meio de fenômenos bem conhecidos dos Arunta, pode-se compreender que tais descrições das míticas vicissitudes da espécie e tais exortações para reproduzi-las tenham como efeito excitar estes corpos e estas almas dos *churinga* a essa multiplicação das lagartas que o rito procura. Assim como os cânticos eróticos agem sobre os desejos dos homens, do mesmo modo as fórmulas impelem os seres, animais, homens e deuses, revivificados pelo rito, pela voz, a realizar, de maneira próspera, seu destino.

Entre os Arunta, de acordo com Strehlow, a ação dos ritos sobre os *churinga* seria a seguinte [409]. No fundo da terra, nas grandes cavernas, *kalpara* [410], habitam os *erintaninga* [411], ou como são chamados em... [412]

---

404. Ver exemplos mais abaixo. É extremamente provável, em nossa opinião, que uma das razões destas deformações normais no uso, sejam obrigatórias desde a invenção. Visto que todas essas fórmulas são cantadas, o canto, naturalmente, sobretudo se comporta variações a partir de um tema, altera a palavra.
405. Assim é que as interpretam em geral Spencer e Gillen, *N. T.,* p. 172, 177, cf. mais adiante. Mas exageraram esta incompreensibilidade das fórmulas, seja por terem sido mal informados, por aruntas mal dotados do ponto de vista do conhecimento das palavras do ritual; seja porque não levaram bastante longe suas indagações, para descobrir os segredos da língua arcaizante ou arcaica que falam os atores dos ritos e que falavam os antepassados do Alcheringa.
406. Aqueles que usam eles mesmos nomes *churinga,* são *churinga,* cf. *N. T.,* p. 155, cf. *N. T.,* cap. VIII, cf. p. 637. Conclusão do *churinga* e do *nanja.*
407. Cf. Textos mais acima.
408. Crê-se que o churinga fala, cf. mais adiante, cf. *N. T.,* p. 436.
409. Cf. Strehlow a Thomas, "The Religious Ideas of the Aruntas", *Folk-lore,* 1905, p. 430, Strelow, *Ar. Sit.,* I, p. 5.
410. *Okalpara* de Spencer e Gillen, *N. T.,* p. 524, palavra inexatamente tomada por um nome próprio de uma caverna determinada; *ralpara,* Ar. St., p. 5, n. 3, *kalpara,* p. 8.
411. A idéia de sua cor vermelha liga-se provavelmente à cor do ocre de que são revestidos os churinga reenterrados.
412. [Aqui se detém o texto de *A Prece.*]

6. A Expressão Obrigatória dos Sentimentos (Rituais Orais Funerários Australianos) (1921)*

Esta comunicação se prende ao trabalho de G. Dumas sobre as *Lágrimas* [1] e à nota que lhe enviei a este propósito. Fazia-lhe observar a extrema generalidade desse emprego obrigatório e moral das lágrimas. Servem, em particular, como meio de saudação. Efetivamente, este uso acha-se muito difundido dentre aqueles que se convencionou chamar as populações primitivas, sobretudo na Austrália, na Polinésia; foi estudado na América do Norte e do Sul por Friederici, que propôs fosse chamado *Thränengruss,* a saudação pelas lágrimas [2]. [1. Cf. *infra,* p. 332.]

Proponho-me mostrar-lhes pelo estudo do ritual oral dos cultos funerários australianos que, num grupo considerável de populações, suficientemente homogêneas e suficientemente primitivas, no sentido próprio do termo, as indicações que Dumas e eu demos para as lágrimas, valem para numerosas outras expressões de sentimentos. Não são somente os choros, mas todos os tipos de expressões orais dos sentimentos que são essencialmente, não fenômenos exclusivamente psicológicos, ou fisiológicos, mas fenômenos sociais, marcados eminentemente pelo signo da não-espontaneidade, e da obrigação mais perfeita. Ficaremos, se assim o desejarem, bem no terreno do ritual oral funerário, que compreende gritos, discursos, cânticos. Mas poderíamos estender nossa pesquisa a todos os tipos de outros ritos, em particular manuais, nos mesmos cultos funerários e entre os mesmos australianos. Algumas indicações, para terminar, serão,

---

* Extraído do *Journal de psychologie,* 18. [*Oeuvres,* v. III, pp. 269-282.]
1. *Journal de psychologie,* 1920; cf. "Le rire". *Journal de psychologie,* 1921, p. 47. "Le langage du rire."
2. *Der Tränengruss der Indianer.* Leipzig, 1907. Cf. Durkheim *in Année sociologique,* 11, p. 469.

326　　　　ENSAIOS DE SOCIOLOGIA

aliás, suficientes para que se possa seguir a questão num domínio mais amplo. Ela já foi estudada por nossos saudosos Robert Hertz[3] e Emile Durkheim[4] a propósito dos mesmos cultos funerários que um tentou explicar e de que o outro se servia para mostrar o caráter coletivo do ritual piacular. Durkheim chegou mesmo a estabelecer, em oposição a F.-B. Jevons[5], a regra segundo a qual o luto não é a expressão espontânea de emoções individuais. Retomaremos esta demonstração com alguns pormenores, e a propósito dos ritos orais.

*

*　*

Os ritos orais funerários na Austrália compõem-se: 1.º de gritos e uivos, freqüentemente melódicos e ritmados; 2.º de *voceros* * freqüentemente cantados; 3.º de verdadeiras sessões de espiritismo; 4.º de conversações com o morto.

Deixemos de lado por um instante as duas últimas categorias. Esta negligência não tem inconvenientes. Estes começos do culto dos mortos propriamente dito são fatos bastante evoluídos e bem pouco típicos. De outro lado, seu caráter coletivo é extraordinariamente marcado; são cerimônias públicas, bem regulamentadas, que fazem parte do ritual da vendeta e da determinação das responsabilidades[6]. Assim, entre as tribos do Rio Tully[7], todo esse ritual se realiza em meio a danças funerárias cantadas de longo desenvolvimento. O morto assiste a elas, em pessoa, por seu cadáver dessecado, que é objeto de uma espécie de primitiva necrópsia. E é toda uma audiência considerável, todo o acampamento, até mesmo toda a parte da tribo reunida que canta indefinidamente, para ritmar as danças:

> *Yakai! ngga wingir,*
> *Winge ngenu na chaimban,*
> *Kunapanditi warre marigo.*

(Trad.) "Pergunto-me onde ele [o *koi*, o mau espírito] te encontrou, nós vamos extrair tuas vísceras e ver." Em particular, é com esta canção e num passo de dança que quatro mágicos levam um ancião para que reconheça — e

---

3. "Representação coletiva da morte." *Année sociologique*, X, p. 18 ss.
4. *Formes élémentaires de la vie religieuse*, p. 567 ss.
5. *Introduction to the History of Religion*, p. 46 ss. — Sir J. G. Frazer, *The Belief in Immortality and the Worship of the Dead*, 1913, p. 147, percebe muito bem que tais ritos são regulamentados pelo costume, mas dá-lhes uma explicação puramente animista, intelectualista em suma.
* *Vocero*, termo corso, é o canto fúnebre executado por uma carpideira para um defunto. (Nota do Tradutor.)
6. Cf. Fauconnet, *La responsabilité*, 1920, p. 236 ss.
7. W. Roth. Bulletin (*Queensland Ethnography*) 9, p. 390, 391. Cf. "Superstition, Magic and Medicine". Bulletin 3, p. 26, n.º 99 ss.

A EXPRESSÃO OBRIGATÓRIA DOS SENTIMENTOS 327

extraia do cadáver — o objeto encantado que causou a morte. Estes rituais indefinidamente repetidos, até a adivinhação, terminam em outras séries de danças, dentre as quais uma da viúva que, dando um passo à direita e um à esquerda, e agitando ramagens, afugenta o *Koi* do cadáver de seu marido [8]. Entretanto o resto da audiência garante ao morto que a vingança será executada. Este é apenas um exemplo. Que ele nos baste, para concluir sobre estes ritos extremamente desenvolvidos, para indicar que eles desembocam em práticas extremamente interessantes para o sociólogo como para o psicólogo. Num grande número de tribos do Centro e do Sul, do Norte e do Nordeste australiano, o morto não se contenta em dar uma resposta ilusória a esse conclave tribal que o interroga: é física e realmente que esta coletividade que o evoca o ouve responder [9]; outras vezes, é uma verdadeira experiência que de bom grado chamamos em nosso ensino de pêndulo coletivo: o cadáver carregado sobre os ombros dos adivinhos ou dos futuros vingadores do sangue, responde a suas perguntas, conduzindo-os na direção do homicida [10]. Vê-se isto suficientemente por estes exemplos; estes ritos orais complicados e evoluídos só nos mostram em jogo sentimentos, idéias coletivas, e têm até a extrema vantagem de nos fazer compreender o grupo, a coletividade em ação, em interação se quisermos.

*
* *

Os ritos mais simples sobre os quais vamos estender-nos um pouco mais, gritos e cânticos, não têm um caráter tão público e social, entretanto carecem no mais alto grau de todo caráter de expressão individual de um sentimento sentido de maneira puramente individual. A própria questão de sua espontaneidade está, desde há muito, resolvida pelos observadores; e a tal ponto mesmo que quase se tornou um

---

8. Sobre o *Koi*, v. Roth. *Ult. loc.*, p. 17, n.º 65, p. 27, n.º 150, etc.; o termo *Koi* designa quer um espírito, quer o conjunto dos espíritos maléficos, inclusive os mágicos homens e os demônios. Cf. *ib.*, p. 33, n.º 161, *a Koi, Koi*, the *Koi*.

9. Exemplo de uma bela descrição de uma dessas sessões no oeste de Victoria, Dawson, *Aborigenes of South Austr.*, p. 663; Yuin (Nova Gales do Sudoeste). Howitt. *South Eastern Tribes*, 422, para citar apenas antigos fatos antigamente atestados.

10. Exemplos deste ritual encontram-' lesde o Cabo Bedford (N. Queensland), entre os Kokoyimidir (V. Roth. *Bulletin* 9, p. 185, p. 378, p. 383, "being dragged by the corpse's spirit". Cf. *Grammar of the Kokoyimidir Language*, p. 33, relato de uma "mulher que não acredita naquilo que consigna") até o sul da Austrália Wyatt, "Encounter Bay Tribes", in Woods, *Tribes of Southern Australia*, p. 164-165, cf. p. 178 *s. v.* wunna wunna; passando pelo Centro: Gason, "Dieyeries", in Curr. *Australian Race*, II, p. 62, etc. É igualmente atestado em Nova Gales do Sul: Frazer. *Aborigenes*, p. 83: Bonney; *Customs*, etc. R. Darling *Journal of the Anthropological Institute*, 1882, p. 134; e mesmo sobre a costa (Fort Stephens): W. Scott in Howitt. *South Eastern Tribes*, p. 465.

328 ENSAIOS DE SOCIOLOGIA

clichê etnográfico [11]. Não se esgotam as narrações sobre a maneira pela qual, no meio das ocupações triviais, das conversações banais, de repente, em horas, ou datas, ou ocupações fixas, o grupo, sobretudo o das mulheres, começa a uivar, a gritar, a cantar, a invectivar o inimigo e o maligno, a conjurar a alma do morto; e depois desta explosão de pesar e de cólera, o campo, com exceção talvez de alguns portadores do luto mais especialmente designados, volta ao ramerrão de cada dia.

Em primeiro lugar, estes gritos e estes cânticos são pronunciados em grupo. Não só em geral indivíduos que os lançam isoladamente, mas o acampamento todo. O número de fatos a citar é sem número. Tomemos um deles, algo aumentado por sua própria regularidade. O "grito pelo morto" é um uso muito generalizado em Queensland Est meridional. Dura tanto quanto o intervalo entre o primeiro e o segundo enterro. Horas e tempos precisos lhe são designados. Durante cerca de dez minutos, ao nascer e ao pôr do sol, todo o campo com um morto a chorar berrava, chorava e se lamentava [12]. Havia mesmo, nessas tribos, quando se encontravam vários campos, um verdadeiro concurso de gritos e de lágrimas que podia estender-se a congregações consideráveis, por ocasião das feiras, colheita da noz (*bunya*), ou iniciações.

Mas não são apenas os tempos e as condições da expressão coletiva dos sentimentos que são fixos, os agentes desta expressão também o são. Estes não uivam e não berram somente para traduzir seu medo ou sua cólera, ou seu pesar, mas porque são encarregados, obrigados a fazê-lo. Em primeiro lugar, não são de modo nenhum os parentes de fato, tão próximos quanto possamos concebê-los, pai e filho por exemplo, mas são os parentes de direito que governam a manifestação de luto. Se o parentesco for por descendência uterina, o pai ou o filho não participam fortemente do luto um do outro [13]. Temos até uma prova curiosa do fato: entre os Warramunga, tribo do Centro de descendência sobretudo masculina, a família uterina se reconstitui especialmente para o ritual funerário [14]. Outro caso notável é que, com freqüência, são os próprios consangüíneos, os simples aliados que são obrigados, sobretudo por ocasião de simples trocas de delegados ou por ocasião de heranças, a manifestar o maior pesar [15].

---

11. Assim Taplin, *Narrinyerri*, p. 21, é quase textualmente repetido por Roth. *Bulletin* 9, 462, por Spencer e Gillen. *Native Tribes of Central Australia*, p. 540, por Eylmann. *Eingeborenen*, pp. 114, 233.

12. Roth. *Bull.* 9, p. 15. Tom Petrie. *Reminiscences* (tribo de Brisbane), p. 59; cf. Roth. *Bulletin*, p. 400.

13. Petrie. *Reminiscences*, p. 29; Mathew. *Two Representative Tribes* (Kabi), p. 142.

14. Spencer e Gillen. *Northern Tribes of Central Australia*, p. 520. Cf. o equivalente entre os Diel, Howitt, *South Eastern Tribes*, p. 446.

15. Cunhados uivando quando recebem os bens do defunto (Warramunga), Spencer e Gillen, *Northern Tribes*, p. 522. Cf. Spencer, *Tribes*

A EXPRESSÃO OBRIGATÓRIA DOS SENTIMENTOS 329

O que demonstra de maneira definitiva esta natureza puramente obrigatória da expressão de tristeza, da cólera e do medo, é que ela não é comum a todos os parentes. Não só são indivíduos determinados que choram, que uivam e cantam, mas na maioria das vezes pertencem, de direito e de fato, a um único sexo. Ao contrário dos cultos religiosos *stricto sensu*, reservados, na Austrália, aos homens, os cultos funerários são aí confiados quase que exclusivamente às mulheres [16]. Todos os autores são unânimes neste ponto e o fato é atestado por toda a Austrália. É inútil citar referências sem número de um fato perfeitamente descrito e atestado [17]. Mas mesmo entre as mulheres, não são todas as que conservam relações de fato, filhas, irmãs em descendência masculina, etc., mas são mulheres determinadas por certas relações de direito que desempenham este papel, no sentido pleno da palavra [18]. Sabemos que comumente são as mães [19] (não esquecer que nos encontramos aqui num país de parentesco por grupo), as irmãs [20] e, sobretudo, a viúva do defunto [21]. Durante a maior parte do tempo estes cho-

---

of Northern Territory, p. 147, para um caso notável de prestações rituais e econômicas intertribais por ocasião das mortes, entre os Kakadu da Austrália do Norte. O pesar manifestado tornou-se um puro negócio econômico e jurídico.

16. É inútil explicar aqui por que as mulheres são assim os agentes essenciais do ritual funerário. Essas questões são de ordem exclusivamente sociológica e provavelmente essa divisão do trabalho religioso se deve a muitos fatores. Entretanto, para a clareza de nossa exposição, e para fazer compreender a importância inaudita destes sentimentos de origem social, indicamos alguns: 1.° a mulher é um ser *minoris resitentiae*, que é encarregada e que se sobrecarrega de ritos penosos, como o estrangeiro (cf. Durkheim, *Formes élémentaires*, p. 572); além disso, ela é normalmente ela mesma uma estrangeira; ela é objeto de troças que outrora o grupo infligia a todos os seus membros (v. ritos coletivos da agonia, Warramunga, R. Hertz, "Représentation coll. ...", p. 184: cf. Strehlow, *Aranda Stämme*, etc., II, IV, p. 18, p. 25, onde já são só as mulheres que se amontoam sobre o morto); 2.° a mulher é mais especialmente um ser relacionado com os poderes malignos; suas menstruações, sua magia, suas faltas tornam-na perigosa. É considerada, até certo ponto, responsável pela morte do marido. Poder-se-á encontrar o texto de um curioso relato de mulher australiana em Roth, *Structure of the Kokoyimidir Language* (Cap Bedford), *Bulletin* 3, p. 24, cf. *Bulletin* 9, p. 341, tradução infiel, p. 374. Cf. Spencer e Gillen, *Native Tribes*, p. 504. 3.° na maior parte das tribos, é precisamente proibido ao homem, ao guerreiro gritar sob pretexto algum, em particular de dor, e sobretudo em caso de torturas rituais.

17. Eis alguns dos mais antigos testemunhos. Para a Austrália meridional e Victoria, B. Smyth, *Aborigenes of Victoria*, II, 297, I, 101, 104. Oeste de Nova Gales: Bonney, "Tribes of N. S. Wales", *Journal of the Anthropological Institute*, III, p. 126; Narrinyerri: Taplin, *Narrinyerri Tribe*, p. 20, cf. fig., p. 75. Eylmann, *Eingeborenen*, p. 240. Leste de N. G. do S. Kamilaroi. Curr. *Austr. Race*, II, 318, III, p. 29. Tribo de Sidney: Collins. *Journal*, etc., II, 17; Frazer. *Aborigenes of N. S. W.*, p. 53.

18. As listas destas mulheres só são completas nos mais recentes e nos melhores etnógrafos: v. Spencer e Gillen, *Native Tribes*, p. 506, 507, *Northern Tribes*, p. 520, *Tribes of Northern Territory*, p. 255. (Mães, mulheres de uma classe matrimonial determinada.) Strehlow. *Aranda Stämme*. IV, II, cf. p. 25 (Loritja).

19. Isso fica claro pelos textos da nota precedente.

20. Ex. Grey. *Journals of Discovery*, II, p. 316, as velhas cantam "nosso irmão caçula", etc. (W. Austr.).

21. A viúva canta e chora durante meses entre os Tharumba. Matthews, "Ethnological Notes", *J. Pr. Roy Soc. N. S. W.*, 1900, p. 274; da mesma forma entre os Euahlayi, Mrs. L. Parker, *Euahlayi Tribe*, p. 93, entre os Bunuroug da Yurra, a famosa tribo de Melbourne, um "dirge" era cantado pela mulher durante os dez dias de luto, Brough Smyth, *Aborigenes of Victoria*, I, p. 106.

330 ENSAIOS DE SOCIOLOGIA

ros, gritos e cantos acompanham as macerações amiúde muito cruéis que essas mulheres ou uma, ou algumas dentre elas se infligem, e que são infligidas, sabemo-lo, precisamente para alimentar a dor e os gritos [22].

Mas não são apenas as mulheres e certas mulheres que berram e cantam assim; há um certo número de brados dos quais elas devem desencumbir-se. Taplin diz-nos que havia uma "quantidade convencional de choros e de gritos", entre os Narrinyerri [23]. Notamos que este convencionalismo e esta regularidade não excluem de modo nenhum a sinceridade. Não menos do que em nossos próprios usos funerários. Tudo é, ao mesmo tempo, social, obrigatório e, todavia, violento e natural; rebuscamento e expressão da dor vão juntas. Veremos logo por que.

Antes, outra prova da natureza social destes gritos e destes sentimentos pode ser extraída do estudo de sua natureza e de seu conteúdo.

E primeiro lugar, por mais inarticulados que sejam tais berros e uivos, são sempre, até certo ponto, musicais, na maioria das vezes ritmados, cantados em uníssono pelas mulheres [24]. Estereotipia, ritmo, uníssono, todas as coisas ao mesmo tempo fisiológicas e sociológicas. Isto pode permanecer muito primitivo, um uivo melódico, ritmado e modulado [25]. É, pois, ao menos no Centro, no Leste e no Oeste australiano, uma longa ejaculação estética e consagrada, social por conseguinte, ao menos por essas características. Isto pode também ir muito longe e evoluir: estes gritos rítmicos podem tornar-se refrões [26], interjeições do gênero esquiliano, cortando e ritmando os cânticos mais desenvolvidos. Outras vezes, formam coros alternados, às vezes com mulheres e homens [27]. Mas mesmo quando não são cantados, pelo fato de serem entoados conjuntamente, estes gritos têm um sigficado totalmente outro que o de uma pura interjeição sem alcance. Têm sua eficácia. Assim sabemos agora que o grito de *bau-bau*, emitido em duas notas graves, que as carpideiras dos Aruntas e do Loritja soltam, tem um valor

22. **Ex. Tribo de Glenormiton.** Roth. *Bulletin* 9, p. 394; Scott Nind, "Natives of King George Sound", *Journal of the Roy, Geogr. Soc.*, I, p. 46, um dos mais antigos observadores do Oeste australiano, diz textualmente que elas se coçam e se arranham o nariz para chorar.
23. *Narrinyerri Tribe*, p. 21, Roth. *Ult. loc.*; Eylmann, *Eingeborenen*, p. 114 e 233, diz, talvez traduzindo seus antecessores, "pflichtgemässes Bejammern".
24. Grey, *Journal*, II, p. 331, diz das tribos da Vase River: "shrill wailing, of the females... dirge... even musical, chauntes really beautiful".
25. Ex. Brough Smyth, *loc. cit.*, I, p. 101, Langloh Parker dá uma descrição musical bastante boa, *loc. cit.*, p. 83.
26. **Ex. Greville** Teulon (Barkinji) in Curr. *Australian Race*, II, p. 204. "Não se pode ouvir nada de mais plangente e de mais musical". Mathew (Kobi) in Curr., III, p. 165, o refrão é aqui um grito, mais uma frase muito musical: meu irmão (pai) "está morto".
27. Frazer, *loc. cit.* mais atrás.

A EXPRESSÃO OBRIGATÓRIA DOS SENTIMENTOS 331

de ἀποτρόπαιον, de conjuração traduzir-se-ia inexatamente, de expulsão do malefício mais precisamente [28].

Restam os cânticos; são da mesma natureza. É inútil notar que são ritmados, cantados, — não seriam o que são se não fossem cantados —, e por conseguinte fortemente moldados numa forma coletiva. Mas seu conteúdo também o é. Os australianos, ou melhor as australianas, têm suas "voceratrices", carpideiras e imprecantes, que cantam o luto, a morte, que injuriam, maldizem e encantam o inimigo, causa da morte, sempre mágico. Temos numerosos textos de seus cantos. Uns são muito primitivos, apenas ultrapassando a exclamação, a afirmação, a interrogação: "Onde está meu sobrinho o único que tenho" [29]. Aí está um tipo bastante difundido. "Por que me abandonaste aí?" — depois a mulher acrescenta: "Meu esposo [ou meu filho] está morto! [30]" Vemos aqui os dois temas: uma espécie de interrogação e uma afirmação simples. Esta literatura quase não ultrapassou estes dois limites [31], o apelo ao morto ou do morto de um lado, e o relato referente ao morto, de outro. Mesmo os mais belos e mais longos *voceros* cujo texto possuímos são redutíveis a essa conversação e a esse tipo de epopéia infantil [32]. Nada de elegíaco e de lírico; apenas um toque de sentimento, uma vez, na descrição do país dos mortos. Entretanto em geral são simples injúrias, obscenidades, imprecações vulgares contra os mágicos [33], ou maneiras de declinar a responsabilidade [34] do grupo. Em suma, o sentimento não está excluído, mas a descrição dos fatos e os temas rituais jurídicos prevalece, mesmo nos cânticos mais desenvolvidos.

*
* *

Duas palavras para concluir, de um ponto de vista psicológico, ou se quisermos, de interpsicologia.

Acabamos de demonstrar: uma categoria considerável de expressões orais, de sentimentos e emoções nada tem que não seja coletivo, num número muito grande de populações, espalhadas sobre todo um continente. Digamos logo que este caráter coletivo em nada prejudica a intensidade dos senti-

---

28. Spencer et Gillen, *N. T.*, p. 506, cf. 504, cf. p. 226-227, onde está mal ortografado: o sentido é precisado por Strehlow, IV, II, p. 28. Temos entre os Kakadu do Golfo de Carpentária um rito preciso de conjuração oral da alma do morto. Spencer, *Northern Territory*, p. 241, cf. Virgílio. *Enéida*, III, 67, 68:
Animanque sepulchro
condimus et magna supremum voce ciemus.
29. Lumholtz, *Among the Cannibals*, p. 264.
30. Howitt. *South Eastern Tribes*, p. 159.
31. Ex. Roth. *Bulletin* 9, p. 385, cf. Bull. 5, p. 15 ss.
32. Ver Grey, *loc. cit.*, II, p. 316, 317, um dos exemplos mais longos de poesia australiana. L. Parker, *loc. cit.*, p. 87-88, cf. p. 72, com descrição do país onde as "mulheres não podem fazer fogo".
33. Roth. *Bull.* 3, p. 26, cantadas por toda a tribo.
34. Entre os Mallanpara. *Bull.* 3, p. 26, n.º 26.

ENSAIOS DE SOCIOLOGIA

mentos, muito pelo contrário. Lembremos os amontoados sobre o morto que formam os Warramunga, os Kaitish, os Arunta [35].

Mas todas estas expressões coletivas, simultâneas, de valor moral e de força obrigatória dos sentimentos do indivíduo e do grupo são mais do que simples manifestações, são sinais, expressões compreendidas, em suma, uma linguagem [36]. Estes gritos, são como frases e palavras. É preciso dizê-las, mas se é preciso dizê-las é porque todo o grupo as compreende.

A pessoa, portanto, faz mais do que manifestar os seus sentimentos ela os manifesta a outrem, visto que é mister manifestar-lhes. Ela os manifesta a si mesma exprimindo-os aos outros e por conta dos outros.

Trata-se essencialmente de uma simbólica.

*
* *

Aqui chegamos às mui belas e curiosas teorias que Head, Mourgue e os psicólogos mais avisados nos propõem quanto às funções naturalmente simbólicas do espírito.

E temos um terreno, dos fatos, sobre o qual psicólogos, fisiólogos e sociólogos podem e devem encontrar-se.

*
* *

[1] *Sobre "As saudações pelos risos e pelas lágrimas" (1923)*, eis a nota citada [Cf. supra p. 325]:*

A propósito de suas observações sobre as "lágrimas" utilizadas como signos, permita-me indicar-lhe uma categoria considerável de fatos que as confirmam, aquela que os alemães designam em geral com o nome de *Tränengrus*, saudação pelas lágrimas. Um excelente opúsculo de Friederici apareceu sobre este tema [1]; inclui um bom catálogo de fatos americanos (Norte e Sul) desse gênero [2]. Mas o fato é igualmente atestado para a Austrália e, em particular, para os australianos de Queensland. Um dos melhores e dos mais antigos observadores das tribos das cercanias de Brisbane

---

35. V. uma excelente descrição nova, Strehlow, IV, II, p. 4.
36. Cf. Dumas, *Le rire*, p. 47.
* Extraído do *Traité de psychologie* de Georges Dumas, 1923, Paris. Carta escrita a G. Dumas logo depois da publicação, no *Journal de psychologie*, de um capítulo do *Traité*.
1. *Der Tränengruss der Indianer*, Leipzig, 1907.
2. Cf. Durkheim, *Année sociologique*, II, p. 469.

A EXPRESSÃO OBRIGATÓRIA DOS SENTIMENTOS   333

diz textualmente: "As lágrimas, entre os negros, eram um sinal de alegria assim como de pesar. Quando visitantes chegavam a um campo, assentavam-se e, de ambas as partes, as pessoas se olhavam umas as outras, e, antes de dizer uma palavra, começavam uma espécie de concurso de uivos em forma de boas vindas" [3]. Em outras partes da Austrália, parece que esta saudação pelas lágrimas está mais em relação com o ritual funerário [4]. Sob esta forma encontra-se aí difundida de um modo geral. Seria demasiado longo discutir estes fatos. Mas permita-me manifestar-lhe minha hipótese de conclusão: os ritos têm como finalidade demonstrar às duas partes que se saúdam o uníssono de seus sentimentos, que os faz parentes ou aliados. O caráter coletivo e, ao mesmo tempo, obrigatório dos sentimentos e de sua expressão fisiológica está aqui bem marcado, sem que haja esforço ou ficção como no caso das carpideiras neo-zelandezas ou romanas.

ALOCUÇÃO À SOCIEDADE DE PSICOLOGIA (1923) *

Agradeço à Sociedade de Psicologia pela grande honra que me dá, a mim que sou sociólogo, e relativamente incompetente em psicologia, chamando-me para presidir estes eruditos e especiais debates. Talvez haja, da parte da Sociedade, uma certa habilidade psicológica, ao anexar assim como presidentes, sucessivamente, um lingüista, um biólogo e, agora, ainda outro estranho à sua ciência. Felicitarei também o secretário da Sociedade pela atividade que manifesta extraindo de cada um de nós, profanos, a melhor contribuição possível. E escuso-me, dado o curto espaço de tempo que me foi deixado, por não lhes haver trazido hoje mesmo esta contribuição. Estava acertado que seria para a reabertura das aulas e neste momento só posso prometer-vos executar ambos os compromissos que assumi com ele.

Nesta primeira contribuição que, se quiserdes, substituirá a mensagem que lhes devo, procurarei assinalar quais são as relações, em seu estado atual, da sociologia e da psicologia. Não haverá, neste esforço, nenhuma dialética e nenhuma metafísica. Trata-se-á apenas de especificar os pontos sobre os quais devemos diferir e os pontos sobre os quais devemos, ao contrário, colaborar. Em particular, tentarei mostrar-vos quais os fatos que podemos fornecer à

---

3. *Tom Petric's Reminiscences of Early Queensland*, p. 117. — Cf. uma descrição por um etnólogo de profissão, "Tribu de Maryborough", Roth, *Bulletin of N. Queensland Ethnography*, n.º 8, p. 8.
4. Ex. Tribo de Melbourne, Rito do mensageiro. Brough Smyth, *Aborigenes of Victoria*, I, p. 134. Encontro de duas tribos, em Moorundi, J. Eyre, *Journal of Discovery*, t. II, p. 221.
* Extraído do *Journal de psychologie*, 18.

334 ENSAIOS DE SOCIOLOGIA

vossa discussão e a vossos estudos, em que pontos podemos enriquecer o círculo de vossos conhecimentos. E de outro lado, propor-vos-ei certo número de questões cuja solução, pelos psicólogos, leva ao desenvolvimento imediato da sociologia.

Em particular, indicar-vos-ei em que grau é necessário que sejamos melhor informados sobre aquilo que chamarei "o homem total". Isto é dito sem sombra de um espírito crítico, mas permiti que eu vos observe que os grandes progressos recentes da psicologia foram realizados de preferência em domínios muito precisos, os da psicofisiologia, os das faculdades ʼnsitivas ou motoras, os de tais ou tais ordens de fatos. Ora, nós, sociólogos, quando encontramos o homem, a consciência humana, — em nossas estatísticas, em nossas considerações de história social ou de história comparada, em nossos estudos de psicologia ou de morfologia coletivas —, deparamos não somente com tal ou tal faculdade da alma, ou com tal função do corpo, mas com homens totais compostos de um corpo, de uma consciência individual, e desta parte da consciência que provém da consciência coletiva ou, se quisermos, que corresponde à existência da coletividade. O que encontramos é um homem que vive em carne e em espírito num ponto determinado do tempo, do espaço, numa sociedade determinada... A maior parte dos fenômenos que o sociólogo considera, na medida em que não é um morfologista, requer precisamente esta consideração da totalidade psicológica do indivíduo. Nossos trabalhos aqui se juntam.

Como bem observou M. Dumas, o riso e as lágrimas e, como acrescentei, os gritos, em certos rituais, não são somente expressões de sentimentos; são também, ao mesmo tempo, rigorosamente ao mesmo tempo, signos e símbolos coletivos; e enfim, de outro lado, são manifestações e distensões orgânicas tanto quanto sentimentos e idéias. Sociologia, psicologia, fisiologia, tudo aqui deve misturar-se.

É a estudos deste gênero que eu me permitiria convidá-los. A fim de contribuir para tanto, começarei por mostrar-vos um fato que constituirá o objeto de minha segunda contribuição.

Não é somente tal ou tal expressão de sentimento, tal ou tal atividade intelectual que supõe a coordenação destes três elementos: o corpo, a consciência individual e a coletividade; é a própria vida, é o homem todo, é sua vontade, seu desejo de viver ele mesmo sua vida, que devem ser considerados do ponto de vista dessa trindade. Trar-vos-ei um número bastante grande de fatos reunidos na Polinésia e na Austrália, referentes àquilo que se chama a tanatomania. Um indivíduo que pecou ou que crê ter pecado, que se enfeitiçou ou se julga enfeitiçado, deixa-se morrer

A EXPRESSÃO OBRIGATÓRIA DOS SENTIMENTOS 335

amiúde muito depressa, às vezes no próprio momento em que havia previsto. Não há nisso nada de anormal; trata-se de um caso freqüente entre australianos ou neo-zelandeses. É que o desacordo entre o indivíduo e a sociedade lhe tirou a razão de viver, faz-lhe negar e apaga nele o mais violento dos instintos fundamentais; morre sem doença aparente; sua mola vital quebrou-se porque foi separado do apoio psicológico que é para ele a sociedade religiosa de que faz parte. Assim, é todo seu ser que depende da consciência de ser social; é toda sua vontade e são todos os seus instintos. E não falo dos casos de suicídio. Mas tudo se passa num mundo em que a natureza psíquica como natureza moral e, mais precisamente, social é soberana do corpo.

É assim que um sociólogo pode, espero, contribuir para mostrar toda a importância do fato psíquico e todo o interesse de seus estudos. Esta será a maneira de manifestar-vos o reconhecimento que lhes devo e que vos devo.

Terceira Parte

7. A Coesão Social nas Sociedades Polissegmentares (1931)*

A questão proposta é daquelas em que é muito difícil pôr-se de acordo consigo mesmo.

Era mister encontrar para os etnógrafos um método de observação que fosse possível indicar-lhes doravante, que lhes permitisse analisar no lugar os fenômenos gerais da vida coletiva. Tratava-se de levantar o plano daquilo que se chama, em geral, a sociologia geral, a de uma sociedade definida e não toda a sociedade possível.

Esta rubrica: fenômenos gerais da vida social, é difícil ela mesma de precisar.

Cobre, em primeiro lugar, um número considerável de fatos que já foram estudados de maneira literária pela velha "psicologia social" à maneira de Taine. Distinguem-se o caráter social, a mentalidade, a moralidade, a crueldade, etc., todas as espécies de noções que não são definidas, mas que todo mundo aplica bastante bem. Portanto, rigorosamente falando, trata-se aqui apenas de transformar a sociologia inconsciente numa sociologia segundo a fórmula que Simiand outrora opôs às de Seignobos. Para uma etnologia completa era absolutamente necessário encontrar os meios de expor estas coisas sistematicamente, sem literatura, e quero falar simplesmente de uma das questões que são assim colocadas.

Havia necessidade absoluta de tratá-la. As sociedades que estudamos e que nossos etnógrafos terão que observar, particularmente nas ciências francesas, são todas de um tipo que se poderia dizer situarem-se desde as formas muito su-

---

* Comunicação apresentada no Instituto Francês de Sociologia. Extraído do *Bulletin* de l'Institut français de sociologie, 1. [*Oeuvres*, v. III, pp. 11-26.]

340 ENSAIOS DE SOCIOLOGIA

periores às formas australianas até as formas vizinhas daquelas das sociedades que deram origem às nossas. Assim, a família iroquesa está bem longe da família primitiva; poder-se-ia até considerar que tinha uma forma mais avançada do que a família hebraica. Todas estas sociedades são mesmo de diferentes estádios. Por exemplo: as sociedades negras da África; de minha parte considero-as equivalentes, e até mesmo superiores ao que eram as sociedades dos germanos ou dos celtas. Como, pois, observar, nas sociedades ao mesmo tempo ainda bárbaras e já bastante evoluídas, os fatos da coesão social, da autoridade, etc.?

Imediatamente se levanta o problema, não mais simplesmente das instituições tomadas uma a uma ou das representações coletivas estudadas cada uma à parte, mas da disposição geral de todas essas coisas em um sistema social. Como descrever este fato, que solda cada sociedade e enquadra o indivíduo, em termos que não sejam demasiado literários, demasiado inexatos e muito pouco definidos?

Ademais, é claro que certos problemas postos por nossos regimes sociais não se colocam no tocante a sociedades que dependem da etnografia e que estas colocam outros. Iremos, pois, tratar do principal. Nossas sociedades são relativamente unificadas. Todas as sociedades que queremos descrever têm um caráter preciso, já indicado nas *Regras do Método* de Durkheim, que é o de serem sociedades polissegmentares. Ora, um dos problemas gerais da vida social é aquele chamado da autoridade e que nosso saudoso amigo Huvelin mui acertadamente havia transformado em problema da *Coesão social*. Infelizmente, o curso de Huvelin sobre esta questão não está atualizado; não está publicado. Seria capital sobretudo na questão do Estado. Não conheço seu teor neste ponto. Tive portanto que refletir sozinho sobre este último assunto. Satisfaço-me renunciando mais ou menos definitivamente — embora tenha hesitado longamente e ainda continue hesitando — a considerar o Estado como a única fonte de coesão nestas sociedades. Portanto, para o momento — embora eu não atribua mais ao Estado o caráter exclusivamente jurídico e eu creia que a noção de soberania se aplicou em toda a vida social —, julgo que o Estado não é o aparelho jurídico exclusivo da coesão social a não ser em nossas sociedades. Ao contrário, naquelas que dizem respeito à etnologia, a noção de soberania não esgota as formas da coesão social, nem mesmo as da autoridade, dividida como está entre segmentos múltiplos e diversos com múltiplas imbricações. As imbricações constituem uma das formas da coesão.

E eis como julgo que se possam expor as coisas:

Partimos todos de uma idéia um pouco romântica da cepa originária das sociedades: o amorfismo completo da horda, depois do clã; os comunismos que daí dimanam. Tal-

A COESÃO SOCIAL NAS SOCIEDADES 341

vez tenhamos levado muitas décadas para nos desfazer, não digo de toda idéia, mas de uma parte notável destas idéias. É preciso ver o que há de organizado nos segmentos sociais, e como a organização interna desses segmentos, mais a organização geral desses segmentos entre si, constitui a vida geral da sociedade.

Em sociedades polissegmentares com dois segmentos, os mais simples que se possa supor, é difícil compreender como a autoridade, a disciplina, a coesão se estabelecem, visto que há aí dois clãs e que a vida orgânica do clã A não é a do clã B. E por exemplo, na Austrália (Victoria, Nova Gales do Sul) a da fratria Corvo não é a da fratria Águia Falcão. Por conseguinte, já nas formas mais elementares que possamos conceber de uma divisão de trabalho social — numa das mais simples divisões que possamos imaginar —, o amorfismo é a característica do funcionamento interior do clã, não da tribo. A soberania da tribo, as formas inferiores do Estado regulamentam, além desta divisão, as oposições que iremos agora ver: as dos sexos, das idades, das gerações e dos grupos locais. Crê-se às vezes que contestar esta oposição dos sexos, das idades e das gerações, é contradizer a visão gregária e puramente coletiva que Durkheim teria tido do clã. Na realidade, tais observações estavam mais do que latentes no conjunto dos trabalhos de Durkheim e de todos nós. Trata-se apenas de explicitá-las melhor.

1.º. *O grupo local.* A idéia de uma sociedade que funcionaria como massa homogênea, como um fenômeno de massa pura e simples, é uma idéia que certamente é mister aplicar, mas somente em certos momentos da vida coletiva. Creio ter dado deste princípio da "dupla morfologia" um exemplo de primeira qualidade a propósito dos esquimós. Mas em toda parte é mais ou menos a mesma coisa. Vivemos alternadamente numa vida coletiva e de uma vida familiar e individual, como quiserem. Seja nos momentos de vida em coletividade que nascem as novas instituições, seja nos estados de crise que mais particularmente se formam e seja na tradição, na rotina, nas reuniões regulares que elas funcionam, eis o que doravante é incontestável. Mas o que é igualmente incontestável, é que em todas as sociedades há mais tempo conhecidas como as nossas, há uma espécie de momento de retração do indivíduo e da família com relação a esses estados de vida coletiva mais ou menos intensos. Representemo-nos o fato num caso concreto.

Recebi hoje mesmo de nosso amigo A. R. Brown um trabalho muito interessante, por assim dizer o primeiro de morfologia social australiana que nos faltava completamente. Menciona a importância e descreve com insistência a influência, melhor do que Malinowski e ele o haviam feito, sobre toda esta vida social da horda, do campo, isto é, do grupo local. As tribos australianas estão divididas e vivem em pe-

342   ENSAIOS DE SOCIOLOGIA

quenos grupos que, coisa curiosa, não ultrapassam completamente nossas previsões estatísticas, se compõem mais ou menos de 4 a 6 famílias, isto é, de umas trinta pessoas. Há aí um máximo e um mínimo. Efetivamente, aqui a "horda" talvez exista com sua comunidade e sua igualdade; seu amorfismo incontestável é, em todo caso, bem conhecido e bem observado. Mas, se quiserem, este amorfismo encerra, de maneira constante, o polimorfismo das famílias. Ora, há o hábito de representar a família australiana completamente isolada. Não! ela está presa a um pequeno grupo local. Portanto, todos nós nos adiantamos: tanto aqueles que acreditaram observar tal isolamento como aqueles que só acreditaram no parentesco de clã. A diferença existente entre aquilo que Durkheim nos ensinou há quase quarenta anos e o que observamos nessas mesmas tribos agora é esta: o grupo local que, para Durkheim, era um grupo de formação muito secundária, se nos aparece como um grupo de formação primária.

Observações deste gênero podem ser ainda mais facilmente repetidas em outras partes. Tomei os australianos, extremamente primitivos neste ponto; poderia ter tomado outros exemplos muito menos primitivos.

2.º. *A divisão por sexos* é uma divisão fundamental que onerou com seu peso todas as sociedades num grau que nem suspeitamos. Nossa sociologia, neste ponto, é muito inferior ao que ela deveria ser. Pode-se dizer a nossos estudantes, sobretudo àqueles que um dia poderiam efetuar observações neste terreno, que só fizemos a sociologia dos homens e não a sociologia das mulheres, ou dos dois sexos.

Tendes uma divisão em sexos extremamente pronunciada: divisão técnica do trabalho, divisão econômica dos bens, divisão social da sociedade dos homens e da sociedade das mulheres (Nigrícia, Micronésia), das sociedades secretas, das categorias de mulheres (N. W. americano, Pueblos), da autoridade, da coesão. As mulheres são um elemento capital da ordem. Assim, por exemplo, a vendeta é dirigida pelas mulheres na Córsega, como o é entre a gente do Oeste australiano. Temos o texto de certos "voceros" compostos por uma velha australiana da tribo de Perth, na primeira metade do século XIX; são notáveis.

3.º. *A divisão por idades* não é menos importante. Ela verifica naturalmente as outras, e eis como. As divisões por idades, por exemplo no país negro (Nigrícia, Sudão, Bantos), são importantes. As pessoas que foram iniciadas em conjunto formam uma confraria ou, mais exatamente, uma "fraternidade de comezaina" *; são "fráteros" e as pessoas da mesma idade são confrades. Jeanmaire conhece bem essas coisas no que se refere à Grécia. Aliás, estas divisões são quase

---

* *Frairie*, em francês.

A COESÃO SOCIAL NAS SOCIEDADES 343

por toda parte fundamentais. Por exemplo, os famosos Arunta dividem-se em cerca de cinco classes de idade e entre eles só se pode atingir a última classe ativa por volta dos trinta ou trinta e cinco anos. O homem é sujeito a uma série de iniciações, de troças sob certo ponto de vista — aquele no qual nos colocamos neste momento — que duram até esta época. Em sociedades muito mais avançadas do Noroeste americano, por exemplo, o momento em que se chega ao ápice dos graus nas confrarias, mesmo quando se tem para isso direitos de nascimento e não somente direitos precários de lugar-tenência, situa-se em torno do fim da maturidade. E imediatamente depois, vem em geral a reforma (*retraite*) mesmo para os príncipes: depois de perder os poderes de dançar que caracterizam a possessão de um espírito. A prova da dança é uma excelente prova. Granet instruiu-nos longa e admiravelmente a propósito da China.

Isso no que diz respeito à divisão por idades; 4.º. leis agora no tocante à *divisão por gerações*. Esta geralmente não coincide com aquela como coincidem entre nós. É preciso dar-se conta de que, numa sociedade primitiva ou arcaica, o patriarca tem filhos durante um lapso de tempo muito maior do que entre nós e, com freqüência, exerce seus poderes sobre muitas mulheres, e de todas as idades. Constantemente gera filhos cujas probabilidades de sobrevivência são muito menores do que entre nós, mas que se espacejam por um número bastante considerável de anos. Assim um indivíduo pode se muito mais jovem que seus sobrinhos segundos. Encontrareis circunstâncias deste gênero no fundo, por exemplo, de toda a história das instituições que distinguem entre o secundogênito e o primogênito, e no fundo de todas as instituições nas quais um pai que deve escolher entre uma numerosa progenitura, a de numerosas mulheres em particular, procurou dar a um de seus filhos os títulos e bens de que dispõe soberanamente (sobretudo nas castas e nas classes elevadas). Assim, enquanto entre nós em geral o sistema das idades coincide de maneira bastante exata com o sistema das gerações, onde o tio só excepcionalmente é mais jovem do que o sobrinho e a sobrinha, aqui, geralmente, só coincide pela metade e com freqüência não coincide.

As pessoas se distribuem portanto de duas maneiras ao mesmo tempo: por idades e por gerações. Isso acontece mesmo nas sociedades tão elementares como nas sociedades australianas e sobretudo naquelas que podem ser situadas imediatamente depois das australianas: Melanésia, América do Norte, etc. É no interior de cada geração que há comunidade e igualdade no clã e na família, como há no interior de cada classe etária na tribo, como há igualmente entre todas as idades, no interior do clã ou do grupo local. Enfim, lembremos que é no âmbito do mesmo sexo que há comunidade e hierarquia (caso das sociedades dos homens em particular) e igualmente no âmbito da mesma geração de cada sexo, mesmo quando os membros diferem extremamente em idade e quando todos os filhos, os netos, os bisnetos de um antepassado na grande família indivisa (América do Norte, África, etc.) são iguais entre si. Cada geração tem seu gênero de comunidade e sua posição diante das outras gerações. Vedes bem o sistema no interior desses grupos das gerações imbricados desta forma, à maneira de dois punhos cerrados unidos pelas faces exteriores engrenadas pelos dedos — faço o gesto expresso —, e há outros imbricados uns nos outros nos quais reinam outros comunitarismos e outros igualitarismos: de sexo, de idade, de grupo local, de clã. De tempos em tempos, em organizações especiais como a militar, onde a classe de idade e a sociedade de homens reinam, aparecem, sobretudo nas camadas inferiores, casos em que a comunidade é quase absoluta (América do Norte, Pradaria). Nós mesmos estivemos nestas condições. Existem aí reformações de igualitarismo, de comunitarismo que são reformações necessárias. De modo algum são exclusivas de outros igualitarismos, como não o são da hierarquia destes igualitarismos.

E é assim que devemos compreender as coisas; esta curiosa coesão realiza-se por aderência e por oposição, por fricção como no fabrico de tecidos e de cestos. Assim, por exemplo, na nova edição do livro sobre os Aruntas, o saudoso Sir Baldwin Spencer dá o plano do campo tribal por grupos locais; este plano corrobora exatamente aquilo que Durkheim e eu havíamos suposto a propósito das classificações por clã. Todos os grupos, à medida que chegam ao campo tribal, se dispõem rigorosamente segundo sua orientação de origem, de maneira que o círculo completo, sobre toda a rosa dos ventos, é formado realmente da mesma maneira, ainda que seja pela aglomeração de pequenas hordas que se situam ritualmente.

Eis como devemos representar-nos as coisas; aí está como para futuros observadores, reparos deste gênero podem ser úteis à pesquisa. Aí está como devemos representar-nos as coesões sociais, desde a origem: misturas de amorfismos e de polimorfismos.

Agora podemos sentir como, desde os começos da evolução social, os diversos subgrupos, às vezes mais numerosos mesmo do que os clãs que eles seccionam, as diversas estruturas sociais podem imbricar-se, entrecruzar-se, soldar-se, tornar-se coerentes.

É assim que se coloca, por oposição ao problema da comunidade e no interior deste — o problema da reciprocidade ou inversamente o da comunidade a obrigar a reciprocidade. Tendes um exemplo na vida de família atual sem mesmo precisar remontar às famílias do tipo dos grupos

A COESÃO SOCIAL NAS SOCIEDADES 345

político-domésticos; viveis aí uns com os outros num estado ao mesmo tempo comunitário e individualista de reciprocidades diversas, de mútuos bons serviços prestados: alguns sem espírito de recompensa, outros com recompensa obrigatória, outros enfim com sentido rigorosamente único, pois deveis fazer a vosso filho aquilo que teríeis desejado que vosso pai vos fizesse.

A reciprocidade pode ser direta ou indireta. Existe a reciprocidade direta dentro de cada classe de idade; nas categorias, no bivaque, encontramo-nos todos num estado de trocas recíprocas; há comunitarismo; em certo número de sociedades (Austrália Central, América do Norte, Leste e Oeste) subentende-se que, por exemplo, todos os cunhados de dois clãs têm ou não direito em certos casos, não somente às irmãs, mas também à hospitalidade, aos alimentos, à ajuda militar e jurídica entre si. A disciplina de idade e a de simples reciprocidade acumulam-se em outros casos em que o parentesco é não apenas de nome mas ainda de fato rigorosamente recíproco, mesmo entre duas gerações diferentes. Por exemplo, lá onde o avô e o neto se designam mutuamente pelo mesmo nome, o avô pode dar ao neto as mesmas prestações que este lhe dá, e ao mesmo tempo o pai pode, pela mesma razão — identidade do neto e do avô — apresentada com respeito aos dois (N. W. americano, N. Caledônia, Ashanti, etc.). Vedes que o amorfismo e o polimorfismo não são exclusivos um do outro e que a reciprocidade se lhe vem juntar. Em muitos casos, o tataravô é que é idêntico ao bisneto (Ashanti, etc.); com freqüência, o filho é claramente superior a seu pai. Eis o que são o parentesco recíproco, os direitos recíprocos e as prestações recíprocas diretas.

Outras reciprocidades são indiretas e temo-las ainda entre nós. É preciso submeter-se a elas um número considerável de vezes; por exemplo, os trotes da iniciação, da entrada em nova carreira, etc. Normalmente, quando sou candidato, não posso retribuir a um membro do Instituto aquilo que ele me fez; tudo o que poderia fazer, seria retribuir (uma vez) a outro candidato a moeda de aborrecimento que recebi. E repitamo-lo: é o que nosso pai fez por nós que podemos retribuir a nosso filho. É a isso que chamo reciprocidade alternativa indireta. Encontra-se a reciprocidade indireta simples, em particular em caso de aliança, por exemplo com relação aos sogros, aos cunhados e cunhadas.

Pois se trata de corte em sentido diverso de uma só massa de homens e de mulheres.

A clivagem por sexos, por gerações e por clãs, chega a fazer de um grupo A o associado de um grupo B, mas estes dois grupos A e B, em outras palavras, as fratrias, já estão justamente divididas por sexos e gerações. As oposições cruzam as coesões.

346 ENSAIOS DE SOCIOLOGIA

Tomemos como exemplo a situação dos pais de brinca-deiras (América do Norte, Bantos, etc.) que indiquei num pe-queno trabalho [1]. Ordinariamente estes parentescos são os de cunhados e esposos de direito com relação a cunhadas e esposas de direito (clã, sexo, geração e idade às vezes deter-minam os dois grupos respectivos). São comandadas por di-ferentes coisas e em particular pelo princípio de reencarnação que por sua vez exprime outras coisas. Ademais, pode-se mangar da sogra, ou então (é exatamente a mesma coisa), de-ve-se evitá-la absolutamente; de modo que, ao mesmo tempo que é interdita a seu genro, ela pode ter direitos excessivos sobre ele, como por exemplo em certas tribos (Austrália do Sul) cujo uso foi muito bem descrito por Howitt. Desde que um genro traga caça para um campo onde habitem, tudo passa a seus sogros. E vemos aí um sistema de troca, de comunidade condicionada por separações. Aquelas pessoas estão diante de seus sogros como nós estamos diante de um credor muito exigente. Há comunismo visto que os sogros têm direito a esta caça e o genro não tem. Mas, ao mesmo tempo, há igualmente uma verdadeira organização levada até o pormenor, até o indivíduo. E há reciprocidade indireta, se o genro, por seu turno, tem seus genros que lhe devem sua caça.

Assim todos os grupos se imbricam uns nos outros, se organizam uns em função dos outros por prestações recípro-cas, por enredamentos de gerações, de sexos, por enreda-mentos de clãs e por estratificações de idades.

É muito mais fácil compreender agora como uma dis-ciplina, uma autoridade, uma coesão podem desfazer-se. Ao contrário, quando só se consideram dois clãs completamente amorfos, poder-se-ia supor às vezes, por exemplo na Nova Guiné, na América do Norte, numa parte da África, a so-ciedade dividida em dois campos quase completamente opostos. Para fazer compreender a moralidade complicada que resulta dessas complicações no fim de contas naturais e simples, tomemos como exemplo um fato que Labouret e seus informantes indígenas já não compreendem muito bem. Encontrá-lo-ão num livro que neste momento o Instituto de Etnologia publica sobre as *Tribos do grupo Lobi* (Alto Volta).

Creio que Labouret descreve um fato muito importante de que já suspeitávamos; alguma coisa do gênero das classes matrimoniais australianas na África ou, o que é um pouco a mesma coisa, uma organização quadripartida da tribo (duas fratrias divididas em duas cada uma, sem dúvida por geração), que Labouret chama clãs aliados dois a dois. Ele não con-seguiu, malgrado as novas indagações no próprio local, en-contrar nem a exogamia destes clãs, nem suas uniões matri-moniais. Nessas tribos eles são divididos em A e B, subdivi-

---

1. *Programme E.H.E.*, 1929.

A COESÃO SOCIAL NAS SOCIEDADES   347

didos em Al e em A2, B1 e em B2. Na minha opinião, estavam outrora todos em relações de cunhados ou de sogros uns com respeito aos outros. (É sem dúvida o caso em Ashanti.)

Quando A2 está em batalha com B2, são os B1 que interrompem a batalha dos A2; os B2 interromperiam a dos A1. As intervenções de sogros e de genros são as únicas permitidas. Na minha opinião, os cunhados e irmãos estão, por sua vez, na batalha dos clãs. Em todo caso, os aliados são os únicos que têm o direito de dizer suas verdades a todas as pessoas da geração anterior ou posterior; os outros em estado de constante oposição entre si conservam a distância, a etiqueta. Poder-se-ia dizer, neste caso, que há um direito de polícia de uma geração sobre outra geração, da outra fratria num sexo determinado e um direito de comunidade no interior de uma geração de duas fratrias. Esta instituição identificada em toda a África Negra ocidental ainda exige estudos aprofundados.

Vamos mais longe, a propósito dessas mesmas tribos. Elas reconhecem direitos às famílias. De outro lado, há no interior das próprias gerações direitos individuais; o primogênito, numa grande família indivisa distingue-se por outra via. É o patriarca a partir do momento em que o último descendente da geração anterior desapareceu. Assim um primogênito se determina num grupo. É o mais antigo sobrevivente da geração mais antiga. Há um comunitarismo a partir deste, mas este é um chefe regular, um indivíduo determinado. Quando o último membro de uma geração desaparece, a geração que segue passa a chefia da família a seu primogênito, e assim por diante (é o caso ashanti). E, de outro lado, a hierarquia das mulheres se estabelece no interior destes mesmos grupos; as mulheres, tipos de rainhas-mães conservam seu título mesmo viúvas; e como é a primeira das mulheres esposadas por um chefe que é a chefe das mulheres de todos os homens agrupados em torno do patriarca (mais exatamente do chefe), pode ainda haver deslocamentos no interior do sexo feminino com relação ao outro.

No âmbito de uma geração pode, pois, haver uma disciplina de grupo e igualmente múltiplas autoridades, afora a do chefe. O erro que cometemos foi o de ocupar-nos exclusivamente com aquilo que chamamos chefaturas, e que não é mais do que a chefatura pública. A criatura na África, tal como a descrevemos, é um fenômeno, não digo de última formação, mas enfim de criação secundária; ela só nos aparece em formas rigorosamente jurídicas, como o poder do soberano, ou na organização militar. Mesmo estas duas forças já não correspondem necessariamente a uma ou a outra.

As coisas podem complicar-se e aquilo que concebemos como único pode dividir-se. Tomemos, por exemplo, aqui o chefe de guerra e de paz; lá, em Porto Novo, o rei do dia e o rei da noite, segundo uma definição que só é inconcebível para nós (é preciso que o rei vigie sempre), é preciso que haja dois; entre os Jarai (Indochina) temos um rei da Água e um rei do Fogo.

Assim no interior do grupo, grandes subgrupos, pequenos subgrupos, deve-se distinguir dois gêneros de coesão: primeiro uma disciplina rigorosamente admitida por todos — e depois pode haver mesmo desde as sociedades mais baixas uma espécie de organização, múltiplas diferenças de posição no interior dos grupos e subgrupos acarretando múltiplas disciplinas.

Enfim, esses grupos podem agir uns com respeito aos outros e eis como: por três vias: 1.ª. Ação — *A educação* A educação é dada por sexos, por idade, por geração, ora no interior da família, ora em particular do ponto de vista religioso, no interior dos campos secretos da iniciação e, por exemplo, na Austrália Central, de fratria a fratria, de sogro a futuro genro.

2.ª. *A tradição*, a transmissão das coisas, das práticas e das representações coletivas faz-se por si mesma. A família, em minha opinião, desempenha aqui um papel importante, mas que não se deve exagerar. Pois nas sociedades arcaicas o filho escapa muito depressa à família propriamente dita, sobretudo as filhas ao pai e os filhos à mãe. Outro dia, na discussão que tivemos com um conhecido psicólogo sobre a formação da razão na criança, ele sustentava que a razão começa a desenvolver-se na criança entre os sete e os onze anos. Respondi-lhe que se tratava de um fenômeno repartido de maneira inteiramente desigual. No Marrocos, um pequeno escravo ou um filho de artífice pobre que, a partir da idade de três anos, em Mellah ou em Medina, entre os árabes ou entre os berberes, ou entre os judeus, ajuda seu mestre ou seu pai contando com os dedos o número dos fios que retorce para a presilha do talhador ou do seleiro, um pequeno ajudante de cordoeiro, têm evidentemente noções técnicas precisas que uma menina suíça, bem criada, de boa família, educada à vontade, no conforto e fora dos trabalhos não terá. A razão assume uma precocidade que não tem entre nós e a criança escapa depressa à puerilidade para ser tragada pela vida séria e pelas profissões.

Assim esta educação garante os direitos e a coesão precisamente por este entrecruzamento das educações.

E então *o costume* vem sufocar a liberdade. Pois cada subsecção do clã, da família, dos sexos, das idades, das gerações, tem o direito de atenção sobre seus opostos como sobre seus membros. Nos clãs exógamos, há necessariamente ao menos mulheres de um outro clã. O resultado não é que essas mulheres estrangeiras sejam abandonadas. Há uma demarcação necessária, mas não absoluta. Seja, por exemplo, a lenda de Barba-Azul; é morto por seus cunhados, os irmãos

A COESÃO SOCIAL NAS SOCIEDADES 349

de sua mulher, que ela conseguiu convocar. Os cunhados têm o direito de imiscuir-se quer na vida dos filhos quer na vida da mulher: traço fundamental da vida árabe, berbere ou chinesa, neocaledoniana ou do índio da América do Norte. Costume do grupo, costume dos subgrupos, autoridade consuetudinária dos subgrupos cruzada em todos os sentidos. Eis o que encontrareis nessas sociedades. Esta coesão se traduz por séries de hábitos complementares, que se limitam uns aos outros e diversos: assim às diversas apropriações técnicas do solo correspondem diversas propriedades do solo; à diversidade dos bens, diversas propriedades mobiliárias. Os proprietários da caça (nobres, África guineana) podem ser diferentes dos proprietários do campo, das terras aráveis; estes podem não ser os proprietários das árvores. Assim à noção de puro comunitarismo do direito predial, podemos opor a noção de propriedades seccionadas entre as comunidades; estes seccionamentos chegam até o individualismo relativo de alguns direitos prediais (jardim, pomar) e com mais razão dos direitos mobiliários.

As pesquisas que fiz sobre a divisão dos direitos em masculinos e femininos permitem-me indicar-vos que há ainda no caso outras coisas a descrever.

3.°. O terceiro momento do funcionamento de todos estes segmentos e de todas estas secções é precisamente uma coisa pouco estudada, mesmo por nós, e seria necessário restaurar seu estudo que entretanto foi clássico entre os juristas, há uns sessenta anos: é a coisa expressa pela *noção de paz*. Uma sociedade é coerente, harmoniosa e verdadeiramente bem disciplinada, sua força pode ser decuplicada pela harmonia, com a condição de que haja paz.

Acerca desta noção de paz encontrareis belas páginas no livro de Robert Hertz sobre o *Pecado e a Expiação* (Polinésia em particular) quando eu puder publicá-lo. Poderia dar-lhes a conhecer belos poemas maoris, os que Hertz anotou e outros que ele não chegou a conhecer sobre a paz que é a harmonia. Existem aí coisas belíssimas sobre o clã, sobre os grupos locais e a guerra, período negro. Dir-se-ia que aquela gente inventou os temas legendários que fazem com que para a Índia, mesmo a de nossos dias, os períodos da vida e da história se dividam em períodos brancos e negros, frios e quentes.

Esta noção de paz, que outrora os historiadores do direito (Wilda, etc.) estudaram muito bem no direito germânico porque aí se encontra de maneira evidente e mesmo na moral *(zufriede)*, foi muito negligenciada; tornou-se pouco clara, sobretudo a da paz civil. Tomemos documentos que pouca gente jovem conhece, por exemplo o belo monumento da história e do pensamento francês: a *República* de Bodin. Este jurista foi, assim o creio, como os outros juristas dos últimos Valois, da época das guerras de religião, da guerra civil, o teórico da paz e em particular da paz do rei. Naquele momento, conservava-se esta importante noção próxima do espírito, ao passo que agora — sem dirigir censuras aos Colégios e Faculdades que nos cercam —, digamos que eles se extenciam em torno das idéias de soberania, em vez de especular sobre esta noção da paz e da vida harmoniosa do Estado e dos subgrupos.

Concluamos sobre este último grupo de fatos: a paz entre os subgrupos. Levantar essa questão a propósito das sociedades arcaicas não é inútil à compreensão de nossas sociedades, e talvez nos permita até — o que raramente nos permitimos — propor conclusões de moral política.

Esta questão da harmonia normal dos sexos, das idades e das gerações, e dos diversos subgrupos (clãs, castas, classes, confrarias, etc.), uns com relação aos outros, esta questão da harmonia interior a cada um deles e da relação destas diversas harmonias à harmonia geral e à moral normal da sociedade, esta questão desapareceu do horizonte sociológico. Ora, é necessário repô-la no primeiro plano do estudo e da discussão.

Eis como se poderia encetá-la. Afora conclusões de etnógrafo que pude indicar quanto ao modo de estudar, em uma vida tribal determinada e distinguindo fortemente as diversas sociedades entre si, por exemplo as sociedades malgaxes das sociedades africanas, — quanto a este ponto, creio que nós, sociólogos, temos agora, se tiverdes seguido as poucas indicações que acabam de vos ser dadas, de uma parte o meio de propor de novo os problemas do passado e, de outra parte, um modo de superar os problemas do presente. Esta concepção da necessidade dos subgrupos entrecruzados aplica-se a nossas sociedades. Lembro-vos que Durkheim sempre pensou, desde o começo de suas pesquisas, que a solução do problema do individualismo e do socialismo consistia em estabelecer entre a anarquia individualista e o poder esmagador do Estado, uma força intermediária, o grupo profissional. Este agrupamento natural tomaria o lugar das grandes famílias de que acabamos de falar, e mesmo do grupo familiar que foi se decompondo até reduzir-se à família conjugal.

Por conseguinte, não creio ser infiel ao pensamento de Durkheim propondo-vos: primeiro, atenuar as idéias correntes relativas ao amorfismo originário das sociedades; e depois complicar ao contrário as idéias referentes à necessidade de harmonizar sempre mais nossas sociedades modernas. É preciso criar muitos subgrupos, reforçar constantemente outros, profissionais em particular, inexistentes ou insuficientemente existentes; é preciso, enfim, deixar que se ajustem uns aos outros, naturalmente, se possível, sob a autoridade do Estado em caso de necessidade, de acordo com seu conhecimento e sob seu controle, em todo caso.

8. Dom, Contrato, Troca

A EXTENSÃO DO *POTLATCH* NA MELANÉSIA (1920) *

O "potlatch" é esta instituição, até aqui tida como especial do Noroeste americano, onde clãs e fratrias confrontados rivalizam entre si em despesas, mesmo em destruições de riqueza, e que regula toda a vida social, política, religiosa, estética, econômica dos Kwakiutl, Haida, Tlinkit, etc. [1. Cf. *infra* p. 353.]

Faz parte do sistema ao qual propusemos dar o nome de "sistema de prestações totais", que é normal em todas as sociedades à base de clãs. Pois a exogamia é uma troca de todas as mulheres dos clãs ligados por cognação. Os direitos, as coisas, os ritos religiosos e tudo, em geral, trocam-se entre os clãs e as diversas gerações dos diversos clãs, como é evidente, por exemplo, entre os Warramungas, na Austrália Central, onde tudo se faz de fratria atriz a fratria espectadora.

Mas o "potlatch" caracteriza-se pelo marcante caráter suntuário, pelo caráter usurário dos empréstimos concedidos de clãs a clãs, pelo caráter agonístico em geral desta oposição de clãs que parecem entrar em luta, mesmo mortal, assim como por uma série de contratos coletivos pacíficos.

Uma série de estudos em que havíamos reunido diversos elementos esparsos de festas e de instituições jurídicas, particularmente de rituais de confrarias, permitiram-nos identificar esta instituição na Melanésia Ocidental e na Papuásia,

---

* Comunicação apresentada no Instituto Francês de Antropologia, extraída de *Anthropologie*, 30. [*Ouvres*, v. III, pp. 29-57.]

352 ENSAIOS DE SOCIOLOGIA

desde antes da guerra [1], e isto tanto entre os Papuas como entre os Melanésios. [2. Cf. *infra* p. 355.]

Os documentos de Thurnwald aos quais consagramos uma de nossas conferências deste ano na Escola de Altos Estudos no-lo mostraram nas Ilhas Salomão N. W.; pois não se deve considerar o *unu*, a grande festa do Buin, como a conclusão de um simples contrato de aliança militar e de vendeta, mas como parte de um sistema de rituais (astronômico, etc.), de prestações (casamento, iniciação), de graus políticos (subordinação dos chefes, etc.), econômicos (troca, empréstimos, etc.). Thurnwald a propósito das questões de rivalidade empregou utilmente o termo franco-alemão "sich revanchiert" [2] que bem exprime o espírito no qual se fazem todas essas prestações e contraprestações, onde como em nossas núpcias do interior as famílias se "revingam" pelas maneiras e pelos gastos.

A extensão desta instituição nas Ilhas Salomão levou-nos a rever grande quantidade de documentos sobre a Melanésia. Por mais familiares que nos fossem, nunca nos déramos conta da existência sequer desses costumes, todavia dominantes.

Ora, em toda a Melanésia Oriental e Central, encontramos não somente traços importantes de "potlatch", mas mesmo destas formas agonísticas radicais onde indivíduos e grupos vão absorver ou destruir as riquezas do clã ao mesmo tempo oposto e aliado.

Em primeiro lugar, em Fidji. Deste ponto de vista pode-se compreender, e compreender de maneira totalmente diferente de um simples traço do direito uterino, a famosa instituição do *vasu* [3]: este sobrinho que pode vir tomar, consumir, destruir junto a seu nobre tio tudo aquilo que pertence a ele e a seu clã; a do *tauvu*, uso de clã a clã, a propósito do qual Hocart [4] corrigiu felizmente as asserções, aliás interessantes, de Basil Thomson [5]; a do *solevu* [6], trocas comerciais em forma de tributo, de presentes e de festas, etc.

Na Nova Caledônia, vê-se funcionar a instituição do *benguam*, primo uterino, que é inteiramente comparável ao *vasu* fidjiano [7]; a iniciação [8], as festas funerárias (o famoso *pilu-pilu*), o casamento [9] são enquadrados no mesmo sistema.

Enfim, na Melanésia Central, uma leitura mais atenta de Codrington convence-nos de que é preciso retomar sob este ponto de vista todo o estudo das confrarias, ditas sociedades secretas, das sociedades dos homens, das chefaturas

---

1. V. *Année sociologique*, 12, p. 370 ss.
2. *Forschungen auf den Salomon Inseln*, III, p. 9.
3. Williams, *Fiji and the Fijians*, I, p. 34-35.
4. *J. R. A. I.*, 1914.
5. *The Fijians*, p. , 340, etc.
6. Basil Thomson, p. 280, 289.
7. Lambert, *Moeurs et coutumes des sauvages néo-calédoniens*, p. 112, 133.
8. *Ibid.*, p. 110.
9. *Ibid.*, p. 92.

DOM, CONTRATO, TROCA 353

e das trocas. Pois os graus são comprados por prestações rivais [10] e toda a "sociedade dos homens de uma tribo funciona em particular desta maneira" [11]. É, aliás, notável que nessas ilhas, como na Melanésia Ocidental, numerosas e ricas máscaras, brasões e esteiras sejam o objeto dessas trocas usurárias e em forma de oposta [12], e ligam-se seguramente aos graus, funções religiosas e, talvez, aos nomes individuais dos chefes, o que completaria a semelhança entre estes costumes e aqueles que estamos habituados a crer que sejam especiais aos americanos do Noroeste.

[*Esta comunicação levantou viva discussão entre seu autor e Rabaud e Piéron; este último pergunta a Mauss, com relação às prestações totais e sobretudo aos direitos de vida e de morte, se não há exagero nas narrações dos viajantes, visto que tais práticas conduziriam à destruição da raça num breve prazo. Mauss não crê que haja o menor exagero nos testemunhos dos cientistas que observaram tais fatos.*]

[1] *A este propósito, eis o extrato da análise sobre os índios Haida e Tlinkit* [1] *(1910)* * *[cf. supra p. 351]:*

[...] Mas há uma instituição que domina todas as outras: é aquela do *potlatch* cujo papel é tão considerável em todas as sociedades do noroeste.

Geralmente se traduz *potlatch* por "distribuição de propriedade" e de fato este termo transpõe bem o traço característico deste uso que consiste essencialmente em trocas e em distribuições. Mas seria desnaturá-lo se dele se fizesse um fenômeno exclusivamente econômico: domina a vida religiosa, jurídica, artística do noroeste. Nascimento, matrimônio, iniciação, morte, tatuagem, erguimento do túmulo, etc., tudo é pretexto para o *potlatch*. O chefe dá um *potlatch* quando constrói uma casa, erige um emblema, reúne uma confraria, etc. A festa é o *potlatch*. É no *potlatch* que casas e clãs emitem seus cânticos sagrados, mostram chapéus e máscaras, excitam seus xamanes hereditários para que se deixem possuir pelo espírito do clã, tudo isso sob a vigilância das outras casas e dos outros clãs. Mas acontece que todas essas festas existem, por assim dizer, somente para acompanhar uma repartição de bens e uma espécie de troca de um gênero muito particular. Eis como as coisas se passam. Por exemplo, o filho de um chefe é iniciado numa sociedade secreta? Nesta ocasião o pai dá uma festa, um *potlatch* na casa do filho (visto ser a descendência uterina, o pai e o

---

10. *The Melanesians*, p. 55 ss.
11. Cf. *Suge* das Ilhas Banks, p. 106 ss.
12. P. 129, 133.
* Extraído da *Année sociologique*, 11.
1. J. R. Swanton: *Contribution to the Ethnology of the Haida*, Leiden, 1906, *Social Conditions, Beliefs of the Tlinkit Indians*.

354 ENSAIOS DE SOCIOLOGIA

filho são de duas fratrias e de duas casas diferentes). Nesta
festa, gasta toda a fortuna de seu clã. Mas, pelo fato de
ter aceitado este *potlatch,* o clã do filho torna-se *de fato* devedor do clã do pai; deve, por seu turno, oferecer a este
último um *potlatch,* porém mais considerável do que aquele
que recebeu. A dívida assim contraída deve ser quitada a
uma taxa usurária, sem o que o chefe do clã devedor perde
seu nome, suas armas, seus totens, sua honra, seus direitos
civis, políticos e religiosos. Um pai de família dá o dote
a sua filha, isto é, por ocasião do casamento faz um *potlatch*
em favor das pessoas da outra fratria, à qual pertence o
genro. Mas neste caso o clã onde sua filha se casou deve-lhe
o dobro. De modo geral, o clã que recebe deve "ceder" mais
propriedade do que aquela que recebeu. Há uma espécie
de rivalidade entre os contratantes que são obrigados a ultrapassar-se mutuamente. Assim, troca entre coletividades
obrigatoriamente usurária, ligada à glória dos totens e dos
brasões, que acompanha todos os contratos, todos os atos
da vida religiosa e econômica, ocasião para as casas nobres
ostentarem seus tesouros, produzirem suas máscaras, seus
chapéus-talismãs, suas capas, suas provisões, gastarem seus
bens, eis tudo o que se encontra num *potlatch.* Semelhante
sincretismo de fatos sociais é, em nossa opinião, único na
história das sociedades humanas.

Dois fatos que devemos a M. S. ajudam-nos a compreendê-lo. Sabe-se que na Austrália há troca de bons ofícios, de prestações religiosas e materiais entre as duas fratrias de uma mesma tribo no terreno de iniciação. Ora, é
notável que, entre os Tlinkit, os *potlatch* sejam feitos sempre
de fratria a fratria. Todos os atos da vida religiosa, econômica, jurídica, constituem ensejo para "mostrar respeito" aos
clãs aliados da fratria oposta. O mesmo se passa com os
Haida nos *potlatch* que se realizam por ocasião dos casamentos e dos enterros. A gente chega assim a perguntar-se
se não haveria um vínculo entre esta instituição e a rivalidade tradicional das fratrias.

De outro lado, M. S. informa-nos de que, entre os
Tlinkit, a cada presente dado a um membro de outra fratria
se mencionam os nomes dos mortos. Os presentes feitos pelos vivos e recebidos pelos vivos são dirigidos, na realidade,
aos mortos que os recebem, crê-se, em sua habitação. São
o equivalente daquilo que, em outros ritos funerários, se destrói pelo fogo. O *potlatch* seria, pois, uma festa dos mortos
ao mesmo tempo que dos vivos. Tenderíamos a acreditar
que os mortos assim invocados a beneficiarem-se do fato
são aqueles mesmos que os vivos reencarnam. O caráter xa-
manístico das danças e do culto, a identidade completa de
cada indivíduo com o espírito ancestral que o reencarna, são
outros tantos fatos favoráveis a tal interpretação. É verdade que, segundo o autor, o lado social do *potlatch* ainda
seria mais importante do que o lado religioso. Mas o pró-

DOM, CONTRATO, TROCA   355

prio M. S. nos fala de mitos onde se vê que os espíritos
dos antepassados exigem de um chefe o *potlatch*.

[2] *Eis o texto sobre o* Potlatch *na Melanésia tirado da
análise de uma obra* [1] *(1913)* * [*cf. supra p. 352*]:

[...] Mas o que é realmente notável é que, em todas
estas tribos, haja ou não fratrias, encontramos o *potlatch*,
funcionando seja de fratria a fratria, seja de clã a clã, seja
de tribo a tribo. Seligmann não reconheceu a instituição, é
verdade; mas ela é extremamente clara. Ela não é muito
valorizada entre os Massim meridionais, justamente lá onde
as fratrias ainda existem. Entretanto uma parte das festas
funerárias, e sobretudo a festa do fim do luto e as festas
do culto da mangueira em Bartle Bay são bem do tipo regular: trocas de prestações religiosas e jurídicas contra prestações econômicas, e isto entre clãs aliados e opostos. Em
todo caso, ela domina a vida tribal e intertribal nas tribos
Roro, Mequeo, Coita. Todas as grandes festas são, em princípio, *potlatch*. Exatamente como na América, o *potlatch*
não só está ligado à estrutura das fratrias e à sua oposição,
mas chega, particularmente em Roro e em Mequeo, a aplicações inteiramente análogas àquelas que se observam entre
os Kwakiutl: a chefatura e a festa são estritamente solidárias.
Quando um destes chefes subordinados de guerra, que é
preposto à segunda secção do clã, quer elevar sua secção à
dignidade de clã autônomo e elevar-se a si próprio à dignidade de chefe principal, é por meio de um *potlatch* que
estabelece seu direito. Dá esta festa fundando seu *marco* ou
templo-moradia dos homens.
    Resta-nos falar dos melanésios da costa setentrional. São
menos interessantes do ponto de vista jurídico do que do
ponto de vista religioso, e só anotaremos os fatos mais importantes. O clã aí é francamente uterino com uma organização comunista que os missionários talvez exageraram. Ao
mesmo tempo, o tabu dos sogros é muito desenvolvido. De
outro lado, a casa dos homens e o regime da chefatura têm
a mesma importância que entre todos os melanésios da Nova
Guiné. Pode-se até encontrar entre os Bukana um curioso
ritual jurídico que poderia ser de fato um episódio de *potlatch*: pessoas têm o direito de ir buscar objetos de valor
num clã vizinho.
    Portanto, em última análise, é esta instituição que estes
diferentes trabalhos melhor focalizam. Não é mais possível
ver aí uma curiosidade etnográfica do Noroeste americano:
é manifesto que ela tem causas gerais e profundas. É uma
forma do contrato primitivo cuja freqüência será constatada

---

* **Extraído da** *Année sociologique*, 12.
1. **Seligmann** C. G., *The Melanesians of British New Guinea*,
Cambridge, 1910.

356 ENSAIOS DE SOCIOLOGIA

cada vez mais à medida em que se estudar mais o sistema de trocas nas sociedades inferiores. É um contrato que põe grupos inteiros uns diante dos outros em festins comuniais, em casamentos, etc. Em segundo lugar, os fatos que precedem confirmam um ponto de vista que freqüentes vezes temos exprimido; a saber, que o *potlatch* está ligado à organização e à oposição das fratrias.

UMA ANTIGA FORMA DE CONTRATO ENTRE OS TRÁCIOS (1921)*

I

Já bem antes da guerra, nossa atenção (a de G. Davy e a minha) foi atraída por certas formas que o contrato e a troca das riquezas normalmente assumem num número muito grande de sociedades: australianas, africanas, melanésias, polinésias, americanas do norte [1].

O contrato e a troca não têm aí, de forma alguma, o aspecto individual e puramente econômico da troca, sistema que se convencionou ornar com o nome de "economia natural", sem que ninguém tenha procurado certificar-se se jamais existiu sociedade em que esta economia funcionasse de maneira exclusiva e regular. Em geral, não são indivíduos, mas coletividades, clãs e grandes famílias que se comprometem entre si, amiúde sob a forma de aliança perpétua, em particular a propósito do casamento, da aliança no sentido pleno da palavra. As obrigações mútuas que estas coletividades se impõem reciprocamente não só englobam todos os indivíduos, e com freqüência gerações sucessivas, mas se estendem a todas as atividades, a todos os tipos de riquezas: assim, efetuam-se permutas em troco de danças, de iniciações, de tudo aquilo que o clã possui, com a condição de pagar na mesma moeda: mulheres, crianças, alimentos, ritos, heranças, tudo isso é posto em movimento. Por conseguinte, tais trocas não são de natureza puramente econômica. Muito pelo contrário. É o que propomos chamar o "sistema das prestações totais" [2].

Entre essas formas normais de troca coletiva, existe uma das mais notáveis, espalhada sobretudo — segundo nos consta — no Noroeste americano e na Malásia. Os etnólogos americanos dão-lhe em geral o nome de *potlatch*, nome aliás geralmente difundido entre as tribos ou antes as confederações da costa norte do Pacífico americano. É conhecido geralmente pelos admiráveis trabalhos de Boas, em particular sobre os Kwakiutl. Propomos que este nome seja conser-

---

* Extraído da *Revue des études grecques*, 34.
1. Ver, em particular, *Année sociologique*, 9, p. 296 ss.
2. M. Granet, *La polygynie sororale*, 1919, p. 44, julgou mesmo ter encontrado este sistema na China antiga.

DOM, CONTRATO, TROCA

vado[3]. Caracteriza-se por dois traços: o primeiro é que quase todas estas trocas, freqüentemente muito complicadas, na realidade implicam uma multidão de prestações de todos os tipos e começam sob a forma de doações na aparência puramente graciosas de presentes, cujo beneficiário será obrigado a retribuir o equivalente com usura. Toda a transação tem um aspecto suntuário, de verdadeiro esbanjamento. Este caráter de desforra, "sich revanchieren" dizem os alemães[4], é ainda muito comum nos convites que se fazem e se retribuem nossas famílias camponesas. Sua exasperação chega a dar um segundo traço a esta instituição do *potlatch,* traço muito marcante na Melanésia[5], e muito mais na América. É um caráter agonístico. Os clãs, representados por seu chefe, defrontam-se mais vezes do que se ligam entre si. É uma rivalidade constante que pode ir até o combate, à morte, à perda do nome e das armas. Em todo caso, é por este meio que se fixa a hierarquia das famílias e dos clãs. Esta forma completa do *potlatch* é bastante rara[6]. Mas por toda parte, sobretudo no mundo negro e polinésio, há um pouco dessas prestações totais que começam por dons graciosos cuja aceitação acarreta a obrigação de retribuir com os maiores dons, festins e serviços.

II

Nossas pesquisas para encontrar no mundo indo-europeu fatos tão característicos foram, até aqui, bastante infrutuosas.

Entretanto, por puro acaso, encontrei em textos gregos a prova de que a populações consideráveis, os trácios do norte da antiga Grécia, em particular os odrises, das cercanias de Bizâncio, conheceram instituições deste gênero. Mais precisamente, para empregar a nomenclatura acima fixada, conheceram o sistema de prestações totais com o primeiro traço do sistema evoluído do *potlatch:* dádivas com recuperação usurária no sentido moderno do termo. Xenofonte viu estas instituições em funcionamento. Tucídides delas fala de oitiva. Mas ambos não lhes captaram o sentido. Percebe-se muito bem que os gregos não compreendem os usos aos quais eles, malandros, são os primeiros a se submeter. Como observa Meillet, isto não vem infirmar o valor de seu testemunho. Muito pelo contrário: registram fatos que não podem inventar.

---

3. Ver Boas, "The Kwakiutl", (ext. do *Rep. U. S. Nat. Mus.*) Washington, 1897, p. 341, cf. p. 660.

4. A expressão é aquela mesma de que se serve Thurnwald a propósito das diversas festas alternadas cujo conjunto constitui o *unu* da tribo de Buin, Ilha de Bougainville (Península da Gazelle); ver B. Thurnwald, *Forschungen auf den Salomon Inseln,* 1912, vol. III, p. 8.

5. Nós mesmos insistimos em diversas ocasiões nesta extensão do *potlatch* na Melanésia (ver *Année sociologique,* 12, p. 372 ss., 374. Cf. *Bulletin de l'Institut français d'anthropologie,* 1921).

6. Ver *Année sociologique,* 11, 296 ss.

358 ENSAIOS DE SOCIOLOGIA

Já em Homero se encontra uma história deste gênero: o episódio de Glauco, rei de Lícia, ξεῖνος[7], isto é, hospedeiro, amigo, ligado por contrato de clã e clã, de rei a rei, com Diomedes (*Ilíada*, VI, 211 s.), demonstra que os gregos, inventores da *spondé*, e do contrato moderno, já não compreendiam mais estas trocas usurárias, onde uma parte dá muito mais do que recebe a outra. Eis a história: Glauco e Diomedes encontram-se na batalha, reconhecem-se como "hospedeiros", cessam de lutar, contam um ao outro a história de Belerofonte, trocam as armas[8]. "Deram-se as mãos e empenharam a palavra. Então Zeus Croniano tirou o juízo de Glauco, que com Diomedes trocou suas armas de ouro por armas de bronze, valor de cem bois pelo valor de nove bois." Assim os gregos da época homérica viram funcionar estes costumes e os consideravam como loucos.

*

* *

O principal documento sobre a instituição muito clara do contrato em forma suntuária entre os trácios, é o de Xenofonte (*Anábase*, VII). Aliás, é muito pitoresco e muito bem escrito[9]. Xenofonte está embaraçado com aquilo que lhe resta dos "Dez mil". Este "grande bando" é insuportável a Bizâncio e aos lacedemônios que aí mandam. Xenofonte acaba colocando seus homens a saldo do rei trácio Seutes, pretendente do trono dos odrises. Ora, esta locação de serviço se faz precisamente à maneira de uma série de prestações sucessivas de duas coletividades. Numa primeira entrevista, Seutes promete o espólio ao exército terrestre. Acrescenta[10]: "E torna-los-ei meus irmãos e meus comensais (sobre tamboretes), e meus associados em tudo o que pudermos conquistar. E a ti, Xenofonte, darei minha filha, e se tens uma filha compra-la-ei de ti à moda trácia[11], e dar-lhe-ei como moradia Bisanto[12], a mais bela de minhas terras marítimas". Já se vê que o chefe trácio só concebe um pacto a soldo como uma aliança de comensais e de pessoas unidas pelo casamento, pela troca de filhas e de bens. Mas isso não é mais do que o projeto de convenção. Algum tempo depois, Xenofonte traz o exército. Seutés[13] especifica os soldos. Apesar de tudo, este contrato ainda não está realizado: o que o completa é a cerimônia bastante conhecida sob o

---

7. M. Tomaschek, "Die Thraker" (*Sitzungsberichte d. Ak. d. Wiss.*, Viena, *Phil. Hist. Kl.*, 1898, t. CXXVIII, p. 41), admite o parentesco dos trácios e dos lícios.
8. Por ora, não se trata de identificar o costume trácio com o episódio contado por Homero. A prova seria demasiado fraca e só invocamos o fato a título de ilustração. Entretanto, é preciso observar que o mito e o culto de Belerofonte estão estreitamente ligados aos trácios, em sua lenda em Abdera (ver Tomaschek, *ib.*, p. 41).
9. *Anab.*, VII, 2, 35.
10. *Ib.*, 2, 38.
11. Isto é: muito caro, ver Heródoto, V, 6.
12. Oeste de Perinto, sobre a Propôntida.
13. VII, 3, 10.

DOM, CONTRATO, TROCA

nome de "festim de Seutes", e cuja semelhança com um *potlatch* impressiona de imediato. Eis o texto:

Quando estavam a ponto de entrar no festim, apresenta-se um certo Heráclides, de Maronéia. Este ia à frente de todos aqueles que julgava poderem dar alguma coisa a Seutes. Primeiro dirigiu-se a alguns parianos [14] aí chegados com a finalidade de concluir aliança com Medokos, rei dos odrises, e traziam-lhe presentes, a ele e à sua mulher... Ele os persuadiu desta forma. Depois, voltando-se para Timasião de Dardana [15], e como tivesse ouvido dizer que este tinha vasos de beber e tapetes bárbaros, disse-lhe que era uso, quando Seutes convidava para um festim, que os convidados lhe dessem presentes: "e se ele é grande, será capaz de levar-te de volta a tua casa e enriquecer-te". Assim é que intervinha junto de cada uma das pessoas a cujo encontro ia. Chegando a Xenofonte, diz-lhe: "És de uma grande cidade, e teu nome é grande junto a Seutes. Talvez queiras tomar neste país cidades, como o fizeram outros dos vossos [16], e território. Portanto é digno de ti honrar Seutes da maneira mais magnífica. Aconselho-te por amizade, pois sei muito bem que quanto maiores forem os presentes que lhe fizeres, tanto maiores serão os favores que dele obterás". Ouvindo isto, Xenofonte ficou muito embaraçado, pois chegara de Parion apenas com um servo e o necessário à viagem.

Vê-se, pois, aqui um arauto, camarista, funcionário habitual destes ritos [17], trácio helenizado, hipotecar a série oficial dos presentes e das promessas que o festim vai consagrar. Segue-se o festim, verdadeiro repasto em comum, com bebida em comum, cada qual partilhando dos vinhos e dos pratos de todos, e que sela verdadeiramente o negócio. No decurso do festim, a cerimônia das doações [18]:

Ao tinir dos copos entrou um trácio conduzindo um cavalo branco; empunhando uma taça cheia, disse: "Bebo em tua honra, Seutes, dou-te este cavalo; montado nele, na perseguição, alcançarás não importa quem; na retirada, não precisarás temer o inimigo". Outro, trazendo um escravo, deu-lho bebendo à sua saúde; outro ainda bebeu à saúde da mulher de Seutes, dando-lhe vestimentas. E Timasião, bebendo à sua saúde, apresentou-lhe uma taça de prata e um tapete no valor de 10 minas. Depois, Gnésipo, um ateniense, levanta-se, diz que era um antigo e mui belo costume [19] que as pessoas de haveres dessem ao rei, e que, ao contrário, o rei desse àqueles que nada tinham. "Dessa forma, se me deres presentes, eu também terei com que retribuir-te e honrar-te." Xenofone, por sua vez, perguntava-se o que devia fazer, pois se encontrava no lugar de honra, sentado sobre o tamborete mais próximo de Seutes. Ora, Heráclides ordenou ao copeiro que lhe apresentasse o chifre. Xenofonte — que

---

14. De Parion, sobre a Propôntida.
15. Estratego de Xenofonte, banido de Dardana.
16. Alusão à tomada de Bisanto por Alcíbiades. Evidentemente os trácios não tinham o material nem a arte necessários para se apoderarem das fortalezas.
17. A instituição do arauto não é desconhecida nem na Melanésia nem na América do Noroeste.
18. *Anab.*, VII, 3, 26.
19. Discurso pouco compreensível e mal compreendido por Xenofonte. Talvez haja um meio de explicá-lo vendo-se nisso uma alusão ao uso persa ao qual Tucídides (ver mais adiante) opôs o uso trácio: o rei recebe dos grandes e dá aos pequenos. — Em todo caso, o ateniense sai do apuro, e Xenofonte evidentemente tem o prazer de descrever esta maneira de se esquivar.

360 ENSAIOS DE SOCIOLOGIA

já havia bebido um pouco — levantou-se firmemente, e, tendo recebido o chifre, disse: "Dou-me a ti, Seutes, eu e todos os meus
bons camaradas e amigos, que te serão fiéis, e que, ainda mais do
que eu, querem ser teus".

Segue um pequeno discurso graças ao qual Xenofonte
se dispensa de dar outra coisa salvo seu coração e seu exército, e a esperança da conquista de um reino. Seutes aparentemente se contentou com isso, pois imediatamente se levantou, bebeu com Xenofonte e sacudiu (um sobre o outro)
o chifre. Seguem-se músicas, danças e intermédios cômicos,
dos quais Seutes participa em pessoa.

Mais tarde Seutes faz contratos, evidentemente do mesmo gênero, com dois lacedemônios enviados de Tibrão, go-
vernador lacedemônio, para desfazer-se do pequeno exército
de Xenofonte [20].

Aliás, todo este caso acabou assaz mediocremente. O
mencionado Heráclides parece ter sido um tesoureiro-pagador
infiel, e os gregos ficaram bastante descontentes com a conduta de Seutes.

*

* *

Evidentemente, em tudo isso trata-se de um traço muito
conhecido da vida trácia. A propósito dos mesmos odrises e
do antepassado Teres deste rei Seutes, Tucídides (II, 97) diz:

O valor, a força [21] ia além de 400 talentos, em prata e em
ouro; além disso, de não menor valor, presentes de ouro e de prata [22], sem contar os tecidos bordados e sem ornato, e os utensílios, e
isto, não somente para o próprio rei, mas também para seus associados ao trono e para os nobres. Pois haviam estabelecido a lei
contrária àquela do reino persa [23], como aliás o fizeram os outros
trácios: tomar mais do que dar (e era mais vergonhoso não dar
depois de ter sido intimado a fazê-lo do que pedir sem obter).
Alis, serviam-se deste uso o mais que podiam, pois entre eles não
se podia fazer transações sem dar presentes. Destarte esse reino
chegou a grande poder.

A passagem é perfeitamente clara. Entretanto, geralmente é mal interpretada e traduzida. Tamaschek, em particular [24], não a compreendeu. Costuma haver engano sobretudo quanto à frase geralmente posta entre parênteses nas
edições clássicas; é pouco inteligível quando não se compreende a instituição; com freqüência é considerada como
interpolada, mas sem razão. Os manuscritos são concordes
em atestar o incidente e a frase está perfeitamente dentro
do assunto e do estilo de Tucídides. Indica claramente que

20. *Anab.*, VII, 6, 3.
21. A ϱύναμις, força financeira do reino; nós diríamos: o
rendimento.
22. Evidentemente Tucídides opõe aqui os recursos provenientes
dos tributos dos súditos de Teres àqueles provenientes dos presentes
e contratos coletivos dos estranhos ao reino.
23. Gnésipo sem dúvida faz alusão a esta lei. Ver atrás.
24. *Loc. cit.*, p. 82.

DOM, CONTRATO, TROCA 361

os trácios intimavam as pessoas a fazer-lhes presentes e que nisto não havia mendicidade alguma, mas uma forma de início de contrato. A descrição de Tucídides é aqui — como sempre — clara e precisa.

*
* *

Além disso, temos outra menção destas trocas no decurso dos festins, dos casamentos e dos contratos. Anaxândrides, comediógrafo da Comédia Média, amiúde laureado (prêmio de 382 a 349), descreve-nos assim em seu *Protesilas,* as núpcias de Ipícrates [25] no palácio do Rei Cotis [26] da Trácia:

E se fizeres como te digo,
receber-vos-emos com um esplêndido festim
inteiramente semelhante ao de Ifícrates,
ao da Trácia, mesmo que se diga:
que [estas núpcias] foram pesadas de adormecer bois [27];
que através da ágora se estendiam
tapetes de púrpura que subiam até a Ursa Maior;
que aí se banqueteavam os comedores de manteiga,
com a cabeleira suja, aos dez mil,
que aí os caldeirões eram de bronze,
maiores do que cisternas [do volume] de doze leitos;
que o próprio Cotis cingiu [um avental],
trouxe o sumo num cântaro de ouro,
e provando das crateras
se embriagou antes dos bebedores;
que Antigênidas lhes tocou a flauta,
que Argas cantou, e que Quefisódotes de Acarnes
tocou a cítara;
que celebraram em odes a Esparta dos largos campos
e a Tebas das sete portas,
misturando todas as canções;
E que recebeu em dote [28] duas flavas

25. A passagem é conservada em Ateneu, *Deipnosoph.,* IV, 131. Sem dúvida é extraída de um diálogo entre escravos, um dos quais é trácio (cf. δεσποσύνοις δείπνοις, no final), personagens que então estavam na moda na cena cômica. O texto inteiro compara um festim ateniense de núpcias, e não consiste exclusivamente (como o dão a entender Croiset, *Histoire de la Littérature grecque,* II, p. 620) na descrição do festim trácio. Aquele do festim ateniense segue o último verso que traduzimos.

26. Nome dos reis trácios egeus, e também dos reis trácios de Ílion. É também o nome da deusa-mãe entre os trácios (Estrabão, 404). É, enfim, o nome de uma dança.
Sem considerar hipótese alguma como provada, sublinhamos este traço. Tem a aparência comum a muitas tribos trácias. Efetivamente, um dos nomes dos reis trácios, aquele de Sitalkes, nome ou antes título hereditário, designa também (Xenofonte, *Anab.,* VI, 1, 6) um cântico, ou antes um mimo da morte do herói numa dança trácia.
Se houvesse, como o supomos, sob esta instituição, noções importantes, então os usos trácios estariam muito próximos dos tipos de *potlatch* americano e melanésio. Efetivamente, estes vastos sistemas de direitos e de festas compreendem um número considerável de prestações que são, ao mesmo tempo, rituais e estéticas; o nobre, o chefe, o membro da confraria, melanésio ou norte-americano, usa o nome, a máscara, e dança a dança do espírito que personifica, encarna, e cuja categoria se torna a sua.

27. Adotamos a leitura de Kaibel, βουβαυκαλόσαυλα em uma só palavra.

28. Os atenienses, autor e espectadores, não compreendem que se trata da compra da mulher.

362 ENSAIOS DE SOCIOLOGIA

tropas de cavalos,
um rebanho de cabras,
um saco de ouro,
um frasco em forma de concha,
um jarro [cheio] de neve, uma panela de grãos de milho miúdo,
um silo de dez côvados cheio de cebolas
e uma hecatombe de bichos-de-conta.
Foi assim, diz-se, que Cotis de Trácia
casou sua filha com Ifícrates.
Este festim do casamento de nossos mestres
ser muito mais brilhante...

Esta passagem cômica não é menos curiosa do que as Memórias do hábil ateniense e do que as palavras precisas do historiador. Porque nos mostra um rei que dá um banquete e troca sua filha, como o fez Seutes, por um dote ridículo. Este mesmo exagero do uso trácio prova sua força e o quanto era conhecido.

Seria extremamente interessante encontrar entre outros povos antigos estes ritos e usos de gasto, de rivalidades de compromissos usurários e suntuários. Poder-se-ia talvez ver aí como estas formas chegaram a se degradar até o simples contrato de troca. Um estudo da doação germânica e das trocas nos textos celtas sem dúvida seria instrutivo. Desejaríamos que se empenhassem nisso pesquisadores mais competentes do que nós. Já é um ponto ter encontrado, num povo europeu e indo-europeu da Antiguidade, formas de tratado, de casamento, de troca, de prestações religiosas e estéticas mais ou menos similares aos da Melanésia ou da América do Norte.

A OBRIGAÇÃO DE DAR PRESENTES (1923)*

M. Mauss faz uma comunicação sobre a obrigação de dar presentes. Assinala o interesse que apresenta um certo número de temas do direito polinésio e em particular maori.

Se os polinésios não conhecem, ou já não conhecem mais, a instituição que merece o nome de *potlatch*, na América do Norte ou na Melanésia, conhecem em todo caso formas de prestações totais, ou entre clãs, chefes e famílias. Certo número representa um estado intermediário entre estas instituições e a do *potlatch*. Em particular, todo contrato começa por uma troca de presentes cuja retribuição, sob uma ou sob outra forma, se impõe e, em certos casos mais ou menos definidos, com um certo acréscimo. O tema da rivalidade e do combate atualmente é estranho a este sistema, mas o tema do presente ao mesmo tempo obrigatória e voluntariamente dado e obrigatória e voluntariamente recebido é essencial. A instituição dos *tonga*, bens essenciais da família, contra os *oloas*, bens imóveis e estranhos, em Samoa é in-

---

* Resenha de uma comunicação apresentada no Instituto Francês de Antropologia, extraída da *Anthropologie*, 33.

DOM, CONTRATO, TROCA 363

teiramente característica. Em particular, cumpre notar a troca daqueles que se chamam *tonga,* que Turner [1] denomina impropriamente os filhos adotivos e que são simplesmente filhos em *fosterage.* São "o canal" pelo qual os oloas vêm regular, completa e obrigatoriamente, a família desta criança.

Estudando esta instituição um pouco mais de perto, em particular na Nova Zelândia, onde a palavra *tonga* designa sobretudo bens imóveis, talismãs e tesouros da família, e especialmente da família do chefe, pode-se compreender um dos três elementos deste sistema de direito que consiste na troca perpétua de presentes. Pois o sistema supõe: 1.º a obrigação de dar; 2.º a obrigação de receber; 3.º a obrigação de retribuir. É acerca desse terceiro elemento que é possível dar, desde já, algumas indicações.

Um tema muito importante, devido a um jurista maori, Tamati Ranapiri, e muito bem consignado por M. Eldson Best [2], foi muito bem anotado por nosso saudoso amigo Robert Hertz.

Os *tonga* são, diz o jurista maori, dotados de *hau,* em outras palavras, de espíritos. Quando dou um *tonga* e quando o recipiendário o dá a um segundo beneficiário, este impelido pelo *hau,* pelo espírito do primeiro presente, não pode sob pretexto algum conservá-lo em seu poder; é obrigado a devolvê-lo ao primeiro doador.

Este caráter espiritual das trocas é tão marcante que o dicionário maori de Williams indica como terceiro sentido do termo "hau" o de "return present" [3].

Temas equivalentes de direito encontram-se nos países de *potlatch,* na Melanésia e, em particular, na Nova Caledônia; no Noroeste americano e, especialmente, entre os Kwakiutl e os Haida, etc.

Equivalentes podem ser indicados no direito germânico e talvez nas certas remanescências do antigo direito romano que já não são compreendidas.

GIFT-GIFT (1924)*

Os dois sentidos "presente" e "veneno", nos quais esta palavra única divergiu nas diferentes línguas germânicas, parecem tão afastados um do outro que os etimologistas têm dificuldade de explicar a passagem de um para o outro e sua comum origem. O próprio destino da palavra varia segundo as línguas, sendo que o sentido de veneno quase o único conservado no alemão moderno, enquanto de presente e dom é o único preservado em inglês, tendo o holandês dois ter-

---

1. *Nineteen Years in Polynesia,* p. 179; *Samoa,* p. 82, 83.
2. "Forest lore" (III) in *Transactions of the New Zeland Institute,* XLII, p. 439 (texto maori, p. 441).
3. *Maori Dictionnary,* p. 23, col. 2.
* Extraído de *Mélanges offerts à Charles Andler par ses amis et ses élèves,* Istra, Strasburgo.

364 ENSAIOS DE SOCIOLOGIA

mos, um neutro e o outro feminino para designar o veneno um e o outro o presente, o dote. Aqui, esboroou-se um sentido e lá outro, e em parte alguma a derivação semântica é clara. Pelo que vejo nos grandes dicionários etimológicos do alemão e do inglês, o Murray e o Kluge [1], nenhuma explicação satisfatória foi dada. As importantes observações de Hirt a propósito do alemão *gift* devem contudo ser notadas [2]. Efetivamente que *gift*, "veneno", é um eufemismo e provém de um tabu da palavra que se temia empregar: exatamente como em latim *venenum* corresponde a *venesnom*, "Liebestrank". Mas por que é que foram escolhidos como símbolos do veneno justamente o termo *gift* e a idéia de dom que ele evoca? É o que resta a explicar.

Ora, para o sociólogo e para o historiador do direito germânico, a filiação dos sentidos não oferece dificuldade alguma.

A fim de esclarecer o tema, que se nos perdoe o fato de indicarmos alguns princípios ainda muito pouco divulgados para que não haja necessidade de serem expostos de novo.

*
* *

No mundo germânico floresceu em alto grau o sistema social que propus chamar "sistema das prestações totais". Neste sistema não somente jurídico e político, mas também econômico e religioso, os clãs, as famílias e os indivíduos ligam-se por meio de prestações e de contraprestações perpétuas e de todos os tipos, comumente empenhadas sob forma de dons e de serviços, religiosos ou outros [3].

Depois de ter acreditado por muito tempo que este sistema não era muito geral a não ser nas sociedades atrasadas, constatamos agora sua existência numa boa parte dos antigos direitos das sociedades européias [4]. Em particular, os grupos de que se compõem as antigas sociedades germânicas ligam-se por casamentos, por noras e genros, pelos filhos saídos das duas linhas, uterinas e masculina, os sobrinhos, primos, avô e neto, uns criados pelos outros, uns alimentados pelos outros, uns servidos pelos outros [5], etc. — pelos serviços militares e pelas iniciações, entronizações e festins que provocam; pelos mortos, pelos banquetes funerários e pelas sucessões, pelos usufrutos, pelo retorno de dons que eles acarretam; pelos dons graciosos, pelos empréstimos usurários amor-

---

1. Kluge sente que deve ter acontecido com estas palavras o mesmo que aconteceu com *vergeben, vergiften. Etynol. Wörterb*, 1915, p. 171.
2. *Etymol. d. neuhochd. Sprache*, 1909, p. 297. A comparação de Hirt com a série: got, *lubja*, vha. *luppi* "Liebe-Zaubertrank" é igualmente interessante e fundamentada.
3. Para um apanhado sumário dessas questões, ver Davy, *Eléments de sociologie*, I, p. 156 ss.
4. Mauss. "Uma antiga forma de contrato entre os Trácios". *Rev. des études grecques*, 1921. [V. p. 356 e ss., nesta coletânea.]
5. Aludo aqui ao *fosterage* e a outros costumes do mesmo tipo.

DOM, CONTRATO, TROCA 365

tizados ou a amortizar. Um incessante círculo de bens e de pessoas confundidos, serviços permanentes e temporários, honras e festas dadas e pagas ou a pagar; eis como se deve imaginar boa parte da vida social dos antigos povos da Germânia e da Escandinávia.

Outras sociedades européias antigas, por exemplo os celtas, desenvolveram de modo particular outros elementos destes ritos e destes direitos antigos. O tema da rivalidade, o do combate singular, o da emulação à força de gastos suntuários, dos desafios e das justas foi, por assim dizer, exasperado no âmbito gaules, galês e irlândês [6]. Tais sociedades praticam claramente esta forma de prestações totais de tipo agonístico às quais propusemos dar o nome de *potlatch*, tirado do *chinook* e do jargão dos arrematantes de impostos e dos índios da América, e sobre cujo aspecto jurídico Davy chamou a atenção [7]. Sabe-se que estas formas são muito desenvolvidas no Noroeste americano e na Melanésia. O *potlatch* propriamente dito também não é estranho aos costumes dos antigos germanos e dos escandinavos.

Mas, o que mais interessa estudar entre estes é o dom, o penhor. Efetivamente, a *Gabe,* a ou o *gift,* o presente aparece aí com traços mais particularmente desenvolvidos, mais manifestos do que em muitos outros tipos de sociedades e, sobretudo, do que em outras sociedades indo-européias. O alemão, em particular, tem toda uma gama extremamente rica de palavras e de termos compostos para exprimir todos os tipos de matizes desde *Gabe* e *Mitgift* até *Morgengabe, Liebesgabe, Abgabe,* e o tão *curioso Trotzgabe.*

*
* *

Ora, em todas estas numerosas sociedades, em todos os tipos de graus de civilização, particularmente em direito maori, essas trocas e esses dons de coisas que ligam as pessoas se efetuam a partir de um fundo comum de idéias: a coisa recebida como dom, a coisa recebida em geral compromete, liga mágica, religiosa, moral e juridicamente o doador e o donatário. Vindo de uma pessoa, fabricada ou apropriada por ela, e sendo dela, confere-lhe poder sobre o outro que a aceita. No caso em que a prestação feita não é retribuída na forma jurídica, econômica ou ritual prevista, o doador leva vantagem sobre aquele que participou do festim e absorveu suas substâncias, sobre aquele que desposou a filha ou se ligou pelo sangue, sobre o beneficiário que faz uso de uma coisa encantada com toda a autoridade do doador.

A cadeia destas idéias é particularmente clara nos direitos e nas línguas germânicas, e vê-se facilmente como os

---

6. No próximo número de *Revue celtique* encontrar-se-ão notas de Hubert e de Mauss sobre o assunto.
7. *La foi jurée.* (*Travaux de l'Année sociologique.*)

366 ENSAIOS DE SOCIOLOGIA

dois sentidos do termo *gift* aí se inserem. Com efeito, a prestação-tipo entre os antigos germanos e escandinavos é o dom da bebida [8], a cerveja; em alemão, o presente por excelência [9], é aquilo que se derrama *(Geschenk, Gegengeschenk)*. É inútil evocar aqui um grande número de temas de direito e de mitologia germânicos. Mas vê-se que em parte alguma a incerteza sobre a natureza boa ou má do presente pôde ser maior do que em usos deste gênero onde os dons consistiam essencialmente em bebidas tomadas em comum, em libações oferecidas ou a retribuir. A bebida-presente pode ser um veneno; em princípio, salvo sombrio drama, não o é; mas sempre pode vir a sê-lo. Em todo caso é sempre um encantamento (o termo *gift* conservou este sentido em inglês) que une para sempre os comunicantes e que sempre pode voltar-se contra um deles se infringiu o direito. O parentesco de sentido que une *gift*-presente e *gift*-veneno é, portanto, de fácil explicação e natural.

Além disso, há outras palavras que pertencem a esse sistema de direito que têm igualmente, em país germânico, tal ambigüidade. O penhor, no direito antigo, também correspondia a este encantamento recíproco. Huvelin, numa memória clássica [10], vislumbrou em época passada, nesta troca mágica, a origem do vínculo de direito, comparável ao *nexum* latino. Especifiquemos. O *gage* (penhor), *wage, -wadium, vadi,* que vincula o senhor e o servo, o emprestador e o devedor é coisa mágica e ambígua. É, ao mesmo tempo, boa e perigosa; é lançada aos pés do contratante num gesto de confiança e de prudência, de desconfiança e de desafio ao mesmo tempo. Coisa curiosa, trata-se ainda da maneira mais solene de trocas entre os ousados navegadores e comerciantes das ilhas melanésias das Trobriandes [11]. Eis por que ainda se diz em inglês: *throw the gage,* para lançar a manopla.

Aliás, todas essas idéias têm duas faces. Em outras línguas indo-européias, a noção de veneno é que é incerta. Kluge e os etimologistas têm o direito de comparar a série *potio* "poison", (veneno) e *gift, gift.* Pode-se ainda ler com interesse a bela discussão de Aulu-Gelle [12] sobre a ambigüidade do grego φάρμαϰον e do latim *venenum.* Porque a *Lex Cornelia de Sicariis et Veneficis,* cuja "recitação" Cícero nos conservou, ainda especifica *venenum malum* [13]. A be-

---

8. Von Amira, *Nordgermanisches Obligationenrecht*, II, 362, 363, e sobretudo Maurice Cahen, *La libation, Et. s. le vocabul. religieux*, etc., p. 58, etc.
9. Para ser completo, seria mister mencionar também os "parafernais" dados pelo marido à mulher, cujo circuito entre as famílias Tácito descreve, *Germânia*, 18 (numa frase ordinariamente mal compreendida mas perfeitamente clara).
10. "Magie et droit individuel", *Année sociologique* 10, p. 30 ss.
11. V. B. Malinowski, *Argonauts of the Western Pacific*, Londres, 1922, p. 473, e sobretudo às belas fotografias, prancha LXI, LXII e frontispício.
12. 12,9 que muito a propósito cita Homero.
13. *Pro Cluentio*, 148. No Digesto ainda se prescreve que se especifique de que "venenum", "bonum sive malum", se trata.

bida mágica, o encantamento delicioso [14], podem ser bons ou maus. Φθτρον grego também não é um termo necessariamente sinistro, e a bebida de amizade, de amor, só é perigosa se o encantador o quiser.

*

* *

Estas deduções são apenas um desenvolvimento técnico e filológico a propósito de um único fato que mais tarde só será mencionado. Pois faz parte de todo um conjunto de observações tiradas de outros tipos de direitos, de magias, de religiões e de economias de todas as espécies de sociedades, desde as melanésias, polinésias e norte-americanas até nossa moral. A este propósito, sem sair do domínio dos germanistas, pode-se também lembrar que um dos ensaios de Emerson, *On Gifts and Presents* [15], marca muito bem o agrado e o desagrado que ainda sentimos ao receber presentes.

Encontrar-se-á a exposição de todos estes fatos num trabalho sobre "a obrigação de dar presentes" que será publicado no primeiro fascículo da nova série da *Année sociologique.*

SOBRE UM TEXTO DE POSIDÔNIO. O SUICÍDIO, SUPREMA CONTRAPRESTAÇÃO (1925)*

Albert Bayet serviu-se [1] de um texto de Posidônio, que é, sob um ponto de vista psicológico, muito importante.

O documento é geralmente muito mal compreendido, a ponto de ser taxado de fraco. Nem Cougny [2], nem Bayet o utilizaram completamente, talvez por não poderem reconhecer-lhe a natureza. E enquanto os outros autores, Jullian, o venerado D'Arbois de Jubainville citam e estudam abundantemente o contexto onde são mencionados fatos que compreendem, eles se abstiveram prudentemente de comentar ou de traduzir a última parte do extrato dos livros de Posidônio que Ateneu insere em *Deipnosofista* [3]. Contudo a informação é excelente. Vem deste homem notável, Posidônio de Apaméia, que foi o maior geógrafo de seu tempo, um dos maiores sábios e dos maiores filósofos gregos, grande homem que visitou os celtas da Gália transalpina no primeiro século antes de nossa era. Ateneu cita o extrato como proveniente do L. 23 das *Histórias*. Kaibel supõe antes que tenha sido tirado do começo do L. 8; mas os manuscritos são unânimes e, de mais a mais, isto não tem importância alguma, pois, o

---

14. Se a etimologia que aproxima *venenum* (ver Walde, *Lat. étymol. Wört.*, ad. verb.) de *Venus* e do sânscrito *van, vanati* for exata, como é provável.

15. Essays, ver a 2.ª série.

* Extraído da *Revue celtique*, 42.

1. *Le suicide et la morale*, p. 267.

2. *Extraits des auteurs grecs*, etc., II, p. 320 ss.

3. *Deipnosoph.*, IV, 154. A (40 ss.), cf. *Fragm. Hist. Graec.* (Didot), Posidônio, p. 259.

368 ENSAIOS DE SOCIOLOGIA

que é preciso é que o texto seja bem transmitido, e ele o é. Ei-lo aqui completo e traduzido.

Trata-se do ritual do festim entre os celtas e dos duelos que nele se travam, e dos costumes sangrentos que aí se observa.

Ποσειδώνιος δ'ἐν τριτῇ καὶ εἰκοστῇ τῶν Ἱστοριῶν.

« Κελτοί, φησιν, ἐνίοτε παρὰ τὸ δεῖπνον μονομαχοῦσιν. ἐν γὰρ τοῖς ὅπλοις ἀγερθέντες [4] σκιαμαχοῦσι καὶ πρὸς ἀλλήλομς ἀκροχειρίξονται, ποτὲ δὲ καὶ μέχρι τραύματος προίασι, καὶ ἐκ τούτου ἐρεθισθέντες, ἔαν μὴ ἐπισχῶσιν οἱ χαρόντες, καὶ ἑὼς ἀναιρέσεως ἔρχονται. Τὸ δὲ παλαιόν φησιν ὅτι παρατεθέντων κωλήνων τὸ μηρίον ὁ κράτιστος ἐλάμβανεν. εἰ δέ τις ἔτερος ἀντιποιήσαιτο, συνίσταντο μονομαχήσοντες [5] μέχρι θανάτου. «Ἀλλοι δ'ἐν θεάτρω λαβόντες ἀργύριον ἢ κρυσὸν, οἱ δὲ οἴνου κεράμεων ἀριθμόν τινα, καὶ πιστωσάμενοι τὴν δόσιν, καὶ τοῖς ἀναγκαίοις ἢ [6] φίλοις διαδωρησάμενοι, ὕπτιοι ἐκταθέντες ἐπὶ θυρεῶν κεῖνται, καὶ παράστας τις ξίφει τὸν λαιμὸν ἀποκόπτει ».

Os celtas, diz Posidônio, às vezes, no decurso do festim, batem-se em combate singular; pois, para exercitarem-se nas armas [ou então "excitados quando estão em armas"] [7] travam combates figurados e chegam às vias de fato uns contra os outros; às vezes vão a ponto de provocar ferimentos e, superexcitados por estes, se os outros assistentes não os contêm, chegam até a tirarem-se a vida.

Conta também "que outrora, quando se apresentavam os assados, o mais forte levava o pernil" [8]. Mas se alguém se opunha a isso, levantavam-se todos para lutarem combate singular e até a morte.

Outros [aqui começa mais especialmente a parte do texto que vamos considerar] na sala da cerimônia (ἐν θεάτρω), depois de receberem [9] prata ou ouro — e alguns [dentre eles], um número determinado de vasos de vinho e, depois de fazerem atestar solenemente a doação e de tê-la dividido e distribuído a seus parentes ou a amigos [10], estendidos sobre o dorso, deitados sobre seus escudos [11] —, aparecia um assistente que os degolava com uma espada.

A descrição é perfeita. Expressões como estas de διαδωρησάμενοι, λαβόντες, πιστωσάμενοι τὴν δόσιν, são justas, maravilhosamente expressas; são de um etnógrafo e de um jurista que soube ver.

—4. Variante E. C. ἐγερθέντες
5. Variante μονομαχήσαντες (não muda em nada o sentido).
6. Kaibel propõe a supressão de ἢ
7. Conforme se leia ἀγερθέτες ou ἐγερθέντες com alguns manuscritos E. C. — Prefiro ler ἐγερθέντες e traduzir por "excitados".
8. Ainda hoje a parte de honra de nossos caçadores.
9. Deve-se notar o sentido indeterminado de λαβόντες. λαμβανειν significa como nos verbos similares latinos, emere, accipere, algo de intermediário entre o sentido: tomar, aceitar, receber como dádiva ou em troca e, enfim, comprar.
10. Kaibel suprime e portanto traduz: "àqueles de seus parentes a quem amam". Esta correção é desejável.
11. Ritual funerário.

DOM, CONTRATO, TROCA

O fato em si mesmo não oferece para nós nenhuma improbabilidade. É um traço, um tema, de uma instituição de que agora sabemos ter desempenhado um papel considerável na vida não somente dos celtas, mas também na Trácia, entre os germanos e na Índia antiga [12]. Propusemos chamá-la *"prestação total de forma agonística"*, ou, em uma só palavra, o *potlatch,* do nome que os americanos do Noroeste lhe dão. Este fato céltico é um de seus exemplos mais típicos.

Como no *potlatch,* o herói, futura vítima, pede a seus companheiros de mesa — poder-se-ia quase dizer de Távola Redonda —, presentes em número determinado, que estes, desafiados, advertidos ou não da sanção que virá, mas intimados a satisfazer a petição sob pena de perder sua condição, não podem recusar. Estes presentes são dados solenemente, em público, mais precisamente, na grande sala quadrada [13] do festim dos nobres e do torneio; a assistência é fiadora do caráter definitivo do dom. Então — traço extraordinário — o herói que, normalmente, em outra sessão, deveria retribuir com usura os presentes recebidos, paga com a vida aqueles que acaba de aceitar. Tendo-os distribuído aos que lhe são próximos, que ele enriquece assim definitivamente, e aos quais ama tanto que se sacrifica por eles, subtrai-se pela morte, ao mesmo tempo a toda contraprestação e à desonra que lhe adviria se um dia não retribuísse os presentes recebidos. Ao contrário, morre da morte do bravo, sobre seu escudo. Assim desaparecendo, honra seu nome. Sacrifica-se com glória para si e proveito para os seus.

Semelhante moral nada tem de extraordinário; é militar e financeira ao mesmo tempo. Temos ainda disso a sobrevivência imediata em nossos costumes, onde alguns crêem pagar suas dívidas suicidando-se. E, diga-se de passagem — pretenda o que pretender Bayet [14] —, um fato desse gênero não arruína a teoria de Durkheim sobre o suicídio altruísta [15]. Ao contrário, confirma-a, pois no fundo se trata de suicídio de soldado e de nobre.

Mas, além da explicação deste fato, o que queremos dar não é somente a impressão de que ele atesta em primeiro lugar a instituição gaulesa do *potlatch,* se se nos perdoa o termo: a rivalidade entre nobres por ocasião de suas trocas mútuas de seus festins e de seus combates; é ainda a impressão que ele também marca como esta instituição entre os celtas havia chegado a uma espécie de paroxismo.

Aliás, os estudiosos dos celtas, para a primeira parte do texto de Posidônio, viram certo. Aproximaram este belo documento das admiráveis descrições que a literatura irlandesa dá

---

12. Ver Mauss, "Uma antiga forma de contrato entre os Trácios". *Rev. des ét. grecques,* 1921 [p. 356 e ss.]. "Gift, Gift" (*Mélanges Andler*), 1924, [p. 363 e s.].
13. Cf. d'Arbois de Jubainville, *Litt. celt.,* I, 197.
14. *Le suicide et la morale,* p. 269.
15. *Suicide,* p. 238.

ENSAIOS DE SOCIOLOGIA

em abundância dos festins heróicos, com múltiplos combates singulares, em particular do famoso festim de Bricriu [16], onde os nobres se classificam segundo uma ordem que depende de terem ou não aceitado os desafios, econômicos ou militares e em função dos quais reconhecem sua condição de vassalos ou fazem com que sejam reconhecidos como chefes. Mesmo o episódio do pormenor do pernil, do presunto, está bem descrito na história do porco de Mac Datho [17].

É na assembléia dos nobres, ao lado do rei, em seu festim anual, que se fixa a hierarquia destes, porque então são acertados seus desafios e seus compromissos anteriores.

*
* *

Aliás, o outro tema da instituição que Posidônio assinala, o do pagamento pela morte e pelo morto, existe claramente entre os gauleses. Diodoro nos diz que entre eles se reembolsam no outro mundo as dívidas contraídas neste [18]. O *potlatch* continua no além;. — todos textos bem conhecidos — Pompônio Mela e Valério Máximo descrevem as coisas neste sentido [19].

Enfim, todo mundo conhece, em país céltico, o suicídio como meio de execução judiciária e Summer Maine aproxima-o do *dharna* da Índia antiga [20]. A greve de fome ainda está em uso na Irlanda [21].

Pode-se perguntar se o segundo gênero de suicídio não poderia ser interpretado também do mesmo ponto de vista daquele de que acabamos de falar. A teoria geralmente adotada é justa, mas parcial. Comumente se reconhece que este suicídio não tem outra meta senão a de criar um espírito que virá assediar o devedor. Mas pode acontecer que este seja um segundo tema misturado ao primeiro, àquele do morto que paga no outro mundo. O devedor deve neste mundo e no outro a seu credor: este o arrasta ao outro mundo pelo suicídio e lá far-se-á pagar. Em todo caso, os dois temas não são exclusivos um para com o outro.

Existe aí todo um ciclo de idéias e de instituições extremamente importantes entre os celtas como, aliás, no mundo indo-europeu. Mas nos parece particularmente acentuado entre os celtas da Gália e da Irlanda. Em especial, tudo aquilo que é *potlatch* propriamente dito, é, por assim dizer, exacerbado.

*
* *

16. D'Arbois de Jubainville, *Litt. celt.*, V, 82, VI, 404.
17. Duvau, em d'Arbois de Jubainville, *Litt. celt.*, V, 66 ss.
18. V, 28, 5.
19. Pomp. Mela, III, II e Val. Max., II, 6, 10.
20. Cf. Wh. Stokes, *Lismore Lives of Saints*, p. 295.
21. Sobre o processo do jejum, ver as referências dadas, *Revue celtique*, t. XXXVIII, p. 338.

DOM, CONTRATO, TROCA

Deste ponto de vista, esclarecem-se ainda singularmente muitos traços das instituições gaulesas, irlandesas e mesmo de cavalaria: por exemplo, o torneio, incerto entre o jogo e o combate; os métodos romanescos de escolha do noivo, o princípio da "despesa nobre", etc. Posto que houve aqui continuidade histórica.

Mas devemos deixar a palavra aos estudiosos dos celtas e aos historiadores.

Nota

Estes processos não podem parecer absurdos àqueles que conhecem a extensão que eles assumiram no mundo indo-europeu. Mas é também digno de nota que tais privilégios do futuro suicida, e mesmo este arrebatamento na morte do obrigacionista pelo suicídio do obrigado ou inversamente encontram-se alhures: no mundo negro. Temos um excelente exemplo do fato na grande nação nigriciana dos Ashantis. Isto prova que se trata no caso de métodos de pensamento bem humanos.

Rattray (*Ashanti Proverbs,* Oxford, 1916, p. 131) a propósito do juramento "pelo dia do rei", descreve o fato:

Now any one who thus "blessed" the king was (cf. p. 68), without exception and without possibility of pardon, killed. But a curious custom is in vogue. The curser is permitted to name (within reasonable limits) the day and manner of his death and, during this interval, is granted absolute licence. He can demand any man's wife, money and goods to use and do as he likes with till the day of his death *.

Aí, Rattray (ou seus autores) observa que este uso mantém numa situação crítica o despotismo dos chefes: porque aquele que assim "abençoou" o nome do rei subverte a ordem das coisas, torna-se insuportável a todo mundo, e esta forma de suicídio equivale a um protesto. Este fato é análogo, embora com outra função, àquele que estudamos entre os gauleses. Mas um segundo uso leva-nos exatamente ao mesmo círculo de idéias que aquele que acabamos de descrever como conclusão, o do *dharna.*

A somewhat similar idea was in use through the well known custom of committing suicide, but before doing so ascribing the cause to some particular person who is thereby compelled to commit suicide himself, or again the custom of swearing an oath on a person that will kill you.**

---

* Ora, qualquer pessoa que assim "abençoava" o rei era, sem exceção e sem possibilidade de perdão, morto. Mas um curioso costume tem voga. Ao blasfemador é permitido nomear (dentro de limites razoáveis) o dia e a maneira de sua morte e, durante este intervalo, é-lhe concebido licença absoluta. Pode exigir a mulher de qualquer homem, dinheiro e bens para usá-los como lhe aprouver até o dia de sua morte.

** Uma idéia algo similar estava em uso através do bem conhecido costume de cometer suicídio, mas antes de fazê-lo atribuir a causa a alguma pessoa particular que é destarte compelida a cometer suicídio ela mesma, ou então o costume de fazer um juramento sobre uma pessoa que quer matá-la.

372 ENSAIOS DE SOCIOLOGIA

Este último processo acaba coincidindo com um suicídio de *dharna*. Porque se obriga a pessoa assim "abençoada" ou a violar o juramento e então morre em conseqüência de seu pecado, ou então a cometer um crime e neste caso morre por punição legal. Por conseguinte, em Ashanti, o suicídio executório leva a pessoa obrigada ao suicídio ou a uma coisa equivalente. São os mesmos mecanismos de idéias — ainda mais pronunciados — que funcionam neste reino e funcionavam entre os gauleses.

9. Mentalidade Arcaica e Categorias de Pensamento

[CATEGORIAS COLETIVAS DE PENSAMENTO E LIBERDADE] (1921)*

Os sociólogos felicitar-se-ão com o fato de que um filósofo como Weber faça trabalhos da Escola sociológica. Com efeito, admite conosco: a noção de causalidade se apresenta, antes de qualquer outra forma, na história do pensamento humano, sob aquela da crença na virtude dos ritos em geral e das palavras em particular; e a noção de liberdade metafísica, supondo esta noção da causalidade mágica e religiosa, supõe, pois, estas crenças.

Entretanto, mesmo registrando este acordo de princípio com Weber, este nos permitirá narrar de maneira diferente da dele, na medida em que a entrevemos, a história destas noções.

Primeiramente — como diz Parodi —, não é somente com relação às palavras, à sua magia, mas também com relação aos gestos e seu poder criador, que foi elaborada a noção de eficácia. Aliás, na medida em que podemos representar-nos as mentalidades ditas primitivas, a diferença entre a palavra e o ato não é aí tão grande como em nossos espíritos ocidentais. Isto é verdade em dois sentidos. A palavra é um ato, como diz Weber, mas, inversamente, o rito é uma palavra. Tomemos, se quiserem, um grupo de sociedades bem definidas e bem conhecidas, e não falemos mais de selvagens e de primitivos. Escolhamos, por exemplo, certas tribos

---

* Intervenção que se seguiu a uma comunicação de L. Weber, "Liberté et langage"; extraída do *Bulletin de la Société française de philosophie*, 21. [*Oeuvres*, v. II, pp. 121-152.]

374 ENSAIOS DE SOCIOLOGIA

australianas. É possível estabelecer que a emissão da voz, o próprio sopro são aí concebidos rigorosamente como um gesto: o mágico encanta por sua inspiração e sua expiração; seu sopro, o som de suas palavras, seu ritmo, são sua força e sua alma, e são também algo de material. Aqui se reconhecem os fatos que H. Preuss propôs [1] chamar "magia dos sopros" e que ele estudou sobretudo na América Central antiga. Mas inversamente, o gesto, nestas religiões, é concebido como uma linguagem; o rito em geral é uma dança arremedada ou um mimo; em todo caso, é ao menos um símbolo. Isso foi exaustivamente demonstrado por Emile Durkheim [2]. Faz-se um gesto não somente para agir, mas ainda para que os outros homens e os espíritos o vejam e o compreendam. De um outro ponto de vista, aliás, a unidade do ritual manual e a do ritual oral é ainda manifesta: fórmulas e gestos são ritmados, cadenciados. Não são simples palavras ou simples atos, mas são poesias, cânticos e mimos. Tanto nuns como noutros existe o mesmo elemento coletivo: o ritmo, o uníssono, a repetição levada às vezes a graus para nós inverossímeis. De tal forma que é à existência dessas palavras e desses gestos, não brutos, mas formais, que é mister ligar a noção de eficácia.

Assim, é na origem dos simbolismos de todos os tipos, e não somente na da linguagem, que se deve procurar a origem da noção de causa.

Aqui, permitam uma pequena digressão. Nossas pesquisas de sociólogos não estão de modo algum cheias — como nos censura Roustan — nem de postulados nem de petições de princípios. Ela não têm outro axioma exceto este: jamais esquecer que o homem pensa em comum com os outros, em sociedade. Elas só têm um objetivo: determinar a parte do social no pensamento. Longe de serem contraditórias ou mesmo contrárias às pesquisas do psicólogo, as nossas lhes são correlativas. E isto nos reconduz a nosso assunto: todas as teorias sobre os simbolismos, de que evidentemente fazem parte a noção de eficácia, a de causalidade e a de liberdade, apresentam-se, ao contrário, em perfeito acordo com as últimas descobertas da psicologia. Os próprios psicólogos atribuem sempre mais ao espírito, antes de tudo, a função simbólica. Mencionemos as belas observações de Dumas sobre o *rir*, o *sorrir*, as *lágrimas* de uma parte, e os fatos e as teorias tão bem apresentadas, de outra parte, a propósito da afasia, pelos Doutores Head e Mourgue. Nós mesmos observamos a propósito dos "Rituais funerários australianos" [3], que neste ponto havia acordo entre psicólogos, fisiologistas e sociólogos.

---

1. *Anfänge der Religion und der Kunst.*
2. *Formes élémentaires de la vie religieuse.*
3. *Journal de psychologie*, 1921. [Ver Capítulo 6 desta coletânea].

MENTALIDADE ARCAICA

Ora, esta função do pensamento em parte alguma é precisamente mais simbólica do que na elaboração das noções de individualidade e de liberdade.

Podemos agora aproximar-nos dos filósofos moralistas e metafísicos de maneira menos abrupta do que Weber, mas na mesma direção. Para tanto, vamos, se quiserdes, à própria noção de liberdade, e deixemos a história da noção de causalidade.

Aliás, peço desculpas pela brevidade, generalidade e incerteza das indicações que seguem.

A noção de liberdade — possibilidade de escolha — não aparece imediatamente na história. Só se esclarece com o desenvolvimento do direito e da noção de responsabilidade civil e criminal; é estranha às primeiras fases do direito romano. É o que Fauconnet demonstrou eximiamente em sua obra sobre a *Responsabilidade*, da qual é preciso lembrar aqui o notável apêndice sobre o "Sentimento de liberdade". Mas há mais, e é decididamente em data muito recente que a noção é elaborada, na patrística, na dogmática, no cristianismo essencialmente, após o aparecimento do predestinacionismo e da noção do pecado original e sobretudo após o aparecimento da consciência individual da pessoa metafísica. Essa noção era tão estranha aos antigos e mesmo às línguas clássicas, que o mais recente direito bizantino ainda se serve do termo πρόσωπον (traduzindo *persona*), máscara, para traduzir a idéia de pessoa. Já os padres da Igreja, mas sobretudo os grandes escolásticos, falam numa linguagem totalmente diferente e cheia de valores de outra natureza, quase os mesmos que os nossos. É ao desenvolvimento da noção do indivíduo, como sujeito do direito, da moral e da religião, que se vincula a noção de liberdade propriamente dita.

Ora, uma das razões pelas quais as noções de individualidade e de liberdade demoraram tanto tempo para aparecer é que era necessário o desenvolvimento das sociedades e talvez até das nações modernas para que a noção de liberdade cívica, política, religiosa e econômica impusesse à consciência individual a noção de liberdade pura. Todas estas formas da noção de liberdade só exprimem o crescimento considerável do número das ações possíveis oferecidas à escolha do indivíduo, do cidadão em nossas nações. Foi a realidade e o número das contingências que deu o sentido de contingência.

Mas uma categoria do pensamento não é menos verdadeira pelo fato de ter aparecido mais tardiamente na história. Muito pelo contrário. Não estaríamos muito longe de pensar, como Hegel e Hamelin, que as idéias mais fundamentais em geral são as últimas a serem descobertas, aquelas em cuja explicação o espírito levou mais tempo.

376 ENSAIOS DE SOCIOLOGIA

Ora, é digno de nota que o problema da liberdade cívica, o da liberdade metafísica, o da fundação das ciências sociais se tenham apresentado ao mesmo tempo. O problema que os filósofos debatem — com a ajuda do cálculo das probabilidades — se apresentou precisamente a propósito dos problemas sociais: é o da estatística moral, da demografia, que está na origem ao mesmo tempo da sociologia e da controvérsia que nos reúne. A estatística — não é a Weber que se deve lembrar isto — é "inteiramente nossa", dos sociólogos. Ele o é ainda. É nossa disciplina que pode dar os melhores ensinamentos nesta matéria e, por conseguinte, sobre o problema ventilado neste momento. Pois ela procura precisamente o sentido daquilo que é a liberdade: esta "síntese da necessidade e da contingência" [4].

Lembremos a brilhante verificação de um século a esta parte das principais leis estatísticas e, em particular, da exatidão das descobertas de Durkheim e dos outros sobre o *Suicídio*. Suicidar-se-á amanhã um certo número relativamente determinado de pessoas de cada sexo, em Paris, por exemplo: necessidade. Mas quem se suicidará? Contingências possíveis, escolha. Não há nenhuma contradição entre a determinação estatística do sociólogo e a noção de uma certa "margem irracional", como diz Meyerson. Ao contrário, tivemos sempre num alto conceito a certeza, o sentimento físico por assim dizer, que na sociedade só há quantidades estatísticas; contínuos de freqüência, curvas de uma parte [5], com descontínuos, *quanta*, limites destas curvas, de outra. Admitamos que estas curvas só descrevam o exterior dos fenômenos, mas tal aspecto é a única parte perceptível e imediatamente racional.

Ademais, nada demonstra que haja outra coisa no mundo além das freqüências apreciáveis e dos limites do acaso. As outras ciências harmonizam-se agora com a nossa neste ponto. Arrisquemo-nos a um pouco de metafísica. Talvez haja, até nas raízes do ser, as mesmas quantidades de determinismo e não mais do que nos fenômenos sociais que estudamos. Sem dúvida, isto significa que as outras ciências não estão melhor situadas do que a nossa.

Mas neste caso, é preciso crer, como Weber, estatístico, que exista um certo gênero de liberdade em toda parte, a menos que não exista em parte alguma.

Em caso nenhum, do nosso ponto de vista, a liberdade metafísica pode ser o apanágio do homem. Ou existe em toda parte em quantidades estatísticas a determinar, ou simplesmente não existe.

---

4. Hamelin, *Eléments principaux de la représentation*, p. 383.
5. V. Urbain, *Journal de psychologie*, 1920, p. 485.

MENTALIDADE ARCAICA 377

[MENTALIDADE PRIMITIVA E PARTICIPAÇÃO] (1923)*

Agradeço à *Société de philosophie* a honra de admitir-me entre seus membros. Talvez me faça já pagá-la oferecendo-se imediatamente o espetáculo de dois sociólogos que se devoram mutuamente. Entretanto, da mesma forma como os cães esquimós se combatem vigorosamente no interior do *pack* da parelha, mas são muito maus para os cães estranhos à matilha, assim é preciso tomar cuidado porque os sociólogos poderiam fazer frente, e fortemente, aos filósofos.

Em primeiro lugar, não repreenderei Lévy-Bruhl por muitos pontos de sua nomenclatura; realmente, tanto em seu livro como em seu resumo, dá-nos satisfação, explicando em termos mais abstratos aquilo que entende por "mentalidade", "primitivo" e "prelógico". Entretanto, indicar-lhe-ei que a equivalência que estabelece entre "prelógico" e "preligação" não é exata, pois, justamente, o signo de todos os estados de consciência coletiva, e não somente das formas primitivas destas consciências, é a existência de preligações. Há sociedade quando há conjunto de idéias ligadas ao prévio, e todas as sociedades neste ponto se assemelham. Enfim, notarei que Lévy-Bruhl fez justiça à censura formulada por Durkheim [1] por ter negligenciado em proveito das "participações" as exclusões de idéias que não são menos importantes e que estão na base de todo o sistema considerável das proibições, ou dos ritos negativos, ou dos tabus, como se diz vulgarmente. Entretanto, não creio que Lévy-Bruhl tenha dado ainda a devida importância a tais contrastes. Estas oposições, estas contrariedades, por exemplo em adivinhação, não são menos importantes do que as participações sobre as quais tão utilmente nos chamou a atenção.

1.º. Lévy-Bruhl e nós somos igualmente sociólogos porque admitimos que o espírito humano tem uma história e que esta história não pode ser escrita sem que se faça ao mesmo tempo a história das sociedades. Pois a história do espírito humano, é a história do espírito destas sociedades e destas mesmas sociedades. Tal é nosso método comum.

Mas Lévy-Bruhl na minha opinião não foi suficientemente historiador. Em primeiro lugar, não levou esta história até as sociedades modernas. Não efetuou, portanto, a prova de uma diferença entre o espírito humano primitivo e o nosso. Com efeito, existem semelhanças muito mais profundas do que o dá a entender Lévy-Bruhl. Sem dúvida, ele faz reservas na questão das sobrevivências, mas não é certo que partes consideráveis de nossa mentalidade não sejam ainda idênticas

---

* Intervenção que se seguiu a uma comunicação de L. Lévy Bruhl: "La mentalité primitive". Extraída do *Bulletin de la Société française de philosophie*, 23.

1. *Année sociologique*, 12, p. 35.

378 ENSAIOS DE SOCIOLOGIA

às de um grande número de sociedades ditas primitivas. Em todo caso, grupos numerosos de nossas populações, partes importantes de nossa espiritualidade encontram-se ainda nesse estado, hoje. As práticas divinatórias não se acham mais em uso no Ocidente, a não ser entre pessoas supersticiosas, ou acidentalmente. É verdade, mas as noções de veia, de sorte, de acaso, são as mesmas hoje como nos tempos antigos ou em espiritualidades ainda mais rudes. Da mesma forma, será que, em moral e em teologia, a noção de pecado e de expiação funcionam entre nós de maneira tão diferente do que nas sociedades polinesianas onde nosso pobre amigo Robert Hertz as estudou? Vou publicar na *Revue philosophique* um certo número de páginas notáveis de Hertz, justamente sobre este assunto. Serão elas mais isentas de contradições, mais ricas e mais puras em nossas Igrejas? Deverão desaparecer mesmo de nossas sociedades? Não o creio. O mesmo sucede com a noção de moeda. Num dos últimos números de *Anthropologie* que apareceu antes da guerra, creio haver demonstrado que uma das origens mais seguras da moeda é a crença no poder mágico das pedras preciosas ou coisas preciosas. De fato, moeda traz o nome de *maná* nas línguas melanesianas, e as pérolas dos *wampun* são chamadas em algonquiano *manitu*. Mas será tão seguro de que mesmo em nossas sociedades o poder de compra de moeda está fundado na razão?

Há mais: não só a relação que une as sociedades que Lévy-Bruhl estuda às nossas sociedades modernas é muito mais estreita do que ele crê, mas ainda as diferenças que separam as mentalidades das diferentes sociedades que ele confunde sob o nome de primitivas são muito mais consideráveis do que Lévy-Bruhl parece indicar. Também neste ponto falta recuo histórico a suas comparações. Direi de bom grado que em sociologia é preciso ainda mais antropologia e história. Irei mesmo a ponto de dizer que a antropologia completa poderia substituir a filosofia, pois compreenderia precisamente esta história do espírito humano que a filosofia supõe. Mas esta história não pode ser escrita se se considera que todas as sociedades mesmo atualmente observáveis pela etnografia encontram-se no mesmo estádio. Fala-se de primitivos; na minha opinião, somente os australianos, os únicos sobreviventes da idade paleolítica, merecem este nome. Todas as sociedades americanas e polinesianas estão na idade neolítica e são agrícolas; todas as sociedades africanas e asiáticas já ultrapassaram a idade da pedra e são agrícolas e providas de animais domésticos. É portanto impossível, sob qualquer ponto de vista de alinhá-las num mesmo plano. Concordo, por certo, que esta classificação muito geral das civilizações não pode ocupar o lugar de uma classificação de suas mentalidades. Entretanto, na realidade é sabido que a mentalidade do australiano é muito diferente,

MENTALIDADE ARCAICA

por exemplo, daquela do africano: primeiro porque o meio social, que as técnicas permitiram constituir, é de uma densidade totalmente diferente e de uma estrutura inteiramente diversa e tem atrás de si uma história totalmente diferente; e em seguida porque, mesmo do ponto de vista desta noção de causalidade que Lévy-Bruhl estuda, é evidente que se, como afirma, ela começou por formas religiosas e contraditórias, é claro não obstante que ela se apresenta sob aspectos totalmente diferentes entre homens que exercem domínios muito diferentes sobre seu próprio meio. Enfim, é preciso levar em consideração as degenerescências, as evoluções aberrantes e, por exemplo, não tratar como primitivos os polinésios que são o produto de uma longa história, de uma longa migração e de todos os tipos de desenvolvimentos em todos os sentidos, mesmo contrários.

2.º. Também não estamos de acordo sobre o método a seguir. Temos sempre o direito de fazer aquilo que queremos e não censuro Lévy-Bruhl por ter realizado estes úteis estudos. A questão é saber se outros não teriam sido mais úteis. Em primeiro lugar, creio que valeria mais, em vez de pesquisar diretamente o caráter geral de todas as categorias em todas essas mentalidades primitivas, investigar as formas de cada uma das categorias para, em seguida, concluir com seu caráter geral. Ao menos foi assim que procedemos, Durkheim, Hubert e eu, a propósito da noção de gênero, a propósito da noção de tempo, e é como nós pensamos que se deveria proceder para a noção de espaço. Da mesma forma, persisto em achar que as indicações que outrora demos sobre a noção de *maná* são mais exatas e mais matizadas do que aquelas que consistem em convertê-la numa forma da noção de causa, ou do que aquelas muito acusadas de Durkheim que a une de maneira demasiado estreita à noção do totem. Da mesma forma ainda, para as formas primitivas da noção de espaço, estas supõem não somente uma concepção emotiva e contraditória do mundo das reações bem precisas e sobretudo a noção de que existe um espaço onde a gente está em casa: o campo, o círculo sagrado da ronda, etc. Vê-se que a noção de espaço está ligada à relação de uma sociedade com seu solo.

Ora, tal relação é de fato diferente das relações simples entre estas noções e o princípio de contradição. Mas isto nos leva à censura fundamental.

3.º. Toda noção, toda representação coletiva, como o próprio Lévy-Bruhl o sustenta, de maneira muito firme e exata, está ligada a instituições sociais e ao meio social. Ora, reconhecendo o princípio, Lévy-Bruhl deliberadamente abstrai-se dele. Certamente tinha direito de assim proceder; entretanto, pode-se contestar-lhe tal direito, porque, fazendo-o renunciava a explicar e, definitivamente, contentava-se em descrever. Ora, por mais interessante e útil que seja uma descrição, vale menos que uma explicação. Mas, mesmo assim, torna-se esta descrição insuficiente.

Pois deixando de lado aquilo que, nas instituições e nas idéias coletivas, é emocional e motor e, de outro lado, deixando também aquilo que, por detrás destas instituições, destas emoções e destes movimentos da coletividade, é o próprio grupo social, chega-se no fundo a descrições incompletas. Assim, não é duvidoso que nos processos do ordálio e da adivinhação judiciária funcionem noções do gênero daquelas que Lévi-Bruhl descreve. Mas pode-se facilmente explicar a presença destas noções. A pesquisa da causa da morte não é mais do que o último termo de uma série que Fauconnet descreveu muito bem em sua obra sobre a *Responsabilidade*. Há em primeiro lugar o grupo social, sua emoção, sua vontade de pesquisar e de punir o responsável. Foi neste estado de alma que se fez esta pesquisa, é este estado de alma que explica estes procedimentos divinatórios, todos carregados destes elementos motores, emocionais, tradicionais. E é preciso descrevê-lo bem para não omitir nada. Assim ainda, o juízo que hoje o juiz emite certamente é um juízo lógico, mas a regra que pretende, por exemplo, que toda a morte violenta acarreta instrução, pertence, mesmo em nossa sociedade, a outro plano do espírito que não o lógico.

4.º. Por esta abstração, creio que Lévy-Bruhl se colocou fora das condições de compreender o próprio caráter geral que tão bem expôs. A "participação" não é apenas uma confusão. Supõe um esforço para confundir e um esforço para fazer assemelhar-se. Ela não é uma simples semelhança, mas uma ὁμοίωσις. Há desde a origem um *Trieb*, uma violência do espírito sobre si próprio para ultrapassar-se a si mesmo; há desde a origem uma vontade de ligar. Por exemplo, o ritual totêmico da iniciação inteiro é, efetivamente, um ritual de "participação" se quisermos, mas antes de tudo é um ritual de revelação; tem por finalidade mostrar aos jovens iniciados que os seres que eles julgam serem animais, por exemplo, na realidade são homens e espíritos. E, de outro lado, os rituais eficazes do totemismo são esforços para mostrar à natureza, às plantas e aos animais que nós somos aquilo que eles são. De sorte que, mesmo nessas formas primitivas de ὁμοίωσις, há um ato: o homem se identifica às coisas e identifica as coisas a si mesmo, tendo ao mesmo tempo o sentido quer das diferenças, quer das semelhanças que estabelece. Pode-se ver, no Museu do Trocadero, máscaras do Noroeste americano sobre as quais há totens esculpidos. Alguns são de dupla porta. A primeira se abre, e atrás do totem público do "xamã-chefe" aparece outra máscara menor, que representa seu totem privado, depois da última porta revela-se aos iniciados das mais altas categorias sua verdadeira natureza, sua face, o espírito humano e divino e totêmico, o espírito que ele encarna. Porque, observe-se bem, neste mo-

MENTALIDADE ARCAICA

mento supõe-se que o chefe se encontre em estado de posses-são, de εχστασίς de êxtase, e não somente de δμοίωσις Há transporte e confusão ao mesmo tempo.

Assim a "participação" não implica somente uma con-fusão de categorias, mas é, desde a origem, como entre nós, um esforço para identificar-nos com as coisas e identificar as coisas entre si. A razão tem a mesma origem voluntária e coletiva nas sociedades mais antigas e nas formas mais acu-sadas da filosofia e da ciência.

[A ALMA, O NOME E A PESSOA] (1929)*

Não preciso renovar a Lévy-Bruhl os cumprimentos que já lhe fiz, a propósito de seu último livro, que, em particular, trouxe tanta popularidade para nossos estudos.

Não tenho a competência dos missionários ou dos fun-cionários coloniais que estão aqui presentes. Tenho apenas uma competência de sociólogo e de forma alguma quero criticar as conclusões de Lévy-Bruhl. Quero apenas acres-centar-lhes algo.

Quero, entretanto, mostrar no que o método que ele seguiu e as conclusões sociológicas às quais ele chegou coin-cidem com as nossas e em que pontos divergem dos métodos que são empregados, entre os sociólogos, por aqueles que eu chamaria da estrita obediência.

A grande diferença entre Lévy-Bruhl e estes sociólogos da estrita obediência e por conseguinte mais rigorosos, é que, se permanecem fiéis aos grandes princípios, se sua originalidade é estudar as formas primitivas da razão, das categorias, as teorias de Durkheim e de seus íntimos tendem a procurar os fundamentos destas mentalidades. Não nos é suficiente descrever o mito. Seguindo os princípios de Schelling e dos filósofos, queremos saber qual o ser que ele traduz. Lévy-Bruhl descreve o pensamento mítico — não completamente, não o creio, mas descreve admiravelmente ao menos um lado dele. Entretanto, sobre o ponto que ele des-creve, qual é seu método pessoal, qual é o dos outros? Esco-lhamos nosso terreno.

Neste último livro, sobre a *Alma primitiva,* salientemos em particular algumas páginas realmente belas pela quanti-dade dos fatos e pela clareza da exposição, sobre a relação da alma e o nome, o prenome individual, questão, aliás, conhecida, mas renovada aqui pela escolha dos fatos.

Vejamos todavia qual a diferença entre a maneira pela qual eu teria tratado o assunto e a maneira como Lévy-Bruhl o tratou. Ele se contentou com a observação psicológica e com

---

* Intervenção que se seguiu a uma comunicação de L. Lévi-Bruhl: "L'âme primive". Extraída do *Bulletin de la Société française de phi-losophie,* 29.

a descrição filosófica, embora sociológica, do fato. Num grande número de sociedades confunde-se a alma e o nome. Neste ponto, estamos de acordo. Mas nós, de nossa parte, pretendemos encontrar o fundamento real deste mito da identidade da alma e do nome na organização social; damos assim um fundamento da realidade àquilo que parece ser uma mística da palavra e um preconceito ilógico.

Permito-me dizer-vos desde logo qual será a comunicação que tenho a intenção de fazer no *Congresso internacional da história das religiões* em Lund, ao qual já sou delegado. Tratará da noção de personalidade. É uma questão cuja importância vereis do ponto de vista sociológico e moral.

Vós, filósofos, estais habituados a falar da noção da personalidade humana. Seria necessário um pouco de história. Quando foi que a palavra "pessoa" foi pronunciada pela primeira vez? Quem a pronunciou? Voltemos do presente ao passado: *persona* = máscara. Eis o sentido original do termo. Foram os romanos que transformaram a noção de máscara, personalidade mítica, em noção de pessoa moral. Aliás, explicarei alhures por que e como. O fato era grande e novo. Prova de que era novo é que, para designarem a noção de pessoa humana, pessoa jurídica, os gregos, tardiamente, traduziram a palavra latina — pois não foram eles os inventores da noção de pessoa — e traduzem ainda na época justiniana *persona* por πρόσωπον, máscara. Vê-se que não foram os latinos que traduziram o grego; foram os gregos que traduziram servilmente o latim.

Ao que corresponde esta máscara? Remontemos a ela, aos poucos; citarei aqui um admirável texto que comumente não é citado nas enciclopédias e nem mesmo nos manuais. Pois, de tempos em tempos, é preciso ler os textos, como um humanista, por inteiro e não pelas referências: ler do grego, ler do latim, ler do hebreu ou não importa de que língua. O texto encontra-se em *Pro Cluentio*. Cícero fala deste malfeitor *qui cognomen ex Aeliorum imaginibus delegerat,* "que escolhera seu sobrenome entre as imagens (as máscaras) dos Aelii". Máscara, imagem, tem aqui, ao mesmo tempo, o sentido de prenome ou sobrenome. Conheceis muito bem estas máscaras que em Roma eram carregadas nos enterros: as dos antepassados que foram pessoas consulares, edilícias, etc. São as máscaras das pessoas mortas, mas também a reencarnar: *Tu Marcellus eris.*

Remontemos cada vez mais longe. É uma questão sobre a qual muitas vezes voltei, a propósito das pesquisas de Dieterich sobre *Mutter Erde,* a propósito daquelas de Van Ossebruggen sobre o direito de propriedade nas Índias Neerlandesas, etc. O sistema dos pronomes iroqueses e siús na América, etc., é significativo. O fato é muito geral e muito conhecido. *Pata direita dianteira do lobo:* é um nome e um lugar do conselho. Citemos algumas outras instituições deste

MENTALIDADE ARCAICA

gênero na presença dos autores que as assinalaram. Não é porque o professor Boas nos dá neste momento a honra de uma conversa que vou citá-lo; mas porque foi ele que nos forneceu os melhores fatos a partir dos quais refleti sobre esta questão. Para mim ficou esclarecida no dia em que foram publicados os documentos de Boas sobre as "Sociedades secretas dos Kwakiutl". O princípio que tudo domina é o seguinte: a sucessiva reencarnação das almas titulares, as sucessivas possessões pelos espíritos titulares aos quais os nobres, Kwakiutl em particular, são obrigados a chegar para guardar sua categoria, até que, como todos nós, sejam aposentados. Cada clã tem certa quantidade de nomes, categorias, títulos. Isto dá bem a sensação do fato geral: que, num clã determinado há um número determinado de almas em vias de perpétua reencarnação ou de possessão que, definindo a posição do indivíduo em seu clã, em sua família, na sociedade, no conjunto da vida, definem sua personalidade.

Não é tampouco porque o Reverendo Padre Aupiais está aqui que lhe direi que seu trabalho sobre a adivinhação, o *fâ*, se harmoniza realmente com aquilo que Boas nos havia ensinado. O nome *fâ*, que, em Porto Novo e em toda uma parte da África, é dado no nascimento, determina toda a vida, — até mesmo a pessoa que é prudente desposar — segundo seu *fâ*, seu nome igualmente.

Também não é porque M. Granet está aqui que lembrarei seu trabalho e sua identificação das dinastias legendárias da China com repetições de cinco nomes por ciclo de cinco reencarnações.

Mas mencionarei ainda os documentos de um de nossos melhores sábios franceses que trabalham para nós, Leenhardt — que se escusa de não poder vir. Aquilo que nos transmite foi observado independentemente de todo ensinamento e de toda conversação de nossa parte; e respeito a maneira pela qual se exprime: ele é o observador e eu sou o revisor de impressão. Leenhardt diz: "O nome designa o conjunto das posições especiais do indivíduo em seu grupo". Isto pertence ao neocaledoniano e não à sociologia teórica. É numa explicação autônoma que encontro precisamente este elemento de explicação do mito. Aliás, Leenhardt reencontra também os nomes classificados por três e cinco gerações.

Lévy-Bruhl foi até a explicação do mito. Penso, de minha parte, poder encontrar a razão do mito do prenome idêntico à alma através dos fatos que acabo de lhes indicar. A personalidade, a alma vêm, com o nome, da sociedade.

Eis a diferença pura e simples entre o trabalho de Lévy-Bruhl e o trabalho que alguns de nós queremos e sem dúvida podemos fazer.

Haveria outros fatos que poderiam ser assinalados a propósito desta questão: o mito da alma. É absolutamente inútil indicar-vo-los. Só vos falei destes poucos fatos para

384 ENSAIOS DE SOCIOLOGIA

que possais ver não somente o que é a lenda da alma, mas também a causa da lenda: uma parte propriamente vem da necessidade de nomear o indivíduo, de precisar "sua posição social" (entre os mortos e os vivos).

Mas tranqüilizai-vos. A oposição não é absoluta.

Há somente dois tipos de trabalhos; há os bons e os maus. Os bons param onde querem: M. Lévy-Bruhl parou o seu onde quis. Outros continuam. Eles vão mais longe ou mais fundo como se lhe apraz. Talvez se enganem; é o que se saberá de outra forma que não a do raciocínio simples. Pois a sociologia é uma ciência dos fatos.

[1] *Eis como Mauss analisou a obra de Dieterich* (1906) *

O Sr. Dieterich projetou um trabalho de conujnto sobre a "religião popular, e as formas fundamentais do pensamento religioso". As partes futuras tratarão das "formas do rito mágico; as formas da revelação divina; as formas da união do homem com deus". Esta primeira parte [1] foi apressada em sua publicação pela necessidade de oferecê-la como homenagem aniversária do pranteado Usener.

Sua finalidade é, de uma parte, metódica. Trata-se de mostrar por um exemplo, como, sem desconhecer ou interpretar mal as religiões clássicas e suas formas superiores, seu próprio estudo pode ser renovado pelo estado de seu fundamento popular e primitivo. Segundo o Sr. Dietrich, é preciso considerar os ritos e seu sentido nas sociedades primitivas, depois vir aos ritos e às idéias que viviam nas camadas inferiores das populações da antiguidade, único lugar onde se conservou a fé e a mitologia ingênuas sobre as quais tudo se construiu. É assim que se chega, enfim, a compreender qual o fundo sobre que trabalharam o espírito antigo e a evolução religiosa e que se pode formar uma idéia nova de seus processos.

O objetivo é, de outra parte, pragmático. Trata-se, antes de tudo, de explicar a noção de Mãe-Terra, tema fundamental das mitologias clássicas, tema literário de múltiplas literaturas que teve suas manifestações até no cristianismo, onde a Virgem com freqüência assumiu certos traços da antiga Mãe-Terra.

O Sr. D. parte da observação de três ritos romanos: a colocação da criança recém-nascida sobre a terra; o enterro da criança não cremada; a colocação do moribundo sobre o solo. Ele propõe, com a ajuda de comparações que se estendem, um pouco ao acaso, dos Arunta aos Ewhé, do folclore europeu aos usos americanos, a seguinte teoria: estes

---

* Extraído de *Année sociologique*, 9.
1. Dieterich, A., *Mutter Erde, Ein Versuch über Volksreligion*, Leipzig, 1905 (dois capítulos in *Archiv für Religionswissenschaft*, 1904).

MENTALIDADE ARCAICA

costumes correspondem a uma crença global; a terra seria a mãe dos homens, nela as almas dos mortos viriam morar até sua reencarnação. A terra é verdadeiramente mãe dos homens e não simplesmente mãe mítica dos deuses.

Os dois capítulos seguintes referem-se à Τῆ μήτηρ grega, a *tellus* romana, e demonstram que mitologia, ritual, literatura, magia, mística, mistérios e cultos populares, se alimentaram na fonte de uma noção igualmente primitiva. Depois há um capítulo onde se indica, de maneira talvez insuficientemente fundamentada, a evolução destas noções nas duas religiões clássicas. O que daí resulta é sobretudo que a tradição popular foi um fundo sempre idêntico e jamais esgotado, onde periodicamente se restaurou e se renovou a mentalidade religiosa em via de transformações.

Resta determinar a causa destas idéias e destes ritos. O Sr. D. une essa noção da maternidade às representações primitivas referentes tanto à reprodução das espécies animais quanto à fertilidade do solo concebidos como paralelos, análogos, simpáticos, e idênticos à geração e às relações entre homens e mulheres. Ele aproxima de maneira feliz o mito da mãe-terra dos ritos fálicos e dos atos cerimoniais pelos quais a cópula humana provoca a multiplicação dos objetos alimentares.

Mas, em suma, a demonstração acaba depressa; por mais engenhosas que sejam as observações do Sr. D. sobre a crença, sobre a "joeira" onde é colocada a criança, sobre ritos e documentos figurados, o resultado geral não ultrapassa os limites das teorias ideológicas, da interpretação pelas simples idéias. Ademais, a religião popular de que trata só interessa ao Sr. D. por seu lado primitivo e não como fenômeno social.

É neste momento que ele se separa dos métodos que nós aqui preconizamos; o Sr. D. persiste, como todos seus antecessores, como os melhores entre os cientistas da escola inglesa, na crença que, para explicar um mito ou um rito, de preferência antigo, ou um traço do folclore indo-europeu, basta torná-lo compreensível mostrando as idéias que lhe são subjacentes ou antecedentes. Não há dúvida de que este passo da pesquisa é o primeiro a ser feito e seria tolo censurar um trabalho pelo fato de ter começado por aí. Mas, ao menos para nós, não é suficiente ter feito isto. Cumpre ainda redescobrir quer os sentimentos sociais, quer as estruturas sociais de que estes fatos constituem expressão, de que estes mitos são apenas as representações, de que estes ritos nada são exceto os gestos. É sob esta condição que se pode chegar a sentir não simplesmente as noções que, embora sejam populares, não deixam de ter algo de voluntário, de fortuito, de livre, mas ainda as coisas, as coisas sociais.

Ora, nenhum assunto era mais fecundo neste ponto do que aquele de que tratou, parcial mas tão felizmente o Sr. Dieterich. Ele mesmo sentiu, em diversas notas, o sentido em que era preciso pesquisas [...]. Com efeito, é graças à noção de reencarnação dos mortos que se pode compreender todo este plexo quer de idéias e de práticas, quer de sentimentos e de coisas sociais que deu origem a tantas e tão diversas frutificações. Mas esta noção não funciona normalmente à parte de toda organização social e a verdadeira explicação consiste em descobrir esta organização. Ora, se prestarmos atenção a certo número de fatos indicados pelo Sr. D., perceberemos imediatamente a importância que assumem dois fatos, e do prenome e o do clã.

Com efeito, não é um morto qualquer que se reencarna normalmente num nascente qualquer. Em toda a antiguidade indo-européia, é um membro da tribo, da nação que vem reencarnar-se no recém-nascido *autóctone* indígena. As almas de atenienses davam origem a outros atenienses. Mas esta regra da reencarnação tribal só coincide com um sistema já suplantado dos direitos e das idéias. Deve ter sido apenas uma sobrevivência, nas sociedades indo-européias já fora desta fase de organização, de uma forma muito mais antiga, da qual vislumbramos vestígios mais nítidos em outras partes. Entretanto, se é verdade, como o indica, depois de outros, o Sr. Olrik num trabalho que o Sr. Dieterich não pôde utilizar, que os antigos vikings acreditavam numa verdadeira reencarnação do último morto no último recém-nascido *da família,* último recém-nascido que teria recebido o prenome do morto, não seria ilógico esperar que novas pesquisas sobre o sistema dos prenomes, aliás hereditários e relativamente especiais a cada *gens* em Roma, poderiam, em outras sociedades indo-européias, provar a existência pré-histórica do mesmo fato.

Mas afora esta questão da extensão, existe um conjunto enorme de sociedades, sociedades negras, malaio-polinésias, índias (grupos siús, algonquianos, iroqueses, pueblo, do Noroeste), esquimós, australianas, onde o sistema da reencarnação do morto e da herança do prenome na família ou no clã é a regra. O indivíduo nasce com seu nome e com suas funções sociais, com seu brasão nas sociedades do Noroeste americano. Sobre o nome *nikie,* entre os Dacotah e os Siús, sobre o nome nas confrarias e nos clãs (pueblos, kwakiutl, haida) dispomos desde já de um conjunto imponente de fatos. O número dos indivíduos, dos nomes, das almas e das funções é limitado no clã, e a vida deste não passa de um conjunto de renascimentos e de mortes de ndivíduos sempre idênticos. Menos claro entre os australianos ou entre os de raça negra, o fenômeno não deixa de existir entre eles de maneira normal e compreensível, a modo de uma instituição necessária.

Esta consideração do clã e do prenome não só permite compreender o sistema das reencarnações e conjugá-lo com a constituição jurídica da sociedade, como ainda permite descrever, em parte, a origem da noção da mãe-terra e de marcar

MENTALIDADE ARCAICA 387

com precisão o momento em que esta se formou definitiva-mente. Basta partir do fato de que o clã é, desde a origem, concebido como ligado a um ponto do solo, sede central das almas totêmicas, rochedos onde soçobraram os mortos e de onde escapam as crianças a serem concebidas, de onde se espalham enfim no espaço totêmico as almas dos animais cuja multiplicação o clã assegura. Indicamos mais adiante, com o Sr. van Ossenbruggen como esta noção alcança e explica a de propriedade[2]. É a ela, mais complexa, mais precisa, e portanto mais elementar e mais rica, que está ligada a mãe-terra.

Porque seria um erro acreditar, como parece fazê-lo o Sr. D., que os ritos fálicos, ou melhor gerativos austra-lianos, que idéias como a da pedra Eratipa, junto a qual as mulheres arunta temem conceber, impliquem já a noção de mãe-terra. Todos eles correspondem a estados muitos mais baixos, e esta noção pode ser estranha a civilizações onde todas as suas condições, salvo sua causa, são dadas. Quanto a nós, impressiona-nos o fato de que todos os casos indicados aqui e todos os casos verdadeiramente precisos que conhe-cemos onde o mito ultrapassou a simples imagem da geração, são tirados de sociedades *agrícolas*. Ademais o Sr. Dieterich não deixou de sentir a questão, e a maneira pela qual consi-dera quase que exclusivamente os ritos agrários é significativa. Em parte alguma melhor do que entre os Maoris poder-se-ia estudar esta formação de uma noção mítica precisa. De uma parte, clãs locais extremamente fortes, com sistema de pre-nomes bem marcados; de outra parte, um extremo apego desses clãs a seu solo, visto que seu *maná* é idêntico ao da alma (*hau, mauri*), do solo, da mãe-terra (*whenua*): de outra parte, enfim, todo o desenvolvimento mítico luxuriante do mito da terra e do céu, pai e mãe dos deuses. Em torno do mito que estabelece a equivalência, em torno do rito que a dramatiza, a noção de mãe-terra é provavelmente fechada, precisa; liga-se aos mitos celestes e outros, formando uma das bases de toda a mitologia agrária. Mas há aí toda uma série de estudos a tentar da qual só podemos entrever os começos.

Contudo, por mais precisa que seja a imagem da mãe-terra, não se poderia querer que fosse a única imagem de maternidade concebida pela humanidade mesmo an-tiga, ou pelo folclore, mesmo moderno. As relações entre a semente e a planta, entre a espécie e o indivíduo, etc., também foram representadas sob a forma de parto: a mãe arroz, a mãe milho, *as mães* do rito agrário europeu, são im-portantes e numerosas. Aqui ainda é preciso enriquecer de todas as virtudes do princípio da vegetação nossa descrição da noção primitiva. Mas basta de críticas e de adições. O

2. [Cf. o texto seguinte.]

388 ENSAIOS DE SOCIOLOGIA

trabalho do Sr. Dieterich é dos mais importantes; abre uma nova avenida. As idéias engenhosas abundam aí, como por exemplo a aproximação entre a postura agachada dada amiúde ao morto em sua tumba e a postura do feto; e a explicação pela idéia de ressurreição da importância, em direito penal ateniense, do banimento.

[2] *Aqui está, sobre este assunto, a análise de Mauss sobre o livro de Ossenbruggen:* A noção de propriedade terrestre entre os primitivos (1906) *

Este trabalho do Sr. van Ossenbruggen [1] vincula-se a seu estudo sobre o direito de herança na China e o esclarece. É concebido no mesmo espírito e tem a mesma finalidade; mas o método volta a ser comparativo, como na excelente obra sobre o direito de tutela e de testar. Ademais, esta comparação se refere sobretudo à China e aos indonésios, isto é. às sociedades onde o direito de propriedade fundiária tem um caráter dos mais típicos. A pesquisa é portanto das mais frutuosas. Acrescentemos que a erudição sociológica e etnográfica do Sr. van Ossenbruggen se ampliou, malgrado o afastamento em que vive; e que seus estudos comparativos são provocados por observações pessoais permitidas por sua posição de juiz neerlandês, tendo que julgar causas malaias e chinesas, e não poderemos exagerar o mérito de nosso autor.

A questão levantada e verdadeiramente tratada por ele é das mais graves e aqui nos preocupa desde há muito. Não é mais aquela, eterna e viciosamente repisada, da propriedade comum e da propriedade individual; é a do "domínio eminente", a do conceito social do direito da sociedade sobre o solo.

O autor parte da discussão levantada pelo Sr. Franke [2] referente ao direito de propriedade absoluta do soberano chinês sobre o solo; e da afirmação dos códigos malaio-neerladeses de que a terra pertence ao príncipe.

O único passo metódico que encontrávamos insuficientemente circunstanciado é uma definição da propriedade, definição certamente provisória, mas facilmente legitimada pela afirmação de que o conceito é muito complicado. "O direito de propriedade é o direito *menos condicionado* (nunca incondicionado) de dispor de uma coisa, direto que pode pertencer a uma pessoa privada ou a uma pessoa moral privada, e que provém de uma relação direta entre a pessoa e a coisa." Esta definição tem o mérito de mostrar a existência de uma relação direta, de incorporação, do proprietário à

---

* Extraído de *Année sociologique*, 9.
1. E. van Ossenbruggen, *Over het primitief Begrip van Grondeigendom*, 1905.
2. Cf. *Année sociologique*, 7, p. 456.

MENTALIDADE ARCAICA

coisa apropriada. Mas tem evidentemente o incoveniente de não mostrar o signo externo pelo qual, em nossa opinião, se reconhece a propriedade, isto é, o respeito em que se tem a dita coisa. Signo negativo, é verdade, explicando-se muito bem que se haja negligenciada sua importância, mas não menos essencial ao próprio teor das regras que constituem o direito de propriedade e o sancionam, civil e criminalmente. Se, de tempos em tempos, o Sr. v. O. indica fatos que se relacionam com este traço, em nossa opinião fundamental, é de passagem e amiúde sem provas, como quando emite a hipótese, justa em nossa opinião, de que a marca de propriedade é originariamente a marca de um tabu. Toda a análise torna-se subitamente incompleta. Ela poderia ser definitiva, como pode sê-lo hoje uma análise sociológica.

Com efeito, o Sr. v. O. viu com acerto a maneira pela qual foi concebido primitivamente o direito de propriedade. Este direito teria tido originariamente uma forma quase exclusivamente religiosa, e seria pelo desenvolvimento de seus elementos econômicos que se teriam formado os conceitos modernos de propriedade e de posse.

Conservaremos a argumentação referente à forma primitiva; o autor não nos levará a mal se dermos um torneio talvez mais claro a seu pensamento. Não teria existido primitivamente, em matéria fundiária, senão uma propriedade coletiva, porque o trabalho primitivo teria sido coletivo e porque o uso, a reação direta suposta pela propriedade só se estabelece pelo trabalho. Talvez este raciocínio seja um pouco simplista, e ganharia muito se fosse um pouco mais matizado. Mas quase não importa, pois, quanto a nós, a maneira pela qual o Sr. v. O. liga suas idéias às do Sr. Bücher sobre os princípios do trabalho, corresponde a conexões muito profundas entre os fatos.

Isto posto, como foi que a coletividade se representou suas relações com o solo? Foi sob a forma da apropriação pelos espíritos e pelos deuses nacionais. Aqui a messe dos fatos é singularmente abundante e torna-se evidente que este domínio do príncipe nas sociedades malaias, o direito direto da *dessa,* é fundamentalmente um direito religioso. O próprio autor aproxima de maneira feliz esta questão do direito de propriedade religiosa do clã da questão dos centros totêmicos levantada pelas observações de Spencer e Gillen. Deve-se lamentar que não tenha tido o tempo ou a idéia de estender a outras sociedades malaio-polinésias a série de suas pesquisas. Sabemos pertinentemente que teria tirado proveito de um estudo aprofundado do clã local *(hapu)* neo-zelandês, de seu direito de propriedade, da maneira pela qual se representa uma espécie de alma-mãe, deusa-proprietária *(whema)* residindo no fundo dos bosques, dotada de *maná,* causa de tabu, parente de todos os membros do clã. É digno de nota, enfim, que atinjamos as representações referentes à

390 ENSAIOS DE SOCIOLOGIA

geração, sobre as quais, neste mesmo ano, Frazer e Dietrich acabam de lançar nova luz [3]. É certo que nos encontramos diante de um tronco, extremamente vivaz, de idéias mal diferenciadas, complexas, confusas e ricas, que correspondem às estruturas sociais mais elementares.

Esta associação do clã e da terra seria o fundamento do direito e a expressão do fato. Mas ela é mais e menos do que o direito de propriedade; ela o ultrapassa e o compreende; só lentamente ele se separou dela. Que ela tenha sido sua forma primitiva e necessária é algo que não deixa dúvidas quando se observa que mesmo a propriedade do instrumento foi concebida como um vínculo místico entre o utensílio e o trabalho. O fato de subsistir no fundo dos direitos mais evoluídos da China e da Malásia é o que prova a dificuldade com que tais direitos se deduzem dela. O direito comunal, o direito do clã não são apenas direitos eminentes; são o direito da propriedade mesma, e só como membro da comunidade é que o indivíduo tem sua parte. Por causa da existência dos deuses locais e nacionais aos quais é consagrada a terra há uma incapacidade radical do indivíduo de tornar-se proprietário. No fim de contas, o princípio de que a terra pertence ao soberano exprime simplesmente o fato de que a terra pertence ao clã.

A propriedade individual não foi possível antes que famílias comunitárias, indivisas, mas restritas, conseguissem tomar o lugar do clã que se tornara demasiado amplo. Mas se o direito de propriedade da família, que ainda é um grupo, se impôs relativamente tarde na China e em outras partes, todos estes direitos ainda não conhecem a propriedade fundiária individual entendida no sentido ocidental da palavra. A distinção fundamental do direito romano entre o *fundus* e a *superficies* constitui a forma primitiva graças à qual o direito individual, reservado à superfície, aparece. O Sr. van Ossenbruggen estabelece como esta noção do *fonds* funcionou em direitos tão primitivos como certos direitos congoleses, e ainda funciona na Malásia, na China, no Islã; como este *fonds* não é outra coisa senão a terra incorporada ao clã; como a anticrese, a locação perpétua, o empenho da parte de terra, a retrovendição do uso do solo funcionam ainda unicamente na China, e qual o contra-senso que existe em supor que haja neste país verdadeiras vendas.

Grande número de idéias engenhosas são semeadas de passagem: a "casa dos homens" (casa comum) seria a casa dos espíritos; os ritos agrários corresponderiam à propriedade, e a lavragem solene do imperador chinês seria um fato jurídico ao mesmo tempo que religioso; as relações do direito administrativo e do direito predial seriam muito primitivas.

3. Cf. *Année sociologique*, 8, p. 233, p. 255.

MENTALIDADE ARCAICA

A negligência a que é relegada a propriedade mobiliária; o esquecimento das causas morfológicas tais como a função das cidades na China, em Roma, são as principais lacunas teóricas deste trabalho.

[3] *Mauss aflorou os problemas referentes às crenças da alma e aos prenomes numa série de seus cursos em 1906-1907. Aqui está uma nota onde ele os resume* *

As crenças atribuídas à alma-prenome e a seu nascimento certamente existem em país tohi, provavelmente em Benin, e certos ritos são ao menos seus vestígios em país banto.

[A POLARIDADE RELIGIOSA E A DIVISÃO DO MACROCOSMO] (1933) **

Direi simplesmente duas palavras para marcar o progresso que Garnet faz e também o progresso que nós fizemos. No momento em que Hertz escrevia seu trabalho sobre a *Preeminência da mão direita,* tratava-se somente da questão da repartição das coisas em dois lados, entre duas mãos. A questão que Granet levanta, é a da repartição de todas as coisas em dois hemisférios simétricos. É preciso, portanto, abrir, a da simetria e da heterogeneidade destas duas partes do espaço.

Desde há muito cheguei à conclusão que pressupõe aquela que Granet acaba de nos expor (falo de 1906). Primeiro, o tabu não é exclusivamente aquilo que Hertz considera e aquilo em que, em suma, todos nós pensamos quando falamos da noção de sagrado. O sistema de tabus, é antes de tudo, um sistema imperativo de circunstâncias, de regras de múltiplas considerações; é um edifício de condições e não simplesmente um sistema de regras simples e categóricas. Acabastes de vê-lo agora mesmo.

Um exemplo: Simiand, assumireis a presidência do jantar: vossa esposa estará diante de vós, e à esquerda de vossa esposa, é vossa direita, porque estais diante dela.

Vistes como o problema das disposições recíprocas se coloca além do problema da simples separação.

Há muito tempo lecionei sobre a etiqueta na casa malgaxe, casa que é mais ou menos do tipo chinês. É o que constato ainda este ano em meu curso sobre etiqueta polinésia.

---

* Resumo extraído do *Annuaire de l'Ecole des hautes études,* Paris, 1907. (Sect. Sc. relig.).
** Intervenção que se seguiu à comunicação de M. Granet: "La droite et la gauche en China". Extraída de *Bulletin de l'Institut Français de Sociologie,* 3.

392 ENSAIOS DE SOCIOLOGIA

Mas não é tudo. Graças às coleções de documentos de Hertz e aos últimos trabalhos de Elsdon Best, eu estava em melhores condições para fixar as coisas. Creio que fomos não só demasiado simplistas neste caso da característica imperativa do tabu e do sagrado, mas ainda que, por erro, fomos excessivamente ritologistas e ficamos por demais preocupados com as práticas.

O progresso que Granet faz é o de pôr mitologia e "representação" em tudo isto. De fato, a série de posições a mais, de direita e de esquerda — alto e baixo, centro, exterior e interior, etc. — ocupa entre os Maoris, dos quais partira Hertz, lugares muito mais consideráveis do que Hertz percebera. Portanto, mesmo a propósito dos Maoris, Granet tem razão.

Estas maneiras de pensar e de agir ao mesmo tempo são, aliás, comuns a uma grandíssima massa humana. Granet sabe — visto que nos une um vínculo de intimidade absoluta — que atualmente quando penso nessas questões de história geral da civilização, vejo cada vez mais que os traços da civilização, que se tornou aquela dos povos da Polinésia, se estabelecem a partir do Oeste do Pacífico e em direção ao Norte do Pacífico. Uma parte das coisas da Polinésia assemelha-se um pouco não somente ao pré-histórico indochinês, mas ao proto-histórico e mesmo ao histórico chinês. Já comuniquei a um público bastante vasto um pequeno trabalho sobre o escaravelho, sobre o mastro de cocanha e sobre as noções referentes aos espaços que a eles estão ligadas. Anotarei ainda de maneira particular as relações entre a espiral, a grega, a suástica e as diferentes partes do corpo.

Partindo daí, o problema se torna diferente; além da única divisão entre direita e esquerda aparecem todas as outras divisões espaciais. Considerai, ao mesmo tempo, os planos alto e baixo, à frente e atrás: é isto que se deve perceber se se quiser descrever a maneira pela qual toda uma parte da humanidade raciocinou. E é preciso acrescentar um suplemento bastante longo à análise de Hertz, por uma razão muito simples: é que então o indivíduo e a comunidade não contam uma, mas três dimensões, ou melhor, contam seis direções, seis pólos (com freqüência orientados cosmograficamente) ou até mesmo sete, pois é preciso contar também o centro (*ego,* eu) como um ponto de um espaço de uma qualidade especial de onde partem as relações simétricas (alto e baixo, à frente e atrás, e enfim direita e esquerda). Mesmo este centro é às vezes confundido e às vezes distinguido do centro cosmográfico (campo, santuário, tribo, umbigo do mundo, *mundus* etrusco-romano). Atitudes e noções da coletividade, dos indivíduos, do indivíduo diferente portanto em complexidade, em variedade, mas não em princípio daquela que supõe a simples divisão do trabalho entre as duas

MENTALIDADE ARCAICA   393

mãos como Robert Hertz a considerou e por abstração a justificou.

Que estes modos complicados de pensar não são estranhos aos próprios Maoris, é o que prova de maneira abundante toda uma série de noções e de ritos; assim uma importante instituição de representação material, o *tiki*, obra preciosa de arte religiosa. Os *tiki heitiki* estão muito em moda neste momento mesmo entre nós. Efetivamente, são belas placas esculpidas de jade em cores, que vão do cinzento ao verde escuro. Representam um feto — muito estilizado —, os mais belos com um olho de pedra vermelha. (Os Maoris eram coletores e escultores de jade e também aqui intervêm crenças, muito importantes e muito difundidas na orla do Pacífico.) As senhoras nobres usam os *tiki* em forma de colar sobre o peito. É um objeto de seu culto, um talismã de força e de fecundidade. São a imagem não somente das futuras crianças, a prefiguração do homem, a união do princípio masculino e do princípio feminino, mas especialmente do princípio do deus masculino (um de seus grandes deuses, o pai da raça humana é precisamente *Tiki*), e encarnam ainda tudo aquilo que cria, dá forma, e por conseguinte o mundo. É propriamente a imagem do mundo, uma espécie de edição bárbara de uma das noções fundamentais do Oriente e do Ocidente, a do macrocosmo e do microcosmo sob forma de figura humana. Porque, como em nossos antigos sistemas de "assinaturas", aos membros do *tiki* e do homem "correspondem" seres, coisas, acontecimentos e partes do mundo. Portanto tudo se reparte entre "poderes e naturezas" não apenas da direita e da esquerda, mais ainda do baixo e do alto, de frente e detrás, em correlação com o centro. De tal modo que no próprio pensamento maori, de onde partiu Hertz, só há preeminência da direita sobre a esquerda, do alto sobre o baixo, etc., se se considera o todo — sobretudo se se considera a correlação das partes do todo e especialmente a dos indivíduos entre si, esta noção de "preeminência" que Granet critica deve dar lugar à noção de posições e qualidades correlativas.

Esta consideração das representações, e das representações complexas é, com efeito, explicativa com relação à dos ritos que Hertz e eu estudamos de maneira demasiadamente exclusiva. Neste ponto, Granet ainda tem razão.

Creio que esta maneira de representar o mundo e as representações coletivas que dominam o mundo dos ritos é uma coisa absolutamente necessária e que o grande esforço que fizemos do lado da ritologia carece de equilíbrio porque não efetuamos o esforço correspondente com relação à mitologia. Quanto a isto, além das causas de nossa deficiência e da minha, há causas que são normais e outras que são anormais: entre elas, a morte dos melhores dentre os nossos, particularmente de Hertz. Mas resta-nos um mitólogo que é

394 ENSAIOS DE SOCIOLOGIA

justamente Granet. Havia outro, não menos penetrante que
ele: era Hubert. Empenho-me em suprir a falta de Hubert
e em ajudar Granet, mas não faço aquilo que posso. De
fato, as demonstrações de Granet ajustam-se mui exatamente
aos passos de Czarnowski sobre a noção de espaço. Espero
que acabaremos tendo uma obra sua acerca do assunto. Mas
vós vos lembrais, sem dúvida, de uma comunicação que ele
nos fez. Os melhores fatos que nos expôs para explicar o
famoso "fígado de Preneste" (este admirável monumento da
adivinhação latina — digo propositalmente latina) são fatos tchuktchi, e os outros, ainda melhores, são fatos chineses.
A esta seqüência poder-se-iam acrescentar outros mongóis e
os do mundo fino-ugriano, de todo o Nordeste da Europa.

Aí está todo um conjunto de pesquisas, de trabalhos que
têm de vinte a trinta anos. Os antigos resultados estão para
nós ultrapassados, mas estão ultrapassados a partir deles mesmos. Aqui é que podemos dizer que somos verdadeiros cientistas. Quando passamos da divisão das funções em duas,
como Hertz, à consideração de sete posições no interior de
uma espécie de esfera, não rejeitamos aquilo que Hertz descobriu, mas lhe acrescentamos algo, e quando Granet afirma
que a noção de polaridade religiosa talvez seja específica a
certas populações, podemos dizer: sim e não, porque se trata,
no momento em que Hertz escreve, de uma polaridade extremamente simples, de dois pólos somente, e de uma noção
da religião extremamente restrita — a noção do sagrado. Mas
no momento em que aquilo que reina é um complexo de
posições, de poderes e de purezas ao mesmo tempo — não
a do poder sem a pureza ou do poder sem a posição —
então a simples direita-esquerda se emprega como um simples
elemento do todo.

Entretanto, ela continua essencial. Tomemos um árabe,
um muçulmano. Ele se caracteriza pelo fato de só comer
com a mão direita e só se serve da mão direita diante de
quem quer que seja. Os presentes sabem para que serve
a esquerda. Mas isto é característico: um árabe é um homem que só sabe comer com a mão direita. Por conseguinte,
aquilo que Hertz disse quando partiu da preeminência da
mão direita continua válido com relação a este problema.

Há outros casos, que são casos extremos, onde são considerados não somente o ego e sua posição, mas onde se levam também em consideração todas as outras posições, todos
os outros seres, coisas e acontecimentos com relação a outras
coisas; onde aquilo que está à minha direita, está à esquerda
para a pessoa colocada diante de mim; onde aquilo que é
alto para mim é baixo para outros, e assim por diante. Efetivamente, devemos deter-nos diante da consideração do conjunto das coisas, das representações e não de um só ciclo
de representações. E devemos prestar atenção às relações
da representação com a prática, e não somente ao estudo
da prática.

MENTALIDADE ARCAICA

Creio que neste ponto Granet e eu estamos de acordo. Tal é a maneira de explicar-vos como está assegurado o desenvolvimento destes problemas e também como o ponto de partida permanece lá onde Hertz, Durkheim e todos nós o fixamos.

[CATEGORIAS COLETIVAS E CATEGORIAS PURAS] (1934)*

Confesso preferir ater-me às posições de tese do Sr. Serrus diante de nossa Sociedade em vez de referir-me à sua obra. Encontro aí uma expressão e um sentido mais direto dos fatos do que numa discussão filosófica — por exemplo, a de Husserl — e portanto permanecerei no terreno, por ele mesmo escolhido, da psicologia da inteligência e da lingüística.

I. *Lingüística.* Ainda que o Sr. Serrus se tenha referido aos melhores lingüistas, a meu mestre Meillet, a meu amigo Vendryès e a outros, parece não levar em conta nem as velhas e ainda muito boas tradições como a da "palavra-frase", corrente no tempo dos romanos, nem as análises gerais ou especiais de Sapir e de Boas, sobretudo no que se refere às línguas norte-americanas. Esta dominação maior do campo escolhido ter-lhe-ia permitido evitar a expressão "línguas sem verbo", e ter-lhe-ia dado o sentido que sinceramente procurou adquirir a partir da sintaxe e da morfologia unicamente das línguas indo-européias. Tomemos um exemplo: um cântico de dança (representado por um mito ou conto e um ritual importante, arunta e loritja, centro australiano) consiste em duas palavras indefinidamente repetidas:

kwaia kwaia,
kwaia kwatja.

"Minha irmã, água." (Duas irmãs vão ao ribeiro tirar água, um demônio apodera-se de uma delas.) Nenhum verbo, mas aquilo que o substitui: os sentidos, os tempos, os atos de uma tal frase, ao longo do mimo (elas vão buscar água, uma está na água, etc.) são numerosos; mostram a brutalidade e a simplicidade de expressão de uma multiplicidade de sentidos atestados pelos temas do mito, os passos da dança e as insistências do cântico. Ao contrário, as mesmas tribos têm grande quantidade de fórmulas orais onde o verbo *ser* é fortemente empregado, em particular sob a forma de *nopanama,* ser constantemente (arunta, amiúde misturado com loritja), intensivo (mas substantivo infinito) marcando até mesmo a eternidade, em particular a dos antepassados totêmicos. No fundo, toda a análise sintática e morfológica destas línguas deve ser feita, e reserva surpresas. Em todo caso,

---

* Carta escrita depois de uma comunicação de C. Serrus, "La psychologie de l'intelligence et la linguistique". Extraída do *Bulletin de la Société française de philosophie,* 34, Paris.

396 ENSAIOS DE SOCIOLOGIA

conclui-se destas observações, que facilmente podem ser multiplicadas, que os esforços de expressão nestas línguas — as únicas que conservaram traços primitivos — são de tipo complexo, afastando-se ou aproximando-se consideravelmente dos tipos superiores de linguagem. Sem dúvida, em toda parte trata-se de proporções diferentes de tal ou tal sintaxe, de tal morfologia em tal língua, entre os falantes, segundo as idades dos falantes, etc. Não só as "montagens intelectuais" variam através das línguas e das lógicas, mas variam através de todas as refrações diversas dos indivíduos, das classes e dos sexos dos membros das sociedades. E disto concluo que, se é justo dizer com o Sr. Serrus que há algo de "prelógico" — preferiria dizer com ele "substancialismo místico" — na análise racionalista das línguas, não é menos verdade dizer que este racionalismo substancialista não é estranho — não importa o que se possa dizer, aliás — às maneiras mais mais simples que se conhecem de pensar e de dizer — pois em todo tempo são extremamente prenhes de sentido.

II. *Simbolística histórica.* Portanto, multiplicidade das categorias, multiplicidade dos valores simbólicos, e não simplicidade: eis, em nossa opinião, o ponto de partida. Foi a partir deste centro de divergência que "caminhou o pensamento", para falar como nosso caro e saudoso Meyerson, e como, em sua esteira, fala o Sr. Serrus.

Mas por onde caminhou este pensamento, em que meio real? Aqui é que se julga de fato necessária a intervenção da sociologia. Nos indivíduos? Na cadeia dos indivíduos? Estes não são mais do que os seres discretos, as multidões onde as coisas se passam. Por conseguinte, os dados psicológicos são os do possível mental. Eles não têm força nem permanência. Aquilo que os realiza, aquilo que lhes dá forma e matéria, aquilo que os particulariza — que faz, por exemplo, com que o chinês e as línguas polinésias pensem tudo sob a forma *sexo,* e não tenham palavra, artigo, pronome para exprimi-lo, ao passo que a maior parte das línguas indo-européias conhecem os gêneros, mas não pensam mais nas hierogamias de seus astrólogos e alquimistas — aquilo que categoriza, digo, são as sociedades e sua história. A intradutibilidade das línguas, a das mentalidades, traem a heterogeneidade das sociedades, das famílias de povos, das áreas e das camadas de civilização. As categorias vivem e morrem com os povos e seus diversos contributos.

Pedimos que se nos conceda aqui um instante. Pensamos tê-lo provado para o gênero, para o tempo. Nosso amigo Czarnowski tenta prová-lo para o espaço; Durkheim provou-o, creio, para a totalidade. Nós começamos prová-lo pela substancia, e indicamos aqui mesmo um começo de prova para a "personalidade". A época atual dissolve não poucas "idéias inatas", e o Sr. Serrus concorre para estas destruições; mas, antes dela, muitas outras "Idéias", como teria dito um platônico, morreram. Destino, assinaturas, correspondências,

MENTALIDADE ARCAICA · 397

harmonias são agora palavras vãs. O funcionamento de cada uma destas categorias, de idade, de valor, de forma e de matérias diversas, suas relações entre si na lógica, na língua, na ciência, na arte, na técnica, na economia, em tudo, varia com o funcionamento das sociedades. É verdade que não há nem gramática pura nem lógica pura; existem as das sociedades com seus ilogismos e suas línguas a carrear mais ou menos aquilo que elas podem ter pensado com os meios de que dispunham.

Mas há — não obstante a abstração relativamente válida, mas só provisoriamente válida do Sr. Lévy-Bruhl — em toda a língua, em todo o símbolo escrito ou não, figurado ou não figurado, pensado ou mesmo apenas subconsciente, em toda maneira de agir e de pensar — e todos supõem no homem a vida em comum — há sempre ao lado de uma lógica imposta, prévia, às vezes animista, outro valor. É um valor "comum", pois quem diz símbolo, diz significação comum para os indivíduos — naturalmente agrupados — que aceitam este símbolo, que escolheram mais ou menos arbitrariamente, mas com unanimidade, um rito, uma crença, um modo de trabalho em comum, um tema musical, uma dança. Em todo o acordo há uma verdade subjetiva e uma verdade objetiva; e, em toda a seqüência de acordos simbólicos, um mínimo de realidade, a saber, a coordenação destes acordos. E mesmo se símbolos e cadeias de símbolos só correspondem imaginária e arbitrariamente às coisas, correspondem ao menos às pessoas que as compreendem e nelas crêem, e para as quais servem de expressão total concomitantemente destas coisas e de suas ciências, de suas lógicas, de suas técnicas, ao mesmo tempo que de suas artes, de suas afetividades. E quando se trata das técnicas e mesmo das artes — origens das ciências mil vezes mais evidentes do que os ritos — seus símbolos têm sempre algum valor, visto que elas têm como fiador o efeito técnico ou estético procurado.

III. *História da lógica e lógica ideal.* Esta visão sociológica da história dos conhecimentos humanos e de sua concatenação lógica permite-nos agora focalizar o último problema, a conclusão dogmática que nós mesmos procuramos... como Hamelin, como Durkheim, como o Sr. Serrus.

Uma consideração sociológica de *todos* os elementos simbólicos da representação conduz-nos, creio — estou certo disto — a um modo concreto de levantar todos os problemas. Durkheim e nós cremos ter demonstrado que só há símbolo porque há comunhão, e que o fato da comunhão cria um vínculo que pode dar a ilusão do real, mas que já é do real. O juízo, quando é o de uma coletividade, tem esta qualidade de corresponder sempre ao real, ao menos humano, e de poder sempre corresponder a alguma coisa. A partir deste princípio, podem-se generalizar algumas observações e aprofundar o problema sem deixar o domínio dos

398 ENSAIOS DE SOCIOLOGIA

fatos, da história concreta. Bem entendido, a sociologia é
parte da antropologia e postula a unidade (relativa) da
espécie humana. Mas, como a psicologia, vê outra coisa:
psicologias diferenciais de povos e de raças. Só que em todas
estas psicologias coletivas diferentes, ela vê imensas semelhanças. As músicas, as danças variam com os povos, as
famílias de povo. O Sr. von Hornbostel[1], o Sr. Curt Sachs
dizem a este respeito coisas excelentes. Nossa música não
é mais do que *uma* música. E, no entanto, existe alguma
coisa que merece o nome de "a música". Não é aquela de
nossa "gramática musical", mas esta entra naquela. Passa-se
a mesma coisa com todas as grandes ordens de fatos sociais.

Nossas ciências são efêmeras e caleidoscópicas e, no entanto, existe "a ciência" e sua lógica. Nossas técnicas —
muito poderosas e muito variáveis neste momento de acordo
com nossa vontade — demasiado estagnadas, demasiado nacionais e locais outrora — têm em toda parte os mesmos
fundamentos, ou científicos (mecânica, etc.), ou empíricos
(etnobotânica, etnozoologia, etc.). Existe a técnica. Como os
direitos e as morais têm um fundo humano, as gramáticas
e as lógicas têm outro. Mesmo a mística e a poesia existem,
como tais, em geral.

Não basta dizer que este fundo comum está aí porque
os modos gerais do pensamento são obra de homens; é preciso dizer que está aí porque seus modos são — mesmo
diferentes — a obra de homens a criar-se representações comuns e a dar assim já um passo rumo à racionalidade; porque estes homens — mesmo na orgia e no êxtase — comungam com outra coisa além de si.

A grámatica pura, a lógica pura, a arte pura estão
à nossa frente e não atrás de nós.

---

1. Cf. E. M. von Hornbostel, "Musik der Makuschi, Taulipang und
Jekuana", in Koch-Grünberg, *Von Roraima zum Orinocco*.

10. Algumas Formas Primitivas de Classificação

**CONTRIBUIÇÃO PARA O ESTUDO DAS REPRESEN-
TAÇÕES COLETIVAS (1903)***

Émile Durkheim e Marcel Mauss

As descobertas da psicologia contemporânea evidencia-
ram a ilusão tão freqüente que nos fez tomar como simples
e elementares operações mentais que na realidade são muito
complexas. Sabemos agora de que multiplicidade de elementos é formado o mecanismo em virtude do qual construímos,
projetamos no exterior, localizamos no espaço nossas representações do mundo sensível. Mas este trabalho de dissociação só mui raramente foi aplicado às operações propriamente lógicas. As faculdades de definir, de deduzir, de induzir são geralmente consideradas como imediatamente dadas
na constituição do entendimento individual. Sem dúvida,
sabe-se desde há muito que, no decurso da história, os homens
aprenderam a servir-se cada vez melhor destas diversas funções. Mas não teria havido mudanças importantes a não
ser na maneira de empregá-las; em seus traços essenciais,
teriam sido constituídas desde que houve uma humanidade.
Nem sequer se imaginava que pudessem formar-se por uma
penosa reunião de elementos hauridos das mais diferentes
fontes, dentre as mais estranhas à lógica, e laboriosamente
organizados. E esta concepção nada tinha de surpreendente
enquanto se julgou que o processo de surgimento das faculdades lógicas dependia unicamente da psicologia individual,

---

* Extraído de *Année sociologique*, 6. [*Oeuvres*, v. II, pp. 13-89.]

ENSAIOS DE SOCIOLOGIA

enquanto não se teve a idéia de ver nos métodos do pensamento científico verdadeiras instituições sociais cuja gênese só a sociologia pode descrever e explicar.

As observações precedendes aplicam-se particularmente àquilo que poderíamos chamar a função classificadora. Os lógicos e mesmo os psicólogos aceitam ordinariamente como simples, como inato ou, ao menos, como instituído unicamente pelas forças do indivíduo, o procedimento que consiste em classificar os seres, os acontecimentos, os fatos do mundo em gêneros e em espécies, em subordiná-los uns aos outros, em determinar suas relações de inclusão e de exclusão. Os lógicos consideram a hierarquia dos conceitos como dada nas coisas e imediatamente exprimível pela cadeia infinita dos silogismos. Os psicólogos pensam que o simples jogo da associação das idéias, das leis de contigüidade e de semelhança entre os estados mentais bastam para explicar a aglutinação das imagens, sua organização em conceitos, e em conceitos classificados uns em relação aos outros. Sem dúvida, nestes últimos tempos, impôs-se uma teoria menos simples do devir psicológico. Emitiu-se a hipótese de que as idéias se agrupavam não apenas de conformidade com suas afinidades mútuas, mas também segundo as relações que mantêm com os movimentos [1]. Contudo, seja qual for a superioridade desta explicação, não deixa de apresentar a classificação como um produto da atividade individual.

Todavia há um fato que, por si só, poderia ser suficiente para indicar que esta operação tem outras origens: é que a maneira pela qual a entendemos e a praticamos é relativamente recente. Para nós, com efeito, classificar coisas, é ordená-las em grupos distintos entre si, separados por linhas de demarcação nitidamente determinadas. Do fato de que o evolucionismo moderno negue que haja entre elas um abismo intransponível, não se segue que as confunda até reclamar o direito de deduzi-las umas das outras. Existe, no fundo de nossa concepção da classe, a idéia de uma circunscrição de contornos fixos e definidos. Ora, poder-se-ia quase dizer que esta concepção da classificação não vai além de Aristóteles. Aristóteles foi o primeiro que proclamou a existência e a realidade das diferenças específicas, que demonstrou que o meio era causa e que não havia passagem direta de um gênero a outro. Platão tinha uma percepção bem menor desta distinção e desta hierarquização, visto que, para ele, os gêneros eram, em certo sentido, homogêneos e podiam ser reduzidos uns aos outros pela dialética.

Não somente nossa noção atual de classificação tem uma história, mas esta mesma história supõe uma considerável pré-história. Com efeito, não se poderia exagerar o estado de

---

1. V. Münsterberg, *Beiträge exper Psychol.*, I, 129 etc.; II, 2.º; III, 113.

ALGUMAS FORMAS PRIMITIVAS DE CLASSIFICAÇÃO 401

indistinção de onde partiu o gênero humano. Mesmo hoje, toda uma parte de nossa literatura popular, de nossos mitos, de nossas religiões, está baseada numa confusão fundamental de todas as imagens, de todas as idéias. Não é que sejam por assim dizer separadas umas das outras com alguma nitidez. As metamorfoses, as transmissões de qualidades, as substituições de pessoas, de almas e de corpos, as crenças relativas à materialização dos espíritos, à espiritualização de objetos materiais, são elementos do pensamento religioso ou do folclore. Ora, a própria idéia de semelhantes transmutações não poderia nascer se as coisas fossem representadas em conceitos delimitados e classificados. O dogma cristão de transubstanciação é uma conseqüência deste estado de espírito e pode servir para provar sua generalidade.

Contudo, esta mentalidade não subsiste mais, hoje, nas sociedades européias, a não ser em estado de sobrevivência e, mesmo sob esta forma, só é encontrada em certas funções, claramente localizadas, do pensamento coletivo. Mas há inúmeras sociedades em que é no conto etiológico que reside toda a história natural, nas metamorfoses, toda a especulação das espécies vegetais e animais, nos ciclos divinatórios, os círculos e quadrados mágicos, toda a previsão científica. Na China, em todo o Extremo Oriente, em toda a Índia moderna, assim como na Grécia e na Roma antigas, as noções relativas às ações simpáticas, às correspondências simbólicas, às influências astrais não somente eram e são muito espalhadas, mas ainda esgotavam e continuam esgotando a ciência coletiva. Ora, o que elas supõem é a crença na transformação possível das coisas mais heterogêneas umas nas outras e, por conseguinte, a ausência mais ou menos completa de conceitos definidos.

Se descermos até às sociedades menos evoluídas que conhecemos, aquelas que os alemães chamam pelo nome de *Naturvölker*, deparar-nos-emos com uma confusão mental ainda mais absoluta [2]. Aqui, o próprio indivíduo perde sua personalidade. Entre ele e sua alma exterior, entre ele e seu totem, a indistinção é completa. Sua personalidade e a de seu *fellow-animal* constituem uma coisa só [3]. A identificação é tal que o homem assume os caracteres da coisa ou do animal de que é assim aproximado. Por exemplo, em Mabuiag, as pessoas do clã do crocodilo passam por ter o temperamento do crocodilo: são ferozes, cruéis, sempre prontas para a batalha [4] Entre certos Siús, há uma secção da tribo chamada vermelha e que compreende os clãs do leão das montanhas, do búfalo, do alce, todos animais que se caracteri

---

2. Cf. Bastian, *Die Welt in ihren Spiegelungen*, p. 11 e 83; *Allerlei aus Menschen-und Völkerkunde*, 1886, I, p. 18.
3. Spencer e Gillen, *Native Tribes of Central Australia*, 1889, pp. 107 e 219.
4. Haddon, *Head Hunters*, 1901, p. 103.

402 ENSAIOS DE SOCIOLOGIA

zam por seus instintos violentos; os membros destes clãs são, por nascimento, gente de guerra, ao passo que os agricultores, gente naturalmente tranqüila, pertence a clãs cujos totens são animais essencialmente pacíficos [5].

Se isto se passa com os homens, com maior razão dá-se o mesmo com as coisas. Não somente entre o signo e o objeto, o nome e a pessoa, os lugares e os habitantes, há uma indiferenciação completa, mas, de acordo com uma observação muito justa que o Sr. von den Steinen fez a propósito dos Bakairis [6] e dos Bororos, o "princípio da *generatio aequivoca* é experimentado pelo primitivo" [7]. É de boa fé que um bororo imagina ser uma arara; ao menos, se não deve assumir sua forma característica a não ser depois da morte, já a partir desta vida ele é para o animal aquilo que a lagarta é para a borboleta. É de boa fé que os Trumai são tidos como animais aquáticos. "Falta ao índio nossa determinação dos gêneros relacionados entre si, na medida em que um não se mistura ao outro" [8]. Os animais, os homens, os objetos inanimados foram quase sempre concebidos na origem como mantendo entre si relações da mais perfeita identidade. As relações entre a vaca negra e a chuva, o cavalo branco ou ruço e o sol são traços característicos da tradição indo-européia [9]; e os exemplos poderiam ser multiplicados ao infinito.

De resto, tal estado mental não difere mui sensivelmente daquele que, ainda agora, em cada geração, serve de ponto de partida para o desenvolvimento individual. A consciência não passa então de um fluxo contínuo de representações que se perdem umas nas outras e, quando começam a aparecer distinções, são todas fragmentárias. Isto está à direita e isto está à esquerda, isto é do passado e isto é do presente, isto se parece com aquilo, isto acompanhou aquilo, eis mais ou menos tudo o que poderia produzir mesmo o espírito adulto, se a educação não viesse inculcar-lhe maneiras de pensar que jamais poderia ter instaurado por suas próprias forças e que são o fruto de todo o desenvolvimento histórico. Vê-se a distância que existe entre estas distinções e estes agrupamentos rudimentares, e aquilo que verdadeiramente constitui uma classificação.

Bem longe, pois, de o homem classificar espontaneamente e por uma espécie de necessidade natural, no início faltam à humanidade as condições mais indispensáveis da função classificadora. Aliás, basta analisar em si mesma a classificação para compreender que o homem não podia encontrar em si

---

5. Dorsey, Siouan Sociology, in *XVth Rep. of the Bureau of Amer. Ethnol.,* 1896, p. 203.
6. Antigos caraíbas, atualmente localizados no Xingu.
7. *Naturvölker des Central Brasiliens,* 1892, p. 352.
8. *Ibid.,* p. 351.
9. Caland, *De Wenschoffers,* Amsterdã, 1901. — Hillebrandt, *Vedische Ritual Litteratur,* 1896, p. 120. — Julius von Negelein, "Die volkstümliche Bedeutung der weissen Farbe", in *Zeitschrift für Ethnologie,* 1901.

ALGUMAS FORMAS PRIMITIVAS DE CLASSIFICAÇÃO 403

mesmo seus elementos essenciais. Uma classe, é um grupo de coisas; ora, as coisas não se apresentam por si mesmas tão agrupadas à observação. Podemos perceber de maneira mais ou menos vaga suas semelhanças. Mas o simples fato destas semelhanças não basta para explicar como somos levados a reunir os seres que assim se assemelham, e reuni-los numa espécie de meio ideal, encerrado nos limites determinados, e que chamamos um gênero, uma espécie, etc. Nada nos autoriza a supor que nosso espírito, desde o nascimento, traga já elaborado em si o protótipo deste quadro elementar de toda classificação. Sem dúvida, a palavra pode ajudar-nos a dar mais unidade e consistência ao conjunto assim formado; mas se a palavra é um meio para melhor realizar este agrupamento, uma vez que se concebeu sua possibilidade, não poderia por si mesmo sugerir-nos sua idéia. De outro lado, classificar, não é apenas constituir grupos: é dispor estes grupos segundo relações muito especiais. Nós os representamos como coordenados ou subordinados uns aos outros, dizemos que estes (as espécies) estão incluídos naqueles (os gêneros), que os segundos agrupam os primeiros. Há os que dominam, outros que são dominados, outros que são independentes entre si. Toda classificação implica uma ordem hierárquica da qual nem o mundo sensível nem nossa consciência nos oferecem o modelo. Deve-se, pois, perguntar onde fomos procurá-lo. As próprias expressões de que nos servimos para caracterizá-lo nos autorizam a presumir que todas estas noções lógicas são de origem extralógica. Dizemos que as espécies de um mesmo gênero mantêm relações de parentesco; designamos certas classes com o nome de famílias; o próprio termo gênero não designava primitivamente um grupo familial (γένος)? Estes fatos levam à conjectura de que o esquema da classificação não é um produto espontâneo do entendimento abstrato, mas resulta de uma elaboração na qual entraram todos os tipos de elementos estranhos.

Bem entendido, estas observações preliminares não têm de forma alguma por objetivo resolver o problema, nem mesmo julgar sua solução, mas apenas mostrar que há aí um problema a ser levantado. Longe de podermos admitir como coisa fundada que os homens classifiquem naturalmente, por uma espécie de necessidade interna de seu entendimento individual, cumpre, ao contrário, interrogar-se sobre o que os levou a dispor suas idéias sob esta forma e onde puderam encontrar o plano desta notável disposição. Não podemos sequer pensar em tratar esta questão em toda sua extensão. Mas, depois de propô-la, desejaríamos reunir um certo número de informações que são, cremos, capazes de esclarecê-la. Com efeito, a única maneira de responder a isto é procurar as classificações mais rudimentares feitas pelos homens, a fim de ver com que elementos foram construídas. Ora, iremos arrolar no que segue um certo número de classificações que certa-

404 ENSAIOS DE SOCIOLOGIA

mente são muito primitivas e cuja significação geral não parece oferecer dúvidas.

Esta questão ainda não foi colocada nos termos de que acabamos de falar. Mas entre os fatos de que nos serviremos no decurso deste trabalho, alguns há que já foram assinalados e estudados por certos autores. O Sr. Bastian ocupou-se, em vários ensejos, das noções cosmológicas em seu conjunto e com muita freqüência tentou alguns tipos de sistematização [10]. Mas ateve-se sobretudo às cosmologias dos povos orientais e às da Idade Média, enumerando de preferência os fatos que não procurava explicar. No que se refere às classificações mais rudimentares, primeiro o Sr. Howitt [11], depois o Sr. Frazer [12], já deram muitos exemplos. Mas nem um nem outro sentiu sua importância do ponto de vista da história da lógica. Veremos até que a interpretação dada pelo Sr. Frazer a estes fatos é exatamente a inversa daquela que nós proporemos.

I

Os mais humildes sistemas de classificação que conhecemos são os observados nas tribos australianas.

Sabe-se qual é o tipo de organização mais espalhado nestas espécies de sociedades. Cada tribo é dividida em duas grandes secções fundamentais designadas pelo termo fratrias [13]. Cada fratria, por seu turno, compreende um número de clãs, isto é, grupos de indivíduos portadores do mesmo totem. Em princípio, os totens de uma fratria não se encontram em outra fratria. Além desta divisão em clãs, cada fratria é dividida em duas classes que chamamos matrimoniais. Damos-lhe este nome porque esta organização tem, antes de tudo, como finalidade regulamentar os casamentos: uma classe determinada de uma fratria não pode contrair matrimônio a não ser com uma classe determinada de outra fratria. A organização geral da tribo assume também a seguinte forma [14].

---

10. *Die Welt in ihren Spiegelungen,* com atlas interessante (1887); *Ideale Welten* (1893), etc.

11. *Kamilaroi and Kurnai* (1880), p. 168; "Further Notes on the Australian Class Systems", in *Journal of the Anthropological Institute* (doravante designaremos esta publicação pelas iniciais *J.A.I.*), XVIII, p. 61, o Sr. Howitt diz textualmente: "Isto não é particular a estas tribos, mas reaparece em lugares muito distantes entre si e talvez seja muito mais geral do que se pensa".

12. V. "Totemism", p. 85 e "The Origin of Totemism", in *Fortnightly Review,* 1899.

13. É sabido que esta terminologia não é adotada por todos os autores. Há muitos que empregam de preferência a palavra classes. Daí resultam lamentáveis confusões com as classes matrimoniais de que tratamos um pouco mais adiante. Para evitar tais erros, todas as vezes que um observador chamar de classe a uma fratria, substituiremos o primeiro termo pelo segundo. A unidade da terminologia tornará mais fácil a compreensão e a comparação dos fatos. Aliás, seria muito desejável que a gente se entendesse, de uma vez por todas, sobre esta terminologia tão freqüentemente empregada.

14. Este esquema só representa a organização que consideramos como típica. É a mais geral. Mas em certos casos só se apresenta alterada. Aqui, as classes totêmicas têm clãs e são substituídas por grupos puramente locais; lá, não se encontram mais fratrias nem

ALGUMAS FORMAS PRIMITIVAS DE CLASSIFICAÇÃO 405

FRATRIA I
{ Classe matrimonial A { Clã da avestruz,
{ — da serpente,
{ Classe matrimonial B { — da lagarta, etc.

FRATRIA II
{ Classe matrimonial A { Clã do canguru,
{ — do opossum,
{ Classe matrimonial B { — do corvo, etc., etc.

As classes designadas por uma mesma letra (A, A' e B, B') são aquelas que têm o conúbio entre si.

Todos os membros da tribo são assim classificados em classes definidas e que se encaixam umas nas outras. *Ora, a classificação das coisas produz esta classificação dos homens.*

Já o Sr. Cameron havia observado que, entre os Ta-ta-this [15] "todas as coisas do universo são divididas entre os diversos membros da tribo". "Uns, diz, atribuem-se as árvores, alguns outros as planícies, outros o céu, o vento, a chuva e assim por diante." Infelizmente, esta informação carece de precisão. Não nos é dito a que grupos de indivíduos os diversos grupos de coisas são assim ligados [16]. Mas temos fatos bem mais evidentes, documentos completamente significativos.

Cada uma das tribos do Rio Bellinger é dividida em duas fratrias; ora, segundo o Sr. Palmer, tal divisão se aplica igualmente à natureza. "Toda a natureza, diz ele, é repartido segundo os nomes das fratrias [17]. As coisas são divididas em machos e fêmeas. O sol, a lua e as estrelas são homens e mulheres e pertencem a tal ou tal fratria, assim como os próprios negros" [18]. Esta tribo é muito próxima de outra tribo, a de Port-Mackay, na Queenslândia, onde nos deparamos com o mesmo sistema de classificação. De acordo com a resposta dada pelo Sr. Bridgmann aos questionários de Curr, de Br. Smyth e de Lorimer Fison, esta tribo e mesmo as tribos vizinhas compreendem suas fratrias, uma chamada Yungaroo, a outra Wootaroo. Há também classes matrimoniais; mas parecem não ter afetado as noções cosmológicas. Ao contrário, a divisão das fratrias é considerada "como uma lei universal da natureza". "Todas as coisas, animadas e ina-

---

classes. Ainda assim, para ser inteiramente completo, seria até necessário acrescentar uma divisão em grupos locais que amiúde se sobrepõe às divisões que precedem.

15. "Notes on Some Tribes of New South Wales", *J. A. I.*, XIV, p. 350. Aliás não se diz que só se trate dos Ta-ta-this. O parágrafo precedente menciona todo um grupo de tribos.

16. Parece, entretanto, tratar-se de uma repartição por grupos totêmicos, análoga àquela que será focalizada mais adiante. Mas isso não passa de uma hipótese.

17. O autor se serve do termo classes, que substituímos pelo termo fratrias, como já anunciamos; pois cremos traduzir assim a idéia do texto, que, todavia, não é absolutamente claro. Doravante a substituição sem prevenir o leitor, todas as vezes que não houver dúvidas quanto ao pensamento dos autores.

18. Palmer, "Notes on Some Australian Tribes", *J. A. I.*, XIII, p. 300, cf. p. 248.

406 ENSAIOS DE SOCIOLOGIA

nimadas, diz Curr, segundo o Sr. Bridgmann, são divididas por estas tribos em duas classes chamadas Yungaroo e Woota-roo" [19]. "Dividem as coisas entre si, refere a mesma teste-munha (Br. Smyth). Dizem que os jacarés são yungaroo e que os cangurus são wootaroo. O sol é yungaroo, a lua wootaroo, e assim por diante para as constelações, as árvo-res, as plantas, etc." [20]. E Fison: "Tudo na natureza repar-te-se, segundo eles, entre as duas fratrias. O vento pertence a uma, a chuva a outra... Se os interrogarmos sobre deter-minada estrela em particular, dirão a que divisão (fratria) pertence" [21].

Tal classificação é de extrema simplicidade visto ser simplesmente bipartida. Todas as coisas são ordenadas em duas categorias que correspondem às duas fratrias. O sistema torna-se mais complexo quando não há somente a divisão em fratrias, mas também em quatro classes matrimoniais que serve de quadro para a distribuição dos seres. É o caso dos Wakelbura de Queenslândia-Norte-Central. O Sr. Muirhead, colono que morou por muito tempo no país e observador perspicaz, enviou repetidas vezes aos Srs. Curr e Howitt in-formações acerca da organização destes povos e de sua cos-mologia, e tais informações, que pareciam estender-se a mui-tas tribos [22], foram corroboradas por outra testemunha, Sr. Ch. Lowe [23]. Os Wakelbura distribuem-se em duas fratrias Malera e Wutaru; além disso, cada uma é dividida em duas classes matrimoniais. As classes da fratria Malera trazem os nomes de Curgila e Bane: as da fratria Wutaru são chamadas Wungo e Obu. Ora, estas duas fratrias e estas duas classes matrimoniais "dividem todo o universo em grupos". As duas fratrias, diz Howitt, são Malera ou Wuteru (equivalente de Wutaru); por conseguinte todos os objetos são ou um ou outro [24]. Da mesma forma, Curr informa: o alimento comido pelos Banbei e os Cargila denomina-se Mulera e o dos Won-goo ou Oboo (Obu), Wotera (Wutaru) [25]. Mas encontramos, ademais, uma repartição em classes matrimoniais.

Certas classes só são autorizadas a comer certas espécies de alimento. Assim os Banbei devem restringir-se ao opossum, ao canguru, ao cão, ao mel da pequena abelha, etc. Aos Wongoo é atribuído o avestruz, o bandicoot, o pato preto, a serpente negra, a serpente parda. Os Oboo alimentam-se de serpentes, do mel das abelhas picantes, etc. Os Cargila vivem de porcos-espinhos, de perus das planícies, etc. Ademais, a eles pertencem a água, a chuva, o

19. Curr, *Australian Race*, III, p. 43.
20. Br. Smyth, *The Aborigines of Victoria* (1887), vol. I, p. 91.
21. Fison e Howitt, *Kamilaroi and Kurnai*, p. 168.
22. Howitt, "Further Notes on the Australian Class System", *J. A. I.*, XVIII, p. 61 n. 3.
23. Curr, *Australian Race*, III, p. 27.
24. "Notes on Australian Message Sitck", *J. A. I.*, XVIII, 326; "Further Notes", etc. *J. A. I.*, XVIII, p. 61, n. 3.
25. *Australian Race*, III, p. 27. Corrigimos o Sr. Curr que diz, evidentemente por erro de impressão, que a alimentação dos Wongoo é chamada Obu ou Wuthera. Aliás, seria melhor que escrevesse Obu e Wuthera.

ALGUMAS FORMAS PRIMITIVAS DE CLASSIFICAÇÃO 407

fogo e o trovão. Há inúmeras espécies de alimento, peixes, caças de pelo e de pluma, em cuja distribuição o Sr. Muirhead não entra [26].

É verdade que parece haver alguma incerteza nas informações recebidas sobre esta tribo. De acordo com aquilo que diz o Sr. Howitt, poder-se-ia crer que é por fratrias e não por classes matrimoniais que se faz a divisão. Com efeito, as coisas atribuídas aos Banbei e aos Cargila seriam todas malera [27]. Mas a divergência só é aparente, sendo até instrutiva. Efetivamente, a fratria é o gênero, a classe matrimonial é a espécie; ora, o nome do gênero convém à espécie, o que não significa que a espécie não tenha o seu próprio. Da mesma forma como o gato pertence à classe quadrúpede e pode ser designado por este nome, as coisas da espécie cargila dependem do gênero superior malera (fratria) e podem, por conseguinte, ser chamadas elas mesmas malera. É a prova de que não estamos diante de uma simples dicotomia das coisas em dois gêneros opostos, mas, em cada um destes gêneros, diante de uma verdadeira inclusão de conceitos hierarquizados.

A importância desta classificação é tal que se estende a todos os fatos da vida; encontra-se sua marca em todos os principais ritos. Assim, um feiticeiro que é da fratria malera na execução de sua arte só pode servir-se de coisas que são igualmente malera [28]. Por ocasião do enterro, o estrado sobre o qual o corpo é exposto (sempre na hipótese de se tratar de um Malera) "deve ser feito da madeira de alguma árvore pertencente à fratria malera" [29]. O mesmo se passa com os ramos que cobrem o cadáver. Se se tratar de um Banbe, dever-se-á empregar a árvore de folha grande; porque esta árvore é banbe [30]; e serão homens da mesma fratria que realizarão o rito. A mesma organização de idéias serve de base às previsões; é tomada como premissa para

---

26. Curr, *Australian Race*, III, p. 27. Observar-se-á que cada fratria ou classe parece consumir a carne dos animais que assim lhes são atribuídos. Ora, como ficará claro ao voltarmos a este ponto, os animais assim atribuídos a uma fratria ou a uma classe geralmente têm um caráter totêmico e, por conseguinte, seu uso é proibido aos grupos de indivíduos aos quais são atribuídos. Quem sabe se o fato contrário que nos é relatado dos Wakelbura não constituir um caso de consumação ritual do animal totêmico pelo grupo totêmico correspondente? Não poderíamos afirmá-lo. É possível também que nesta observação haja algum erro de interpretação, erro sempre fácil em matérias tão complexas e de tão difícil interpretação. Com efeito, é digno de nota que os totens da fratria Malera, de acordo com os quadros que se nos apresentam, são o opossum, o peru dos bosques, o canguru, a pequena abelha, todos animais cujo uso é justamente permitido às duas classes matrimoniais desta fratria, isto é, aos Cargilas e aos Banbei (Cf. Howitt, "Notes on the Austr. Classe Systems", *J. A. I.*, XII, p. 45; Howitt, Introdução a Palmer, "Notes on Some Australian Tribes", *J. A. I.*, XII, p. 337.)
27. Howitt, "On Some Australian Ceremonies of Initiation", *J. A. I.*, XIII, p. 438, n. 2.
28. Howitt, "Notes on Australian Message Sticks", *J. A. I.*, XVIII, p. 326; "Further Notes", *J. A. I.*, XVIII, p. 61, n. 3.
29. *Ibid.* — Cf. Howitt, *Ibid.*, *J. A. I.*, XVIII, p. 61.
30. Howitt, "One Some Australian Beliefs", *J. A. I.*, XIII, p. 191, n. 1.

ENSAIOS DE SOCIOLOGIA

interpretar os sonhos [31], para determinar as causas, para definir as responsabilidades. Sabe-se que, em todos estes tipos de sociedades, a morte jamais é considerada como um acontecimento natural, devida à ação de causas puramente físicas; é quase sempre atribuída à influência mágica de algum feiticeiro, e a determinação do culpável faz parte integrante dos ritos funerários. Ora, entre os Wakelbura, é a classificação das coisas por fratrias e por classes matrimoniais que fornece o meio de descobrir a classe à qual pertence o sujeito responsável, e talvez o próprio sujeito [32]. Sob o madeiramento em que repousa o corpo e em torno dele, os guerreiros aplainam cuidadosamente a terra de forma que a mais ligeira marca seja aí visível. No dia seguinte, examina-se atentamente o terreno sob o cadáver. Se um animal passou por ali, facilmente se lhe descobrem as pegadas; os negros deduzem daí a classe de pessoa que causou a morte de seu parente [33]. Por exemplo, se se descobrem pegadas de um ção selvagem, saber-se-á que o assassino é um Malera ou um Banbei; pois é a esta a fratria e a classe a que pertence o referido animal [34].

Há mais. Esta ordem lógica é tão rígida, o poder coercitivo destas categorias sobre o espírito do australiano é tão poderoso que, em certos casos, vê-se todo um conjunto de atos, de sinais, de coisas ser disposto segundo tais princípios. Quando deve ocorrer uma cerimônia de iniciação, o grupo local que toma a iniciativa de convocar os outros grupos locais pertence ao mesmo clã totêmico, adverte-os enviando-lhes "um bastão de mensagem" que deve pertencer à mesma fratria do remetente e do portador [35]. Talvez esta concorrência obrigatória pareça não oferecer nada de extraordinário, dado que, em quase toda a Austrália, o convite a uma sessão de iniciação é feito por um mensageiro portador de "diabos" (ou *bull-roarer, turndun, churinga*) que são evidentemente a propriedade de todo o clã e, por conseqüência, do grupo que convida assim como daqueles que são convidados [36]. Mas a mesma regra se aplica às mensagens destinadas a marcar um encontro de classe e, aqui, o remetente, o destinatário, o mensageiro, a madeira da mensagem, a caça designada, a cor de que é pintada, tudo se harmoniza rigorosamente de acordo com o princípio estabelecido pela classifi-

---

31. Curr, *Australian Race*, III, 27. "Se um negro wongoo que acampa sozinho, sonha que matou um porco-espinho, crê que no dia seguinte verá um negro cargila."

32. Howitt, "On Some Australian", *J. A. I.*, XIII, p. 191, n. 1.

33. Curr, *Australian Race*, III, p. 28.

34. O Sr. Curr parece até mencionar a tal propósito que estes animais são totens, e que são os mesmos que os alimentos prescritos: "a morte é atribuída a algum membro da tribo em cuja escala alimentar o animal, pássaro ou reptil, está incluído... se for uma serpente tapete, um Obad, e sendo um Obad... dever-se-á procurar que Obad era".

35. Howitt, "On Some Australian Ceremonies of Initiation", *J. A. I.*, XIII, p. 438, n. 2. Cf. *J. A. I.*, XVIII, prancha XIV, fig. 13.

36. V. os exemplos em Howitt, *Ibid.*, p. 438.

ALGUMAS FORMAS PRIMITIVAS DE CLASSIFICAÇÃO 409

cação [37]. Assim, no exemplo apresentado por Howitt [38], o bastão era enviado por um Obu. Por conseguinte, a madeira do bastão de gídea, espécie de acácia da fratria Wutaru de que fazem parte os Obu. A caça representada no bastão era a avestruz e o canguru, animais da mesma fratria. A cor do bastão era azul, provavelmente pela mesma razão. Assim tudo se segue aqui à maneira de um teorema: o remetente, o destinatário, o objeto e a escritura da mensagem, a madeira empregada, são todos aparentados. Todas estas noções parecem ao primitivo serem comandadas e se implicarem com necessidade lógica [39].

Outro sistema de classificação, mais completo e talvez mais característico é aquele em que as coisas são repartidas não mais em fratrias e em classes matrimoniais, mas em fratrias e em clãs ou totens.

Os totens australianos, diz Fison, têm cada um seu valor próprio. Alguns repartem não somente a humanidade, mas todo o universo naquilo que se pode chamar de divisões gentilícias [40].

Há para isto uma razão muito simples. É que, se o totemismo é, de um lado, o agrupamento dos homens em clãs de acordo com os objetos naturais (espécies totêmicas associadas), é também, inversamente, um agrupamento dos objetos naturais segundo os agrupamentos sociais.

O selvagem sul-australiano, diz mais adiante o mesmo observador, considera o universo como a grande tribo a uma de cujas divisões ele pertence, e todas as coisas, animadas ou inanimadas, que são de seu grupo são partes do corpo (*body corporate*) do qual ele mesmo é parte. Eles são absolutamente partes dele mesmo, como habilmente observa o Sr. Stewart [41].

---

37. Howitt, "Austral. Message Sticks", *J. A. I.*, XVIII, p. 326; *J. A. I.* XVIII, prancha XIV, fig. 16, 25, 136.

38. *Ibid.*, p. 326.

39. O Sr. Muirhead diz expressamente que esta maneira de proceder é seguida pelas tribos vizinhas. A este sistema de Wakelbura provavelmente devem ser ligados os fatos citados pelo Sr. Roth, a propósito dos Pitta-Pitta, dos Kalkadoon, dos Matikoodi, dos Woonamurra, todos vizinhos dos Wakelbura ("Ethonological Studies among the Nord West-Central Queensland Aborigenes", t. 1897, p. 57, 58. Cf. *Proceed, R. Society Queensland*, 1897). Cada classe matrimonial tem uma série de interdições alimentares de tal sorte que "todo o alimento à disposição da tribo está dividido entre seus membros" (*Proceedings,* etc., p. 189). Tomemos, por exemplo, os Pitta-Pitta. Os indivíduos da classe dos Koopooroo não podem comer iguano, dingo amarelo, pequeno peixe amarelo "com um osso em si" (p. 57). Os Wongko devem evitar o peru dos bosques, o rato grande, a águia falcão, o dinho negro, o pato "absolutamente branco", etc.; aos Koorkilla são proibidos o canguru, a serpente tapete, a carpa, o pato de cabeça escura e de ventre grande, diversas espécies de pássaros mergulhadores, etc.; aos Bunburi, a avestruz, a serpente amarela, certa espécie de falcão, uma espécie de papagaio. Em todo caso, temos aqui um exemplo de classificação que se estende ao menos a um grupo determinado de objetos, a saber, aos produtos da caça. E esta classificação tem por modelo a da tribo em quatro classes matrimoniais ou "grupos paedo-matronímicos" como diz nosso autor. O Sr. Roth não parece ter pesquisado se esta divisão se estendia ao resto das coisas naturais.

40. *Kamilaroi and Kurnai*, p. 168.

41. *Ibid.*, p. 170. Cf. Br. Smyth, *Aborigenes of Victoria*, I, p. 92, que compreende e assinala a importância deste fato sobre o qual, diz, "há muito o que dizer".

410   ENSAIOS DE SOCIOLOGIA

O exemplo mais conhecido destes fatos é aquele sobre o qual os Srs. Fison, Br. Smyth, Curr, Andrew Lang, Frazer chamaram sucessivamente a atenção [42]. Refere-se à tribo de Mont-Gambier. As informações são devidas ao Sr. Stewart que conheceu intimamente esta tribo. Ela se divide em duas fratrias, uma chamada Kumite e a outra Kroki: estes dois nomes, aliás, são muito espalhados no sul da Austrália onde são empregados no mesmo sentido. Cada uma das fratrias está dividida em cinco clãs totêmicos de filiação uterina [43]. As coisas são repartidas entre estes dois clãs. Cada um dos clãs não pode consumir nenhum dos objetos comestíveis que assim lhe são atribuídos. "Um homem não mata nem come nenhum dos animais que pertencem à mesma subdivisão que ele mesmo" [44]. Mas, além destas espécies animais e mesmo vegetais [45] proibidas, a cada classe une-se uma multidão indefinida de coisas de todas as espécies.

"As fratrias Kumite e Kroke (Kroki) são divididas em cinco subclasses (entenda-se classes totêmicas) sob as quais são alinhados certos objetos a que chamam *tooma*n (que significa *carne*) ou *wingo* (que significa *amigos*). Todas as coisas da natureza pertencem a um ou a outro desses dez clãs" [46]. Curr indica-nos, mas somente a título de exemplo [47], algumas das coisas que são assim classificadas.

O primeiro [48] dos totens Kumite é o do Mula [49] ou falcão pescador; pertencem-lhe, ou, como dizem Fison e Howitt, estão aí incluídos o fumo, a madressilva, árvores, etc. [50].

A segunda é a do Parangal ou Pelicano ao qual estão unidos a árvore de madeira negra, os cães, o fogo, o gelo, etc.

A terceira é a do Wa ou corvo, sob a qual estão a chuva, o trovão, o relâmpago, o granizo, as nuvens, etc.

O quarto totem é o do Wila ou cacatua negro, ao qual são referidas a lua, as estrelas, etc.

Enfim, ao totem de karato (serpente inofensiva), pertencem o peixe, a árvore com filamentos, o salmão, a foca, etc.

Sobre os totens da fratria Kroki temos menos informações. Conhecemos apenas três. Ao totem *werio* (árvore do chá) estão ligados os patos, os cangurus, as galinhas, os caran-

---

42. Br. Smyth, *Aborigenes of Victoria*, I, 92. — Fison e Howitt. *Kamilaroi and Kurnai*, p. 168; Andrew Lang, *Mythes, cultes, religion*, trad. fr. 132. — Frazer, *Totemism*, p. 85; "The Origin of Totemism" in *Fortnightly Review*, 1899, p. 849. — Curr, *Austral. Race*, III, p. 462. — Nossa exposição é feita de acordo com Curr, Fison e Howitt.
43. Curr, III, p. 461.
44. Fison e Howitt, p. 169.
45. Curr, III, p. 462.
46. Curr, III, p. 461.
47. Curr diz formalmente que são apenas exemplos.
48. Esta expressão não deve levar a crer que haja uma hierarquia entre os clãs. A ordem não é a mesma em Fison e em Curr. Seguimos Fison.
49. O nome de cada totem é precedido do prefixo Burt ou Boort, que quer dizer seco. Nós o omitimos na lista.
50. Este *etc.* indica que a lista das coisas aí compreendidas não é limitativa.

ALGUMAS FORMAS PRIMITIVAS DE CLASSIFICAÇÃO   411

guejos, etc.; ao do *murna* (espécie de raiz comestível[51]), o busardo, o dolvich (espécie de pequeno canguru), as codornizes, etc.; ao do *karaal* (cacatua branco, sem crista[52]), o canguru, o falso carvalho, o verão, o sol, o outono (gênero feminino), o vento (mesmo gênero).

Estamos aqui na presença de um sistema ainda mais complexo e extenso do que os precedentes. Não se trata somente de uma classificação em dois gêneros fundamentais (fratrias), compreendendo cada um duas espécies (as duas classes matrimoniais). Sem dúvida, o número dos gêneros fundamentais é, ainda aqui, o mesmo, mas o das espécies de cada gênero é muito mais considerável, pois os clãs podem ser muito numerosos. Mas, ao mesmo tempo, sobre esta organização mais diferenciada, o estado de confusão inicial de onde partiu o espírito humano é sempre sensível. Se os grupos distintos se multiplicaram, no interior de cada grupo elementar reina a mesma indistinção. As coisas atribuídas a uma fratria são claramente separadas das que são atribuídas a outra; as atribuídas aos diferentes clãs de uma mesma fratria não são menos distintas. Mas todas aquelas compreendidas num só e mesmo clã são em grande parte indiferenciadas. São da mesma natureza; não há entre elas linhas de demarcação nítidas como existe entre as variedades últimas de nossas classificações. Os indivíduos do clã, os seres da espécie totêmica, os das espécies que lhes são vinculadas, todos eles nada mais são exceto aspectos diferentes de uma só e mesma realidade. As divisões sociais aplicadas à massa primitiva das representações puderam sem dúvida estabelecer um certo número de quadros delimitados, mas o interior destes quadros permaneceu num estado relativamente amorfo que dá mostras da lentidão e da dificuldade com a qual se estabeleceu a função classificadora.

Em certos casos, talvez não seja impossível perceber alguns dos princípios segundo os quais se constituíram estes agrupamentos. Assim, nesta tribo de Mont-Gambier, ao cacatua branco está ligado o sol, o verão, o vento; ao cacatua negro, a lua, as estrelas, os astros da noite. Parece que a cor forneceu como que a linha segundo a qual foram dispostas, de uma forma antitética, estas diversas representações. Da mesma forma, o corvo compreende naturalmente, em virtude de sua cor, a chuva e, por conseguinte, o inverno, as nuvens, e, em conseqüência, o relâmpago e o trovão. O Sr. Stewart, tendo perguntado a um indígena a que divisão per-

---

51. Segundo M. Curr, o totem seria o do peru (laa) e compreenderia entre as coisas que lhe são conexas certas raízes comestíveis. Estas variações nada têm de surpreendente. Provam apenas que com amiúde é difícil determinar exatamente qual é, entre as coisas que são assim classificadas sob o clã, aquela que serve de totem a todo o grupo.

52. O Sr. Fison diz que este totem é o cacatua negro. É sem dúvida um erro. Curr, que simplesmente copia as informações de Stewart diz branco, o que provavelmente é mais exato.

412 ENSAIOS DE SOCIOLOGIA

tencia o touro, recebeu, depois de um momento de reflexão, a seguinte resposta:

Ele come erva, portanto é boortwerio, isto é, do clã da árvore do chá, que compreende provavelmente todas as ervagens e os herbívoros [53].

Mas aí estão, muito provavelmente, explicações tardias às quais o negro recorre para justificar perante si mesmo sua classificação e reduzi-la a regras gerais segundo as quais se guia. Aliás, com muita freqüência semelhantes questões o apanham de surpresa e ele se limita, como resposta, a invocar a tradição.

As razões que levaram a estabelecer o quadro foram esquecidas, mas o quadro subsiste e é aplicado tanto bem como mal, mesmo às noções novas como a do boi que foi introduzido recentemente [54].

Com maior razão não devemos admirar-nos de que muitas destas associações nos desorientem. Não são fruto de uma lógica idêntica à nossa. Aí presidem leis de que nós não chegamos sequer a suspeitar.

Novo caso é-nos fornecido pelos Wotjoballuk, tribo da Nova Gales do Sul, uma das mais evoluídas dentre todas as tribos australianas. Devemos as informações ao próprio Sr. Howitt cuja competência é conhecida [55]. A tribo é dividida em duas fratrias, Krokitch e Gamutch [56], que, diz ele, parecem efetivamente dividir entre si todos os objetos naturais. Segundo a expressão dos indígenas, "as coisas pertencem às fratrias". Além disso, cada fratria compreende um certo número de clãs. A título de exemplos, o Sr. Howitt cita na fratria Krokitch os clãs do vento quente, do cacatua branco sem crista, das coisas do sol, e, na fratria Gamutch, os da víbora surda, do cacatua negro, do pelicano [57]. Mas são apenas exemplos.

Dei, diz ele, três totens de cada fratria como exemplos, mas há mais; oito para os Krokitch e, para os Gamutch pelo menos quatro [58].

Ora as coisas classificadas em cada fratria são repartidas entre os diferentes clãs que ela compreende. Da mesma forma como a divisão primária (ou fratria) é partilhada num certo número de divisões totêmicas, assim também todos os objetos atribuídos à fratria são divididos entre estes totens. Destarte cada totem possui um certo número de obje-

53. *Kamilaroi and Kurnai*, p. 169.
54. *Kamilaroi*, etc., p. 169.
55. "Further Notes on the Australian Class System", J. A. I., XVIII, p. 60 e ss.
56. Vê-se o parentesco destes nomes com os de Kroki e de Kumite empregados pela tribo de Mont-Gambier; o que prova a autenticidade deste sistema de classificação que reaparece assim em pontos tão afastados entre si.
57. Howitt, "Australian Group Relations, in *Report of the Regents of Smithsonian Institution*, 1883, p. 818.
58. Howitt, *Ibid.;* cf. "Further Notes", etc., J. A. I., XVIII, p. 61.

ALGUMAS FORMAS PRIMITIVAS DE CLASSIFICAÇÃO 413

tos naturais que não são todos animais, pois há entre eles uma estrela, o fogo, o vento, etc.[59]. As coisas assim classificadas sob cada totem, são chamadas pelo Sr. Howitt subtotens ou pseudototens. O cacatua branco, por exemplo, conta quinze deles e o vento quente cinco[60]. Enfim, a classificação é levada a tal grau de complexidade que às vezes totens terciários são subordinados a estes totens secundários. Assim a classe Krokitch (fratria), compreende como divisão o pelicano (totem): o pelicano compreende outras subdivisões (subtotens, espécies de coisas classificadas sob o totem) entre as quais se encontra o fogo e o próprio fogo compreende, como subdivisão de terceiro grau, os sinais (feitos provavelmente com a ajuda do fogo)[61].

Esta curiosa organização de idéias, paralelas àquela da sociedade, é, excetuada sua complicação, perfeitamente análoga à que se nos depara entre as tribos de Mont-Gambier; é análoga igualmente à divisão segundo as classes matrimoniais que observamos na Queenslândia e à divisão dicotômica segundo as fratrias que aparece um pouco por toda a parte[62]. Mas, depois de ter descrito as diferentes variedades do referido sistema de maneira objetiva, tais como funcionam nestas sociedades, seria interessante saber de que maneira o australiano as representa; qual a noção que ele tem das relações que medeiam entre os grupos das coisas assim classificadas. Poderíamos, assim, dar-nos conta melhor daquilo que são as noções lógicas do primitivo e da maneira pela qual elas se formaram. Ora, a propósito dos Wotjoballuk, temos documentos que permitem precisar certos pontos da questão.

Como se poderia esperar, tal representação se apresenta sob diferentes aspectos.

Antes de tudo, estas relações lógicas são concebidas sob a forma de relações de parentesco mais ou menos próximo com respeito ao indivíduo. Quando a classificação se faz simplesmente em fratrias, sem outra subdivisão, cada um se sente parente e igualmente parente dos seres atribuídos à fratria de que é membro; são todos, a mesmo título, sua carne, seus

---

59. Howitt, *ib., ib.*

60. "Australian Group Relations", in *Report. Reg. Smiths. Inst.*, 1883, p. 818.

61. O termo que empregam os indivíduos que compõem esta subdivisão do subclã para designar-se significa exatamente: Nós nos advertimos uns aos outros ("Further Notes", *J. A. I.*, p. 61). Se quisermos ter uma idéia exata da complexidade desta classificação, é preciso acrescentar ainda outro elemento. As coisas não são repartidas somente entre os clãs dos vivos, mas também os mortos formam clãs que têm seus próprios totens, por conseguinte suas coisas atribuídas. Chama-se a isto totens mortuários. Assim quando um Krokitch do totem Ngaui (o sol) morre, perde seu nome, deixa de ser ngaui para tornar-se mitbagrargr, casca da árvore mallee (Howitt, "Further Notes", *J. A. I.*, XVIII, p. 64). De outro lado, entre os totens dos vivos e os dos mortos, há um vínculo de dependência. Entram no mesmo sistema de classificação.

62. Deixamos de lado a ação que pode ter tido a divisão dos indivíduos em grupos sexuais nitidamente diferenciados sobre a divisão das coisas em gêneros. Não obstante, sobretudo lá onde cada sexo tem seu próprio totem é difícil que esta influência não tenha sido considerável. Limitamo-nos a assinalar a questão segundo Frazer (V. *Année soc.*, 4, p. 364).

414   ENSAIOS DE SOCIOLOGIA

amigos, ao passo que há sentimentos completamente diferentes para com os seres de outra fratria. Mas quando à esta divisão fundamental se sobrepôs a divisão em classes ou em clãs totêmicos, tais relações de parentesco se diferenciam. Assim um Kumite de Mont-Gambier sente que todas as coisas kumites são suas; mas dizem-lhe respeito mais de perto aquelas que são de seu totem. O parentesco, neste último caso, é mais próximo.

> O nome fratria é geral, diz Howitt a propósito dos Wotjoballuk; o nome totêmico é, em certo sentido, individual, pois certamente está mais perto do indivíduo do que o nome da metade da comunidade (entenda-se fratria) à qual pertence [62 bis].

As coisas são, pois, concebidas como que dispostas numa série de círculos concêntricos ao indivíduo; os mais afastados, os que correspondem aos gêneros mais gerais, são os que compreendem às coisas que o tocam menos; estas tornam-se-lhe menos indiferentes na medida em que se aproximam dele. Também, quando são comestíveis, somente as mais próximas lhe são proibidas [63].

Em outros casos, estas relações são pensadas sob a forma de correspondências entre possuidores e possuídos. A diferença entre os totens e os subtotens é, segundo Howitt, a seguinte:

> Ambos são chamados *miru* (plural de *mir* que significa totem). Mas enquanto que um de meus informadores, um Krokitch, *tira* seu nome, ngaui, do sol (totem propriamente dito), ele *possui* bungil, uma das estrelas fixas (que é um subtotem)... O verdadeiro totem o possui, mas ele mesmo possui o subtotem [64].

Da mesma forma, um membro do clã wartwut (vento quente), reclamava "como mais especialmente seu" um dos cinco subtotens, moiwuk (a serpente-tapete) [65]. Para falar com exatidão, não é o indivíduo que possui por si mesmo o subtotem: é ao totem principal que pertencem aqueles que lhe são subordinados. O indivíduo não passa aí de um intermediário. É porque tem em si o totem (que se acha igualmente em todos os membros do clã) que ele possui uma espécie de direito de propriedade sobre as coisas atribuídas a este totem. Aliás, sob as expressões que acabamos de referir, sente-se também alguma coisa da concepção que procurávamos analisar em primeiro lugar. Pois uma coisa "que pertence especialmente a um indivíduo" está também mais perto dele e o toca mais de perto [66].

---

62. bis. *Rep. Reg. Smiths. Inst.*, 1883, p. 819.
63. Ver acima p. 16, nota a propósito da tribo de Mont-Gambier.
64. Howitt, "Further Notes", p. 61, 64.
65. Report of the Regents of the Smithsonian Inst., 1883, p. 819.
66. Os textos precedentes só dizem respeito às relações do subtotem com o totem, não àquelas do totem com a fratria. Mas, evidentemente, estes últimos foram por certo concebidos da mesma maneira. Se não dispomos de textos que nos informem especialmente sobre este ponto, é porque a fratria desempenha apenas um papel apagado nestas tribos e ocupa um lugar menor em suas preocupações.

ALGUMAS FORMAS PRIMITIVAS DE CLASSIFICAÇÃO   415

É verdade que, em certos casos, o australiano parece representar a hierarquia das coisas numa ordem exatamente inversa. As mais distantes é que são consideradas por ele como as mais importantes. Um dos indígenas de que já falamos, que tinha por totem o sol (ngaui) e por subtotem uma estrela (bungil) dizia "que era ngaui, mas não bungil" [67]. Outro de que também fizemos menção, cujo totem era wartwut (vento quente) e o subtotem moiwuk (serpente-tapete), era, na opinião de um de seus companheiros, wartwut, "mas também *parcialmente* moiwuk" [68]. Só uma parte dele é serpente-tapete. É o que também significa outra expressão referida pelo Sr. Howitt. Um Wotjoballuk com freqüência tem dois nomes, um é seu totem e o outro seu subtotem. O primeiro é seu verdadeiro nome, e o outro "vem um pouco atrás" [69]; é secundário em categoria. Com efeito, as coisas mais essenciais ao indivíduo não são as mais próximas dele, aquelas que se referem mais estreitamente à sua personalidade individual. A essência do homem é a humanidade. A essência do australiano está antes em seu totem do que em seu subtotem, e mesmo, melhor ainda, no conjunto das coisas que caracterizam sua fratria. Portanto nada há nestes textos que contradiga os precedentes. A classificação aí é sempre concebida da mesma maneira, a menos que as relações que a constituem sejam consideradas de outro ponto de vista.

II

Depois de ter estabelecido este tipo de classificação, é-nos mister determinar-lhe, tanto quanto possível, sua generalidade.

Os fatos não nos autorizam a dizer que ele se acha em toda a Austrália e que tem a mesma extensão que a organização tribal em fratrias, classes matrimoniais e clãs totêmicos. Sem dúvida, estamos persuadidos de que, se fosse feita uma pesquisa acurada, seria encontrado, completo ou alterado, em numerosas sociedades australianas onde até hoje passou despercebido; mas não podemos emitir um juízo antecipado com relação ao resultado de observações que ainda não foram efetuadas. Não obstante, os documentos de que dispomos desde agora permitem-nos assegurar que é ou foi certamente muito difundido.

Antes de tudo, em muitos casos onde não se observou diretamente nossa forma de classificação, foram entretanto detectados e assinalados totens secundários que, como vimos, a supõem. Isso é verdadeiro particularmente com relação às ilhas do Estreito de Torres, próximas da Nova Guiné Bri-

---

67. Ver atrás, p. 20.
68. "Further Notes etc.", p. 61. No texto, há aqui Moiwiluk; é um sinônimo de Moiwuk.
69. Howitt, *ibid.*

416 ENSAIOS DE SOCIOLOGIA

tânica. Em Kiwai, quase todos os clãs têm como totem (*miramara*) espécies vegetais; e um deles, a árvore de palma (*nipa*), tem por totem secundário o caranguejo, que habita a árvore do mesmo nome [70]. Em Mabuiag (ilha situada a oeste do Estreito de Torres) [71], encontramos uma organização de clãs em duas fratrias: a do pequeno *augud* (augud significa totem) e a do grande *augud*. Uma é a fratria da terra, a outra é a fratria da água; uma acampa sob o vento, a outra contra o vento; uma está a leste, a outra a oeste. A da água tem como totens o dudong e um animal aquático que Haddon chama *shovel-nose skate*; os totens da outra, com exceção do crocodilo que é um anfíbio, são todos animais terrestres: o crocodilo, a serpente, o casuar [72]. Trata-se evidentemente de traços importantes de classificação. Mas ainda, o Sr. Haddon menciona expressamente "totens secundários ou subsidiários propriamente ditos": o tubarão de cabeça de martelo, o tubarão, a tartaruga, a raia-lixa (*sting ray*) são referidos, por este título, à fratria da água; o cachorro, à fratria da terra. Além disso, dois outros subtotens são atribuídos a esta última; são ornamentos feitos de moluscos em forma de crescente [73]. Se pensarmos que, nestas ilhas, o totemismo está em toda parte em plena decadência, parecerá tanto mais legítimo ver nestes fatos os restos de um sistema mais completo de classificação. É bem possível que uma organização análoga se encontre em outra parte do Estreito de Torres e no interior da Nova Guiné. O princípio fundamental, a divisão em fratrias e clãs agrupados três a três, foi constatado formalmente em Saibai (ilha do Estreito) e em Daudai [74].

Sentimo-nos tentados a procurar traços desta mesma classificação nas ilhas Murray, Mer, Waier e Dauar [75]. Sem entrar no detalhe desta organização social, tal como no-la descreve o Sr. Hunt, queremos chamar a atenção para o seguinte fato. Existe entre estes povos um certo número de totens. Ora, cada um deles confere aos indivíduos que o portam vários poderes sobre diferentes espécies de coisas. Assim, as pessoas cujo totem é o tambor dispõem dos seguintes poderes: a elas compete realizar a cerimônia que consiste em imitar os cães e a percutir os tambores; são elas que fornecem os feiticeiros encarregados de multiplicar as tartarugas, de assegurar a colheita das bananas, de adivinhar os assassinos pelos movimentos do lagarto; são elas, enfim, que impõem o tabu da serpente. Pode-se, pois, dizer

---

70. Haddon, *Head Hunters*, Londres, 1901, p. 102.
71. Sabe-se desde Haddon (*Head Hunters*, p. 13 e "The Ethnography of the Western Tribes of Torres Straits", *J. A. I.*, XIX, p. 39) que só se encontra totemismo nas ilhas do Oeste e não nas do Leste.
72. Haddon, *Head Hunters*, p. 132. Mas os nomes que damos às fratrias não são dados por Haddon.
73. Haddon, *Ibid.*, p. 138, Cf. W. H. Rivers, "A Genealogical Method of Collecting", etc., *J. A. I.*, 1900, p. 75 e ss.
74. Haddon, *op. cit.*, p. 171.
75. Hunt, "Ethnographical Notes on the Murray Islands", *J. A. I.*, nova série, I, p. 5 ss.

ALGUMAS FORMAS PRIMITIVAS DE CLASSIFICAÇÃO 417

com bastante verossimilhança que do clã do tambor dependem, sob certos aspectos, além do próprio tambor, a serpente, as bananas, os cães, as tartarugas, os lagartos. Todas estas coisas dependem, ao menos parcialmente, de um mesmo grupo social e, por conseguinte, visto que as duas expressões no fundo são sinônimas, a uma mesma classe de seres [76].

A mitologia astronômica dos australianos traz a marca deste mesmo sistema mental. Esta mitologia, com efeito, é por assim dizer, moldada segundo a organização totêmica. Quase por toda a parte os negros dizem que determinado astro é determinado antepassado [77]. É mais que provável que se devesse mencionar no tocante a este astro, assim como ao indivíduo com o qual se confunde, a que fratria, a que classe, a que clã pertence. Por isso mesmc, achava-se classificado num determinado grupo; eram-lhe assinalados na sociedade um parentesco, um lugar determinado. O certo é que estas concepções mitológicas são observadas nas sociedades australianas onde havíamos encontrado, com todos os seus traços característicos, a classificação das coisas em fratrias e em clãs; nas tribos de Mont-Gambier, entre os Wotjoballuk, nas tribos do Norte de Victoria. "O sol, diz Howitt, é uma mulher Krokitch do clã do sol, que sai todos os dias à procura do filhinho que perdeu" [78]. Bungil (estrela formalhaut) foi, antes de subir ao céu, um poderoso cacatua branco da fratria Krokitch. Tinha duas mulheres que, naturalmente, em virtude da regra exogâmica, pertenciam à fratria oposta, gamutch. Eram cisnes (provavelmente dois subtotens do pelicano). Ora, elas também são estrelas [79]. Os Woivonung, vizinhos dos Wotjoballuk [80] crêem que Bungil (nome da fratria) subiu ao céu num turbilhão com seus filhos [81], que são todos seres totêmicos (homens e animais ao mesmo tempo); ele é formalhaut, como entre os Wotjoballuk, e cada um de seus filhos é uma estrela [82]; dois são o $\propto$ e o ß do Cruzeiro do Sul. Bem longe de lá, os Micooloon do Sul de Queenslândia [83] classificam as nuvens do Cruzeiro do Sul

76. Procuramos chamar a atenção para este fato, porque nos fornece ensejo para uma observação geral. Onde quer que se veja um clã ou uma confraria religiosa exercer poderes mágico-religiosos sobre espécies de coisas diferentes, é legítimo perguntar-se se não existe aí o indício de uma antiga classificação que atribui a este grupo social estas diferentes espécies de seres.

77. Os documentos sobre o assunto são tão numerosos que nem os citamos todos. Esta mitologia é tão desenvolvida que, com freqüência, os europeus acreditaram que os astros eram as almas dos mortos (V. Curr, I, p. 255, p. 403; II, p. 475; III, p. 25).

78. "On Australian Medicine Men", *J. A. I.*, XVI, p. 53, n. 2.

79. Howitt, "On the Migration of the Kurnai Ancestors", *J. A. I.*, XV, p. 415, nota 1. Cf. *Further Notes*, etc., *J. A. I.*, XVIII, p. 65, n. 3.

80. "Further Notes", etc., *J. A. I.*, XVIII, p. 66.

81. *Ibid.*, p. 59. Cf. p. 63, n. 2. Correspondem aos cinco dedos da mão.

82. *Ibid.*, p. 66.

83. V. Palmer, artigo citado, *J. A. I.*, XIII, p. 293, 294.

418 ENSAIOS DE SOCIOLOGIA

sob o totem da avestruz; o cinto de Orion é para eles do clã Marbaringal, e cada estrela cadente do clã Jinbabora. Quando uma destas estrelas cai, vem atingir a árvore Gidea e torna-se uma árvore do mesmo nome. O que indica que esta árvore também estava relacionada com este mesmo clã. A lua é antigo guerreiro de quem não se diz o nome nem a classe. O céu é povoado de antepassados dos tempos imaginários.

As mesmas classificações astronômicas estão em uso entre os Aruntas, que passaremos imediatamente a considerar sob outro ponto de vista. Para eles, o sol é uma mulher da classe matrimonial Panunga, e a fratria Panunga-Bultara é encarregada da cerimônia religiosa que lhe diz respeito [84]. Ele deixou sobre a terra descendentes que continuam a reencarnar-se [85] e que formam um clã especial. Mas este último pormenor da tradição mítica deve ser de formação tardia. Pois, na cerimônia sagrada do sol, a função preponderante é desempenhada por indivíduos que pertencem ao grupo totêmico do "bandicoot" e ao do "grande lagarto". Isto significa que outrora o sol devia ser uma Panunga, do clã do bandicoot, habitante do território do grande lagarto. Sabemos, aliás, que assim era com suas irmãs. Ora, elas se confundem com ele. Ele é "sua criança", "seu sol"; em suma, elas não são mais do que um desdobramento dele. A lua é, em dois mitos diferentes, ligada ao clã do opossum. Num destes, é um homem do referido clã [86]; no outro, é ela mesma, mas foi levada a um homem do clã [87], e foi este último que lhe assinalou a rota. Não se nos diz de que fratria era. Mas o clã implica a fratria, ou ao menos a implicava no princípio entre os Aruntas. De estrela da manhã sabemos que era da classe Kumara; vai refugiar-se todas as tardes numa pedra situada no território dos "grandes lagartos" com os quais parece estar estreitamente aparentada [88]. Do mesmo modo, o fogo apresenta-se intimamente vinculado ao totem euro. Foi um homem deste clã que o descobriu no animal do mesmo nome [89].

Enfim, em muitos casos em que tais classificações não são mais imediatamente manifestos, não se deixa de reencontrá-las, mas sob uma forma diferente daquela que acabamos de descrever. Sobrevieram mudanças na estrutura social, que alteraram a economia destes sistemas, mas não até o ponto de torná-la completamente irreconhecível. Aliás, tais mudan-

---

84. Os indivíduos que fazem a cerimônia devem, em sua maioria, ser desta fratria. V. Spencer e Gillen, *Native Tribes of Central Australia*, p. 561.
85. É sabido que, para os Aruntas, cada nascimento é a reencarnação do espírito de um antepassado mítico (Alcheringa).
86. *Ibid.*, p. 564.
87. *Ibid.*, p. 565.
88. *Ibid.*, p. 563, in fine.
89. *Ibid.*, p. 444.

ALGUMAS FORMAS PRIMITIVAS DE CLASSIFICAÇÃO 419

ças são em parte devidas a estas mesmas classificações que poderiam ser suficientes para manifestá-las.

O que caracteriza estas últimas é que as idéias são aí organizadas segundo um modelo fornecido pela sociedade. Mas uma vez que a organização da mentalidade coletiva existe, é susceptível de reagir sobre sua causa e contribuir para modificá-la. Vimos como as espécies de coisas, classificadas num clã, servem de totens secundários ou subtotens; isto significa que, no interior do clã, tal ou tal grupo particular de indivíduos, sob a influência de causas que ignoramos, acaba por sentir-se mais especialmente relacionado com tais ou tais coisas que são atribuídas, de modo geral, ao clã inteiro. Se agora este, já demasiado volumoso, tender a segmentar-se, a segmentação em apreço se fará segundo as linhas marcadas pela classificação. Não se deve crer, com efeito, que estas secessões sejam necessariamente o produto de movimentos revolucionários e tumultuosos. No mais das vezes parece que ocorreram segundo um processo perfeitamente lógico. Assim foi que, em grande número de casos, as fratrias se constituíram e se dividiram. Em muitas sociedades australianas, opõem-se uma à outra como os dois termos de uma antítese, como o branco e o negro [90] e, nas tribos do Estreito de Torres, como a terra e a água [91]; ademais, nos clãs que se formaram no interior de cada uma delas mantêm entre si relações de parentesco lógico. Assim, é raro na Austrália que o clã do corvo seja de outra fratria que não a do trovão, das nuvens e da água [92]. Do mesmo modo, num clã, quando uma segmentação se torna necessária, são os indivíduos agrupados em torno de uma das coisas classificadas no clã que se separam do resto, para formar um clã independente, e o subtotem torna-se um totem. Aliás, uma vez começado o movimento, pode continuar e sempre segundo o mesmo procedimento. Efetivamente, o subclã que assim se emancipou leva consigo, em seu domínio ideal, além da coisa que lhe serve de totem, algumas outras tidas como solidárias da primeira. Estas coisas, no novo clã, desempenham o papel de subtotens, e podem, se for o caso, tornar-se outros tantos centros em torno dos quais mais tarde se produzirão novas segmentações.

Os Wotjoballuk nos permitem precisamente aprender este fenômeno, ao vivo, por assim dizer, em suas relações com a classificação [93]. Segundo o Sr. Howitt, certo número

---

90. Ver atrás, p. 412.
91. Ver atrás, p. 416.
92. A gente se convencerá disto estudando as listas de clãs repartidos em fratrias que o Sr. Howitt dá em suas "Notes on the Australian Class Systems", *J. A. I.*, XII, p. 149, em suas "Further Notes on the Australian etc.", *J. A. I.*, XVIII, p. 52 ss. e em "Remarks on Mr. Palmer's Class Systems", *Ibid.*, XII, p. 385.
93. Foi exatamente sob este ponto de vista exclusivo que Howitt estudou os Wotjoballuk, e foi esta segmentação que, fazendo com que uma mesma espécie de coisas tivesse ora o caráter de um totem ora aquele de um subtotem, tornasse difícil a constituição de um quadro exato dos clãs e dos totens.

420 ENSAIOS DE SOCIOLOGIA

de subtotens são totens em vias de formação[94]. "Conquistaram uma espécie de independência"[95]. Assim, para certos indivíduos, o pelicano branco é um totem, e o sol é um subtotem, ao passo que outros os classificam em ordem inversa. É que, provavelmente, estas duas denominações deviam servir de subtotens a duas secções de um clã antigo, cujo nome antigo teria "caído"[96], e que compreendia, entre as coisas que lhe eram atribuídas, tanto o pelicano quanto o sol. Com o tempo, as duas secções se destacaram de seu tronco comum: uma tomou o pelicano como totem principal, deixando o sol em segundo lugar, ao passo que a outra fazia o contrário. Em outros casos, em que não se pode observar tão diretamente a maneira pela qual se faz esta segmentação, ela se torna sensível pelas relações lógicas que unem entre si os subclãs saídos de um mesmo clã. Vê-se claramente que correspondem às espécies de um mesmo gênero. É o que mostraremos expressamente mais adiante, a propósito de certas sociedades americanas[97].

Ora, é fácil ver que mudanças esta segmentação deve introduzir nas classificações. Enquanto os subclãs, saídos de um mesmo clã originário, conservam a lembrança de sua origem comum eles sentem que são parentes, associados, que não são mais do que partes de um mesmo todo; por conseguinte, seus totens e as coisas classificadas sob estes mesmos totens continuam subordinados, de certa forma, ao totem comum do clã total. Mas, com o tempo, tal sentimento se apaga. A independência de cada secção aumenta e acaba por converter-se em autonomia completa. Os vínculos que uniam todos estes clãs e subclãs numa mesma fratria se distendem ainda mais facilmente e toda a sociedade acaba por dissolver-se numa poeira de pequenos grupos autônomos, iguais entre si, sem subordinação alguma. Naturalmente, a classificação se modifica como conseqüência. As espécies de coisas atribuídas a cada uma dessas subdivisões constituem outros tantos gêneros separados, situados no mesmo plano. Toda a hierarquia desapareceu. Pode-se conceber que ainda restem alguns traços dela no interior de cada um destes pequenos clãs. Os seres, ligados ao subtotem, que agora se converte em totem, continuam a ser subsumidos sob este último. Mas acima de tudo não podem ser muito numerosos, dado o caráter fragmentário destes pequenos grupos. Ademais, por pouco que o movimento continue, cada

---

94. "Further Notes etc.", p. 63 e sobretudo 64.
95. "Australian Group Relations", in *Report Reg. Smith. Inst.*, 1883, p. 818.
96. "Further Notes", p. 39, 63, 64.
97. Ver adiante, p. 427. Esta segmentação e as modificações que daí resultam na hierarquia dos totens e dos subtotens talvez permitam explicar uma particularidade interessante destes sistemas sociais. Sabe-se que, na Austrália particularmente, os totens são em geral animais, e raramente objetos inanimados. Pode-se crer que primitivamente todos eram tomados do mundo animal. Mas sob estes totens primitivos encontravam-se classificados objetos inanimados que, em conseqüência de segmentações, acabaram por ser promovidos à categoria de totens principais.

ALGUMAS FORMAS PRIMITIVAS DE CLASSIFICAÇÃO 421

subtotem acabará por ser elevado à dignidade de totem, cada espécie, cada variedade subordinada ter-se-á tornado um gênero principal. Então, a antiga classificação terá dado lugar à simples divisão sem nenhuma organização interna, a uma repartição das coisas por cabeças, e não mais por troncos. Mas, ao mesmo tempo, como se faz em um número considerável de grupos, acabará incluindo quase o universo inteiro.

É neste estado que se encontra a sociedade dos Aruntas. Entre eles não existe classificação acabada, sistema constituído. Mas, segundo as próprias expressões empregadas pelos Srs. Spencer e Gillen, "de fato, no país ocupado pelos indígenas, não existe um objeto, animado ou inanimado, que não dê seu nome a algum grupo totêmico de indivíduos"[98]. Em sua obra são mencionadas cinqüenta e quatro espécies de coisas que servem de totens a outros tantos grupos totêmicos; além disso, como estes observadores não se preocuparam em estabelecer por si mesmos uma lista completa dos referidos totens, aquela que levantamos, reunindo as indicações esparsas em seu livro, certamente não é exaustiva[99]. Ora, a tribo dos Aruntas é por certo uma daquelas em que o processo de segmentação prosseguiu quase até o limite extremo; pois, em conseqüência das mudanças que sobrevieram na estrutura desta sociedade, todos os obstáculos, suscetíveis de contê-lo, desapareceram. Sob a influência de causas que foram expostas aqui mesmo[100], os grupos totêmicos dos Aruntas bem depressa foram levados a sair do quadro natural que os mantinha primitivamente encerrados e que lhes servia, de algum modo, de ossatura; isto é, o quadro da fratria. Em vez de ficar estritamente localizado em uma metade determinada da tribo, cada um deles espalhou-se livremente por toda a extensão da sociedade. Tendo-se tornado assim estranhos à organização social regular, caíram quase na condição de associações privadas e puderam multiplicar-se, esfacelar-se quase ao infinito.

---

98. *Native Tribes of the Central Australia*, Londres, 1898, p. 112.

99. Julgamos prestar um serviço reproduzindo aqui esta lista, tal como a reconstituímos. Bem entendido, não seguimos ordem alguma nesta enumeração: o vento, o sol a água ou nuvem (p. 112), o rato, a lagarta *witchetty*, o canguru, o lagarto, a avestruz, a flor háquia (p. 116), a águia falcão, o elonka (fruto comestível), uma espécie de maná, o gato selvagem, a arriakura (espécie de bulbo), a lagarta da borboleta longicome, o rato grande, o maná ilpirla, a formiga do mel, a rã, a baga chankuna, a ameixeira, o peixe irpunga, o opossum, o cão selvagem, o euro (p. 177 e seguintes), o pequeno falcão (p. 232), a serpente tapete (p. 242), a pequena lagarta, o grande morcego branco (p. 300, 301), a semente de erva (p. 311), o peixe interpitna (p. 316), a serpente coma (p. 317), o faisão nativo, outra espécie de fruto de mandinia (p. 320), o rato jerboa (p. 329), a estrela vespertina (p. 360), o grande lagarto (p. 389), o pequeno rato (p. 389, 395), a semente alchantwa (p. 390), outra espécie de pequeno rato (p. 396), o pequeno falcão (p. 397), a serpente okranina (p. 399), o peru selvagem, a pega, o morcego branco, o pequeno morcego (p. 401, 404, 406). Há ainda os clãs de uma certa espécie de semente e do grande escaravelho (p. 411), dos pombos inturita (p. 410), do animal de água (p. 414), do falcão (p. 416), da codorniz, a formiga buldogue (p. 417), duas espécies de lagartos (p. 439), do wallaby (?) do rabo ungulado (p. 441), de outra espécie de flor háquea (p. 444), da mosca (p. 546), do pássaro sino (p. 635).

100. *Année sociologique*, 5, p. 108, ss.

422 ENSAIOS DE SOCIOLOGIA

Este esmigalhamento perdura ainda. Com efeito, Spencer e Gillen confessam que existem espécies de coisas cuja categoria na hierarquia totêmica ainda é incerta: não se sabe se são totens principais ou subtotens [101]. Verifica-se, pois, que estes grupos se acham ainda num estado movediço, como os clãs de Wotjoballuk. De outro lado, entre totens atualmente consignados a clãs independentes, existem às vezes vínculos os quais testemunham que deviam ser primitivamente classificados num mesmo clã. É o caso da flor háquia e do gato selvagem. Assim, as marcas gravadas sobre os churingas dos homens do gato selvagem representam e só representam árvores de flores háquia [102]. Segundo os mitos, nos tempos fabulosos, os gatos selvagens alimentavam-se da flor háquia; ora, considera-se em geral que os grupos totêmicos originários se alimentavam de seus totens [103]. Estes dois tipos de coisas, portanto, nem sempre foram estranhos um ao outro, e só vieram a sê-lo quando o clã único que os compreendia se segmentou. O clã da ameixeira parece também ter derivado deste mesmo clã complexo: flor háquia — gato selvagem [104]. Do totem do lagarto [105] separaram-se diferentes espécies de animais e outros totens, particularmente o do pequeno rato [106]. Pode-se, pois, afirmar que a organização primitiva foi submetida a um vasto trabalho de dissociação e de fracionamento que ainda não terminou.

Se não se encontra, pois, entre os Aruntas um sistema completo de classificação, tal fato não significa que ele jamais tenha existido: significa que se decompôs à medida que os clãs se fragmentavam. O estado em que se apresenta só reflete o estado atual da organização totêmica nesta mesma tribo: nova prova da estreita relação que une entre si estas duas ordens de fatos. Aliás, ele não desapareceu sem deixar traços visíveis de sua existência anterior. Já assinalamos suas sobrevivências na mitologia dos Aruntas. Mas há outras mais demonstrativas ainda na maneira pela qual os seres são repartidos entre os clãs. Com freqüência, ao totem, são ligadas outras espécies de coisas, exatamente como nas classificações completas que examinamos. É um último vestígio de subsunção. Assim ao clã das rãs é especialmente associada a seringueira [107]; à água está vinculada a galinha d'água [108]. Já

101. Assim Spencer e Gillen não sabem com certeza se o pombo dos rochedos é um totem ou um totem secundário (Cf. p. 410 e 448). Da mesma forma, o valor totêmico das diversas espécies de lagartos não é determinada: assim os seres míticos que criaram os primeiros homens que tiveram por totem o lagarto se transformaram em outra espécie de lagarto (p. 389).
102. p. 449.
103. p. 147, 148.
104. p. 283, 297, 403, 404.
105. p. 149, 150, 404.
106. p. 441.
107. Os churingas, estes emblemas individuais onde se julga residirem as almas dos antepassados, trazem, no clã das rãs, representações de seringueiras; as cerimônias em que são representados os mitos do clã compreendem a representação de uma árvore e de suas raízes (p. 145, 147, 623, 626, 670. Cf. p. 335, 344 e fig. 72, 74).
108. p. 448.

ALGUMAS FORMAS PRIMITIVAS DE CLASSIFICAÇÃO 423

vimos que há estreitas relações entre o totem da água e o fogo; de outro lado, ao fogo ligam-se os ramos do eucalipto, as folhas vermelhas da eremofila[109], o som da trombeta, o calor e o amor[110]. Aos totens do rato Jerboa vincula-se a barba[111], ao totem das moscas, as doenças dos olhos[112]. O caso mais freqüente é aquele em que o ser assim relacionado com o totem é um pássaro[113]. Das formigas do mel dependem um pequeno pássaro negro alatirpa, que freqüenta como elas os bosques de mulga[114] e outro pequeno pássaro alpirtaca que procura os mesmos habitantes[115]. Uma espécie de pássaros chamados tipa-tipa é a aliada do lagarto[116]. A planta chamada irriacura tem como anexo o papagaio de pescoço vermelho[117]. As pessoas do clã da lagarta *witchetty* não comem certos pássaros que são considerados seus comensais (*quathari*, que Spenser e Gilleu traduzem por *inmates*[118]). O totem do canguru tem sob sua dependência duas espécies de pássaros[119] e o mesmo acontece com o euro[120]. O que acaba de mostrar que estas conexões representam restos de uma antiga classificação é que os seres assim associados a outros eram outrora do mesmo totem que estes últimos. Os pássaros kartwungawunga eram outrora, segundo a lenda, homens cangurus e comiam canguru. As duas espécies ligadas ao totem da formiga do mel outrora eram formigas do mel. Os unchurunga, pequenos pássaros de um belo vermelho, eram primitivamente do clã do euro. As quatro espécies de lagartos reduzem-se a dois casais de dois, em cada um dos quais um é, ao mesmo tempo, o associado e a transformação do outro[121].

Enfim, uma última prova de que de fato entre os Aruntas nos deparamos com uma forma alterada das antigas classificações é que se pode reencontrar a série dos estados intermediários pelos quais esta organização se liga, quase sem solução de continuidade, ao tipo clássico de Mont-Gambier. Entre os vizinhos setentrionais dos Aruntas, entre os Chingalee[122], que habitam o território norte da Austrália meridional (Golfo de Carpentaria), encontramos, como entre

109. p. 238, 322.
110. p. 545.
111. p. 329.
112. p. 546.
113. Spencer e Gillen só falam de pássaros. Mas, na realidade, o fato é muito mais geral.
114. p. 447, 448.
115. p. 188, 448, 646. Notar-se-á a analogia que existe entre seus nomes e o de Ilatirpa, o grande antepassado deste totem.
116. p. 305. Em certas cerimônias do clã, em torno do "lagarto" fazem-se dançar dois indivíduos que representam dois pássaros desta espécie. E, segundo os mitos, esta dança já estava em uso no tempo da Alcheringa.
117. p. 320. Cf. 318, 319.
118. p. 447, 448.
119. p. 448.
120. *Ibid.*
121. *Ibid.*, p. 448, 449.
122. V. R. H. Matthews, "The Wombya Organization of the Australian Aborigines", in *American Anthropologist*, N. S., 1900, p. 494 e ss.

ENSAIOS DE SOCIOLOGIA

os próprios Aruntas, uma extrema dispersão das coisas entre clãs muito numerosos, isto é, muito fragmentados; aparecem aí 59 totens diferentes. Como também entre os Aruntas, os grupos totêmicos deixaram de ser classificados em fratrias; cada um deles se sobrepõe às duas fratrias em que está dividida a tribo. Mas a difusão não é tão completa. Em vez de estarem dispersos, ao acaso e sem regra, em toda a extensão da sociedade, são repartidos segundo princípios fixos e localizados em grupos determinados, embora diferentes da fratria. Com efeito, cada fratria divide-se em 8 classes matrimoniais[123]; ora, cada classe de uma fratria só pode casar com uma classe determinada da outra, que compreende ou pode compreender os mesmos totens da primeira. Reunidas, estas duas classes correspondentes contêm, pois, um grupo definido de totens e de coisas, que não se encontram alhures. Por exemplo, às duas classes Chongora-Chabalye pertencem os pombos de todas as espécies, as formigas, as vespas, os mosquitos, os centípedes, a abelha indígena, a relva, o gafanhoto, diversas serpentes, etc.; ao grupo formado pelas classes Chowan e Chowarding são atribuídas certas estrelas, o sol, as nuvens, a chuva, a galinha d'água, o íbis, o trovão, a águia falcão e o falcão escuro, o pato negro, etc.; ao grupo Chambeen-Changalla, o vento, o trovão, a lua, a rã, etc.; ao grupo Chagarra-Chooarroo, os moluscos, o raro bilbi, o corvo, o porco-espinho, o canguru, etc. Assim, em certo sentido, as coisas são ainda ordenadas em quadros determinados, mas estes já têm alguma coisa de mais artificial e de menos consistente, visto que cada um deles é formado por duas secções que dependem de duas fratrias diferentes.

Com outra tribo da mesma região, daremos mais um passo na via da organização e da sistematização. Entre os Moorawaria, do Rio Culgoa[124], a segmentação dos clãs é levada ainda mais longe do que entre os Aruntas; com efeito, conhecemos aí 152 espécies de objetos que servem de totens a outros tantos clãs diferentes. Mas esta multidão inumerável de coisas é regularmente enquadrada nas duas

---

123. Acerca deste ponto, ainda, há um notável parentesco entre esta tribo e a dos Aruntas onde as classes matrimoniais são igualmente em número de oito; é ao menos o caso entre os Aruntas do Norte e entre os outros, a mesma subdivisão das quatro classes primitivas está em vias de formação. A causa deste seccionamento é a mesma nas duas sociedades, isto é, a transformação da filiação uterina em filiação masculina. Foi mostrado aqui mesmo como esta revolução teria, efetivamente, como resultado tornar todo casamento impossível, se as quatro classes iniciais não se subdividissem. (V. *Année sociol.*, 5, p. 106, n. 1). Entre os Chigalee, tal mudança produziu-se de maneira muito especial. A fratria e, por conseguinte, a classe matrimonial, continuam a transformar-se em linha materna; o totem só é herdado do pai. Explica-se assim como cada classe de uma fratria tem, na outra, uma classe correspondente que compreende os mesmos totens. É que a criança pertence a uma classe da fratria materna; mas ela tem os mesmos totens que seu pai, que pertence a uma classe da outra fratria.

124. R. H. Matthews, in *Proceedings of the American Philosophical Society* (Filadélfia), 1898, T. XXXVII, p. 151 e seguintes.

ALGUMAS FORMAS PRIMITIVAS DE CLASSIFICAÇÃO 425

fratrias Ippai-Kumbo e Kubi-Murri [125]. Estamos, pois, aqui bem próximos do tipo clássico, salvo no que diz respeito ao esmigalhamento dos clãs. Se a sociedade, em vez de ser tão dispersa, se concentrasse, se os clãs, assim separados, se reunissem de acordo com suas afinidades naturais, de maneira a formar grupos menos volumosos, se, por conseguinte, o número dos totens principais diminuísse (fazendo com que as outras coisas, que presentemente servem de totens, com relação às precedentes, tomem um lugar subordinado) tornaríamos a encontrar exatamente os sistemas de Mont-Gambier.

Em resumo, se não temos base para afirmar que esta maneira de classificar as coisas está necessariamente implicada no totemismo, é certo, em todo caso, que aparece com muita freqüência nas sociedades organizadas em base totêmica. Há, portanto, um vínculo estreito, e não uma relação acidental, entre este sistema social e este sistema lógico. Veremos agora como, a esta forma primitiva da classificação, é possível ligar outras que apresentam um grau mais alto de complexidade.

III

Um dos exemplos mais notáveis é-nos oferecido pelo povo dos Zuñis [126].

Os Zuñis, diz o Sr. Powell [127], "representam um desenvolvimento inusitado das concepções primitivas referentes às relações das coisas". Entre eles, a noção que a sociedade tem de si mesma e a representação que ela faz do mundo se acham totalmente entrelaçadas e confundidas, de modo que se pôde justamente qualificar sua organização de "mito-sociológica" [128]. O Sr. Cushing não exagera, pois, quando, falando de seus estudos sobre este povo, diz:

> Estou convicto de que eles têm importância para a história da humanidade... porque os Zuñis, com seus costumes e suas ins-

---

[125]. Não há nesta tribo nomes conhecidos que designem especialmente as fratrias. Designamos portanto cada uma delas pelos nomes de suas duas classes matrimoniais. Vê-se que a nomenclatura é a do sistema kamilaroi.

[126]. Os Zuñis foram admiravelmente estudados pelo Sr. Cushing ("Zuñi Creation Myths", *13th Report of the Bureau of Amer. Ethnology of the Smiths. Instit.*, 1896, p. 325, e *Zuñi Fetisches*, 2th *Report*, p. 9-45). Figuram ao mesmo tempo, diz este autor, "entre os mais arcaicos" e entre "os mais desenvolvidos" (*13th Rep.*, p. 325). Têm uma admirável cerâmica, cultivam o trigo e os pêssegos que importaram dos espanhóis, são exímios joalheiros; durante mais de duzentos anos estiveram em relação com os mexicanos. Hoje, são católicos mas só exteriormente; conservaram seus ritos, seus usos e suas crenças (*Ibid.*, p. 335). Moram todos juntos num pueblo, isto é, numa só cidade, formada na realidade de seis ou sete casas, de preferência a seis ou sete grupos de casas. Caracterizam-se, pois, por uma extrema concentração social, por um notável conservantismo, ao mesmo tempo que por uma grande capacidade de adaptação e de evolução. Se não encontramos entre eles este primitivo de que nos falam os Srs. Cushing e Powel 13th Rep., p. LVII e 2^d p. XXVII), é certo que estamos lidando com um pensamento que se desenvolveu segundo princípios muito primitivos. A história desta tribo foi resumida pelo Sr. Cushing, *13th Report*, p. 327 e ss.; a hipótese que propõe, segundo a qual os Zuñis teriam uma dupla origem, não nos parece fundamentada. Citaremos as duas obras do Sr. Cushing com a ajuda das duas abreviações Z. C. M. e Z. F.

[127]. *13th Report*, p. LIV.

[128]. Cushing, "Zuñi Creation Myths", p. 367 e passim.

426 ENSAIOS DE SOCIOLOGIA

tituições tão estranhamente locais, com as tradições que se referem
a estes costumes, representam uma fase da civilização.

E felicita-se pelo fato de que o contato com eles tenha
lhe "alargado a compreensão das mais antigas condições da
humanidade, mais do que poderia ter feito qualquer outra
coisa" [129].

Com efeito, encontramos entre os Zuñis um verdadeiro
arranjo do universo [130]. Todos os seres e todos os fatos da
natureza, "o sol, a lua, as estrelas, o céu, a terra e o mar
com todos os seus fenômenos e todos os seus elementos,
os seres inanimados como também as plantas, os animais
e os homens" são classificados, rotulados, colocados num lugar determinado no "sistema" único e solidário e cujas partes são todas coordenadas e subordinadas umas às outras segundo os graus de parentesco" [131].

Tal como se nos apresenta atualmente, este sistema tem
por princípio uma divisão do espaço em sete regiões: os do
Norte, do Sul, do Oeste, do Leste, do Zênite, do Nadir,
e enfim a do Meio. Todas as coisas do universo são repartidas entre essas sete regiões. Para só falar das estações e
dos elementos, ao Norte são atribuídos o vento, o sopro ou
o ar, e, como estação, o inverno; ao Oeste, a água, a primavera, as brisas úmidas da primavera; ao Sul, o fogo e o
verão; ao Leste, a terra, as sementes da terra, os frios que
amadurecem as sementes e completam o ano [131 bis]. O pelicano, a grou, o galo silvestre, o galo das selvas, o carvalho
verde, etc., são coisas do Norte; o urso, o coiote, a erva
de primavera, são coisas do Oeste. No Leste estão classificados o gamo, o antílope, o peru, etc. Não só as coisas,
mas as funções sociais são repartidas desta maneira. O
Norte é a região da força e da destruição; a guerra e a destruição lhe pertencem; ao Oeste, a paz (assim traduzimos a
palavra inglesa *warcure* que não compreendemos bem), e a
caça; ao Sul, região do calor, a agricultura e a medicina;
ao Leste, região do sol, a magia e a religião; ao mundo superior e ao mundo inferior são assinaladas diversas combinações destas funções [132].

A cada região é atribuída uma cor determinada que
a caracteriza. O Norte é amarelo porque, diz-se [133], ao levantar e ao pôr do sol, a luz aí é amarela; o Oeste é azul,

---

129. *13th Rep.*, p. 378.
130. *Ibid.*, p. 370.
131. *2nd Rep.*, p. 6, p. 9. Segundo Cushing "os graus de parentesco
(*relationship*) parecem ser largamente, se não inteiramente, determinados por graus de semelhança". Em outro lugar (*13th Report*, p.
368, 370) o autor julgou poder aplicar seu sistema de explicação em
todo seu rigor; vê-se que, no que se refere aos Zuñis, é mister ser
mais reservado. Com efeito, mostraremos o caráter arbitrário de suas
classificações.
131 bis. Cushing, *Z. C. M.*, p. 368-370. Ao contrário, as sementes da
terra eram localizadas no Sul.
132. Cushing, *Z. C. M.*, p. 361, 387, 388.
133. Referimos estas explicações, sem nos tornar garantes de seu
valor. As razões que presidiram a repartição das cores provavelmente
são ainda mais complexas. Mas as razões dadas não carecem de interesse.

ALGUMAS FORMAS PRIMITIVAS DE CLASSIFICAÇÃO 427

por causa da luz azul que lá se vê ao pôr do sol[134]. O Sul é vermelho porque é a região do verão e do fogo que é vermelho. O Leste é branco porque é a cor do dia. As regiões superiores são multicores como os jogos da luz nas nuvens; as regiões inferiores são negras como as profundidades da terra. Quanto ao "meio", umbigo do mundo, representante de todas as regiões, possui, ao mesmo tempo, todas as suas cores.

Até o momento, temos a impressão de estarmos diante de uma classificação totalmente diferente daquelas que estudamos em primeiro lugar. Mas o que já permite pressentir que há um estreito vínculo entre os dois sistemas, *é que esta repartição dos mundos é exatamente a mesma que a dos clãs no interior do pueblo.* "Também este se divide, de um modo que nem sempre é muito visível, mas que os indígenas acham muito claro, em sete partes. Estas partes correspondem, não talvez do ponto de vista dos arranjos topográficos, mas do ponto de vista de sua ordem, às sete quartas partes do mundo. Assim supõe-se que uma divisão esteja em relação com o Norte...; outra represente o Oeste, outra o Sul, etc."[135]. A relação é tão estreita que cada uma destas quartas partes do pueblo tem sua cor característica, como as regiões; e esta cor é a da região correspondente.

Ora, cada uma destas divisões é um grupo de três clãs, salvo aquela que fica no centro e que só compreende apenas um deles, e "todos estes clãs, diz o Sr. Cushing, são totêmicos como todos os dos outros índios"[136]. Damos o quadro completo, pois será necessário referir-se a ele para compreender as observações que se seguirão[137].

Ao Norte, os clãs da grou — ou do pelicano.
    — do galo silvestre — ou do galo das salvas.
    — da madeira amarela — ou do carvalho verde (clã quase extinto).
Ao Oeste, os clãs do *urso.*
    — do coiote (cão dos prados).
    — da erva da primavera.
Ao Sul, os clãs do tabaco,
    — do milho.
    — do *texugo.*
Ao Leste, os clãs do gamo.
    — do antílope.
    — do *peru.*
Ao Zênite, os clãs do sol (apagado).
    — da *águia.*
    — do céu.
No Nadir, os clãs da rã — ou do sapo.
    — da *cascável.*
    — da água.
No Centro, o clã da arara que forma o clã do perfeito meio.

---

134. Cushing diz que é por causa "do azul do pacífico", mas não estabelece que os Zuñis tenham jamais conhecido o Oceano.
135. *Ibid.,* p. 367.
136. *Ibid.,* p. 370. A filiação aí é materna; o marido mora com sua esposa.
137. *Ibid.,* p. 368.

428 ENSAIOS DE SOCIOLOGIA

A relação entre a repartição dos clãs e a repartição dos seres segundo as regiões aparecerá de modo ainda mais evidente se nos lembrarmos de que, de um modo geral, todas as vezes em que surgem clãs diferentes agrupados de maneira a formar um todo de uma certa unidade moral, podemos estar quase seguros que derivam de um mesmo clã inicial por via de segmentação. Se portanto aplicarmos esta regra ao caso dos Zuñis, resultará daí que deve ter havido, na história deste povo, um momento em que cada um dos seis grupos de três clãs constituia um clã único, quando, por conseguinte, a tribo era dividida em sete clãs [138], correspondendo exatamente às sete regiões. Tal hipótese, já muito **provável por esta razão geral, é, aliás, expressamente con**firmada por um documento oral cuja antiguidade é certamente considerável [139]. Encontramos nele uma lista dos seis sumos sacerdotes que, na importante confraria religiosa dita "da faca", representam os seis grupos de clãs. Ora, o sacerdote, senhor do Norte, é chamado o *primeiro na raça do urso*; o do Oeste, o *primeiro na raça do coiote*; o do Sul, o *primeiro na raça do texugo*; o do Leste, o *primeiro na raça do peru*; o de cima, o *primeiro na raça da águia*; o de baixo, *primeiro na raça da serpente* [140]. Se nos reportarmos ao quadro dos clãs, veremos que os seus sumos sacerdotes servem de totens a seis clãs, e que esses seis clãs são exatamente orientados como os animais correspondentes, com a única exceção do urso que, nas classificações mais recentes, é classificado entre os seres do Oeste [141]. Portanto pertencem (sempre com esta única reserva) a outros tantos grupos diferentes. Por conseguinte, cada um destes clãs é investido de uma verdadeira primazia no interior de seu grupo: evidentemente, é considerado o representante e o chefe, visto que nele é tomada a personagem efetivamente encarregada desta representação. Isto significa que é o clã primário do qual os outros clãs do mesmo grupo derivam por segmentação. É um fato geral entre os Pueblos (e mesmo alhures) que o primeiro clã de uma fratria também é o seu clã originário[142].

Há mais. Não só a divisão das coisas por regiões e a divisão da sociedade por clãs se correspondem exatamente, mas elas são inextricavelmente entrelaçadas e confundidas. Tan-

---

138. Contando o clã do centro e admitindo que formava desde então um grupo à parte, fora das duas fratrias de três clãs; o que é duvidoso.

139. O texto é versificado: ora, os textos versificados se conservam muito melhor do que os textos em prosa. Aliás, é certo que, em sua maioria, os Zuñis tinham, no tempo de sua conversão, isto é, no século XVIII, uma organização muito próxima daquela que o Sr. Cushing estudou entre eles. A maior parte das confrarias e dos clãs existiam de maneira absolutamente idênticas, como se pode estabelecer com a ajuda dos nomes inscritos nos registros batismais da missão (Z. C. M., p. 383).

140. Z. C. M., p. 418.

141. É provável que com o tempo este clã tenha mudado de orientação.

142. Como procuramos aqui somente mostrar que os seis grupos de três clãs se formaram por segmentação de seis clãs originários, deixamos de lado o décimo nono clã. Voltaremos ao fato mais adiante.

ALGUMAS FORMAS PRIMITIVAS DE CLASSIFICAÇÃO   429

to se pode dizer que as coisas são classificadas ao Norte, ao Sul, etc., como dizer que são classificadas nos clãs do Norte, do Sul, etc. Isto é particularmente evidente com relação aos animais totêmicos; são manifestamente classificados em seus clãs, ao mesmo tempo que em sua região determinada [143]. E assim sucede com todas as coisas, e mesmo com as funções sociais. Vimos como elas se repartem entre as direções [144]; e esta repartição reduz-se, na realidade, a uma divisão entre os clãs. Com efeito, tais funções são atualmente exercidas por confrarias religiosas que, em tudo aquilo que se refere a estes diferentes ofícios, substituíram os clãs. Ora, estas confrarias são recrutadas se não unicamente, ao menos principalmente, nos clãs atribuídos às mesmas regiões que as funções correspondentes [145]. Assim as sociedades da faca, do bastão de gelo e do cacto, as confrarias de guerra, são agrupadas, "não de maneira absolutamente rigorosa, mas em princípio" nos clãs do Norte; nos clãs do Oeste são tomadas as pessoas do sacerdócio, do arco e da caça; nos do Leste, "os sacerdotes de sacerdócio", os da penugem do algodoeiro e do pássaro monstro que formam a confraria da grande dança dramática (magia e religião); no do Sul, as sociedades do grande fogo ou da brasa cujas funções não nos são expressamente indicadas, mas certamente devem dizer respeito à agricultura e à medicina [146]. Numa palavra, para falar com exatidão, não se pode dizer que os seres sejam classificados por clãs, nem por origens, mas por clãs orientados.

É pois, necessário, que este sistema esteja separado por um abismo do sistema australiano. Por mais diferente que seja, em princípio, uma classificação por clãs e origens, entre os Zuñis elas se sobrepõem uma à outra e se recobrem exatamente. Podemos até ir mais longe. Muitos fatos demonstram que a mais antiga é a classificação por clãs e que ela foi como que o modelo segundo o qual a outra se formou.

1.º. A divisão do mundo por origem nem sempre foi a que existe desde algum tempo. Tem uma história cujas fases principais é possível reconstituir. Antes da divisão em sete, houve certamente uma em seis da qual ainda encontramos traços [147]. E antes da divisão em seis, houve uma em quatro, correspondente aos quatro pontos cardiais. Sem

---

143. "Assim os sacerdotes-pais determinaram que as criaturas e as coisas do verão e do espaço sul pertenceriam às pessoas do sul... aquelas do inverno e do espaço norte às pessoas do inverno", etc.
144. Por abreviação, servimo-nos desta expressão para designar as regiões orientadas.
145. *Z. C. M.*, p. 371 e 387-388.
146. Em toda a parte, na América, há uma relação entre o calor, sobretudo o do sol, e a agricultura e a medicina. Quanto às confrarias que são tomadas nas regiões de cima e debaixo, têm por funções a geração e a preservação da vida.
147. Sabemos que a noção do "meio" é de origem relativamente tardia. O meio "foi encontrado" num momento determinado (*Z. C. M.*, p. 388, 390, 398, 399, 403, 424-430).

430 ENSAIOS DE SOCIOLOGIA

dúvida, é isto que explica que os Zuñis só tenham distinguido quatro elementos, situados em quatro regiões [148].

Ora, é ao menos algo muito notável que a estas variações da classificação por origens correspondam outras, exatamente paralelas, na classificação por clãs. Amiúde menciona-se uma divisão em seis clãs que é evidentemente anterior à divisão por sete: assim é que os clãs entre os quais são escolhidos os sumos sacerdotes que representam a tribo na confraria da faca, são em número de seis. Enfim, a própria divisão em seis foi precedida por uma divisão em dois clãs primários ou fratrias que esgotavam a totalidade da tribo; o fato será ulteriormente estabelecido [149]. Ora, a divisão de uma tribo em duas fratrias corresponde a um quadro de origens dividido em quatro partes. Uma fratria ocupa o Norte, outra o Sul, e, entre elas, para separá-las, existe a linha que vai do Leste ao Oeste. Observaremos nitidamente entre os Siús a relação que une esta organização social a esta distinção dos quatro pontos cardeais.

2.º. Um filho que mostra bem a classificação das origens se sobrepôs mais ou menos tardiamente à classificação dos clãs, é que ela só conseguiu adaptar-se com dificuldade e por meio de um compromisso. Se nos ativermos ao princípio sobre o qual repousa o primeiro sistema, cada espécie de seres deveria ser totalmente classificada em uma região determinada em uma só; por exemplo, todas as águias deveriam pertencer à região superior. Ora, de fato, o Zuñi sabia existirem águias em todas as regiões. Admite-se então que cada espécie tinha um *habitat* de predileção; que aí, e somente aí, existia sob sua forma eminente e perfeita. Mas, ao mesmo tempo, supunha-se que esta mesma espécie dispunha, em outras regiões, de representantes, porém menores, menos excelentes, e que se distinguem uns dos outros pelo fato de cada um ter a cor característica da região a que é atribuído: assim, afora a águia localizada no Zênite, existem águias fetiches em todas as regiões; existe a águia amarela, a águia azul, a águia branca, a águia negra [150]. Cada uma delas possui em sua região todas as virtudes atribuídas à águia em geral. Não é impossível reconstituir a marcha que o pensamento dos Zuñis seguiu para chegar a esta complexa concepção. As coisas começaram por ser classificadas em clãs; em seguida, cada espécie animal foi atribuída toda ela a um clã determinado. Esta atribuição total não apresentava nenhuma dificuldade: pois não havia nenhuma contradição no fato de que toda uma espécie fosse concebida como relacionada por laços de

---

148. *Z. C. M.*, p. 369. As passagens seguintes são assaz demonstrativas neste ponto: "Trouxeram os tubos das coisas quebradas em número de quatro, correspondentes às regiões dos homens". "Trouxeram os volantes de adivinhação em número de quatro, correspondentes às regiões dos homens." (*Ibid.*, p. 423-424.)

149. V. *infra*, p. 432, 433.

150. *Zuñi Fetisches*, p. 18, 24, 25, Prancha III-VI.

ALGUMAS FORMAS PRIMITIVAS DE CLASSIFICAÇÃO 431

parentesco com este ou aquele grupo humano. Mas quando a classificação por origens se estabelece, sobretudo quando leva a melhor sobre a outra, aparece uma verdadeira impossibilidade: os fatos se opunham de maneira demasiado evidente a uma localização estritamente exclusiva. Portanto, era absolutamente necessário que a espécie, mesmo continuando concentrada eminentemente num ponto único, como no antigo sistema, se diversificasse de maneira a poder dispersar-se, sob formas secundárias e aspectos variados, em todas as direções.

3.º. Em muitos casos constata-se que as coisas são ou foram, num dado momento do passado, diretamente classificadas sob os clãs e só se ligam por intermédio destes últimos às suas respectivas origens.

Em primeiro lugar, enquanto cada um dos seis clãs iniciais ainda era indiviso, as coisas, que depois se tornaram os totens dos novos clãs que se formaram, evidentemente deviam pertencer ao clã inicial na qualidade de subtotens e ser atribuídas ao totem deste clã. Elas eram espécies dele.

A mesma subordinação imediata encontra-se ainda hoje para uma categoria determinada de seres, a saber, para a caça. Todas as espécies de caça são repartidas em seis classes, e cada uma destas classes é considerada como colocada sob a dependência de um determinado animal de presa. Os animais aos quais é atribuída esta prerrogativa habitam cada qual uma região. São os seguintes: ao norte, o leão das montanhas que é amarelo; ao oeste, o urso que é escuro; ao sul, o texugo que é branco e negro [151]; ao leste, o lobo branco; no zênite, a águia; no nadir, a toupeira de presa, negra como as profundezas da terra. Sua alma reside em pequenas concreções de pedras que são consideradas como suas formas e que se reveste, dado o caso, de suas cores características [152]. Por exemplo, do urso dependem o coiote, a ovelha das montanhas, etc. [153]. Pretende-se, por conseguinte, assegurar uma caça abundante de coiotes ou manter o poder específico da espécie? É o fetiche do urso que se emprega segundo determinados ritos [154]. Ora, é mui digno de nota que, dentre estes seis animais, três ainda sirvam de totens a clãs existentes e sejam orientados como estes

---

151. O raciocínio pelo qual os Zuñis justificam esta consagração do texugo mostra como tais associações de idéias dependem de causas totalmente estranhas à natureza intrínseca das coisas associadas. O sul tem como cor o vermelho e diz-se que o texugo é do sul porque, de uma parte, ele é branco e negro, e de outra, o vermelho não é nem branco nem preto (*Zuñi Fetishes*, p. 17). Eis idéias que se ligam de acordo com uma lógica singularmente diferente da nossa.

152. *Ibid.*, p. 15.

153. A repartição das caças entre seis animais de presa é exposta em muitos mitos (*V. Z. F.*, p. 16) que não concordam em todos os pormenores, mas que repousam sobre os mesmos princípios. Estas discordâncias se explicam facilmente em vista das modificações que se produziram na orientação dos clãs.

154. Os seis animais fetiches coincidem exatamente, salvo dois, com os seis animais de presa dos mitos. A divergência vem simplesmente do fato que duas espécies foram substituídas por duas outras que eram aparentadas com as primeiras.

432 ENSAIOS DE SOCIOLOGIA

mesmos clãs; são o urso, o texugo e a águia. De outro lado,
o leão das montanhas, é apenas o substituto do coiote que
outrora foi o totem de um dos clãs do Norte[155]. Quando
o coiote passou para o Oeste, deixou, para substituí-lo no
Norte, uma das espécies que eram parentes suas. Portanto
houve um momento em que quatro destes animais privile-
giados eram totêmicos. No que se refere à toupeira de presa
e ao lobo branco, cumpre observar que nenhum dos seres
que servem de totens aos clãs das duas regiões correspondentes (Leste e Nadir) é um animal de presa[156]. Foi necessário, pois, encontrar-lhes substitutos.

Assim, as diferentes espécies de caças são concebidas
como diretamente subordinadas aos totens ou a sucedâneos
dos totens. É somente através destes que eles se ligam às
suas respectivas origens. Isto significa que a classificação
das coisas sob os totens, isto é, por clãs, precedeu a outra.

De outro ponto de vista, ainda, os mesmos mitos denotam esta anterioridade de origem. Os seis animais de presas
não são apenas prepostos à caça, mas também às seis regiões;
a cada um deles está afetada uma das seis partes do mundo
e é ele que a guarda[157]. É por seu intermédio que os seres
situados em sua região se comunicam com o deus criador
dos homens. A região e tudo aquilo que dela depende são
concebidos, portanto, como numa certa relação de dependência face aos animais totens. Isto jamais poderia ocorrer
se a classificação por origens não fosse primitiva.

Assim, sob a classificação por regiões, que, à primeira
vista, era só aparente, encontramos outra que é, sob todos
os aspectos, idênticas àquelas que já observamos na Austrália.
Esta identidade é até mais completa do que parece pelo que
precede. Não só as coisas, num dado momento, foram diretamente classificadas em clãs, mas estes mesmos clãs foram
classificados em duas fratrias, exatamente como nas sociedades australianas. É o que resulta com evidência de um
mito relatado pelo Sr. Cushing[158]. O primeiro sumo sacerdote e mágico, contam os Zuñis, apresentou aos homens
recém-vindos à luz dois pares de ovos; um par era de um
azul escuro, maravilhoso como o do céu; o outro era de
um vermelho escuro, como a mãe-terra. Disse que num
estava o verão e, no outro, o inverno, e convidou os homens
a escolherem. Os primeiros que fizeram sua escolha deci-
diram-se pelos azuis; divertiram-se tanto que os jovens ficaram sem plumas. Mas quando estas se desenvolveram,
tornaram-se negras; eram corvos cujos descendentes, ver-

---

155. O que o prova é que o feitiço do coiote amarelo, atribuído
ao norte como espécie secundária, tem entretanto um grau de prece-
dência sobre o feitiço do coiote azul, que é do oeste. V. *ibid.*, p. 26, 31.
156. Há de fato a serpente que é totem do nadir e que, segundo
nossas idéias atuais, é um animal de presa. Mas o mesmo não acontece
com Zuñi. Para ele, os animais de presa só podem ser animais mu-
nidos de garras.
157. *Ibid.*, p. 18, 19.
158. *Z. C. M.*, p. 384 ss.

ALGUMAS FORMAS PRIMITIVAS DE CLASSIFICAÇÃO 433

dadeiros flagelos, partiram para o Norte. Aqueles que escolheram os ovos vermelhos viram nascer a brilhante arara; tiveram como herança as sentenças, o calor e a paz.

É assim, continua o mito, que nossa nação foi dividida entre gente do inverno e gente do verão... Uns tornaram-se araras, aparentados com a arara ou mula-kwe, os outros tornaram-se os corvos ou ka-ka-kwe [159].

Assim, pois, a sociedade começou por ser dividida entre duas fratrias, uma situada ao norte, a outra ao sul; uma tinha por totem o corvo que desapareceu, a outra, a arara que subsiste ainda hoje [160]. A mitologia guardou até a lembrança da subdivisão de cada fratria em clãs [161]. Segundo a natureza, seus gostos e suas aptidões, as pessoas do Norte, ou do corvo, tornaram-se, diz o mito, gente do urso, gente do coiote, do gamo, da grou, etc., e o mesmo se passou com a gente do Sul e da arara. E uma vez constituídos, os clãs partilharam entre si as essências das coisas: por exemplo, aos alces ficaram pertencendo as sementes do granizo, da neve; aos clãs do sapo, as sementes da água, etc. Nova prova de que as coisas começaram por ser classificadas em clãs e em totens.

É permitido, pois, crer, de acordo com aquilo que precede, que o sistema dos Zuñis [162] é na realidade um desenvolvimento e uma complicação do sistema australiano. Mas o que acaba de demonstrar a realidade desta relação é que

159. A palavra ka-ka-kwe parece ser efetivamente o antigo nome do corvo. Admitida esta identificação, ficarão resolvidas todas as dificuldades levantadas pela etimologia deste termo e a origem da festa dos kâ-ka-kwe. V. Walter Fewkes, "Tusayan Katcinas", in *XVth Rep. Bar Ethn.*, 1897, p. 365, n. 2.
160. O clã da arara, que agora é o único da região do meio, era, pois, primitivamente o primeiro clã, o clã tronco da fratria do verão.
161. *Z. C. M.*, p. 386; Cf. p. 405, 425-426.
162. Dizemos o sistema dos Zuñis, porque entre eles é que foi observado da maneira melhor e mais completa. Não podemos estabelecer de maneira totalmente categórica que os outros índios pueblos tenham procedido da mesma forma: mas estamos convictos de que os estudos que neste momento realizam entre estes diferentes povos os Srs. Fewkes, Bourke, a Sra. Stevenson, o Sr. Dorsey conduzirão a resultados similares. O que é certo é que entre os Hopis de Walpi e de Tusayan há nove grupos de clãs análogos àqueles que encontramos entre os Zuñis: o primeiro clã de cada um destes grupos tem o mesmo nome que o grupo inteiro, prova de que este agrupamento foi devido à segmentação de um clã inicial (V. Mindeleff, "A Study of Pueblo Architecture in Tusayan and Cibola", in *VIIIth Report of the Bureau of Ethnol.*, 1886-1887, publicado em 1891, p. 12). Estes nove grupos encerram uma multidão inumerável de subtotens que parecem realmente esgotar toda a natureza. De outro lado, faz-se menção expressa a estes clãs de origens míticas determinadas. Assim o clã dos cascavel veio do oeste e do norte e compreende um certo número de coisas que são, por isso mesmo, orientadas: diferentes espécies de cactos, as pombas, as marmotas, etc. Do leste veio o grupo de clãs que tem como totem o chifre e que compreende o antílope, o gamo, a ovelha das montanhas. Cada grupo é originário de uma região claramente orientada. De outro lado, o simbolismo das cores corresponde àquele que observamos entre os Zuñis (V. W. Fewkes, in *XVth Report Bureau of Ethn.*, p. 267 e seguintes. — Cf. Mallery, "Pictographs of the North Americ. Indians", in *Vth Rep.*, p. 56). Enfim, como também entre os Zuñis, os monstros de presa são repartidos e as caças são repartidas em regiões. Há, porém, uma diferença, é que as regiões não corres-

434 ENSAIOS DE SOCIOLOGIA

é possível reencontrar os estados intermediários que ligam dois estados extremos e, assim, perceber como o segundo foi deduzido do primeiro.

A tribo siú dos Omahas, tal como no-la descreve o Sr. Dorsey [163] acha-se precisamente nesta situação mista: a classificação das coisas por clãs ainda é e sobretudo foi aí bastante clara, mas a noção sistemática das regiões encontra-se apenas em vias de formação.

A tribo está dividida em duas fratrias, contendo cada uma cinco clãs. Estes clãs são recrutados por via de descendência exclusivamente masculina; isto significa que a organização propriamente totêmica, o culto do totem se encontram em decadência [164]. Cada um por seu turno se divide em subclãs que, às vezes, se subdividem por sua vez. O Sr. Dorsey não nos diz que estes diferentes grupos se repartem todas as coisas deste mundo. Mas se a classificação não é e, talvez mesmo, nunca tenha sido realmente exaustiva, por certo foi, ao menos no passado, muito abrangente. É o que mostra o estudo do único clã [165] completo que nos foi conservado; é o clã de Chatada, que faz parte da primeira fratria. Deixaremos de lado os outros que provavelmente são mutilados e que nos apresentariam, aliás, os mesmos fenômenos, porém num grau menor de complicação.

A significação da palavra que serve para designar este clã é incerta; mas temos uma lista bastante completa das coisas que aí são referidas. Compreende quatro subclãs, eles mesmos seccionados [166].

pondem aos pontos cardeais.

O pueblo arruinado de Sia parece ter conservado uma lembrança muito nítida deste estado de pensamento coletivo (V. Stevenson, "The Sia", in *XVth Rep.*, p. 28, 29, 32, 38, 41). O que mostra que as coisas foram divididas primeiro em clãs, e depois em regiões, é que existe em cada região um representante de cada animal divino. Mas atualmente os clãs existem aí apenas em estado de sobrevivência.

Cremos que se poderiam encontrar entre os Navahos semelhantes métodos classificadores (V. Matthews, "The Navaho Moutain Chant", in *XIth Rep.*, 1883-1884, p. 448-449. Cf. A. W. Buckland, "Points of Contact between Old World and Customs of the Navaho Mountain Chant", in *J. A. I.*, XXVI, 1893, p. 349). Estamos igualmente convictos, sem poder estabelecê-lo aqui, que muitos fatos da simbologia dos Huichols (cf. mais adiante a exposição de Lumholtz, *Symbolism of the Huichol Indians*) e dos Astecas, "estes outros Pueblos", como diz Morgan (*Ancient Society*, p. 199), encontrariam uma explicação decisiva nos fatos deste gênero. Aliás, a idéia foi emitida por Powell, Mallery e Cyrus Thomas.

163. "Omaha Sociology, in *IIIth Rep. Bur. Ethn.*, 1882-1883, p. 211 e seguintes. "A Study of Siouan Cults", in *XIth Rep.*, 1890, p. 350 ss. "Siouan Sociology", *XVth Rep.*, p. 205 ss. Cf. as publicações de textos teton (dakotas), omahas e osages em *Contributions to North-American Ethnology*, vol. III, 2.ª parte, e vol. VI, 1.ª parte; Kohler, *Zur Urgeschichte der Ehe*, Stuttgart, 1895.

164. Com efeito, de modo geral, lá onde a filiação é masculina, o culto totêmico se enfraquece e tende a desaparecer (V. Durkheim, "La prohibition de l'inceste", in *Année sociol.*, 1, p. 23). De fato, Dorsey menciona a decadência dos cultos totêmicos (*Siouan Cults*, p. 391).

165. V. *Siouan Sociology*, p. 226. Parece-nos bastante presumível que este clã tenha sido um clã do urso; com efeito, é o nome do primeiro subclã. Ademais, o clã que lhe corresponde nas outras tribos siús é um clã do urso.

166. *Omaha Sociology*, p. 236 ss. Dorsey para designar estes agrupamentos serve-se das palavras *gentes* e *subgentes*. Não nos parece necessário adotar uma expressão nova para designar os clãs de descendência masculina. Isto não passa de uma espécie do gênero.

ALGUMAS FORMAS PRIMITIVAS DE CLASSIFICAÇÃO 435

O primeiro subclã é o do urso negro. Compreende o urso negro, o guaxinim, o urso cinzento, o porco-espinho, que parecem ser totens de secções.

O segundo é o da "gente que não come pequenos pássaros". Dele dependem: 1.°) os falcões; 2.°) os pássaros negros que se dividem em pássaros de cabeças brancas, de cabeças vermelhas, de cabeças amarelas, de asas vermelhas; 3.°) os pássaros negro-cinzentos ou "gente do trovão", que por sua vez se subdividem em calhandras e galinhas dos prados; 4.°) as corujas subdivididas em grandes, pequenas e médias.

O terceiro clã é o da águia; compreende em primeiro lugar três espécies de águias; e uma quarta secção não parece referir-se a uma ordem determinada de coisa; intitula-se "os trabalhadores".

Enfim, o quarto subclã é o da tartaruga. Está em relação com o nevoeiro que seus membros têm o poder de deter [167]. Sob o gênero tartaruga estão subsumidos quatro espécies particulares do mesmo animal.

Como há base para crer que este não foi um caso único, que muitos outros clãs terão apresentado semelhantes divisões e subdivisões, pode-se supor sem temeridade que o sistema de classificação, ainda observável entre os Omahas, possuía outrora uma complexidade maior do que hoje. Ora, ao lado desta repartição das coisas, análoga àquela que constatamos na Austrália, vemos aparecer, mas sob uma forma rudimentar, as noções de orientação.

Quando a tribo acampa, o acampamento toma uma forma circular; ora, no interior deste círculo, cada grupo particular tem uma localização determinada. As duas fratrias ficam respectivamente à direita e à esquerda da rota seguida pela tribo, sendo que o ponto de partida serve de ponto de referência. No interior do semicírculo ocupado pela respectiva fratria, os clãs, por seu turno, são claramente localizados uns com relação aos outros e acontece o mesmo com os subclãs. Os lugares que lhes são atribuídos dependem menos de seu parentesco do que suas funções sociais e, por conseguinte, da natureza das coisas colocadas sob sua dependência e sobre as quais se crê que sua atividade se exerce. Assim, em cada fratria, há um clã que mantém relações especiais com o trovão e com a guerra; o primeiro é o clã do alce, o segundo o dos ictasandas. Ora, eles são postos um em face do outro à entrada do campo, do qual constituem a guarda, aliás mais ritual do que real [168], e é com relação a eles que os outros clãs são dispostos sempre

---

167. A névoa é, sem dúvida, representada sob a forma de uma tartaruga. É sabido que entre os iroqueses a névoa e a tempestade dependiam do clã da lebre. Cf. Frazer, "Origin of Totemism", in *Fortnightly Rev.*, 1899, p. 847.

168. Miss A. Fletcher, "The Significance of the Scalp-Lock (Omaha Ritual)", in *J. A. I.*, 1898, p. 438. — Esta disposição só é seguida nos movimentos gerais da tribo (V. "Omaha Sociology", p. 219 ss. p. 286, § 133; cf. "Siouan Sociology", p. 226).

436   ENSAIOS DE SOCIOLOGIA

segundo o mesmo princípio. Portanto as coisas se situam, destarte, no interior do campo, ao mesmo tempo que os grupos sociais aos quais são atribuídas. O espaço é partilhado entre os clãs e entre os seres, acontecimentos, etc., que dependem destes clãs. Mas vê-se que aquilo que assim se reparte, não é o espaço mundial, mas somente o espaço ocupado pela tribo. Clãs e coisas são orientados, não ainda de acordo com os pontos cardeais, mas simplesmente com relação ao centro do campo. As divisões correspondem, não às origens propriamente ditas, mas à diante e à traseira, à direita e à esquerda, a partir deste ponto central [169]. Ademais, estas divisões especiais são atribuídas aos clãs, e não os clãs a estas divisões, como era o caso entre os Zuñis.

Em outras tribos siús, a noção de orientação torna-se mais distinta. Como os Omahas, os Osages são divididos em duas fratrias, uma situada à direita e a outra à esquerda [170]; mas, ao passo que entre os primeiros as funções das duas fratrias se confundiam em certos pontos (vimos que tanto uma como a outra tinha um clã da guerra e do trovão), aqui elas são claramente distintas. Metade da tribo é destinada à guerra, a outra metade à paz. Daí resulta necessariamente uma localização mais exata das coisas. Entre os Kansas encontramos a mesma organização. Ademais, cada um dos clãs e dos subclãs mantém uma relação definida com os quatro pontos cardeais [171]. Enfim, entre os Ponkas [172], fazemos mais um progresso. Como entre os precedentes, o círculo formado pela tribo é dividido em duas metades iguais, que correspondem às duas fratrias. De outro lado, cada fratria compreende quatro clãs, mas que se reduzem naturalmente a dois pares; pois o elemento característico é atribuído a dois clãs ao mesmo tempo. Daí resulta a seguinte disposição das pessoas e das coisas. O círculo é dividido em quatro partes. Na primeira, à direita da entrada, acham-se dois clãs do fogo (ou do trovão); na parte situada atrás, dois clãs do vento; na primeira à direita, dois clãs da água; atrás, dois clãs da terra. Cada um dos quatro elementos é, pois, localizado exatamente num dos quatro setores da circunferência total. A partir daí, será suficiente que o eixo desta circunferência coincida com um dos dois eixos da rosa dos ventos para que os clãs e as coisas sejam orientadas com relação aos pontos cardiais. Ora, sabe-se que, nestas

---

169. Para compreender quão indeterminada é a orientação dos clãs com relação aos pontos cardeais, basta representar-se que ela muda completamente conforme a rota seguida pela tribo for do norte ao sul, ou do leste ao oeste, ou inversamente. Assim, os Srs. Dorsey e Mac Gee aventuraram-se a aproximar, e de fato o fizeram, este sistema omaha da classificação completa dos clãs e das coisas sob as regiões (V. "Siouan Cults", p. 522 e seguintes, e Mac Gee, *The Siouan Indians*, p. 204).

170. "Siouan Sociology", p. 233; Cf. p. 214.

171. Na cerimônia da circum-ambulação em torno dos pontos cardeais, o ponto de onde deve partir cada clã varia de acordo com os clãs ("Siouan Cults", p. 380).

172. "Siouan Sociology", p. 220; "Siouan Cults", p. 523. Esta tribo tem subtotens assaz importantes.

ALGUMAS FORMAS PRIMITIVAS DE CLASSIFICAÇÃO   437

tribos, a entrada do campo geralmente é voltada para o oeste [173].

Mas esta orientação (em parte, aliás, hipotética) continua ainda indireta. Os grupos secundários da tribo, com tudo aquilo que deles depende, estão situados nas quartas partes do campo que são mais ou menos orientadas; mas, em nenhum destes casos, se diz que determinado clã mantém uma reação definida com determinada porção do espaço em geral. Trata-se ainda unicamente do espaço tribal; continuamos portanto ainda muito longe dos Zuñis [174]. Para nos aproximarmos mais deles, ser-nos-á necessário deixar a América e voltar para a Austrália. É numa tribo australiana que encontraremos uma parte daquilo que falta também aos Siús: nova prova e particularmente decisiva de que as diferenças entre aquilo que até aqui chamamos o sistema americano e o sistema australiano não dependem unicamente de causas locais e nada têm de irredutível.

Trata-se da tribo Wotjoballuk, que já estudamos. Sem dúvida, o Sr. Howitt, a quem devemos estas informações, não nos diz se os pontos cardeais desempenhavam algum papel na classificação das coisas; e não temos razão alguma para suspeitar da exatidão de suas observações neste ponto. Mas, no que se refere aos clãs, não há margem para dúvida alguma: cada um deles relaciona-se com um espaço determinado, que é verdadeiramente seu. E desta vez não se trata mais da quarta parte do campo, mas de uma porção determinada do horizonte em geral. Assim, cada clã pode ser situado na rosa dos ventos. A relação entre o clã e seu espaço é tão íntima que seus membros devem ser enterrados na direção que fica assim determinada [175]. "Por exemplo, um Wartwut, vento quente [176], é enterrado com a cabeça dirigida um pouco para o Noroeste, isto é, na direção de onde sopra o vento quente em seu país." As pessoas do sol são enterradas na direção do sol nascente e assim por diante para as outras [177].

173. Entre os Winnebagos, onde encontramos a mesma repartição dos clãs e das coisas, a entrada é ao oeste ("Siouan Cults", p. 522. Cf. Foster, "Indian Record and Historical Data", in *American Naturalist*, 1885, p. 672-674). Mas esta orientação diferente da entrada não modifica o aspecto geral do acampamento. — A mesma disposição reaparece, aliás, entre os Omahas, não na assembléia geral da tribo, mas nas assembléias particulares dos clãs, ou, ao menos, de certos clãs. É particularmente o caso do clã Chatada. No círculo que forma quando se reúne, a terra, o fogo, o vento e a água são situados exatamente da mesma maneira em quatro setores diferentes ("Siouan Cults", p. 523).
174. Há, no entanto, uma tribo siú onde reencontramos as coisas verdadeiramente classificadas sob origens, como entre os Zuñis; são os Dacotas. Mas, entre este povo, os clãs desapareceram e, por conseguinte, a classificação por clãs. É o que nos impede de levá-los em conta em nossa demonstração. V. "Siouan Cults", p. 522, p. 529, 530, 532, 537. Cf. Riggs, *Tah-Koo-Wah-Kon* (Washington, 1885, p. 61). A classificação dacota é singularmente análoga à classificação chinesa que logo mais estudaremos.
175. Howitt, "Australian Medicine Men", in *J. A. I.*, XVI, p. 31; "Further Notes", etc., in *J. A. I.*, XVIII, p. 62.
176. O termo Wartwut quer dizer, ao mesmo tempo, Norte e vento do Noroeste, ou vento quente. "Further Notes", in *J. A. I.*, XVIII, p. 62, n. 2.
177. *Austr. Medicine Men*, p. 31.

Esta divisão dos espaços acha-se tão estreitamente ligada àquilo que há de mais essencial na organização social da citada tribo, que o Sr. Howitt pôde ver aí "um método mecânico empregado pelos Wotjoballuk para conservar e para expor o quadro de suas fratrias, de seus totens e de suas relações com estes diferentes grupos e dos próprios grupos entre si" [178]. Dois clãs não podem ser parentes sem ser, por isso mesmo, relacionados com duas regiões vizinhas do espaço. É o que mostra a figura ao lado [179], que o Sr. Howitt construiu segundo as indicações de um indígena, aliás muito inteligente. Este, para descrever a organização da tribo, começa por colocar um bastão exatamente dirigido para Leste, porque ngaui, o sol, é o principal totem e é com relação a ele que todos os outros são determinados. Em outros termos, foi o clã do sol e a orientação Leste-Oeste que terá dado a orientação geral das duas fratrias Krokitch e Gamutch, a primeira situada sob a linha E.-O., a outra acima. De fato, pode-se ver na figura que a fratria Gamutch está toda ela no Sul, e a outra quase toda no Norte. Um único clã Krokitch, o clã 9, ultrapassa a linha E.-O. e é muito provável que esta anomalia seja devida ou a um erro de obser-

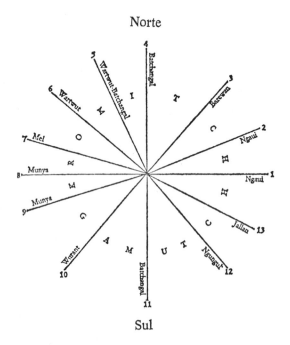

178. "Further Notes", p. 62 e ss. O que segue é o resumo do texto.
179. Aqui está, na medida em que pôde ser estabelecida, a tradução dos termos indígenas que designam os clãs: 1 e 2 (ngaui) significa sol; 3 (barewum). Um lugar subterrâneo (?); 4 e 11 (batchangal), pelicano; 5 (wartwut-batchangal), pelicano vento quente; 6 (wartwut), vento quente; 7 (mol), serpente-tapete; 8 e 9 (munya), canguru (?); 10 (wurant), cacatua negro; 12 (ngungul), o mar; 13 (gallan), víbora mortal.

ALGUMAS FORMAS PRIMITIVAS DE CLASSIFICAÇÃO 439

vação ou a uma alteração mais ou menos tardia do sistema primitivo [180]. Teríamos assim uma fratria do Norte e uma fratria do Meio-Dia exatamente análogas àquelas que constatamos em outras sociedades. A linha Norte-Sul é determinada com muita exatidão na parte Norte pelo clã do pelicano da fratria Krokitch, e, na parte Sul, pelo clã da fratria Gamutch que ostenta o mesmo nome. Temos assim quatro setores nos quais se localizam os outros clãs. Como entre os Omahas, a ordem segundo a qual são dispostos exprime as relações de parentesco existente entre seus totens. Os espaços que separam os clãs aparentados trazem o nome do clã primário, do qual os outros são segmentos. Assim os clãs 1 e 2 são chamados, como também o espaço intermediário, "pertencente ao sol"; os clãs 3 e 4, assim como a região intercalada, pertencem "completamente ao cacatua branco". Sendo o cacatua branco sinônimo do sol, como já o mostramos, pode-se dizer que todo o setor que vai do Leste ao Norte é coisa do sol. Do mesmo modo, os clãs que vão de 4 a 9, isto é, que vão de Norte a Oeste, são todos segmentos do pelicano da primeira fratria. Vê-se com que regularidade as coisas são orientadas.

Em resumo, não é só lá onde os dois tipos de classificação coexistem, como é o caso entre os Zuñis, que temos razões para pensar que a classificação por clãs e por totens é a mais antiga, mas ainda pudemos seguir, através das diferentes sociedades que acabamos de passar em revista, a maneira pela qual o segundo sistema saiu do primeiro e se lhe acrescentou.

Nas sociedades cuja organização apresenta um caráter totêmico é uma regra geral que os grupos secundários da tribo, das fratrias, dos clãs e subclãs se disponham no espaço conforme suas relações de parentesco e as semelhanças ou as diferenças que suas funções sociais oferecem. Porque as duas fratrias têm personalidades distintas, porque cada uma exerce uma função diferente na vida da tribo, elas se opõem espacialmente: uma se estabelece de um lado, a outra, do outro; uma é orientada num sentido, a outra no sentido oposto. No interior de cada fratria, os clãs são tanto mais vizinhos, ou, ao contrário, tanto mais afastados entre si, quanto as coisas em seu âmbito são mais aparentadas ou mais estranhas entre si. A existência desta regra era muito evidente nas sociedades de que falamos. Com efeito, vimos como, entre os Zuñis, no interior do Pueblo, cada clã era orientado no sentido da região que lhe era determinada; como, entre os Siús, as duas fratrias, encarregadas de fun-

---

180. Com efeito, o próprio Sr. Howitt diz que seu informante mostrou hesitações neste ponto. De outro lado, este clã é na realidade o mesmo que o clã 8 e só se distingue dele por seus totens mortuários.

440   ENSAIOS DE SOCIOLOGIA

ções tão contrárias quanto possível, estavam situadas uma à esquerda, a outra à direita, uma a Leste, a outra a Oeste. Mas fatos idênticos ou análogos surgem em muitas outras tribos. Assinala-se igualmente esta dupla oposição das fratrias, quanto à função e quanto ao lugar, entre os Iroqueses[181], entre os Wyandols [182], entre os Seminoles, tribo degenerada da Flórida [183], entre os Tlinkits, entre os índios Loucheux ou Dené Dindjé, os mais setentrionais, os mais abastardados, mas também os mais primitivos dentre os índios [184]. Na Melanésia, o lugar respectivo das fratrias e dos clãs não é menos rigorosamente determinado. Aliás, é suficiente lembrar o fato já citado, destas tribos divididas em fratria da água e fratria da terra, a primeira acampando sob o vento, a segunda em direção ao vento [185]. Em muitas sociedades melanesianas, tal divisão bipartida é tudo o que sobra da antiga organização [186]. Na Austrália, em várias ocasiões, constataram-se os mesmos fenômenos de localização. Mesmo quando os grupos de cada fratria aparecem dispersos através de uma multidão de grupos locais, no interior de cada um elas se opõem no acampamento [187]. Mas é sobretudo nas reuniões da tribo inteira que tais disposições se manifestam, como também a orientação que daí resulta. Este é especialmente o caso dos Aruntas. Encontramos, aliás, entre eles, a noção de uma orientação especial, de uma direção mítica consignada a cada clã. O clã da água pertence a uma região que passa por ser a da água [188]. Orienta-se a morte na direção do campo mítico onde se crê terem habitado os antepassados fabulosos, os alcheringas. A direção do campo dos antepassados míticos da mãe é levada em conta por ocasião de certas cerimônias religiosas (a perfuração do nariz, a extração do incisivo superior) [189]. Entre os Kulin, e em todo o grupo de tribos que habitam a costa da Nova Gales do Sul, os clãs são dispostos na assembléia tribal conforme o ponto do horizonte de onde vêm [190].

Isto posto, compreende-se facilmente como a classificação por origens é estabelecida. As coisas foram, em pri-

---

181. V. Morgan, *Ancient Society*, p. 88, 94-95: *League of the Iroquois*, p. 294 e seguintes; Miss E. A. Smith, "Myths of the Iroquois", in 2nd *Rep. of Bur. Ethn.*, p. 114.

182. Powell, "Wyandot Government", in 2nd *Rep. Bur. Ethn.*, p. 44.

183. Mooney, in VIII *Rep. Bur. Eth.*, 1883-1884, p. 507-509.

184. Petitot, *Traditions indiennes du Canada Nord-Ouest* (Bibl. des Trad. Popul., XXVI), p. 15 e 20. Entre os Loucheux, há uma fratria de direita, uma de esquerda e uma do meio.

185. Ver atrás, p. 22.

186. Pfeil, *Südsee-Beobachtungen*, p. 28.

187. Spencer e Gillen, *Native Tribes*, p. 32, 70, 277, 287, 324, 501.

188. Spencer e Gillen, *Ibid.*, p. 189.

189. *Ibid.*, p. 496. Evidentemente, estamos aqui lidando seja com um começo, seja com um resto de localização dos clãs. Cremos que se trate mais de um resto. Se, como se procurou demonstrar aqui no ano passado, se admite que os clãs foram repartidos entre as fratrias, como as fratrias são localizadas, os clãs também o devem ser.

190. Howitt, "On Certain Australian Ceremonies of Initiation", in *J. A. I.*, XIII, p. 441, 442. Da mesma forma, entre os Kamilaroi (V. Matthews, "The Bora or Initiation Ceremonies of the Kamilaroi Tribes", in *J. A. I.*, XXIV, p. 414, e XXV, p. 322, 326).

ALGUMAS FORMAS PRIMITIVAS DE CLASSIFICAÇÃO 441

meiro lugar, classificadas em clãs e em totens. Mas esta localização estrita dos clãs de que acabamos de falar acarretou forçosamente uma localização correspondente das coisas atribuídas aos clãs. A partir do momento em que as pessoas do lobo, por exemplo, estão relacionadas com determinada zona do campo, verifica-se necessariamente o mesmo com as coisas de todas as espécies que são classificadas sob este mesmo totem. Por conseguinte, se o campo for orientado de um modo definido, todas as suas partes serão orientadas automaticamente com tudo aquilo que abrangem, coisas e pessoas. Em outras palavras, todos os seres da natureza doravante serão concebidos como mantendo relações determinadas com porções igualmente determinadas do espaço. Sem dúvida, somente o espaço tribal é assim dividido e repartido. Mas do mesmo modo como a tribo constitui para o primitivo toda a humanidade e o fundador da tribo é o pai e o criador dos homens, assim também a idéia do campo confunde-se com a idéia do mundo [191]. O acampamento é o centro do universo e todo o universo está aí em miniatura. Portanto, o espaço mundial e o espaço tribal só se distinguem de maneira imperfeita e o espírito passa de um ao outro sem dificuldade, quase sem ter consciência disso. E assim as coisas são relacionadas com estas ou aquelas origens em geral. Todavia, enquanto a organização em fratrias e em clãs permaneceu forte, a classificação em clãs continuou preponderante; foi por intermédio dos totens que as coisas foram ligadas às regiões. Vimos que este era ainda o caso entre os Zuñis, ao menos para certos seres. Mas se os grupos totêmicos, tão curiosamente hierarquizados, se desvanescessem e fossem substituídos por grupos locais, simplesmente justapostos uns aos outros e na medida em que o fossem, a classificação por origens seria doravante a única possível [192].

Assim, os dois tipos de classificação que acabamos de estudar nada mais fazem senão exprimir, sob diferentes aspectos, as próprias sociedades no seio das quais elas foram elaboradas; a primeira era modelada de acordo com a organização jurídica e religiosa da tribo, a segunda segundo a organização morfológica. Quando se tratou de estabelecer laços de parentesco entre as coisas, de constituir famílias sempre mais vastas de seres e de fenômenos, procedeu-se com a ajuda das noções que a família, o clã, a fratria forneciam e partiu-se dos mitos totêmicos. Quando se tratou de estabelecer relações entre os espaços, as relações espaciais

---

191. Encontram-se ainda em Roma vestígios destas idéias: *mundus* significa, ao mesmo tempo, o mundo e o lugar onde se reuniam os comícios. A identificação da tribo (ou da cidade) e da humanidade não é, pois, devida simplesmente à exaltação do orgulho nacional, mas a um conjunto de concepções que fazem da tribo o *microcosmo do universo*.

192. Neste caso, tudo o que sobrevive do antigo sistema é a atribuição de certos poderes aos grupos locais. Assim, entre os Kurnai, cada grupo local é senhor de um certo vento que se julga vir de seu lado.

442 ENSAIOS DE SOCIOLOGIA

que os homens mantêm no interior da sociedade é que serviram de ponto de referência. Aqui, o quadro foi fornecido
pelo próprio clã, lá, pela marca material que o clã pôs sobre
o solo. Mas ambos os quadros são de origem social.

IV

Resta-nos agora descrever, ao menos em seus princípios,
o último tipo de classificação que apresenta todos os caracteres essenciais daqueles que precedem, salvo o fato de ser,
desde que foi conhecido, independente de toda a organização
social. O melhor caso do gênero, o mais notável e o mais
instrutivo, é-nos oferecido pelo sistema divinatório astronômico, astrológico, geomântico e horoscópico dos chineses.
Este sistema tem atrás de si uma história que remonta aos
tempos mais remotos; pois é certamente anterior aos primeiros documentos autênticos e datados que a China nos
conservou [193]. Desde os primeiros séculos de nossa era já
estava em pleno desenvolvimento. De outro lado, se fomos
estudá-lo de preferência na China, isto não significa que
seja específico deste país; encontra-se em todo o Extremo
Oriente [194]. Os siameses, os cambojanos, os tibetanos, os
mongóis também o conhecem e o empregam. Para todos
estes povos, ele exprime o "tao", isto é, a natureza. Está
na base de toda a filosofia e de todo o culto que vulgarmente se chama taoísmo [195]. Em suma, rege todos os pormenores da vida no mais imenso agrupamento que a humanidade jamais conheceu.

A própria importância deste sistema não nos permite
traçar outra coisa exceto suas grandes linhas. Limitar-nos-emos
a descrevê-lo na medida estritamente necessária para fazer
ver como concorda, em seus princípios gerais, com aqueles
que até aqui descrevemos.

Ele próprio se compõe de muitos sistemas entrelaçados.
Um dos princípios mais essenciais sobre os quais repousa é uma divisão do espaço segundo os quatro pontos
cardeais. Um animal preside e dá seu nome a cada uma
dessas quatro regiões. Para falar com propriedade, o animal se confunde com sua região: o dragão azul é o Leste,
o pássaro vermelho é o Sul, o tigre branco é o Oeste, a
tartaruga negra o Norte. Cada região tem a cor de seu
animal e, segundo as condições diversas que não podemos
expor aqui, é favorável ou desfavorável. Os seres simbólicos que são assim prepostos ao espaço governam, além
disso, tanto a terra como o céu. Assim uma colina ou uma
configuração geográfica que parece assemelhar-se a um tigre
é do tigre e do Oeste: se lembra um dragão, é do dragão

---

193. De Groot, *The Religious System of China*, p. 319: cf. p.
982 ss.
194. *Ibid.*, p. 989.
195. *Ibid.*, p. 989.

ALGUMAS FORMAS PRIMITIVAS DE CLASSIFICAÇÃO 443

e do Leste. Por conseguinte, um local será considerado favorável se as coisas que o rodeiam tiverem um aspecto que concorde com sua orientação; por exemplo, se aquelas que são do Oeste forem do tigre e as que são do Leste forem do dragão [196].

Mas o próprio espaço compreendido entre cada ponto cardeal é dividido em duas partes: daí resulta um total de oito divisões [197] que correspondem aos oito ventos. Estes oito ventos, por seu turno, estão em estreita relação com oito poderes, representados por oito trigramas que ocupam o centro da bússola divinatória. Estes oito seres são primeiramente, nas duas extremidades (o 1.º e o 8.º), as duas substâncias opostas da terra e do céu; entre eles situam-se os seis outros poderes, a saber: 1.º. os vapores, as nuvens, as emanações, etc.; 2.º. o fogo, o calor, o sol, a luz, o relâmpago; 3.º. o trovão; 4.º. o vento e o bosque; 5.º. as águas, os rios, os lagos e o mar; 6.º. as montanhas.

Eis, portanto, um certo número de elementos fundamentais, classificados segundo os diferentes pontos da rosados-ventos. Agora, a cada um deles, é atribuído todo um conjunto de coisas: *Khien*, o céu, princípio puro da luz, do macho, etc., é colocado ao sul [198]. Ele "significa" a imobilidade e a força, a cabeça, a esfera celeste, um pai, um príncipe, a redondeza, o jade, o metal, o gelo, o vermelho, um bom cavalo, um velho cavalo, um grande cavalo, um cambaio, o fruto das árvores, etc. Em outros termos, o céu conota estas diferentes espécies de coisas, como, entre nós, o gênero conota as espécies que ele compreende em si. *Kicun*, princípio feminino, princípio da terra, da obscuridade, está ao norte; dele dependem a docilidade, o gado, o ventre, a mãe-terra, as roupas, os caldeirões, a multidão, o preto, os grandes carretos, etc. "Sol" quer dizer penetração; nele são compreendidos o vento, o bosque, o comprimento, a altura, as aves domésticas, as coxas, a filha maior, os movimentos para a frente e para trás, todo ganho de 3%, etc. Limitamo-nos a estes poucos exemplos. A lista das espécies de seres, de acontecimentos, de atributos, de substâncias, de acidentes assim classificados sob a rubrica dos oito poderes é verdadeiramente infinita. Esgota à maneira de uma gnose ou de uma cabala a totalidade do mundo. Sobre este tema, os clássicos e seus imitadores

---

196. Aliás, a coisa é ainda mais complicada: em cada uma das 4 regiões são repartidas sete constelações, de onde os 28 asterismos chineses. (É notório que muitos cientistas atribuem uma origem chinesa ao número de asterismos em todo o Oriente.) As influências astrais, terrestres, atmosféricas, concorrem todas neste sistema, dito do Fung-shui, ou "do vento e da água". Sobre este sistema, ver De Groot, *op. cit.*, Parte I, cap. XII, e as referências citadas.
197. *Ibid.*, p. 960.
198. V. em Yih-King, o cap. XVII, na tradução do Sr. Legge, *Sacred Books of the East* (t. XVI). Seguimos o quadro feito pelo Sr. De Groot, *op. cit.*, p. 964. Naturalmente, tais classificações carecem de tudo aquilo que é próprio da lógica grega e européia. As contradições, os desvios, os acavalamentos são aí abundantes. Aliás, isto as torna mais interessantes a nossos olhos.

444   ENSAIOS DE SOCIOLOGIA

entregam-se a especulações sem fim com uma verve ines-
gotável.

Ao lado desta classificação em oito poderes, encontra-se
outra que reparte as coisas em cinco elementos, a terra, a
água, o bosque, o metal, o fogo. Notou-se, aliás, que a
primeira não era irredutível à segunda; com efeito, se forem
eliminadas as montanhas, se, de outro lado, os vapores forem confundidos com a água e o trovão com o fogo, as
duas divisões coincidirão exatamente.

Resulte no que resultar a questão de se saber se estas
duas classificações derivam uma da outra ou se foram adi-
cionadas uma à outra, os elementos desempenham o mesmo
papel que os poderes. Não somente lhes são referidas todas
as coisas segundo as substâncias que as compõem ou segundo suas formas, mas também os acontecimentos históricos, os acidentes do solo, etc. [199] Os próprios planetas
lhes são atribuídos: Vênus é a estrela do metal, Marte, a
estrela do fogo, etc. De outro lado, esta classificação é
ligada ao conjunto do sistema pelo fato de que cada um
dos elementos é localizado numa divisão fundamental. Foi
suficiente colocar a terra, como aliás era justo, no centro
do mundo, para poder reparti-la entre as quatro regiões do
espaço. Por conseguinte, eles também são, por sua vez, como
as regiões, bons ou maus, poderosos ou fracos, geradores ou
gerados.

Não seguiremos o pensamento chinês nestas mil e uma
sinuosidades tradicionais. Para poder adaptar aos fatos os
princípios sobre os quais se baseia este sistema, ele mul-
tiplicou, complicou, sem se cansar, as divisões e as subdivisões dos espaços e das coisas. Nem mesmo se atemorizou
com as contradições mais expressas. Por exemplo, pôde-se
ver que a terra é alternativamente situada ao norte, ao nordeste e no centro. Com efeito, a verdade é que tal classificação tinha como objetivo sobretudo regulamentar a conduta dos homens; ora, ele conseguia este fim, mesmo evitando os desmentidos da experiência, graças a esta mesma
complexidade.

Falta, no entanto, explicar uma última complicação do
sistema chinês: como os espaços, como as coisas e os acontecimentos e os próprios tempos fazem parte dele. Às quatro
regiões correspondem as quatro estações. Ademais, cada uma
destas regiões é subdividida em seis partes, e estas vinte e
quatro subdivisões dão naturalmente as vinte e quatro estações do ano chinês [200]. Esta concordância nada tem que
deva surpreender-nos. Em todos os sistemas de pensamento
de que acabamos de falar, a consideração dos tempos é
paralela à dos espaços [201]. Desde que há orientação, as estações são referidas necessariamente aos pontos cardeais, o

---

199. De Groot, *Ibid.*, p. 956.
200. De Groot, *Ibid.*, p. 962.
201. Ver atrás, p. 426.

ALGUMAS FORMAS PRIMITIVAS DE CLASSIFICAÇÃO 445

inverno ao norte, o verão ao sul, etc. Mas a divisão das estações não é mais do que um primeiro passo no cômputo dos tempos. Este, para ser completo, supõe, além do mais, uma divisão em círculos, anos, dias, horas, que permite medir todas as extensões temporais, grandes e pequenas. Os chineses chegaram a este resultado pelo seguinte processo. Constituíram dois ciclos, um de doze divisões e outro de dez; cada uma destas divisões têm seu nome e seu caráter próprio, e assim cada momento do tempo é representado por um binômio de caracteres, tomados dos dois ciclos diferentes [202]. Estes dois ciclos empregam-se concomitantemente tanto para os anos quanto para os dias, os meses e as horas, e chega-se assim a uma mensuração bastante exata. Por conseguinte, sua combinação forma um ciclo sexagesimal [203], posto que, após cinco revoluções do ciclo de doze, e seis revoluções do ciclo de dez, o mesmo binômio de caracteres volta exatamente a qualificar o mesmo tempo. Da mesma forma como as estações, os dois ciclos, com suas divisões, são ligados à rosa-dos-ventos [204] e, por intermédio dos quatro pontos cardeais, aos cinco elementos; e foi assim que os chineses chegaram a esta noção, extraordinária com respeito a nossas idéias correntes, de um tempo não homogêneo, simbolizado pelos elementos, os pontos cardeais, as cores, as coisas de toda a espécie que dele dependem, e nas diferentes partes do qual predominam as influências mais variadas [205].

Isto não é tudo. Os doze anos do ciclo sexagenário são referidos, além disso, a doze animais que são dispostos na seguinte ordem: o rato, a vaca, o tigre, a lebre, o dragão, a serpente, o cavalo, a cabra, o macaco, a galinha, o cão e o porco [206]. Estes doze animais são repartidos, três a três, entre os quatro pontos cardeais, e mais uma vez esta divisão do tempo [207] está ligada ao sistema geral. Assim, dizem os textos datados do começo de nossa era, "um ano 'tze' tem por animal o rato, e pertence ao norte e à água; um ano 'wa' pertence ao fogo, isto é, ao sul, e seu animal é o cavalo", etc. Postos na dependência dos elementos [208], os anos acham-se também na dependência das regiões, elas mesmas representadas por animais. Evidentemente, estamos

---

202. V. De Groot, *Ibid.*, p. 966, 973. Nos mais antigos clássicos, eles são chamados as 10 mães e as 12 crianças.

203. É sabido que as divisões duodecimais e sexagesimais serviram de base à mensuração chinesa do círculo celeste e à divisão da bússula divinatória.

204. De Groot, *Ibid.*, p. 966.

205. *Ibid.*, p. 986-988.

206. *Ibid.*, p. 44, 987.

207. Não podemos deixar de pensar que o ciclo das doze divisões e os doze anos representados por animais não passavam, na origem, de uma única e mesma divisão do tempo, uma esotérica, outra exotérica. Um texto chama-os "as duas dúzias que se pertencem": o que parece indicar que não eram mais do que uma só e mesma dúzia, diversamente simbolizada.

208. Aqui, de novo, os elementos não vão além de quatro: a terra deixa de ser elemento para tornar-se um princípio primeiro. Este arranjo era necessário para que uma relação aritmética pudesse ser estabelecida entre os elementos e os doze animais. As contradições são infinitas.

446 ENSAIOS DE SOCIOLOGIA

diante de uma multidão de classificação entrelaçadas e que, malgrado suas contradições, cingem a realidade bastante de perto para poderem guiar assaz utilmente a ação [209].

Tal classificação dos espaços, dos tempos, das coisas, das espécies animais domina toda a vida chinesa. É o próprio princípio da famosa doutrina do fung-shui, e, por aí, determina a orientação dos edifícios, a fundação das cidades e das casas, o estabelecimento das tumbas e dos cemitérios; se se faz aqui determinados trabalhos e lá outros, se se empreendem certos negócios nesta ou naquela época, é por razões baseadas nesta sistemática tradicional. E estas razões não procedem exclusivamente da geomancia; são também derivadas das considerações relativas às horas, aos dias, aos meses, aos anos: tal direção, que é favorável em um dado momento, torna-se desfavorável em outro. As forças são concorrentes ou discordantes de acordo com os tempos. Assim, não somente no tempo, como no espaço, tudo é heterogêneo, mas as partes heterogêneas de que são feitos estes dois meios se correspondem, se opõem e se dispõem num sistema uno. E todos estes elementos, em número infinito, combinam-se para determinar o gênero, a espécie das coisas naturais, o sentido das forças em movimento, os atos que devem ser realizados, dando assim a impressão de uma filosofia ao mesmo tempo sutil e ingênua, rudimentar e refinada. É que estamos na presença de um caso, particularmente típico, onde o pensamento coletivo trabalhou, de maneira refletida e sábia, sobre temas evidentemente primitivos.

Com efeito, se não temos o meio de ligar por um veículo histórico o sistema chinês aos tipos de classificação que estudamos precedentemente, não se pode deixar de notar que ele repousa sobre os mesmos princípios que estes últimos. A classificação das coisas em oito capítulos, os oito poderes, dá uma verdadeira divisão do mundo em oito famílias, comparável, salva a ausência da noção do clã, às classificações australianas. De outro lado, como entre os Zuñis, encontramos na base do sistema uma divisão totalmente análoga do espaço em regiões fundamentais. A estas regiões são igualmente referidos os elementos, os ventos e as estações. Ainda como entre os Zuñis, cada região possui sua cor própria e acha-se colocada sob a influência preponderante de um animal determinado, que simboliza, ao mesmo tempo, os elementos, os poderes e os momentos da duração. É verdade que não temos nenhum meio para provar peremptoriamente que estes animais alguma vez tenham sido totens. Qualquer que seja a importância que os clãs tenham conservado na China e embora apresentem ainda o caráter distintivo dos

---

209. Wells Williams, *The Middle Kingdom*, edição de 1899, II, p. 69 e seguintes. Williams reduz mais o ciclo denário aos cinco elementos, correspondendo cada par da divisão decimal dos tempos a um elemento. Seria bem possível também que a divisão denária fosse parte de uma orientação em cinco regiões e a divisão duodenária da orientação em quatro pontos cardeais.

ALGUMAS FORMAS PRIMITIVAS DE CLASSIFICAÇÃO 447

clãs mais propriamente totêmicos, a saber, a exogamia [210], não parece, no entanto, que outrora hajam usado os nomes empregados na denominação das regiões ou das horas. Mas é ao menos curioso o fato de que no Sião, segundo um autor contemporâneo [211], houvesse proibição de casamento entre pessoas do mesmo ano e do mesmo animal, mesmo que este ano pertencesse a duas duodécadas diferentes; isto significa que a conexão entre os indivíduos e o animal ao qual pertencem age sobre as relações conjugais exatamente como a conexão que eles têm, em outras sociedades, com seus totens. De outro lado, sabemos que na China, o horóscopo, a consideração dos oito caracteres, desempenha uma função considerável na consulta aos adivinhos que precede toda entrevista matrimonial [212]. É verdade que nenhum dos autores que compulsamos menciona como legalmente proibido o casamento entre dois indivíduos do mesmo ano ou de dois anos de mesmo nome. Contudo, é provável que um tal matrimônio deva ser reputado como particularmente inauspicioso. Em todo caso, se não temos na China este tipo de exogamia entre pessoas nascidas sob um mesmo animal, não deixa de haver entre elas, de um outro ponto de vista, uma relação quase-familial. O Sr. Doolittle, com efeito, nos informa de que cada indivíduo é tido como pertencente a um animal determinado [213], e todos aqueles que pertencem a um mesmo animal não podem assistir ao enterro uns dos outros [214].

Aliás, a China não é o único país civilizado onde encontramos ao menos traços de classificação que lembram aquelas que observamos nas sociedades inferiores.

Em primeiro lugar, acabamos de ver que a classificação chinesa era essencialmente um instrumento de adivinhação. Ora, os métodos divinatórios da Grécia apresentam notáveis semelhanças com os dos chineses, que denotam procedimentos da mesma natureza na maneira pela qual são classificadas as idéias fundamentais [215]. A atribuição dos elementos, dos me-

---

210. Williams, I, p. 792.
211. Young, *The Kingdom of the Yellow Robe*, 1896, p. 92. Os outros autores só mencionam a consulta dos adivinhos e a consideração dos ciclos. V. Pallegoix, *Description du Royaume Thai*, I, p. 253; *Dictionnaire siamois-français*. Introd., p. II: Chevillard. *Le Siam et les Siamois*, Paris, 1889, p. 252, cf. p. 154. De la Loubere, *Description du royaume de Siam*, Amsterdã, 1714, vol. I, p. 156; vol. II, p. 62. Parece que este ciclo teve uma história bastante complicada. No Camboja, o ciclo é empregado como na China. Moura, *Vocabulaire français-cambodgien*, 1876, p. 15. Mas nem os autores nem os códigos falam de interdições matrimoniais relativas a este ciclo. (V. Adhémar Leclère, *Codes cambodgiens*, Paris, 1898.) É provável portanto que haja ali simplesmente uma crença de origem exclusivamente divinatória e tanto mais popular quanto a adivinhação chinesa está mais em uso nestas sociedades.
212. V. Doolittle, *Social Life of the Chinese*, 1879, I, p. 66 e 69.
213. *Ibid.*, II, p. 341.
214. *Ibid., ib.*, p. 342. Cf. de Groot, *Relig. Syst. of China*. I, 1, p. 106, onde o mesmo fato parece ser mencionado sob forma diferente.
215. Chegou-se mesmo a perguntar se não houve empréstimo, direto ou indireto, de um destes povos ao outro.

448 ENSAIOS DE SOCIOLOGIA

tais aos planetas é um fato grego, talvez caldeu, tanto quanto chinês. Marte é o fogo, Saturno a água, etc [216]. A relação entre certos tipos de acontecimentos e certos planetas, a consideração simultânea dos espaços e dos tempos, a correspondência particular de determinada região com determinado momento do ano, com determinada espécie de empreendimento, aparecem igualmente nestas diferentes sociedades [217]. Uma coincidência mais curiosa ainda é aquela que permite aproximar a astrologia e a fisiognomia dos chineses daquela dos gregos e, talvez, daquela dos egípcios. A teoria grega da melotesia zodíaca e planetária que é, acredita-se, de origem egípcia [218], tem por objetivo estabelecer entre certas partes do corpo, de um lado, e, de outro, certas posições dos astros, certas orientações, certos acontecimentos, estreitas correspondências. Ora, existe também na China uma doutrina famosa que se baseia no mesmo princípio. Cada elemento é referido a um ponto cardeal, a uma constelação, a uma cor determinada, e estes diversos grupos de coisas, por seu turno, são tidos como correspondentes às diversas espécies de órgãos, residência das diversas almas, às paixões e às diferentes partes cuja reunião forma "o caráter natural". Assim, o *yang*, princípio masculino da luz e do céu, tem por víscera o fígado, por *mansão* a bexiga, por abertura as orelhas e os esfíncteres [219]. Ora, esta teoria, cuja generalidade se percebe, não tem apenas um interesse de curiosidade; implica certa maneira de conceber as coisas. Com efeito, o mundo é aí referido ao indivíduo; os seres são expressos, de certo modo, em função do organismo vivo; é propriamente a teoria do microcosmo.

Nada, aliás, é mais natural do que a relação assim constatada entre a adivinhação e as classificações das coisas. Todo rito divinatório, por mais simples que seja, baseia-se numa simpatia prévia entre certos seres, num parentesco tradicionalmente admitido entre determinado sinal e determinado acontecimento futuro. Ademais, um rito divinatório em geral não está só; faz parte de um todo organizado. A ciência dos adivinhos não constitui, portanto, grupos isolados de coisas, mas liga estes grupos uns aos outros. Existe assim, na base do sistema de adivinhação, um sistema, ao menos implícito, de classificação.

Mas é sobretudo através das mitologias que vemos aparecer, de forma quase ostensiva, métodos de classificação totalmente análogos aos dos australianos ou dos índios da América do Norte. Cada mitologia é, no fundo, uma classifi-

---

216. Bouché-Leclercq, *Astrologie grecque*, p. 390 e ss., p. 316.
217. Epicuro critica precisamente os prognósticos tirados dos animais (celestes?) como sendo baseados na hipótese da coincidência dos tempos, das direções e dos acontecimentos suscitados pela divindade (*Ad Pythocl.* Uzener, *Epicura*, p. 55, 1. 13).
218. Bouché-Leclercq, *ib.*, p. 76, 319 ss. Cf. Ebers, *Die Körpertheile, ihre Bedeutung und Namen in Alt-Egypten.* (*Abhdl. d. kgl bayer. Akad. Hist. Kl.*, t. XXI, 1897, p. 9 ss.
219. Segundo Pan-Ku, autor do segundo século, que se apóia em autores muito mais antigos. V. De Groot, *The Religious System of China.* Part. II, I; Vol. IV, p. 13 ss.

ALGUMAS FORMAS PRIMITIVAS DE CLASSIFICAÇÃO 449

cação, mas que haure seus princípios das crenças religiosas, e não das noções científicas. Os panteões bem organizados partilham a natureza, da mesma forma como os clãs partilham o universo. Assim a Índia reparte as coisas, ao mesmo tempo que seus deuses, entre os três mundos do céu, da atmosfera e da terra, da mesma forma como os chineses classificam todos os seres de acordo com dois princípios fundamentais do *yang* e do *yin*. Atribuir tais ou tais coisas naturais a um deus, equivale a agrupá-los sob uma mesma rubrica genérica, a alinhá-los numa mesma classe; e as genealogias, as identificações admitidas entre as divindades implicam relações de coordenação ou de subordinação entre as classes de coisas que estas divindades representam. Quando se diz que Zeus, pai dos homens e dos deuses, deu origem a Atená, a guerreira, a deusa da inteligência, senhora da coruja, etc., são propriamente dois grupos de imagens que se encontram ligados e classificados, um com relação ao outro. Cada deus tem seus sucedâneos, que são outras tantas formas suas, embora tendo outras funções; por isso, poderes diversos, e as coisas sobre as quais se exercem estes poderes vinculam-se a uma noção central e preponderante, como a espécie ao gênero ou uma variedade secundária à espécie principal. Assim é que a Posseidon [220], deus das águas, estão ligadas outras personalidades mais pálidas, deuses agrários (Afreu, Aloeu, o agricultor, o malhador), deuses de cavalos (Acto, Elatos, Hipocoon, etc.), um deus da vegetação (Futalmios).

Tais classificações constituem mesmo elementos tão essenciais das mitologias desenvolvidas que desempenharam um papel importante na evolução do pensamento religioso; facilitaram a redução da multiplicidade à unidade dos deuses e, por este caminho, prepararam o monoteísmo. O "henoteísmo" [221] que caracteriza a mitologia bramânica, ao menos depois que atingiu certo desenvolvimento, consiste, na realidade, numa tendência a reduzir cada vez mais os deuses uns aos outros, de modo que cada um acabou por possuir os atributos de todos os outros e mesmo seus nomes. Uma classificação instável em que o gênero se torna facilmente espécie e inversamente, mas que manifesta uma tendência crescente para a unidade, eis o que é, de certo ponto de vista, o panteísmo da Índia prebudista; e o mesmo se passa com o civaísmo e com o vishnuísmo clássicos [222]. Usener mostrou [223] igualmente na sistematização progressiva dos politeísmos gregos e romanos uma condição essencial do advento do politeísmo ocidental. Os pequenos deuses locais, especiais, se colocam pouco a pouco sob chefes mais gene-

---

220. Usener, *Göttliche Synonymen*, in *Rheinisches Museum*, t. LII, p. 357.
221. O termo é de Marx Müller que, aliás, o aplica erroneamente às formas primitivas do bramanismo.
222. V. Barth, *The Religions of India*, 1891, p. 29, 160 ss.
223. *Götternamen*, 1896, p. 346 ss.

ENSAIOS DE SOCIOLOGIA

rosos, os grandes deuses da natureza, e tendem a ser absorvidos. Durante certo tempo, mantém-se a noção daquilo que os primeiros têm de especial; o nome do antigo deus coexiste com o do grande deus, mas somente como atributo deste último; pois sua existência torna-se sempre mais fantasmática até o dia em que os grandes deuses subsistem sozinhos, se não no culto, ao menos na mitologia. Poder-se-ia quase dizer que as classificações mitológicas, quando são completas e sistemáticas, quando abraçam o universo, anunciam o fim das mitologias propriamente ditas; Pan, Brama, Prajâpati, gêneros supremos, seres absolutos e puros são figuras míticas quase tão pobres de imagens quanto o Deus transcendental dos cristãos.

E por aí, parece que nos aproximamos insensivelmente dos tipos abstratos e relativamente racionais que se acham no ápice das primeiras classificações filosóficas. Já é certo que a filosofia chinesa, quando é propriamente taoísta, baseia-se essencialmente no sistema de classificação que descrevemos. Na Grécia, sem nada querer afirmar com relação à origem histórica das doutrinas, não se pode deixar de notar que os dois princípios do ionismo heracliteano, a guerra e a paz, os de Empédocles, o amor e o ódio, dividem entre si as coisas, como o fazem o *yin* e o *yang* na classificação chinesa. As relações estabelecidas pelos pitagóricos entre os números, os elementos, os sexos, e um certo número de outras coisas não deixam de lembrar as correspondências de origem mágico-religiosa de que tivemos ocasião de falar. Aliás, mesmo no tempo de Platão, o mundo era ainda concebido como um vasto sistema de simpatias classificadas e hierarquizadas [224].

V

As classificações primitivas não constituem, portanto, singularidades excepcionais, sem analogia com aquelas que estão em uso entre povos mais cultivados; ao contrário, parecem ligar-se, sem solução de continuidade, às primeiras classificações científicas. Com efeito, por mais profundamente que difiram destas últimas sob certos aspectos, todavia não deixam de ter todos os seus caracteres essenciais. Em primeiro lugar, exatamente como as classificações dos cientistas, são sistemas de noções hierarquizadas. As coisas não são dispostas simplesmente sob a forma de grupos isolados uns dos outros, mas tais grupos mantêm entre si relações definidas e seu conjunto forma um só e mesmo todo. Ademais, estes sistemas, exatamente como os da ciência, têm uma finalidade totalmente especulativa. Têm como objeto, não facilitar a ação, mas fazer compreender, tornar inteligíveis

---

224. A filosofia hindu abunda em classificações correspondentes das coisas, dos elementos, dos sentidos, das hipóteses. Encontram-se enumeradas e comentadas as principais em Deussen, *Allgemeine Geschichte der Philosophie*, I, 2, p. 85, 89, 95, etc. Boa parte dos Upanishades consiste em especulações sobre as genealogias e as correspondências.

ALGUMAS FORMAS PRIMITIVAS DE CLASSIFICAÇÃO 451

as relações existentes entre os seres. Dados certos conceitos considerados fundamentais, o espírito experimenta a necessidade de ligar a eles as noções que forma das outras coisas. Tais classificações são, pois, destinadas, antes de tudo, a unir as idéias entre si, a unificar o conhecimento; a este título, pode-se dizer sem inexatidão que são obra de ciência e constituem uma primeira filosofia da natureza [225]. Não é com vistas a regulamentar a própria conduta nem para justificar sua prática que o australiano reparte o mundo entre os totens de sua tribo; mas, sendo que para ele a noção de totem é cardeal, sente a necessidade de situar com relação a esta todos os seus demais conhecimentos. Pode-se, portanto, pensar que as condições de que dependem tais classificações muito antigas não deixaram de desempenhar um papel importante na gênese da função classificadora em geral.

Ora, ressalta-se deste estudo que estas condições são de natureza social. Muito longe de serem as relações lógicas das coisas que servem de base às relações sociais dos homens, como parece admitir o Sr. Frazer, na realidade são estas que serviram de protótipo àquela. Segundo ele, os homens ter-se-iam dividido em clãs de acordo com uma classificação prévia das coisas; ora, muito ao contrário, eles classificaram as coisas porque estavam divididos em clãs.

Com efeito, vimos como estas classificações foram modeladas segundo a organização social mais próxima e fundamental. A expressão é até insuficiente. A sociedade não foi simplesmente um modelo segundo o qual o pensamento classificador teria trabalhado; foram seus próprios quadros que serviram de quadros ao sistema. As primeiras categorias lógicas foram categorias sociais; as primeiras classes de coisas foram classes de homens nas quais tais classes foram integradas. Foi porque os homens estavam agrupados e viam-se em pensamento em forma de grupos que agruparam idealmente os outros seres, e as duas maneiras de agrupamento começaram a confundir-se a ponto de se tornar indistintas. As fratrias foram os primeiros gêneros; os clãs, as primeiras espécies. Pensava-se que as coisas faziam parte integrante da sociedade e foi seu lugar na sociedade que determinou seu lugar na natureza. Mas pode-se perguntar se a maneira esquemática pela qual os gêneros ordinariamente são concebidos não dependia, em parte, das mesmas influências. É um fato de observação corrente que as coisas que eles com-

---

225. Por aí distinguem-se nitidamente daquilo que se poderia chamar as classificações tecnológicas. É provável que, desde sempre, o homem tenha classificado de maneira mais ou menos clara as coisas de que se alimenta segundo os processos que emprega para apanhá-las: por exemplo, em animais que vivem na água, ou nos ares, ou sob a terra. Mas inicialmente, os grupos assim constituídos não são ligados uns aos outros e sistematizados. São divisões, distinções de noções, não quadros de classificação. Ademais, é evidente que tais distinções são estritamente associadas na prática em relação à qual nada mais fazem senão exprimir certos aspectos. É por esta razão que não falamos delas neste trabalho onde procuramos sobretudo esclarecer um pouco as origens do procedimento lógico que está na base das classificações científicas.

preendem são em geral imaginadas como situadas numa espécie de meio ideal, de circunscrição especial mais ou menos claramente limitada. Não é certamente sem causa que, com tanta freqüência, os conceitos e as relações foram figurados por meio de círculos concêntricos, excêntricos, interiores, exteriores uns aos outros, etc. Esta tendência a nós representarmos agrupamentos puramente lógicos sob uma forma que contrasta neste ponto com sua verdadeira natureza não virá do fato de que começaram por ser concebidos sob a forma de grupos sociais, ocupando, por conseguinte, um lugar determinado no espaço? E, de fato, não observamos esta localização espacial dos gêneros e das espécies em um número bastante grande de sociedades bastante diferentes?

Não só a forma exterior das classes, mas as próprias relações que as unem umas às outras são de origem social. É porque os grupos sociais se encaixam uns nos outros, o sub-clã, o clã na fratria, a fratria na tribo, que os grupos de coisas se dispõem de acordo com a mesma ordem. A extensão regularmente decrescente, à medida que se passa do gênero à espécie, da espécie à variedade, etc., vem da extensão igualmente decrescente que apresentam as divisões sociais, à medida que a gente se afasta das mais amplas e das mais antigas para aproximar-se das mais recentes e das mais derivadas. E se a totalidade das coisas é concebida como um sistema uno, é porque a própria sociedade é concebida da mesma maneira. Ela é um todo, ou antes ela é o *todo* único ao qual tudo é referido. Assim a hierarquia lógica não é mais do que outro aspecto da hierarquia social e a unidade do conhecimento não é outra coisa senão a própria unidade da coletividade, estendida ao universo.

Há mais: os próprios vínculos que unem seja os seres de um mesmo grupo, seja os diferentes grupos entre si, são concebidos como vínculos sociais. Lembrávamos no começo que as expressões pelas quais ainda hoje designamos tais relações têm uma significação moral; mas, enquanto que para nós quase não passam de metáforas, primitivamente tinham todo o seu sentido. As coisas de uma mesma classe eram realmente consideradas como parentes dos indivíduos do mesmo grupo social e, por conseguinte, como parentes umas das outras. Elas são "da mesma carne", da mesma família. As relações lógicas constituem então, em certo sentido, relações domésticas. Às vezes até, como vimos, são totalmente comparáveis àquelas que existem entre o senhor e a coisa possuída, entre o chefe e seus subordinados. Poder-se-ia até perguntar se a noção, tão estranha do ponto de vista positivo, da precelência do gênero sobre a espécie não apresenta aqui sua forma rudimentar. Assim como, para o realista, a idéia geral domina o indivíduo, do mesmo modo o totem do clã domina o dos subclãs e, mais ainda, o totem pessoal dos indivíduos; e aí onde a fratria conservou sua consistência primitiva, ela tem sobre as divisões que compreende e os seres parti-

ALGUMAS FORMAS PRIMITIVAS DE CLASSIFICAÇÃO 453

culares que nela são compreendidos uma espécie de primazia Embora seja essencialmente wartwut e particularmente moiviluk, o Wotjoballuk do Sr. Howitt é, antes de tudo, um Krokitch ou um Gamutch. Entre os Zuñis, os animais que simbolizam os seis clãs fundamentais são prepostos soberanamente a seus subclãs respectivos e aos seres de toda espécie que aí são agrupados.

Mas se aquilo que precede permite compreender como pôde constituir-se a noção das classes, ligadas entre si num só e mesmo sistema, ignoramos ainda quais são as forças que induziram os homens a repartir as coisas entre estas classes segundo o método que adotaram. O fato de que o quadro exterior da classificação é fornecido pela sociedade, não leva a concluir necessariamente que a maneira pela qual foi empregado este quadro depende de razões da mesma origem. É bem possível *a priori* que móveis de ordem completamente diversa tenham determinado a maneira pela qual os seres foram aproximados, confundidos, ou então, ao contrário, distinguidos e opostos.

A concepção, muito particular, que se fazia então dos vínculos lógicos permite afastar esta hipótese. Com efeito, acabamos de ver que são representados sob a forma de vínculos familiais, ou como relações de subordinação econômica ou política; segue-se, pois, que os mesmos sentimentos que estão na base da organização doméstica, social, etc., presidiram também tal repartição lógica das coisas. Estas se atraem ou se opõem da mesma maneira como os homens são ligados pelo parentesco ou opostos pela desforra. Confundem-se como os membros de uma mesma família se confundem num pensamento comum. Aquilo que faz com que umas se subordinem às outras é algo totalmente análogo àquilo que faz com que um objeto possuído apareça como inferior a seu proprietário e o súdito a seu senhor. São, portanto estados de alma coletiva que deram origem a estes agrupamentos e, ademais, tais estados são manifestamente afetivos. Há afinidades sentimentais entre as coisas assim como entre os indivíduos, e é de acordo com estas afinidades que elas são classificadas.

Chegamos assim à seguinte conclusão: é possível classificar outra coisa afora conceitos e de outro modo afora o da conformidade com as leis do puro entendimento. Pois, para que noções possam assim dispor-se sistematicamente para razões de sentimento, é mister que não sejam idéias puras, mas que elas mesmas sejam obra de sentimento. E, de fato, para aqueles que designamos como primitivos, uma espécie de coisas não é um simples objeto de conhecimento, mas corresponde antes de tudo a uma certa atitude sentimental. Toda sorte de elementos afetivos concorrem para a representação que se faz dela. Emoções religiosas nomeadamente, não só lhe comunicam um colorido especial, como ainda levam a atribuir-lhe as propriedades mais essenciais que a consti-

454 ENSAIOS DE SOCIOLOGIA

tuem. As coisas são antes de tudo sagradas ou profanas, puras ou impuras, amigas ou inimigas, favoráveis ou desfavoráveis [226]; isto significa que seus caracteres mais fundamentais limitam-se a exprimir a maneira pela qual afetam a sensibilidade social. As diferenças e as semelhanças que determinam a maneira pela qual se agrupam são mais afetivas do que intelectuais. Eis como as coisas mudam, de certa forma, de natureza de acordo com as sociedades; é que elas afetam de maneira diferente os sentimentos dos grupos. Aquilo que aqui é concebido como perfeitamente homogêneo é representado alhures como essencialmente heterogêneo. Para nós, o espaço é formado de partes semelhantes entre si, substituíveis umas pelas outras. Vimos no entanto que, para muitos povos, é profundamente diferenciado segundo as regiões. É que cada região tem seu valor afetivo próprio. Sob a influência de sentimentos diversos, ela é referida a um princípio religioso especial e, por conseguinte, é dotada de virtudes *sui generis* que a distinguem de qual outra. E é este valor emocional das noções que desempenha o papel preponderante na maneira pela qual as idéias se aproximam ou se separam. É ela que serve de caráter dominador na classificação.

Muitas vezes se disse que o homem começou representar-se as coisas referindo-as a si mesmo. O que foi dito precedentemente permite precisar melhor em que consiste tal antropocentrismo, que seria melhor chamar de *sociocentrismo.* O centro dos primeiros sistemas da natureza não é o indivíduo; é a sociedade [227]. Ela é que se objetiva, e não mais o homem. Nada é mais demonstrativo a este propósito do que a maneira pela qual os índios sioux de certa forma circunscrevem o mundo inteiro nos limites do espaço tribal; e vimos como o próprio espaço universal não é outra coisa senão o lugar ocupado pela tribo, mas indefinidamente estendido para além de seus limites reais. É em virtude da mesma disposição mental que tantos povos situaram o centro do mundo, "o umbigo da terra", em sua capital política ou religiosa [228], isto é, lá onde se encontra o centro de sua vida moral. Da mesma forma ainda, mas em outra ordem de idéias, a força criadora do universo e de tudo aquilo que aí se encontra foi concebido inicialmente como o antepassado mítico, gerador da sociedade.

Eis como se deu a noção de uma classificação lógica que teve tanta dificuldade em formar-se, como o mostrávamos

226. Ainda hoje, para o crente de muitos cultos, os alimentos são classificados antes de tudo em dois grandes gêneros, os gordos e os magros, e sabe-se o quanto há de subjetivo nesta classificação.

227. O Sr. de la Grasserie desenvolveu de maneira bastante obscura, e sobretudo sem provas, idéias bastante análogas às nossas em suas *Religions comparées au point de vue sociologique*, cap. III.

228. O que é compreensível para os romanos e mesmo para os Zuñis, é menos compreensível para os habitantes da Ilha de Páscoa, chamada Te Pito-te Henua (umbigo da terra); contudo a idéia é em toda a parte perfeitamente natural.

ALGUMAS FORMAS PRIMITIVAS DE CLASSIFICAÇÃO 455

no começo deste trabalho. É que uma classificação lógica é uma classificação de conceitos. Ora, o conceito é a noção de um grupo de seres claramente determinado; seus limites podem ser marcados com precisão. Ao contrário, a emoção é uma coisa essencialmente vaporosa e inconsciente. Sua essência contagiosa brilha muito além de seu ponto de origem, estende-se a tudo aquilo que a cerca, sem que se possa dizer onde se detém sua potência de propagação. Os estados de natureza emocional participam necessariamente do mesmo caráter. Não se pode dizer nem onde começam nem onde acabam; perdem-se uns nos outros, misturam suas propriedades de modo que não se pode categorizá-los com rigor. De outro lado, para poder marcar os limites de uma classe, é necessário ainda ter analisado os caracteres pelos quais se reconhecem os seres reunidos nesta classe e que os distinguem. Ora, a emoção é naturalmente refratrária à análise ou, ao menos, dificilmente se presta a isto, porque é demasiado complexa. Sobretudo quando é de origem coletiva, desafia o exame crítico e lógico. A pressão exercida pelo grupo social sobre cada um de seus membros não permite que os indivíduos julguem livremente as noções que a própria sociedade elaborou e onde ela pôs alguma coisa de sua personalidade. Semelhantes construções são sagradas para os particulares. Por isso, a história da classificação científica é, em última análise, a própria história das etapas no decurso das quais este elemento de afetividade social se enfraqueceu progressivamente, deixando sempre mais o lugar livre ao pensamento refletido dos indivíduos. Mas falta muito para que estas influências longínquas que acabamos de estudar tenham cessado de se fazer sentir em nossos dias. Deixaram atrás de si um efeito que sobrevive a elas e que está sempre presente: é o próprio quadro de toda classificação, é todo este conjunto de hábitos mentais em virtudes dos quais nos representamos os seres e os fatos sob a forma de grupos coordenados e subordinados uns aos outros.

Pode-se ver por este exemplo com que luz a sociologia ilumina a gênese e, por conseguinte, o funcionamento das operações lógicas. Aquilo que procuramos fazer para a classificação poderia também ser tentado para as outras funções ou noções fundamentais do entendimento. Já tivemos ocasião de indicar, no decurso do trabalho, de que forma idéias tão abstratas como aquelas de tempo e de espaço se acham, a cada momento de sua história, em íntima relação com a organização social correspondente. O mesmo método poderia também ajudar a compreender a maneira pela qual se formaram as idéias de causa, de substância, as diferentes formas de raciocínio, etc. Todas essas questões, que metafísicos e psicólogos desde há muito ventilam, serão enfim libertadas das repetições em que se detêm, no dia em que forem formuladas em termos sociológicos. Aí existe ao menos um caminho novo que merece ser tentado.

11. Parentescos de Gracejos (1926)*

Esta questão está ligada ao conjunto daquelas que propomos desde há muitos anos: trocas e hierarquias entre os membros dos clãs e das famílias entre si e com os das famílias e clãs aliados — fenômeno social absolutamente humano. Seu estudo fará aparecer, de outro lado, uma das origens de fatos morais ainda impressionantes de nosso folclore, e uma das origens dos fenômenos difundidos, mais evoluídos: rivalidades entre parentes e aliados, particularmente do *potlatch* [1].

---

* Extraído de *Annuaire de l'Ecole pratique des hautes études*, Secção das ciências religiosas, Paris, 1928. Texto de uma comunicação apresentação ao Instituto Francês de Antropologia em 1926. [*Oeuvres*, v. III, pp. 109-124.]

1. Sobre estas rivalidades entre parentes, ver: Relatório da Ecole des hautes études 1907, 1908, 1909, 1910, 1913, etc., 1919, 1920, 1921. O Sr. Davy (*La foi jurée*, passim) e eu elucidamos a questão destas transmissões, destas hierarquias, destas rivalidades entre parentes e aliados, mas somente a propósito do *potlatch* e dos sistemas de contrato no Noroeste americano e na Melanésia. Entretanto tais fatos, por mais importantes que sejam, estão longe de serem os únicos ou os únicos típicos. Aqueles de que nos ocupamos agora também o são.

Aliás, todos fazem parte de um gênero mais vasto de instituições que em muitas ocasiões propusemos (cf. "Essai sur le don", *Année sociologique*", nova série, 1, 1925) chamar: sistema das prestações totais. Nestas um grupo de homens, hierarquizados ou não, deve a um certo número de outros homens, parentes ou aliados, que ocupam um lugar simétrico (superior, igual ou inferior, ou diferente por causa do sexo) toda uma série de prestações morais e materiais (serviços, mulheres, homens, ajuda militar, alimentos rituais, honras, etc.) e mesmo toda a série daquilo que um homem pode fazer por outro. Geralmente, estas prestações totais se executam de clã a clã, de classe de idade a classe de idade, de geração a geração, de grupo de aliados a grupo de aliados. Howitt deu uma boa descrição das troca de alimentos deste gênero num número muito considerável de tribos australianas do Sudeste. (*Native Tribes of South-Eastern Australia*, p. 756 a 759.) Geralmente estas prestações são feitas no interior destes grupos e de grupo a grupo, segundo as categorias dos indivíduos: categorias físicas, jurídicas e morais, determinadas com muita exatidão, por exemplo, pela

458 ENSAIOS DE SOCIOLOGIA

1

Com esta finalidade consideramos algumas tribos africanas (Bantos).

A Snrta. Homburger, mencionando as linguagens de etiqueta muito numerosas em país negro, banto ou nigriciana, mui exatamente[2] lembrou o sentido da palavra "hlonipa", em zulu: "ter vergonha de". Na realidade, a tradução exata[3] deste termo não é possível em francês; mas a palavra grega αιδως , o verbo αιδισθαι têm o mesmo sentido: ao mesmo tempo de vergonha, de respeito, de pudor e de temor, mais especialmente de temor religioso, em inglês "awe". Entre as relações que inspiram tais sentimentos estão as de sexo para sexo, de sogra e genro, de sogro e nora, a do irmão primogênito, a do chefe entre os zulus[4]: as mesmas, e mais a do tio uterino[5] entre os Ba-Thonga.

As razões destes respeitos são fundamentais; traduzem certamente um certo número de relações, sobretudo religiosas, econômicas, jurídicas, no interior da família ou dos grupos aliados. Propusemos em tempos passados, em 1914, no *Congresso de Etnografia de Neufchâtel,* uma interpretação do tabu da sogra a partir destes fatos, em particular a partir de documentos zulu e thonga. Estes últimos, devidos ao Sr. Junod, mostram que o tabu da sogra desaparece progressivamente à medida em que o *lobola,* a dívida do esposo é paga; a sogra é, ao menos neste caso, uma espécie de credora sagrada[6].

data do nascimento, e muito bem manifestadas, por exemplo, pelo lugar no campo, pelos deveres de alimentação, etc.

Talvez alguém estranhe estas últimas observações. Julgar-se-á que **abandonamos** definitivamente as teorias de L. H. Morgan (*Systems of Consanguinity and Affinity; Ancient Society,* etc.) e aquelas atribuídas **a** Durkheim sobre o comunismo primitivo, sobre a confusão dos indivíduos na comunidade. Nada há aí que seja contraditório. As sociedades, mesmo aquelas que se supõem sejam desprovidas do senso dos direitos e dos deveres do indivíduo, atribuem-lhe um lugar absolutamente preciso; à direita, à esquerda, etc., no campo; o primeiro, o segundo lugar nas cerimônias, no banquete, etc. Isto é uma prova que o indivíduo conta, mas é uma prova também de que ele conta exclusivamente como ser socialmente determinado. Entretanto, certo é que Morgan, e depois dele Durkheim, exageraram o amorfismo do clã, e, como M. Malinowski me fez observar, não se atribui o devido lugar à idéia de reciprocidade.

2. *Procès-verbaux de l'Institut Français d'Anthropologie,* 1926, em *Anthropologie,* 1926.

3. Ver o dicionário de Colenso *sub verbo.*

4. Callanway, *Religious System of the Amazulu,* p. 148, p. 314, p. 440.

5. Sobre esta relação do tio uterino e do sobrinho = genro, ver A. R. Brown, "The Mother's Brother in South Africa", *Report of the South African Association of the Advancement of Science,* 1924, *South African Journal of Science,* 1925, p. 542 a 545. O Sr. Brown viu estas instituições em funcionamento nas Ilhas Tonga e na África banto; chegou mesmo a fazer uma das aproximações que faremos mais adiante. Mas o objetivo exclusivo do Sr. Brown é explicar a relação de tio a sobrinho uterino nestas sociedades. Aceitamos perfeitamente a interpretação, p. 550, que dá a conexão com o "lobola" (pagamento para a noiva e a mulher). Não aceitamos a hipótese de que isto seja suficiente para explicar a posição do tio uterino. Ver a resenha que fizemos deste trabalho em *Année sociologique,* 2, nova série. [Texto não publicado.]

6. O principal documento é: Junod, *ib.,* p. 230, 231, 232, 239. A supressão progressiva do tabu da sogra é atestada igualmente entre

PARENTESCOS DE GRACEJOS

Mas tais relações têm seus contrários que, apesar de serem do mesmo gênero, por sua natureza e sua função, podem, como uma antítese a uma tese, servir de explicação total no caso. Em contraposição à αιδως, existe o υθρις ; em contraposição ao respeito, há o insulto e a incorreção, a troça e a indiferença; em contraposição ao dever sem limite e sem contrapartida, podem existir direitos sem limites e mesmo sem reciprocidade, em certos casos. Os povos impropriamente ditos primitivos, as pessoas ditas primitivas, na realidade grande número de classes e de pessoas entre os nossos, ainda em nossos dias, não sabem moderar nem sua polidez, nem sua grosseria. Nós mesmos conhecemos estes estados de excessiva audácia e de insolência entre pessoas; conhecemos também estados de excessiva timidez, de embaraço e constrangimento absolutos diante dos outros. Ora, parece que há um tipo de fatos morais, religiosos e econômicos, que agrupam instituições muito numerosas na humanidade, ao menos num certo grau de evolução [7], que correspondem a esta descrição. O Sr. Lowie e, depois dele, o Sr. Radin propuseram dar-lhe o nome de "joking rela-

---

os Ba-Ila, ver Dale e Smith, *Ila Speaking Tribes*, p. 60; o tabu da sogra é antes um tabu de esponsais e cessa parcialmente no ato da doação da enxada no momento do matrimônio.

Que este tabu tenha por origem uma espécie de contrato entre genro e mãe da esposa, entrando em ação desde que há contrato sexual ou promessa de contrato, é o que se evidencia no uso de uma tribo do grupo nilótico, os Lango. O tabu é observado mesmo nos casos de relações sexuais clandestinas. Estas freqüentemente chegam com muita freqüência ao conhecimento da mãe da moça simplesmente pelo fato de o namorado evitá-la. Ademais, em caso de caça feliz, parte da presa deve ser depositada por ele no celeiro de sua espécie de sogra, Driberg. *The Lango, A Niloti Tribe*, etc., p. 160.

7. Efetivamente, o sistema das prestações totais, de que faz parte o sistema de parentescos de gracejos, parece não estar desenvolvido na Austrália no sentido que seguimos; a regra é antes o respeito. O único fato de gracejo que encontro aí ligado a parentescos precisos é pouco importante; aparece apenas numa tribo; os Wakelbura; concerne apenas a um filho, o filho único: dá-se-lhe o nome de "pequeno dedo" (= quinto dedo; os Wakelbura chamam os filhos pelo nome dos dedos segundo a ordem de nascimento). Muirhead especifica que "este gracejo só é permitido com relação ao menino e enquanto este é pequeno, e somente aos filhos dos irmãos e irmãs de mãe; os parentes não se juntam a esta amofinação". Howitt, *Native Tribes of S.-E. Aust.*, p. 748. Em geral na Austrália só parecem estar desenvolvidos: o sistema das interdições, sem vigência absoluta ou quase durante a maior parte do tempo e o das linguagens indiretas, de etiqueta, com relação à irmã primogênita ou à caçula, segundo os sistemas de parentesco, e com relação à sogra e ao sogro. Aqui os tabus se desenvolveram antes dos gracejos. Em todo caso, os dois últimos estão claramente ligados ao sistema das prestações totais que é muito acentuado. Exemplo: Arunta — etiqueta ligada ao presente dos cabelos, Spencer e Gillen, *Native Tribes of Central Australia*, p. 465; Urabunna, ligada aos presentes de alimentação ao sogro, Spencer e Gillen, *Northern Tribes of Central Australia*, p. 610. Entre os Unmatjera. Kaitish e Arunta, o alimento visto pelo sogro torna-se tabu. "Houve" "equilla timma" "projeção de seu odor sobre ele." Entre os Warramunga, há doação, alimento, mas não tabu. Entre os Binbinga, os Anula, os Mara, Spencer e Gillen constatam o tabu, não de linguagem, mas da face do sogro, e observam inteligentemente: "este traço absolutamente constante dos presentes de alimento ao sogro pode estar associado, em sua origem, à idéia de uma espécie de pagamento pela mulher". Demos, depois do Sr. Ossenbruggen, outra interpretação destes fatos. ("Essai sur le don", *Annés sociologique*, nova série, 1, p. 57.)

Vê-se em que direção é preciso pesquisar a fim de explicar uma parte da etiqueta. Mas uma demonstração completa estaria fora de nosso tema. E estas indicações só servem para recolocar o fato do gracejo num quadro mais geral.

460 ENSAIOS DE SOCIOLOGIA

tionsships", parentescos de gracejos, nome bem escolhido. Desejaríamos mostrar a extensão e o interesse deste gênero de fatos; ainda que fosse apenas para suscitar novas observações na medida em que ainda são possíveis [8].

Assim como os parentescos de respeito, os parentescos de gracejos são muito bem assinalados pelo Sr. Junod entre os Ba-Thonga [9]. Infelizmente, este autor não levou muito longe o estudo das privações, e a definição dos parentes aliados de que aí se trata não é bem especificada, salvo no que se refere à relação sobrinho e tio uterinos [10], e a do marido com as irmãs menores de sua mulher (mulheres possíveis) [11]. O Sr. Brown consagrou todo um trabalho a esta posição do sobrinho uterino e de seus direitos sobre seu tio uterino em país banto e hotentote. Temos certeza de que os vínculos de direito abusivo são muito difundidos e também generalizados em numerosos parentescos em país banto [12]: aí classificam-se as pessoas entre aqueles a quem se deve (em particular o pai da esposa) e as pessoas que devem. Mas nossas observações não são nem suficientemente aprofundadas, nem suficientemente extensas nesta província etnográfica, onde os observadores talvez tenham passado ao lado de numerosos fatos.

* *

*

Os dois grupos de sociedades onde tais costumes estão mais em evidência, ou foram melhor estudados, são os da Pradaria americana e os das ilhas melanésias.

Foi entre os índios Crow que o Sr. Lowie teve o mérito de identificar, de contar, de precisar pela primeira vez os parentescos de gracejos. Constatou-os primeiramente entre os "filhos dos pais" (em outras palavras, entre irmãos de clã) [13]; depois, entre os Crow e entre os Blackfeet, entre o grupo dos cunhados e o das cunhadas (em outras palavras,

---

8. Ver mais adiante.

9. Sobre estas relações, ver Junod, *The Life of the South African Tribe, Ba-Thonga,* 1.ª ed., p. 122 ss.; sobre o tabu do chefe, p. 341 ss., p. 355, p. 358, etc.

10. Junod, *Life of a South African Tribe,* 1.ª ed., I, p. 237.

11. *Ib.,* I, p. 227 e sobretudo p. 255; "the uterine nephew is a chief, he takes any liberty he likes with his maternal uncle", cf. p. 206; irmã caçula da esposa, *ib.,* p. 228, 234, gracejo com a mulher do sobrinho, etc. Cf. II, p. 178 e 179, para as trocas de gracejos entre os diferentes grupos de parentes por ocasião do casamento.

12. Sobre as relações de respeito entre os Ba-Ila, ver em particular Smith e Dale. *Ila Speaking Peoples,* I, 341; p. 361. Os autores dizem muito bem: "As relações entre Ba-Ila são marcadas por dois fatos: violenta independência, de um lado, e escrupuloso respeito às leis da polidez, de outro." Sobre o direito de pegar — em diferentes sentidos, I, p. 339, p. 386. No caso do parentesco por idade — pois os jovens iniciados em conjunto são considerados espécie de irmãos — o privilégio de liberdade de pegar e a liberdade de palavra se estendem por assim dizer por toda a vida. *Ib.,* I, p. 309.

13. "Grow Social Life". (*Anthropological Papers of the American Museum of Natural History*) Nova Iorque. T. IX (1912), p. 187 e 189, p. 204, 205. Cf. *Primitive Society,* p. 95 e 96, cf. p. 110.

PARENTESCOS DE GRACEJOS

entre maridos possíveis e esposas possíveis); entre estes a linguagem é extremamente licenciosa, mesmo em público, mesmo diante dos parentes [14]. Em seguida encontrou os mesmos usos entre os hidatsa [15], entre filhos de irmãos de pais (que não são mais irmãos de clã; como acontece ordinariamente em país sioux, o clã aqui é em descendência uterina). Entre os hidatsa como entre os crow, os parentes de gracejos não só têm este direito de grosseria, mas ainda uma autoridade de censores: por meio de seus gracejos exercem uma verdadeira vigilância moral entre si. O "mito de origem" da instituição entre os Crow reduz-se mesmo a este tema puramente ético [16]. Depois, o Sr. Lowie constatou ainda estes parentescos entre os Comanches [17], mas não entre os Shoshone, que contudo são seus irmãos de raça; constatou-os também entre os Creek e entre os Assiniboine. Não há dúvida de que este "traço" de "civilização" é muito característico desta região.

Foi também numa tribo sioux, os Winnebago, que o Sr. Radin o encontrou de maneira mais desenvolvida e o estudou melhor [18]. Em princípio, um homem é extremamente reservado e polido com todos os que são de sua própria parentela e de sua aliança. Ao contrário, não cessa de zombar dos seguintes parentes e aliados: filhos de irmãs de pais, de irmãos de mães (em outras palavras primos cruzados, maridos e esposas possíveis), os irmãos de mães, as cunhadas e os cunhados [19]. "Ele o faz [graceja] sempre que tem ocasião, sem que o outro possa ofender-se". Em geral e praticamente, tais gracejos não duram mais do que o tempo necessário para entrar no assunto; são recíprocos. E o Sr. Radin observa finalmente que uma de suas razões de ser pode ter sido o fato de "propiciarem uma distensão para esta constante etiqueta que impedia as relações fáceis e desembaraçadas com todos os parentes próximos". Efetivamente, o respeito religioso é compensado pela insolência leiga entre pessoas da mesma geração unidas por vínculos quase-matrimoniais. Resta

14. *Societies of the Crow, Hidatsa and Mandan Indians, ib.*, XI, 1912, p. 206 a 218.

15. *Mandan, Hidatsa and Crow Social Organization, ib.*, XXI, 1917, p. 42, p. 45, cf. Matthews, *Hidatsa Dictionnary*, sob as palavras "ue, uaksa, uatikse" "to ridicule unreasonably or habitually", p. 208, in "Ethnology and Philology of the Hidatsa Indians", *Miscell. Publications*, n.º 7 do *Geological Survey*, U.S.A., 1877.

16. "Myths and Traditions of the Crow" (*Anthro. Pap. Amer. Mus. Nat. Hist. XXV*), p. 25 e 30. O costume funda-se na frase final: "Não, eu não o matarei, meus parentes de gracejos zombariam de mim".

17. *Shoshonean Ethnology ib.*, XX, 1916, p. 286.

18. "Winnebago Tribe", 37th *Ann. Rep. Bur. of Amer. Ethno.*, p. 133, 134. O próprio nome do costume é tirado da língua winnebago. "Se alguém se permite uma liberdade com relação a alguém que não pertence a uma das categorias precedentes, este pergunta: 'que parentesco de gracejos tenho eu com você?'"

19. O Sr. Radin fica um pouco embaraçado por sua noção do clã da mãe. Mas quando o parentesco é contado por grupos, quando é classificatório, seja por descendência uterina ou por descendência masculina, o casamento entre primos-cruzados é sempre permitido, salvo exceção explicável.

462 ENSAIOS DE SOCIOLOGIA

o tio uterino cuja posição singular é mais marcante em país melanésio.

*

* *

Os observadores americanos ficaram muito impressionados com a singularidade destes costumes. Encontram aí um vasto campo de trabalho e quase não saem dele. Exageraram um pouco a originalidade e quase renunciaram a dar uma explicação destes fatos. O Sr. Radin limita-se a observar que todos os parentescos são ou em linha uterina entre os Winnebago, ou entre pessoas que têm direitos matrimoniais recíprocos entre si. O Sr. Lowie fez ao menos o trabalho de comparação [20]. Sob o título, igualmente justo, de "familiaridade privilegiada", aproxima-os dos fatos melanésios; mas julga que estes são menos típicos. Estes, entretanto, em nossa opinião, são igualmente claros e, ademais, levam à explicação.

Rivers havia percebido toda a importância destes parentescos, em particular nas Ilhas Banks. Estudou por muito tempo a instituição do "poroporo" que é lá muito manifesta. Os parentes se classificam em gente que se "poroporo" e em gente que não se "poroporo" [21]. As farsas, troças, multas infligidas, licenças de linguagem e de gestos contrastam com a correção relativamente aos outros parentes [22]. *O marido da irmã de pai* é um desses alvos favoritos; as pessoas se servem com respeito a ele de uma linguagem especial. Os parentescos de "poroporo" são mais ou menos os mesmos dos Winnebago: as pessoas da mesma geração do clã em que alguém se casa, mais os irmãos menores e o tio materno ou antes os tios maternos (pois aqui nos encontramos, como entre os Sioux, em sistema de parentescos por grupos ou classificatório). A única diferença refere-se à esposa do irmão que só pode ser "poroporo" um pouco (neste caso trata-se do parentesco de fato e não mais do parentesco de direito) [23]. Rivers constatou as mesmas instituições nas Ilhas Torrés [24].

O Sr. Fox, instruído aliás por Rivers, a quem havia assinalado os fatos [25], descreveu em San Cristoval (Arquipélago das Ilhas Salomão, E.) este conjunto de instituições contrastantes. Interdições muito graves pesam aí sobre todas as

20. *Primitive Society,* p. 95, 96.
21. Rivers. *History of the Melanesian Society.* I. p. 35, 40 ss., II. p. 133.
22. Cf. Rivers, "Melanesian Gerontocracy". *Man,* 1915, nº 35. *Mel. Soc.* I. p. 40. *Hist. V.* o caso do pagamento de uma multa em caso de infração à regra.
23. *Ib.,* p. 45.
24. *Ib.,* I, p. 184.
25. *The Threshold of the Pacific,* 1925, p. 62.

PARENTESCOS DE GRACEJOS

irmãs e sobre o irmão primogênito — fato normal na Melanésia — e também — fato anormal — sobre os primos cruzados [26]. A estes tabus se opõem os excessos, as liberdades que se permitem entre si sobrinho e tio uterinos; o sobrinho tem um direito, extraordinário mas normal, de ser, apesar de sua idade, o intermediário obrigatório das negociações matrimoniais de seu tio: pois se pode falar-lhe e, sendo de seu clã, pode ter acesso aos parentes da moça. A irmã de pai também dispõe de uma posição notável com relação a seu sobrinho; ela é muito livre com ele [27].

Tais instituições são conhecidas desde há muito na Nova Caledônia. O Padre Lambert descreveu muito bem, como todos os primeiros autores [28], os tabus da irmã, tão evidentes e tão importantes que chegaram a servir de ponto de partida, para toda uma teoria, a outro observador, Atkinson [29]; o irmão primogênito, o sogro são menos respeitados, mas incomparavelmente mais do que em outras partes [30]. Quanto a isto, o Padre Lambert mostrou muito bem que direitos extraordinários de pilhagem, que extravagantes troças se permitem, uns com relação aos outros, os primos cruzados, os *bengam* ou *pe bengam* [31]. Une-os uma espécie de contrato perpétuo e os arrasta a privilégios absolutos uns sobre os outros, onde rivalidades nascem e crescem, onde gracejos sem fim manifestam as licenças que uns se permitem com respeito aos outros, sua intimidade e suas contestações ilimitadas. O sobrinho uterino e o tio uterino tratam-se da mesma maneira [32]; mas, ao contrário da gente das Ilhas Banks e do resto da Melanésia, inclusive Fidji, o sobrinho uterino tem menos direitos do que o tio da mesma linha.

---

26. A razão deste tabu muito raro é provavelmente a seguinte: Os habitantes de San Cristoval, sobretudo os do distrito de Bauro, com muita probabilidade e bem recentemente mudaram seu sistema de parentesco e, por conseguinte, sua nomenclatura (ver sobre as hesitações, p. 61). Outrora o casamento devia ser feito entre primos cruzados (filho de irmão de mãe com filha de irmã de pai). Depois, por diversas razões passou-se à interdição deste grau matrimonial. Sendo o casamento em San Cristoval absolutamente anormal e desregrado (cf. estatística, p. 57), alguém disse a Fox: "esposamos a mau (a filha da filha de irmã de pai) porque não podemos mais esposar a naho" (sua mãe, p. 61). A causa deste desregramento é a gerontocracia muito caracterizada nesta pequena ilha. Ela faz com que não se espose a filha da irmã do próprio pai, pessoa da própria geração, mas uma pessoa de uma geração mais baixa. Dado que este tipo de casamento se tornou a regra, os primos cruzados são precisamente proibidos da mesma forma como irmãos e irmãs. O costume é o mesmo nos distritos de Parigina e de Arosi; coisa igual sucede em Kahua, *ib.*, p. 64 e 65.

27. *Ib.* p. 61.

28. De Rochas, *La Nouvelle-Calédonie*, p. 239, particularmente sobre o tabu da irmã.

29. Em: Andrew Lang e Atkinson, *Social Origins and Primal Law*, p. 214.

30. *Moeurs des sauvages néo-calédoniens*, p. 94, 113. O Padre Lambert diz textualmente: "o irmão e a irmã ficam sagrados um para com o outro".

31. *Ib.*, p. 115 e 116.

32. O Sr. Leenhardt falará em pormenor dos fatos deste gênero que observou na Nova Caledônia. E sabemos que tais detalhes serão importantes.

II

É um pouco cedo para dar uma explicação destas regras. Tais fatos são relativamente mal conhecidos e pouco numerosos; mas é possível indicar o caminho a seguir para procurar as razões de sua plausibilidade.

Em primeiro lugar, estas instituições têm uma função muito clara. O Sr. Radin a viu muito bem. Exprimem um estado sentimental psicologicamente definido: a necessidade de distensão; uma negligência que permite o descanso depois de um comportamento demasiado compassado. Estabelece-se um ritmo que faz com que se sucedam sem perigo estados de alma contrários. A retenção na vida corrente procura compensação e encontra-a na indecência e na grosseria. Nós mesmos temos ainda saltos de humor deste gênero: soldados que deixam o quartel; escolares que se expandem no pátio do colégio; senhores que repousam na sala de fumar após longas cortesias para com as damas. Mas não há lugar aqui para longos arrazoados. Esta psicologia e esta moral só explicam a possibilidade dos fatos; somente a consideração das diversas estruturas sociais e das práticas e representações coletivas pode desvelar a causa real.

Dir-se-ia que no interior de um grupo social, uma espécie de dose constante de respeito e desrespeito, de que são capazes os membros do grupo, se reparte de maneira desigual entre os diversos membros deste grupo. Mas então — em particular nos grupos político-domésticos cujos segmentos associados constituem as tribos de que acabamos de falar — é necessário ver por que certos parentescos são por assim dizer sagrados e certos outros tão profanos a ponto de a vulgaridade e a baixeza governarem as atitudes recíprocas. Claro que não se deve procurar uma causa única para estes fatos. É na natureza de cada relação doméstica e em sua função que é preciso encontrar a razão de tais disparidades, de tão diversos funcionamentos. Não basta dizer que é natural, por exemplo, que o soldado se vingue no recruta das troças do caporal; é preciso que haja um exército e uma hierarquia militar para que isto seja possível. Da mesma forma, é por razões de constituição do próprio grupo familial que certos parentes são protegidos pela etiqueta e que certos outros são o objeto natural de injustiças e de injúrias, ou ao menos vítimas de privilégios de mau gosto. Enfim, se estas práticas e estes sentimentos diversos, se estes movimentos destas estruturas domésticas exprimem as hierarquias, é porque correspondem à representação coletiva que tais grupos domésticos fazem delas, e que cada membro aplica por sua parte. É sobre uma espécie de escala dos valores religiosos e morais que se classificam as personalidades da família, do clã, dos clãs aliados. É de acordo com esta que se distribuem segundo os tempos e as pessoas, as diversas atitudes sucessivas.

PARENTESCOS DE GRACEJOS

Poder-se-ia dirigir a pesquisa e a observação pelas seguintes vias.

As etiquetas e os interditos que protejem certos parentes começam a ser suficientemente estudados, se não suficientemente compreendidos. A maior parte tem motivos múltiplos. Por exemplo, a sogra é evidentemente, ao mesmo tempo: a mulher da geração interdita na fratria permitida ou no clã aliado e permitido; é também a pessoa que, no caso de uma descendência masculina mais ou menos reconhecida, é a irmã do pai e com cujo sangue se tem relações diretas por meio da esposa; é a "velha" com a qual se entra em comunhão indevidamente por meio da filha e cuja visão poderia fazer "envelhecer o genro"; é a credora implacável do "campo sexual" que o macho cultiva; a proprietária do sangue dos filhos que nascerão do casamento; simboliza os perigos do princípio feminino, os do sangue estranho da mulher de quem ela é criadora, e são referidos a ela as precauções que só se tomam, com respeito à própria esposa, na hora do casamento, das menstruações ou da guerra, ou dos grandes períodos expiatórios. Ela é o objeto constante de numerosos sentimentos concentrados e todos referentes, como se vê, à sua posição definida com relação ao genro [33].

Do mesmo modo, pode-se classificar os parentescos de gracejos, mas um por um e em cada sociedade. Poder-se-ia mesmo estranhar que se deixem agrupar tão bem em gêneros e que tais semelhanças de instituições reapareçam em tais distâncias, comandadas por estruturas semelhantes. A maior parte destes parentescos são os de aliados, para usar as expressões vulgares; porque prefiríamos falar simplesmente de aliados e não falar de parentesco neste caso. Nas tribos da Pradaria americana como nas da Melanésia, é antes de tudo entre pessoas da mesma idade, grupos de genros e de noras, esposos possíveis, que se trocam familiaridades correspondentes à possibilidade de relações sexuais; estas licenças são tanto mais naturais quanto mais graves são os tabus que protegem as mulheres do clã, as mães, as irmãs e as filhas destas em descendência uterina; mais especialmente no caso dos cunhados, as obrigações se complicam com prestações militares e com aquelas que resultam das trocas de irmãs e dos direitos que o cunhado tem de proteger sua irmã (tema do conto do Barba Azul). Costumes, ainda muito vivazes entre nós, entre Valentins e Valentines, os que ainda reinam durante o período das núpcias entre rapazes e moças de honor dão bem idéia destes costumes que regulamentam relações de contrato coletivo entre grupos de cunhados possíveis: oposição e solidariedade misturadas e alternadas, normais sobretudo em país de parentesco classificatório. O Sr. Hocart [34]

---

33. Resumimos aqui um estudo do tabu da sogra, na Austrália e na África banto, estudo que será desenvolvido em outra parte.
34. "Uterine Nephew. Man", 1924, n.º 4.

466 ENSAIOS DE SOCIOLOGIA

já notou estas instituições entre os Ba-Thonga e este caráter dos cunhados, "deuses" uns para os outros. Esta expressão "deus" [35] manifesta aliás não simplesmente um caráter religioso, mas um caráter moral que pertence também aos deuses a superioridade dos direitos: por exemplo, o direito sobre os bens dos primos "bengam" em Nova Caledônia ou do sobrinho uterino em Fidji, na Nova Caledônia ou entre os Ba-Thonga, sobre os do tio.

Rivers e Hocart [36] já aproximaram os parentescos "poroporo" e o sistema de abusos que eles acarretam das instituições fidjianas bem conhecidas e mesmo clássicas do "vasu" fidjiano, da pilhagem regular do tio uterino por seu sobrinho e, em particular, das famílias nobres e reais onde o "vasu" serve por assim dizer de coletor de tributo. Desta instituição e do parentesco "tauvu" [37] o Sr. Hocart chegou mesmo a propor uma explicação que não teve o êxito que merecia. Parte da observação do Sr. Junod referente ao sobrinho uterino "chief". Mostra que o sobrinho uterino é em Fidji um "vu", um deus para seu tio e se atém a isto.

Ser-nos-á permitido acrescentar uma hipótese a esta notação. Cumpre considerar não só a posição jurídica, mas também a posição mítica que cada indivíduo tem no clã. Ora, há uma razão deste gênero que explica por que o sobrinho é tão superior a seu tio. Em todas estas sociedades, como no Noroeste americano, acredita-se na reencarnação [38] dos antepassados numa ordem determinada; neste sistema, o sobrinho uterino (quer a descendência seja contada pela descendência masculina ou pela descendência feminina, pouco importa) [39] pertencendo, pelo espírito que encarna, à geração do pai de seu tio, possui toda a sua autoridade. É um "chefe" para ele, como dizem os Ba-Thonga [40]. Mesmo quando em certos sistemas (muito claro entre os Ba-Ila) [41] o indivíduo da terceira geração tem exatamente a mesma posição que o da quinta, e quando em certos outros sistemas (ashanti [42], dinastias chinesas [43]) por causa do cruzamento das

---

35. Junod, *Life of a South-African Tribe*, I, p. 162.
36. Hocart, *Man*, 1914, n.º 96.
37. *Journal of the Royal Anthropological Institute*, 1913, p. 101.
38. Temos voltado repetidas vezes, em nossos trabalhos acima citados, a esta questão das reencarnações; é entre pessoas qualificadas que as prestações se operam; elas agem amiúde como representantes vivos dos antepassados; estes últimos são figurados em danças, manifestados por possessões, notificados por nomes, títulos e prenomes.
39. Contanto que a segunda descendência intervenha por parte, e por razões que seria demasiado longo explicar, isto obriga a saltar, nestas contas, ao menos uma geração.
40. Ver acima nota 35.
41. Smith e Dale, *Ila Speaking Tribes*, I, p. 321 e um excelente quadro.
42. O mais belo fato deste tipo que conheço é aquele que Rattray constatou entre os Ashanti: *Ashanti*, p. 38 e 39. Como perguntasse se era permitido desposar uma tataraneta, a resposta foi "uma exclamação de horror" e que "é um tabu vermelho para nós". Ademais, isto é provado pelo nome do bisneto e de todos aqueles de sua geração. Este nome é *nana n' ka"so* "neto, não toques minha orelha". Diz-se que "um simples toque de um bisneto ou de uma sobrinha bisneta na orelha do bisavô causa sua morte imediata". O bisneto é uma espécie do "duplo" perigoso e vivo.
43. Este é um tema que o Sr. Granet desenvolveu longamente em

PARENTESCOS DE GRACEJOS

duas linhas de descendência, é o indivíduo da quinta geração que reencarna seu tataravô, compreende-se que uma criança tenha autoridade sobre um parente de outra geração exatamente anterior à sua, mas posterior àquela dos antepassados que reencarna. A prova disto está em que basta que a conta de gerações e de reencarnações apresente outro ponto de origem para que, ao contrário, o tio uterino tenha direitos superiores aos do sobrinho, o que se verifica na Nova Caledônia [44]. Acrescentemos que, em certos casos, o tio materno é também aquele a quem se deve a própria esposa, o sogro, como o faz notar o Sr. Brown entre numerosos bantos, entre os hotentotes e nas Ilhas Tonga. Admitimos ainda outra interpretação do Sr. Brown [45]: sendo o tio uterino o representante macho do princípio feminino, do sangue da mãe, "mãe macho" dizem tão energicamente os Ba-Thonga; "macho mãe" seria também exato como tradução e explicaria por que ordinariamente é colocado abaixo e não acima do sobrinho. Aí estão várias razões, cada uma das quais suficiente por si mesma, mas que quase em toda parte funcionaram mais ou menos simultaneamente, e compreende-se, por exemplo, que o tabu da mãe haja sido compensado por uma espécie de profanação sistemática do irmão desta.

Em todo caso, é claro que os parentescos de gracejos correspondem a direitos recíprocos e que, geralmente, quando estes direitos são desiguais, correspondem a uma desigualdade religiosa.

*
* *

Além disso, encontramo-nos aqui na fronteira dos fatos conhecidos sob o nome de *potlatch*. Sabe-se que estes se distinguem por seu caráter agonístico, por rivalidades de generosidade dos combates, os de força, de grandeza, dos desafios por ocasião de injúrias, ao mesmo tempo que por hospitalidades. Mas, vê-se nestas instituições de parentescos de etiqueta e de parentescos de gracejo, instituições mais primitivas, nestas trocas de obrigações e de gracejos, muito visíveis no "poroporo" das Ilhas Banks, a raiz destas rivalidades obrigatórias. Aliás, o "poroporo" existe ao lado do *potlatch* na Melanésia, como uma matriz da qual o recém-nas-

---

muitos lugares a propósito dos cálculos e genealogias das mitologias dinásticas chinesas, *Danses et légendes de la Chine ancienne, passim.*

44. Esta posição do indivíduo de uma geração posterior que se tornou superior a um indivíduo da geração de seu pai (pai, irmão de mãe e irmão de pai,) pelo fato de ser um "avô" de classe foi assinalado entre os Banaro de Nova-Guiné pelo Sr. Thurnwald. Na edição inglesa de seu trabalho, ele chama este gênero de parentes, o "*goblin grandchild*"; ele aproxima este parentesco do parentesco "tauvu" em Fidji. "Banaro Society", *in Memoirs of the American Anthropological Association*, XIII, 1917, p. 282 e 324 (a propósito da sogra, ver página 320). Não tivemos à mão a edição alemã, *Die Gemeinde der Banaro*, Stuttgart, F. Enke, 1922.

45. A. R. Brown,' *loc. cit.*, p. 553 e 554.

468   ENSAIOS DE SOCIOLOGIA

cido ainda não se separou. Ademais, os *potlatch* estão ligados, ao menos na Melanésia e no Noroeste americano, aos diversos graus de parentesco, às diversas alianças e apadrinhamentos. Portanto são eles que, ao menos nestes casos, devem entrar na categoria geral dos costumes de etiquetas e de troças entre pessoas das mesmas gerações dos clãs e dos clãs aliados e por conseguinte, entre pessoas de gerações alternadas que representam outras gerações de antepassados. Percebe-se aqui o ponto de passagem que une as instituições do *potlatch* infinitamente desenvolvidas e as instituições mais rudes, mais simples, onde tabus e etiquetas se opõem a insultos e ao desrespeito. Eis uma primeira conclusão lógica de história.

Apreende-se igualmente aqui um bom número de fatos-tipos de troças. Em particular, notamos certas semelhanças funcionais com as confrarias de "perseguições" tão freqüentes na América do Noroeste e mesmo na Pradaria. Estes costumes chegam a formar aí uma espécie de profissão.

Ligam-se, portanto, a sistemas muito grandes de fatos morais. Permitem mesmo entrever um modo de estudar alguns dos costumes mais gerais [46]. Quando os comparamos com seus contrários, quando comparamos a etiqueta com a familiaridade, o respeito com o ridículo, a autoridade com o desprezo e quando vemos como se repartem entre as diferentes pessoas e os diferentes grupos sociais, compreendemos melhor sua razão de ser.

Tais pesquisas têm ainda um interesse lingüístico evidente. A dignidade e a grosseria da linguagem são elementos importantes destes usos. Não se trata apenas de assuntos proibidos, mas também de palavras proibidas de que a gente se serve. As linguagens de etiquetas e de classes (classes de idade e de nascimento) são melhor compreendidas quando se estuda por que e diante de quem são violadas sistematicamente.

Enfim, estes trabalhos esclareceriam, se fossem levados adiante, a natureza e a função de elementos estéticos importantes, misturados naturalmente, como toda a parte, aos elementos morais da vida social. As obscenidades, os cânticos satíricos, os insultos aos homens, as representações ridículas de certos seres sagrados encontram-se, aliás, na origem da comédia; da mesma forma como os sinais de respeito testemunhados aos homens, aos deuses e aos heróis, alimentam o lírico, o épico, o trágico.

---

46. O Sr. A. R. Brown, a quem mostrei uma primeira redação deste trabalho, indicou-me a este respeito um certo número de idéias e de fatos extremamente importantes que ele pretende publicar.

12. Nota sobre a Noção de Civilização (1913)*

Émile Durkheim e Marcel Mauss

Uma das regras que aqui seguimos é, mesmo estudando os fenômenos sociais em si mesmos e por si mesmos, não deixá-los no ar, mas referi-los sempre a um substrato definido, isto é, a um grupo humano, ocupando uma porção determinada do espaço e representável geograficamente. Ora, de todos estes grupos, o mais vasto, aquele que compreende em si todos os outros e que por conseguinte insere e envolve todas as formas da atividade social é, parece, aquele que forma a sociedade política, tribo, povo, nação, cidade, estado moderno, etc. Parece, portanto, à primeira vista, que a vida coletiva só pode desenvolver-se no interior de organismos políticos, de contornos fixos, de limites claramente demarcados, isto é, que a vida nacional é sua forma mais elevada e que a sociologia não pode conhecer fenômenos sociais de ordem superior.

Acontece entretanto que não têm quadros tão claramente definidos; passam por cima das fronteiras políticas e se estendem a espaços menos facilmente determináveis. Ainda que sua complexidade torne seu estudo atualmente difícil, importa entretanto constatar sua existência e marcar seu lugar no conjunto da sociologia.

A etnografia e a pré-história contribuíram particularmente para que a atenção se voltasse para este aspecto.

* Extraído de *Année sociologique*, 12. [*Oeuvres*, v. II, pp. 451-455].

470   ENSAIOS DE SOCIOLOGIA

O enorme trabalho que, de trinta anos a esta parte, foi levado a cabo nos museus de etnografia da América e da Alemanha, nos museus de pré-história da França e sobretudo da Suécia, não deixou, efetivamente, de produzir resultados teóricos. Sobretudo ao lado etnológico, necessidades científicas de simplificação e de catálogo e mesmo simples necessidades práticas de classificação e de exposição desembocaram em classificações ao mesmo tempo lógicas, geográficas e cronológicas: lógicas, porque na ausência de história possível, a lógica é o único meio de perceber, ao menos a título hipotético, seqüências históricas de instrumentos, de estilos, etc.; cronológicas e geográficas porque estas séries se desenvolvem no tempo assim como no espaço, estendendo-se a uma pluralidade de povos diferentes. Há muito que nos museus americanos foram expostos mapas mostrando a extensão deste ou daquele tipo de arte, e nos museus de pré-história foram propostos esquemas genealógicos das formas de tal ou tal instrumento.

Existem, pois, os fenômenos sociais que não são estritamente ligados a um organismo social determinado; estendem-se a áreas que ultrapassam um território nacional ou então se desenvolvem em períodos de tempos que ultrapassam a história de uma só sociedade. Têm uma vida de certo modo supranacional.

Mas não é apenas a tecnologia ou a estetologia que levantam tais problemas. A lingüística, desde há muito, estabeleceu certo número de fenômenos do mesmo gênero. As línguas faladas por povos diferentes possuem entre si vínculos de parentesco: certas formas verbais, gramaticais, etc., reaparecem em sociedades diferentes. Permitem agrupar estas sociedades em famílias de povos que estão ou estiveram em relação uns com os outros ou que saíram de uma mesma origem: fala-se correntemente de uma língua indo-européia. O mesmo sucede com as instituições. As diversas nações algonquianas ou iroquesas dispunham do mesmo gênero de totemismo, de idêntica forma de magia e de religião. Em todos os povos polinésios, encontra-se um mesmo tipo de organização política (poder dos chefes). Os primórdios da família foram idênticos em todos os povos que falam uma língua indo-européia.

Mas, além disso, constatou-se que os fatos que representam este grau de extensão não independe uns dos outros; em geral estão ligados em um sistema solidário. Acontece mesmo, amiúde, que um deles implica os outros e revela sua existência. As classes matrimoniais são características de todo um conjunto de crenças e de práticas que se encontram também em toda a extensão da Austrália. A ausência de cerâmica é um dos traços distintivos da indústria polinésia. Certa forma de enxó é coisa essencialmente melanesiana. Todos os povos que falam uma língua indo-européia têm

NOTA SOBRE A NOÇÃO DE CIVILIZAÇÃO 471

um fundo comum de idéias e de instituições. Existem, não simplesmente fatos isolados, mas sistemas complexos e solidários que, sem estarem limitados a um organismo político determinado, são contudo localizáveis no tempo e no espaço. A estes sistemas de fato, que têm sua unidade, sua maneira própria de ser, convém dar um nome especial: o de civilização parece-nos o mais apropriado. Não há dúvida de que toda a civilização é suscetível de nacionalizar-se; no interior de cada povo, de cada Estado, assume caracteres particulares. Mas os elementos mais essenciais que a constituem não são a coisa nem de um Estado nem de um povo; ultrapassam as fronteiras, quer se espalhem a partir de focos determinados por um poder de expressão que lhes é próprio, quer resultem das relações que se estabelecem entre sociedades diferentes e sejam sua obra comum. Há uma civilização cristã que, embora tendo diversos centros, foi elaborada por todos os povos cristãos. Há uma civilização mediterrânea que foi comum a todos os povos que habitam o litoral mediterrâneo. Há uma civilização da América Norte-ocidental, comum aos Tlinkit, aos Tsimshian, aos Haida, ainda que falem línguas de famílias diversas, que tenham costumes diferentes, etc. Uma civilização constitui uma espécie de meio ambiente moral no qual está mergulhado um certo número de nações e da qual cada cultura nacional não passa de uma forma particular.

É digno de nota o fato de que estes fenômenos muito gerais terem sido os primeiros a chamar a atenção dos sociólogos; eles serviram de matéria para a sociologia nascente. Em Comte, não se trata de sociedades particulares, de nações, de Estados. O que ele estuda é a marcha geral da civilização; faz abstração das individualidades nacionais; ao menos, não o interessam a não ser na medida em poder ajudar a marcar as etapas sucessivas do progresso humano. Tivemos amiúde ocasião de mostrar o quanto este método é inadequado aos fatos; pois deixa de lado a realidade concreta que o observador pode melhor e mais imediatamente alcançar: são os organismos sociais, as grandes personalidades coletivas que se constituíram no decurso da história. É destes que o sociólogo deve tratar em primeiro lugar: deve empenhar-se em descrevê-los, em classificá-los em gêneros e em espécies, em analisá-los, procurando explicar os elementos que os compõem. Pode-se até pensar que este meio humano, esta humanidade integral cuja ciência Comte pretendia fazer, não passa de uma construção do espírito, mas não é menos verdade que, acima dos agrupamentos nacionais, existem outros, mais vastos, menos claramente definidos, que têm, contudo, uma individualidade e que são a sede de uma vida social de um novo gênero. Se não existe *uma* civilização humana, houve e há sempre civilizações diversas, que dominam e envolvem a vida coletiva própria de cada povo. Há

472 ENSAIOS DE SOCIOLOGIA

aí toda uma ordem de fatos que merecem ser estudados, e por processos que lhes são apropriados.

Todos os' tipos de problemas podem ser tratados neste assunto, que, até o presente, foram negligenciados. Pode-se pesquisar quais são as condições diversas em função das quais variam as áreas de civilização, por que param aqui e ali, quais as formas de que se revestem e os fatores que determinam tais formas. Todas as perguntas que, como o mostrou Ratzel, se formulam a propósito das fronteiras podem ser feitas outrossim a propósito destas fronteiras ideais. Em segundo lugar, nem todos os fatos sociais são igualmente aptos a se internacionalizarem. As instituições políticas, jurídicas, os fenômenos de morfologia social fazem parte da constituição própria de cada povo. Ao contrário, os mitos, os contos, a moeda, o comércio, as belas-artes, as técnicas, os utensílios, as línguas, as palavras, os conhecimentos científicos, as formas e os ideais literários, tudo isso viaja, troca empréstimos, numa palavra, resulta de uma história que não é a de uma sociedade determinada. Cabe, portanto, perguntar de que depende este inegável coeficiente de expansão e de internacionalização. Mas tais diferenças não dependem unicamente da natureza intrínseca dos fatos sociais, mas também das condições diversas nas quais se vêem colocadas as sociedades; pois, dependendo das circunstâncias, uma mesma forma de vida coletiva é ou não suscetível de se internacionalizar. O cristianismo é essencialmente internacional; mas houve religiões estritamente nacionais. Há línguas difundidas em vastos territórios; há outras que servem para caracterizar nacionalidades. É o caso daquelas faladas pelos grandes povos da Europa.

Todos estes problemas são propriamente sociológicos. Sem dúvida, não podem ser ventilados a não ser que outros, que não dependem da sociologia, sejam resolvidos. À etnografia e à história é que incumbe traçar estas áreas de civilização, descrever civilizações diversas em seu tronco fundamental. Mas uma vez que estes trabalhos preliminares estejam suficientemente adiantados, tornam-se possíveis outras questões mais gerais, que dependem da sociologia: tais são aquelas que acabam de ser indicadas. Trata-se aqui de atingir, por meio de comparações metódicas, causas e leis. Por isso temos dificuldade em compreender como escritores, qual o P. Schmidt por exemplo, pretenderam subtrair o estudo das civilizações à sociologia, para reservá-lo a outras disciplinas, particularmente à etnografia. Primeiro, a etnografia não basta para desempenhar a tarefa, sendo que a história tem as mesmas pesquisas a realizar no que tange aos povos históricos. Ademais, toda civilização não faz mais do que exprimir uma vida coletiva de um gênero especial, aquela que tem como substrato uma pluralidade de corpos políticos relacionados entre si, agindo uns sobre os outros. A vida

NOTA SOBRE A NOÇÃO DE CIVILIZAÇÃO

internacional não é senão uma vida social de espécie superior e que a sociologia deve conhecer. Sem dúvida, não se teria pensado em excluir a sociologia destas pesquisas, se ainda não se acreditasse com demasiada freqüência que explicar uma civilização significa simplesmente procurar de onde vem, a quem é emprestada, por que caminho passa de tal ponto para tal outro. Na realidade, a verdadeira maneira de explicá-la é descobrir quais as causas de que resultou, isto é, quais as interações coletivas, de ordens diversas, de que ela é o produto.

13. As Civilizações – Elementos e Formas (1929)*

INTRODUÇÃO

Temos aqui especificamente o extrato de uma longa "Nota de método" sobre a *Noção de civilização,* que aparecerá no tomo III do *Année sociologique,* segunda série. Foi preparada por diversas notas sobre o mesmo assunto: tomos X, XI e XII do *Année sociologique,* antiga série. Foi preparada igualmente por numerosos e longos resumos de trabalhos conjuntos de arqueólogos, historiadores, etnólogos e, de modo particular, destes nas duas séries de *Année sociologique.* Os atuais partidários do método da "história cultural", da "etnologia histórica", dos princípios da "difusão" opõem, a nosso ver sem motivo, seus métodos aos dos sociólogos. Dispensar-nos-emos de uma discussão crítica destas teorias e de seus resultados. Todas elas contam com honrados eruditos como protagonistas. Não criticaremos mais os partidários dos Srs. Foy e Graebner nem os do Padre Schmidt, ou os da Escola Americana de "antropologia cultural". Estes últimos, o Sr. Boas entre todos, o Sr. Wissler e outros, operam sobre sociedades e civilizações que estiveram evidentemente em contato, mais sutis que seus colegas europeus, preservam-se em geral de emitir hipóteses descabeladas e souberam verdadeiramente discernir aqui e ali "camadas de civilizações", "centros" e "áreas de difusão".

* Exposição apresentada na Primeira Semana Internacional de Síntese, *Civilisation. Le mot e et l'idée,* La Renaissance du livre, Paris, 1930. [*Oeuvres,* v. II, pp. 456-479.]

476 ENSAIOS DE SOCIOLOGIA

Estas teorias opõem-se sobretudo — e com demasiada facilidade — às idéias simplistas que representam a evolução humana como se ela tivesse sido única. Sob este aspecto, como estes "comparantes", mas sobretudo com os historiadores e geógrafos, os sociólogos atribuem os fenômenos de civilização não a uma hipotética evolução geral da humanidade, mas à concatenação cronológica e geográfica das sociedades. Jamais, nem Durkheim nem nós, separamos a evolução humana da evolução dos grupos mais ou menos vastos que a compõem. Desde há muito Durkheim explicava a família conjugal moderna pela mistura dos direitos domésticos germânico e romano. Em suma, aplicava desde então aquilo que agora se chama a teoria dos "substratos". E há mais de dez anos Meillet defendeu um método genealógico-histórico em lingüística, sem por isso julgar-se infiel à sociologia, da qual é um dos mestres.

Aliás, todas estas oposições de escolas são jogos fúteis do espírito ou concorrência de cátedras, de filosofias e de teologias. Os etnólogos verdadeiramente grandes foram tão ecléticos na escolha dos problemas como na dos métodos que devem variar segundo os problemas. E.-B. Tylor, de quem se costuma fazer um alvo, publicou — e ainda mais ensinou — deliciosas histórias de empréstimos. As melhores coleções de repartições de objetos são incontestavelmente aquelas do Museu Pitt Rivers, que fundou em Oxford e que o Sr. Balfour administra.

No fundo, a massa dos verdadeiros cientistas continua fiel aos três princípios, às três rubricas do velho mestre, Adolf Bastian: I. o *Elementargedanke,* a "idéia elementar", original e nativa, criação autônoma e característica de um espírito coletivo, o "traço de cultura", como dizem de maneira pouco feliz os "antropólogos sociais" americanos; II. a *Geographische Provinz,* o "setor geográfico", às vezes mal limitado, às vezes mui evidentemente marcado pela comunidade dos fatos de civilização, pelas línguas aparentadas e com muita freqüência pelas raças únicas: o número destas "províncias geográficas" não é excessivamente grande e as descobertas modernas lhes restringem ainda mais o número; III. a *Wanderung,* a migração, a viagem e as vicissitudes da civilização e, com ela, como no caso de uma evolução autônoma, a *Wandlung* da civilização, a transformação da civilização por empréstimos dos elementos, por migrações, por mistura dos povos portadores destes elementos, ou pela atividade autônoma destes povos.

Suponhamos, pois, ou constatemos este acordo dos cientistas. E vejamos como se podem estudar as civilizações, analítica e sinteticamente.

Não recordemos a história da palavra e dos diversos sentidos que ela comporta. Não fazemos tampouco a crítica de todas as suas acepções. A noção de civilização é

AS CIVILIZAÇÕES — ELEMENTOS E FORMAS   477

certamente menos clara do que a de sociedade que ela, aliás, supõe. Aqui estão simplesmente algumas definições que, cremos nós, permitem saber como é preciso falar.

I. FATOS DE CIVILIZAÇÃO

Definamos primeiramente aquilo que singulariza os fenômenos de civilização entre os fenômenos sociais. Poderemos em seguida compreender o que é um sistema destes fatos: uma civilização. E ver-se-á, enfim, como, deste ponto de vista, se pode voltar, sem muitos inconvenientes, a empregos bastante amplos do termo.

Os fenômenos de civilização (*civis,* cidadão) são por definição fenômenos sociais de determinadas sociedades. Mas nem todos os fenômenos sociais, no sentido estrito do termo, são fenômenos de civilização. Há os que são perfeitamente especiais a esta sociedade, que a singularizam, a isolam. Encontramo-los ordinariamente no dialeto, na constituição, no costume religioso ou estético, na moda. A China atrás de seu muro, o brâmane no interior de sua casta, habitantes de Jerusalém com respeito aos de Judá, os de Judá com respeito ao resto dos hebreus, os hebreus e seus descendentes, os judeus, com relação aos outros semitas, distinguem-se para concentrar-se, para separar-se dos outros. Estes provam que mais vale não falar de civilização quando se fala de fenômenos restritos a uma determinada sociedade e que é melhor dizer simplesmente "sociedade".

Mas, mesmo nas sociedades mais isoladas, é toda uma massa de fenômenos sociais que devem ser estudados à parte, como tais, sob pena de erro ou, se quisermos, mais exatamente, de abstração ilegítima. Todos estes fenômenos têm uma característica importante: a de serem comuns a um número mais ou menos grande de sociedades e a um passado mais ou menos longo destas sociedades. Pode-se-lhes reservar o nome de "fenômenos de civilização".

Pode-se, com efeito dividir muito bem os fenômenos sociais em dois grandes grupos, cujas quantidades não podem ser fixadas *a priori,* e que seriam de importância relativa de acordo com os tempos e os lugares. Uns são inaptos para viajar, outros são aptos a fazê-lo por natureza: ultrapassam por si mesmos, por assim dizer, limites de uma sociedade determinada, limites aliás, muitas vezes difíceis de determinar.

Todas as técnicas poderiam ser emprestadas, se se quisesse, se houvesse necessidade, se houvesse meio para isto. De fato, de modo geral e salvo exceção, são sempre transmitidas de grupo a grupo, de geração a geração. Da mesma

478 ENSAIOS DE SOCIOLOGIA

forma, uma parte das belas-artes pode facilmente propagar-se, inclusive as artes musicais e mímicas, e isto, mesmo em populações tão primitivas como as australianas. Assim, entre estes, aquilo que em inglês local se chama *corroboree* — espécie de obras-primas de arte dramática, musical e plástica, tipo de grandes danças tribais, que às vezes põem em movimento centenas de dançarinos-atores, tendo como coros tribos inteiras, — passam de tribo para tribo, são entregues para sempre, como uma coisa, como uma propriedade, uma mercadoria, um serviço e... como um culto, uma receita mágica. As orquestras negras viajam constantemente por círculos bastante vastos; os feiticeiros e adivinhos percorrem distâncias ainda maiores. Os contos repetem-se em lugares muito distantes, por muito tempo, fielmente reproduzidos em todos os tipos de direções. A moeda de cauril na África, a de conchas na Melanésia (*conus millepunctatus*), a de nácar de *haliotis* no noroeste da América, a dos fios de latão na África Equatorial e Central, são realmente internacionais, até mesmo com câmbios. Desde o Paleolítico médio na Europa, o âmbar, o quartzo e a obsidiana constituíram objeto de intensos e longínquos transportes.

Mesmo os fenômenos que parecem ser os mais privados da vida das sociedades, por exemplo as sociedades secretas, os mistérios, são objeto de propagandas. Conhecemos a história da "Dança da serpente" na América do Norte, a da "Dança do sol" em toda a extensão da Pradaria. Henri Hubert e eu chamamos a atenção, em numerosas resenhas, para estes cultos especiais, mais ou menos desligados das bases locais, pelos quais foram veiculadas em muitas sociedades ditas selvagens, bárbaras, como na Antiguidade, muitas idéias religiosas, morais e científicas.

Mesmo as instituições se emprestam, mesmo os princípios de organização social se impõem. Por exemplo, a noção de constituição, de πολιτεία, nascida no mundo jônico, propaga-se por toda a Hélade, elabora-se na filosofia, depois chega a Roma, *res publica,* depois entra em nossa civilização onde reaparece nas constituições de Estado, após ter persistido nas constituições e cartas urbanas, assim como nas pequenas Repúblicas rurais e montanhesas. Pode-se tentar esforçar a curiosa história da palavra "tribo" em grego e em latim, termo que significa três e que designa, aqui e ali, organização de dois, quatro, etc. As instituições militares foram necessariamente tomadas de empréstimo, até em nossos dias, assim como as técnicas de armamento que dependem delas e de que elas dependem. Um fato determinado pode impor-se para além da sociedade e do tempo em que foi criado.

Os *fenômenos de civilização* são assim essencialmente internacionais, extranacionais. Podem-se, portanto, defini-los por oposição aos fenômenos sociais específicos desta ou da-

AS CIVILIZAÇÕES — ELEMENTOS E FORMAS   479

quela sociedade: *os dos fenômenos sociais que são comuns a muitas sociedades mais ou menos próximas,* próximas por contato prolongado, por intermediário permanente, por filiação a partir de um tronco comum.

Um fenômeno de civilização é, pois, por definição tal como por natureza, um fenômeno difundido numa massa de populações mais vasta do que a tribo, do que a horda, do que o pequeno reino, do que a confederação das tribos. Assim os traços da civilização iroquesa são comuns a todas as nações iroquesas, muito além da linha das Cinco Nações.

Segue-se daí que seu estudo pode ter ao mesmo tempo um interesse histórico e geográfico e um interesse sociológico. Com efeito, tais fatos têm sempre uma extensão de superfície, uma geografia, mais vasta do que a geografia política de cada sociedade; cobrem uma área mais ampla do que a nação. Ademais, do mesmo modo como todos os outros fenômenos sociais, eles têm um fundo no passado, na história; mas, como este passado histórico não é o de uma só nação e como cobre intervalos de tempo bastante amplos, estes fatos — pode-se induzi-lo — constituem a prova de conexões históricas ao mesmo tempo que geográficas. É possível sempre inferir daí um número bastante grande de contatos, diretos ou indiretos, e mesmo, de tempos em tempos, podem-se descrever certas filiações.

Sua observação, quando acompanhada da de outros fatos históricos e geográficos, permite apoiar hipóteses geográficas ou históricas, referentes à extensão e ao passado das civilizações e dos povos. É possível estabelecer assim uma genealogia de fatos, seqüências mais ou menos certas, sem as quais é impossível conceber tanto a história quanto a evolução humana.

Eis onde se colocam o estudo dos empréstimos, sua constatação, o das filiações históricas, das técnicas, das artes e das instituições, por detrás das quais é permitido imaginar ou constatar: quer evoluções simultâneas a partir de princípios comuns, quer transmissões mais ou menos contingenciais, mas sempre dominadas pela existência de relações determinadas entre sociedades determinadas. (A propósito desta questão do empréstimo, recomendamos a boa e já antiga dissertação do Sr. Eisenstädter, *Kriterium der Aneignung.* Col. dos *Hefte* de Buschan.) Modelos destes estudos são os do Sr. Nordenskiöld sobre a América do Sul. Nós mesmos, juntamente com ele, encorajamos os trabalhos do Sr. Métraux sobre os elementos da civilização dos Tupis (esta, aliás, está cheia de elementos comuns aos Tupis e aos Caraíbas).

O estudo destas extensões de elementos de civilizações é amiúde extremamente curioso. Não parece que se possa

480 ENSAIOS DE SOCIOLOGIA

deduzir da repartição das figuras esculpidas do homem aga-
chado (*Hockerfigur*) tudo aquilo que delas deduziu o Sr.
Graebner. Mas os fatos que descobriu são incontestáveis.
Não creio que o Sr. Jackson tivesse razão ao interpretar pela
origem egípcia, à maneira do Sr. Elliot Smith, o uso generali-
zadíssimo da concha. Mas este uso é um fato muito claro e
grande de civilização, e não de evolução simultânea.

Com efeito, é sobre um fundo de fenômenos internacionais que se destacam as sociedades. É sobre fundos de
civilizações que as sociedades se singularizam, se criam suas
idiossincrasias, seus caracteres individuais. É mister mesmo
observar o quanto estes traços de civilização podem permanecer profundos e uniformes, mesmo depois de separações
prolongadas. Assim, por exemplo, entre os Pigmeus os das
Andamanes são os que se conservaram mais puros, em suas
ilhas, com sua linguagem, a única conhecida das linguagens
pigméias. As civilizações do Golfo de Bengala apenas chegaram a tocá-los, apesar das relações muitas vezes milenares.
No entanto, os Pigmeus de Malaca, para não falar de outros,
que parece terem perdido sua língua, que vivem num meio
malaio e mon-khmer, têm, em grande parte, a mesma civilização material de seus irmãos andamaneses.

II. CIVILIZAÇÕES. FORMAS DE CIVILIZAÇÃO

Mas não são apenas os elementos das civilizações, são
também as próprias civilizações que têm suas individualidades, suas formas fixas, e se opõem entre si. É tudo isso
que caracteriza as civilizações: estes empréstimos, estas comunidades, estas coincidências; mas também o fim destes
contatos, a limitação destas coincidências, a própria recusa
destes contatos com outras civilizações.

Pode-se, pois, propor a seguinte definição de *uma civilização: é um conjunto suficientemente grande de fenômenos
de civilização, suficientemente numerosos e importantes tanto por sua massa quanto por sua qualidade; é também um
conjunto, bastante vasto pelo número, de sociedades que se
apresentam; em outras palavras: um conjunto suficientemente
grande e suficientemente característico para que possa sig-
nignificar, evocar ao espírito uma família de sociedades.*
Família que, aliás, temos razões de fato de constituir: fatos
atuais e fatos históricos, lingüísticos, arqueológicos e antro-
pológicos; fatos que fazem crer que elas estiveram em contato prolongado e que são aparentadas entre si. Um conjunto
de fatos, um conjunto de caracteres destes fatos que correspondem a um conjunto de sociedades, numa palavra, uma
espécie de sistema hipersocial de sistemas sociais, eis o que
se pode chamar uma civilização.

Por conseguinte, é possível falar de civilizações mais
ou menos vastas ou de civilizações mais ou menos restritas.

AS CIVILIZAÇÕES — ELEMENTOS E FORMAS   481

Pode-se ainda distinguir camadas, esferas concêntricas, etc. Assim, quanto a nós, desde há muito ensinamos que é possível crer na existência muito antiga de uma civilização de todas as margens e de todas as ilhas do Pacífico; no interior desta civilização muito extensa, muito apagada, pode-se, e sem dúvida deve-se distinguir uma civilização do Pacífico Sul e Central; e no interior desta, percebe-se claramente uma civilização malaio-polinésia, uma polinésia, uma melanésia e uma micronésia. É possível arquitetar todos os tipos de construções sobre a filiação destas quatro civilizações, sobre suas relações entre si; e até sobre suas relações com uma civilização austronésia, austroasiática, pan-asiática. Com efeito, neste domínio imenso, há numerosas coincidências e numerosas variações entre as civilizações. E estas permitem acreditar na unidade original das civilizações, mesmo quando há diversidade ao menos parcial das raças: por exemplo melanésia, negra, polinésia, amarela clara; ou inversamente, acreditar na diversidade, mesmo quando há por exemplo relativa unidade da linguagem: melanesopolinésia (fazemos abstração do elemento papua). Os limites do bétele e do kava, os do arco e do sabre, os da couraça e da paliçada, os da casa sobre estacas, etc., permitem classificar civilizações e mesmo fazer hipóteses sobre sua genealogia, como também as divergências e as semelhanças dialetológicas constituem um dos melhores meios para estabelecer famílias de povos.

De tudo isso conclui-se que toda civilização tem, ao mesmo tempo, uma área e uma forma.

Com efeito, ela tem sempre seus pontos de chegada, seus limites, seu núcleo e sua periferia. A descrição e a definição destas áreas constituem um trabalho capital para a história e, portanto, para a ciência do homem. Mas só nos apercebemos desta extensão porque temos a impressão de que os elementos, os fenômenos de civilização que formam esta ou aquela civilização têm um tipo que é próprio deles, e dela, e só deles e dela. A definição desta forma é, pois, essencial. E os dois termos estão reciprocamente ligados. Toda civilização tem uma área porque tem uma forma, e só se pode perceber esta forma porque está difundida sobre esta área e em nenhuma outra parte. Ainda que fenômeno social de segundo grau, uma civilização, como toda sociedade, tem suas fronteiras e seu espírito. A definição da área de uma civilização faz-se, portanto, por sua forma e, inversamente, a definição de uma forma faz-se por sua área de extensão.

Definamos estes dois termos. *A forma de uma civilização é o total* (o Σ) *dos aspectos especiais de que se revestem as idéias, as práticas e os produtos comuns ou mais ou menos comuns a um certo número de sociedades deter-*

482 ENSAIOS DE SOCIOLOGIA

minadas, inventoras e portadoras desta civilização. Pode-se também dizer que a *forma de uma civilização é tudo aquilo que dá um aspecto especial,* a nenhum outro semelhante, *às sociedades* que formam esta civilização.

Uma área de civilização é uma extensão geográfica de repartição deste total — mais ou menos completo em cada sociedade desta área —, *dos fenômenos comuns* considerados como *característicos,* como típicos desta civilização: é também o conjunto das superfícies do solo onde vivem sociedades que têm as representações, as práticas e os produtos que formam o patrimônio comum desta civilização.

Por abstração, para as necessidades de uma curta exposição didática — para seguir os modos da ciência etnológica e da geografia histórica atual —, não consideramos aqui a noção de camadas de civilização. Ela é entretanto muito importante. É aquela que os historiadores chamam, de maneira bastante imprecisa: estilo, período, época, etc. Damos aqui todavia uma definição provisória: chama-se *camada de civilização a forma* dada *que toma uma civilização* de uma extensão dada *num tempo dado.*

Tais são as principais divisões dos fatos e do problema.

*

* *

Estas noções de formas e de áreas serviram, com algum exagero de princípios, a duas Escolas de etnólogos alemães, entre si opostas. Uns fazem da área de civilização um meio de traçar genealogias; outros, com o mesmo objetivo, servem-se das formas de civilização. Vejamos qual é sua falha.

Os primeiros, Foy, Graebner, o P. Schmidt e sua Escola, partem da noção de área de civilização (*Kulturkreise*) e de camadas de civilização (*Kulturschichten*).

Definindo cada civilização por um traço dominante, estuda-se quase exclusivamente a extensão geográfica e, ocasionalmente, a cronologia. Fala-se de *Bogenkultur,* de *Zweiklassenkultur,* de *freivaterrechtliche Kultur,* de cultura do arco, de cultura de duas classes (sociedades divididas em duas metades matrimoniais), de civilizações de descendência masculina sem exogamia. E acaba-se por absurdos, mesmo verbais, como aqueles do "machado totêmico". Isto não impede que em numerosos pontos de pormenor tais autores tenham descoberto filiações verossímeis, interessantes, dignas de entrar na história. Mas aquilo que é bom para estudar estas repartições de objetos torna-se facilmente inexato quando se trata de definir civilizações e contatos entre civilizações. O

AS CIVILIZAÇÕES — ELEMENTOS E FORMAS   483

método cartográfico é excelente quando se trata de descrever a história de cada instrumento, de cada tipo de instrumento, de arte, etc. Trata-se, além disso, quando se está em bom terreno, antes de tudo, de objetos palpáveis; o que se quer é classificar em séries estes objetos nos museus. Nestes limites, este processo tem nossa inteira aprovação. Poderíamos dizer muita coisa sobre o mastro de cocanha. Nosso saudoso Robert Hertz havia preparado um belo trabalho sobre o escaravelho em terra polinésia. Mas uma coisa é traçar a viagem de uma arte ou de uma instituição e outra é definir uma cultura. Dois perigos manifestam-se imediatamente:

Primeiro, a escolha do caráter dominante. As ciências biológicas sofrem bastante com esta noção de caráter principal, em nossa opinião completamente arbitrária. As ciências sociológicas sofrem ainda mais com isto. Os critérios empregados muitas vezes nem sequer existem. Por exemplo, a idéia que dá seu nome à *Zweiklassenkultur* corresponde a um grave erro. Que certas sociedades australianas e melanésias *só* sejam divididas em "duas classes" exógamas (Graebner e Schmidt), em duas "metades" (terminologia de Rivers), é um fato inventado. Em primeiro lugar, a propósito destas metades: negamos energicamente a demarcação que se estabelece entre elas e os clãs; estas metades, em nossa opinião, são antigos clãs primários. Depois, em *todas* as sociedades australianas e melanésias, consideradas como representativas desta *civilização,* encontrou-se algo mais do que estas metades: constataram-se também clãs no interior delas, o que é normal naquilo que nós, de nossa parte, chamamos de fratrias. Portanto, é por um erro e uma petição de princípios que se separa o fato "classe" do fato "clã".

Em seguida, a relação entre este caráter dominante e os outros caracteres de uma civilização nunca é evidente. Não está provado que dependam necessariamente uns dos outros e que aí onde se encontra, por exemplo, o arco, haja probabilidades de se encontrar uma descendência uterina ou uma descendência masculina (o princípio varia com os autores).

Este tipo de fatalidade na repartição simultânea dos elementos simultâneos de civilização não está de forma alguma provado. Semelhante delimitação de uma camada ou de uma área de civilização amiúde desemboca em outros absurdos. O Sr. Menghin, por exemplo, chega ao ponto de falar de "cultura uterina" a propósito do paleolítico congolês. É admirável que se possa figurar o direito de uma população desconhecida a partir de alguns calhaus. Tudo isto não passa de ficções e hipóteses.

Uma civilização se define, não por um, mas por um certo número, geralmente bastante grande, de caracteres, e ainda mais, pelas doses respectivas destes diferentes caracteres. Por exemplo, a navegação ocupa, naturalmente, entre

484 ENSAIOS DE SOCIOLOGIA

os malaios marítimos e entre os polinésios, um lugar diferente daquele que ocupa entre outros austronésios continentais. Concluamos que o método dos *Kulturkreise* é mal manejado e isto principalmente porque se tende a isolá-lo do método seguinte.

Este traz o nome um pouco retumbante de *Morphologie der Kultur*. É conhecido principalmente pelos nomes de dois autores, tão discutíveis como populares; o Sr. Frobenius e o Sr. Spengler. Segundo o Sr. Frobenius, veríamos destacarem-se, em especial a propósito da África, graças a mapas de distribuição de todas as espécies de coisas, as diversas culturas, e mesmo os diversos troncos de cultura, de que se compõe em particular a civilização africana. Quase todas as civilizações atuais da África são mestiçadas. Mas F. Frobenius sabe encontrar, nas misturas e nas estratificações, estas culturas puras cuja forma é fixa, cuja utilidade material, cujo valor moral e cuja grandeza histórica são apreciáveis para o olho do morfologista. Assim é que se veriam, na África Ocidental Negra, enxertadas umas sobre as outras, cinco ou seis civilizações que Frobenius conhece muito bem; a egéia, a sírtica e a sul-eritreana, o "telurismo etíope" e, enfim, naturalmente, o Atlante com o "Eros primitivo". Tudo o que produziu de sério esta Escola foram fichários, que parecem conscienciosos e úteis; é o começo de um *Atlas Africanus,* algumas partes do qual são boas.

A *morfologia da civilização* do Sr. Spengler é, em nossa opinião, igualmente literária. Suas classificações morais das civilizações e das nações em duras e moles, em orgânicas e frouxas, esta filosofia da história e estas vastas e colossais considerações só têm valor para o grande público. É uma volta sem precisão a fórmulas desusadas dos "destinos culturais", das "missões históricas", a todo o jargão de sociologia inconsciente que sobrecarrega a história vulgar e mesmo a assim chamada ciência dos partidos. Na verdade, o sociólogo encontra mais idéias e fatos em Guizot. Entretanto esperaremos o "Atlas histórico da civilização" para julgar do valor heurístico de um certo trabalho cuja utilidade é, efetivamente, incontestável. Entretanto, tememos este trabalho. Se, ainda aí, a morfologia deve ser separada da simples cartografia de áreas e de camadas de repartição de objetos, etc., se é guiada pela idéia *a priori* "*da* cultura" ou pelas idéias *a priori* definidas por "tal ou tal cultura", estará cheia de petições de princípios.

No fundo, vê-se que estes métodos e estas noções não são legítimos a não ser que sejam empregados todos em conjunto. Cumpre acrescentar ainda, para concluir o que vínhamos dizendo sobre os processos etnográficos, que de maneira ne-

AS CIVILIZAÇÕES — ELEMENTOS E FORMAS 485

nhuma se caracterizam por uma certeza muito elevada. São úteis, mas raramente suficientes. Retraçar pela história hipotética de sua civilização a história dos povos considerados como sem história, é empreendimento muito ousado. Diremos com toda franqueza que, sobre este ponto preciso da história dos povos, as noções etnográficas e sociológicas não passam de um adjuvante menos sólido dos métodos lingüísticos e arqueológicos, que são bem mais precisos. Mas quando são empregadas juntamente com as outras, podem levar a resultados notáveis. Consideremos por um instante o trabalho dos "antropólogos sociais" americanos. As hipóteses do Sr. Boas sobre a mitologia difundida na bacia norte do Pacífico são mais do que verossímeis, são quase probantes; as do Sr. Wissler sobre a forma asiática da vestimenta indiana da América do Norte, são evidentes; como as mais antigas de Bruno Adler sobre a flecha norte-asiática na América. Mas a prova não é definitivamente estabelecida senão pelas descobertas lingüísticas do Sr. Sapir, unindo grupos consideráveis de línguas americanas do Norte a um tronco proto-sino-tibeto-birmano.

*

* *

A incerteza histórica, em casos precisos, não deve no entanto desencorajar a pesquisa. O fato geral permanece.

O que é certo é que existem civilizações, de uma parte, que caracterizam famílias de povos ou camadas de humanidades, ou as duas ao mesmo tempo. O certo é que cada uma delas têm, de outra parte, seu "aspecto", e que seus produtos têm seu estilo, sua *facies*, que se pode analisar — sendo que esta análise não deve ser feita a partir de um caráter dominante, mas de todos os caracteres. E estes caracteres só têm um traço comum que obriga a levá-los em consideração: aquilo que constitui sua forma arbitrária, definida, singular, aquilo que se chama tipo. Nestas condições, constituindo mapas de coincidências singulares, descrevendo os caminhos de penetração e os meios pelos quais se propagaram as modas e as instituições, pode-se efetivamente definir civilizações, descobrir centros de difusão e talvez mesmo pontos de origem. Enfim, podem-se fixar balizas, limites, fronteiras, períodos, sobretudo quando se é guiado, ajudado, apoiado pela arqueologia e pela história.

Este fato geral depende da própria natureza, do modo de propagação histórica do fato de civilização. Não segue caminhos quaisquer, mas seus destinos são explicáveis. Podem ser percebidas linhas de menor resistência e os níveis de autoridade que seguiram. E então é possível, efetivamente, arquitetar hipóteses com certo grau de probabilidade histórica. Mas se isto é legítimo, não é porque a imitação

486 ENSAIOS DE SOCIOLOGIA

é a regra, como julgava Tarde, mas precisamente porque o empréstimo de certa coisa de certo tipo é, por si mesma, como Durkheim percebeu, um fato relativamente singular, que só pode ser explicado pela menor resistência de quem toma emprestado e pela autoridade daqueles de quem se toma emprestado. Supõe um gênero definido de conexões históricas entre sociedades e fatos sociais. Pode-se, pois, explicá-las, e servir assim a obra da história geral.

E esta propagação, por sua vez, depende da própria natureza da civilização. Eis como.

Há uma dupla razão de fatos que explica por que certos elementos da vida social, não estritamente política, moral, nacional, estão assim limitados a um certo número de povos, ligados na história e na sua repartição pela superfície do globo; por que civilizações possuem fronteiras como as nações; por que elas apresentam uma certa permanência no tempo, um nascimento, uma vida e uma morte como as nações que ela engloba.

Tais limites correspondem a uma qualidade profunda, que é comum a todos os fenômenos sociais e que é marcada mesmo naqueles que, não sendo característicos de uma só cidade, são-no contudo de muitas sociedades, em número mais ou menos grande, e cuja vida por muito tempo foi mais ou menos comum. *Todo fenômeno social* tem, efetivamente, um atributo essencial: quer seja um símbolo, uma palavra, um instrumento, uma instituição; quer seja mesmo a língua, mesmo a ciência mais elaborada; quer seja o instrumento mais adaptado a melhores e às mais numerosas finalidades, quer seja o mais racional possível, o mais humano, *é ainda arbitrário.*

Todos os fenômenos sociais são, em certo grau, obra de vontade coletiva, e, quem diz vontade humana diz escolha entre diferentes opções possíveis. Uma coisa determinada, uma palavra, um conto, um tipo de arranjo do solo, uma estrutura interior ou exterior da casa, uma cerâmica, um utensílio, tudo tem um tipo, um modo, e até, em muitos casos, além de sua natureza e de sua forma modelo, um modo próprio de utilização. O domínio do social é o domínio da modalidade. Os próprios gestos, o nó da gravata, o colo e a postura do pescoço que daí deriva; o andar e a parte do corpo cujas exigências têm necessidade do calçado ao mesmo tempo que este as comporta — para só falar de coisas que nos são familiares —, tudo tem uma forma ao mesmo tempo comum a grande número de homens e escolhida por eles entre outras formas possíveis. E esta forma só se encontra aqui ou ali, em tal momento ou em tal outro. A moda, quando se compreende estas coisas no tempo, é

AS CIVILIZAÇÕES — ELEMENTOS E FORMAS 487

simplesmente um sistema destas modalidades. Henri Hubert escreveu muitas e belas páginas sobre o "aspecto de uma civilização", e outras sobre os "longos campos" gauleses que ainda persistem em nossos dias e sobre as formas sucessivas do telhado que não são simplesmente comandadas — como querem alguns — por causas geográficas. E de tudo o que diz Tarde, eu só reteria de bom grado como coisa adquirida suas finas observações de moralista sobre o "filoneísmo" e o "misoneísmo".

Segue-se desta natureza das representações e das práticas coletivas que a área de suas extensões, enquanto a humanidade não formar uma sociedade única, é necessariamente finita e relativamente fixa. Pois nem elas nem os produtos que as materializam podem viajar a não ser até onde se puder e se quiser levá-los, até onde se quiser e se puder emprestá-los. (Abstraímos sempre da questão dos períodos.) Este caráter arbitrário só é naturalmente comum às sociedades do mesmo tronco ou da mesma família de línguas, ou ligadas por contatos prolongados, amigáveis ou belicosos (porque a guerra, por necessidade, é uma grande emprestadora), numa palavra, de sociedades que têm alguma coisa de comum entre si. O limite de uma área de civilização encontra-se, pois, lá onde cessam os empréstimos constantes, as evoluções mais ou menos simultâneas ou espontâneas, mas sempre paralelas, e que se operam sem grande separação de tronco comum. Exemplo: talvez ainda se possa falar de civilização latina..., com variantes italiana, francesa, etc.

Esta fronteira, esta parada brusca de uma área de civilização é com muita freqüência tão arbitrária como uma fronteira de sociedade constituída e mesmo daquilo a que chamamos Estado. Uma das graves lacunas de nossos estudos de história coletiva, etnológica e outra, é que são demasiadamente levados a observar apenas as coincidências. Dir-se-ia que só se verificaram fenômenos positivos na história. Ora, cumpre notar o não-empréstimo, a recusa de empréstimo mesmo útil. Esta pesquisa é tão apaixonante como aquela do empréstimo. Pois é ela que explica os limites das civilizações em muitos casos, como também os limites das sociedades. Israel abomina Moab que cozinha o cordeiro no leite de sua mãe, e é por isso que, ainda aqui, se come peixe na sexta-feira. O tuareg só se alimenta do leite de sua camela, e detesta o das vacas, como nós detestamos o das jumentas. Os índios árticos jamais souberam nem quiseram fabricar um caiaque ou um umiaque esquimó, estes admiráveis barcos. Inversamente, só excepcionalmente os esquimós consentiram a tomar de empréstimo a raqueta de neve. Assim como eu que não aprendi a esquiar; o que agora fazem meus campatriotas dos Vosges. Vi gestos imobilizados pelo instrumento ou pelo hábito nos impedir de utilizar de enxadas inglesas ou alemãs às mancheias c, inversamente, impedir os

488 ENSAIOS DE SOCIOLOGIA

ingleses de empregar nossos longos cabos de pá. É preciso ler em Sseu-Ma-Tsien a história dos debates da Corte da China sobre a arte de montar a cavalo dos Hunos e como acabaram por admiti-la. Etc., etc.

Vê-se assim como se circunscrevem as civilizações, pela capacidade de empréstimo e de expansão, mas também pelas resistências das sociedades que as compõem.

*
* *

Eis como um sociólogo concebe, sobretudo a partir dos estudos já velhos de história e de pré-história e de comparação histórica das civilizações, a história da civilização em geral e a dos povos que dependem da etnologia em particular.

Esta concepção não data entre nós dos ataques injustos e absurdos dos etnólogos. Só falarei daquele que foi meu irmão de trabalho. Henri Hubert preparava uma "Etnografia pré-histórica da Europa". Sempre foi um especialista destas questões. No livro que publicaremos sobre os Celtas. (*Evolution de l'humanité*) ele identifica sua civilização com a da Tène. Que se vá ver sua obra-prima, a "Salle de Mars", que logo mais será aberta no Museu de Saint-Germain. Encontrar-se-á aí a história ao mesmo tempo cronológica, lógica e geográfica de todo o neolítico e do começo dos metais. Encontrar-se-á aí uma tentativa de solução única dos três problemas, levantados todos e simultaneamente como o devem ser.

III. SENTIDOS ORDINÁRIOS DA PALAVRA CIVILIZAÇÃO

A partir desta exposição técnica, dialética, estamos à vontade para chegar aos sentidos vulgares que se deu à palavra *civilização*.

Num grande número de casos, temos o direito de estender um pouco sua acepção sem grande falta científica. Diz-se corretamente "civilização francesa", entendendo-se com isto algo mais do que "mentalidade francesa": porque, efetivamente, este algo mais se estende para além dos limites da França e, mesmo, para além dos limites lingüísticos do francês, por exemplo Flandres ou ao Luxemburgo de língua alemã. A cultura alemã ainda recentemente dominava nos Estados Bálticos. A civilização helênica, a helenística — não compreendemos que não se compreenda a grandeza desta civilização —, a civilização bizantina, a propósito da qual deveríamos fazer a mesma observação, veicularam muitas coisas e idéias a longas distâncias, e englobaram muitas populações além dos gregos, amiúde de maneira bastante sólida.

AS CIVILIZAÇÕES — ELEMENTOS E FORMAS   489

Ainda é permitido falar de civilização quando são grandes massas que conseguiram criar para si mentalidades, costumes, artes e profissões, que se espalham de maneira bastante feliz em toda a população que forma um Estado, único ou composto, pouco importa. O Império do Oriente, por exemplo, foi a sede da "civilização bizantina". O Sr. Granet tem razão de falar de "civilização chinesa", nos limites da China; e está também com a razão aquele que qualifica de chineses certos fatos fora dos limites desta: onde quer que se estendam a escritura chinesa, o prestígio dos clássicos, o do drama e da música chineses, os símbolos da arte, esta polidez e esta arte de viver que os chineses tiveram, antes que a Europa fosse culta e civilizada. Em Aname na Coréia, na Manchúria, no Japão, estamos em países mais ou menos de civilização chinesa. A Índia tem duas unidades e não uma a mais: "a Índia, é o brâmane", dizia Sir Alfred Lyall, e a civilização indiana ainda existe por cima; pelo budismo ela talvez tenha brilhado sobre todo o mundo extremo-oriental antigo; o termo sânscrito *nâraka,* "inferno", emprega-se a milhares de léguas marítimas da Índia, na Indonésia, e até na Papuásia. Aliás, a Índia e o budismo brilham de novo sobre nós.

Um exemplo pode fazer sentir esta complexidade do problema concreto que uma história simplista, ingenuamente política e inconscientemente abstrata e nacionalista não pode sequer propor. É conhecida a famosa frisa, as imensas esculturas do Bayon Angkor, estas milhares de personagens, de animais, etc., e de coisas, estes quatro andares; estes ornamentos, estas personagens celestes e simbólicas, terrestres e marinhas. Mas os grandes quadros correntes, que são? O todo apresenta um aspecto indo-khmer incontestável. Desde já uma mestiçagem, tão magnífica como singular! Mas há mais: uma das faixas é budista; uma outra, é a epopéia hindu, nem mesmo védica, a do vishnuísmo e do civaísmo. A explicação dessas duas faixas, devida a nossos sábios franceses, começa a ser dada de maneira bastante completa. É a mais larga das faixas que oferece uma dificuldade quase insolúvel. Um imenso exército de milhares de soldados desfila diante de nós. Os sacerdotes, os chefes, os príncipes são hindus ou se apresentam à maneira indiana. Segundo se crê, trata-se da guerra do Râmayana. Isso não é certo. Em todo caso, os subalternos, a tropa, uma parte do equipamento, as armas, a marcha, as vestimentas, o penteado, os gestos são de uma civilização à parte, desconhecida. As figuras (e não temos razão para acreditar que sejam infiéis; mesmo estilizadas, trazem a marca da arte e da verdade) representam uma raça que corresponde muito **mal,** não somente às raças atuais, porém a qualquer raça pura conhecida. Uma última série representa a vida corrente e as profissões. Algumas já têm um aspecto indochinês. Desde o fim do primeiro milênio

490   ENSAIOS DE SOCIOLOGIA

de nossa era, a Indochina já era um "caldeirão de feiticeira" onde se fundiam as raças e as civilizações.

Este exemplo traz à teoria um terceiro sentido da palavra civilização: aquele que se aplica por assim dizer exclusivamente a dados morais e religiosos. Temos o direito de falar de "civilização búdica", mais exatamente de budismo civilizador — quando se sabe como ele ritma toda uma parte da vida moral e estética da Indochina, da China, do Japão, da Coréia e quase toda a vida, mesmo política, dos tibetanos e dos buriatas. Pode-se considerar como justo o emprego da expressão "civilização islâmica", tanto o Islã sabe assimilar em tudo seus fiéis, do gesto ínfimo ao ser íntimo. Mesmo em torno da idéia de califado, deixou de formar um Estado político, do que ainda tem muitos traços. Pode-se corretamente especular sobre a "civilização católica" — isto é "universal", por si mesma — no Ocidente, na Idade Média, mesmo quando o latim não era mais do que uma língua veicular da Igreja e da Universidade. É até mais exato, historicamente, do ponto de vista dos contemporâneos desta civilização, chamá-la assim do que chamá-la européia, porque a noção de Europa então não existia.

Resta, enfim, um grupo de três sentidos dados, às vezes cientificamente e, quase sempre, vulgarmente ao termo civilização.

Os filósofos e nosso público entendem por civilização: a "cultura", *Kultur,* o meio de se elevar, de chegar a um nível mais alto de riqueza e de conforto, de força e de habilidade, de tornar-se um ser cívico, civil, de estabelecer a ordem, o policiamento, de impor a civilização e a polidez, de ser ilustre, de apreciar e de promover as artes.

Os lingüistas partem um pouco da mesma idéia quando se servem da palavra "cultura" num duplo sentido compreensível. De uma parte, vêem nas "línguas de civilização": o latim, o inglês, o alemão, etc., agora o tcheco, o sérvio, etc., meios de educação, de transmissão, de tradição das técnicas e das ciências, de propagação literária, a partir de meios bastante vastos e bastante antigos. De outra parte, opõem-nos aos patoás e dialetos, às pequenas línguas de pequenos grupos e subgrupos, de nações pouco civilizadas, aos linguajares rurais por excelência, isto é, às línguas pouco extensas e, portanto (há aqui inferência provável mas não provada), pouco afinadas. Para eles, o critério de valor e o caráter expansivo, a força veicular e a capacidade de transmissão confundem-se com a qualidade das noções transmitidas e da língua transmitida. Sua dupla definição não está muito longe da nossa.

Enfim, os homens de Estado, os filósofos, o público, mais ainda os jornalistas, falam da "Civilização". Em período nacionalista, *a Civilização* é sempre *sua* cultura, a de

AS CIVILIZAÇÕES — ELEMENTOS E FORMAS 491

sua nação, pois geralmente ignoram a civilização dos outros. Em período nacionalista e geralmente universalista e cosmopolita, e à maneira das grandes religiões, *a Civilização* constitui uma espécie de estado de coisas ideal e real simultaneamente, racional e natural ao mesmo tempo, causal e final no mesmo momento, que um progresso de que não se duvida ressaltaria pouco a pouco.

No fundo, todos estes sentidos correspondem a um estado ideal com o qual os homens sonham, desde que, de um século e meio a esta parte, pensam politicamente. Esta perfeita essência jamais teve outra existência a não ser a de um mito, de uma representação coletiva. Esta crença universalista e nacionalista ao mesmo tempo, é um traço de nossas civilizações internacionais do Ocidente europeu e da América não indígena. Uns imaginam *a Civilização* sob as aparências de uma nação perfeita: "o Estado fechado" de Fichte, autônomo e auto-suficiente, e cuja civilização e língua de civilização se estenderiam até as fronteiras políticas. Algumas nações realizaram este ideal, algumas buscam-no conscientemente, por exemplo, os Estados Unidos. Outros escritores ou oradores pensam *na* civilização humana, em abstrato, no futuro. A humanidade "em progresso" é um lugar-comum da filosofia assim como da política. Outros, enfim, conciliam as duas idéias. As classes nacionais, as nações, as civilizações só teriam missões históricas com relação à *Civilização*. Naturalmente, esta civilização é sempre a ocidental. É erguida à altura de ideal comum, ao mesmo tempo que de fundo racional do progresso humano; e, com boa dose de otimismo, faz-se dela a condição da felicidade. O século XIX misturou as duas idéias, e concebeu "sua" civilização como sendo "a" civilização. Cada nação e cada classe fez o mesmo. Isso constitui matéria de infinitas teses.

Entretanto, é permitido crer que a novidade de nossa vida criou algo de novo nesta ordem de coisas. Parece-nos que, em nosso tempo, desta vez, é no campo dos fatos e não mais no da ideologia que se realiza alguma coisa do gênero da "Civilização". Em primeiro lugar, sem que as nações desapareçam, antes mesmo que estejam todas formadas, constitui-se um capital crescente de realidades internacionais e de idéias internacionais. A natureza internacional dos fatos de civilização intensifica-se. O número dos fenômenos deste tipo aumenta; eles se estendem; multiplicam-se mutuamente. Sua qualidade cresce. O instrumento, como a pá-enxada de que falamos, o costume, as coisas mais ou menos complexas podem permanecer aqui e ali como testemunhos específicos, irracionais, pitorescos, das nações e das civilizações passadas. A máquina, o processo químico não o podem. A ciência domina tudo, e, como o predizia Leibniz, sua linguagem é necessariamente humana. Enfim, uma nova forma de comunicação, de tradição, mesmo das coisas do

492 ENSAIOS DE SOCIOLOGIA

sentimento e do hábito, torna-se universal: é o cinema. Uma
nova forma de perpetuação dos sons: o fonógrafo, e um novo meio de difundi-los: a radiotelefonia, em menos de dez
anos, irradiam todas as músicas, todos os acentos, todas as
palavras, todas as informações, apesar de todas as barreiras.
Estamos no começo.

Não sabemos se reações não transformarão certo número de elementos de civilização — como se verificou para
a química e para a aviação —, em elementos de violência
nacional ou, o que é pior, de orgulho nacional. As nações
talvez se separem de novo, sem escrúpulo, da humanidade
que as alimenta e que as forma sempre mais. Mas é certo
que permutas inauditas até aqui se estabelecem; que, subsis-
tindo as nações e as civilizações, o número de seus traços
comuns aumentará, as formas de cada uma se parecerão
mais àquelas das outras porque o fundo comum aumenta cada dia em número, em peso e em qualidade, e se estende
cada dia mais com uma progressão acelerada. Mesmo alguns
destes elementos da nova civilização partem de populações
que ainda há pouco estavam separadas deles, ou que deles
são privadas ainda hoje. O sucesso das artes primitivas,
inclusive a música, demonstra que a história de tudo isto
palmilhará muitos caminhos desconhecidos.

Detenhamo-nos nesta noção de *fundo comum*, de *aquisição geral das sociedades e das civilizações*. É a ela que
corresponde, em nossa opinião, a noção de "Civilização",
limite de fusão e não princípio das civilizações. Estas nada
são se não forem amadas e desenvolvidas pelas nações que
as trazem. Mas — assim como no interior das nações, a
ciência, as indústrias, as artes, a "distinção" mesma deixam
de ser patrimônios de classes pouco numerosas em homens
para tornarem-se, nas grandes nações, uma espécie de privilégio comum —, assim, os melhores traços destas civilizações
tornar-se-ão a propriedade comum de grupos sociais sempre
mais numerosos. O poeta e o historiador poderão deplorar
os gostos locais. Talvez haverá meio de salvá-los. Mas o
capital da humanidade em todo caso aumentará. Os produtos, as culturas do solo e das orlas marítimas, tudo é
sempre mais racionalmente instalado, explorado para o mercado, desta vez mundial. Não é proibido dizer que aí está
a civilização. Sem contestação, todas as nações e civilizações
tendem atualmente para um *mais*, um *mais forte*, um *mais geral* e um *mais racional* (os dois últimos termos são recíprocos
pois, afora o símbolo, os homens só comungam no racional
e no real).

E *este mais* é evidentemente sempre mais difundido,
melhor compreendido e sobretudo definitivamente retido por
numerosos homens sempre maiores.

AS CIVILIZAÇÕES — ELEMENTOS E FORMAS   493

O Sr. Seignobos dizia que uma civilização são estradas, portos e cais. Nesta expressão humorística isolava o capital da indústria que o cria. É preciso compreender aí também o capital razão que a criou: "razão pura", "razão prática", "força de julgamento" para falar como Kant. Esta noção de uma aquisição crescente, de um bem intelectual e material compartilhado por uma humanidade sempre mais racional, é, assim o cremos sinceramente, fundada em fato. Pode permitir apreciar sociologicamente as civilizações, os contributos de uma nação à civilização sem que seja necessário emitir juízos de valor, nem sobre as nações nem sobre as civilizações, nem sobre *a Civilização*. Porque esta, do mesmo modo como o progresso, não leva necessariamente ao bem nem à felicidade.

Mas deixamos ao Sr. Nicéforo o cuidado de discutir esta questão dos juízos de valor nestas matérias.

COLEÇÃO ESTUDOS

1. *Introdução à Cibernética*, W. Ross Ashby.
2. *Mimesis*, Erich Auerbach.
3. *A Criação Científica*, Abraham Moles.
4. *Homo Ludens*, Johan Huizinga.
5. *A Lingüística Estrutural*, Giulio C. Lepschy.
6. *A Estrutura Ausente*, Umberto Eco.
7. *Comportamento*, Donald Broadbent.
8. *Nordeste 1817*, Carlos Guilherme Mota.
9. *Cristãos-Novos na Bahia*, Anita Novinsky.
10. *A Inteligência Humana*, H. J. Butcher.
11. *João Caetano*, Décio de Almeida Prado.
12. *As Grandes Correntes da Mística Judaica*, Gershom Scholem.
13. *Vida e Valores do Povo Judeu*, Cecil Roth e outros.
14. *A Lógica da Criação Literária*, Käte Hamburger.
15. *Sociodinâmica da Cultura*, Abraham Moles.
16. *Gramatologia*, Jacques Derrida.
17. *Estampagem e Aprendizagem Inicial*, W. Sluckin.
18. *Estudos Afro-Brasileiros*, Roger Bastide.
19. *Morfologia do Macunaíma*, Haroldo de Campos.
20. *A Economia das Trocas Simbólicas*, Pierre Bourdieu.
21. *A Realidade Figurativa*, Pierre Francastel.
22. *Humberto Mauro, Cataguases, Cinearte*, Paulo Emílio Salles Gomes.
23. *História e Historiografia do Povo Judeu*, Salo W. Baron.
24. *Fernando Pessoa ou o Poetodrama*, José Augusto Seabra.
25. *As Formas do Conteúdo*, Umberto Eco.
26. *Filosofia da Nova Música*, Theodor Adorno.
27. *Por uma Arquitetura*, Le Corbusier.
28. *Percepção e Experiência*, M. D. Vernon.
29. *Filosofia do Estilo*, G. G. Granger.
30. *A Tradição do Novo*, Harold Rosenberg.
31. *Introdução à Gramática Gerativa*, Nicolas Ruwet.
32. *Sociologia da Cultura*, Karl Mannheim.
33. *Tarsila sua Obra e seu Tempo* (2 vols.), Aracy Amaral. (F.C.)
34. *O Mito Ariano*, Léon Poliakov.
35. *Lógica do Sentido*, Gilles Delleuze.
36. *Mestres do Teatro I*, John Gassner.
37. *O Regionalismo Gaúcho*, Joseph L. Love.
38. *Sociedade, Mudança e Política*, Hélio Jaguaribe.
39. *Desenvolvimento Político*, Hélio Jaguaribe.
40. *Crises e Alternativas da América Latina*, Hélio Jaguaribe.
41. *De Geração a Geração*, S. N. Eisenstadt.
42. *Política Econômica e Desenvolvimento do Brasil*, Nathanael H. Leff.
43. *Prolegômenos a uma Teoria da Linguagem*, Louis Hjelmslev.
44. *Sentimento e Forma*, Susanne K. Langer.
45. *A Política e o Conhecimento Sociológico*, F. G. Castles. (F.C.)
46. *Semiótica*, Charles S. Peirce.
47. *Ensaios de Sociologia*, Marcel Mauss.
48. *Mestres do Teatro II*, John Gassner.

* F.C.: Fora de Catálogo

49. *Uma Poética para Antonio Machado*, Ricardo Gullón.
50. *Burocracia e Sociedade no Brasil Colonial*, Stuart B. Schwartz.
51. *A Visão Existenciadora*, Evaldo Coutinho.
52. *América Latina em sua Literatura*, Unesco.
53. *Os Nuer*, E. E. Evans-Pritchard.
54. *Introdução à Textologia*, Roger Laufer.
55. *O Lugar de Todos os Lugares*, Evaldo Coutinho.
56. *Sociedade Israelense*, S. N. Eisenstadt.
57. *Das Arcadas do Bacharelismo*, Alberto Venancio Filho.
58. *Artaud e o Teatro*, Alain Virmaux.
59. *O Espaço da Arquitetura*, Evaldo Coutinho.
60. *Antropologia Aplicada*, Roger Bastide.
61. *História da Loucura*, Michel Foucault.
62. *Improvisação para o Teatro*, Viola Spolin.
63. *De Cristo aos Judeus da Corte*, Léon Poliakov.
64. *De Maomé aos Marranos*, Léon Poliakov.
65. *De Voltaire a Wagner*, Léon Poliakov.
66. *A Europa Suicida*, Léon Poliakov.
67. *O Urbanismo*, Françoise Choay.
68. *Pedagogia Institucional*, A. Vasquez e F. Oury. (F.C.)
69. *Pessoa e Personagem*, Michel Zeraffa.
70. *O Convívio Alegórico*, Evaldo Coutinho.
71. *O Convênio do Café*, Celso Lafer.
72. *A Linguagem*, Edward Sapir.
73. *Tratado Geral de Semiótica*, Umberto Eco.
74. *Ser e Estar em Nós*, Evaldo Coutinho.
75. *Estrutura da Teoria Psicanalítica*, David Rapaport.
76. *Jogo, Teatro & Pensamento*, Richard Courtney.
77. *Teoria Crítica I*, Max Horkheimer.
78. *A Subordinação ao Nosso Existir*, Evaldo Coutinho.
79. *A Estratégia dos Signos*, Lucrécia D'Aléssio Ferrara.
80. *Teatro: Leste & Oeste*, Leonard C. Pronko.
81. *Freud: a Trama dos Conceitos*, Renato Mezan.
82. *Vanguarda e Cosmopolitismo*, Jorge Schwartz.
83. *O Livro dIsso*, Georg Groddeck.
84. *A Testemunha Participante*, Evaldo Coutinho.
85. *Como se Faz uma Tese*, Umberto Eco.
86. *Uma Atriz: Cacilda Becker*, Nanci Fernandes e Maria Thereza Vargas (orgs.).
87. *Jesus e Israel*, Jules Isaac.
88. *A Regra e o Modelo*, Françoise Choay.
89. *Lector in Fabula*, Umberto Eco.
90. *TBC: Crônica de um Sonho*, Alberto Guzik.
91. *Os Processos Criativos de Robert Wilson*, Luiz Roberto Galizia.
92. *Poética em Ação*, Roman Jakobson.
93. *Tradução Intersemiótica*, Julio Plaza.
94. *Futurismo: uma Poética da Modernidade*, Annateresa Fabris.
95. *Melanie Klein I*, Jean-Michel Petot.
96. *Melanie Klein II*, Jean-Michel Petot.
97. *A Artisticidade do Ser*, Evaldo Coutinho.
98. *Nelson Rodrigues: Dramaturgia e Encenações*, Sábato Magaldi.
99. *O Homem e seu Isso*, Georg Groddeck.
100. *José de Alencar e o Teatro*, João Roberto Faria.
101. *Fernando de Azevedo: Educação e Transformação*, Maria Luiza Penna.

* F.C.: Fora de Catálogo

102. *Dilthey: um Conceito de Vida e uma Pedagogia*, Maria Nazaré de C. P. Amaral.
103. *Sobre o Trabalho do Ator*, Mauro Meiches e Silvia Fernandes.
104. *Zumbi, Tiradentes*, Cláudia de Arruda Campos.
105. *Um Outro Mundo: a Infância*, Marie-José Chombart de Lauwe.
106. *Tempo e Religião*, Walter I. Rehfeld.
107. *Arthur Azevedo: a Palavra e o Riso*, Antonio Martins.
108. *Arte, Privilégio e Distinção*, José Carlos Durand.
109. *A Imagem Inconsciente do Corpo*, Françoise Dolto.
110. *Acoplagem no Espaço*, Oswaldino Marques.
111. *O Texto no Teatro*, Sábato Magaldi.
112. *Portinari, Pintor Social*, Annateresa Fabris.
113. *Teatro da Militância*, Silvana Garcia.
114. *A Religião de Israel*, Yehezkel Kaufmann.
115. *Que é Literatura Comparada?*, Brunel, Pichois, Rousseau.
116. *A Revolução Psicanalítica*, Marthe Robert.
117. *Brecht: um Jogo de Aprendizagem*, Ingrid Dormien Koudela.
118. *Arquitetura Pós-Industrial*, Raffaele Raja.
119. *O Ator no Século XX*, Odette Aslan.
120. *Estudos Psicanalíticos sobre Psicossomática*, Georg Groddeck.
121. *O Signo de Três*, Umberto Eco e Thomas A. Sebeok.
122. *Zeami: Cena e Pensamento Nô*, Sakae M. Giroux.
123. *Cidades do Amanhã*, Peter Hall.
124. *A Causalidade Diabólica I*, Léon Poliakov.
125. *A Causalidade Diabólica II*, Léon Poliakov.
126. *A Imagem no Ensino da Arte*, Ana Mae Barbosa.
127. *Um Teatro da Mulher*, Elza Cunha de Vicenzo.
128. *Fala Gestual*, Ana Claudia de Oliveira.
129. *O Livro de São Cipriano: uma Legenda de Massas*, Jerusa Pires Ferreira.
130. *Kósmos Noetós*, Ivo Assad Ibri.
131. *Concerto Barroco às Óperas do Judeu*, Francisco Maciel Silveira.
132. *Sérgio Milliet, Crítico de Arte*, Lisbeth Rebollo Gonçalves.
133. *Os Teatros Bunraku e Kabuki: Uma Visada Barroca*, Darci Kusano.
134. *O Idiche e seu Significado*, Benjamin Harshav.
135. *O Limite da Interpretação*, Umberto Eco.
136. *O Teatro Realista no Brasil: 1855-1865*, João Roberto Faria.
137. *A República de Hemingway*, Giselle Beiguelman-Messina.
138. *O Futurismo Paulista*, Annateresa Fabris.
139. *Em Espelho Crítico*, Robert Alter.
140. *Antunes Filho e a Dimensão Utópica*, Sebastião Milaré.
141. *Sabatai Tzvi: O Messias Místico I, II, III*, Gershom Scholem.
142. *História e Narração em Walter Benjamin*, Jeanne Marie Gagnebin.
143. *A Política e o Romance*, Irwing Howe.
144. *Os Direitos Humanos como Tema Global*, J. A. Lindgren.
145. *O Truque e a Alma*, Angelo Maria Ripellino.
146. *Os Espirituais Franciscanos*, Nachman Falbel.
147. *A Imagem Autônoma*, Evaldo Coutinho.
148. *A Procura da Lucidez em Artaud*, Vera Lúcia Gonçalves Felício.
149. *Memória e Invenção: Gerald Thomas em Cena*, Sílvia Fernandes Telesi.
150. *Nos Jardins de Burle Marx*, Jacques Leenhardt.
151. *O Inspetor Geral de Gógol/Meyerhold*, Arlete Cavalière.
152. *O Teatro de Heiner Müller*, Ruth Röhl.
153. *Psicanálise, Estética e Ética do Desejo*, Maria Inês França.
154. *Cabala: Novas Perspectivas*, Moshe Idel.

155. *Falando de Shakespeare*, Barbara Heliodora.
156. *Imigrantes Judeus / Escritores Brasileiros*, Regina Igel.
157. *A Morte Social dos Rios*, Mauro Leonel.
158. *Barroco e Modernidade*, Irlemar Chiampi.
159. *Moderna Dramaturgia Brasileira*, Sábato Magaldi.
160. *O Tempo Não-Reconciliado*, Peter Pál Pelbart.
161. *O Significado da Pintura Abstrata*, Mauricio Mattos Puls
162. Work in Progress *na Cena Contemporânea*, Renato Cohen
163. *Mito e Tragédia na Grécia Antiga*, Jean-Pierre Vernant e Pierre Vidal-Naquet
164. *A Teoria Geral dos Signos*, Elisabeth Walther
165. *Lasar Segall: Expressionismo e Judaísmo*, Cláudia Valladão Mattos
166. *Escritos Psicanalíticos sobre Literatura e Arte*, Georg Groddeck
167. *Norbert Elias, a Política e a História*, Alain Garrigou e Bernard Lacroix
168. *A Cultura Grega e a Origem do Pensamento Europeu*, Bruno Snell
169. *O Freudismo – Esboço Crítico*, M. M. Bakhtin
170. *Stanislávski, Meierhold & Cia.*, J. Guinsburg
171. *O Anti-Semitismo na Era Vargas*, Maria Luiza Tucci Carneiro
172. *Apresentação do Teatro Brasileiro Moderno*, Décio de Almeida Prado
173. *Imaginários Urbanos*, Armando Silva Tellez
174. *Psicanálise em Nova Chave*, Isaias Melsohn
175. *Da Cena em Cena*, J. Guinsburg
176. *Jesus*, David Flusser
177. *O Ator Compositor*, Matteo Bonfitto
178. *Freud e Édipo*, Peter L. Rudnytsky
179. *Avicena: A Viagem da Alma*, Rosalie Helena de Souza Pereira
180. *Em Guarda Contra o "Perigo Vermelho"*, Rodrigo Sá Motta
181. *A Casa Subjetiva*, Ludmila de Lima Brandão
182. *Ruggero Jacobbi*, Berenice Raulino
183. *Presenças do Outro*, Eric Landowski
184. *O Papel do Corpo no Corpo do Ator*, Sônia Machado Azevedo
185. *O Teatro em Progresso*, Décio de Almeida Prado
186. *Édipo em Tebas*, Bernard Knox
187. *Arquitetura e Judaísmo: Mendelsohn*, Bruno Zevi
188. *Uma Arquitetura da Indiferença,* Annie Dymetman
189. *A Casa de Adão no Paraíso*, Joseph Rykwert
190. *Pós-Brasília: Rumos da Arquitetura Brasileira,* Maria Alice Junqueira Bastos
191. *Entre Passos e Rastros*, Berta Waldman
192. *Depois do Espetáculo*, Sábato Magaldi
193. *Franz Kafka: Um Judaísmo na Ponte do Impossível*, Enrique Mandelbaum
194. *Em Busca da Brasilidade*, Claudia Braga
195. *O Fragmento e a Síntese*, Jorge Anthonio e Silva
196. *A Análise dos Espetáculos*, Patrice Pavis
197. *Preconceito Racial: Portugal e Brasil-Colônia*, Maria Luiza Tucci Carneiro
198. *Nas Sendas do Judaísmo*, Walter I. Rehfeld
199. *O Terceiro Olho*, Francisco Elinaldo Teixeira
200. *Maimônides, O Mestre*, Rabino Samy Pinto
201. *A Síntese Histórica e a Escola dos Anais*, Aaron Guriêvitch
202. *Cabala e Contra-História*, David Biale
203. *A Sombra de Ulisses*, Piero Boitani
204. *Samuel Beckett: Escritor Plural*, Célia Berrettini
205. *Nietzsche e a Justiça*, Eduardo Rezende Melo
206. *O Canto dos Afetos: Um Dizer Humanista*, Ibaney Chasin
207. *As Máscaras Mutáveis do Buda Dourado*, Mark Olsen

208. *O Legado de Violações dos Direitos Humanos no Cone Sul*, Luis Roniger e Mario Sznajder
209. *Tolerância Zero e Democracia no Brasil*, Benoni Belli
210. *Ética contra Estética*, Amelia Valcárcel
211. *Crítica da Razão Teatral*, Alessandra Vannucci (org.)
212. *Os Direitos Humanos na Pós-Modernidade*, José Augusto Lindgren Alves
213. *Caos / Dramaturgia*, Rubens Rewald
214. *Crítica Genética e Psicanálise*, Philippe Willemart
215. *Em que Mundo Viveremos?*, Michel Wieviorka
216. *Desejo Colonial*, Robert J. C. Young
217. *Para Ler o Teatro*, Anne Ubersfeld
218. *O Umbral da Sombra*, Nuccio Ordine
219. *Espiritualidade Budista I*, Takeuchi Yoshinori
220. *Entre o Mediterrâneo e o Atlântico*, Maria Lúcia de Souza Barros Pupo
221. *As Nazi-tatuagens: Inscrições ou Injúrias no Corpo Humano?*, Célia Maria Antonacci Ramos
222. *Memórias de Vida, Memórias de Guerra*, Fernando Frochtengarten
223. *Sinfonia Titã: Semântica e Retórica*, Henrique Lian
224. *Metrópole e Abstração*, Ricardo Marques de Azevedo
225. *Yukio Mishima: o Homem de Teatro e de Cinema*, Darci Yasuco Kusano
226. *O Teatro da Natureza*, Marta Metzler
227. *Margem e Centro*, Ana Lúcia Vieira de Andrade
228. *A Morte da Tragédia*, George Steiner
229. *Ibsen e o Novo Sujeito da Modernidade*, Tereza Menezes
230. *Ver a Terra: Seis Ensaios sobre a Paisagem e a Geografia*, Jean-Marc Besse
231. *Em Busca de um Lugar no Mundo*, Silvia Gombi dos Santos
232. *Teatro Sempre*, Sábato Magaldi
233. *O Ator como Xamã*, Gilberto Icle
234. *A Idéia de Cidade*, Joseph Rykwert
235. *A Terra de Cinzas e Diamantes*, Eugenio Barba
236. *A Literatura da República Democrática Alemã*, Ruth Röhl e Bernhard J. Schwarz
237. *A Ostra e a Pérola*, Adriana Dantas de Mariz
238. *Tolstói ou Dostoiévski*, George Steiner
239. *A Esquerda Difícil*, Ruy Fausto
240. *A Crítica de um Teatro Crítico*, Rosangela Patriota
241. *Educação e Liberdade em Wilhelm Reich*, Zeca Sampaio
242. *Dialéticas da Transgressão*, Wladimir Krysinski
243. *Viaje a la Luna*, Reto Melchior
244. *1789-1799: A Revolução Francesa*, Carlos Guilherme Mota
245. *Proust: A Violência Sutil do Riso*, Leda Tenório da Motta
246. *Ensaios Filosóficos*, Walter I. Rehfeld
247. *O Teatro no Cruzamento de Culturas*, Patrice Pavis
248. *Ensino da Arte: Memória e História*, Ana Mae Barbosa (org.)
249. *Eisenstein Ultrateatral*, Vanessa Oliveira
250. *Filosofia do Judaísmo em Abraham Joshua Heschel*, Glória Hazan
251. *Os Símbolos do Centro*, Raïssa Cavalcanti
252. *Teatro em Foco*, Sábato Magaldi
253. *Autopoiesis. Semiótica. Ecritura*, Eduardo Elias
254. *A Arte do Ator*, Ana Portich
255. *Violência ou Diálogo?*, Sverre Varvin e Vamik D. Volkan (orgs.)
256. *O Teatro no Século XVIII*, Renata S. Junqueira e Maria Gloria C. Mazzi
258. *A Gargalhada de Ulisses*, Cleise Furtado Mendes
260. *A Cena em Ensaios*, Béatrice Picon-Vallin
262. *O Teatro da Morte*, Tadeusz Kantor

Impresso nas oficinas
da Yangraf Impressão e Acabamento
em março de 2009

Este livro foi impresso em São Paulo,
nas oficinas da Orgrafic Gráfica e Editora Ltda.,
em julho de 2011, para a Editora Perspectiva S.A.